*Daniele Minnone*

# 漢字

## Guida all'apprendimento dei jōyō kanji

# Indice generale

## 5. COSE

# Introduzione

Lo studio dei kanji – letteralmente "carattere cinese" – rappresenta una tappa obbligatoria per chiunque desideri padroneggiare in modo solido la lingua giapponese. I kanji sono formati dalla combinazione di segni grafici ricorrenti, tramite i quali si ottengono significati di ogni tipo, concreti e astratti, con cui poter esprimere parole, verbi, aggettivi e qualsiasi elemento dotato di senso compiuto.

Tentativi di modernizzazione hanno cercato di rimuovere il sistema ideografico a favore dell'uso esclusivo dei sillabari *hiragana* e *katakana*, di solo carattere fonetico, ma hanno fallito per diversi motivi, tra cui le peculiarità del giapponese stesso, una lingua talmente ricca di omofoni al punto da essere ostico identificarli senza l'aiuto di un supporto grafico univoco. Questa caratteristica è dovuta all'origine stessa del sistema di scrittura ideografico, appartenente a una lingua tonale come il cinese, ma trasferito a una lingua atonale come il giapponese. Per tale motivo ogni kanji possiede generalmente due tipologie di letture: la *kun'yomi*, ossia il suono della parola autoctona giapponese associato al kanji corrispondente, e la *on'yomi*, la pronuncia originaria cinese privata del tono caratteristico e modificata, a volte in modo sensibile, a seconda della percezione uditiva giapponese, per motivazioni storiche o a causa dell'evoluzione della lingua. Il risultato di queste trasformazioni ha generato numerosi kanji con le medesime pronunce *on'yomi* le quali, combinate nella creazione dei vocaboli, hanno prodotto una grande quantità di termini omofoni.

Numerose difficoltà si presentano allo studente che decide di approcciarsi all'apprendimento dei kanji, prima fra tutti il gran numero: 2.136 caratteri sono i *jōyō kanji* – kanji di uso comune – selezionati dal Ministero dell'educazione giapponese ed essenziali alla lettura quotidiana di ogni materiale stampato. Un numero limitato se paragonato ai 50.000 e più kanji storicamente esistenti, ai 3.500 che una persona colta potrebbe arrivare a conoscere, o a quelli necessari per una corretta alfabetizzazione in cinese, ma comunque immenso se paragonato ai 21 grafemi dell'alfabeto italiano.

A complicare il tutto è la mancanza di chiarezza visiva che caratterizza al primo impatto la maggior parte di essi: salvo un numero limitato di pittogrammi formati da pochi semplici tratti con forme che riconducono in modo quasi diretto all'oggetto rappresentato, in genere i kanji sono costituiti dalle più svariate combinazioni grafiche, alcune molto lontane dal significato finale o addirittura apparentemente inspiegabili. All'inizio lo studente impara con facilità i kanji più semplici ma, una volta superate le prime centinaia di caratteri, comincia a dimenticare, confondersi, senza riuscire a tenere a mente gli elementi che non comprende e le forme più particolari.

Alcuni studenti decidono di ricorrere alla "forza bruta" trascrivendo in continuazione lo stesso carattere fino a che questo rimanga impresso nella mente, ma un simile metodo meccanico, privo di qualsiasi attrattiva, se non supportato da una dedizione costante porta spesso a provare ostilità per la materia e, superate le prime migliaia di kanji appresi, conduce spesso a un'impasse da cui si esce con lentezza ed enormi sforzi mnemonici. Altri tentano di fare chiarezza ricercando il significato di ogni componente visibile del kanji. In questo modo riescono a creare storie logiche e fantasiose riguardo a quello che hanno davanti, formando immagini più vivide nella mente che permettono una memorizzazione personale e sistematica. Tuttavia anche così, presto o tardi, il sistema mentale creato è destinato a crollare scontrandosi con l'impossibilità di spiegare la presenza di certi elementi in relazione

al significato finale o, peggio ancora, ci si rende conto che elementi uguali o simili tra loro in più kanji tendono a contraddirsi portando al dubbio.

Nel corso dei secoli i kanji hanno subito le più svariate trasformazioni, semplificazioni e corruzioni. Gli elementi di cui sono formati non hanno sempre la stessa funzione: possono, infatti, suggerire la parte semantica, quella fonetica, una vaga sfumatura di significato implicito o un rimando a un altro kanji più complesso presentato in una forma grafica abbreviata. Inoltre, un componente del kanji può fungere da semplice rimando fonetico a un secondo kanji – non di rado caduto in disuso, graficamente diverso e dalla lettura attuale non sempre affine per via delle evoluzioni fonetiche – allo scopo di trasmettere i suoi significati espliciti o impliciti.

C'è inoltre da considerare come i kanji si siano evoluti a livello semantico, dapprima durante il trasferimento del sistema di scrittura che ha generato grande confusione e differenze sostanziali tra l'uso in Cina e in Giappone di uno stesso kanji e, in secondo luogo, per via delle modernizzazioni dovute al passaggio dall'era antica a quella moderna con il mantenimento di forme grafiche che si riferiscono ai significati antichi. Infine, occorre tenere conto che alcuni significati attuali potrebbero essere derivati da prestiti linguistici o associazioni semantiche arbitrarie, in genere sconnesse con il significato originario e la forma del kanji.

Dalla necessità di affrontare queste problematiche nasce l'idea alla base di questo libro: una risorsa per l'apprendimento che non tolga libertà d'immaginazione e iniziativa al discente, ma che lo possa supportare e guidare mostrando, nel modo più conciso possibile, l'etimologia dei *jōyō kanji*, ordinati in più gruppi etimologici in modo tale che elementi appartenenti a una stessa radice possano essere studiati e identificati insieme rafforzandosi così l'uno con l'altro. Una seconda distribuzione, più arbitraria, cerca poi di ordinare ogni famiglia etimologica nell'area semantica di appartenenza, creando così gruppi il più possibile definiti in grado di aiutare a delineare i confini di una lista altrimenti sconfinata e inafferrabile. Si cerca, infine, di rendere completo l'apprendimento di ogni singolo kanji presentando i suoi significati attuali inseriti direttamente nella spiegazione etimologica, il grado scolastico in cui sono insegnati in Giappone e le letture *kun* e *on*, mostrate direttamente tramite l'elencazione di parole chiave in cui il kanji compare, provviste di lettura esplicativa e traduzione in italiano. Le stesse parole si propongono di rafforzare quanto appreso dalla spiegazione etimologica e di trasmettere un'idea delle potenzialità d'utilizzo del kanji.

Questi raggruppamenti sono inoltre in grado di fare risaltare i casi in cui il kanji trasmette la sua pronuncia a quelli che lo utilizzano come proprio componente, fornendo così un supporto aggiuntivo alla memorizzazione delle *on'yomi* (es. 交: 校、効、絞、郊).

L'opera non si vuole proporre in alcun modo come un passo in avanti nel campo della ricerca etimologica per via dell'impossibilità di presentare una materia così sfaccettata e dalle possibilità variabili enormi, in un numero di pagine contenuto. Il traguardo a cui si cerca piuttosto di puntare è quello di coniugare, bilanciare e offrire una sufficiente ed esaustiva quantità di informazioni in grado di rispecchiare le reali necessità didattiche dello studente di lingua giapponese.

Per questo motivo, nel corso della lettura si avrà a disposizione un'ampia quantità di nozioni utili alla reale comprensione dei kanji, ognuna delle quali si troverà incastonata in una suddivisione grafica ed etimologica innovativa capace di arricchire la propria visione di insieme della materia e permettere di gestirla. Queste stesse nozioni si presenteranno filtrate al fine di non complicare, più di quanto non sia indispensabile, la grande mole di informazioni relativa all'argomento. Ad esempio, nei casi in cui una relazione fonetica remota sia divenuta irriconoscibile o in quelli in cui l'origine etimologica sia fin troppo incerta, a volte si è preferito enfatizzare solo alcuni a-

spetti dell'evoluzione del kanji, oppure presentare un numero minore di spiegazioni scegliendo tra le più plausibili o tra quelle più utili a disposizione, anche sacrificando un certo grado di esattezza a favore di una base conoscitiva più chiara. Come ulteriore aiuto in questi casi, di quando in quando si è scelto di suggerire possibili tecniche mnemoniche basate sull'aspetto grafico del kanji, o delle relazioni fonetiche semplificate, al fine di fornire insieme alle etimologie più ostiche un supporto secondario utile alla memorizzazione.

Questo manuale vuole differenziarsi dai metodi d'apprendimento che offrono semplici associazioni di idee, spesso del tutto arbitrarie, efficaci solo nella fantasia dell'autore, in quanto tali metodi forniscono un numero esiguo di informazioni concrete. Allo stesso tempo, pur basandosi sostanzialmente su manuali qualificati, differisce dagli stessi poiché rifugge da una pletora di informazioni troppo ampia che può alla fine risultare ostile all'apprendimento pratico dello studente. Non si è voluto quindi comporre un dizionario dove ogni lemma appare slegato dall'altro e descritto con finalità per lo più informative, bensì un compendio ricco e vivace, quasi un ecosistema dove ogni elemento trova la sua naturale collocazione ed è interconnesso all'altro.

Il risultato a cui si spera di essersi avvicinati è uno strumento finalizzato ai bisogni dello studente italiano che coniughi praticità e completezza nel miglior modo possibile, così da portare ordine e comprensione in una materia di studio che troppo spesso viene proposta senza alcuna logica, quando avrebbe in realtà bisogno di lasciare scorgere la sua reale complessità e bellezza, l'unico modo per affascinare la mente.

Ci si augura, infine, che la conoscenza generale e funzionale acquisita possa essere d'aiuto non solo per l'apprendimento dei *jōyō kanji* proposti, ma anche di quelli esterni alla lista, divenendo una base di partenza per chi sarà interessato a proseguire in modo approfondito lo studio della materia.

Daniele Minnone

# Istruzioni per l'uso

Innanzitutto è opportuno leggere attentamente i capitoli iniziali. Nell'**introduzione** si trova una breve presentazione del sistema ideografico, della sua introduzione e uso in Giappone, nonché delle finalità del metodo proposto. Qui, invece, spiegheremo come il libro stesso va inteso. Si presuppone, infatti, una conoscenza elementare della materia, dei due sillabari *hiragana* e *katakana* e di alcune nozioni base di scrittura. I kanji dovrebbero essere scritti con un ordine di tratti specifico, ma per non appesantire la veste grafica si dà per scontata almeno la conoscenza minima necessaria a trascriverli con un certo margine di sicurezza. In appendice sono comunque riportate alcune nozioni di base sulla grafia (capitolo **sistemi di scrittura**).

Prima di iniziare lo studio effettivo dei *jōyō kanji* è necessario apprendere le parti basilari di cui i kanji sono composti, poiché queste compariranno in modo ricorrente. Per quanto ogni volta la presenza di questi elementi non sarà sottintensa, le loro peculiarità si daranno per scontate e assimilate dal lettore fin da subito. Queste componenti essenziali ai fini della lettura combaciano in gran parte con la lista ufficiale giapponese dei radicali e possono essere studiate nel capitolo **radicali e componenti essenziali**.

I **radicali** sono quei componenti che aiutano a mantenere una coerenza semantica nei kanji complessi formati dall'unione di più elementi. Per esempio, nel kanji di 焼 "abbrustolire" è possibile distinguere chiaramente la presenza del kanji di 火 "fuoco". I radicali possono possedere diverse varianti grafiche, alcune delle quali esclusive dell'uso come radicale: 火 "fuoco", per esempio, si può trovare come radicale anche nella variante 灬 (es. in 煮 "cuocere"). Altri radicali esistono solo in questa forma minima (es. 辶 "strada, movimento") e altri ancora costituiscono dei semplici segni grafici interpretabili diversamente da caso a caso (es. 丶 , ｜ , ノ , 亅 ).

La pratica di ordinare i kanji per radicale è molto diffusa, ma in questo libro si è deciso di puntare a un approccio diverso, convinti che tale pratica porti a una disposizione molto generica, che poco riesce a trasmettere del kanji in sé. Se, per esempio, si fossero ordinati insieme tutti i kanji costituiti dal radicale di 火 "fuoco" (es. 炊、爆、畑、燃、焦 …), ben poco si sarebbe potuto capire riguardo la componente più complessa che caratterizza il significato particolare; questa sarebbe rimasta anonima e confusa tra le altre, oppure sarebbe stato necessario rispiegarla etimologicamente ogni volta, rendendo macchinoso e dispersivo l'apprendimento.

Per questo motivo i kanji sono stati ordinati per l'elemento considerato, di volta in volta, pregnante e utile ai fini della spiegazione etimologica. Per il resto del manuale non si faranno ulteriori distinzioni tra radicali, radicali semplici, kanji interi ripresi come componenti dentro a kanji più complessi e così via, mentre tutti saranno considerati indifferentemente come **componenti** del kanji.

Per quanto riguarda la formattazione adottata all'interno delle descrizioni dei kanji, va seguita questa **legenda**:

- **Grassetto**: significato o significati finali del kanji. Qualsiasi riga di testo che precede o segue una parola in grassetto, per quanto esplicativa dell'etimologia del kanji, non rientra nel suo significato finale

attuale. Volendo ripassare solo i significati attuali di un kanji è sufficiente leggere le parole in grasset-to trascurando ogni spiegazione aggiuntiva. Si noti che, in genere, questi significati risultano inseriti all'interno di un discorso e declinati o coniugati di conseguenza in una forma libera rispetto a quella di un dizionario. Al lettore è lasciato il compito di cogliere il significato intrinseco da usare nelle diverse situazioni.

- <u>Sottolineatura</u>: enfatizza una certa sfumatura di significato, qualcosa di suggerito esplicitamente o implicitamente che, pur non facendo parte del significato finale del kanji, può esercitare un'influenza su altri kanji complessi dove compare come componente.

- * : l'asterisco è posto prima di radicali che non possono mai trovarsi da soli (es. *灬) oppure prima di kanji entrati in disuso o in forma arcaica (es. *變).

- > : il simbolo suggerisce un nesso logico con quanto espresso in precedenza. È usato molto spesso per passare da una spiegazione etimologica al significato finale del kanji.

- In una spiegazione, quando un kanji è posto prima di una parola è usato per il suo significato attuale finale, salvo che il contesto suggerisca diversamente (es. … 火 fuoco …).

- In una spiegazione, quando un kanji è posto tra parentesi dopo una parola non è usato per esprimere il suo significato attuale finale, ma un significato affine, una sfumatura o un senso implicito, un'associazione fonetica o di forma, che trasmette in quel caso particolare. Prendendo per esempio il kanji di 口 "bocca" potremmo trovare: … apertura (口)…; … voci (口) …; … dire (口) …; … cantare (口) …; … scatola (口) …; … recinto (口)…; e così via.

Imparati i radicali, si può direttamente procedere all'apprendimento dei *jōyō kanji*. Come si può evincere dall'indice, il libro è suddiviso in **cinque sezioni**, ogni sezione in **macro-capitoli** e ogni macro-capitolo in **capitoli** più piccoli (es. **sezione** "corpo umano" > **macro-capitolo** "testa" > **capitolo** "occhi"). I kanji sono organizzati all'interno dei capitoli tramite tabelle: si noti che in queste tabelle è solo il primo kanji messo in risalto a determinare, tramite il suo significato o la sua etimologia, la collocazione di un'intera tabella all'interno di un capitolo tematico, mentre i kanji da esso derivati si limitano soltanto a contenerlo.

Qui di seguito è proposto un breve estratto commentato in modo da chiarire la consultazione dei capitoli.

**Sezione** "natura" > **macro-capitolo** "fauna" > **capitolo** "animali".

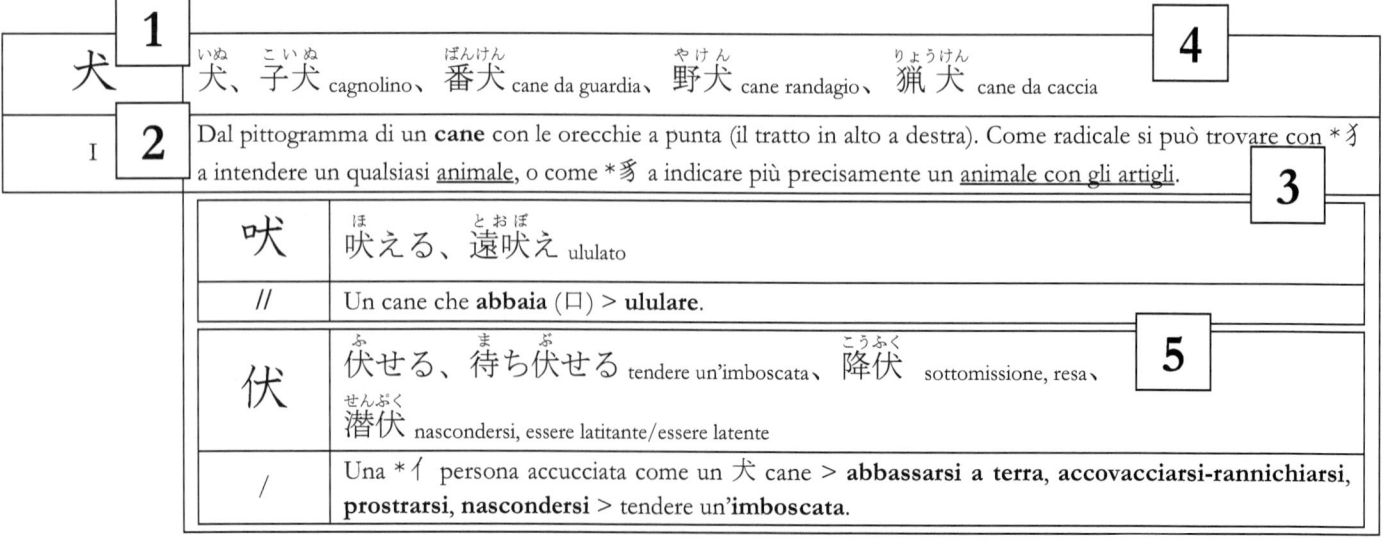

| | | | | | |
|---|---|---|---|---|---|
| 然 | 自然 natura、 | 偶然 coincidenza、 | 全然 per niente、 | 突然 improvviso、 | 当然 ovvio, naturale、 |
| | 必然 inevitabile、 | 同然 essere simile、 | しかし però、 | しかも inoltre-oltretutto、 | そして e, e poi |
| IV | <u>Bruciare</u> sul *灬 fuoco della 肉 carne di 犬 cane. Il pasto suggerisce un senso di appagamento, da cui il significato astratto di **come le cose dovrebbero essere** > cose **nel modo in cui sono**. | | | | |
| 燃 | 燃える (intr.)、 | 燃やす (tr.) (燃す)、 | 燃料 combustibile、 | 燃焼 combustione | |
| **6** V | > si aggiunge un altro 火 fuoco a 然 per riprendere il significato originario di **bruciare**. | | | | |
| 獄 | 獄、脱獄 evasione、 | 投獄 imprigionamento、 | 出獄 scarcerazione、 | 地獄 inferno | |
| / | Due cani (*犭 e 犬) che litigano (言) animosamente. Il kanji è stato usato poi per riferirsi a un processo causato da un contenzioso che alla fine porterà una delle due parti in **prigione**. | | | | |

1) **Kanji** in esame. Se è il primo in risalto all'interno della tabella, rappresenta quello principale che ha determinato la collocazione della tabella stessa all'interno del capito tematico. I kanji elencati di seguito si limitano a contenerlo come componente. Qual si sia il kanji in una tabella che si desidera consultare, per comprenderne appieno l'etimologia, sarà sempre necessario aver studiato per prima cosa il kanji principale della sua tabella.

2) **Grado scolastico** in cui il kanji è insegnato in Giappone. I gruppi I – II – III – IV – V – VI costituiscono nel complesso i 1006 *kyōiku kanji*, parte integrante dei *jōyō kanji* ed insegnati nel corso delle sei classi della scuola elementare. Tutti i restanti 1130 caratteri si apprendono nelle scuole medie inferiori e superiori e sono contrassegnati da uno *slash* (/). Poiché si tratta di un numero elevato di elementi, sono stati contrassegnati con due *slash* (//) quei kanji usati in un numero esiguo di parole o quegli estranei alla lista dei *jōyō kanji* che si è scelto di inserire nel libro poiché di uso sempre più comune.

3) **Spiegazione etimologica del kanji** e **significati finali**. Per una corretta interpretazione della formattazione utilizzata, si segua la legenda nella pagina precedente. Si ricorda comunque che i significati finali del kanji sono presentati in **grassetto** e inseriti direttamente nella spiegazione, ma indipendenti da essa. La <u>sottolineatura</u> evidenzia un aspetto del kanji utile quando questo è usato come componente in altri più complessi, mentre il segno > indica un nesso logico. Quando il kanji è posto prima della parola, questa corrisponde al suo significato primario, ad esempio "犬 cane", mentre, se posto fra parentesi a seguito della parola, trasmette una semplice associazione di significato, come ad esempio "... ululare (口)...", suggerito dal kanji di 口 "bocca" presente in 吠. Se un kanji è preceduto da un asterisco significa che è entrato in disuso, è un kanji arcaico, oppure si tratta di un radicale usato esclusivamente in combinazione con altri elementi. Infine, molto spesso un componente del kanji è usato per stabilire un legame fonetico con la lettura di un altro kanji, non di rado caduto in disuso, in modo tale da richiamare un suo significato esplicito o implicito, essenziale ai fini della corretta interpretazione etimologica. In questi casi può capitare che sia presente una differenza leggera o sostanziale fra le letture attuali dei due kanji, ma che il legame fonetico implicito sia rimasto intatto.

Una volta acquisita una certa padronanza, nulla vieta di arricchire la spiegazione etimologica con la propria fantasia o sviluppare ulteriori collegamenti personali fra i kanji, al servizio di una memorizzazione più intima e personale. In questo, il manuale si vuole porre come una linea guida coerente, in modo tale che la fantasia dello studente possa essere libera, senza perdere mai d'occhio la reale funzione di ogni elemento e il senso di coesione complessiva.

4) **Vocaboli** in cui è possibile trovare il kanji, con lettura – *furigana*, posto al di sopra – e traduzione in italiano. Queste piccole liste non sono in alcun modo in grado di sostituire la completezza di un dizionario e, per motivi di spazio, possono dare un'idea solo sommaria degli utilizzi che la parola può avere. Nondimeno, i vocaboli presentati si pongono come mezzo per trasmettere la consapevolezza delle potenzialità del kanji, oltre che esemplificare le letture *kun'yomi* e *on'yomi*. Ricordiamo che un kanji può possedere più di una lettura per entrambe le categorie e che di rado può però apparire anche con una lettura irregolare, evidenziata nel manuale dalla traduzione sottolineata (es. 大人 <u>adulto</u>). Se l'utilizzo di un kanji per una data parola è particolarmente sporadico, i termini saranno scritti nei sillabari fonetici *kana* con il kanji corrispondente al posto della lettura (es. そして). Nelle traduzioni, parole legate da un trattino (-) suggeriscono un significato comune a entrambi i termini. La separazione con uno *slash* (/) separa nettamente i significati di una serie di traduzioni da quelle di un'altra poiché distanti fra loro.

Nei casi in cui la traduzione non fosse stata fornita, essa rispecchia i significati finali del kanji, evidenziati in grassetto all'interno della spiegazione etimologica. Si noti come i suddetti significati debbano essere adattati a seconda che la parola sia un verbo, un sostantivo, un aggettivo e così via. Quest'operazione è necessaria anche nei casi in cui la traduzione sia stata fornita, in quanto molte parole giapponesi appartengono a più di una categoria contemporaneamente o sono in grado di passare da una all'altra con l'aggiunta di suffissi, particelle, ausiliari, eccetera. Ad esempio molti aggettivi possono diventare verbi aggiungendo 〜める/ 〜まる; alcuni sostantivi diventano "aggettivi in な" con l'aggiunta dell'aggettivizzatore 的, altri diventano "aggettivi in い" tramite らしい, mentre ad altri ancora più rari, si può aggiungere la particella の o 上の. 〜じる e 〜ずる (varianti del verbo fare) sono a volte uniti al kanji singolo in lettura *on* al fine di mutarlo in verbo a sé stante. Inoltre, la maggior parte delle parole composte da letture *on* possono allo stesso modo diventare verbo aggiungendo する ("fare"). Ne consegue che lo scopo delle traduzioni fornite sia quello di dare un'idea il più possibile chiara della parola e dei modi di utilizzo del kanji, ma per conoscerne la reale applicazione sono necessari approfondimenti ulteriori.

5) Le letture dei kanji sono indicate direttamente tramite i vocaboli proposti e non sono suddivise apertamente in *kun'yomi* e *on'yomi*. Le due pronunce sono sempre molto riconoscibili e in genere non vengono mischiate insieme in un unico vocabolo. Le parole in *on'yomi* sono formate da almeno due kanji (火山 *kazan*, vulcano) salvo casi particolari (本 *hon*, libro), mentre le *kun'yomi* si usano in genere quando il kanji compare da solo (火 *hi*, fuoco, 山 *yama*, montagna), oppure accompagnato da una desinenza in *hiragana* che indica la parte grammaticale (焼ける *ya.keru*, abbrustolire, 赤い *aka.i*, rosso). Casi in cui due *kun'yomi* si trovino unite insieme non sono comunque rari (言い出す *i.i.da.su*, proclamare), mentre nelle parole pronunciabili sia con due *on'yomi* che due *kun'yomi*, in genere la prima possibilità è la scelta più formale (es. paese natio: 故郷 *kokyō*、故郷 *furusato*).

Si suggerisce di prestare attenzione alle parole composte da più kanji, in quanto talvolta il secondo tende a modificare la sua pronuncia: il cambiamento più comune è la sonorizzazione del fonema (人人 *hitobito*, 三百 *sanbyaku*, 大声 *oogoe*). Confrontando i vocaboli tra loro sarà possibile individuare questi casi. Si noti, tuttavia, che negli indici fonetici i kanji sono riportati solo in base alle pronunce cosiddette pure.

Una terza lettura chiamata *nanori*, usata in Giappone solo ed esclusivamente per comporre nomi propri, non è stata inclusa in questo libro perché ritenuta di importanza secondaria all'apprendimento basilare dell'argomento.

**6)** Il **simbolo > posto all'inizio di una spiegazione etimologica** indica che un kanji ne contiene all'interno un altro, descritto subito o poco sopra al fine di richiamare i suoi significati principali o allo scopo di evidenziarne un aspetto implicito. Per comprendere appieno la spiegazione sarà necessario aver letto anche quella del kanji a cui si fa riferimento, ovviamente oltre a quella principale della tabella presa in considerazione. Nel caso in cui questi sottogruppi interni di ideogrammi siano cospicui o sia stata considerata la necessità di metterli in risalto, è possibile trovarli in tabelle a parte collegate direttamente a quella originaria.

Detto ciò, allo studente è lasciata la scelta di come procedere nello studio. Può seguire l'ordine proposto o scegliere di volta in volta il capitolo a cui interessarsi. I capitoli, infatti, possono essere considerati unità a sé stanti. È possibile affrontare tutti i *jōyō kanji* insieme, oppure cominciare solo dai *kyōiku kanji* – nella loro totalità o grado scolastico per grado scolastico – saltando quelli contrassegnati da una o due *slash* per poi riprenderli in letture successive. In ogni caso rimane valida la necessità di imparare per prima cosa il/i kanji principale/i a cui quello preso in considerazione fa riferimento, in modo da avere tutte le informazioni necessarie alla sua comprensione.

Resta inteso che il libro può essere utilizzato anche per rispondere a specifiche esigenze del momento, senza la necessità di una lettura complessiva. Infatti, se si desidera consultare un determinato kanji, lo si può ricercare tramite gli indici in appendice, oppure affidandosi alla suddivisione tematica operata dai capitoli. Cercare i kanji in quest'ultima modalità presuppone una padronanza generale delle etimologie e della struttura complessiva del manuale, ma le tabelle riassuntive presenti all'inizio di ogni macro-capitolo possono fornire un aiuto aggiuntivo.

Per quanto riguarda la consultazione degli indici presenti nelle appendici, questi si dividono in tre tipologie: "lettura *on*", "lettura *kun*" e "numero dei tratti". In ogni indice si è scelto di disporre i kanji seguendo l'ordine dell'alfabeto sillabico giapponese che, per quanto possa rappresentare una difficoltà aggiuntiva all'inizio, una volta acquisita sufficiente dimestichezza si è ritenuto essere il modo migliore di disporre e cercare le letture.

L'ordine dell'alfabeto sillabico – consultabile nel capitolo **sistemi di scrittura** – è il seguente:

あ　い　う　え　お　(le vocali allungate seguono quelle normali)

か　(が)　き　(ぎ)　く　(ぐ)　け　(げ)　こ　(ご)

さ　(ざ)　し　(じ)　す　(ず)　せ　(ぜ)　そ　(ぞ)

た　(だ)　ち　(ぢ)　つ　(つ piccolo, consonante geminata)　(づ)　て　(で)　と　(ど)

な　に　ぬ　ね　の

は　(ば　ぱ)　ひ　(び　ぴ)　ふ　(ぶ　ぷ)　へ　(べ　ぺ)　ほ　(ぼ　ぽ)

ま　み　む　め　も

や　ゆ　よ

ら　り　る　れ　ろ

わ　を　ん

I suoni contratti, indicati da や, ゆ e よ piccoli, seguono le sillabe con la *i*.

Una volta appresi i radicali e i componenti essenziali esposti nel capitolo seguente, si potrà affrontare lo studio dei kanji nella modalità preferita.

# Radicali e componenti essenziali

In queste poche pagine è presentata una lista di **radicali e componenti essenziali** di base la cui padronanza è propedeutica allo studio del manuale. La presenza di questi elementi non sarà mai sottointesa nel corso dello studio, ma le loro caratteristiche e modalità d'uso saranno date per assimilate fin da subito.

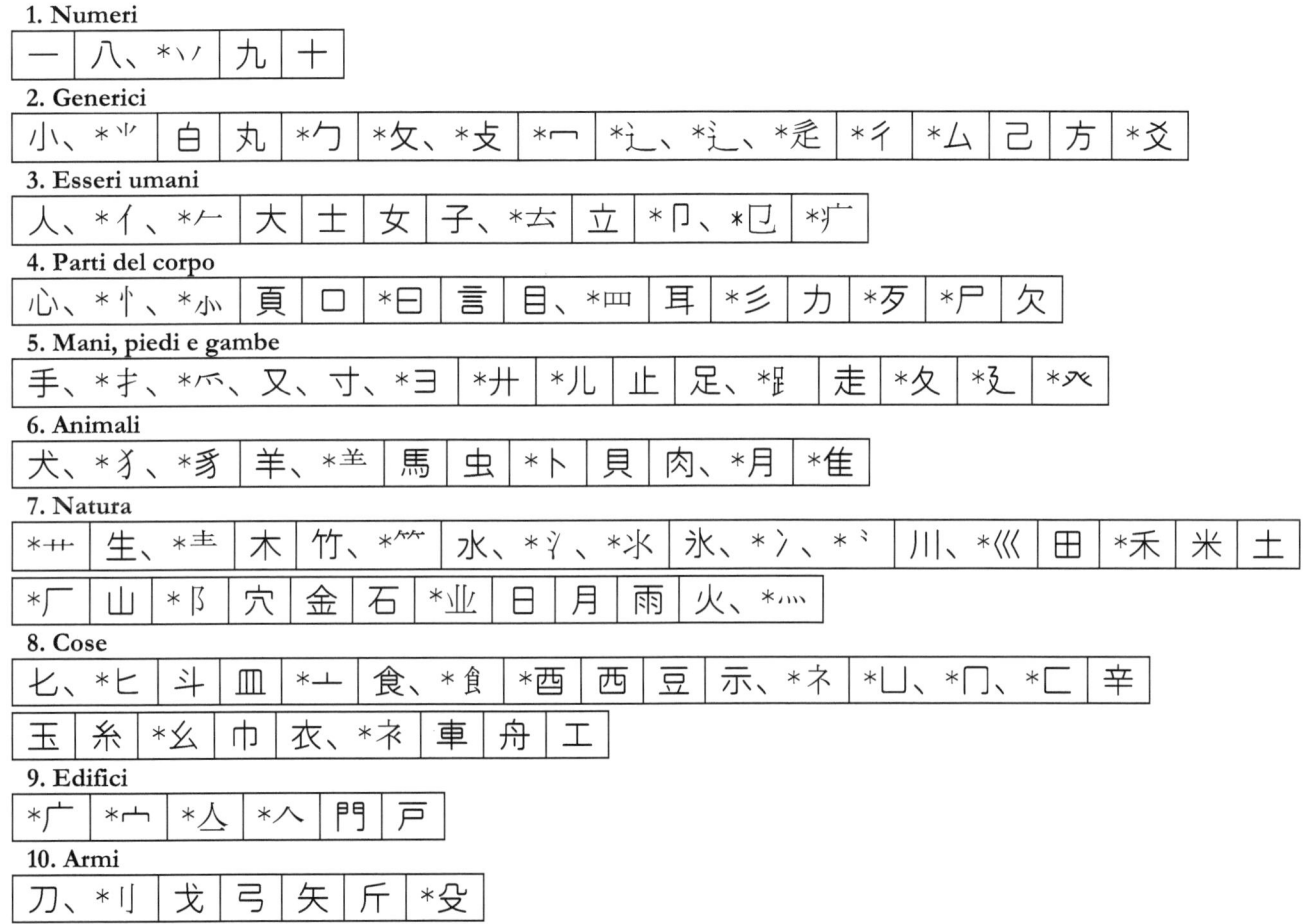

**1. Numeri**

| 一 | 八、*丷 | 九 | 十 |

**2. Generici**

| 小、*⺌ | 白 | 丸 | *勹 | *攵、*攴 | *冖 | *辶、*辶、*辵 | *彳 | *厶 | 己 | 方 | *爻 |

**3. Esseri umani**

| 人、*亻、*𠆢 | 大 | 士 | 女 | 子、*𠫓 | 立 | *卩、*㔾 | *广 |

**4. Parti del corpo**

| 心、*忄、*⺗ | 頁 | 口 | *曰 | 言 | 目、*罒 | 耳 | *彡 | 力 | *歹 | *尸 | 欠 |

**5. Mani, piedi e gambe**

| 手、*扌、*爫 | 又 | 寸 | *彐 | *廾 | *儿 | 止 | 足、*𧾷 | 走 | *夂 | *廴 | *癶 |

**6. Animali**

| 犬、*犭、*豕 | 羊、*⺷ | 馬 | 虫 | *卜 | 貝 | 肉、*月 | *隹 |

**7. Natura**

| *⺾ | 生、*圭 | 木 | 竹、*⺮ | 水、*氵、*氺 | 氷、*冫、*冫 | 川、*巛 | 田 | *禾 | 米 | 土 |
| *厂 | 山 | *阝 | 穴 | 金 | 石 | *业 | 日 | 月 | 雨 | 火、*灬 |

**8. Cose**

| 匕、*匕 | 斗 | 皿 | *亠 | 食、*𩙿 | *酉 | 西 | 豆 | 示、*ネ | *凵、*冂、*匸 | 辛 |
| 玉 | 糸 | *幺 | 巾 | 衣、*ネ | 車 | 舟 | 工 |

**9. Edifici**

| *广 | *宀 | *亼 | *八 | 門 | 戸 |

**10. Armi**

| 刀、*刂 | 戈 | 弓 | 矢 | 斤 | *殳 |

Si noti l'esistenza di alcuni elementi grafici ricorrenti usati in modo diverso di volta in volta. Alcuni esempi importanti sono:

- L'elemento superiore presente in 負, 免, 急, 争, 魚, ... può rappresentare una bocca aperta (vedi 欠^(けつ)), una persona piegata o essere usato come semplificazione di un altro elemento.

- *丷: questi tre tratti sono in genere il risultato di una semplificazione: molto spesso 火 fuoco (es. *螢 > 蛍 lucciola), ma anche 口 (es. *單 > 単, *嚴 > 厳). Da non confondersi con *爫 mano.

- L'elemento presente per esempio in 革 e 庶 rappresenta spesso la testa di un animale.

- La parte superiore di 昔, 散, 黄, ... quasi sempre è il risultato di una semplificazione.

Infine è importante conoscere il modo d'uso del seguente simbolo:

| 々 | 昔^(むかし)々^(むかし) tanto tempo fa、人^(ひと)々^(びと) persone、別^(べっ)々^(べつ) separatamente, individualmente |
| ! | Detto *kurikaeshi* (ripetizione), questo simbolo è usato in giapponese come sostituto non obbligatorio del kanji nelle parole in cui questo è ripetuto. È frequente che la ripetizione del kanji modifichi il suono del secondo. |

## 1. Numeri

| 一 | 八、 *丷ノ |
|---|---|
| **Uno**. A volte è utilizzato graficamente per indicare una superficie (es. l'acqua contenuta nel piatto in 監 "supervisionare") o un punto preciso (es. le radici dell'albero in 本 "origine", l'orizzonte in 旦 "alba"). | **Otto**. Come radicale indica sempre una <u>separazione</u> o un <u>allontanamento</u> ben suggeriti dall'aspetto grafico. |
| 九 | 十 |
| **Nove**. Graficamente rappresenta un <u>gomito</u> <u>piegato</u>. | **Dieci**. In origine il pittogramma di un <u>ago</u>. Trasmette spesso un senso di <u>completezza</u> o di <u>raccoglimento</u>, come tutte e dieci le dita. |

## 2. Generici

| 小、 *丷 | 白 |
|---|---|
| **Piccolo**. Derivato dal pittogramma di una rasatura fine. | **Bianco**. Il pittogramma rappresenta l'unghia del pollice. A volte può trasmettere il significato di <u>principale</u> o un senso di <u>purezza</u>. |
| 丸 | *勹 |
| Una <u>persona che curva il suo corpo</u> > **rotondo, circolare, sferico** > **completo, perfetto, intero**. Da non confondersi con 九 "nove". | <u>Avvolgere</u>, abbreviazione del kanji 包 dallo stesso significato rappresentante l'utero che avvolge il feto. |
| *攵、 *攴 | *冖 |
| Una mano che **colpisce** con un <u>bastone</u>. Il radicale può trasmettere un senso di <u>costrizione</u> o indicare semplicemente un'<u>azione</u>. | Indica l'atto di <u>coprire</u> con qualcosa. Da non confondersi con *宀 tetto. |
| *辶、 *辶、 *辵 | *彳 |
| Una <u>strada</u>. Usato quasi esclusivamente nella variante *辶 trasmette sempre un senso di <u>movimento</u> e <u>spostamento</u>. | Componente del kanji di 行 **andare**, rappresentate un <u>incrocio stradale</u>. Comunica sempre un significato affine al <u>movimento</u>. |
| *厶 | 己 |
| Un **aratro**. Grazie alla sua forma semplice, questo radicale è scelto spesso come semplificazione di forme più complesse (es. *弗, *黃). Per la sua essenzialità grafica, può assumere significati diversi da quello originale: un <u>recinto</u>, <u>testa</u>, <u>forcina</u> <u>corona</u>, <u>bersaglio</u> o altro ancora, oppure trasmettere il senso di una certa <u>ampiezza</u>. Infine, altre volte ancora *厶 è l'abbreviazione del kanji di 私 <u>io</u> di cui condivide la lettura し (collegata foneticamente a 自 e 己, entrambi significanti "se stesso"). | Pittogramma di un <u>filo con le estremità in evidenza</u>. Come radicale può suggerire di conseguenza "<u>dall'inizio alla fine</u>", oppure essere usato graficamente per rappresentare un <u>serpente</u>, una <u>persona inginocchiata</u> o una <u>forma serpeggiante</u>. Il significato di **se stesso** deriva da un prestito fonetico. |
| 方 | *爻 |
| Kanji derivato dal pittogramma di due zattere ormeggiate <u>una accanto all'altra</u> da cui derivano i significati di **direzione** e **modo**. Quello aggiuntivo di **persona** (formale) proviene dall'abitudine di riferirsi in modo gentile a qualcun altro indirettamente tramite la sua posizione nello spazio. Come radicale può suggerire anche una <u>posizione laterale rispetto a qualcosa</u>. | <u>Intrecciare</u> dei bastoncini facendoli combaciare tra di loro. A volte quest'immagine è associata all'idea di <u>imparare per emulazione</u>, in particolare quando combinata con le mani in *臼. |

## 3. Esseri umani

| 人、 *亻、 *𠆢 | 大 |
|---|---|
| Il pittogramma di una **persona**. Si può presentare anche a lato del kanji (es. 信) o al di sopra (es. 毎). | Una <u>persona</u> in posizione vitruviana, con braccia e gambe distese il più possibile > **grande**. |
| 士 | 女 |
| **Guerriero, samurai, signore-uomo**. Il kanji deriva dal pittogramma di un <u>pene in erezione</u> e a volte può suggerire un senso di <u>mascolinità</u>. Da non confondersi con 土. | Una **donna** dalla forma morbida e sinuosa. |
| 子、 *去 | 立 |
| **Bambino**. A volte è usato per indicare qualcosa di <u>piccolo</u>. La variante capovolta *去 indica un bambino in <u>posizione cefalica</u> alla <u>nascita</u>. | Una persona che si **alza in piedi**. Come radicale può trasmettere un senso di <u>verticalità</u>. |
| *卩、 *㔾 | *疒 |
| Una <u>persona inginocchiata</u>. | Una 人 persona in <u>malattia</u> distesa un tronco (片) d'albero tagliato a metà usato come giaciglio. |

## 4. Parti del corpo

| | |
|---|---|
| 心、 *忄、 *小<br><br>**Cuore**. È correlato a qualsiasi cosa affine ai <u>sentimenti</u>, le <u>emozioni</u> e la <u>mente</u>. | 頁<br><br>Una **testa**. Come radicale può indicare qualsiasi significato affine come <u>volto</u>, <u>viso</u>, <u>fronte</u> e <u>mente</u>. Il significato di **pagina** è un prestito. |
| 口<br><br>**Bocca**. Come radicale può indicare qualsiasi cosa riconducibile alla funzione vocale della bocca: <u>discorsi</u>, <u>parole</u>, <u>voci</u>, <u>enunciazioni</u>, <u>versi</u> e <u>lamenti</u>. Utilizzato in modo grafico invece è in grado di rappresentare un qualsiasi tipo di <u>cavità</u> e <u>apertura</u>, nonché <u>contenitori</u>, <u>recinzioni</u>, <u>mura</u> e cose che circondando altre (es. 囚 prigioniero). | *曰<br><br>Combinazione di 口 bocca e 一, a indicare la lingua o simbolicamente un <u>suono nella bocca</u>. Come radicale in genere suggerisce <u>dire</u> e <u>parlare</u> e compare sempre semplificato con 日 (sole). |
| 言<br><br>**Dire**. Nell'uso come radicale può sottintendere qualsiasi espressione affine all'<u>enunciazione, discorsi</u> e <u>parole</u>. | 目、 *罒<br><br>**Occhio**. La variante *罒 può rappresentare allo stesso modo un occhio oppure essere la stilizzazione di una <u>rete</u>. |
| 耳<br><br>Il pittogramma di un **orecchio**. | *彡<br><br><u>Ciuffo di peli della punta di un pennello</u> o stilizzazione di <u>capelli</u> fini. Come radicale suggerisce spesso il senso del <u>dettaglio</u>, <u>finezza</u>, <u>eleganza</u>. |
| 力<br><br><u>Muscoli del braccio flessi</u>, simbolo di **forza** e **potere**. Come radicale può suggerire <u>sforzi</u> e <u>impegno</u>. | *歹<br><br>Una <u>persona morta</u> di cui restano solo le <u>ossa</u>. |
| *尸<br><br>Un <u>cadavere disteso</u>. A volte la <u>posizione distesa</u> è usata per indicare solo il <u>corpo</u> o il <u>fondoschiena</u>. In alcuni kanji *尸 è l'abbreviazione di 屋 <u>casa/negozio</u>, ossia luogo dove arrivare e fermarsi (至) a riposare (*尸 corpo sdraiato). Da non confondersi con 尺. | 欠<br><br>Una 人 persona che <u>sbadiglia</u>. L'<u>apertura della bocca</u> suggerisce simbolicamente una mancanza o un'assenza > **mancanza** di un pezzo > **scheggiarsi**. |

## 5. Mani, piedi e gambe

| | |
|---|---|
| 手、 *扌、 *爫、 又、 寸、 *彐 | |
| **Mano**. Le varianti possono suggerire un'<u>azione</u> volontaria, <u>contatto</u>, l'atto di <u>afferrare</u>, <u>dare</u>, <u>ricevere</u>, <u>tirare</u>, <u>tenere</u> e così via. La variante *彐 si può trovare tale e quale (es. 掃 spazzare) oppure con il tratto centrale allungato (es. 書 scrivere). È possibile trovare una variante di 手 molto abbreviata (es. 右 destra), mentre *爫 deriva dal kanji di 爪 unghia/artiglio (es. 乳 latte). Infine, 寸, indicante un'**unità di misura**, rappresenta una mano che misura le pulsazioni dal polso e come radicale suggerisce più delle altre un <u>uso attento delle mani</u>. | |
| *廾<br><br><u>Due mani.</u> | *儿<br><br><u>Gambe</u>. A volte è usato per indicare una <u>persona</u> nella sua interezza, mentre in altri casi per indicare la <u>posizione inginocchiata</u>. |
| 止<br><br>**Fermarsi, cessare**. Pittogramma dell'impronta del <u>piede</u> sinistro. In diversi kanji con elementi di movimento, 止 ne rafforza l'idea venendo reinterpretato come una <u>traccia di orme</u> lasciate al passaggio. | 足、 *𧾷<br><br>**Piede, gamba**. La parte inferiore deriva da 止 mentre 口 rappresenta la rotula. |
| 走<br><br>**Correre**. Formato graficamente da 止 e 土 (terra), in realtà deriva da una semplificazione di *夭 "persona giovane e snella" e 止 (nel suo significato grafico di "impronte di piedi"). | *夂<br><br><u>Piede che punta verso il basso</u>. Simboleggia spesso un <u>andamento discontinuo</u> fatto di fermate e riprese. |
| *廴<br><br><u>Ampi movimenti</u>, <u>lunga distanza</u>. | *癶<br><br><u>Piedi ben saldi al terreno</u>. |

## 6. Animali

| | |
|---|---|
| 犬、 *犭、 *豸<br><br>**Cane**. Come radicale *犭 può indicare un qualsiasi tipo di <u>animale</u>, mentre il più raro *豸 suggerisce con precisione un <u>animale con gli artigli</u>. | 羊、 *⺶<br><br>Una **pecora** con due piccole corna in alto. Come radicale trasmette sempre dei connotati di <u>positività</u>, <u>bellezza</u>, <u>abbondanza</u> e <u>lode</u>, essendo la pecora considerata un animale prezioso. |
| 牛<br><br>Rappresentazione della testa di una **mucca**. | 馬<br><br>**Cavallo**. Da non confondersi con 鳥 uccello. |

| 虫 | *卜 |
|---|---|
| Pittogramma di un serpente dal grande cappuccio. Poiché serpenti e insetti anticamente erano considerati animali simili, il kanji ha assunto il significato finale di **insetto**. | Crepe su un guscio di una tartaruga usate a scopo divinatorio. Come radicale subisce a volte un piccolo raddrizzamento del tratto obliquo (es. 占 negozio). |
| 貝 | 肉、*月 |
| **Conchiglia**. Come radicale è usato per indicare i soldi e tutto ciò che è associabile al commercio, agli oggetti preziosi e alle ricchezze in generale. Le conchiglie in passato erano infatti adoperate come moneta di scambio. | Una fetta di **carne**. Come radicale appare spesso semplificato in modo identico al kanji di 月 (luna) e viene usato per indicare una parte del corpo, un organo interno o il corpo per intero. |
| *隹 | |
| Un piccolo uccello in volo visto di lato. Come radicale a volte suggerisce un movimento in avanti. | |

## 7. Natura

| *艹 | 生、*圭 |
|---|---|
| Derivato dal pittogramma di *艸 erba, si può riferire a qualsiasi pianta o vegetazione in generale. In un numero contenuto di kanji *艹 rappresenta la cresta o il ciuffo di un uccello (es. *藿) | Germogli che spuntano fuori e crescono dal terreno > **vita, nascita**. |
| 木 | 竹、*⺮ |
| **Albero**. È utilizzato per indicare anche il legno. | Canne di **bambù**. A volte sottintende tavolette di bambù. |
| 水、*氵、*氺 | 氷、*冫、*冫 |
| La corrente increspata di un fiume > **acqua**. Come radicale si può trovare anche nelle varianti *氵 e *氺 (gocce d'acqua), le quali si possono riferire all'acqua come a qualsiasi altro liquido | Unione di 水 acqua e *冫 ghiaccio > **ghiaccio, ghiacciato**. Come radicale si trova in genere con *冫 o *冫. |
| 川、*巛 | 田 |
| Un fiume che scorre fra le sue sponde. Come radicale a volte può suggerire girare intorno grazie al suo significato grafico e l'omofonia con 旋 せん (girare intorno, rotazione). | **Risaia**. Come radicale può indicare un generico campo coltivato. Più raramente 田 è usato a solo scopo grafico, in genere come semplificazione di un altro kanji (es. *囟 testa di un neonato, semplificata con 田 nel kanji di 思 pensare). |
| *禾 | 米 |
| La testa rotonda di una spiga di grano. Il kanji può essere usato per indicare piante di riso, altre piantagioni o l'intero raccolto. La forma della spiga con la testa può suggerire anche flessuosità, pendere giù. | Chicchi di **riso** prelevati dalla pianta. Come radicale a volte è usato a scopo di semplificare caratteri più complicati, in genere suggerendo comunque qualcosa di minuto e/o nascosto. |
| 土 | *厂 |
| Un cumulo di **terra** sopra il **suolo** > **terreno**. Il kanji è usato per riferirsi anche al territorio e affini. Da non confondersi con 士. | Una rupe. Come radicale può suggerire vari significati affini. Da non confondersi con *广 "grande edificio". |
| 山 | *阝 |
| **Montagna**. | Quando si trova sul lato sinistro del kanji *阝 indica una collina (es. 隠 nascosto), mentre sul lato destro indica un villaggio (es. 郵 posta). |
| 穴 | 金 |
| Scavare una buca (separare 八) e ricoprirla (*宀 tetto). Inizialmente riferito a un'abitazione primitiva, il kanji ha poi assunto i significati generici di **buco** e **foro**. | Metalli luccicanti (suggerito dai due trattini in basso) contenuti (*亼) nella 土 terra. Il significato principale del kanji è diventato quello di **oro**, ma nell'uso come radicale può suggerire un qualsiasi tipo di metallo. Nelle parole invece è spesso utilizzato per riferirsi al denaro. |
| 石 | *凵 |
| **Pietre** e **sassi** frananti da una rupe. | Una fossa vuota. |
| 日 | 月 |
| Pittogramma del **sole** > **giorno, Giappone**. Come radicale è usato per indicare anche luce, brillantezza e calore; a volte invece ha il solo scopo grafico di semplificare altri elementi (es. per indicare un contenitore). Fare attenzione al kanji *曰 "dire", sempre semplificato con 日. | **Luna**. Prestare attenzione al kanji di 肉 "carne" e a quello di 舟 "nave" che nell'uso come radicale compaiono spesso semplificati con 月. |
| 雨 | 火、*灬 |
| Pittogramma di **pioggia** che cade dalle nuvole. Usato come radicale può riferirsi a un qualsiasi fenomeno atmosferico. | **Fuoco**. |

## 8. Cose

| | |
|---|---|
| **七、 \*匕**<br>Un **cucchiaio**. La forma suggerisce qualcosa di piegato e spesso rende l'immagine di una persona che si piega e crolla a terra sul fianco. Spesso la versione \*匕 è usata graficamente per suggerire un bastone. | **斗**<br>Pittogramma di un **mestolo**. Il kanji adoperato per indicare un'unità di misura. |
| **皿**<br>Un **piatto**. | **\*亠**<br>Un coperchio. |
| **食、 \*飠**<br>Da \*倉, composto di \*皀, un recipiente pieno di cibo, e coperchio (\*亼) > **mangiare**. | **\*酉**<br>Una giara di vino. Da non confondersi con 西 (ovest). |
| **西**<br>Il pittogramma di un torchio vinario la cui spremitura colerà dall'alto. **Ovest** è un prestito, forse suggerito dal movimento discendente del sole mentre tramonta verso ovest. 西 è associato da alcuni studiosi al pittogramma di un nido di uccelli, trasmettendo allo stesso modo l'idea di un punto "in alto". Come radicale si semplifica con \*覀. La stessa semplificazione è usata per il carattere \*襾, un contenitore capovolto usato per coprire qualcosa. Da non confondersi con il radicale di \*酉 giara di vino, da cui differisce per il solo tratto interno inferiore aggiuntivo. | **豆**<br>Pittogramma di un recipiente rialzato da tavola su cui appoggiare il cibo. **Fagiolo** è un prestito assecondato dall'idea di cibo nel recipiente. Nei composti 豆 rende molteplici sfumature: qualcosa di piccolo (dalla forma del recipiente relativamente più piccolo rispetto a un vassoio normale) o di alto (dalla forma rialzata), o ancora una base per qualcosa (dalla funzione di supporto) e di conseguenza un piedistallo. |
| **示、 \*礻**<br>Pittogramma di un altare con sopra, **in risalto**, un sacrificio agli dei. I due tratti laterali rappresentano le gocce di vino versate sul sacrificio mentre colano giù. Come radicale mantiene il significato di altare e può richiamare l'idea di divinità o quella di religione stessa comparendo spesso nella forma \*礻. Il kanji ha assunto invece i significati principali di **denotare**, **indicare**, **mostrare**, in parte legati al sacrificio in mostra sopra l'altare, in parte al responso divino che si manifesterà in seguito. | **\*凵、 \*冂、 \*匚**<br>Scatole e contenitori. \*凵 concentra l'attenzione sul contenitore, mentre \*匚 sul contenuto. \*冂 pone attenzione sullo spazio racchiuso o è usato in rari casi per la sua forma a simboleggiare un supporto o un'abitazione. |
| **辛**<br>Pittogramma di un ago da tatuatore. Il kanji suggerisce la sensazione **dolorosa** e penetrante causata dall'uso dell'ago per torturare o per tatuare uno schiavo, mentre il significato di **piccante** deriva dall'associazione con un sapore pungente. Come radicale compare spesso con la sola parte superiore (es. 章). Da non confondersi con 幸 (felicità). | **玉**<br>Kanji derivato dal pittogramma di una collana di **gioielli** > forma **sferica**. Il trattino centrale è stato aggiunto per distinguere il kanji da quello di 王 "re"; tuttavia nell'uso come radicale il trattino viene spesso omesso (es. 球). |
| **糸**<br>Un **filo** di seta grezza. Come radicale può indicare significati affini come filare, rammendare, corde e più raramente stoffe e vestiti, mentre in senso astratto può sottintendere un legame, un senso di unità o controllo. | **\*幺**<br>Piccoli fili. |
| **巾**<br>Un tessuto appeso a drappo > **asciugamano**. Come radicale può indicare la stoffa e i significati affini. | **衣、 \*衤**<br>**Indumenti, vestiti, abiti.** Da non confondersi con \*礻. |
| **車**<br>**Macchina**. Deriva dal pittogramma di un carro. | **舟**<br>**Nave**. Come radicale si può trovare semplificato con 月 (luna). |
| **工**<br>Pittogramma di una grande ascia usata per tagliare la legna > strumento da lavoro > **lavoro** manuale. | |

## 9. Edifici

| | |
|---|---|
| **\*广**<br>Un grande edificio. Da non confondersi con \*厂 "rupe". | **\*宀**<br>Un tetto. Può indicare per associazione qualsiasi edificio coperto. |
| **\*人**<br>Un tetto di un'abitazione primitiva. Come radicale può suggerire una copertura generica, un coperchio, riunirsi in uno stesso posto o qualcosa che combacia con un'altra. | **\*入**<br>Una copertura, un posto al coperto. |

| 門 | 戶 |
|---|---|
| **Cancello, portone.** Luogo d'accesso a qualcosa. | **Porta** (in passato *戶). |

## 10. Armi

| 刀、*刂 | 戈 |
|---|---|
| Il pittogramma di una **spada** > **katana**. Nelle parole e come radicale può suggerisce un qualsiasi oggetto da taglio. Nell'uso come radicale può indicare anche l'atto stesso di tagliare o incidere. | Una mano che tiene una lancia. |
| 弓 | 矢 |
| Pittogramma di un **arco** in tensione. | Pittogramma di una **freccia**. |
| 斤 | *殳 |
| Pittogramma di un'**ascia** con l'impugnatura curva. È stato usato per indicare il valore di un **kin** (circa 600 grammi). | Una mano (又) equipaggiata di ascia. Come radicale suggerisce spesso l'atto di colpire qualcosa. |

# 1.

# ASTRATTI

# 1.1 Numeri

| 一 | 二 | 三 | 四 | 五 | 六 | 七 | 八 | 九 | 十 | 百 | 千 | 万 |
|---|---|---|---|---|---|---|---|---|---|---|---|---|
| | 仁 | | | 互<br>*吾<br>語<br>悟 | | 切<br>窃<br>叱 | | 染<br>軌 | 計<br>針<br>汁<br>叶<br>丈<br>杖 | 宿<br>縮 | 年 | 励 |

| 一 | 一、一つ、一日 <sub>いちにち</sub> un giorno、一日 <sub>ついたち</sub> <u>il primo giorno del mese</u>、一時 <sub>いちじ</sub> l'una、一時間 <sub>いちじかん</sub> un'ora、一度 <sub>いちど</sub> una volta、一か月 <sub>いっケげつ</sub> un mese、一月 <sub>いちがつ</sub> gennaio、一人 <sub>ひとり</sub> <u>da solo, una persona</u>、第一 <sub>だいいち</sub> primo、一桁 <sub>いちけた</sub> una cifra |
|---|---|
| I | Il numero **uno**, dal pittogramma del dito indice usato per contare. |

| 二 | 二、二つ、二日 <sub>ふつか</sub> due giorni, il secondo del mese、二人 <sub>ふたり</sub> <u>due persone</u>、二十歳 <sub>はたち</sub> <u>venti anni</u>、二分 <sub>にぶん</sub> dividere in due、十二分 <sub>じゅうにぶん</sub> abbondantemente、二の足を踏む <sub>に あし ふ</sub> esitare, pensarci due volte、一石二鳥 <sub>いっせきにちょう</sub> prendere due piccioni con una fava |
|---|---|
| I | **Due**. |

| 仁 | 仁義 <sub>じんぎ</sub> morale、仁王 <sub>におう</sub> Niō |
|---|---|
| VI | Una *イ persona con la schiena piegata dal fardello che porta con sé. 二 esprimeva la parte fonetica <sub>に</sub> e si ricollegava al concetto di fardello collegandosi ad 任 "affidare, responsabilità". I significati attuali sono **umanità** e **benevolenza**, derivati foneticamente da 忍 "sopportare, resistere". |

| 三 | 三、三つ、三日 <sub>みっか</sub> tre giorni, il terzo del mese、再三 <sub>さいさん</sub> a più riprese, ripetutamente、三部作 <sub>さんぶさく</sub> trilogia |
|---|---|
| I | **Tre**. |

| 四 | 四、四、四つ、四日 <sub>よっか</sub> quattro giorni, il quarto del mese、四時 <sub>よんじ</sub> le quattro、四角 <sub>しかく</sub> quadrato、四季 <sub>しき</sub> quattro stagioni |
|---|---|
| I | *亖 simboleggia le **quattro** dita della mano, pollice escluso. 四 ha origine dalla combinazione dei kanji 口 bocca, 气 spirito e 舌 lingua a indicare il respiro. Successivamente, 四 ha sostituito *亖 per omofonia e la somiglianza grafica con quattro dita di una mano raccolte a pugno. |

| 五 | 五、五つ、五日 <sub>いつか</sub> cinque giorni, il quinto del mese、五感 <sub>ごかん</sub> i cinque sensi |
|---|---|
| I | **Cinque** inizialmente era rappresentato dal pittogramma di cinque linee, una per ogni dito. Questo è stato poi sostituito da 五, il pittogramma di una <u>mano attorno alla quale si arrotola un gomitolo</u>, sempre a indicare le cinque dita di cui è composta. |

| 互 | 互い <sub>たが</sub>、お互い様 <sub>たが さま</sub> entrambi、互角 <sub>ごかく</sub> parità, stesso livello、相互理解 <sub>そうごりかい</sub> comprensione reciproca |
|---|---|
| / | Pittogramma di una particolare bobina usata per intrecciare i fili in modo preciso e simmetrico > **reciproco, mutuo**. La sua forma potrebbe essere stata influenzata in qualche modo da quella di 五, inteso nel suo significato grafico di gomitolo avvolto nella mano, di cui condivide la lettura. <sub>ご</sub> |

| *吾 | Inizialmente il kanji era formato da due gomitoli (五) identici suggerendo uguaglianza ed equilibrio. L'idea è stata poi associata alle persone "ognuna pari all'altra" generando i significati di **io** e **se stessi**. La semplificazione con 口 bocca può suggerire rispondere in modo adeguato a una domanda. |
|---|---|

| 語 | 語る raccontare、語らう parlare con qualcuno、物語 romanzo、日本語 lingua giapponese、英語 lingua inglese、イタリア語 lingua italiana、敬語 linguaggio onorifico、言語 linguaggio |
|---|---|
| II | Aggiungendo 言 dire si enfatizza il concetto di comunicazione adeguata sottointeso da *吾 > **raccontare, parola, lingua**. |
| 悟 | 悟る realizzare、悟り illuminazione、覚悟 determinazione, risoluzione |
| / | Un 心 cuore in perfetto equilibrio, ormai illuminato > **illuminazione** > **percepire, realizzare**. |

| 六 | 六、六つ、六日 sei giorni, il sesto del mese |
|---|---|
| I | Il pittogramma di una casa. È stato scelto come sostituto del carattere "pugno serrato" che indicava il numero **sei**. |

| 七 | 七、七、七つ、七日 sette giorni, il settimo del mese、七時 le sette |
|---|---|
| I | Una linea verticale tagliata da un'altra. **Sette** è un prestito. La lettura richiamava 切 tagliare. |

| 切 | 切る tagliare/disconnettere/completare fino in fondo (spesso come suffisso)、切れる essere affilato/smettere di funzionare/esaurirsi/rovinarsi/essere abile、切れ pezzo、切手 francobollo、切符 biglietto、親切 premuroso、大切 importante、切迫 urgenza、一切 tutto quanto |
|---|---|
| II | Il significato grafico di 七 viene enfatizzato dall'aggiunta di 刀 spada > **tagliare**. In alcune parole 切 agisce da rafforzativo. |
| 窃 | 窃盗 furto、窃盗罪 furto (crimine)、窃盗団 banda di ladri、剽窃 plagio |
| / | > in origine 窃 conteneva anche il kanji di 米 riso, mentre 切 (tagliare) è usato per richiamare foneticamente 執 "agguantare" e 摂 "prendere in sé" > **rubare** il riso conservato da qualcuno in un posto segreto (穴 foro) > **agire in modo furtivo**. |
| 叱 | 叱る |
| // | Una 口 bocca tagliente > **rimproverare**. |

| 八 | 八、八つ、八日 otto giorni, l'ottavo del mese、お八つ merenda、八方 tutte le direzioni、八百屋 fruttivendolo |
|---|---|
| I | Due linee che separandosi si allontanano l'una dall'altra. **Otto** è un prestito. In alcune parole indica un gran numero. Come radicale è molto usato per indicare separazione o allontanamento, anche in forma capovolta *ソ. |

| 九 | 九、九、九つ、九日 nove giorni, il nono del mese、九時 le nove |
|---|---|
| I | Pittogramma di un gomito piegato. **Nove** è un prestito. |

| 染 | 染める (tr.)、染まる (intr.)、染みる impregnarsi、染み macchia, chiazza、伝染 contagio |
|---|---|
| VI | Qui 九 indica una persona piegata nell'atto di immergere delle piante (木) in un liquido (*氵) > **tingere** > **impregnare, macchia**. |
| 軌 | 軌道 orbita、軌道に乗る essere in orbita/andare secondo i piani、常軌を逸らす sragionare |
| / | **Solchi** lasciati dal passaggio di un carro (車) che colpisce il terreno > **percorso** > **modello**. 九 simboleggia la forma dei solchi. |

| 十 | 十、十、十日 dieci giorni, il decimo del mese、二十日 venti giorni, il ventesimo giorno del mese、十字 croce |
|---|---|
| I | Pittogramma di un ago da cucito. È stato scelto come sostituito del più complesso 拾 che indica *扌 mani 合 unite > le **dieci** dita delle mani. Come radicale comunica spesso un'idea di completezza, essere raccolti insieme. |

| 計 | 計る progettare、時計 orologio、目覚まし時計 sveglia、計画 piano, progetto、合計 totale、設計 progetto、統計 statistica、計算 calcolo、余計 superfluo、温度計 termometro |
|---|---|
| II | Contare con le dita delle mani (十) a voce (言) alta > prendere le **misure** > **progettare**. |
| 針 | 針、指針 lancetta |
| VI | Un **ago** di metallo (金). La lettura si collega al kanji di 辛 "doloroso/piccante", anch'esso derivato dal pittogramma di un ago. |
| 汁 | 汁、味噌汁 zuppa di *miso*、果汁 succo di frutta |
| / | Liquido (*氵) raccolto in una scodella > **zuppa, succo**. |
| 叶 | かなう avverarsi, diventare realtà (es. desiderio, sogno)、かなえる venire esaudito |
| // | Voci (口) che si uniscono in una supplica che **viene esaudita**. |

| 丈 | 丈夫 resistente, robusto、大丈夫 andare bene, tutto bene、背丈 statura |
|---|---|
| / | Il kanji combina mano (又) con 十, utilizzato in questo caso per la sua forma grafica simile a quella di un bastone > adoperare un bastone per eseguire una misurazione approssimativa > **unità di misura**. Attualmente indica in senso generale un'**altezza** misurabile. |

| 杖 | 杖 |
|---|---|
| / | L'aggiunta di legno (木) enfatizza il significato originario di 丈 > **bastone da passeggio**. |

| 百 | 百、百科事典 enciclopedia、百貨店 grande magazzino |
|---|---|
| I | 白 bianco è usato per il suo significato grafico di "unghia del pollice". Il pollice anticamente simboleggiava il concetto di centinaia, combinato con il kanji di 一 "uno" da cui il significato finale di **cento**. |

| 宿 | 宿、宿る alloggiare/dimorare、宿す tenere (es. un ospite/un virus/un bambino in grembo)、雨宿り riparo dalla pioggia、宿題 compiti per casa、星宿 costellazione |
|---|---|
| III | Numerose (*百) *イ persone strette insieme all'interno di un edificio (*宀) > **locanda, albergo, rimanere a dormire** (es. in un hotel). Un'altra teoria considera 百 come una semplificazione del kanji di 席 "posto a sedere", il quale si collega foneticamente a quello di 夕 sera > *イ persone che trovano posto in una locanda quando si fa sera. |
| 縮 | 縮む (intr.)、縮める (tr.)、縮れる incresparsi, arricciarsi、圧縮 compressione, abbreviazione、縮小 riduzione |
| VI | > una corda (糸) che stringe insieme (宿) un gran numero di cose > **ridurre, contrarre, restringere, rimpicciolire** > **increspato**. |

| 千 | 千、千差万別 <sup>せんさばんべつ</sup> essere estremamente vario、千切る <sup>ちぎ</sup> fare a pezzi (anche figurato)/staccare-strappare |
|---|---|
| I | Il corpo umano anticamente simboleggiava il concetto di migliaia, così la combinazione di *イ persona e 一 uno restituisce il significato di **mille**. |

|  | 年 | 年 <sup>とし</sup> anno、去年 <sup>きょねん</sup> l'anno scorso、年末 <sup>ねんまつ</sup> fine dell'anno、年上 <sup>としうえ</sup> anziano、少年 <sup>しょうねん</sup> giovane、生年月日 <sup>せいねんがっぴ</sup> data di nascita、～年代 <sup>ねんだい</sup> datazione、青年 <sup>せいねん</sup> gioventù、年齢 <sup>ねんれい</sup> età、年金 <sup>ねんきん</sup> pensione |
|---|---|---|
|  | I | Semplificato da *秊, la totalità (千) del grano (*禾) prodotto nel raccolto annuale > **anni** > **età**. |

| 万 | 一万 <sup>いちまん</sup> diecimila、万年筆 <sup>まんねんひつ</sup> penna stilografica、万能 <sup>ばんのう</sup> onnipotente、万事 <sup>ばんじ</sup> tutto |
|---|---|
| II | **Quattro zeri**. L'origine si può ritrovare in *萬, il pittogramma di uno scorpione la cui coda divisa in segmenti dava l'idea di una lunga serie conducendo al concetto di <u>innumerevole</u>. 万 è una stilizzazione della 卍 svastica buddista che, per il suo senso di onnicomprensività e possedendo le stesse pronunce di *萬 (まん、ばん), gli si è sostituito come semplificazione. In alcune parole 万 indica **gran moltitudine**, **tutto**. |

|  | 励 | 励む <sup>はげ</sup> sforzarsi, impegnarsi、励ます <sup>はげ</sup> incoraggiare、奨励 <sup>しょうれい</sup> incoraggiamento-esortazione、激励 <sup>げきれい</sup> incoraggiamento |
|---|---|---|
|  | / | Semplificato da *勵. L'elemento a sinistra *厲 indica una pietra (石, abbreviata con *厂 rupe) usata per affilare, significato suggerito dalla punta della coda dello *萬 scorpione. La semplificazione con 万 accentua il concetto di innumerevole da cui deriva l'idea di "passare con una pietra con 力 forza innumerevoli volte per affilare" > **lavorare duramente** > **incoraggiare**, per associazione. La lettura potrebbe ricollegarsi a *擂 (す.る) <sup>らい</sup> "arrotare/tritare, macinare" e a *砥 "cote, pietra per affilare" <sup>てい</sup>. |

# 1.2 Posizione e aspetto

| 上 | 下 | 中 | 央 | 半 | 方 | 両 | 凹 | 凸 |
|---|---|---|---|---|---|---|---|---|
| | | 仲 | 英 | 判 | 訪 | 満 | | |
| | | 忠 | 映 | 伴 | 芳 | | | |
| | | 沖 | | 畔 | 防 | | | |
| | | 史 | | | 坊 | | | |
| | | 吏 | | | 房 | | | |
| | | 使 | | | 妨 | | | |
| | | | | | 肪 | | | |
| | | | | | 紡 | | | |
| | | | | | 傍 | | | |
| | | | | | 放 | | | |
| | | | | | 倣 | | | |
| | | | | | 激 | | | |

| | |
|---|---|
| 上 | 上、あげる alzare/dare、上る<sup>のぼ</sup> salire、屋上<sup>おくじょう</sup> terrazza、上旬<sup>じょうじゅん</sup> prima decade del mese、上手<sup>じょうず</sup> abile、上司<sup>じょうし</sup> capo、上役<sup>うわやく</sup> superiori、上座<sup>かみざ</sup> posto d'onore, posto a capotavola |
| I | La parte **sopra** una linea > **su, salire**. La lettura じょう deriva dal kanji 乗<sup>じょう</sup> (salire su un veicolo). |
| 下 | 下<sup>した</sup> sotto、(下<sup>しも</sup>, 下<sup>もと</sup>)、下さる<sup>くだ</sup> dare (*keigo*)、下りる<sup>お</sup> scendere/andare giù/ritirarsi、下ろす<sup>お</sup> far scendere, scaricare、下げる abbassare/appendere、下手<sup>へた</sup> poco abile、地下鉄<sup>ちかてつ</sup> metropolitana、落下<sup>らっか</sup> caduta、下品<sup>げひん</sup> volgare, grossolano |
| I | La parte **sotto** a una linea > **giù, scendere**. I tratti discendenti sono stati aggiunti per enfasi. |
| 中 | 中<sup>なか</sup> dentro、中身<sup>なかみ</sup> contenuto、中国<sup>ちゅうごく</sup> Cina、中学校<sup>ちゅうがっこう</sup> scuola media、背中<sup>せなか</sup> schiena、中心<sup>ちゅうしん</sup> punto centrale、真ん中<sup>ま なか</sup> centro preciso、中立<sup>ちゅうりつ</sup> neutralità、中毒<sup>ちゅうどく</sup> avvelenamento、～中<sup>ちゅう</sup> durante...、～中<sup>じゅう</sup> attraverso... |
| I | Un'asta portabandiera ben fissata al terreno > **dentro, centro**, usato anche per indicare la **Cina** (il regno di mezzo). Un'altra teoria interpreta il kanji come una freccia che colpisce il "centro" di un bersaglio. |

| | |
|---|---|
| 仲 | 仲間<sup>なかま</sup> compagno、仲が良い<sup>なか よ</sup> andare d'accordo、仲直り<sup>なかなお</sup> rappacificazione |
| IV | Legame presente al centro delle *イ persone > **relazione**. |
| 忠 | 忠実<sup>ちゅうじつ</sup> fedele, leale、忠義<sup>ちゅうぎ</sup> lealtà, fedeltà, devozione、忠告<sup>ちゅうこく</sup> consiglio |
| VI | Porre gli altri al centro dei propri sentimenti (心) > **fedeltà, devozione**. |
| 沖 | 沖<sup>おき</sup> mare aperto、沖縄<sup>おきなわ</sup> Okinawa、沖釣り<sup>おきづ</sup> pesca d'alto mare、沖天<sup>ちゅうてん</sup> nel cielo |
| // | Stare in mezzo al mare (*氵) > **mare aperto** > andare lontano in mezzo al mare > **levarsi in volo**. |

| 史 | 日本史 storia del Giappone、歴史 storia、歴史家 storico、先史 preistoria |
|---|---|
| IV | Il kanji combina mano (又) con 中, utilizzato in questo caso per la sua forma grafica scomposta in 口 "bocca" e una linea verticale a simboleggiare un bastoncino utilizzato per contare > avere il compito di contare ed elencare ad alta voce i numeri che compongono il calendario > trascrizione storica > **storia**. |

| 吏 | 官吏 |
|---|---|
| / | 吏 deriva dal prototipo del kanji di 事 "lavoro, faccenda, cosa astratta" da cui si è distanziato per indicare una persona che si occupa di svolgere il proprio lavoro > **ufficiale, funzionario**. Per comodità può essere utile associare il kanji al senso implicito di svolgere un compito presente in 史, da cui differisce per il solo tratto aggiuntivo superiore. |
| 使 | 使う utilizzare, usare、大使館 ambasciata、天使 angelo、使用 utilizzo、召使い servo |
| III | > aggiungendo *イ a 使 si accentua l'attenzione sulla persona che compie il lavoro, intesa come un servitore di cui si fa uso. In seguito il senso si è generalizzato restituendo i significati di **utilizzare** e **uso**. La lettura richiama 事 "lavoro, faccenda, cosa astratta". |

| 央 | 中央 centrale |
|---|---|
| III | Il kanji rappresenta una nuca ben in evidenza, parte centrale fra le spalle di una persona (大) > **centralità**. |

| 英 | 英語 lingua inglese、英才 di talento、石英 quarzo、英雄 eroe |
|---|---|
| IV | Viene aggiunta *艹 erba per indicare un **fiore sbocciato** con al centro un calice di **eccezionale bellezza** > **talento**. Tali connotati positivi sono incoraggiati dall'omofonia con il kanji di 栄 prosperità. **Inghilterra** è un prestito fonetico. |
| 映 | 映る essere riflesso/armonizzarsi con/venire (in foto)、映す riflettere, proiettare/fare ombra、映える brillare/apparire bello (donare a qualcuno)、代わり映え cambiare per il meglio、映画 film |
| VI | Il 央 centro brillante del 日 sole > **brillare** > **riflettere, proiettare**. |

| 半 | 半ば in mezzo、半分 metà、折半 divisione、生半可 superficiale、九時半 le nove e mezza、半島 penisola |
|---|---|
| II | Una 牛 mucca divisa (*ヽノ) a **metà** durante la macellazione. |

| 判 | (判る capire)、判断 giudizio, valutazione, decisione、批判 critica、判別 discernere、判子 timbro |
|---|---|
| V | **Giudizio** che come una lama (*刂) che taglia in due parti precise, **distingue nettamente** le cose. Nel concreto indica un intaglio preciso > **timbro, formato** (es. carta). |
| 伴 | 伴、伴う accompagnare, essere accompagnato/comportare qualcosa、相伴う accompagnare、伴侶 compagno-partner、伴奏 accompagnamento (musicale) |
| / | Kanji di difficile interpretazione. Una teoria interpreta gli elementi come una *イ persona che provoca una frattura (半) nel gruppo (omofonia con 班 gruppo, squadra) e se ne va **accompagnata** dai suoi seguaci (legame fonetico con 陪 accompagnare). |
| 畔 | 畔 argine fra le risaie、あぜ道 sentiero tra due risaie、湖畔 sponda di un lago、河畔 riva di un fiume |
| // | 田 risaia divisa in parti, riferito ai sentieri rialzati che la percorrono > **riva, sponda** per associazione. |

| 方 | 方、日本の方 giapponese (persona, formale)、夕方 serata、使い方 modo d'uso、方角 direzione、方法 metodo, modo, maniera、行方 posizione (dove qualcuno si trova), recapito, tracce-pista、行方不明 disperso |
|---|---|
| II | Dal pittogramma di due zattere ormeggiate una accanto all'altra > **direzione** > **modo**. Il significato aggiuntivo di **persona** (formale) proviene dall'abitudine di riferirsi in modo gentile a qualcun altro indirettamente tramite la sua posizione nello spazio. Nella grammatica 方 si può trovare nell'espressione 「のほうが」 usata per la formazione dei comparativi. Come radicale rende i suoi significati di persona, direzione e modo, suggerendo alle volte una posizione laterale rispetto a qualcosa (vedi 傍 "a fianco di, in prossimità"). |
| 訪 | 訪ねる、訪れる、訪問 visita、探訪 fare un reportage su qualcosa |
| VI | Condurre un'indagine coprendo ogni 方 direzione per parlare (言) e chiedere informazioni a numerose persone > **visitare, fare visita**. |
| 芳 | 芳しい fragrante, aromatico/favorevole、芳しくない non favorevole、芳香 fragranza, aroma |
| / | Una **fragranza** gradevole proveniente dalla *艹 vegetazione che si sparge in ogni 方 direzione. Si può trovare nelle parole anche per esprimere qualcosa di buono in generale o per riferirsi in modo rispettoso alla seconda persona. 方 richiama foneticamente 香 "profumo, fragranza". |
| 防 | 防ぐ、防水 impermeabile、防衛 difesa、予防 prevenzione、堤防 argine |
| V | Una *阝 collinetta atta ad argine che protegge ciò che si trova al suo fianco > **difesa, prevenzione**. |
| 坊 | 坊主 monaco/ragazzo/persona con la testa rasata、お坊さん monaco、坊や ragazzo/novellino、坊ちゃん figlio (altrui)/signorino、赤ん坊 neonato |
| / | > un argine di 土 terra rialzato (qui 方 ha la stessa funzione vista in 防). Il kanji ha preso in prestito il significato di accolito, forse intendendo "una 方 persona rialzata socialmente" o "una persona accanto all'altra", indicando sia il **monaco buddista** che il suo seguace > **ragazzo-bambino**. |
| 房 | 房 ciuffo/ciocca/frangia/grappolo、乳房 mammella、暖房 calorifero, termosifone, stufa、文房具 articoli da cancelleria、冷房 climatizzazione、女房 dama di corte/moglie-consorte |
| / | Una 戸 porta che conduce a una piccola **stanza** posta a lato di una più grande. Dall'idea di "essere connessi a lato" è derivata una serie di significati diversi associati riscontrabili nelle parole, come ad esempio quello di **cespo** (e simili). |
| 妨 | 妨げる、妨害 ostruzione, intralcio, interferenza |
| / | 方 è usato per richiamare foneticamente *謗 "diffamare, screditare", riferito a una donna (女), probabilmente vicina (a lato 方) a una persona importante, che sparge maldicenze riguardo qualcuno **ostacolandolo** > **interferire, disturbare**. |
| 肪 | 脂肪 grasso/sebo |
| / | **Grasso** al lato di una fetta di 肉 carne. |
| 紡 | 紡ぐ filare、紡績 filatura |
| // | **Filare** (糸) in un determinato 方 modo. 方 potrebbe indicare anche la posizione una accanto all'altra dei 糸 fili che compongono una fitta trama o richiamare foneticamente 縫 cucire. |

| | |
|---|---|
| 傍 | そば、傍ら、傍聴人 spettatori-pubblico、傍注 note a margine |
| / | *旁 deriva dalla stilizzazione delle due zattere ormeggiate una accanto all'altra (significato grafico di 方) > una *イ persona **a fianco della** propria barca > essere **in prossimità, vicino**. |
| 放 | 放す lasciare andare、放つ rilasciare、放送、衛星放送 trasmissione satellitare、追放 espulsione、放る abbandonare, lasciare incompiuto/gettare、放火 incendiare, incendio di origine dolosa、放置 lasciare così com'è、放浪 vagare, errare |
| III | **Lasciare andare** o **rilasciare** una 方 persona. *攵 rappresenta una mano che colpisce con un bastone e può essere considerato sia come un atto di costrizione sia come una semplice azione. |
| 倣 | 倣う seguire, emulare、模倣 imitazione, copia、模倣者 imitatore |
| / | Kanji composto da *攵, per enfatizzare l'azione, e *仿 (imitare/vagare), interpretabile come "imitare i modi (方) di una *イ persona" e usato foneticamente per richiamare 肖 "rassomigliare" > **imitare, emulare**. Il kanji quindi non si suddivide con 放 e non deriva da esso. |
| 激 | 激しい violento、感激 emozionarsi, impressionarsi、激変 cambiamento improvviso、激励 incoraggiamento |
| VI | Acqua (*氵) che si disperde (放) infrangendosi come 白 bianca spuma > **turbolento** > **violento, intenso**. La lettura potrebbe essere collegata ad 撃 "attaccare, sparare". |
| 両 | 両親 genitori、両方 entrambi、両替 cambiare i soldi、両手 entrambe le mani |
| III | Pittogramma di una <u>zucca a fiasco</u> composta da due gusci uguali > **entrambi**. Nell'originale *兩 i due gusci presentavano all'interno il kanji 入 (entrare/inserire) in quanto erano utilizzati spesso come contenitori per conservare l'acqua o il vino per brevi periodi di tempo. In Giappone 両 è stato utilizzato anche per esprimere un'unità di misura dell'argento per estensione dell'idea di "dividere in modo equo". |
| 満 | 満ちる (tr.)、満たす (intr.)、満足 soddisfatto、満員 al completo, gremito、満月 luna piena |
| IV | Da *滿. L'aggiunta di acqua (*氵) suggerisce che la zucca a fiasco (両) è stata riempita, mentre l'elemento superiore, adesso semplificato con *艹 erba, si suppone rappresenti la giunzione dei due gusci in modo tale che l'acqua contenuta fino all'orlo non trabocchi fuori > **riempire, essere pieno, alzarsi** (es. marea) > **essere soddisfatto**. |
| 凹 | 凹面、凹む ammaccarsi, incavarsi/darsi per vinto |
| // | **Concavo**. |
| 凸 | 凸面、凸凹 irregolarità/disuguaglianza |
| // | **Convesso**. |

# 2.
# ESSERI UMANI

# 2.1 Persone generico

## 2.1.1 Persone

| 人 | 大 | *产 | 者 | *夭 | 老 | 氏 | 民 |
|---|---|---|---|---|---|---|---|
| 衆 | 器 | 逆 | 煮 | 咲 | 孝 | 紙 | 眠 |
| 傘 | 爽 | 塑 | 暑 | 笑 | 教 | 昏 | |
| 介 | 太 | 遡 | 諸 | 妖 | 酵 | 婚 | |
| 界 | 駄 | | 箸 | 沃 | 考 | *氐 | |
| | 汰 | | 署 | | 拷 | 低 | |
| | | | 著 | | 寿 | 邸 | |
| | | | 着 | | 鋳 | 底 | |
| | | | 都 | | | 抵 | |
| | | | 賭 | | | | |
| | | | 猪 | | | | |

## 2.1.2 Donne

| 女 | 母 | 免 | *奐 | 無 |
|---|---|---|---|---|
| 如 | 毒 | 勉 | 換 | 舞 |
| 好 | 梅 | 晩 | 喚 | 撫 |
| 桜 | 海 | 兔 | | |
| 妥 | 悔 | 逸 | | |
| 数 | 侮 | | | |
| 楼 | 敏 | | | |
| 安 | 繁 | | | |
| 案 | | | | |
| 按 | | | | |
| 奴 | | | | |
| 怒 | | | | |
| 努 | | | | |

## 2.1.3 Uomini

| 夫 | 父 | 兄 | 士 | 卒 |
|---|---|---|---|---|
| 扶 | 釜 | 競 | 仕 | 酔 |
| 規 | 交 | 況 | 志 | 粋 |
| 替 | 校 | 祝 | 誌 | 砕 |
| 潜 | 効 | 呪 | 声 | 枠 |
| 賛 | 絞 | *兌 | 壱 | |
| | 郊 | 説 | 売 | |
| | 較 | 脱 | 続 | |
| | | 税 | 読 | |
| | | 鋭 | | |
| | | 悦 | | |
| | | 閲 | | |

## 2.1.4 Bambini

| 子 | *去 | 呆 | 肖 | 以 | 包 |
|---|---|---|---|---|---|
| 字 | 流 | 保 | 消 | 似 | 抱 |
| 孔 | 棄 | 褒 | 硝 | | 泡 |
| 乳 | 育 | | 削 | | 飽 |
| 浮 | 徹 | | 宵 | | 砲 |
| 了 | 撤 | | 屑 | | 胞 |
| | 充 | | | | *勹 |
| | 銃 | | | | 均 |
| | 統 | | | | 勺 |
| | | | | | 旬 |
| | | | | | 殉 |
| | | | | | 菊 |

# 2.1.1 Persone

| 人 | 人、日本人 giapponese、人間 essere umano、大人 <u>adulto</u>、外国人 straniero (外人)、人気 famoso、人口 popolazione、主人公 protagonista、ご主人 marito、別人 altra persona (o diversa)、何人 quante persone? |
|---|---|
| I | Il pittogramma di una **persona** vista di fianco. Come radicale si può trovare con *イ. |

| 衆 | 群衆 gruppo、民衆 popolazione, folla、合衆国 Stati Uniti d'America |
|---|---|
| VI | L'originale *眾 mostrava in basso tre persone raggruppate e in alto *罒 occhio a simboleggiare le teste > **massa di persone, folla** > **moltitudine**. Successivamente *罒 è diventato identico a 血 "sangue" per errori di trascrizione e le persone poste nella parte inferiore sono state fuse insieme in *乑 (stilizzazione simile a quella che si può trovare nel kanji di 旅 viaggio). |

| 傘 | 傘、日傘 parasole |
|---|---|
| / | Ricordabile come delle 人 persone raggruppate (十) al coperto (*へ) sotto un **ombrello**. La ripetizione di 人 inizialmente suggeriva un supporto. |

| 介 | 紹介 presentazione、媒介 mediazione、厄介 scocciatura, problematico、介抱 assistenza-cura、介護 prendersi cura, assistenza (es. infermieristica)、一介の mero ...、魚介類 prodotti marini |
|---|---|
| / | Una 人 persona racchiusa fra due linee simboleggianti un'armatura > **stare fra due cose** > **mediare**. In alcune parole 介 trasmette il suo significato minore di **conchiglia** ricavato per associazione e per l'omofonia con il kanji di 貝 conchiglia stesso. |

| 界 | 世界 mondo、境界 confini、限界 limite、学界 mondo accademico |
|---|---|
| III | > i confini interposti (介) fra i campi (田) > **mondo, ambito**. La lettura richiama 画 immagine, il quale deriva da *畫 (segnare la partizione della 田 risaia con un *聿 pennello). |

| 大 | 大きい、大人 <u>adulto</u>、大人しい <u>educato-tranquillo</u>、大声で ad alta voce、大阪 Ōsaka、大学 università、大変 tanto/estremamente/terribile!、大切 importante-prezioso、大事 importante、お大事に abbia cura di lei |
|---|---|
| I | 人 persona in posizione vitruviana, con braccia e gambe distese il più possibile > **grande**. |

| 器 | 器 contenitore、楽器 strumento musicale、食器 stoviglie、器具 strumento, utensile、器用 abile |
|---|---|
| IV | In origine un 犬 cane (semplificato con 大) con la 口 bocca spalancata ansimante, ripetuta quattro volte per enfasi. Lo spazio vuoto rappresentato dalla bocca è stato poi reinterpretato come un **contenitore** (口) di 大 grande capienza. Allargando ulteriormente il campo semantico, il kanji ha assunto anche il significato di **abilità**, ossia persone viste come contenitori capienti o meno a seconda delle loro capacità e del loro valore (es. 器が大きい人, 器が小さい人). |

| 爽 | 爽やか、爽快 fresco, rinfrescante |
|---|---|
| // | Un uomo che stende e incrocia (*爻 intrecciare) le braccia durante la ginnastica si sente infine **rinfrescato**. |

| 太 | 太い grasso, grosso、 太る ingrassare、 太陽 sole、 太平 tranquillità-pace、 太字 grassetto |
|---|---|
| II | Dapprima scritto con due 大 uno sopra l'altro per enfatizzare il concetto di grande. Il trattino è un'abbreviazione di 大 della parte inferiore > una persona **grossa** > **ingrassare**. |

| 駄 | 無駄 inutile、 無駄使い spreco、 だめ non andare bene、 駄馬 cavallo da soma |
|---|---|
| / | Un grosso 馬 cavallo da soma, non considerato un animale molto prezioso > **bassa qualità**. |
| 汰 | ご無沙汰 non scriversi o contattarsi per un lungo periodo、 自然淘汰 selezione naturale、 暴力沙汰 (fare ricorso a un) atto di violenza |
| // | Lavarsi con un gran quantitativo d'acqua (\*氵) > **selezionare** il meglio per se stessi. |

| *屰 | Una versione di 大 capovolta > una persona sdraiata al <u>contrario</u>. Da non confondersi con 屯 (germogli che escono dal terreno). |
|---|---|

| 逆 | 逆らう、 逆 contrario、 逆さ inverso, capovolto、 逆説 paradosso、 逆行 retrocessione |
|---|---|
| V | Procedere (\*辶) in direzione **contraria** > **ribellarsi, disubbidire**. |
| 塑 | 彫塑 arti plastiche、 可塑性 plasticità、 塑像 statua di gesso o di argilla |
| / | L'elemento superiore indica la \*朔 luna nuova, composto di 月 luna e \*屰 (contrario), quest'ultimo usato per suggerire il <u>cambiamento di forma</u> > la creta (indicata da 土 terra) viene lavorata e **modellata** cambiando forma. |
| 遡 | 遡る、 遡及 retroattività |
| / | > cambiare la forma (\*朔) dei propri movimenti (\*辶) > **muoversi controcorrente, risalire un fiume, risalire a un evento passato**. |

| 者 | 者 persona、 若者 giovane、 作者 autore、 前者 il primo (menzionato)、 後者 quest'ultimo, il secondo (menzionato) |
|---|---|
| III | Derivato dal pittogramma di un contenitore dove <u>mettere in pila la legna da ardere in gran numero</u>, poi una <u>varietà e pluralità</u> di cose in generale. La lettura richiamava \*樵 (legna da ardere). Il kanji ha preso in prestito il significato finale di **persona**, forse in parte derivato dal senso di "cosa generica", in parte dalla semplificazione della parte superiore con "persona dai lunghi capelli" (\*耂). Il contenitore è stato semplificato invece con 日 (sole). |

| 煮 | 煮る (tr.)、 煮える (intr.)、 煮やす cuocere dentro、 生煮え cotto a metà |
|---|---|
| / | **Bollire** una gran varietà di alimenti sopra il \*灬 fuoco > **cuocere**. |
| 暑 | 暑い、 炎暑 caldo torrido |
| III | 者 richiamava foneticamente 焼 abbrustolire-bruciare, in riferimento all'eccessiva calura causata dal 日 sole > **caldo** (atmosferico). |
| 諸 | 諸〜 varie…、 諸々 di ogni tipo, vario |
| VI | 言 dire **molte** e **varie** parole. La lettura del componente 者 richiamava 多 "numeroso". |
| 緒 | 一緒に insieme、 緒 corda、 内緒 segreto/privato、 情緒 emozione、 情緒的 emotivo、 由緒 origine-discendenza、 緒戦 inizio delle ostilità |
| / | Una **corda** (糸) che stringe insieme una gran varietà di cose > **insieme**. Ulteriori significati derivano dalla corda in sé: **connessione** per la sua funzione, **inizio-fine** in riferimento alle sua estremità, **indizio** dall'idea di sciogliere una matassa. |

| 箸 | 箸 (はし) |
|---|---|
| / | **Bacchette** di 竹 bambù usate per prendere le porzioni da una pila di cibo. |

| 署 | 警察署 (けいさつしょ) stazione di polizia、分署 (ぶんしょ) dipartimento、署名 (しょめい) firma |
|---|---|
| VI | Una persona incaricata di piazzare le *罒 reti durante una battuta di caccia, significato enfatizzato da un precedente legame fonetico tra 者 (しゃ) e 置 (ち) poggiare > <u>persona che si occupa di svolgere determinati compiti</u> > luogo dove le persone lavorano > **ufficio pubblico**. Il significato di **firma** è un prestito favorito dall'omofonia con il kanji di 書 (しょ) scrivere. |

| 著 | 著 (あらわ) す pubblicare、著 (いちじる) しい notevole、著名 (ちょめい) noto、著者 (ちょしゃ) autore、著作権 (ちょさくけん) copyright |
|---|---|
| VI | > kanji originato da quello di 箸 bacchette (vedi sopra), con 竹 bambù nella parte superiore sostituito da *艹 erba. Successivamente 著 ha preso in prestito i significati impliciti di 署, ossia "scrivere" e "persona che si occupa di svolgere determinati compiti", per ottenere l'idea di **pubblicazione** di un **lavoro letterario** considerato **notevole**. Un'altra teoria interpreta l'elemento vegetale *艹 come sinonimo di crescita sgargiante di una gran varietà (者) di fiori. In questo caso è il fatto di essere notevole a condurre ai significati di lavoro letterario e di pubblicazione. |

| 着 | 着 (き) る vestirsi、着 (つ) く arrivare、落 (お) ち着 (つ) く calmarsi、着物 (きもの) kimono、水着 (みずぎ) costume da bagno、下着 (したぎ) biancheria、到着 (とうちゃく) arrivo、決着 (けっちゃく) conclusione、愛着 (あいちゃく) attaccamento-affetto |
|---|---|
| III | > variante di 著, a sua volta originato da 箸 bacchette e collegato all'etimologia di 署 (vedi sopra). **Arrivare** e **vestirsi** sono entrambi prestiti: **arrivare** può essere immaginato come il traguardo di chi, dopo la caccia, si appresta a mangiare (vedi 箸 e 署); **vestirsi** può essere ricordato come l'aspetto 著 notevole e sgargiante di chi si adorna con abiti pieni di motivi floreali (vedi la seconda spiegazione di 著). Nella forma attuale il kanji appare come una combinazione di 羊 pecora e 目 occhio e di conseguenza può essere utile immaginarlo come "una persona che indossa un cappotto di lana" oppure "vestirsi con indumenti pregevoli (dati i connotati positivi suggeriti da 羊)". Il significato di "arrivare" può essere ricavato anche dal senso di "contatto stretto tra la pelle e il vestito indossato". |

| 都 | 都 (みやこ) capitale (首都 (しゅと))、京都 (きょうと) Kyōto、都合 (つごう) circostanze |
|---|---|
| III | Un * ß villaggio dove si raccolgono una gran varietà di persone > **capitale, metropoli**. |

| 賭 | 賭 (か) ける、賭博 (とばく) gioco d'azzardo |
|---|---|
| / | Pile di soldi (貝) puntate in una **scommessa**. |

| 猪 | 猪 (いのしし) |
|---|---|
| // | Un **cinghiale** (*犭) gigantesco (suggerito dalla pila implicita in 者). |

| *夭 | Una <u>persona giovane, slanciata e snella</u> mentre corre. |
|---|---|

| 咲 | 咲 (さ) く |
|---|---|
| / | L'elemento a destra è un errore di trascrizione di *芙, composto da *夭 ed *艹 erba e indicante un tipo di cardo. Nel caso di 咲, *芙 suggerisce qualcosa di fine, in particolare le rughe che si formano intorno alla 口 bocca quando si <u>sorride</u>. In Giappone questa immagine è stata associata allo **sbocciare** dei fiori che si schiudono come una <u>bocca che ride</u>. La sostituzione di con *ソ "separarsi, aprirsi" può essere associata al formarsi delle rughe, del sorriso e allo sbocciare del fiore. |

| | |
|---|---|
| 笑 | 笑う ridere、笑顔 volto sorridente、微笑む sorridere (笑む)、冷笑 derisione |
| IV | > da *芺: 竹 bambù è un errore di trascrizione di *艹 erba e nell'insieme indicava un tipo di cardo. **Sorridere** è un prestito derivato dal significato implicito di 咲 (vedi sopra) > **ridere**. |
| 妖 | 妖しい、妖怪 mostro, spettro |
| / | Una 女 donna snella, giovane e di conseguenza **ammaliante**. |
| 沃 | 沃土 suolo fertile |
| // | Vivaci corsi d'acqua (*氵) adoperati per rendere il terreno **fertile**. |

| | |
|---|---|
| 老 | 老ける invecchiare、老いる diventare anziano、老人 anziano、老化 invecchiamento |
| IV | Un **anziano** con lunghi capelli (*耂, simile a 者 persona) e la schiena piegata che si regge con un bastone (*ヒ) > **invecchiare**. In genere come radicale si trova abbreviato con il solo elemento superiore *耂. |

| | |
|---|---|
| 孝 | 親孝行 |
| VI | Un 子 bambino che sorregge un anziano > **pietà filiale**. |
| 教 | 教える、教わる essere informati su qualcosa、教科書 libro di testo、教室 aula、仏教 Buddhismo、教授 insegnamento、教訓 lezione-insegnamento morale |
| II | > qui i componenti del kanji sono interpretati individualmente come un anziano che **insegna** a un 子 bambino colpendolo (*攵) con severità > **informare**. Un'altra teoria analizza versioni precedenti del kanji *教 nelle quali al posto di 老 compare un'abbreviazione di *爻, ossia "intrecciare dei bastoncini facendoli combaciare" a suggerire "imparare per emulazione". Il senso finale sarebbe quindi di "costringere (*攵) un 子 bambino a imparare per emulazione", da cui i significati attuali. |
| 酵 | 発酵 fermentazione |
| // | > qui 孝 (pietà filiale) è adoperato per sottolineare "attenzione durante l'invecchiamento" > processo di **fermentazione** nella produzione di alcolici (酉). |
| 考 | 考える、考え idea、再考 riconsiderazione、思考 pensiero、考古学 archeologia |
| II | *丂 sono delle alghe che ondeggiano nell'acqua fino a raggiungere la superficie e suggerisce sia "piegarsi" sia "uscire fuori" > una *耂 persona anziana piegata per l'età. Forte della sua esperienza, la persona anziana è stata associata alla saggezza e al pensiero > **pensare, considerare**. |
| 拷 | 拷問 |
| // | > una *扌 mano mentre **tortura** il prigioniero che si piega (考) sofferente. |
| 寿 | 寿 congratulazioni! lunga vita!、平均寿命 durata media della vita、長寿 longevità、寿司 sushi |
| / | Una semplificazione di *壽 che mostra a sua volta una semplificazione di "anziano dai lunghi capelli" (*耂) e un elemento serpeggiante utilizzato per indicare "fluire". 口 "bocca", oggi del tutto scomparsa, indica le parole dell'anziano nel tempo, mentre 寸, graficamente "misurare le pulsazioni della mano", indica un conteggio. Nell'insieme il kanji rappresenta una persona anziana che ha vissuto a lungo > **longevità, lunga vita**. **Congratularsi** è un significato minore derivato. |
| 鋳 | 鋳造、鋳型 stampo、鋳鉄所 fonderia |
| // | > **fondere** il metallo (金) facendolo fluire (寿) per il lungo percorso di una matrice > **coniare, colare**. In origine mostrava due mani che versavano il metallo fuso da un contenitore a un altro. |

| 氏 | うじ<br>氏 clan, famiglia、しぞく<br>氏族 clan、しめい<br>氏名 cognome, identità、し<br>氏 Sig...、かれし<br>彼氏 fidanzato、りょうし<br>両氏 entrambe le persone |
|---|---|
| IV | Il kanji inizialmente raffigurava un mestolo con un bordo tagliente atto a tagliare la carne. Successivamente questo è stato utilizzato come sostituto di un kanji dal significato di "collinetta" per riferirsi a un **clan** o una **famiglia** nobile che per via della sua posizione elevata nella società poteva permettersi di vivere in cima a una collina > **cognome**, **Sig**. Come radicale a volte 氏 suggerisce una <u>superficie piatta e liscia</u> per via della sua accezione iniziale di mestolo dal bordo tagliente. Da non confondersi con 民. |

| 紙 | かみ<br>紙、てがみ<br>手紙 lettera、はくし<br>白紙 foglio bianco、ひょうし<br>表紙 copertina、しはい<br>紙背 retro di un foglio/leggere fra le righe |
|---|---|
| II | 糸 fili di seta lisci che compongono la stoffa di un vestito > una superficie piatta e liscia su cui poter scrivere > **carta**. |
| 昏 | たそがれ<br>黄昏 crepuscolo, tramonto |
| // | **L'oscurità al calare della notte**. L'origine del kanji è controversa: alcuni considerano 氏 come abbreviazione di *氏 fondo; altri come abbreviazione di 民 nazione (graficamente uno strumento usato per trafiggere la pupilla, simbolo di cecità e schiavitù). In entrambi i casi è suggerito il significato di 日 sole che tramonta e scompare alla vista. |
| 婚 | けっこん<br>結婚 matrimonio、こんやく<br>婚約 fidanzamento、こんやくしゃ<br>婚約者 fidanzato、さいこん<br>再婚 secondo matrimonio |
| / | > 昏 l'oscurità al calare della notte, momento nel quale si consuma il **matrimonio** con la propria 女 donna. Un'altra teoria connette foneticamente 婚 a 根 radice per simboleggiare l'organo maschile e la penetrazione della propria donna. |

| *氏 | 氏 qui richiama il suo significato implicito di "collinetta". La linea (一) in basso pone l'attenzione sui <u>piedi della collinetta</u> stessa > <u>fondo</u>. |
|---|---|

| 低 | ひく<br>低い basso、ていおん<br>低音 a bassa voce、さいてい<br>最低 pessimo, peggiore、ていきゅう<br>低級 di rango inferiore |
|---|---|
| IV | Una *イ persona che vive ai piedi di una collina > una persona di **rango inferiore** (confrontare con 氏) > **basso** (di statura o rango). |
| 邸 | やしき<br>邸、ていたく<br>邸宅 dimora, palazzina, villa |
| / | Una **villa** appartenente a nobili di basso rango che vivono ai piedi della collinetta in mezzo al *阝 villaggio, non avendo potuto ottenere una sistemazione migliore nella cima. |
| 底 | そこ<br>底、かいてい<br>海底 fondale marino、こんてい<br>根底 base-fondamento、ていし<br>底止 sospensione-arresto、ていほん<br>底本 testo originale |
| IV | Un edificio (*广) costruito alla base di una collinetta > **fondo, fondale**. Enfatizza il significato di *氏. |
| 抵 | ていこう<br>抵抗 opporre resistenza、たい てい<br>大抵 di solito-in generale |
| / | Una persona spinta verso il basso che **oppone resistenza** a *扌 mani nude > dimostrarsi **alla pari**. |

| 民 | じんみん<br>人民 popolo/cittadino (民)、たみ<br>国民 popolo、こくみん<br>市民 cittadino、しみん<br>民間 privato-civile、みんかん<br>民主主義 democrazia |
|---|---|
| IV | Dal pittogramma di un trivellino usato per praticare un foro > un occhio reso cieco > <u>cecità</u>, condizione di limitatezza associata a quella della schiavitù > il kanji è stato poi associato a persone normali in generale > **cittadini** che compongono la **nazione**. Da non confondersi con il kanji di 氏 "clan" che, per quanto scollegato da 民, può averlo influenzato nella sua evoluzione per similarità grafica. |

| 眠 | ねむ<br>眠い assonnato、ねむ<br>眠る dormire、いねむ<br>居眠り pisolino、とうみん<br>冬眠 ibernazione、ふみんしょう<br>不眠症 insonnia |
|---|---|
| / | Stato di buio 目 dell'occhio chiuso mentre si **dorme**, come se non ci vedesse > **sonnolenza**. |

# 2.1.2 Donne

| 女 | 女、女の人、女の子 ragazza、彼女 lei、女性 femmina、男女 uomini e donne, ambedue i sessi |
|---|---|
| I | Pittogramma di una **donna** inginocchiata. Il suono じょ proviene da 柔 malleabile, morbido. L'ordine dei tratti è particolare: くノー, leggibile come *kunoichi*, la parola che indica un ninja di sesso femminile. |

| | 如 | 如し (如き)、どう come, in quale modo (?)、如何による essere dipeso da、如く eguagliare、如かず non essere all'altezza、如実 fedelmente, realisticamente、欠如 mancanza, difetto |
|---|---|---|
| | / | 女 donna trasmette al kanji un senso di docilità e quindi di accondiscendenza > agire in modo accondiscendente nei riguardi di quanto uno ha detto (口) > finire per agire conseguentemente allo stesso modo > **simile**, **equivalente**. La lettura richiama 従. |
| | 好 | 好き piacere、好む preferire, piacere、好ましい gradevole, desiderabile、好み gusti、格好 profilo, aspetto、格好いい di bell'aspetto/fico (colloquiale)、愛好 essere appassionato di |
| | IV | Una donna abbraccia il suo 子 bambino con affetto > **piacere**, **gusti**. Un'altra spiegazione collega foneticamente 子 a 美 bellezza per indicare una bella donna, da cui i significati attuali. |
| | 桜 | 桜 ciliegi in fiore、桜ん坊 ciliegia (桜桃)、桜色 rosa (=ピンク) |
| | V | Da *櫻, composto di 木 albero e *嬰 "circondare" (una collana di 貝 conchiglie che circonda il collo di una 女 donna) > un albero circondato di frutti rotondi simili a perle. Inizialmente riferito alla ciliegia come frutto, in Giappone indica quasi sempre e solo i **fiori di ciliegio**. |
| | 妥 | 妥協 compromesso、妥当 valido, adeguato |
| | / | La *爫 mano morbida di una 女 donna che agisce per **pacificare**. |
| | 数 | 数える contare、数 numero、数学 matematica、数字 cifra、数回 alcune volte |
| | II | Semplificato da *數. L'elemento a sinistra è una combinazione di 女 donna e un carattere dal significato di "connettere e unire" e insieme indicano una "sciamana che si lega agli dei". Come radicale "sciamana" trasmette l'idea di pregare con cantilene, suono che somiglia a quello emesso durante un calcolo. L'atto del calcolo è enfatizzato ulteriormente dalla presenza di *攵 (colpire con un bastone) per indicare dei bastoncini usati per il conteggio > **contare, numero**. *婁 "sciamana" è stato semplificato mantenendo 女 donna e sostituendo la parte superiore con 米 riso e può essere ricordato come "una donna che conta i chicchi di riso". |
| | 楼 | 蜃気楼 miraggio、砂上の楼閣 farsi castelli di carta (sabbia) (=空中楼閣 farsi castelli in aria)、鐘楼 campanile、望楼 torre di vedetta |
| | / | > la parte destra è una semplificazione di *婁 "sciamana che si lega agli dei" e porta con sé il senso di "connettere e unire" (vedi sopra). L'intero kanji si riferisce a una **torretta** che collega la terra al cielo, costruita assemblando il legno (木). |

| 安 | 安い economico、安んじる essere a proprio agio、不安 ansioso、安心 tranquillo, sereno、安全 sicurezza |
|---|---|
| III | Una donna lasciata a casa (*宀) a riposare durante le mestruazioni. Omettendo il senso di mestruazioni rimane solo l'idea di rimanere in **tranquillità** a casa propria > **economico** è associato al non avere preoccupazioni. |

| | | |
|---|---|---|
| 案 | 案<ruby>あん</ruby>じる essere in ansia, ponderare、 案内<ruby>あんない</ruby> fare da guida、 思案<ruby>しあん</ruby> riflessione、 提案<ruby>ていあん</ruby> proposta、 私案<ruby>しあん</ruby> opinione personale、 案外<ruby>あんがい</ruby> inaspettato | |
| IV | Lasciare (安) sopra una scrivania di legno (木) le proprie cose, pronte per essere utilizzate > in senso figurato formulare **considerazioni** e **progetti**. | |
| 按 | 按摩<ruby>あんま</ruby> massaggio | |
| // | > aggiungendo il radicale di *扌 mano si suggerisce l'atto di tastare con attenzione (案 considerazione) > **strofinare**, **esaminare**. | |

| | |
|---|---|
| 奴 | 奴<ruby>やつ</ruby> tipo, individuo/cosa (gergali)、 奴隷<ruby>どれい</ruby> schiavo |
| / | Una 女 donna sotto il possesso (mano 又) di qualcuno > **schiava**. Nel parlato colloquiale il kanji è anche usato per riferirsi a una persona in modo molto informale o dispregiativo o a una cosa. |

| | | |
|---|---|---|
| 怒 | 怒<ruby>おこ</ruby>る arrabbiarsi、 怒鳴<ruby>どな</ruby>る urlare、 喜怒哀楽<ruby>きどあいらく</ruby> le emozioni umane | |
| / | Emozioni (心) di **rabbia** di una 奴 schiava o provate nei suoi confronti. | |
| 努 | 努<ruby>つと</ruby>める、 努力<ruby>どりょく</ruby> sforzi | |
| IV | L'aggiunta di 力 forza sposta l'attenzione sull'impegno della 奴 schiava > **dedicarsi**, **sforzarsi**. | |

| | |
|---|---|
| 母 | 母<ruby>はは</ruby>、 お母<ruby>かあ</ruby>さん、 母乳<ruby>ぼにゅう</ruby> latte materno |
| II | Una variante di 女 donna con i capezzoli ben in evidenza > **madre**. A livello concettuale "madre" suggerisce il senso fertilità e controllo sulla vita. Come radicale è semplificato spesso con *毋. |

| | | |
|---|---|---|
| 毒 | 毒<ruby>どく</ruby>、 有毒<ruby>ゆうどく</ruby> velenoso、 気<ruby>き</ruby>の毒<ruby>どく</ruby> penoso, pena | |
| IV | Essenze delle erbe (生) usate per controllare le vite altrui > erbe dannose > **veleno**. | |

| | |
|---|---|
| 毎 | 毎<ruby>まい</ruby>～、 毎日<ruby>まいにち</ruby> ogni giorno、 毎月<ruby>まいつき</ruby> ogni mese、 毎朝<ruby>まいあさ</ruby> ogni mattina、 ～毎<ruby>ごと</ruby> |
| II | L'elemento superiore in origine era *艹 erba generata (*毋) dalla terra fertile ad **ogni** ciclo vitale. *艹 è stato sostituito da *亻 persona, ricordabile per semplicità come "ogni persona ha una *毋 madre". Il significato di "ogni" è accentuato dall'omofonia con 枚<ruby>まい</ruby>, contatore per cose piatte, con funzione enumerativa. Come radicale può suggerire fertilità, oscurità dal nulla (omofonia con 昧<ruby>まい</ruby> oscuro), ciò che vi era prima dell'inizio di ogni ciclo vitale. |

| | | | | |
|---|---|---|---|---|
| 梅 | 梅<ruby>うめ</ruby>、 梅酒<ruby>うめしゅ</ruby> liquore di prugne、 梅干<ruby>うめぼし</ruby> prugna secca、 梅雨<ruby>つゆ</ruby> stagione delle piogge、 梅毒<ruby>ばいどく</ruby> sifilide | | | |
| IV | La prugna (insieme alla pesca) era considerata uno dei frutti della fertilità > un 木 albero di **prugne**. | | | |
| 海 | 海<ruby>うみ</ruby> mare、 海岸<ruby>かいがん</ruby> spiaggia、 海洋<ruby>かいよう</ruby> oceano、 海外<ruby>かいがい</ruby> estero | | | |
| II | Il **mare** (*氵), vasto e immenso, come se fosse continuamente generato dal nulla. In un'altra teoria 毎<ruby>まい</ruby> richiama foneticamente il kanji 灰<ruby>はい</ruby> (cenere) e in particolare l'antica parola 「灰汁<ruby>あく</ruby>」 "sapore cattivo e penetrante", in riferimento al gusto salato dell'acqua marina. | | | |
| 悔 | 悔<ruby>く</ruby>いる pentirsi、 悔<ruby>く</ruby>やむ rammaricarsi、 悔<ruby>くや</ruby>しい fastidioso, irritante、 後悔<ruby>こうかい</ruby> rimpianto | | | |
| / | Emozioni (心) oscure. Dapprima un risentimento generale, poi nello specifico rivolto verso se stessi > **pentirsi, rimpiangere** > **seccante, mortificante**. | | | |

| | |
|---|---|
| 侮 | 侮る disprezzare, prendere alla leggera、侮辱 (ぶじょく) insulto、侮蔑 (ぶべつ) disprezzo, scherno |
| / | Una *イ persona **disprezzata**, le cui qualità rimangono oscure agli occhi degli altri > **prendere alla leggera** qualcuno. |
| 敏 | 敏腕 (びんわん) |
| / | 毎 (まい) era usato foneticamente per esprimere "velocità" e forse per richiamare anche * 邁 (まい／ばい) (eccellere, andare) > svolgere compiti manuali (*攵) velocemente, con **prontezza** e **ingegno**. |
| 繁 | 繁栄 (はんえい) prospero、繁殖 (はんしょく) riproduzione, proliferazione、頻繁 (ひんぱん) frequente, frequentato |
| / | > modificato da *絲: 毎 suggeriva "profusione" dal significato originario di "erba generata dalla terra fertile". Unito con 糸, trasmette l'idea di una corda prodotta intrecciando un gran numero di fili, rafforzando i significati finali di **proliferare** e **prosperare**. L'aggiunta di *攵 potrebbe aver dato enfasi all'azione in sé, o essere stata provocata dall'influenza di 敏, non correlato etimologicamente. |

| | |
|---|---|
| 免 | 免 (まぬか) れる、免許 (めんきょ) permesso, licenza、運転免許 (うんてんめんきょ) patente |
| / | Il kanji mostra una donna sdraiata con le *儿 gambe divaricate durante il <u>parto</u> mentre il bambino sta per nascere. L'attenzione è posta sulla "<u>fuga e l'allontanamento</u>" dal ventre materno > **sottrarsi, eludere**. |

| | |
|---|---|
| 勉 | 勉強 (べんきょう) studio |
| III | **Grande sforzo** (力) della donna durante il parto > **impegno**. |
| 晩 | 晩、晩ご飯 (ばん・ばん・はん) cena、今晩は (こんばん) buonasera、晩秋 (ばんしゅう) fine dell'autunno、早晩 (そうばん) prima o poi |
| VI | Il 日 sole che si allontana con l'arrivo della **sera**. |
| 兎 | う兎 (うさぎ) さぎ |
| // | Un **coniglio** che zampetta via. |
| 逸 | 逸 (そ) れる (intr.)、逸 (そ) らす (tr.)、逸 (いっ) する lasciarsi sfuggire qualcosa/deviare、逸話 (いつわ) episodio、食い (く) っ逸 (ばぐ) れる saltare il pasto、逸早 (いちはや) く immediatamente dopo-non appena ...、秀逸 (しゅういつ) eccellente |
| / | > l'originale rivela che 免 era in realtà 兎 coniglio con l'aggiunta di *辶 per sottolineare i suoi **movimenti rapidi**. Fuga, **evitare, deviare strada** e, per associazione, **andare fuori tema, distogliere** sono ulteriori ampliamenti semantici facilmente collegabili al senso di fuga già presente in modo implicito in 免. In alcune parole 逸 può suggerire **eccellere** (derivato da "veloce") e **perdersi** (derivato da "fuga"). |

| | |
|---|---|
| *奐 | Due mani che divaricano le *儿 gambe di una donna sdraiata che <u>grida</u> durante il <u>parto</u>. Le due mani sono state sostituite con 大 grande, semplificazione associabile alla "grande ampiezza delle gambe divaricate". |
| 換 | 換 (か) わる (intr.)、換 (か) える (tr.)、乗 (の) り換 (か) える cambiare mezzo、換気 (かんき) aerazione、交換 (こうかん) scambio |
| / | Aggiungendo *扌 mano si enfatizza l'atto di tirare fuori il bambino. Simbolicamente si compie uno **scambio** tra le sofferenze del parto e la gioia della nascita. |
| 喚 | 喚 (わめ) く gridare、喚問 (かんもん) convocazione |
| // | Aggiungendo 口 bocca ci si concentra sulle **grida** delle donna durante il parto che **reclamano** aiuto. |

| | |
|---|---|
| 無 | 無<ruby>む</ruby> nulla、 ない<ruby>無</ruby> non esserci/non avere、 なくなる<ruby>無</ruby> scomparire, perdersi、 無料<ruby>むりょう</ruby> gratis、 無口<ruby>むくち</ruby> taciturno、 無事<ruby>ぶじ</ruby> salvo, sicurezza/senza problemi、 無駄<ruby>むだ</ruby> inutile |
| IV | Dal pittogramma di una <u>ballerina mentre danza</u>; le lunghe maniche del suo vestito <u>nascondono</u> le braccia nel momento in cui lei ruota vorticosamente > **scomparire**. Il non essere più in vista comunica l'idea di mancanza, accentuata dall'aggiunta di \*灬 fuoco il cui denso fumo riduce la visibilità > **cessare di esistere, nulla, non-**. |

| | |
|---|---|
| 舞 | 舞う<ruby>ま</ruby>、 舞<ruby>まい</ruby> danza、 振る舞う<ruby>ふ　ま</ruby> comportarsi、 舞姫<ruby>まいひめ</ruby> ballerina、 舞踏<ruby>ぶとう</ruby> ballo, danza (舞踊<ruby>ぶよう</ruby>)、 お見舞い<ruby>み　ま</ruby> visitare qualcuno ammalato、 歌舞伎<ruby>か　ぶ　き</ruby> Kabuki、 舞台<ruby>ぶ　たい</ruby> palcoscenico/scena |
| / | I \*舛 piedi di una ballerina che si muovono mentre **danza**. |
| 撫 | 撫でる<ruby>な</ruby> |
| // | Tastare con la \*扌 mano qualcosa di nascosto per determinarne la natura > **accarezzare**. |

# 2.1.3 Uomini

| 夫 | 夫、夫妻 coniugi、丈夫 resistente、大丈夫 tutto bene、工夫 espediente |
|---|---|
| IV | Un uomo ormai 大 grande con una forcina ornamentale fra i capelli, simbolo dell'età adulta > **marito**. |

| | 扶 | 扶助、扶養 mantenere-provvedere a (famiglia, bambini, moglie…) |
|---|---|---|
| | / | Il **supporto** fornito dalla *扌 mano di un uomo adulto. |
| | 規 | 規則 regole, leggi、不規則 irregolare、大規模 (su) vasta scala、定規 righello |
| | V | Qui 夫 è una semplificazione del pittogramma di uno strumento simile al compasso con cui tracciare cerchi, suggeriti dal legame fonetico tra 見 (vedere) e 円 cerchio > **regole, standard**. La versione attuale può essere ricordata per comodità come un "uomo visto come conforme alla regole della società". |
| | 替 | 替える、着替える cambiarsi d'abito、両替 cambiare i soldi、交替 sostituire-fare a turno |
| | / | I due 夫 in alto rappresentano due persone. Il kanji suggerisce graficamente una persona che va a parlare (*曰, semplificato con 日) al posto di un'altra > **scambiare**. |
| | 潜 | 潜る immergersi、潜む essere nascosto-stare in agguato、潜める nascondere, occultare, abbassare di volume (suono o voce)、潜水艦 sottomarino、潜水 immersione/andare sott'acqua、潜在 potenziale |
| | / | Semplificato da *潛. La componente a destra era *朁 (supposizione), usato per trasmettere un senso di incertezza e richiamare foneticamente 沈 affondare. Si noti che tale significato può essere ricavato anche dai suoi componenti: un 日 sole in basso, forse a suggerire il momento del tramonto, e *兂 forcina, ripetuto *兓 per rafforzare l'immagine di due forcine che "affondano" fra i capelli. La semplificazione con 夫 potrebbe essere dovuta perciò all'elemento in comune della forcina. Aggiungendo acqua (*氵) si chiarifica il significato di **immersione** e si aggiungono quelli di **nascondersi, tenere nascosto** e un senso di **latenza** per associazione. La forma attuale mostra graficamente una combinazione di 替 e *氵 acqua. |
| | 賛 | 賛成 essere d'accordo、協賛 cooperazione、賞賛 elogio、賛美歌 inno |
| | V | Semplificato da *贊. L'originale in alto non aveva 夫, ma 先 (prima, precedere), raddoppiato per indicare *兟 "avanzare" > porgere (avanzare) a qualcuno un oggetto prezioso (貝) in simbolo di **approvazione** ed **elogio**. L'uso di 夫 nella versione attuale può essere ricordato immaginando le due persone stesse nell'atto descritto. |

| 父 | 父、お父さん、叔父 zio、祖父 nonno、神父 prete (cattolico) |
|---|---|
| II | Da 斧 (おの, ascia) rappresentante un uomo seduto a gambe incrociate con in mano un'ascia (斤, poi omessa) > **padre**. La lettura si collega a quella di 夫 (marito). |

| | | |
|---|---|---|
| 釜 | 釜、オカマ <sub>釜</sub> omosessuale, travestito (maschio) | |
| // | Un **calderone** di metallo (金, abbreviato) dentro al quale gli ingredienti si mischiano (incrociano). | |

| | |
|---|---|
| 交 | 交じる (intr.)、交ぜる (tr.)、交通 traffico、交差 incrocio、交差点 crocevia、交換 scambio、<br>混交 misto、交わる avere a che fare/intersecarsi、交わす scambiare (es. saluti, opinioni …)/schivare |
| II | Si aggiunge *亠 "coperchio" a 父 per simboleggiare il cappello e indicare nell'insieme una persona seduta a gambe <u>incrociate</u> > **mescolare, associare, scambio**. Come radicale può suggerire <u>incrociare e combinare</u>. |

| | |
|---|---|
| 校 | 学校 scuola、小学校 scuola elementare、中学校 scuola media、高校 scuola superiore |
| I | Una persona con i ceppi di legno (木) a i piedi, le gambe incrociate e immobilizzate. **Scuola** è un prestito derivato foneticamente da un'antica lettura di 学 (imparare), KAU, simile a quella di 校. È anche possibile che l'idea di "ceppi di legno posti a gambe incrociate" sia stata associata a quella di "imparare per emulazione manuale" presente nell'elemento superiore di 学 (*學): *臼, due mani che *爻 intrecciano dei bastoncini facendoli combaciare tra di loro. |
| 効 | 効く essere efficace、効果 effetto、無効 inutile, inefficace、有効 efficace (効が有る) |
| V | Da *效. 交 suggerisce "incrociare e combinare" e richiama *爻, intrecciare dei bastoncini facendoli combaciare tra di loro; questo trasmette l'idea di <u>imparare per emulazione</u> manuale > forzare (*攵) qualcuno a imparare a eseguire un determinato compito > **essere efficace, effetto**. La semplificazione utilizza 力 "forza", associabile al concetto di "efficacia". |
| 絞 | 絞る、絞める (tr.)、絞まる (intr.)、絞殺 strangolamento、絞首台 forca |
| / | **Torcere** una corda (糸) > **strizzare, spremere, strangolare**. 交 suggerisce la contorsione. |
| 郊 | 郊外 |
| / | Un insediamento umano (*阝) con le strade che si intersecano fra di loro. Il kanji si è poi concentrato nello specifico alla **periferia** del villaggio > **sobborgo**. |
| 較 | 比較 confronto、較差 raggio-portata、較正 calibrazione |
| / | Modo in cui gli assali di un carro (車) si combinano e incrociano simmetricamente tra di loro > **confronto, contrasto**. La parte destra in origine era *爻, ossia bastoncini intrecciati e fatti combaciare tra di loro. |

| | |
|---|---|
| 兄 | 兄 fratello maggiore (proprio)、お兄さん fratello maggiore、兄弟 fratelli、兄貴 |
| II | Una persona <u>inginocchiata</u> (*儿) che <u>prega</u> o parla (口). La funzione di <u>prendere parola</u> è stata associata a quella del **fratello maggiore** e al suo ruolo di istruire i propri fratelli e sorelle minori e di adempiere ai rituali. Come radicale può trasmettere anche un senso di <u>grandezza</u>, in parte emblematico del significato di fratello maggiore, in parte dovuto a quello ancora più antico di "grande bugia", ove nel qual caso 口 bocca si ricollega sempre all'enunciazione, mentre *儿 gambe all'eccessiva dimensione di quanto detto. |

| | |
|---|---|
| 競 | 競う、競る、競争 lotta, gara, disputa、競馬 corse dei cavalli |
| IV | Due persone (兄) 立 in piedi una di fronte all'altra, coinvolte in una disputa verbale (口). Omesso l'elemento verbale, i significati rimasti sono quelli più generici di **lottare** e **competere**. |
| 況 | 状況 condizioni, circostanze, situazione、実況 stato effettivo delle cose、現況 condizioni attuali |
| / | Un torrente (*氵) di grandi dimensioni. **Situazione** e **condizione** sono dei prestiti. |

| | |
|---|---|
| 祝 | 祝う、お祝い congratulazioni、祝日 festa nazionale、祝福 benedizione |
| IV | Inginocchiarsi *ネ all'altare pronunciando preghiere e ringraziamenti > **festeggiare, congratularsi**. |
| 呪 | 呪い maledizione、呪文 incantesimo |
| / | Enunciare (口, 兄) **incantesimi** > **maledire**. |

| *兌 | L'<u>enunciazione</u> sottointesa in 兄 viene accentuata dall'aggiunta di 八 per simboleggiare nell'insieme la <u>separazione</u> (<u>rimozione</u>) delle parole dalla bocca. Nella versione attuale 八 appare scritto capovolto (*ヽノ). |
|---|---|

| | |
|---|---|
| 説 | 説く spiegare, esporre、説、説明 spiegazione、小説 romanzo、小説家 romanziere |
| IV | Esporre un discorso (言) costruttivo (omofonia con 設 fondare) > **spiegazione, teoria, parere**. |
| 脱 | 脱ぐ spogliarsi, togliersi di dosso、脱獄 evadere di prigione、脱線 deragliamento/digressione、脱走 fuga、脱皮 cambiare la pelle/fare la muta/emergenza、脱衣 spogliarsi |
| / | **Separare dal proprio corpo** (肉). In origine riferito al perdere peso, è stato applicato poi in senso attivo all'atto di **spogliarsi**. **Scappare** è un significato associato. La lettura richiama 失 (perdere). |
| 税 | 税金 tassa, imposta |
| V | Rimuovere una parte del *禾 grano dal proprio raccolto per pagare le **tasse**. |
| 鋭 | 鋭い、鋭角 angolo acuto |
| / | Un metallo (金) **appuntito**, suggerito dall'idea di rimozione presente in *兌. |
| 悦 | 喜悦 gioia、悦楽 divertimenti e piaceri |
| / | Esprimere sentimenti (心) dirompenti di **gioia**. |
| 閲 | 閲覧室 sala di lettura、検閲 censura, ispezione、閲兵 ispezione delle truppe |
| / | Contare (enunciazione *兌) coloro che passano attraverso un 門 cancello > **ispezione**. |

| 士 | 武士 guerriero、紳士 gentiluomo、騎士 cavaliere、戦士 combattente、飛行士 pilota |
|---|---|
| IV | Spiegato spesso come un uomo sull'attenti, in realtà il kanji rappresenta un <u>pene in erezione</u>, con la linea superiore più grande di quella alla base a indicare il glande > <u>mascolinità</u>, quindi **guerriero** o **samurai** > **signore-uomo**. |

| | |
|---|---|
| 仕 | 仕える servire qualcuno、仕事 lavoro、仕業 atto、仕草 gesto、仕方 modo, metodo |
| III | Una *イ persona che serve il proprio signore > **servire qualcuno**. 士 è usato anche per richiamare foneticamente 事 (lavoro, faccenda, cosa astratta). |
| 志 | 志す、志、意志 volontà、有志 volontario、志望 aspirazione |
| V | In origine la parte superiore era una pianta che emerge dal terreno, da cui il senso di movimento dell'animo (心) > **volontà, prefiggersi, aspirazione**. La semplificazione può essere ricordata come "la volontà di un guerriero". |
| 誌 | 雑誌 rivista、週刊誌 pubblicazione, rivista settimanale |
| VI | > trascrivere le parole (言) con intento (志) > **documento, rivista**. La lettura richiama 記 (prendere nota). |

| 声 | 声 voce、話し声 voce che parla、大声で ad alta voce、罵声 insulto、声優 doppiatore |
|---|---|
| II | Abbreviato da *聲, composto di 耳 orecchio e *殸, a sua volta abbreviazione di *磬 qin, uno strumento musicale cinese. Il musicista colpisce (*殳) lo strumento composto di 石 pietre producendo un suono paragonato a una **voce** soave che si propaga verso 耳 l'orecchio di chi ascolta. Per semplicità 士 può essere associato alla persona del musicista stesso. |
| 壱 | 壱 uno (usato in documenti legali)、壱万円 10.000 yen |
| // | Semplificato da *壹: una persona che banchetta (豆) davanti a una pentola piena fino al coperchio (*冖). L'idea di pienezza ha rappresentato il numero **uno**, visto come un intero pieno e perfetto. La semplificazione appare composta da 士, *冖 e *ヒ. |

| 売 | 売る、売店 chiosco、売買 compravendita, commercio |
|---|---|
| II | Da *賣. La parte inferiore è il kanji di 買 comprare (merci poste in una *罒 rete date in cambio di denaro 貝); 士 signore-uomo potrebbe essere identificato con la figura del mercante, ma in realtà è la semplificazione di 出 (uscire, tirare fuori) > tirare fuori la merce in vendita > **vendere**. La lettura richiama 貿 scambi commerciali. |

| 続 | 続く (intr.)、続ける (tr.)、続き continuazione、連続 continuità, successione、続々 in successione |
|---|---|
| IV | Da *續. *賣 può essere considerato come una variante di *賣 "vendere" ed è usato per richiamare 属 (appartenere, affiliato) > riconnettere un 糸 filo reciso > continuità > **continuare**. |
| 読 | 読む leggere、読者 lettore、積ん読 comprare libri, ma non leggerli、句読点 segni di interpunzione |
| II | Da *讀. *賣 può essere considerato come una variante di *賣 "vendere" con in risalto il senso di "tirare fuori", qui in riferimento alla voce in particolare > **leggere** (言) ad alta voce. |

| 卒 | 卒業 laurea、卒業式 festa di laurea、卒論 tesi di laurea、番卒 sentinella、卒倒 svenimento |
|---|---|
| IV | La parte superiore di 衣 indumento (simile a 人 persona raddoppiato e *亠) suggerisce divise appartenenti a **soldati** di basso rango, dove 十 (dieci) simboleggia il numero riconoscitivo sulla divisa. **Improvviso** e **finito** sono prestiti da cui si sono generati il significato minore di **morte** e quello principale di **laurea**. Come radicale si trova molto spesso nella forma abbreviata *卆 che mantiene 十 nella parte inferiore, ma semplifica quella superiore con 九 (nove). |

| 酔 | 酔う、酔っ払う ubriacarsi、二日酔い postumi、船酔い mal di mare、麻酔 anestesia |
|---|---|
| / | Finire (*卆) una *酉 giara di vino > **ubriacarsi, essere stordito**. |
| 粋 | 粋、純粋 puro, purezza, genuino、生粋 vero-genuino、無粋 rozzo, inelegante, indelicato |
| / | *卆 richiamava 潔 (purificare, rettitudine) a indicare 米 riso puro > **purezza, essenza** > avere **stile**. |
| 砕 | 砕く (tr.)、砕ける (intr.)、粉砕 polverizzare、砕けた態度 atteggiamento amichevole |
| / | 卒 richiamava foneticamente 折 (spezzare), anche se può aver suggerito simili connotati dai significati di soldato, improvviso e morte > **frantumare** le 石 pietre > **sminuzzare**. |
| 枠 | 枠、窓枠 telaio della finestra |
| / | Qui *卆 non è 卒, ma una semplificazione di 率 (frequenza/comando) nel suo senso grafico di "fili intrecciati in un modo preciso da uno strumento" > **cornice** di legno (木) a base per l'intelaiatura. |

# 2.1.4 Bambini

| 子 | 子、子供、息子 figlio、末っ子 ultimogenito、子犬 cagnolino、帽子 cappello、原子 atomo |
|---|---|
| I | Un **bambino** avvolto in fasce che agita le braccia. Nella lettura し sottintende spesso qualcosa di piccolo. Il kanji è usato di frequente nei nomi propri femminili > **figlio**. |

| 字 | 字、漢字 kanji、辞書 dizionario、文字 <u>carattere</u>、数字 cifra、十字 croce、名字 cognome |
|---|---|
| I | In origine indicava la casa (\*宀) dove i bambini vengono cresciuti. L'idea di proliferazione derivata è stata associata ai **caratteri scritti** che, come bambini, crescono e diventano sempre più numerosi e complessi. |

| 孔 | 孔子 Confucio、胃穿孔 ulcera |
|---|---|
| // | Un 子 <u>bambino che esce dalla vagina</u> (qui rappresentata da \*乚) > **cavità-buco** per associazione. **Confucio** è un prestito fonetico. |

| 乳 | 乳 mammella、牛乳 latte (di mucca)、母乳 latte materno |
|---|---|
| VI | > aggiungendo \*爫 mano s'intende l'<u>assistenza durante il parto</u> e, per estensione, assistenza a un neonato in generale con particolare attenzione all'allattamento > **latte**. È possibile che con il tempo l'elemento a destra sia stato interpretato come la stilizzazione di un seno. |

| 浮 | 浮く galleggiare/fluttuare/diventare briosi/sentirsi fuori posto、浮気 infedeltà-tradimento、浮上 emergere、浮かぶ galleggiare, salire in superficie, essere sospeso/venire alla mente、浮世絵 Ukiyoe |
|---|---|
| / | > l'aggiunta di \*氵 simboleggia il liquido amniotico nel quale il bambino è come se **fluttuasse** mentre viene aiutato a uscire fuori (significato sottinteso di "assistenza durante il parto" di 乳) > **galleggiare**. A volte 浮 trasmette un senso di fuggevolezza e gaiezza, derivati dall'idea di lasciarsi andare come se fluttuando. |

| 了 | 完了 completamento, conclusione、終了 fine-completamento、読了 finire di leggere、了解 comprensione, consenso/ricevuto (*roger*)、魅了 affascinare-incantare |
|---|---|
| / | Dal pittogramma di un bambino con le braccia immobili, graficamente omesse, a indicare la paralisi infantile (poliomielite). I significati di **finito** e **completato** sono prestiti, forse in parte assecondati dalla forma di 了 che potrebbe ricordare una pergamena arrotolata. |

| \*𠫓 | Variante capovolta di 子, usata per rappresentare un <u>bambino in posizione cefalica</u> come alla <u>nascita</u>. |
|---|---|

| 流 | 流れる scorrere、流す far scorrere-versare (es. lacrime)/far circolare (es. elettricità)、流行 moda、一流 di prima qualità、急流 rapide、流派 scuola-corrente、流罪 esilio |
|---|---|
| III | \*𠫓 bambino durante la nascita. \*氵 e 川 fiume spostano l'attenzione sullo **scorrere** del liquido amniotico > **corrente**, simbolicamente anche **corrente-scuola di pensiero** > **metodo-stile**. |

| 棄 | 放棄 abbandonare, rinunciare、棄権 astenersi dal voto、廃棄 eliminare, smaltire, abrogare |
|---|---|
| / | Un bambino **abbandonato** dentro una cesta di legno (木), rappresentata nella parte centrale > **rinunciare a**. Un'altra teoria interpreta la parte centrale e inferiore come derivata da una "mano che regge una scopa", a simboleggiare l'atto di disporre e liberarsi di qualcosa. |

| 育 | 育てる allevare, tirare su (育む)、育つ crescere, maturare、教育 educazione、飼育 allevare (animali)、生育 crescita、体育 educazione fisica、保育器 incubatrice |
|---|---|
| III | Un bambino in posizione cefalica (*𠫓) alla nascita, mentre <u>passa attraverso</u> l'utero della madre > **dare vita**. La presenza di 肉 pone enfasi sul corpo del bambino che **crescerà** sano se ben **allevato**. |

| | 徹 | 徹する、徹夜 stare svegli tutta la notte, veglia、徹底 fino in fondo、徹頭徹尾 da cima a fondo |
|---|---|---|
| | / | Un passaggio (*彳) battuto (*攵) > rendere **sgombro e libero** il passaggio per facilitarne l'attraversamento (育) > **passare attraverso** > **penetrare, pervadere** > **stare alzati tutta la notte**. La versione originale del kanji mostrava più semplicemente il concetto di "<u>liberare il passaggio</u>" tramite una mano che rimuoveva una grossa pentola, con *彳 aggiunto successivamente dare per maggiore chiarezza. |
| | 撤 | 撤退 ritirata、撤廃 abrogazione, abolizione、撤去 rimozione, smantellamento |
| | / | > sostituendo *彳 con *扌 mano in 徹 si accentua l'azione attiva di **rimozione** e liberazione del passaggio. **Evacuazione** e **ritirata** sono significati associati. |

| 充 | 充てる assegnare, allocare, dedicare a、充実した pieno-ricco-sostanzioso、充電器 caricabatterie |
|---|---|
| / | Un <u>neonato (*𠫓) in crescita</u>, simboleggiata dall'aggiunta delle *儿 gambe. Per associazione il kanji prende il senso di **diventare pieno** > **assegnare, allocare**. |

| | 銃 | 銃 pistola、拳銃 rivoltella、機関銃 mitragliatrice、銃声 colpo d'arma da fuoco、銃弾 pallottola |
|---|---|---|
| | / | Un oggetto metallico (金) dove allocare e le munizioni (pieno di proiettili) > **arma da fuoco**. |
| | 統 | 統べる governare、大統領 presidente、統計 statistica、伝統 tradizione、血統 lignaggio、統一 unificazione, uniformazione、統合 integrazione、系統 gruppo, famiglia, sistema, lignaggio |
| | V | Il neonato in crescita (充) assume qui l'idea di "punto d'inizio" da cui si dirama la vita. L'unione con 糸 suggerisce i fili sericei di cui un bozzolo è composto > **unire, collegare** > **governare, supervisionare**. |

| 呆 | あきれる、阿呆 あほう stupido、痴呆 demenza |
|---|---|
| // | Kanji derivante da <u>un 子 bambino avvolto in una coperta che si usava avvolgere alla schiena</u>. La semplificazione attuale può essere ricordata come "una scatola (口) di legno (木) dentro cui fare sdraiare il bambino". Il significato di **essere sbalordito** deriva dalla condizione di non comprensione del mondo propria del bambino. |

| | 保 | 保つ、保護 protezione、保険 assicurazione、保育園 asilo nido、保育器 incubatrice |
|---|---|---|
| | V | Una *亻 persona che porta un bambino sulla schiena <u>avvolto</u> con una coperta. Il senso di accudimento e protezione porta ai significati attuali di **mantenere, conservare** e **garantire**. |
| | 褒 | 褒める、褒美 ricompensa-premio |
| | / | > una lunga 衣 veste che avvolge (保) il corpo. Il kanji si riferisce a un particolare indumento concesso dall'imperatore agli ufficiali meritevoli come **ricompensa** > **lodare**. La lettura richiama 長 lungo. |

| 肖 | 肖り者 persona fortunata、肖像 ritratto (肖像画) | | |
|---|---|---|---|
| / | Il corpo (肉) di un bambino che **rassomiglia** fisicamente ai genitori in una <u>forma ridotta</u>, suggerita in alto dal kanji di 小 "piccolo", utilizzato nella sua forma capovolta *⺍ > **essere fortunato** come gli altri. | | |

| | 消 | 消す cancellare、消える scomparire、消しゴム gomma、消防車 autopompa、電気が消えた si è spenta la luce、電気を消す spegnere la luce、抹消 cancellazione |
|---|---|---|
| | III | Acqua (*氵) prosciugata > **scomparire, cancellare, spegnere.** |
| | 硝 | 硝酸 acido nitrico、硝薬 polvere da sparo |
| | // | **Nitrato di potassio**, efflorescenza dall'aspetto di piccoli granelli (石) > **polvere da sparo.** |
| | 削 | 削る、削除 cancellare-depennare, eliminazione |
| | / | **Grattare, raschiare, cancellare, ridurre** usando qualcosa di affilato (*刂). |
| | 宵 | 宵、宵っ張り animale notturno (di persona che sta sveglia fino a tardi)、宵の口 prime ore della sera |
| | // | La luce in casa (*宀) che nelle ore serali si fa sempre più fioca > **sera.** 肖 trasmette il suo senso implicito di "forma ridotta" e richiama foneticamente 消 "scomparire". In passato i suoi elementi erano intesi separatamente per indicare la luce della 月 luna e *⺍ "piccolo" (小). |
| | 屑 | 屑、紙屑 carta straccia |
| | // | Una piccola parte di un corpo (*尸) più grande che vi si distacca > **frammento, scarto > rifiuti.** |

| 以 | 以上 più di、以下 meno di、以後 da qui in poi、以前 precedentemente, prima、以内 entro | |
|---|---|---|
| IV | Un <u>feto</u> (simboleggiato da 人 persona a destra) che si muove nell'utero (i tratti a sinistra) > **punto di partenza** della vita > **per mezzo di** > **da, più o meno di.** Un'altra teoria ritiene che il kanji rappresenti una 人 persona con in mano un aratro, utensile "per mezzo del quale" cominciare un lavoro, da cui il significato di "punto di partenza". | |

| | 似 | 似る、似合う stare bene, addirsi、類似 somiglianza, analogia、似非 <u>pseudo-, sedicente, fasullo</u> |
|---|---|---|
| | V | Il bambino in grembo, una volta diventato grande, **somiglierà** ai propri genitori (*イ). Un'altra teoria utilizza un'antica lettura di 以 per richiamare foneticamente 像 "immagine" e 状 "situazione", da cui è possibile ricollegarsi ai significati attuali del kanji. |

| 包 | 包む avvolgere, impacchettare (e simili)/coprire con、包む ricoprire, avvolgere、包み紙 carta da regalo、小包み pacco、包括 includere, inglobare、包装 imballaggio、包帯 benda, fascia、包丁 coltello da cucina | |
|---|---|---|
| IV | L'utero che **avvolge** (*勹) il feto, indicato da *己 a solo scopo grafico > **involucro.** | |

| | 抱 | 抱く、抱き付く gettarsi tra le braccia di qualcuno、抱える tenere o portare in braccio/avere una responsabilità/impiegare qualcuno、抱く stringere fra le braccia/covare (es. dubbio, antipatia, rancore)、辛抱 pazienza、抱っこ tenere in braccio (es. un bambino)、介抱 prendersi cura di、抱擁 abbraccio |
|---|---|---|
| | / | Avvolgere con le *扌 mani in un **abbraccio** > **abbracciare, tenere fra le braccia.** |

| | | |
|---|---|---|
| 泡 | 泡、水泡 bolla (d'acqua)、気泡 bolla d'aria、泡立つ schiumare, spumeggiare、<br>水泡に帰す arrivare a nulla (水の泡)、発泡性の effervescente | |
| / | Essere avvolto dall'acqua (*氵) > **schiuma, spuma, bolla**. In senso metaforico suggerisce in alcune parole un "niente di fatto". | |
| 飽 | 飽きる (intr.)、飽かす (tr.)、〜飽きる、飽食 sazietà、飽和 saturazione | |
| / | 包 "avvolgere" e 食 "mangiare" suggeriscono riempirsi di cibo fino a essere completamente sazi > il senso di essere sazi è stato poi esteso a quello di **stufarsi, diventare stanco di**. | |
| 砲 | 大砲 cannone、砲丸 palla di cannone、鉄砲 fucile、発砲 fare fuoco、空砲 cartuccia a salve | |
| / | Qui 包 richiama 放 (rilasciare) e indica una 石 pietra sparata da un **cannone**. Il significato di involucro di 包 è associabile alla forma del cannone dentro al quale viene inserita la pietra. | |
| 胞 | 細胞 cellula、神経細胞 neurone、胎盤 placenta、卵細胞 ovulo | |
| / | 肉 enfatizza una parte del corpo con funzione di involucro > **placenta** > **sacca, guaina**. | |

| | | |
|---|---|---|
| *勹 | Avvolgere, abbreviazione del kanji 包 dallo stesso significato. Può suggerire rotondità. | |

| | | |
|---|---|---|
| 均 | 均しい equo、平均 media、均衡 pareggio-equilibrio、均等 uniforme、均斉 proporzionato | |
| V | *勹 rappresenta un serpente avvolto a spirale e sottintende un appiattimento (in modo simile a quanto succede con *也) > livellare la 土 terra in modo **uniforme** > **equo, media** (aritmetica). | |
| 匂 | 匂う odorare di, emanare un odore、匂い odore (e simili)/aria di | |
| / | Kanji di origine poco chiara. È possibile associarlo al suo significato elaborando i componenti come **odore** che avvolge il cibo posto nel cucchiaio (*ヒ cucchiaio). | |
| 旬 | 初旬 prima decade del mese、中旬 seconda decade、下旬 terza decade | |
| / | Un ciclo (*勹) di dieci 日 giorni > **decade (del mese)**. La lettura richiama 巡 (girare intorno). | |
| 殉 | 殉じる sacrificare se stessi、殉教 martirio、殉教者 martire | |
| // | > 旬 richiama 遵 seguire-obbedire > seguire il proprio signore nella *歹 morte > **dare la propria vita, martirio**. | |
| 菊 | 菊 | |
| // | L'elemento inferiore *匊 rappresenta "la testa rotonda di una spiga di 米 riso" > un fiore (*艹) con la testa rotonda > **crisantemo**. | |

# 2.2 Persone in posizione

## 2.2.1 Persone in piedi

| *壬 | 王 | *亢 | 立 | 並 | 帝 |
|---|---|---|---|---|---|
| 任 | 皇 | 航 | 泣 | 普 | 締 |
| 賃 | 狂 | 抗 | 位 | 譜 | 諦 |
| 妊 |   | 坑 | 粒 | 霊 | *商 |
| 淫 |   |   | 竜 |   | 適 |
| 廷 |   |   | 滝 |   | 敵 |
| 艇 |   |   | 龍 |   | 滴 |
| 呈 |   |   | 襲 |   | 摘 |
| 程 |   |   | 籠 |   | 嫡 |
| 聖 |   |   |   |   |   |

## 2.2.2 Persone inginocchiate

| *卩 | *㔾 | *巴 | *卬 | *宛 |
|---|---|---|---|---|
| 印 | 犯 | 色 | 迎 | 怨 |
| 抑 | 氾 | 絶 | 仰 | 宛 |
|   | 範 | 肥 |   | 腕 |
|   | 厄 | 把 |   | 椀 |
|   | 危 |   |   |   |

## 2.2.3 Persone in diverse posizioni

| 化 | 比 | 北 | *曷 | *夾 | *尤 | *旡 | 丸 |
|---|---|---|---|---|---|---|---|
| 花 | 批 | 背 | 揭 | 挟 | 沈 | 愛 | *執 |
| 貨 | 陛 |   | 渇 | 狭 | 枕 | 曖 | 熱 |
|   | 昆 |   | 喝 | 峡 |   | 既 | 勢 |
|   | 混 |   | 褐 | 頬 |   | 慨 | 芸 |
|   | 皆 |   | 謁 | 鋏 |   | 概 |   |
|   | 階 |   |   |   |   |   |   |
|   | 諧 |   |   |   |   |   |   |

# 2.2.1 Persone in piedi

| *壬 | Pittogramma graficamente identico a due kanji distinti: una <u>persona dritta in piedi</u> o un fuso su cui sono avvolte le fibre tessili. Nella seconda accezione, come radicale il kanji può trasmettere il senso di <u>fardello da portare</u>. |
|---|---|

| 任 | 任せる lasciar che qualcuno si occupi di qualcosa (任す)、責任 responsabilità |
|---|---|
| V | *イ <u>persona che porta un fardello</u> > persona con delle **responsabilità** > **affidare** delle responsabilità a qualcuno. |
| 賃 | 家賃 affitto、運賃 tariffa (del mezzo di trasporto) |
| VI | > 任 affidare un carico da portare in cambio di un compenso in denaro (貝) > **tariffa, affitto**. |
| 妊 | 妊娠、妊婦 donna incinta、避妊 anticoncezionale、妊娠中絶 aborto、不妊症 sterilità |
| / | Una 女 donna durante la **gravidanza** (peso da portare). |
| 淫 | 淫ら、淫欲 piaceri carnali |
| / | > una *爫 mano che afferra bruscamente una donna incinta (abbreviato da 妊) per avere con lei un rapporto sessuale (*氵 indica i fluidi corporei) > compiere un atto **immorale, indecente, osceno**. |

| 廷 | 法廷 tribunale、出廷 comparire in udienza、宮廷 corte |
|---|---|
| / | Membri della **corte** che si posizionano (*廴) dritti in piedi al loro posto all'arrivo dell'imperatore. |
| 庭 | 庭 giardino、庭園 giardino, parco、校庭 cortile della scuola、家庭 casa-famiglia |
| III | Il **giardino** di un grande palazzo (*广) percorso dai membri della 廷 corte. |
| 艇 | 飛行艇 idrovolante、救助艇 scialuppa, battello di soccorso |
| // | Una **barca** (舟) di piccole dimensioni. 廷 si collega foneticamente a 低 basso. |

| 呈 | 呈する (呈す)、贈呈 presentare un dono |
|---|---|
| / | L'elemento inferiore (semplificato con 王 re) è una *壬 persona dritta in piedi che trasmette una comunicazione verbale (口) a un dignitario > <u>presentare un resoconto verbale</u> > **presentare, offrire** in senso generico. |
| 程 | 程度、過程 processo、日程 piani-programmi (del giorno)、道程 percorso, tragitto、行程 distanza-tragitto ...、ほど (una certa estensione-entità) |
| V | Presentare un resoconto verbale della stima dell'entità del raccolto (*禾) > **grado, estensione-entità**. |
| 聖 | 聖書 Bibbia、大聖堂 duomo、画聖 pittore eccelso、聖杯 Santo Graal |
| VI | Una persona che riesce a captare con 耳 l'orecchio una rivelazione divina > **sacro, santo**. Il kanji è usato in alcune parole anche per indicare un'artista celebrato nel campo come una divinità. La lettura richiama 聴 "ascoltare attentamente". |

| 王 | 王 re (王様)、女王 regina、法王 papa、王冠 corona/tappo (a corona)、王国 regno、王子 principe、王座 trono、王手 scacco matto |
|---|---|
| I | Dal pittogramma di una grande ascia da battaglia. **Re** è un prestito, associato all'idea di potenza attribuita all'ascia e forse in parte alla forma stessa del kanji, simile a una persona ben eretta. Da non confondersi con 玉 gioiello e tenere sempre a mente che quest'ultimo nell'uso come radicale compare spesso identico a 王, con l'omissione quindi del piccolo tratto obliquo centrale. |

| 皇 | 皇帝、天皇 imperatore (del Giappone)、法皇 imperatore in ritiro diventato monaco buddhista |
|---|---|
| VI | Un re con indosso una corona (semplificata con il kanji di 白 bianco) > sovrano > **imperatore**. |

| 狂 | 狂う (intr.)、狂わす (tr.)、狂おしい、狂気 pazzia, follia、狂人 matto, pazzo、狂犬 cane rabbioso、熱狂 fanatismo-entusiasmo、〜狂 fanatico di …/affetto da (problema mentale) |
|---|---|
| / | Qui 王 qui era usato a scopo fonetico per richiamare la parola "convulsioni", ma il ruolo semantico non è chiaro > un cane (*犭) in preda alle convulsioni. Il significato attuale è **impazzire**, ricavato per associazione. Un altro modo per ricordarsi il kanji è interpretarlo come "un re impazzito che si comporta come un animale" |

| *亢 | Una persona a testa alta, con il collo dritto. La lettura richiama 高 alto. |
|---|---|

| 航 | 航路 rotta、航空 aviazione |
|---|---|
| IV | Qui *亢 richiama foneticamente il kanji di 横 lato-fianco > un ponte di barche (舟) poste una accanto all'altra > attraversare l'acqua > **navigazione** (in senso generale). Per aiuto mnemonico può essere utile immaginare il kanji come "il capitano (*亢) della 舟 nave che dirige la navigazione". |

| 抗 | 反抗 ribellione、抵抗 opporre resistenza、対抗 opposizione、抗生物質 antibiotico、抗議 protesta |
|---|---|
| / | **Opporsi** a *扌 mani nude contro un avversario o un ostacolo > **resistenza, protesta**. |

| 坑 | 坑道 cunicolo、炭坑 miniera di carbone |
|---|---|
| / | Cadere dentro una **buca** profonda nel 土 terreno > **cunicolo, cava**. La lettura potrebbe collegarsi a quella di 降 "scendere, scendere dal cielo". |

| 立 | 立つ、自立 indipendente、公立 pubblico、私立 privato、立派 eccellente、立入禁止 vietato entrare、お膳立て apparecchiare il tavolo、直立 diritto, eretto、国立 nazionale、立春 primo giorno di primavera |
|---|---|
| I | Una persona che si **alza in piedi**. In alcune parole trasmette una sfumatura di fermezza e decisione, qualcosa di ben stabilito. Come radicale a volte comunica un senso di verticalità. |

| 泣 | 泣く、感泣 muovere alle lacrime、泣訴 implorare con le lacrime agli occhi |
|---|---|
| IV | Lacrime (*氵) che cadono giù > **piangere**. |

| 位 | 位置 posizione、地位 posizione sociale、位 grado/circa、単位 unità/crediti scolastici |
|---|---|
| IV | *亻 persone in piedi e in fila per ordine di precedenza > **posizione** > **approssimazione, grado**. La stessa idea grafica è presente in 比 (paragonare) che influenza 位 per assonanza. |

| 粒 | 粒、大粒 grande granello, grande goccia、微粒子 corpuscolo, particella minuta、粒子 particella |
|---|---|
| / | 立 era usato per esprimere foneticamente "chicco, granello", da cui **chicco** di 米 riso > **granello**. |

| 竜 | 竜、恐竜 dinosauro、竜巻 tornado、画竜点睛 tocco finale |
|---|---|
| / | Rispetto a 龍, 竜 è la forma moderna per indicare la parola **drago**. 竜 deriva dalla parte sinistra di 龍. Il componente inferiore di 竜 è una combinazione del corpo (月/肉) del drago con la sua coda, mentre la parte superiore deriva da "ago" (辛) per simboleggiare le orecchie appuntite. In alcune parole è usato per indicare "dinosauro". |
| 滝 | 滝 |
| / | > una **cascata** d'acqua (*氵) imponente come un 竜 drago. |
| 龍 | 龍 |
| // | Dal pittogramma di un **drago**. A sinistra è presente il corpo (月/肉) con in alto la parte superiore di "ago" (辛) per simboleggiare le orecchie appuntite. A destra è rappresentata la lunga coda avviluppata e piena di scaglie. |
| 襲 | 襲う assaltare、襲撃 assalto、逆襲 contrattacco、奇襲攻撃 imboscata、急襲 raid 世襲 eredità、因襲 convenzionalismo-tradizione、襲衣 indossare un vestito sopra l'altro |
| / | > il kanji si riferiva inizialmente a un tipo di 衣 indumento da sepoltura con il colletto ripiegato all'esterno, suggerito dall'aspetto avviluppato del 龍 drago. I significati di **succedere a** qualcuno ed **ereditare** dal passato possono essere associati al rituale e alle convenzioni legate all'uso del suddetto indumento. **Assaltare** è un prestito (associabile alla figura del drago). |
| 籠 | 籠 かご cesto、籠こもる recludersi、引き籠もり hikikomori |
| // | > un **cesto** fatto di canne di 竹 bambù aggrovigliate (suggerito da 龍, nel senso grafico di avviluppato) > **recludersi**. 龍 a volte è intercambiabile con 竜: 篭. |

| 並 | 並ぶ allinearsi、並べる allineare、並み ordinario、並列 allinearsi, in linea、十人並 nella media |
|---|---|
| VI | Semplificato da *竝, numerose persone in piedi (立) **allineate** in una lunga fila > **linea-fila** > rimanere nei ranghi senza spiccare in modo particolare > essere **ordinario**. |
| 普 | 普く、普通 normale、普通形 forma piana (dei verbi)、普段 di solito、普段着 vestiti ordinari-informali |
| / | Luce del 日 sole che si diffonde (lunga fila) ovunque, da cui i significati finali di **generale** e **universale**, forse in parte incoraggiati anche dal significato di ordinario di 並. |
| 譜 | 楽譜代 spartito musicale, partitura (楽譜)、年譜 registrazione in ordine cronologico |
| / | > **spartito musicale**. La notazione è espressa (言) e si diffonde in sequenza (普). In alcune parole suggerisce "documentazione registrata in sequenza" > **genealogia**. |
| 霊 | 幽霊 spettro, fantasma、幽霊屋敷 casa stregata、霊魂 anima-spirito、悪霊 spirito maligno、霊感 ispirazione、霊園 cimitero |
| / | Da *靈. L'elemento superiore rappresenta le *霝 gocce di 雨 pioggia (attualmente semplificate con una linea 一) che cadono dal cielo, mentre il componente inferiore, ora identico a 並 con l'omissione dei due tratti in cima, è una semplificazione di *巫 "sciamana", kanji di evoluzione poco chiara, ma formato da un gruppo di 人 persone al lavoro (工) > **spirito** di un defunto che scende dal cielo come gocce d'acqua piovana e s'impadronisce del corpo della sciamana. |

| 帝 | <ruby>皇帝<rt>こうてい</rt></ruby>（帝）、<ruby>帝王<rt>ていおう</rt></ruby> sovrano、<ruby>帝国<rt>ていこく</rt></ruby> impero |
|---|---|
| / | In origine il pittogramma di un altare elaborato usato a scopi religiosi. Il significato di **imperatore** deriva dal <u>rapporto stretto</u> stabilito con la <u>divinità</u>. È possibile ricordare la semplificazione come "una persona 立 in piedi ricoperta (*冖) di stoffe (巾) preziose". |

| | 締 | <ruby>締<rt>し</rt></ruby>める (tr.)、<ruby>締<rt>し</rt></ruby>まる (intr.)、<ruby>締<rt>し</rt></ruby>め<ruby>切<rt>き</rt></ruby>り scadenza-termine、<ruby>戸締<rt>とじま</rt></ruby>り chiudere la porta、<br><ruby>締結<rt>ていけつ</rt></ruby> chiusura (es. contratto) |
|---|---|---|
| | / | Una corda (糸) ben stretta > **stringere, fissare** > **concludere**. |
| | 諦 | <ruby>諦<rt>あきら</rt></ruby>める |
| | / | Piegarsi alle parole (言) della divinità > **arrendersi**. |

| *啇 | Variante di *啻, 帝 imperatore che con parole (口) risolute pone il punto di partenza per ogni azione > ne deriva il senso di <u>agire in modo appropriato</u>. Nella semplificazione <ruby>古<rt>こ</rt></ruby> (vecchio) accentua il senso di risolutezza grazie al senso implicito di solidità (significato grafico di maschera cerimoniale a forma di teschio). In Giappone il kanji ha preso in prestito il significato di **stelo** (ricordabile come "un fusto rigido che si erge dritto"). |
|---|---|

| | 適 | <ruby>適<rt>かな</rt></ruby>う、<ruby>適<rt>てき</rt></ruby>する essere adeguato-qualificato、<ruby>適当<rt>てきとう</rt></ruby> adeguato、<ruby>適合<rt>てきごう</rt></ruby> confarsi a、<ruby>快適<rt>かいてき</rt></ruby> confortevole |
|---|---|---|
| | V | Procedere (*辶) in modo **adeguato** (e simili). |
| | 敵 | <ruby>敵<rt>てき</rt></ruby>、<ruby>敵<rt>かたき</rt></ruby>、<ruby>敵意<rt>てきい</rt></ruby> ostilità、<ruby>無敵<rt>むてき</rt></ruby> invincibile、<ruby>素敵<rt>すてき</rt></ruby> meraviglioso |
| | V | Qui *啇 richiamava <ruby>当<rt>とう</rt></ruby> "centrare, colpirsi, appropriato" > due **avversari** che si colpiscono (*攵) a vicenda > **nemico, rivale**. Può essere ricordato anche come "rispondere in modo adeguato ai colpi del proprio avversario". |
| | 滴 | <ruby>滴<rt>しずく</rt></ruby> goccia、<ruby>一滴<rt>ひとしずく</rt></ruby> una goccia、<ruby>滴<rt>したた</rt></ruby>る gocciolare (<ruby>点滴<rt>てんてき</rt></ruby>)、<ruby>水滴<rt>すいてき</rt></ruby> goccia d'acqua |
| | / | Uno stelo su cui **gocciola** la rugiada (*氵) > **goccia**. Un'altra teoria giunge allo stesso significato stabilendo un collegamento fonetico fra *啇 e "<ruby>picchiettare<rt>てき</rt></ruby>", suggerendo così acqua (*氵) che picchietta contro qualcosa mentre gocciola. |
| | 摘 | <ruby>摘<rt>つ</rt></ruby>む、<ruby>指摘<rt>してき</rt></ruby> indicare, far notare |
| | / | **Cogliere** lo stelo di un fiore con la *扌 mano > **sradicare**. |
| | 嫡 | <ruby>嫡子<rt>ちゃくし</rt></ruby> erede, figlio legittimo、<ruby>嫡出<rt>ちゃくしゅつ</rt></ruby> legittimità (di nascita) |
| | // | Una 女 donna verso cui si agisce in modo appropriato, riferito alla propria legittima moglie. Il significato si è poi trasferito ai propri **legittimi eredi**. |

# 2.2.2 Persone inginocchiate

| * 卩 | Una <u>persona inginocchiata</u>. | |
|---|---|---|
| 印 | 印、印象 impressione、印刷 stampa、目印 segno、印判 sigillo | |
| IV | Porre in ginocchio qualcuno spingendolo dall'alto con la mano (* ヨ, qui scritta specchiata) > applicare un **sigillo** spingendo dall'alto > **marchio, simbolo**. | |
| 抑 | 抑える、抑圧 oppressione、抑揚 intonazione, inflessione、抑止 deterrente | |
| / | > in origine la parte destra era 印 e trasmetteva il suo significato grafico di "porre in ginocchio qualcuno spingendolo dall'alto con la mano". L'aggiunta di un'altra * 扌 mano ne rafforza il senso > **spingere giù** > **trattenere, reprimere**. L'utilizzo di *印 (vedi pagina seguente) è dovuto a errori di trascrizione. | |
| * 㔾 | Una variante di * 卩 <u>persona inginocchiata</u>. | |
| 犯 | 犯す、犯人 criminale、犯罪 crimine | |
| V | Una persona inginocchiata per terra dopo essere stata ferita da un * 犭 animale > danneggiare qualcuno > **contravvenire, commettere un crimine**. | |
| 氾 | 氾濫 rivolta | |
| / | > sangue (* 氵) che zampilla fuori dalla ferita inferta da un animale (abbreviato da 犯) > **dilagare**. | |
| 範 | 範囲 ambito/portata、活動範囲 sfera d'azione、模範 esemplare, modello、範疇 categoria | |
| / | > kanji di difficile interpretazione. Una spiegazione considera 範 come la combinazione di "carro" (車) e un'abbreviazione di *笵, nella quale il concetto di 氾 "dilagare" viene limitato e contenuto da un'intelaiatura di 竹 bambù > intelaiatura del carro > porre dei **limiti** > **modello, esempio**. | |
| 厄 | 厄介 scocciatura | |
| / | Una <u>persona inginocchiata sul ciglio di un precipizio</u> (*厂) > **non poter proseguire, sfortuna**. Un'altra teoria scollega 厄 da 危 (vedi sotto), interpretando 厄 come una persona gobba, da cui sono stati ricavati i significati finali attuali. | |
| 危 | 危ない、危険、危ぶむ essere in apprensione、危うい rischioso/mettere in pericolo、危惧 apprensione | |
| VI | > una persona inginocchiata sul ciglio di un precipizio, non più in grado di proseguire (vedi 厄). In alto è raffigurata la stessa persona per sottolineare la prossimità con il ciglio e il rischio di cadere > **pericoloso**. | |

9781535373517

| \*巴 | Un'altra variante di \*㔾 persona inginocchiata. Come radicale suggerisce spesso <u>piegare e sovrapporre</u>. |
|---|---|

| 色 | 色 colore、茶色 marrone、三原色 colori primari、好色 lussuria, lascivia、景色 paesaggio |
|---|---|
| II | Due persone <u>avvinghiate</u> una sopra l'altra durante un rapporto **sessuale** > l'**aspetto** di una donna attraente > i **colori** del trucco di una donna attraente. |
| 絶 | 絶える (intr.)、絶やす (tr.)、断絶、絶対 assolutamente、絶望 disperazione |
| V | > da \*絕, **recidere** (刀) un 糸 filo > **recidere, porre fine, estinguersi** > **discontinuità**. \*巴 suggerisce il piegarsi fino a rompersi. Tutto il componente a destra è stato semplificato con 色. |
| 肥 | 肥える (intr.)、肥やす (tr.)、肥料 fertilizzante、肥満 corpulenza |
| V | Gran quantità di carne (肉) sovrapposta > **grasso** > rendere più nutriente > **fertile, fertilizzante**. |
| 把 | 把握、大雑把 approssimativo-noncurante、十把一絡げ generalizzare tutto in una cosa sola |
| / | Una \*扌 mano che si piega per afferrare qualcosa > **afferrare** una maniglia. |

| \*卬 | Una \*卩 <u>persona inginocchiata che accoglie e alza lo sguardo con ammirazione verso un'altra persona</u>. Da non confondersi con \*卯 (morso di un cavallo). |
|---|---|

| 迎 | 迎える、迎えに行く (/来る) andare (/venire) a prendere、歓迎 accoglienza |
|---|---|
| / | **Andare a incontrare** (\*辶) una persona e **accoglierla** in modo caloroso. |
| 仰 | 仰ぐ guardare-considerare con ammirazione, riverire、仰せ proclamo-dichiarazione、おっしゃる dire (formale)、仰向け a faccia in su (con la schiena per terra)、仰天 essere stupefatto、信仰 fede, credenza |
| / | Una persona inginocchiata che **guarda su** con ammirazione la \*亻 persona **riverita**. Il significato secondario di **dichiarazione** deriva dall'idea della persona riverita che concede un'udienza. |

| \*夗 | Una persona mentre dorme che si <u>piega sul fianco</u>. \*㔾 persona inginocchiata suggerisce l'atto di piegarsi. |
|---|---|

| 怨 | 怨み、旧怨 vecchio rancore |
|---|---|
| / | Emozioni (心) contorte > **rancore**. |
| 宛 | 宛先 recapito、少しずつ un po' per volta |
| / | Una persona che si gira nel sonno mentre dorme a casa propria (\*宀) > **indirizzo** di destinazione. **Ciascuno** è un prestito. Come radicale mantiene il senso di <u>corpo piegato</u> di \*夗. |
| 腕 | 腕 braccio、腕前 abile、敏腕 destrezza |
| / | > 宛 suggerisce il suo senso implicito di "corpo piegato", ma è anche usato foneticamente per richiamare 延 "estendersi, allungarsi". Il significato finale è quello di distendere un **braccio** (enfatizzato da 肉) piegato > mostrare la propria forza > **abilità** e **destrezza**. |
| 椀 | 椀 |
| // | > una **ciotola** di legno (木) smussata. Kanji simile a 碗 che indica invece una ciotola di ceramica o porcellana. |

# 2.2.3 Persone in diverse posizioni

| 化 | 化ける、お化け fantasma、化学 chimica、変化 trasformazione、強化 rafforzamento、化粧品 cosmetici |
|---|---|
| III | Una persona in piedi (*イ, a sinistra) e poi cadente (*ヒ, a destra) > cambio di postura > **trasformazione, travestimento**. |

| | 花 | 花、花屋 fioraio、花火 fuochi d'artificio、花見 hanami、花束 mazzo di fiori、花びん vaso di fiori |
|---|---|---|
| | I | Piante (*艹) soggette alle più svariate trasformazioni > **fiori**. 化 stabilisce un collegamento fonetico con il kanji di 華 "fiore, splendore". |
| | 貨 | 貨物 merci、百貨店 grande magazzino (=デパート)、通貨 valuta、硬貨 moneta |
| | IV | Scambiare (化) delle monete (貝) con **merci di valore > soldi**. |

| 比 | 比べる、比較 confronto、比例 proporzione |
|---|---|
| V | Due persone una accanto all'altra > **paragonare, confrontate**. |

| | 批 | 批判 critica, giudizio、批評 critica/recensione、批准 ratifica |
|---|---|---|
| | VI | Una persona che colpisce con la *扌 mano un'altra vicina > attaccare qualcuno, in senso astratto **criticare**. |
| | 陛 | 天皇陛下 sua altezza l'imperatore |
| | VI | *坒 rappresenta dei gradini di 土 terra uno accanto all'altro che costituiscono la salita di una *阝 collina > salita che porta al trono > **sua altezza**. |
| | 昆 | 昆虫 insetti |
| | / | La forma grafica originale mostra un insetto con numerose zampe una accanto all'altra, semplificate poi con 比 > uno sciame d'insetti > **moltitudine**. La forma moderna è ricordabile come "una moltitudine di persone sotto il 日 sole". Successivamente il kanji ha riacquisito il significato primario di **insetti**. Come radicale comunica un senso di confusione. |
| | 混 | 混ぜる mescolare、混じる essere mischiato (混ざる)、混む essere affollato、混雑 affollamento、混乱 confusione、混合 miscuglio、混同 confondere una cosa con un'altra |
| | V | > un liquido (*氵) che turbina in modo **confuso** e vorticoso > **mescolare**. |

| 皆 | 皆、皆既月食 eclissi totale lunare |
|---|---|
| / | Persone una accanto all'altra (比) che *日 parlano (semplificato con 白 bianco). Il carattere di totalità delle persone presenti ha prevalso come significato finale del kanji > **tutti, tutto**. |

| | 階 | 階段 scala、一階 pianoterra、二階建て edificio a due piani |
|---|---|---|
| | III | La totalità delle pendenze che compongono una dopo l'altra il fianco di una *阝 collina > **piani di un edificio, scala**. |

| | | |
|---|---|---|
| 諧 | 諧調 <ruby>かいちょう</ruby> armonia, melodia armoniosa、半諧音 <ruby>はんかいおん</ruby> assonanza | |
| // | Parole (言) disposte in ordine in una composizione **armoniosa**. | |

| | |
|---|---|
| 北 | 北、北海道 <ruby>きた ほっかいどう</ruby> Hokkaidō、北京 <ruby>ぺきん</ruby> Pechino、北極 <ruby>ほっきょく</ruby> Polo Nord、敗北 <ruby>はいぼく</ruby> sconfitta, disfatta |
| II | Due persone schiena contro schiena. In passato in Cina le case erano costruite verso il lato soleggiato a sud dando così le spalle al **nord**. |

| | |
|---|---|
| 背 | 背ける <ruby>そむ</ruby> voltare-distogliere lo sguardo、背く <ruby>そむ</ruby> tradire, andare contro、背中 <ruby>せなか</ruby> schiena、背が高い <ruby>せ たか</ruby> alto (statura)、背が低い <ruby>せ ひく</ruby> basso (statura)、背信 <ruby>はいしん</ruby> tradimento |
| VI | 肉 è aggiunto per indicare con precisione la parte del corpo che dà le spalle al 北 nord > **schiena**. Un secondo significato figurato deriva dall'idea di "voltare le spalle" > **tradire, andare contro**. |

| | |
|---|---|
| *曷 | La parte inferiore mostra una 人 persona intrappolata in un angolo (l'elemento in basso a sinistra) e *勹 circondata da altre persone che l'aggrediscono e la interrogano (*曰 dire, semplificato con 日). Nell'uso moderno la parte inferiore è stata semplificata con *ヒ per meglio indicare una persona piegata. |

| | | |
|---|---|---|
| 掲 | 掲げる、掲示 <ruby>けいじ</ruby> avviso、掲示板 <ruby>けいじばん</ruby> bacheca degli avvisi、掲載 <ruby>けいさい</ruby> pubblicazione (es. di un articolo) | |
| / | Alzare le *扌 mani nell'aggredire qualcuno. Successivamente, "alzare le mani" ha portato ai significati di **esporre** e **appendere** > **pubblicare**. | |
| 渇 | 渇く、喉が渇いた <ruby>かわ のど かわ</ruby> avere sete、枯渇 <ruby>こかつ</ruby> inaridimento、渇望 <ruby>かつぼう</ruby> avere sete di (bramare) | |
| / | Il kanji suggerisce la minaccia della siccità (*氵) > **seccato, assetato**. | |
| 喝 | 喝采 <ruby>かっさい</ruby> acclamazione, applauso、拍手喝采 <ruby>はくしゅかっさい</ruby> applaudire e acclamare、恐喝 <ruby>きょうかつ</ruby> ricatto | |
| // | Interrogare una persona **gridandole** (口) contro > **rimprovero**. | |
| 褐 | 褐色 <ruby>かっしょく</ruby> | |
| // | Qui *曷 è un'abbreviazione di *葛 <ruby>かつ</ruby>, indicante una pianta rampicante infestante dalle forti fibre e usato per richiamare 結 <ruby>けつ</ruby> "legare-allacciare" > un *ネ vestito prodotto da grosse fibre, riferito a un particolare vestito dal colore **marrone scuro**. | |
| 謁 | 謁する <ruby>えっ</ruby> avere un'udienza con、謁見 <ruby>えっけん</ruby> udienza | |
| // | Aggiungendo 言 si enfatizza l'atto dell'interrogazione > **udienza**. | |

| | |
|---|---|
| *夾 | Una persona (大) stretta e schiacciata fra altre 人 persone. Come radicale porta con sé il significato di stare in mezzo, inserirsi, essere schiacciato tra due parti. |

| | | |
|---|---|---|
| 挟 | 挟む <ruby>はさ</ruby> interporre、挟まる <ruby>はさ</ruby> essere impigliato、挟み撃ち <ruby>はさ う</ruby> attacco dai due lati/venire circondati、口を挟む <ruby>くち はさ</ruby> intromettersi in una conversazione、挟撃 <ruby>きょうげき</ruby> attacco dai due lati | |
| / | **Spremere** con la *扌 mano > **interporre, essere incastrato, essere impigliato**. | |
| 狭 | 狭い、狭まる <ruby>せま せば</ruby> restringersi-limitarsi、狭量 <ruby>きょうりょう</ruby> mentalità ristretta | |
| / | Una persona messa alle strette, circondata da *犭 animali feroci > **stretto**. In realtà *犭 è un errore di trascrizione di *阝 collina e il kanji indicava inizialmente uno stretto pezzo di terra coltivabile all'interno di una gola fra le montagne. | |

| | | |
|---|---|---|
| 峡 | | 峡谷 (きょうこく) gola、イギリス海峡 (かいきょう) canale della Manica |
| | // | Una **gola** fra le 山 montagne. |
| 頬 | | 頬 (ほお / ほほ) |
| | // | Parte del viso (頁) cui all'interno viene schiacciato qualcosa, riferito alla masticazione > **guancia**. |
| 鋏 | | は鋏 (はさ) み |
| | // | **Forbici** di metallo (金). |

| *夗 | Una <u>persona piegata e appesa</u>. | |
|---|---|---|
| 沈 | | 沈 (しず) む (intr.)、沈 (しず) める (tr.)、沈没、沈思黙考 (ちんぼつ) (ちんしもっこう) essere immerso in pensieri profondi、沈黙 (ちんもく) in silenzio-zitto |
| | / | Aggiungendo acqua (*氵) si suggerisce che la persona sta **affondando** > **essere sommerso**. |
| 枕 | | 枕 (まくら) |
| | / | Affondare dentro al letto e il **cuscino**, in passato realizzati con il legno (木) . |

| *旡 | Una persona (*儿) con lo <u>stomaco pieno dopo un'abbuffata</u>, incapace di mangiare ancora > <u>avere finito</u>. | |
|---|---|---|
| 愛 | | 愛 (いと) しい caro, amato、愛 (あい) amore、愛 (あい) する amare、愛 (あい) し合 (あ) う amarsi a vicenda、愛国者 (あいこくしゃ) patriota、可愛 (かわい) い carino, grazioso、愛情 (あいじょう) affetto、慈愛 (じあい) affettuoso-tenerezza |
| | IV | In origine il kanji aveva il senso di <u>muoversi in modo furtivo senza farsi sentire</u>, suggerito dall'andamento discontinuo di *夂 (piede che si ferma e riprende a camminare) e la parte superiore del kanji, un tempo composta da *旡 e 心, che insieme richiamava foneticamente 隠 (いん) <u>nascondersi</u>. In seguito, gli elementi sono stati rielaborati ed è prevalsa l'idea di un sentimento (心) caritatevole nel voler sfamare un'altra persona fino a quando è piena (*旡) > **amore**. Nella versione attuale *旡 appare semplificato con *爫 mano e *冖 coprire; la prima *爫 può essere associata al desiderio di dare a qualcun altro, mentre *冖, *夂 e 心 al sentimento gentile celato. |
| 曖 | | 曖昧 (あいまい) ambiguo |
| | // | > luce del 日 sole nascosta (愛) > **oscuro, ambiguo**. |
| 既 | | 既 (すで) に、既婚者 (きこんしゃ) coniuge、既製 (きせい) preparato in precedenza、既往症 (きおうしょう) anamnesi |
| | / | L'elemento a sinistra è lo stesso presente in 食 (mangiare) e deriva nel medesimo modo da *皀 (un recipiente rialzato da tavolo con del cibo dentro). La presenza di *旡 suggerisce che si è <u>già finito</u> di mangiare > **già, ormai**. |
| 慨 | | 憤慨 (ふんがい) indignazione、慨嘆 (がいたん) lamento |
| | / | > avere il *忄 cuore congestionato di sofferenza per qualcosa che ormai è già finito (既) > **lamento, deplorare**. |
| 概 | | 概 (がい) して parlando in generale, di regola、既成概念 (きせいがいねん) stereotipo |
| | // | > uno strumento di legno (木) usato per livellare il grano a una misura approssimativa finita (既) > **grosso modo, in generale**. |

| 丸 | 丸<sub>まる</sub>い rotondo、 丸<sub>まるついたち</sub>一日 tutto il giorno、 まる<sub>丸</sub>で come se、 頭<sub>あたま</sub>を丸<sub>まる</sub>める radersi la testa、 丸薬<sub>がんやく</sub> pillola、 日本丸<sub>にっぽんまる</sub> Nippon-maru (nome di una nave) |
|---|---|
| II | 丸 è la forma capovolta di \*仄 (tenue, indistinto), composto da 人 e \*厂<sub>かん</sub> rupe, usata sia per suggerire "ricurvo" che per l'omofonia con \* 圜<sub>かん / えん</sub> rotondo > una persona che curva il suo corpo > **rotondo, circolare, sferico**. Dal punto di vista grafico, 丸 somiglia al kanji di 九<sub>きゅう</sub> "nove" con un trattino aggiuntivo. Essendo 九 graficamente un gomito piegato, il trattino può essere considerato per comodità come simbolo della forma rotonda del gomito stesso. I significati secondari di **completo**, **perfetto** e **intero** provengono tutti dal concetto di sfericità, mentre l'uso del kanji come suffisso per i nomi delle navi deriva dalla forma rotonda dei sigilli usati per avallarle. |
| \*埶 | La parte a sinistra \*坴 (montagnole di terra) è in realtà una semplificazione di "木 albero piantato a 土 terra" > una persona china a terra (丸) mentre pianta un albero. |

| 熱 | 熱<sub>あつ</sub>い caldo (cose)、 熱<sub>ねつ</sub> febbre/calore、 熱湯<sub>ねっとう</sub> acqua bollente、 熱心<sub>ねっしん</sub> zelo、 熱中<sub>ねっちゅう</sub> entusiasmo |
|---|---|
| IV | Una persona china a terra con in mano dei rametti per accendere un \*灬 fuoco > **calore** > **febbre**, **passione-entusiasmo**. |
| 勢 | 勢<sub>いきお</sub>い、 大勢<sub>おおぜい</sub> numerose (persone)、 優勢<sub>ゆうせい</sub> essere in vantaggio、 姿勢<sub>しせい</sub> postura、 気勢<sub>きせい</sub> entusiasmo |
| V | Le 力 **forze** necessarie a chi lavora la terra per piantare un albero > **vigore** (e simili). |
| 芸 | 芸<sub>げい</sub>、 芸術<sub>げいじゅつ</sub> arte/belle arti、 芸術家<sub>げいじゅつか</sub> artista、 芸者<sub>げいしゃ</sub> geisha、 多芸<sub>たげい</sub> versatile、 園芸<sub>えんげい</sub> giardinaggio、 無芸大食<sub>むげいたいしょく</sub> essere privo di qualsiasi talento all'infuori del mangiare |
| IV | Semplificazione di \*藝. La parte superiore \*萟 aggiunge \*艹 erba a "persona china mentre pianta un albero" (\*埶), suggerendo che la pianta è cresciuta rigogliosa. L'aggiunta di "nuvole che aleggiano nell'aria" (\*云) trasmette un ulteriore connotato positivo di fragranza alla pianta che conferma l'abilità di chi ha curato ogni passaggio della piantagione > conseguimenti artistici > **arte, tecnica**. La versione attuale 芸 mantiene l'idea grafica di "pianta che emana una gradevole fragranza" comunicando allo stesso modo l'abilità del coltivatore. |

# 3.
# CORPO UMANO

# 3.1 Corpo umano

| 3.1.1 Corpo | | | | | | | |
|---|---|---|---|---|---|---|---|
| 身 | 心 | 必 | 力 | *吕（自） | 后 | *尸 | 尺 |
| 窮 | 急 隠 穏 応 芯 | 秘 泌 *宓 密 蜜 | 男 労 加 架 賀 協 脅 脇 | 追 遣 師 帥 官 館 管 棺 | 司 飼 詞 伺 | 展 殿 尻 尾 尿 尉 慰 眉 | 択 沢 訳 駅 釈 昼 尽 |

| 3.1.2 Scheletro e ossa | | | | | |
|---|---|---|---|---|---|
| 呂 | *冎（呙） | *咼 | 古 | 害 | *歹 |
| 宮 営 | 骨 滑 別 拐 | 過 渦 禍 鍋 | 故 固 個 箇 枯 苦 湖 克 居 据 裾 | 割 轄 憲 | 死 葬 拶 列 烈 裂 例 |

# 3.1.1 Corpo

| 身 | 身 corpo、身分 classe sociale、身分証明書 carta d'identità、身長 altezza、中身 contenuto、身に付ける apprendere qualcosa、身が持たない non farcela più (es. fisicamente, con la salute) | | |
|---|---|---|---|
| III | Il corpo ben in evidenza di una <u>donna incinta</u> vista di fianco, evidenziato anche dall'omofonia con il kanji di 娠 gravidanza. Omesso "donna incinta", il significato finale del kanji è rimasto solamente quello di **corpo**. | | |
| | 窮 | 窮まる (intr.)、窮める (tr.)、窮屈 angusto-stretto、言葉に窮する non sapere cosa dire | |
| | / | La parte inferiore è *躬 "corpo di una donna incinta", curvo come un 弓 arco. Combinato con 穴 buco intende una cavità usata come abitazione primitiva molto scomoda e stretta > situazione di **sofferenza e disagio** > **essere in una situazione estrema** > **arrivare a un estremo**. | |
| 心 | 心 cuore, animo、心臓 cuore、心地 sensazione, stato d'animo、居心地 comodità、安心 tranquillo, sereno、中心 centro、心配 preoccupazione、心理 mentalità | | |
| II | Pittogramma di un **cuore**. È usato in senso astratto anche per indicare i <u>sentimenti</u>, le <u>emozioni</u> e la <u>mente</u>. Come radicale può apparire nelle varianti *忄 e *小. | | |
| | 急 | 急ぐ sbrigarsi、急に all'improvviso、急用 impegno urgente、緊急 emergenza | |
| | III | Persona che si **affretta** tenendo una *ヨ mano sul 心 cuore, mentre l'elemento superiore rappresenterebbe una "bocca aperta" (da 欠) e indicare l'affanno > **urgente, improvviso**. Un'altra teoria fa derivare la parte centrale e superiore da 及 "raggiungere" (di cui 急 è omofono), collegando i significati finali al sentimento (心) di fretta provato nel cercare di raggiungere qualcosa. | |
| | 隠 | 隠れる nascondersi、隠す nascondere、隠れ家 rifugio、隠居 pensione、隠滅 distruzione | |
| | / | Tenere **nascosto**, come <u>stretto fra le mani</u> (*爫, *ヨ), un sentimento celato nel proprio 心 cuore. *阝 collina che si erge come a protezione enfatizza il senso di tenere nascosto. La parte a destra *㥯 significa <u>compassione</u> e mostra due mani poste sul cuore. | |
| | 穏 | 穏やか、平穏、静穏 sereno e tranquillo | |
| | / | > tenere stretto il riso (*禾 spiga di riso) tra le mani per ammorbidirlo > sentirsi ammorbiditi > **tranquillo, sereno, moderato**. Il kanji di *㥯 "compassione" aiuta a rafforzare i significati di 穏. | |
| | 応 | 応える rispondere a, contraccambiare/toccare qualcuno nel vivo、に応じて adeguarsi a …、一応 grosso modo, in linea di massima/per il momento/per pura formalità/per precauzione、応答 replica、相応しい <u>appropriato</u>、反応 reazione、応援 assistenza, supporto、応じる rispondere a/accettare, accondiscendere/soddisfare-esaudire | |
| | V | Semplificato da *應: una *亻 persona che acconsente a tenere un *隹 uccello in casa propria (*广), proteggendolo con sentimento (心) > **rispondere con il proprio cuore** > **contraccambiare**. | |
| | 芯 | 芯、鉛筆の芯 mina della matita | |
| | // | **Parte centrale** (心) di un frutto (suggerito da *艹 erba). | |

| 必 | <ruby>必<rt>かなら</rt></ruby>ず、<ruby>必要<rt>ひつよう</rt></ruby> necessario、<ruby>必死<rt>ひっし</rt></ruby>で con tutte le forze、<ruby>必勝<rt>ひっしょう</rt></ruby> vittoria assoluta、<ruby>必然<rt>ひつぜん</rt></ruby> inevitabile、<ruby>必須<rt>ひっす</rt></ruby> essenziale |
|---|---|
| IV | L'originale mostrava due pali (*弋) fissati <u>saldi</u> con una cinghia per essere certi che non crollassero > **assolutamente, certamente**. La versione moderna può essere ricordata per comodità come "un'arma che trafigge un 心 cuore determinato che non si spezza". |

| | 秘 | <ruby>秘<rt>ひ</rt></ruby>める tenere qualcosa segreto、<ruby>秘密<rt>ひみつ</rt></ruby> segreto、<ruby>神秘<rt>しんぴ</rt></ruby> mistero、<ruby>秘書<rt>ひしょ</rt></ruby> segretario |
|---|---|---|
| | VI | L'originale *祕 indicava riti religiosi (示) da tenere in 必 assoluto **segreto** > rituali **misteriosi**. La modifica con l'attuale 秘 può essere ricordata come "riti segreti praticati per assicurarsi un buon raccolto (*禾)". |
| | 泌 | <ruby>分泌<rt>ぶんぴつ</rt></ruby> (<ruby>分泌液<rt>ぶんぴつえき</rt></ruby>) |
| | // | Un flusso (*氵) continuo, suggerito dal senso di inesorabilità trasmesso da 必 > **secrezione**. |

| *宓 | Numerosi templi (*宀) <u>connessi saldamente l'uno all'altro</u> (*必 assolutamente) che rappresentano una barriera impenetrabile con il resto del mondo. |
|---|---|

| | 密 | <ruby>密<rt>ひそ</rt></ruby>か segreto, privato、<ruby>秘密<rt>ひみつ</rt></ruby> segreto、<ruby>密度<rt>みつど</rt></ruby> densità |
|---|---|---|
| | VI | 山 montagne strette **densamente** l'una all'altra che formano un dominio misterioso e impenetrabile all'uomo > **segreto, essere nascosto**. |
| | 蜜 | <ruby>蜜<rt>みつ</rt></ruby>、<ruby>蜂蜜<rt>はちみつ</rt></ruby> miele |
| | / | > 虫 insetto qui si riferisce all'ape. Il kanji indica il favo dell'alveare contenente il **miele** > **nettare**. |

| 力 | <ruby>力<rt>ちから</rt></ruby>、<ruby>力持<rt>ちからも</rt></ruby>ち forte、<ruby>能力<rt>のうりょく</rt></ruby> capacità、<ruby>水力<rt>すいりょく</rt></ruby> energia idraulica、<ruby>力説<rt>りきせつ</rt></ruby> porre in enfasi qualcosa |
|---|---|
| I | <u>Muscoli del braccio flessi</u>, simbolo di **forza** > **potere**. Come radicale può suggerire anche <u>sforzo</u> e <u>impegno</u>. |

| | 男 | <ruby>男<rt>おとこ</rt></ruby>、<ruby>男<rt>おとこ</rt></ruby>の<ruby>人<rt>ひと</rt></ruby>、<ruby>男女<rt>だんじょ</rt></ruby> uomini e donne, ambedue i sessi、<ruby>男性<rt>だんせい</rt></ruby> maschio, maschile、<ruby>男子<rt>だんし</rt></ruby> ragazzo |
|---|---|---|
| | I | 力 forza impiegata da un **uomo** che lavora nella 田 risaia. Il kanji in passato richiamava foneticamente <ruby>任<rt>にん</rt></ruby> "responsabilità, affidare" per indicare una persona che sopporta un carico pesante o alla quale forza ci si può affidare. |
| | 労 | <ruby>労<rt>労</rt></ruby>いたわる simpatizzare per, comprendere、<ruby>苦労<rt>くろう</rt></ruby> fatica, sofferenze、<ruby>過労死<rt>かろうし</rt></ruby> morte per lavoro eccessivo |
| | IV | Da *勞, lavorare di notte illuminati dal 火 fuoco delle torce > **duro lavoro, fatica**. |
| | 加 | <ruby>加<rt>くわ</rt></ruby>える、<ruby>増加<rt>ぞうか</rt></ruby> incremento、<ruby>加減<rt>かげん</rt></ruby> addizione e sottrazione/regolazione-moderazione/condizione、<br><ruby>追加<rt>ついか</rt></ruby> supplemento、<ruby>参加<rt>さんか</rt></ruby> partecipazione |
| | IV | Rafforzare un ragionamento aggiungendo le proprie parole (口) > **aggiungere, incrementare**. |
| | 架 | <ruby>架<rt>か</rt></ruby>かる (intr.)、<ruby>架<rt>か</rt></ruby>ける (tr.)、<ruby>架空<rt>かくう</rt></ruby> immaginario、<ruby>書架<rt>しょか</rt></ruby> libreria |
| | / | > 加 aggiungere legna (木) alla costruzione > **costruire un supporto** o una **struttura**. |
| | 賀 | <ruby>賀詞<rt>がし</rt></ruby> congratulazioni、<ruby>祝賀<rt>しゅくが</rt></ruby> celebrazione, felicitazioni、<ruby>年賀<rt>ねんが</rt></ruby> auguri di buon anno |
| | V | 加 aggiungere i propri soldi (貝) a quelli offerti dagli altri in dono > **congratulazioni**. |
| | 協 | <ruby>協力<rt>きょうりょく</rt></ruby>、<ruby>協定<rt>きょうてい</rt></ruby> accordo, patto |
| | IV | Riunire (十) le *劦 <u>forze di molte persone</u> > **cooperazione, collaborazione**. La lettura può essere collegata a <ruby>共<rt>きょう</rt></ruby> (fare insieme). |

| | | |
|---|---|---|
| 脅 | 脅かす、脅す、脅かす、脅迫 <sub>minaccia</sub> (脅威)、脅迫状 <sub>lettera minatoria</sub> | |
| / | > un corpo (肉) **attaccato** <u>da più lati</u> da numerose *劦 forze ostili > **minacciare**. | |
| 脇 | 脇、脇による <sub>farsi da parte</sub>、脇見 <sub>guardare altrove</sub> | |
| / | > una variante di 脅 con 肉 riposizionato per porre attenzione sulle braccia e la loro posizione nello spazio > ascelle > **fianco, lato**. | |

| *㠯(自) | Delle <u>natiche</u>. Come radicale, nella versione *㠯, rende spesso un senso di <u>sedentarietà</u>, mentre nella versione *自 può rendere il <u>retro della persona</u> vista dal punto di vista di chi la <u>segue</u>. Da non confondersi con 呂. |
|---|---|

| | | |
|---|---|---|
| 追 | 追う、追いつく <sub>raggiungere</sub>、追い出す <sub>mandare via</sub>、追加 <sub>supplemento</sub> | |
| III | **Inseguire** (*辶) qualcuno. Il retro della persona inseguita è reso da *自. | |
| 遣 | 遣う、派遣 <sub>spedizione</sub>、無駄遣い <sub>spreco</sub>、言葉遣い <sub>uso delle parole</sub>、遣る <sub>dare (a un inferiore)/fare/inviare/uccidere/avere un rapporto sessuale/compiere…</sub>、遣り直す <sub>rifare</sub> | |
| / | > la parte inferiore è un'abbreviazione di 追 inseguire (con *㠯, senza il trattino superiore) e si riferisce a un proprio seguace **usato** come **messaggero** per recapitare un fagotto di preziosi (abbreviato da 貴) > **inviare**, **spedire**, **mandare**, **dare-regalare** (a un inferiore) > **fare** (informale). | |
| 帥 | 将帥 <sub>comandante</sub> | |
| // | Seguire il proprio **comandante** mentre sventola un pezzo di stoffa (巾) usato come bandiera. | |
| 師 | 師匠 <sub>maestro</sub>、教師 <sub>insegnante</sub> | |
| V | Inizialmente il kanji indicava una truppa militare in sosta sopra una collina. L'influenza del kanji di 帥 comandante, molto simile nella forma (vedi sopra), ha modificato il significato in quello di seguire il proprio **maestro**, seguire il proprio **modello**. L'elemento a destra *帀 è una forma invertita di "pianta che cresce" (生). | |

| 官 | 警官 <sub>poliziotto</sub>、外交官 <sub>diplomatico</sub>、官庁 <sub>ufficio governativo</sub> |
|---|---|
| IV | **Persone incaricate** con un lavoro fisso e impiegate dentro a un edificio (*宀), concetto reso dal senso di sedentarietà espresso da *㠯 > **organo governativo**. |

| | | |
|---|---|---|
| 館 | 館 <sub>villa-palazzo</sub>、図書館 <sub>biblioteca</sub>、美術館 <sub>museo d'arte</sub>、大使館 <sub>ambasciata</sub>、旅館 <sub>ryokan</sub> | |
| III | Un **grande edificio** che può ospitare i funzionari in viaggio e dare loro da 食 mangiare. | |
| 管 | 管 <sub>tubo, condotto</sub>、気管 <sub>trachea</sub>、管楽器 <sub>strumento a fiato</sub>、管理 <sub>amministrazione, controllo</sub> | |
| IV | Un **tubo** cilindrico di 竹 bambù usato come strumento musicale a fiato con cui poter **controllare** l'uscita del suono. 官 richiama foneticamente 貫 "perforare" per indicare la parte cava del tubo. | |
| 棺 | 棺 <sub>hitsugi</sub>、石棺 <sub>sarcofago</sub> | |
| // | L'idea di sedentarietà e di luogo coperto di 官 unita con 木 indica una **bara** di legno. | |

| 后 | 后、皇后 |
|---|---|
| VI | Una variante di *㠯 natiche combinata con 口 a indicare un'apertura e suggerire nell'insieme l'<u>ano</u>. Il significato attuale di **regina** o **imperatrice** potrebbe derivare dall'idea di persona situata sempre dietro all'imperatore, da quella di dama di corte, nascosta alla vista poiché segregata nelle sue stanze, oppure dal senso di sedentarietà espresso. |

| 司 | 上司 <sub>じょうし</sub> capo、司令官 <sub>しれいかん</sub> comandante |
|---|---|
| IV | Una versione riflessa di 后 con i significati di **supervisionare**, **amministrare** e di **direttore**. Questi possono essere derivati dai ruoli dell'imperatrice, significato principale di 后, o dalla sua accezione grafica di ano che, come accade in *目 natiche, può sottolineare il lavoro sedentario. Sicuramente il legame fonetico con 事 (cosa astratta, faccenda, questione, lavoro) ha influito sui significati finali. Da non confondersi con 可. |

| 飼 | 飼う、飼い主 <sub>か ぬし</sub> padrone、羊飼い <sub>ひつじか</sub> pastore、飼育 <sub>しいく</sub> allevamento、飼育 <sub>しいく</sub> allevare (animali) |
|---|---|
| V | Supervisionare la distribuzione del cibo (食) agli animali > **allevare, tenere un animale**. |
| 詞 | 名詞 <sub>めいし</sub> sostantivo、動詞 <sub>どうし</sub> verbo、歌詞 <sub>かし</sub> testo (di una canzone) |
| VI | Controllare (司) il modo in cui le **parole** (言) espresse combaciano fra loro > **parte del discorso**. La lettura richiama 嗣 (collegamento). |
| 伺 | 伺う <sub>うかが</sub> |
| / | Aggiungendo *イ persona si enfatizzano tutti i compiti che chi supervisiona è tenuto a seguire > **chiedere, consultare, ascoltare** > **visitare, andare a trovare** (linguaggio umile). 司 richiama foneticamente 視 "osservazione attenta". |

| *尸 | Proveniente da *屍, un cadavere disteso con solo il corpo senza più l'anima (死 morte). A volte, la posizione distesa di *尸 è sfruttata per suggerisce solo il corpo o il fondoschiena (vedi 尻). Da non confondersi con 尺. |
|---|---|

| 展 | 展覧会 <sub>てんらんかい</sub> mostra、発展 <sub>はってん</sub> sviluppo、展開 <sub>てんかい</sub> espansione |
|---|---|
| VI | Da *屧, sedersi poggiando il corpo su un mucchio di cuscini messi in pila provocandone il rigonfiamento > essere bene in vista > **esibizione, espansione**. L'elemento inferiore deriva da 衣 (vestito) e simboleggia i cuscini, mentre 工 (ripetuto quattro volte e visibile nel kanji originale) rappresenta graficamente l'azione di mettere in pila. |
| 殿 | 〜殿 <sub>どの</sub> signor ...、宮殿 <sub>きゅうでん</sub> palazzo、神殿 <sub>しんでん</sub> santuario-tempio, luogo sacro |
| / | > l'originale indicava colpire (*殳) qualcuno nel fondoschiena (*尸). La componente sinistra attuale, internamente identica a 共 (fare insieme), può essere considerata una variante di 展 <sub>てん</sub>, usato per il suo senso di "rigonfiamento ed espansione" oltre che per funzione onomatopeica rappresentativa dei colpi inferti. In Giappone 殿 ha preso in prestito il significato di **palazzo** da un kanji simile che univa 殿 a 土 terra (un bastione di terra rialzato). Il significato di **signore** deriva infine dall'idea del padrone che abita il maniero. |
| 尻 | お尻 <sub>しり</sub> |
| / | 九 (nove) rappresenta un gomito piegato ed enfatizza la forma pronunciata del **fondoschiena**. |
| 尾 | 尾 <sub>お</sub> coda (animale, cometa ...)、尻尾 <sub>しっぽ</sub> coda (animale)、首尾一貫 <sub>しゅびいっかん</sub> consistenza (es. opinioni)、尾骨 <sub>びこつ</sub> coccige、尾行 <sub>びこう</sub> pedinamento |
| / | **Coda** (毛 pelo) che sporge dal fondoschiena. *屁 era una variante alternativa. |
| 尿 | 尿 <sub>にょう</sub>、排尿 <sub>はいにょう</sub> minzione、糖尿病 <sub>とうにょうびょう</sub> diabete、尿意 <sub>にょうい</sub> l'urgenza di urinare |
| / | Liquido (水) che viene espulso dai genitali (suggeriti da *尸) > **urina**. |

| | | |
|---|---|---|
| 尉 | 中尉 <sub>ちゅうい</sub> tenente、少尉 <sub>しょうい</sub> sottotenente | |
| // | Forgiare il corpo delle reclute così come una mano (寸) con un martello batte il ferro sull'incudine (rappresentata da *ネ altare) > **ufficiale militare**. | |
| 慰 | 慰 <sub>なぐさ</sub> む rallegrarsi、慰 <sub>なぐさ</sub> める confortare, consolare、慰問 <sub>いもん</sub> consolazione、慰謝 <sub>いしゃ</sub> risarcimento | |
| / | > appianare (forgiare 尉) il 心 cuore di qualcuno > **confortare, sentirsi sereno**. | |
| 眉 | 眉 <sub>まゆ</sub> | |
| / | **Sopracciglia** folte e distese (*尸, variante di *尸) sopra gli 目 occhi. | |

| | | |
|---|---|---|
| 尺 | 尺 <sub>しゃく</sub> unità di misura (30,3 cm)、尺度 <sub>しゃくど</sub> misura, scala/metro (di giudizio)、尺八 <sub>しゃくはち</sub> *shakuhachi* (flauto dritto giapponese) | |
| VI | Il pittogramma originario mostrava un avambraccio e la <u>mano con le dita spiegate</u> usate per compiere una misurazione > **shaku, unità di misura**. Il tratto curvo in particolare rappresenta il pollice disteso della mano. Molto spesso come radicale 尺 è usato come sostituto del kanji *睪 "sorvegliare un prigioniero", combinazione di *罒 occhio <sub>えき</sub> e il pittogramma dei ceppi (vedi 幸 <sub>こう</sub> "felice"). In questi casi 尺 trasmette il senso di <u>mettere in ordine e in linea</u>, riferito ai prigionieri disposti in file e ordinati l'uno accanto all'altro. Da non confondersi con *尸. | |

| | | |
|---|---|---|
| 択 | 選択、二者択一 <sub>せんたく にしゃたくいつ</sub> due alternative/scegliere fra due alternative | |
| / | Da *擇, prendere più cose in *扌 mano mettendole in linea e in ordine > selezionare qualcosa da ciò che si tiene in mano > compiere una **scelta**. | |
| 沢 | 沢、沢地 <sub>さわ さわち</sub> terreno paludoso、沼沢 <sub>しょうたく</sub> pantano、たくさん <sub>沢 山</sub> molto、光沢 <sub>こうたく</sub> lucentezza、贅沢 <sub>ぜいたく</sub> lusso | |
| / | Da *澤, un'area paludosa con **molte** pozze (*氵) disposte una accanto all'altra > **palude**. Un ulteriore significato deriva dall'idea di "bagnarsi con molta acqua" assumendo così connotati positivi di **lucentezza** (forse in parte incoraggiato dall'omofonia con *琢 <sub>たく</sub> lucidare). | |
| 訳 | 訳 <sub>わけ</sub> circostanza、申し訳ありません <sub>もう わけ</sub> non ho scuse、言い訳 <sub>い わけ</sub> scusanti、訳す <sub>やく</sub> tradurre、通訳 <sub>つうやく</sub> interpretariato, interprete、翻訳 <sub>ほんやく</sub> traduzione、翻訳家 <sub>ほんやくか</sub> traduttore、英訳 <sub>えいやく</sub> traduzione in inglese | |
| VI | Da *譯, cambiare l'ordine di una successione di parole (言) > **traduzione, circostanza**. La lettura richiamava 易 <sub>えき</sub> (cambio). | |
| 駅 | 駅、駅長 <sub>えき えきちょう</sub> capostazione | |
| III | Da *驛, una serie di 馬 cavalli disposti in fila; un riferimento alle stazioni di ricambio dove i messi usavano cambiare la cavalcatura (legame fonetico con 易 <sub>えき</sub> cambio). In ottica moderna è stato assunto il significato di **stazione**. | |
| 釈 | 釈放 <sub>しゃくほう</sub> rilascio-liberazione、釈明 <sub>しゃくめい</sub> giustificazione、解釈 <sub>かいしゃく</sub> interpretazione-spiegazione、会釈 <sub>えしゃく</sub> saluto, inchino | |
| / | Da *釋, seminare il riso (*禾) spargendo (*丷) i semi in successione > **rilasciare** > **spiegare, risolvere**. La componente a sinistra potrebbe essere considerata come una variante di 米 riso stessa. | |

| 昼 | 昼、昼ご飯<sub>pranzo</sub>（昼食） |
|---|---|

昼 — ひる、ひる はん（昼食 ちゅうしょく）

| II | Da *晝. *聿 pennello ha la stessa funzione che si trova in 画 immagine (semplificato da *畫, segnare la partizione della 田 risaia con un pennello) > suddivisione del giorno in cui il 日 sole brilla più luminoso > **ore diurne, mezzogiorno**. Un'altra teoria collega foneticamente la componente superiore originaria al kanji di 赫 brillante (かく) (ripetizione di 赤 rosso せき), sempre a indicare le ore diurne in cui il sole brilla più luminoso. La semplificazione moderna appare composta di 尺, 日 sole e un tratto (一), questi ultimi riconducibili per supporto mnemonico al kanji di 旦 alba (たん). |
|---|---|

| 尽 | 尽きる<sub>(intr.)</sub>（つ）、尽くす<sub>(tr.)</sub>（つ）、尽かす（つ） essere disgustato da/rinunciare a、尽力 sforzo, contributo（じんりょく）、〜づくし<sub>尽</sub> elenco di/ricco di |
|---|---|

| / | In origine *盡, un *聿 pennello che assorbe tutto l'inchiostro contenuto in un 皿 piatto, con *灬 fuoco usato per suggerire l'essere completamente asciutto > **esaurire** > **dare il massimo**. La semplificazione moderna può essere ricordata come "una persona che prende delle misure al gelo (*冫 ghiaccio), fino a esaurire tutte le energie". |
|---|---|

## 3.1.2 Scheletro e ossa

| 呂 | お風呂に入る farsi il bagno、風呂 bagno、風呂桶 vasca da bagno |
|---|---|
| // | Il pittogramma di una spina dorsale. Nelle parole è usato principalmente a scopo fonetico, mentre come radicale può trasmettere un senso di <u>elementi adiacenti</u>. Da non confondersi con *自. |

| | 宮 | 宮、宮殿 palazzo、神宮 santuario、宮廷 corte |
|---|---|---|
| | III | Stanze adiacenti di un **palazzo** o un **santuario** (*宀). |
| | 営 | 営む、営業 attività commerciale、経営 gestione, direzione、栄所 caserma/accampamento |
| | V | Da *營, un **accampamento militare** illuminato dal 火 fuoco delle torce disposte una adiacente all'altra > **tenere un'attività**. |

| *冎(另) | Un teschio con le sue cavità (口). Come radicale indica le <u>ossa</u> o l'atto di <u>separare</u> la carne dalle ossa. |
|---|---|

| | 骨 | 骨、骨折 frattura、骨格 scheletro |
|---|---|---|
| | VI | Le **ossa** (*冎) presenti nel corpo (肉). |
| | 滑 | 滑る、滑らか liscio, levigato、円滑に in modo liscio, senza difficoltà、潤滑剤 lubrificante、滑稽 divertente, comico |
| | / | > liquido (*氵) articolare fra le 骨 ossa che permette loro di **scivolare** con facilità > **liscio**. |
| | 別 | 別れる separarsi、別れ separazione、特別 particolare, speciale、別人 altra persona (o diversa)、送別会 festa d'addio、別々 separatamente, individualmente |
| | IV | Tagliare (*刂) fino all'osso (*另, leggermente modificato) > **dividersi, separarsi** > **diverso, distinzione** > **speciale**. |
| | 拐 | かどわかす rapire、誘拐 sequestro di persona |
| | // | > afferrare (*扌) qualcuno e separarlo (*另) dal resto > **rapimento**. |

| *咼 | Variante di *冎 che aggiunge una seconda 口 per indicare esplicitamente la <u>cavità</u> orale del teschio. Come radicale, teschio e ossa suggeriscono flessibilità, da cui il senso di <u>movimenti veloci</u> ("ridotti all'osso"). |
|---|---|

| | 過 | 過ぎる、言い過ぎ esagerazione、過ごす passare-trascorrere、過ち sbaglio、過去 passato |
|---|---|---|
| | V | Procedere (*辶) troppo <u>velocemente</u> superando il posto che si intendeva raggiungere > **esagerare, eccedere** > fare un **errore**. La lettura か richiama *夥 "molto". |
| | 渦 | 渦、渦巻き vortice, gorgo、渦中 turbine |
| | // | > acque (*氵) che vorticano velocemente (abbreviato da 過)> **vortice** > **situazione turbolenta**. |
| | 禍 | 戦禍 danni causati dalla guerra、禍根 radice del male, causa di un disastro |
| | // | Una **calamità** mandata dagli dei (*礻) che si abbatte velocemente e punisce un comportamento **malvagio**. *咼 nel suo senso di "teschio-ossa" potrebbe indicare anche i resti lasciati dal disastro. |

| | | |
|---|---|---|
| 鍋 | なべ<br>鍋 | |
| // | Un oggetto cavo di metallo (金) > **pentola**. *咼 qui suggerisce la cavità. | |

| | |
|---|---|
| 古 | ふる<br>古い、 いにしえ<br>古 tempi antichi、 ちゅうこ<br>中古 usato, di seconda mano、 ふっこ<br>復古 restaurazione、 こだい<br>古代 tempi antichi、<br>こてん<br>古典 classico, opera classica、 こてんおんがく<br>古典音楽 musica classica |
| II | <u>Una maschera a forma di teschio (di cui 口 è la bocca) usata per celebrare gli antenati</u>. "Culto degli antenati" comunica i significati di **vecchio** e **antico**. La lettura richiama 仮 (provvisorio), rappresentazione di una persona che emula un'altra. Come radicale 古 suggerisce a volte un senso di <u>solidità</u>, connesso al ruolo protettivo della maschera sul viso e da un precedente collegamento fonetico presente con 堅 duro-solido. |

| | |
|---|---|
| 故 | ゆえ<br>故に pertanto、 こきょう<br>故郷 paese natale (故郷)、 ふるさと じこ<br>事故 incidente、 こしょう<br>故障 guasto、 こじん<br>故人 defunto、<br>こ<br>故〜 il defunto...、 こい<br>故意 intenzionale, volontario/dolo、 なにゆえ 何故<br>なぜ perché |
| V | Qui *攵 ha solo senso di "azione" > rendere qualcosa parte del **passato**. Questo ha portato sia al significato di **defunto**, sia a quello di **motivo**, qualcosa del passato che ha influenzato il presente. |
| 固 | かた<br>固い、 かた<br>固める irrigidire、 こたい<br>固体 (corpo) solido、 ぎょうこ<br>凝固 solidificazione, congelazione, coagulazione、<br>がんこ<br>頑固 ostinato, caparbio、 きょうこ<br>強固 stabile、 かっこ<br>確固 fermo-risoluto-deciso |
| IV | Delle <u>mura (口) solide atte a protezione</u> > **duro, rigido, forte**. |
| 個 | こじんてき<br>個人的 personale、 こせい<br>個性 personalità、 いっこ<br>一個 un pezzo、 こ<br>〜個 contatore per oggetti e articoli |
| V | > una *亻 persona che indossa una solida armatura, suggerita da 固 e da un precedente collegamento fonetico con 介 (mediare; in origine una persona con indosso un'armatura). Con il tempo il kanji è stato confuso con 箇, kanji usato come contatore, diventando a sua volta **contatore per oggetti** generico. Il significato di **individualità** è legato a quello di contatore e al senso originario di persona dentro un'armatura. |
| 箇 | かげつ かげつ<br>〜ヶ月 (=〜箇月) contatore per i mesi、 かしょ<br>箇所 punto-parte-passo-brano |
| // | > tavolette di 竹 bambù. 固 "duro-rigido" enfatizza l'aspetto materiale della tavoletta > contatore per tavolette di bambù > **contatore per cose** (significato trasferito principalmente a 個). |
| 枯 | か<br>枯れる、 か は<br>枯れ葉 foglie secche、 えいこせいすい<br>栄枯盛衰 gli alti e bassi della vita |
| / | Un 木 albero invecchiato e ridotto all'osso (concetti suggeriti da 古) > **seccarsi, appassire**. |
| 苦 | くる<br>苦しい doloroso, faticoso (e simili)、 くる<br>苦しめる tormentare、 にが<br>苦い amaro、 にがて<br>苦手 negato、<br>くろう<br>苦労 fatica-sforzo、 くしん<br>苦心 fatica-pena、 くつう<br>苦痛 dolore-pena、 くのう<br>苦悩 sofferenza-angoscia |
| III | *艹 un'erba dal sapore persistente (vecchio/solido) > **amaro** > **doloroso**. |
| 湖 | みずうみ<br>湖、 こすい<br>湖水 lago, acqua di un lago |
| III | L'elemento a destra *胡 (selvaggio-barbaro) in origine indicava una persona anziana (古 vecchio) con la barba (semplificata adesso con 月 luna). "Persona anziana con la barba" qui suggerisce qualcosa di grande e antico, in questo caso un **lago** (*氵). |
| 克 | か<br>克つ、 こくふく<br>克服、 こっき<br>克己 padronanza di sé, autocontrollo、 こっきしん<br>克己心 spirito di abnegazione |
| / | Una persona (*儿) che indossa e sostiene il peso e l'importanza della maschera cerimoniale > **prevalere, superare i limiti**. |

| 居 | いる、居眠り riposino、隠居 pensionato、居酒屋 izakaya、鳥居 torii、長居 restare a lungo, lunga visita、居間 soggiorno, salotto、居残る rimanere più a lungo, trattenersi/ fare gli straordinari a lavoro |
|---|---|
| V | Una persona rimasta sdraiata (*尸) per un lungo periodo (古 vecchio, antico) > stare in un posto a lungo > **esiste-re, esserci** (cose animate). |

| | 据 | 据える (tr.)、据わる (intr.)、見据える fissare con lo sguardo、居据わる trattenersi in un posto |
|---|---|---|
| | // | **Installare qualcosa** con la *扌 mano > **sistemarsi-fissarsi** in un posto. |
| | 裾 | 裾 |
| | // | 居 richiama 虚 cavità-vuoto, a indicare una parte simile di un *ネ indumento > **manica** (dal gomito in giù) > **polsino, orlo** (gonna, pantaloni). È possibile che 居 abbia suggerito anche il senso di "rimanere a lungo in un punto", riferito all'atto di tenere addosso un vestito. |

| 害 | 災害 calamità、危害 aggredire-nuocere、殺害 omicidio、公害 inquinamento、被害 danno、無害 inoffensivo、損害 danno-perdita、障害 ostacolo/invalidità-disturbo、妨害 ostruzione-intralcio-disturbo、有害 nocivo, tossico |
|---|---|
| IV | Il kanji deriva da una combinazione di 古 (vecchio-antico), nel suo significato grafico di maschera cerimoniale, e una versione capovolta di 由 (motivo), raffigurante un contenitore. Il senso era quello di coprire la testa di qualcuno con un copricapo. Il significato attuale di **danno** può essere derivato dall'idea di soffocare e uccidere una persona coprendole la testa. |

| | 割 | 割る rompere (e simili)、割れる rompersi, frantumarsi, spaccarsi、時間割 tabella oraria、割り引き sconto、割合 percentuale, proporzione, percentuale、分割 divisione-spartizione、割く dedicare-concedere qualcosa a qualcuno、一割 10% |
|---|---|---|
| | VI | Aggiungendo *刂 spada si accentua il significato di 害 danno > **frantumare, rompersi, spaccarsi** > **dividere** > **percentuale, proporzione.** 害 richiama 開 aprire e 解 rimuovere. |
| | 轄 | 管轄 giurisdizione, controllo, competenza、所轄 di competenza di、車轄 cardine-copiglia |
| | // | **Cardine** usato per coprire (害) e fissare saldamente le ruote di un carro (車) in modo che non escano dal loro assale. Cardine suggerisce, come in italiano, un elemento fondamentale per mantenere l'unità strutturale di qualcosa, da cui i significati astratti di **controllo, giurisdizione**. |
| | 憲 | 憲法 costituzione、憲法違反 incostituzionalità |
| | VI | La parte superiore è una variante di 害 che usa *罒 occhio per evidenziare il significato implicito di copricapo che copre la testa. L'aggiunta di 心 cuore suggerisce l'agire ciecamente senza emozioni e senza fare domande, in altre parole ubbidire alla **legge** indiscutibilmente > **costituzione**. |

| *歹 | Una persona morta di cui restano solo le ossa. |
|---|---|

| | 死 | 死ぬ、死亡 morte (死去)、死刑 pena di morte、急死 morte improvvisa、死体 cadavere、死人 morto (persona)、枯死 seccarsi、安楽死 eutanasia、死因 causa del decesso |
|---|---|---|
| | III | Una persona crollata (*ヒ, come accade in 化) a terra > un cadavere di cui restano solo le ossa (*歹) > **morire, morte**. |
| | 葬 | 葬る、葬式 funerale、火葬 cremazione、葬儀屋 impresario funebre/becchino |
| | / | > *廾 due mani che ricoprono con *艹 l'erba una persona 死 morta > **seppellire**. |

| | | |
|---|---|---|
| 拶 | | 挨拶 <ruby>あいさつ</ruby> saluto, convenevoli |
| | // | Pressare la \*扌 mano contro la ferita di un corpo morente (\*歹) per fermare un'emorragia, resa simbolicamente con \*巛 fiume > **avvicinarsi**, **essere imminente**. |

| | | |
|---|---|---|
| 列 | | 列、行列、列車 <ruby>れっしゃ</ruby> treno、最前列 <ruby>さいぜんれつ</ruby> prima fila |
| III | | Dissezionare con un coltello (\*刂) le ossa di una carcassa (\*歹) procedendo allo <u>smembramento</u> tramite una <u>sequenza precisa</u> di azioni > **fila** è il significato finale associato. La lettura richiama 滅 "<u>distruggere, devastare</u>", significati a volte suggeriti nell'uso come radicale. |

| | | |
|---|---|---|
| 烈 | | 猛烈 <ruby>もうれつ</ruby> accanito, intenso, divampante、鮮烈 <ruby>せんれつ</ruby> impressionante-vivido、烈火 <ruby>れっか</ruby> incendio divampante |
| | / | Un \*灬 fuoco **intenso** e **ardente** che divampando brucia ogni cosa. |
| 裂 | | 裂ける (intr.)、裂く (tr.)、引き裂く strappare-fare a pezzi、分裂 <ruby>ぶんれつ</ruby> scissione-divisione、亀裂 <ruby>きれつ</ruby> crepa、決裂 <ruby>けつれつ</ruby> rottura-fallimento (es. negoziato) |
| | / | Tagliare attentamente la stoffa al fine di confezionare un 衣 vestito. In seguito il significato ha assunto connotati negativi, forse suggeriti dal legame fonetico con 滅 "distruggere, devastare" > **strappare, lacerare**. |
| 例 | | 例える <ruby>たと</ruby> fare un esempio、例えば <ruby>たと</ruby> per esempio、例 <ruby>れい</ruby> esempio、慣例 <ruby>かんれい</ruby> usanza, convenzione、比例 <ruby>ひれい</ruby> (in) proporzione (a)、例外 <ruby>れいがい</ruby> eccezione |
| | IV | \*亻 persone messe **in ordine** e in fila (列). Spesso questa immagine porta a un confronto fra le persone posizionate una accanto all'altra (vedi 比 <ruby>ひ</ruby> paragonare) > **fare un esempio** riferendosi alla cosa **precedente**. |

# 3.2 Testa

## 3.2.1 Testa e viso

| 頁 | 自 | 首 | 元 | 凶* | 甾* | 鬼 | 呉 |
|---|---|---|---|---|---|---|---|
| 頭 | 鼻 | 道 | 完 | 思 | 脳 | 醜 | 誤 |
| 順 | 息 | 導 | 院 | 細 | 悩 | 塊 | 娯 |
| 類 | 憩 | 県 | 頑 | 異 | 猟 | 魂 | 虞 |
| 煩 | 臭 | 縣 | 冠 | 翼 |  | 魄 |  |
|  | 嗅 |  | 玩 | 離 |  | 敬 |  |
|  |  |  |  | 璃 |  |  |  |

## 3.2.2 Occhi

| 目 | 見 | 直 | 冒 | 良* | 臣 | 臤* |
|---|---|---|---|---|---|---|
| 看 | 視 | 値 | 帽 | 銀 | 姫 | 堅 |
| 面 | 寛 | 置 | 慢 | 眼 |  | 賢 |
| 麵 |  | 植 | 漫 | 限 |  | 緊 |
| 相 |  | 殖 |  | 根 |  | 腎 |
| 想 |  | 盾 |  | 恨 |  | 監 |
| 箱 |  | 循 |  | 退 |  | 藍 |
| 霜 |  | 悳* |  | 痕 |  | 鑑 |
|  |  | 徳 |  | 墾 |  | 艦 |
|  |  | 聴 |  | 懇 |  | 濫 |
|  |  |  |  | 喪 |  | 覧 |
|  |  |  |  |  |  | 臨 |
|  |  |  |  |  |  | 塩 |

## 3.2.3 Orecchie

| 耳 | 取 | 乃 |
|---|---|---|
| 恥 | 趣 | 携 |
| 摂 | 最 | 秀 |
| 餌 | 撮 | 誘 |
| 敢 |  | 透 |
| 厳 |  |  |

## 3.2.4 Bocca

| 口 | 言 | 絲* | 舌 | 音* | 召 | 句 | 同 | 日* | 甘 | 欠 | 次 |
|---|---|---|---|---|---|---|---|---|---|---|---|
| 品 | 信 | 跡 | 話 | 部 | 招 | 拘 | 銅 | 音 | 香 | 飲 | 資 |
| 吐 | 罰 | 変 | 活 | 倍 | 紹 | 局 | 洞 | 暗 | 紺 | 吹 | 姿 |
| 唱 | 這 | 恋 | 括 | 培 | 昭 | 敬 | 胴 | 闇 | 某 | 炊 | 諮 |
| 唄 |  | 蛮 |  | 陪 | 照 | 警 | 筒 | 意 | 謀 | 軟 | 盗 |
|  |  | 湾 |  | 賠 | 沼 | 驚 |  | 憶 | 媒 | 款 | 羨 |
|  |  |  |  | 剖 | 超 |  |  | 臆 |  |  | 茨 |
|  |  |  |  |  |  |  |  | 億 |  |  |  |
|  |  |  |  |  |  |  |  | 竟* |  |  |  |
|  |  |  |  |  |  |  |  | 境 |  |  |  |
|  |  |  |  |  |  |  |  | 鏡 |  |  |  |

## 3.2.5 Capelli e peli

| 小 | 長 | 毛 | 彡* | 而* |
|---|---|---|---|---|
| 鎖 | 髪 | 表 | 形 | 耐 |
| 少 | 帳 | 俵 | 杉 | 端 |
| 秒 | 張 | 耗 | 修 | 需 |
| 砂 | 脹 |  | 悠 | 濡 |
| 省 |  |  | 参* | 儒 |
| 抄 |  |  | 診 |  |
| 妙 |  |  | 珍 |  |
| 炒 |  |  | 参 |  |
| 劣 |  |  | 惨 |  |
| 雀 |  |  |  |  |
| 賓 |  |  |  |  |

# 3.2.1 Testa e viso

| 頁 | Una persona con la <u>testa</u> in rilievo (simile a 首). Come radicale può indicare qualsiasi significato affine come <u>viso</u>, <u>volto</u>, <u>fronte</u> e <u>mente</u>. **Pagina** è un prestito (1 頁 <sup>べいじ</sup> pagina uno/una pagina). | |
|---|---|---|
| | 頭 | 頭、頭 <sup>あたま</sup> がいい intelligente、頭痛 <sup>ずつう</sup> mal di testa、〜頭 <sup>とう</sup> contatore per animali grandi、<br>頭骨 <sup>とうこつ</sup> teschio、頭文字 <sup>かしらもじ</sup> iniziali di parola、指頭 <sup>しとう</sup> punta del dito |
| | II | Recipiente rialzato da tavola (豆) è usato per la sua funzione di sostegno, così come il collo sorregge la **testa**, oppure direttamente a rappresentazione di una testa vista come un recipiente. Il significato moderno di 豆 è fagiolo che può essere usato a livello mnemonico per associazione di forma con la testa. Nelle parole 頭 può indicare anche "capo, intelligenza o inizio". |
| | 順 | 順、順番 <sup>じゅんばん</sup> turno、順序 <sup>じゅんじょ</sup> sequenza, ordine、順調 <sup>じゅんちょう</sup> regolare, soddisfacente、<br>手順 <sup>てじゅん</sup> procedura, provvedimenti, preparativi/con metodo-sequenza |
| | IV | Chinare la testa in segno di consenso > **conformità** > **ordine, sequenza**. 川 fiume comunica al kanji il senso di "scorrere verso il basso", riferito alla testa chinata. 順 richiama foneticamente * 馴 <sup>じゅん</sup> (addomesticare, diventare familiare) per enfatizzare il senso di ubbidienza e conformità. |
| | 類 | 種類 <sup>しゅるい</sup>、類似 <sup>るいじ</sup> somiglianza, analogia、人類 <sup>じんるい</sup> genere umano、衣類 <sup>いるい</sup> vestiario、類 <sup>たぐい</sup> tipologia, sorta |
| | IV | L'elemento superiore era un kanji a se stante composto di 米 riso e testa (頁) che indicava la "somiglianza stretta fra le teste delle spighe di riso". Insieme a 犬 cane (ora semplificato con 大) era suggerita la "stretta somiglianza con un animale simile al procione" (*狸 *tanuki*, dalla lettera simile). 類 ha assunto infine il significato generico di cose simili fra loro > **varietà**, **tipologia**. |
| | 煩 | 煩 <sup>わずら</sup> わす、煩 <sup>わずら</sup> う preoccuparsi di, essere afflitto da、煩 <sup>わずら</sup> わしい problematico、<br>うるさい <sup>煩</sup> rumoroso/fastidioso/"stai zitto"、煩悩 <sup>ぼんのう</sup> passioni terrene、煩雑 <sup>はんざつ</sup> complesso |
| | / | Avere la febbre alta, paragonata a un 火 fuoco che arde nella testa > **tormentare** > **essere seccante, problematico**. |
| 自 | 自 <sup>みずか</sup> ら se stessi/personalmente、自動車 <sup>じどうしゃ</sup> automobile、自転車 <sup>じてんしゃ</sup> bicicletta、自分 <sup>じぶん</sup> se stessi、自由 <sup>じゆう</sup> libertà、<br>不自由 <sup>ふじゆう</sup> disagio、自然 <sup>しぜん</sup> natura、自己紹介 <sup>じこしょうかい</sup> presentare se stessi | |
| II | Pittogramma di un <u>naso</u>; le linee al centro rappresentano l'<u>aria che passa attraverso le narici</u>. Per indicare la propria persona si usava puntare il dito verso il proprio naso > **se stessi**. | |
| | 鼻 | 鼻 <sup>はな</sup>、鼻音 <sup>びおん</sup> suono nasale、鼻 <sup>はな</sup> が高 <sup>たか</sup> い avere il naso grosso/essere arrogante |
| | III | L'elemento inferiore è costituito da *畀, pittogramma di un tavolo con sopra qualcosa ben in evidenza > **naso** (自) che sporge ben in evidenza dal viso. |
| | 息 | 息 <sup>いき</sup> respiro、ため息 <sup>いき</sup> sospiro、息子 <sup>むすこ</sup> figlio、窒息 <sup>ちっそく</sup> soffocamento、休息 <sup>きゅうそく</sup> riposo |
| | III | Aria che passa per il naso, associata alla vita stessa > essenza vitale (心) > **respiro**. Il significato minore di **figlio** potrebbe essere derivato dal concetto di essenza vitale o dal significato principale di "se stessi" di 自. |

| 憩 | 憩う、休憩 <sub>きゅうけい</sub> pausa |
|---|---|
| / | > prendere 息 respiro e fermarsi per fare una pausa (suggerito dall'idea di "spazio cavo" implicita nel kanji di 舌 lingua) > **riposo**. |
| 臭 | 臭い <sub>くさ</sub> puzzare/essere sospetti、臭う <sub>にお</sub> odorare di、悪臭 <sub>あくしゅう</sub> tanfo、臭覚 <sub>しゅうかく</sub> fiuto |
| / | Un 犬 cane (semplificato con 大) che usa il suo naso per seguire una pista. Inizialmente **odorare** in senso generico, ha assunto poi una sfumatura negativa > **cattivo odore**. |
| 嗅 | 嗅ぐ <sub>か</sub>、嗅覚 <sub>きゅうかく</sub> olfatto |
| // | > l'aggiunta di 口 nella sua accezione grafica di cavità accentua l'attenzione sulle narici e ripristina il senso originario di 臭 > **annusare, fiutare**. |

| 首 | 首、足首 <sub>あしくび</sub> caviglia、首領 <sub>しゅりょう</sub> capo, leader、首都 <sub>しゅと</sub> capitale、〜首 <sub>しゅ</sub> contatore per poesie |
|---|---|
| II | Rappresentazione di una **testa** (di cui 目 l'occhio) con folte sopracciglia > **collo** > **leader** (stare in testa). |
| 道 | 道、北海道 <sub>ほっかいどう</sub> Hokkaidō、横断歩道 <sub>おうだんほどう</sub> strisce pedonali、道具 <sub>どうぐ</sub> strumento、神道 <sub>しんとう</sub> *shintō*、弓道 <sub>きゅうどう</sub> tiro con l'arco |
| II | La **via/strada** (*辶) maestra (suggerito da 首, nell'accezione di leader o testa). 道 è usato in modo astratto anche per indicare una **via** verso la perfezione, in particolare nelle arti e nelle discipline. |
| 導 | 導く <sub>みちび</sub>、指導 <sub>しどう</sub> insegnamenti、電気伝導 <sub>でんきでんどう</sub> conduzione elettrica |
| V | > **condurre** qualcuno per la mano (寸) lungo una 道 strada > **guida** (assistenza, insegnamento). |

| 県 | 県 <sub>けん</sub> |
|---|---|
| III | Da *縣: la parte a sinistra, derivante da *県, è una testa (首) mozzata e capovolta, mentre la parte a destra 系 <sub>けい</sub> suggerisce "connessione". Il kanji si riferisce all'usanza tenere <u>appese</u> le teste mozzate dei criminali come monito al fine di mostrare il potere delle autorità > **prefettura**. |
| 懸 | 懸ける <sub>か</sub> (tr.)、懸かる <sub>か</sub> (intr.)、一生懸命 <sub>いっしょうけんめい</sub> impegnarsi al massimo、命懸け <sub>いのちが</sub> rischiare la vita |
| / | Emozioni d'ansia **sospese/appese** (*県) al 心 cuore. |

| 元 | 元 <sub>もと</sub> origine、足元 <sub>あしもと</sub> vicino ai piedi、元通り <sub>もとどお</sub> come prima、元気 <sub>げんき</sub> salute, stare bene、元来 <sub>がんらい</sub> originariamente/per natura |
|---|---|
| II | *兀 è il pittogramma di una persona. La linea 一 aggiuntiva pone l'attenzione sulla sua <u>testa</u> che, stando in cima, simboleggia un punto d'**origine** > **causa, materia prima** > ciò che c'era prima > **ex-**. Una delle letture richiama foneticamente il kanji di 丸 <sub>がん</sub> <u>rotondo</u> per enfatizzare la forma della testa stessa. |
| 完 | 完成 <sub>かんせい</sub> completamento, perfezionamento、完全 <sub>かんぜん</sub> perfetto、未完 <sub>みかん</sub> incompleto、完了 <sub>かんりょう</sub> completo-ultimato |
| IV | Un edificio (*宀) è **completo** quando la <u>recinzione</u> che lo circonda (元) è stata ultimata. La lettura richiamava foneticamente 垣 <sub>えん</sub> recinzione e probabilmente anche 環 <sub>かん</sub> (circolo, ciclo). |
| 院 | 病院 <sub>びょういん</sub> ospedale、美容院 <sub>びよういん</sub> parrucchiere (luogo)、入院 <sub>にゅういん</sub> ricovero (ospedaliero)、学院 <sub>がくいん</sub> accademia、退院 <sub>たいいん</sub> essere dimesso (dall'ospedale)、寺院 <sub>じいん</sub> tempio buddhista |
| III | > *阝 colline enfatizza l'idea di recinzione (完) tutta intorno a un grande **edificio** > **istituto**. |

| 頑 | 頑張る perseverare、頑固 ostinazione、頑強 robusto, tenace |
|---|---|
| / | La testa (頁) di una persona i cui pensieri tornano sempre indietro 元 all'origine > **ostinazione**. Sicuramente anche l'omofonia con 丸 rotondo, già osservata in 元, ha contribuito a rafforzare l'immagine trasmessa. |
| 冠 | 冠 corona (e simili)、王冠、冠水 essere sommersi、お冠 essere seccati |
| / | Una mano (寸) che pone una **corona** sopra (*冖 coprire) la testa di qualcuno. Nelle parole può suggerire anche un senso di grandezza. |
| 玩 | もてあそぶ、おもちゃ giocattolo |
| // | **Giocherellare** con un 玉 gioiello (semplificato con 王) rotondo > **trovare piacere con**. |

## *囟

La <u>testa</u> di un neonato. In genere appare semplificato con 田. Da non confondersi con 凶.

| 思 | 思う、思い出す ricordare、思い出 ricordo、思想 ideologia、思案 riflessione、意思 intenzione、思考 pensiero、思いがけない inaspettato |
|---|---|
| II | Sentimenti (心) che scorrono nella testa > **pensare**. |
| 細 | 細い sottile、細かい fine/triviale、微細 delicato-minuto-dettagliato、細胞 cellula、細工 fattura, lavorazione/stratagemma、詳細 dettaglio, particolare、零細 insignificante-irrilevante |
| II | **Sottili** capelli che spuntano dalla testa come 糸 fili > **dettagliato**. |
| 異 | 異なる、異様 strano, bizzarro、異常 anormale |
| VI | *廾 due mani che 共 insieme mettono una maschera sul viso > chi indossa la maschera è come se diventasse una persona del tutto diversa da come era prima > **differire** dal normale > **insolito**. |
| 翼 | 翼、右翼 ala destra、左翼 ala sinistra |
| / | > 異 era usato per foneticamente per richiamare *翅 "ali" e rafforzare il significato di **ala** di 羽. Per facilità, si potrebbe ricordare 異 per il suo senso grafico "di mani che agiscono insieme", associabile al movimento sincronizzato delle ali in volo. |
| 離 | 離れる (intr.)、離す (tr.)、離婚 divorzio、距離 distanza、隔離 segregazione/quarantena、遠距離恋愛 relazione a distanza、分離 separazione, distacco、離陸 decollo |
| / | A sinistra è presente *离 "<u>lucido e luccicante</u>", kanji derivato con probabilità da una variante di *禺 scorpione, in riferimento al suo corpo lucido. Unito a *隹 indica un rigogolo, un particolare uccello dai colori brillanti, nell'atto di migrare > **allontanarsi, separarsi**. |
| 璃 | 瑠璃 |
| // | > un 玉 gioiello (semplificato con 王) *离 lucido e luccicante > **lapislazzuli**. |

## *甾

La *囟 testa del neonato più cresciuta, con i capelli che escono fuori senza più fermarsi (simboleggiati da *巛 fiume che scorre, in genere semplificato con ). Come radicale può suggerire <u>mente</u>, <u>cervello</u>. Da non confondersi con 凶 e *囟.

| 脳 | 脳、頭脳 cervello-mente |
|---|---|
| VI | Si aggiunge 肉 per indicare la parte del corpo in questione > **cervello**. |

| | |
|---|---|
| 悩 | 悩む (intr.)、悩ます (tr.)、悩み、苦悩 |
| / | Inizialmente il kanji comprendeva anche la figura della 女 donna sottintendendo il tormento della mente di un uomo che la pensa in continuazione > **angosciarsi, preoccuparsi, soffrire**. La semplificazione con * 忄 cuore si collega in modo più diretto ai significati finali. |
| 猟 | 狩猟 caccia、猟師 cacciatore、猟犬 cane da caccia |
| / | Semplificato da * 獵, l'elemento a destra * 鼠 è un animale con le zampe artigliate in basso e la testa pelosa in alto, rappresentata da * 囟. Nel complesso il kanji rappresenta un cane (* 犭) che assalta la preda durante una battuta di **caccia**. La semplificazione usa * 甹, forma semplificata del kanji di * 鼠 topo (ねずみ), scelto probabilmente per la sua somiglianza con * 鼠 da cui si differenzia per l'utilizzo di 臼 "mortaio" a simboleggiare la testa. Si può notare come 臼 sia adoperato spesso graficamente al fine di raffigurare una "piccola testa", per esempio in * 舊 (versione antica di 旧 "tempo passato", rappresentante un gufo), * 兒 (infante) e * 舄 (gazza ladra). |

| | |
|---|---|
| 鬼 | 鬼、鬼ごっこ acchiapparello、吸血鬼 vampiro |
| / | <u>Una persona (* 儿) che porta sul viso la maschera di un demone</u> (l'elemento superiore) > **spirito, fantasma, demonio, demonio, orco**. A volte in alcune parole 鬼 intende caratteristiche umane negative o esagerate. * 厶 potrebbe indicare graficamente l'aspetto della maschera, come il lungo naso del demone, oppure richiamare foneticamente 死 morte. |
| 醜 | 醜い、醜聞 scandalo, vergogna、醜悪 bruttezza |
| / | In origine la combinazione con * 酉 "giara di vino" indicava un'offerta alcolica alla divinità eseguita durante un rituale da una persona con indosso una maschera. I significati di **sgradevole** e **vergognoso** sono stati incoraggiati dai connotati negativi di 鬼 > **bassezze**. |
| 塊 | 塊、金塊 lingotto d'oro |
| / | In origine * 凷, una **massa** di 土 terra dentro a un * 凵 contenitore > **blocco, grumo** > **avere al massimo una certa caratteristica**. La sostituzione di * 凵 con 鬼 non è del tutto chiara, ma potrebbe essere stata indotta dalla necessità di indicare meglio le dimensioni dell'ammasso di terra oppure per sostituzione fonetica. |
| 魂 | 魂、魂魄 anima, spirito, fantasma、霊魂 anima、精魂を注ぐ dedicarsi anima e corpo |
| / | L'**anima** di uno spirito che aleggia nell'aria come nuvole (* 云). |
| 魄 | 魂魄 anima, spirito, fantasma |
| // | Un **fantasma** 白 bianco pallido > **spirito**. |
| 畏 | かしこまりました va bene, ho capito, come desidera、畏まる fare cerimonie、畏怖 timore、畏敬 timore, rispetto, riverire |
| // | L'originale mostrava un 鬼 orco con una clava in mano > **paura-apprensione** > **mostrarsi riverenti**. L'attuale semplificazione può essere ricordata come "la testa dell'orco (l'elemento superiore) affamata (parte inferiore di 食 mangiare) che incute timore". |

| 呉 | くれる dare (alla prima persona singolare, suoi parenti o amici stretti) |
|---|---|
| // | La testa (口) inclinata (la linea curva) di una persona. In origine la parte inferiore mostrava proprio una persona (大). Nell'insieme il kanji esprime il senso figurato di <u>deviare dalla verità</u>. In Giappone è usato per indicare il verbo **dare**. |

| 誤 | 誤る commettere un errore、ごまかす imbrogliare、誤解 malinteso、誤算 errore di calcolo |
|---|---|
| VI | 言 dire parole che deviano dalla verità > non dire o fare qualcosa bene > commettere un **errore**. |
| 娯 | 娯楽 divertimento, distrazione |
| / | Vantarsi fino a deviare dalla verità mentre si parla con una 女 donna > provare **divertimento** e **piacere**. |
| 虞 | 虞、憂虞 |
| // | In origine un animale mitologico (non reale 呉) simile a una *虍 tigre. I significati attuali di **ansia** e **paura** derivano dal terrore di imbattersi in lei. |

# 3.2.2 Occhi

| 目 | 目、目覚める <sub>svegliarsi</sub>、目的 <sub>obiettivo</sub>、盲目 <sub>cieco</sub>、〜目 <sub>contatore numeri ordinali</sub> (=番目)、ひどい目にあう <sub>avere una brutta esperienza</sub>、目録 <sub>catalogo-lista</sub>、目次 <sub>indice, sommario</sub> |
|---|---|
| I | Il pittogramma di un **occhio**. La lettura もく deriva da 墨 (inchiostro) a sua volta proveniente da 黒 (nero), nel caso di 目 richiamato per riferirsi al colore scuro della pupilla. Il kanji è usato anche per esprimere i numeri ordinali. |

| | 看 | 看る、看護婦 <sub>infermiera</sub>、看板 <sub>insegna, poster, cartellone, affisso, manifesto …</sub> |
|---|---|---|
| | VI | Una mano (*手) portata sopra gli 目 occhi per fare ombra e permettere meglio di **vedere lontano** > **vegliare**, **badare a qualcuno**. Si noti l'omofonia con 監 (tenere sott'occhio). |
| | 面 | 面 (面)、面白い <sub>interessante</sub>、面接 <sub>intervista</sub>、画面 <sub>schermo</sub>、面積 <sub>area</sub>、外面 <sub>aspetto esteriore, apparenza</sub>、海面 <sub>livello del mare/superficie del mare</sub> |
| | III | Una **maschera** che avvolge la **faccia** (simboleggiata da 目 occhio) > **superficie esteriore visibile**. |
| | 麺 | ラーメン |
| | // | > 麦 "orzo e grano" presentati in una forma diversa (come se mascherati 面) > **spaghetti**. |

| 相 | 相手 <sub>compagno</sub>、相談 <sub>discussione</sub>、相違 <sub>discordanza</sub>、相性 <sub>affinità</sub>、首相 <sub>primo ministro</sub>、相槌 <sub>aidzuchi</sub> |
|---|---|
| III | Osservare (目) cautamente da dietro un 木 albero > capire in profondità qualcosa > **aspetto**. Come accade in 省 (kanji omofono), l'atto di <u>concentrare lo sguardo</u> è associato all'esaminazione di qualcosa e a posizioni di potere con funzione di controllo > **ministro**. Il significato di **reciproco** è un prestito che può essere ricollegato all'atto di "osservare in profondità qualcosa, stabilendo una relazione fra le due parti", oppure incoraggiato dall'omofonia con 遭 incontrarsi. |

| | 想 | 感想 <sub>impressione, opinione</sub>、理想 <sub>ideale</sub>、理想郷 <sub>utopia</sub>、冥想 <sub>meditazione-contemplazione</sub> |
|---|---|---|
| | III | Concentrare lo sguardo (相) dentro il proprio 心 cuore osservando ciò che contiene > **idea, riflessione**. |
| | 箱 | 箱、本箱 <sub>scaffale-libreria</sub>、箱舟 <sub>arca</sub>、ごみ箱 <sub>cesto della spazzatura</sub> |
| | III | Un'intelaiatura di 竹 bambù posta ai due lati (相 reciprocità) di un carretto. Il significato si è poi ampliato in quello di **cesto, scatola**. |
| | 霜 | 霜 <sub>gelo, gelata/brina</sub>、除霜 <sub>scongelamento</sub> |
| | / | Fenomeno atmosferico (雨) derivato dalla relazione (相 reciprocità) tra l'umidità e l'aria > **gelo**. |

| 見 | 見る、見せる <sub>mostrare</sub>、見える <sub>essere visibile</sub>、意見 <sub>idea, opinione</sub>、見物 <sub>gita</sub>、発見 <sub>scoperta</sub> |
|---|---|
| I | Ciò che una persona (*儿) vede con gli 目 occhi. Significato enfatizzato dall'omofonia con 顕 visibile > **vedere**. |

| | | |
|---|---|---|
| 視 | 視力 vista、近視 miopia、監視 osservazione, sorveglianza、視点 punto di vista、無視 ignorare | |
| VI | *ネ altare qui suggerisce qualcosa di fisso (omofonia con 止 fermarsi) > fissare con i propri occhi e con attenzione > **visione, vista** > **considerazione**. | |
| 寛 | 寛ぐ rilassarsi, sentirsi a casa、寛大 generoso, indulgente, di ampie vedute、寛容 tollerante | |
| / | *莧 è un kanji poco chiaro indicante l'amaranto, un genere di pianta (*艹) commestibile. In questo caso è usato per richiamare 緩 "allentare, rilassare, attenuare", suggerendo nell'insieme una casa (*宀) molto grande dove è possibile **rilassarsi**. **Tolleranza** e **magnanimità** sono significati associati. | |

| | |
|---|---|
| 直 | 直す (tr.)、直る (intr.)、〜直す rifare un'azione (suffisso)、直ちに direttamente、直接 diretto、正直 onesto |
| II | Un 目 occhio che guarda **dritto** davanti a sé forte di uno sguardo penetrante come un ago (十) > **diretto, dritto** > metaforicamente una cosa retta e quindi giusta > **onestà**. Il kanji comunica infine anche il senso di raddrizzare qualcosa di storto – forse l'elemento angolare nella parte inferiore oggetto del proprio sguardo – sia nel senso di **riparare** sia in quello di **guarire** > **rifare un'azione** in modo migliore. |

| | |
|---|---|
| 値 | 値する meritare、値段 prezzo、価値観 valori |
| VI | Una *イ persona che può guardare dritto negli occhi un'altra perché di pari **valore** > in ambito commerciale, vendere a un **prezzo** equivalente al valore dell'oggetto. |
| 置 | 置く poggiare、位置 posizione、配置 disposizione、放置 lasciare dov'è-trascurare |
| IV | Installare una *罒 rete, **poggiarla** e **lasciarla** dov'è. 直 trasmette il senso di "diretto", riferito al modo in cui viene piazzata la rete, oltre che richiamare foneticamente 植 piantare. |
| 植 | 植える piantare、植わる essere piantato、植物 pianta、移植 trapianto、植民地 colonia |
| III | Un 木 albero che cresce 直 dritto > **pianta, piantare**. |
| 殖 | 殖える (intr.)、殖やす (tr.)、生殖 riproduzione-procreazione、繁殖 riproduzione-proliferazione |
| / | > il kanji si riferiva a un corpo in putrefazione (*歹 resti, morte). **Proliferare** è un prestito da cui è derivato il significato di **accrescere**. È possibile che 直 sia un'abbreviazione di 植 "piantare" e che i significati attuali facciano invece riferimento al proliferare dei discendenti dopo la propria morte. |
| 盾 | 盾、矛盾 contraddizione |
| / | Qui la parte inferiore di 直 è omessa e suggerisce guardare dritti da dietro uno **scudo** (rappresentato dall'elemento *厂). È possibile che 直, nella sua accezione di "sguardo penetrante come un ago", lasci intendere "attaccare e trafiggere riparandosi da dietro uno scudo". |
| 循 | 循環、悪循環 circolo vizioso |
| / | > muoversi (*イ) in avanti riparandosi dietro uno 盾 scudo > **seguire** (lo scudo). |

| | |
|---|---|
| *悳 | Combinazione di 直 "diretto, dritto, onestà" (abbreviato in alto) e 心 cuore > "arrivare direttamente al cuore delle cose", "un cuore retto e onesto" > virtù. |
| 徳 | 道徳 morale、功徳 carità, azione meritevole、道徳 principi morali、徳義 integrità (morale) |
| V | Inizialmente il kanji aveva il senso di "muoversi (*イ) verso un posto elevato". **Virtù** ha poi prevalso come significato principale, ricordabile come "muoversi secondo le proprie virtù". |

| 聴 | 聴く、聴覚 ちょうかく udito、聴診器 ちょうしんき stetoscopio、聴衆 ちょうしゅう pubblico, uditorio |
|---|---|
| / | Saper ascoltare (耳 orecchio) in modo virtuoso > **ascoltare attentamente**. |

| 冒 | 冒す おか、冒険 ぼうけん avventura、冒頭 ぼうとう inizio-avvio |
|---|---|
| / | Da *冒, 目 occhi di un guerriero <u>coperti</u> *冃 dall'elmetto > **rischiare, osare** > **profanare** > **nuocere**. |

| 帽 | 帽子 ぼうし、脱帽 だつぼう togliersi il cappello |
|---|---|
| / | Un copricapo di stoffa (巾) > **cappello**. |

| 慢 | 我慢 がまん sopportazione-pazienza-perseveranza、自慢 じまん orgoglio, vanto、慢性 まんせい cronico、怠慢 たいまん svogliatezza, negligenza、傲慢 ごうまん arroganza, presunzione |
|---|---|
| / | L'elemento a destra *曼 è una combinazione di mano (又) e 冒, con la componente di 目 occhio rivoltata (*罒). Nell'insieme rappresenta una mano che <u>copre</u> gli occhi che, insieme al suo legame fonetico con 緩 <u>"allentare, essere indulgente"</u> かん, identifica qui dei sentimenti (*忄) di **pigrizia** e **trascuratezza** > **arroganza, orgoglio** per associazione. I significati attuali di *曼 sono quelli di "<u>vasto, esteso</u>", a volte trasmessi nell'uso come radicale. |

| 漫 | 漫画 まんが manga、散漫 さんまん distratto/sciatto-sconnesso、漫ろに そぞ senza sapere come, in qualche modo、漫ろ歩き そぞ ある andare a spasso |
|---|---|
| / | > acqua (*氵) che si espande in modo vasto (*曼) durante un'inondazione, ricoprendo ogni cosa > **diffondersi** in modo **involontario** e **casuale**. **Fumetto** è un prestito. |

| *艮 | Una persona che si <u>ferma</u> per <u>guardare indietro</u>. |
|---|---|

| 銀 | 銀 ぎん argento、銀行 ぎんこう banca、水銀 すいぎん mercurio、銀河 ぎんが Via Lattea |
|---|---|
| III | Fermarsi a guardare indietro > ricontrollare attentamente per distinguere l'**argento** dagli altri metalli (金) meno pregiati. |

| 眼 | 眼 まなこ occhio/bulbo oculare/il proprio punto di vista、眼鏡 めがね occhiali、双眼鏡 そうがんきょう binocolo |
|---|---|
| V | Un 目 **occhio** che si ferma a guardare. Il significato è enfatizzato dall'omofonia con 丸 がん rotondo, in riferimento al bulbo oculare. |

| 限 | 限る かぎ limitare、～限り かぎ nel limite del possibile、限定 げんてい、限界 げんかい limite、無限 むげん infinito |
|---|---|
| V | Una strada montana (*阝) tanto difficile da percorrere da essere costretti a fermarsi e non proseguire > **limite** > **restrizione**. |

| 根 | 根が素直な人 ね すなお persona dalla natura gentile、屋根 やね tetto、根性 こんじょう carattere, mentalità/tenacia |
|---|---|
| III | **Radice/ceppo** di un 木 albero > **origine, natura**. *艮, oltre che suggerire qualcosa di fermo, si collega foneticamente a 本 (origine/principale) ほん, pittogramma delle radici alla base di un albero. |

| 恨 | 恨む うら、恨み うら、恨めしい うら、遺恨 いこん odio, disprezzo、悔恨 かいこん rimpianto, rimorso |
|---|---|
| / | Fermarsi a guardare indietro in preda a emozioni (*忄) di **rimpianto** > **risentimento**. Il kanji potrebbe esprimere anche l'idea di "sentimenti contrapposti nel cuore", conducendo ai medesimi significati finali. |

| | | |
|---|---|---|
| 退 | 退く arretrare/ritirarsi、退く scansarsi、退ける rimuovere-levare、立ち退く evacuare、立ち退き sfratto、退院 essere dimesso dall'ospedale | |
| V | La versione moderna suggerisce fermarsi e muoversi (*辶) in senso contrario > **indietreggiare, ritirarsi**. L'originale presentava all'interno 日 sole e *夊 "piede che punta verso il basso" per rappresentare il movimento compiuto durante il tramonto e suggerire meglio i significati finali. | |
| 痕 | 痕 traccia, impronta, cicatrice, resti、痕跡 traccia, orma | |
| / | Una ferita (suggerita da *疒 malattia) che rimane come **cicatrice** > **traccia, impronta**. | |
| 墾 | 未墾 incolto、開墾 coltivare una nuova terra、未開墾地 territorio vergine | |
| // | In alto a sinistra un *豸 animale con gli artigli. Unito con *艮 indica una *狠 bestia che affonda i suoi artigli in un attacco, trasmettendo l'idea di una situazione difficile > un 土 territorio vergine, difficile da dissodare, che necessita di essere **coltivato, risanato**. | |
| 懇 | 懇ろ、懇意 gentilezza, intimità, amicizia、懇願 supplica, istanza、懇談 fare quattro chiacchere | |
| / | > un **desiderio** (心) profondo e **intimo** difficile (*狠) da esprimere > **sincerità, cordialità**. | |
| 喪 | 喪 lutto (喪中)、喪失 perdita、記憶喪失 perdita della memoria、喪服 vestito a lutto | |
| / | In origine *哭, un 犬 cane che ulula (indicato dalle due 口 bocche) sofferente per la morte del proprio padrone, rappresentato in basso da un frammento di *艮 per suggerire lo stato di immobilità > **piangere qualcuno, perdita, lutto**. Versione precedenti del kanji contenevano con più chiarezza il kanji di 亡 morte. | |

| | | |
|---|---|---|
| 臣 | 臣下 vassallo、大臣 ministro | |
| IV | Un 目 occhio con la pupilla esagerata a indicare una guardia in allerta > **subordinato**. Da non confondersi con 巨. | |
| 姫 | 姫、白雪姫 Biancaneve | |
| / | Una dama (女) protetta da guardie in allerta > **principessa**. | |

| | | |
|---|---|---|
| *臤 | Kanji dall'origine oscura. È possibile aiutarsi nella memorizzazione grafica e dei significati immaginandolo come "una guardia che tiene stretta a sé con la mano (又) la persona protetta a vista (臣)" > duro-compatto, saggio. | |
| 堅 | 堅い、堅実 stabile, sicuro | |
| / | Un 土 terreno sicuro, ben solido e sedimentato > **duro, solido, risoluto**. | |
| 賢 | 賢い、賢者 saggio (persona)、賢明 saggio, sensato, giudizioso | |
| / | *臤 comunica il senso di "tenere stretti a sé" i propri guadagni (貝) > una persona ricca, vista poi come una persona piena di caratteristiche positive e in salute (omofonia con 健) > **saggezza, furbizia, perspicacia**. | |
| 緊 | 緊急 urgenza、緊張 teso, nervoso、緊迫 in tensione | |
| / | 糸 fili legati in un nodo compatto > **teso, stretto, rigido**. | |
| 腎 | 腎臓 reni | |
| // | L'elemento inferiore indica una parte del corpo (肉) > **rene**, compatto e stretto dentro il corpo. | |

| 監 | 監督 <sub>かんとく</sub> supervisionare、監督官 <sub>かんとくかん</sub> ispettore、監視 <sub>かんし</sub> osservazione, sorveglianza、監禁 <sub>かんきん</sub> confinamento |
|---|---|
| / | Nella parte superiore si trova *臥, una 人 persona con il volto chinato che <u>guarda (臣) attentamente il proprio riflesso</u> sulla <u>superficie dell'acqua (simboleggiata da una linea 一) contenuta dentro a un 皿 piatto</u> > **tenere sott'occhio, supervisionare**. Il suono si ricollega a 観 (osservare-aspetto) e 見 (vedere). |

| 藍 | 藍色 <sub>あいいろ</sub> |
|---|---|
| // | Colore **indaco** estratto da una pianta (*艹) fatta bollire dentro l'acqua in una ciotola. |
| 鑑 | 鑑みる <sub>かんが</sub>、鑑賞 <sub>かんしょう</sub> apprezzamento, interessamento, senso estetico、鑑識 <sub>かんしき</sub> avere occhio per、年鑑 <sub>ねんかん</sub> almanacco、図鑑 <sub>ずかん</sub> enciclopedia illustrata (es. per bambini) |
| / | Osservare il proprio riflesso su uno specchio di metallo (金) > **prestare attenzione, prendere nota di** > **discernimento, senso estetico**. |
| 艦 | 軍艦 <sub>ぐんかん</sub>、艦隊 <sub>かんたい</sub> flotta、潜水艦 <sub>せんすいかん</sub> sottomarino |
| // | Una 舟 nave che sorveglia le altre > **nave da guerra**. |
| 濫 | 氾濫 <sub>はんらん</sub> inondazione、濫用 <sub>らんよう</sub> usare all'eccesso, abuso |
| / | Acqua (*氵) che **fuoriesce** da un contenitore (監) > **inondazione, eccedere**. La lettura richiama il kanji di 氾 <sub>はん</sub> dilagare. |
| 覧 | ご覧になる <sub>らん</sub> vedere (formale)、展覧会 <sub>てんらんかい</sub> mostra、博覧会 <sub>はくらんかい</sub> esibizione、遊覧 <sub>ゆうらん</sub> giro turistico |
| VI | Sostituendo 皿 piatto con 見 vedere si enfatizza l'atto dell'osservazione in sé > **vedere, osservare attentamente**. |
| 臨 | 臨む <sub>のぞ</sub>、君臨 <sub>くんりん</sub> regnare、臨時 <sub>りんじ</sub> temporaneo, straordinario (extra)、臨機応変に <sub>りんきおうへん</sub> secondo le circostanze |
| VI | 監 è abbreviato per fare posto a 品 (merci) > una persona che da un punto di vedetta in alto abbassa lo sguardo verso le merci che sorveglia > **affrontare qualcosa, svolgere un compito** (in alcune parole suggerisce anche un incarico di una certa importanza). Una teoria più approfondita collega foneticamente 品 <sub>ひん</sub> a *瀕 <sub>ひん</sub> "essere sull'orlo di", riferito in questo caso al ciglio di una scogliera da cui ci si sporge per guardare al di sotto. |
| 塩 | 塩 <sub>しお</sub>、塩辛い <sub>しおから</sub> salato、塩味 <sub>しおあじ</sub> salato (sapore)、塩水 <sub>しおみず</sub> acqua salata、食塩 <sub>しょくえん</sub> sale da tavola |
| IV | Da *鹽, composto da un'abbreviazione di 監 usata per richiamare *鹹 <sub>かん</sub> (salato) e per suggerire "guardare con attenzione, mentre si usa la *鹵 <sub>かん</sub> saliera", essendo il **sale** un bene prezioso. Nella semplificazione attuale si possono riconoscere alcuni degli elementi di 監 (人 e 皿), mentre la saliera è rappresentata solo da un semplice simbolo grafico (口). L'aggiunta di 土 terra potrebbe riferirsi a una salina. |

# 3.2.3 Orecchie

| 耳 | 耳、耳目を集める fare scalpore |
|---|---|
| I | Il pittogramma di un **orecchio**. |

| 恥 | 恥じる、恥ずかしい imbarazzante、恥 vergogna, disonore (赤恥)、恥辱 onta, disonore、恥を知れ! vergogna!、恥知らず svergognato (persona)、無恥 sfacciato, svergognato |
|---|---|
| / | Emozioni (心) di **vergogna** per ciò che si è sentito (耳) dire dagli altri di sé > **imbarazzarsi**. Un'altra teoria usa 耳 foneticamente per esprimere "restringersi-ritirarsi", associato alle emozioni di vergogna provate per l'imbarazzo. |
| 摂 | 摂る、摂取 assimilazione, assorbimento、摂食障害 disordine alimentare、過剰摂取 overdose、摂氏の〜 … centigradi、摂政 reggenza |
| / | Da *攝, tirar fuori (*扌 mano) delle confidenze da qualcuno, suggerite da *聶 bisbigli > in generale **prendere in sé (es. pranzo, vitamine…)** > prendere il ruolo e il posto di qualcuno, agendo come suo **surrogato**. Nella forma moderna *聶 è stato semplificato mantenendo un solo 耳 e sostituendo gli altri due con un semplice simbolo grafico nella parte inferiore. Non è un caso isolato che un kanji composto da tre elementi uguali subisca una semplificazione simile (es. *澀 > 渋). |
| 餌 | 餌、餌食 preda, vittima、食餌療法 cura dietetica |
| // | Cibo (食) per animali > **mangime** > esca. La funzione di 耳 orecchio non è chiara. Potrebbe suggerire "morbido", riferito alla consistenza del mangime, oppure indicare attenzione da parte dell'animale nei confronti del cibo. Una tecnica mnemonica utile scomporre foneticamente il kanji: 食＋耳 >「しょくじ」, omofono della parola "pasto". |
| 敢 | 敢えて perfino (arrischiarsi)、敢えない tragico、勇敢 coraggio, valore, eroismo、とりあえず prima di tutto, per adesso |
| / | L'originale mostrava due mani che esercitano un grande sforzo nel cercare di <u>tirare fuori qualcosa da un contenitore</u> > avere il **coraggio** e l'**audacia** di fare qualcosa che richiede un grande sforzo > **tragico**. La semplificazione attuale mostra un elemento che esprime l'azione (*攵) e semplifica il contenitore in una forma simile al kanji di 耳 orecchio con due tratti aggiuntivi. |
| 厳 | 厳しい (厳格)、厳か solenne (荘厳)、威厳 dignità |
| VI | > da *嚴, fenditure e zone cave (口, raddoppiato) presenti sul fianco di una *厂 rupe. 敢 enfatizza la presenza degli spazi vuoti grazie al suo significato grafico di "tirare fuori da un contenitore" oltre che suggerire diversi collegamenti fonetici (岩 roccia, sporgenza rocciosa; *坎 buche). Successivamente il significato principale del kanji è diventato solo quello di rupe fino a quando quest'ultimo è stato trasferito a 巌 (嚴＋山). I significati finali di 厳 sono stati presi in prestito da *儼 (*嚴＋*イ), una persona risoluta e ferma come una rupe > **severo, solenne** > **rigoroso**. |

| 取 | 取る prendere、取れる staccarsi、書き取り dettato、取得 acquisizione、詐取 truffa |
|---|---|
| III | **Prendere** con la mano (又) 耳 l'orecchio della preda affinché non possa nuocere e sia facile imporre il controllo. La lettura si collega a 手 mano. |

| | |
|---|---|
| 趣 | 趣<sub>おもむき</sub>、趣味<sub>しゅみ</sub> hobby、趣旨<sub>しゅし</sub> significato, punto di un'affermazione |
| / | 走 correre verso qualcosa che ha catturato il proprio **interesse** per 取 prenderne possesso > andare in una certa direzione > **tendenza** > **contenuto-senso-valore/aspetto-aria/sapore-fascino-eleganza**. |
| 最 | 最<sub>もっと</sub>も il più、最初<sub>さいしょ</sub> il primo、最後<sub>さいご</sub> l'ultimo、最近<sub>さいきん</sub> recentemente、最高<sub>さいこう</sub> il migliore |
| IV | Dei guerrieri equipaggiati di *冃 elmetto (semplificato in alto con 日, come accade in 冒<sub>ぼう</sub>) che attaccano e 取 prendono il nemico con la forza > atto **estremo** > **di più, il più**. |
| 撮 | 撮<sub>と</sub>る scattare una foto、撮影<sub>さつえい</sub> fotografare、盗撮<sub>とうさつ</sub> fotografare di nascosto |
| / | > aggiungendo *扌 mano si enfatizza l'atto della cattura implicito in 最 > **scattare una foto**. |

| | |
|---|---|
| *乃 | Un orecchio visto di lato e di cui si enfatizza la forma morbida e flessuosa. |
| 携 | 携<sub>たずさ</sub>える、携<sub>たずさ</sub>わる prendere parte, occuparsi di qualcosa、携帯<sub>けいたい</sub> portatile、携帯電話<sub>けいたいでんわ</sub> cellulare |
| / | *隽 mostra un *隹 uccello paffuto. Aggiungendo *扌 si intende il **portare con sé** nella mano un uccello paffuto > **portatile**. |
| 秀 | 秀<sub>ひい</sub>でる primeggiare、秀才<sub>しゅうさい</sub> persona talentuosa、優秀<sub>ゆうしゅう</sub> eccellente |
| / | Una spiga di *禾 grano che si piega morbidamente in cima a suggerire una testa più grande del normale > **eccellere**. |
| 誘 | 誘<sub>さそ</sub>う invitare、誘拐<sub>ゆうかい</sub> sequestro di persona、誘惑<sub>ゆうわく</sub> tentazione |
| / | > **persuadere** qualcuno con parole (言) eccellenti > **invitare, tentare**. |
| 透 | 透<sub>す</sub>く (intr.)、透<sub>す</sub>かす (tr.)、透<sub>す</sub>き通<sub>とお</sub>る essere trasparente、浸透<sub>しんとう</sub> osmosi/penetrare-infiltrarsi、透明<sub>とうめい</sub> trasparente、不透明<sub>ふとうめい</sub> opacità |
| / | > una persona che 秀 eccelle rispetto agli altri conducendoli per la via (*辶) > spianare la strada > **avere un'apertura, lasciare uno spazio, guardare attraverso** > **trasparente, trasparire**. |

# 3.2.4 Bocca

| 口 | 口、口にする parlare di、入口 entrata、出口 uscita、人口 popolazione、口調 tono di voce、河口 foce | | |
|---|---|---|---|
| I | Una **bocca** aperta. Come radicale può indicare qualsiasi cosa riconducibile alla bocca: <u>discorsi</u>, <u>parole</u>, <u>voci</u>, <u>enuncia-zioni verbali</u>, <u>versi</u> e <u>lamenti</u>. Utilizzato in modo grafico invece è in grado di rappresentare un qualsiasi tipo di <u>cavità</u> e <u>apertura</u>, nonché <u>contenitori</u>, <u>recinzioni</u>, <u>mura</u> e cose che circondando altre. | | |
| | 品 | 品、品物 merce（商品）、上品 raffinato、下品 volgare、作品 opera, componimento、品切れ esaurito-terminato、非売品 articolo non in vendita、貴重品 oggetti preziosi、品質 qualità | |
| | III | In origine 口 bocca ripetuto tre volte a indicare molte persone che conversano. Il significato si è poi spostato a "molte cose raggruppate nello stesso posto" > **merci** > **qualità** della merce. | |
| | 吐 | 吐く、吐き気 nausea、吐血 tossire sangue、嘘つき bugiardo、嘘をつく dire una bugia | |
| | / | 土 terra suggerisce qui qualcosa di sporco > **rigettare dalla bocca (口)** > **vomitare** > **dire bugie**. | |
| | 唱 | 唱える、合唱 coro、暗唱 recitare a memoria、提唱 avanzare una teoria、唱歌 canto-canzone | |
| | IV | Cantare (口) con una voce *昌 brillante e intensa > **recitare un testo, sostenere qualcosa**. | |
| | 唄 | 子守唄 ninna nanna | |
| | // | Recitare (口) canti preziosi (貝) > **canzone tradizionale** | |
| 言 | 言う、発言 pronuncia、言葉 parola/linguaggio、予言 predizione、お礼を言う ringraziare | | |
| II | La parte centrale-superiore deriva da ago appuntito (辛) la cui lettura しん richiama quella di 心 (cuore, mente) > <u>parole dettate dal cuore</u> che escono dalla 口 bocca > **dire**. Come tecnica mnemonica è possibile immaginare i tratti superiori della semplificazione come le parole stesse che si propagano dalla bocca. Nell'uso come radicale può sot-tintendere qualsiasi espressione affine all'<u>enunciazione</u>, <u>discorsi</u> e <u>parole</u>. | | |
| | 信 | 信じる credere、信用 fiducia、確信 convinzione、信号 semaforo、信念 fede, credenza、逓信 comunicazioni (es. posta, telefonia…) | |
| | IV | Le parole (言) di una *イ persona **sincera** che rispecchiano quello che ha nel cuore > **credere, fiducia**. Si noti la lettura しん ripresa da 辛, l'elemento semplificato in 言. | |
| | 罰 | 罰 punizione (divina)、罰 punizione, pena、処罰 punizione、懲罰 castigo、罰金 multa | |
| | / | In basso si trova *詈 "denigrare, ridicolizzare" (e simili), graficamente composto da *罒 rete e 言, usato per i suoi significati e per richiamare foneticamente 威 "minaccia" > minacciare qualcuno con la *刂 spada > **punizione**. | |
| | 這 | はう、四つんばい con mani e piedi a terra | |
| | // | Incontrarsi per strada (*辶) e cominciare a parlare (言). **Strisciare** e **andare carponi** sono prestiti. | |

| | |
|---|---|
| **\*戀** | Fili 糸 <u>attorcigliati in una matassa</u> paragonata a un miscuglio di parole (言) > <u>caos</u>. In genere si trova semplificato con \*亦 (rappresentante dal punto di vista grafico i fianchi di una persona). |

| | | |
|---|---|---|
| 跡 | 跡 <sub>あと</sub> tracce, impronta, segno di/rovine、奇跡 <sub>きせき</sub> miracolo、遺跡 <sub>いせき</sub> rovine、追跡 <sub>ついせき</sub> inseguimento, rilevamento | |
| / | Seguire delle **impronte** (足 <sub>そく</sub> piedi) lasciate in modo caotico da qualcuno > **tracce**, **resti**. | |
| 変 | 変える <sub>か</sub> (tr.)、変わる <sub>か</sub> (intr.)、変わった <sub>か</sub> inusuale、変 <sub>へん</sub> strano、変化 <sub>へんか</sub> trasformazione | |
| IV | Da \*變, costringere (\*攵) qualcuno a **cambiare** una situazione complicata > differire rispetto al resto > **strano, inusuale**. Nella semplificazione \*攵 è diventato identico a \*夂 piede. | |
| 恋 | 恋、恋しい <sub>こい こい</sub> caro-amato/mancare a qualcuno、恋人 <sub>こいびと</sub> amante, persona amata、初恋 <sub>はつこい</sub> primo amore、恋愛 <sub>れんあい</sub> innamoramento、失恋 <sub>しつれん</sub> delusione amorosa | |
| / | 心 cuori e sentimenti attorcigliati insieme > **amore, desiderio**. | |
| 蛮 | 蛮人 <sub>ばんじん</sub> barbaro、野蛮 <sub>やばん</sub> barbarie、野蛮人 <sub>やばんじん</sub> selvaggio, barbaro | |
| / | Il kanji si riferiva a una regione caotica a sud della Cina considerata incivilizzata > **barbaro**. 虫 insetto, preso nel suo significato grafico, si riferisce a una specie di serpente tipica di quella regione. | |
| 湾 | 湾、湾岸 <sub>わん わんがん</sub> costa、湾曲 <sub>わんきょく</sub> curvare、台湾 <sub>たいわん</sub> Taiwan | |
| // | \*弯 è un kanji dal significato di "curvo", rappresentazione di un 弓 <sub>きゅう</sub> arco a cui è legata la corda (fili attorcigliati \*繺) > la forma curva di un **golfo** (\*氵) > **baia**. | |

| | |
|---|---|
| 舌 | 舌、毒舌を振るう <sub>した どくぜつ ふ</sub> avere una lingua tagliente |
| V | L'elemento superiore è 干 (asciugare), rappresentazione grafica di una grossa arma di legno biforcata che, nell'atto di protendersi in avanti, suggerisce una **lingua** che sporge dalla 口 <sub>かん</sub> bocca. 干 si collega foneticamente a 含 <sub>がん</sub> (tenere in bocca, contenere) rafforzando il significato finale di 舌 lingua. In qualità di radicale 舌 è usato a volte come sostituto di un altro kanji, entrato ormai in disuso, che indicava uno <u>spazio cavo</u> (associabile alla cavità orale). |

| | |
|---|---|
| 話 | 話す <sub>はな</sub> parlare、話 <sub>はなし</sub> discorso, storia、電話 <sub>でんわ</sub> telefono、会話 <sub>かいわ</sub> dialogo, conversazione、童話 <sub>どうわ</sub> favola、噂話 <sub>うわさばなし</sub> pettegolezzo、お世話になる <sub>せ わ</sub> recare disturbo a qualcuno (espressione)、逸話 <sub>いつわ</sub> aneddoto |
| II | Semplificazione di una combinazione di kanji più complessa dal significato di "dire parole buone". La versione attuale può essere vista come "l'uso della lingua per **parlare** (言) o raccontare **storie**". |
| 活 | 生活 <sub>せいかつ</sub> vita quotidiana、活動 <sub>かつどう</sub> attività、活発 <sub>かっぱつ</sub> vivace-animato、活気 <sub>かっき</sub> vivacità、快活 <sub>かいかつ</sub> gaio-lieto |
| II | Acque (\*氵) turbinanti all'interno di uno spazio cavo, simbolo di estrema **vitalità** > **attivo, vita**. Una buona tecnica mnemonica è immaginare il kanji come una "lingua umida simbolo di vitalità". |
| 括 | 括る <sub>くく</sub>、括弧 <sub>かっこ</sub> parentesi、包括 <sub>ほうかつ</sub> includere, inglobare、一括 <sub>いっかつ</sub> in blocco, nell'insieme |
| / | 舌 <sub>ぜつ</sub> è usato per richiamare 結 <sub>けつ</sub> "allacciare-legare" > \*扌 mani legate o intente ad allacciare qualcosa > **impacchettare, legare tutto insieme, allacciare**. |

| | |
|---|---|
| **\*音** | Uno sputo che si leva (立) dalla 口 bocca. Come radicale suggerisce <u>spargersi</u>, <u>dividersi</u>. |
| 部 | 部 <sub>ぶ</sub> parte/settore/sezione、部分 <sub>ぶぶん</sub> parte/porzione、全部 <sub>ぜんぶ</sub> tutti、部長 <sub>ぶちょう</sub> direttore、部下 <sub>ぶか</sub> subordinati、部族 <sub>ぶぞく</sub> tribù、学部 <sub>がくぶ</sub> facoltà、部品 <sub>ぶひん</sub> parti, pezzi di ricambio、部屋 <sub>へ や</sub> <u>stanza</u> |
| III | Le varie **parti** in cui il \*阝 villaggio è diviso. |

| | | |
|---|---|---|
| 倍 | | 倍加 raddoppiamento、倍数 multiplo、十倍 dieci volte/dieci pieghe |
| | III | Il kanji richiama foneticamente 背 (schiena/voltare le spalle, andare contro) per indicare "dare le spalle a una *イ persona in segno di rifiuto" > dividersi in due > **raddoppiare, moltiplicare**. A livello grafico si può giungere allo stesso significato poiché *咅 stesso suggerisce una "divisione". |
| 培 | | 培う、栽培 coltivazione, coltura、培養 coltura |
| | / | Lavorare il 土 terreno per accrescerne la fertilità > **coltivare**. È possibile che la lettura si colleghi a 毎 (ogni), nel suo senso sottinteso originale di "terra fertile". |
| 陪 | | 陪審 giuria、陪審員 giuria-membro della giuria、倍音 armonici |
| | // | *阝 colline disseminate una vicina all'altra, idea rielaborata in seguito per riferirsi a un gruppo di persone che compongono un gruppo > persone che **accompagnano** altre. |
| 賠 | | 賠償 risarcimento、損害賠償 risarcimento danni |
| | // | Distribuire denaro (貝) per **compensare** un danno. |
| 剖 | | 死体解剖 autopsia、生体解剖 vivisezione、解剖 dissezione |
| | / | Dividere tagliando (*刂) in pezzi > **dissezionare**. |

| | | |
|---|---|---|
| 召 | | 召し上がる mangiare-bere (formale)、召集 convocazione、召使 servitore |
| / | | **Convocare** a gran voce (口) i propri vassalli (simboleggiati da 刀 spada) > invitare a **mangiare** e a **bere** (formale). |

| | | |
|---|---|---|
| 招 | | 招く、招待 invito |
| | V | Aggiungendo *扌 mano si sottolinea l'atto di **invitare** facendo un cenno. |
| 紹 | | 紹介 presentazione、紹介状 lettera di presentazione |
| | / | Legami (糸) che si formano fra le persone convocate che si **presentano** tra di loro. |
| 昭 | | 昭和 periodo *Shōwa* |
| | III | La luce del 日 sole convocata in tutta la sua brillantezza > era illuminata > **periodo Shōwa**. |
| 照 | | 照る (intr.)、照らす (tr.)、照れる sentirsi in imbarazzo、照明 illuminazione、対照 contrasto、に照らして alla luce di (un fatto) |
| | IV | > *灬 fuoco è stato aggiunto per concentrare l'attenzione sulla brillantezza del sole > **splendere**. |
| 沼 | | 沼、沼地 terreno paludoso、沼沢 palude-acquitrino |
| | / | Un piccolo **stagno** (*氵) > **palude, acquitrino**. 召 suggerisce a livello semantico un luogo dove ci si raccoglie, mentre a livello fonetico si collega a 小 piccolo. |
| 超 | | 超える、超す、超越 trascendente、超自然的 soprannaturale、超過 eccedere, superare、超〜 (prefisso rafforzativo)、超新星 supernova、超高層建築 grattacielo (=高層ビル) |
| | / | 召 è usato foneticamente per richiamare 跳 salto, da cui il senso di "prendere la rincorsa (走 correre) per saltare molto in alto" > **superare i normali limiti, superare, attraversare, passare oltre a**. 召 potrebbe aver suggerito anche che l'impresa sia stata richiesta da qualcuno. |

| 句 | 俳句 *haiku*、 文句 lamentela/parole-espressione |
|---|---|
| V | *勹 avvolgere e 口 bocca suggeriscono il concludere un discorso e smettere di parlare > finire una **frase**. La lettura richiamava 休 (riposo) per rafforzare l'idea. Come radicale 句 può suggerire allo stesso modo <u>fermarsi</u> e <u>avvolgere</u>. A volte il kanji trasmette il senso di <u>piegarsi</u> (correlato con quello di "avvolgere"), senso derivato da un precedente legame fonetico con 曲. |

| 拘 | 拘わらず a prescindere da、 拘わる essere influenzato da, avere a che fare con、 拘置 detenzione、 拘る essere pignolo-insistere su, dare importanza a (拘泥)、 拘留 detenzione di un criminale |
|---|---|
| / | *扌 mani che avvolgono qualcuno per catturarlo > **arrestare, detenzione** > **avere a che fare con** qualcosa e **esserne influenzato, aderire a.** |
| 局 | 局 ufficio、 郵便局 ufficio postale、 結局 in definitiva、 局部麻酔 anestesia locale、 局部 parte, punto determinato/parte affetta/parti intime、 破局 catastrofe/rottura (es. di un rapporto) |
| III | *尸 è un abbreviazione di 屋 (casa, punto di 至 arrivo dove sdraiarsi *尸), usato per indicare la stanza di un edificio a cui si arriva (fermarsi) dopo essere passati per i suoi numerosi e intricati corridoi (avvolgere) > **ufficio, sezione, fine**. **Circostanza** deriva dall'idea di una situazione a cui si arriva dopo svariate divagazioni. In passato il kanji indicava anche la stanza di una dama di corte. |

| 敬 | 敬う、 尊敬 rispetto, stima、 敬語 linguaggio formale、 敬虔 devoto、 敬意を払う portare rispetto |
|---|---|
| VI | *苟 mostra 句 a suggerire "piegarsi" (legame fonetico con 曲) ed *艹 erba a indicare un copricapo > piegare il capo in modo rispettoso > forzare (*攵) qualcuno a comportarsi in modo rispettoso. Il kanji con il tempo ha perso l'elemento causativo assumendo il solo significato di **rispettare**. È possibile che 句 abbia trasmesso anche il suo significato implicito di "smettere di parlare", per indicare in modo vago il senso di "parlare rispettosamente". |

| 警 | 警察 polizia、 警官 poliziotto (警察官)、 警告 avvertimento/ammonizione、 警戒 stare in guardia, vigilanza, cautela、 警報 allarme, sirena d'allarme |
|---|---|
| VI | **Ammonire** (言) qualcuno in modo 敬 rispettoso > **avvertire**. La lettura richiama 戒 (ammonire, comandare). |
| 驚 | 驚く (intr.)、 驚かす (tr.)、 驚異 meraviglia, prodigio、 驚嘆 ammirazione-meraviglia |
| / | Un 馬 cavallo imbizzarrito a cui si cerca di imporre ubbidienza (敬) > **sorprendersi, spaventarsi**. |

| 同 | 同じ uguale、 同僚 colleghi、 共同 cooperazione、 同時 allo stesso tempo、 一同 tutti quanti、 同感 essere dello stesso parere、 同一 lo stesso、 同意 consenso, approvazione、 同意語 sinonimo |
|---|---|
| II | Kanji di origine oscura. La teoria più plausibile vede la sua origine da una combinazione di 舟 (nave), usata foneticamente per richiamare 集 raggruppare, e 口 bocca, da cui il senso di "raggruppare e dire insieme le parole", che ha portato ai significati attuali di **uguale, lo stesso, d'accordo, alla pari**. La semplificazione attuale può essere facilmente ricollegata alla sua etimologia considerando gli elementi come *冂 (per il raggruppamento), 口 per le parole e 一 "uno" per l'unità infine raggiunta. Nell'uso come radicale la forma grafica di 同, simile a un materiale perforato al centro, suggerire molto spesso <u>qualcosa di cavo</u>. |
| 銅 | 銅 rame (銅)、 青銅 bronzo、 銅像 statua di bronzo |
| V | 同 richiama foneticamente *彤 "rossastro" e indica insieme a 金 il **rame**. Nelle parole può assumere anche il significato della sua lega più importante, il **bronzo**. È possibile collegare 銅 all'idea di "raggruppamento" presente in 同 pensando agli innumerevoli usi che il rame possiede. |

| 洞 | 洞 caverna、洞窟 caverna, grotta ( 洞穴 )、空洞 cavo, cavità、<br>空洞化 deindustrializzazione、洞察力 perspicacia, discernimento (洞察) |
|---|---|
| / | Una **caverna** per la quale scorre un corso d'acqua (\*氵). |
| 胴 | 胴 tronco, torso, busto, vita/corpetto/cassa di risonanza/scafo、胴体 tronco, busto, corpo |
| // | Aggiungendo 肉 si sposta l'attenzione sul corpo umano > **vita, tronco, busto, addome, corpo** (e significati affini per similarità di forma). |
| 筒 | 筒、円筒 cilindro、封筒 busta (da lettere)、水筒 borraccia |
| / | Un **tubo cilindrico** di 竹 bambù cavo al centro. |

| \*曰 | La lingua (一) all'interno della 口 bocca; poi associata in modo simbolico a un <u>suono</u>. Il kanji appare sempre semplificato con il kanji di 日 sole. Come radicale in genere suggerisce <u>dire</u> e <u>parlare</u>. |
|---|---|
| 音 | 音、足音 rumore di passi、物音 suono-rumore、騒音 rumore、音楽 musica、音符 nota musicale、<br>発音 pronuncia、母音 vocale、子音 consonante、音読み *on'yomi*、訓読み *kun'yomi*、本音 reali intenzioni |
| I | L'originale mostrava una combinazione di 言 dire e \*曰 per ottenere il senso di una voce che canta o grida. Il kanji ha assunto poi il significato generico di **suono**. 言 era presente nella versione antica, la quale era composta di 口 bocca e ago ( 辛, di cui è rimasta solo la parte superiore). Una buona tecnica mnemonica è pensare a "un suono che si leva (立 alzarsi in piedi) dall'interno della bocca (\*曰)". Come radicale trasmette spesso l'idea di qualcosa di <u>indistinto</u>, <u>nascosto</u>, sia grazie al significato grafico di "suono all'interno della bocca", sia per l'omofonia con il kanji di 隠 nascosto. |

| 暗 | 暗い、暗闇 oscurità、暗黒 buio fitto、暗号 codice cifrato、暗記 memorizzare、暗黙 implicito |
|---|---|
| III | Luce del 日 sole nascosta dalle nuvole > **scuro**. |
| 闇 | 闇、暗闇、闇夜 notte buia |
| / | Un 門 portone chiuso che nasconde un ambiente e lo immerge nell'**oscurità**. |

| 意 | 意味 significato、得意 punto forte、意見 idea、注意 fare attenzione、不意に all'improvviso、敬意 rispetto |
|---|---|
| III | Il 音 suono nascosto nella mente (心) che compone <u>i pensieri e i ricordi</u> > **idea, volontà** > **significato**. |
| 憶 | 記憶 ricordo, memoria、憶測 congettura, supposizione、追憶 reminiscenza |
| / | Un secondo \*忄 cuore è stato aggiunto per ripristinare il significato originario di 意 > **pensiero, ricordo**. |
| 臆 | 臆病 codardia、臆病者 vigliacco |
| // | I moti della mente e del cuore trattenuti dentro il corpo (肉) > **timidezza**. |
| 億 | 一億 cento milioni、億万長者 miliardario |
| IV | Una \*イ persona piena di ricordi (意), soddisfatta e in pace > usato poi per definire grandi quantità numeriche > **cento milioni**. |

| \*竟 | Alla fine di un'esibizione musicale (音 suono) le persone (\*儿) s'inchinano > <u>raggiungimento di una fine</u>. |
|---|---|
| | |

| | | |
|---|---|---|
| 境 | 境、国境 <ruby>境<rt>さかい</rt></ruby>、<ruby>国境<rt>こっきょう</rt></ruby> confini nazionali、<ruby>環境<rt>かんきょう</rt></ruby> ambiente、<ruby>逆境<rt>ぎゃっきょう</rt></ruby> avversità | |
| V | I **confini** che segnano la fine del 土 territorio. | |
| 鏡 | <ruby>鏡<rt>かがみ</rt></ruby>、<ruby>顕微鏡<rt>けんびきょう</rt></ruby> microscopio、<ruby>望遠鏡<rt>ぼうえんきょう</rt></ruby> telescopio | |
| IV | Uno **specchio** di metallo (金) che mostra scene transitorie (che raggiungono presto la fine). La lettura richiamava 形 <ruby>形<rt>けい</rt></ruby> (forma, aspetto). | |

| | | |
|---|---|---|
| 甘 | <ruby>甘<rt>あま</rt></ruby>い dolce/indulgente/ingenuo、<ruby>甘<rt>あま</rt></ruby>える voler essere viziato da qualcuno, voler dipendere dall'altrui benevolenza、<ruby>甘<rt>あま</rt></ruby>やかす viziare, coccolare、<ruby>甘味<rt>あまみ</rt></ruby> sapore dolce、<ruby>甘美<rt>かんび</rt></ruby> dolce-soave | |
| / | <u>Assaporare</u> qualcosa di **dolce** in bocca (suggerito da suono nella bocca *曰). I tratti in alto esagerano il movimento della masticazione. 甘 dolce è usato in modo astratto per comunicare i significati di **ingenuo** e **indulgente**. | |

| | | |
|---|---|---|
| 香 | <ruby>香<rt>かお</rt></ruby>る odorare、<ruby>香<rt>かお</rt></ruby>り profumo-fragranza、<ruby>香水<rt>こうすい</rt></ruby> profumo、<ruby>色香<rt>いろか</rt></ruby> fascino | |
| / | 日 sole nella parte inferiore è una semplificazione di 甘 dolce. Qui *禾 si riferisce all'odore dolce del miglio bollito che aleggia nell'aria > **profumo, fragranza, incenso**. | |
| 紺 | <ruby>紺色<rt>こんいろ</rt></ruby>、<ruby>濃紺<rt>のうこん</rt></ruby> blu marino | |
| // | Un 糸 filo immerso (assaporato-contenuto) in una mistura di tinte **blu scure**. | |

| | | |
|---|---|---|
| 某 | <ruby>某<rt>なにがし</rt></ruby>、<ruby>某氏<rt>ぼうし</rt></ruby> una certa persona、<ruby>某所<rt>ぼうしょ</rt></ruby> un certo posto | |
| // | Frutti 甘 dolci prodotti da un 木 albero. Il kanji si riferisce a un prugno o a un pesco che producono frutti associati alla <u>fertilità e all'essere incinta</u> > <u>parlare in segreto di</u> **un certo** qualcuno incinta. | |

| | | |
|---|---|---|
| 謀 | <ruby>謀<rt>はか</rt></ruby>る、<ruby>陰謀<rt>いんぼう</rt></ruby> complotto, intrigo、<ruby>無謀<rt>むぼう</rt></ruby> avventato、<ruby>権謀術策<rt>けんぼうじゅつさく</rt></ruby> raggiro, sotterfugio per ingannare | |
| / | Una conversazione (言) confidenziale celata > **cospirazione, complotto, sotterfugio, tramare**. | |
| 媒 | <ruby>媒介<rt>ばいかい</rt></ruby> mediazione/intermediario、<ruby>触媒<rt>しょくばい</rt></ruby> catalizzatore | |
| // | Condurre un'indagine per stabilire l'adeguatezza di una 女 donna incinta a essere presa in moglie > fare da **intermediario**. 某 richiama foneticamente <ruby>訪<rt>ぼう</rt></ruby> (fare visita), nel suo significato grafico di condurre un'indagine. | |

| | | |
|---|---|---|
| 欠 | <ruby>欠<rt>か</rt></ruby>ける scheggiarsi、<ruby>欠<rt>か</rt></ruby>かす mancare、<ruby>欠<rt>か</rt></ruby>かせない<ruby>物<rt>もの</rt></ruby> qualcosa di indispensabile、<ruby>欠席<rt>けっせき</rt></ruby> assenza、<ruby>欠点<rt>けってん</rt></ruby> difetto | |
| IV | Una 人 persona che sbadiglia. L'apertura della bocca suggerisce simbolicamente una mancanza o un'assenza > **mancanza** di un pezzo > **scheggiarsi**. | |

| | | |
|---|---|---|
| 飲 | <ruby>飲<rt>の</rt></ruby>む、<ruby>飲<rt>の</rt></ruby>み<ruby>込<rt>こ</rt></ruby>む ingoiare, deglutire、<ruby>湯飲<rt>ゆの</rt></ruby>み tazza da tè、<ruby>飲料<rt>いんりょう</rt></ruby> bevanda (<ruby>飲<rt>の</rt></ruby>み<ruby>物<rt>もの</rt></ruby>) | |
| III | Bocca aperta (欠) per **bere** o per **prendere medicine**. 食 mangiare può suggerire l'atto di ingerire, ma delle versioni precedenti del kanji rivelano che l'elemento a sinistra era *酉 giara di vino e non 食, così da chiarificare ancora di più il significato attuale. La lettura si collega a <ruby>咽<rt>いん</rt></ruby> gola. | |
| 吹 | <ruby>吹<rt>ふ</rt></ruby>く soffiare/emettere、<ruby>吹<rt>ふ</rt></ruby>き<ruby>替<rt>か</rt></ruby>え doppiaggio、<ruby>吹雪<rt>ふぶき</rt></ruby> <u>tempesta di neve</u>、<ruby>吹奏楽<rt>すいそうがく</rt></ruby> strumenti a fiato | |
| / | Una 口 bocca aperta per **soffiare**. | |
| 炊 | <ruby>炊<rt>た</rt></ruby>く bollire, cuocere (es. riso)、<ruby>炊飯器<rt>すいはんき</rt></ruby> bollitore del riso、<ruby>自炊<rt>じすい</rt></ruby> cucinare per sé | |
| / | > con la bocca aperta 吹 soffiare su un 火 fuoco per farlo divampare e poterlo usare per **cuocere**. | |

| 軟 | 柔軟 (じゅうなん) flessibile、柔軟性 (じゅうなんせい) flessibilità、軟骨 (なんこつ) cartilagine、軟禁 (なんきん) detenzione domiciliare |
|---|---|
| / | In origine l'elemento a destra era *耎 (soffice, flessibile; graficamente una 大 grande barba morbida *而) che, combinato con 車, si riferiva alla pratica di rivestire le ruote del carro in modo da **ammorbidire** l'impatto con il terreno. La semplificazione può essere ricordata come "ammorbidire l'impatto delle ruote del carro con il terreno in modo che non si scheggino (欠)". |
| 款 | 款待 (かんたい) ospitalità, accoglienza、借款 (しゃっかん) prestito (internazionale) |
| // | L'uomo (士) in alto a sinistra è in realtà la semplificazione del pittogramma di una pianta. Il senso del kanji era quello di porre un'offerta floreale su un altare (示) come mezzo per chiedere una supplica agli dei. Bocca aperta (欠) suggerisce sia la supplica sia una certa apertura d'animo > affermazione sincera di un desiderio > stipulazione di una **certificazione**, agire **in amicizia**. |

| 次 | 次 (つぎ) prossimo, seguente、次ぐ (つぐ) venire o posizionarsi subito dopo、第二次世界大戦 (だいにじせかいたいせん) Seconda Guerra Mondiale、次第 (しだい) dipendente da/non appena/ordine/circostanze、次第に (しだいに) gradualmente |
|---|---|
| III | Al posto di *冫 ghiaccio la versione originale del kanji mostrava 二 due, suggerendo a livello semantico una conseguenzialità e a livello fonetico un richiamo a 止 (し) fermarsi > scambiarsi il turno per fermarsi a riposare (suggerito da persona che sbadiglia 欠) > **sequenza, ordine** > **prossimo, seguente**. Un'altra teoria propone: "quando una persona sbadiglia (欠) una 二 seconda seguente inevitabilmente fa lo stesso". |

| 資 | 資する (し) する contribuire a、資本 (しほん) capitali, fondi、資料 (しりょう) documentazione、資源 (しげん) risorse、資格 (しかく) qualifica, titolo/requisiti、資質 (ししつ) disposizione innata、資材 (しざい) materiali、投資 (とうし) investimento |
|---|---|
| V | Tramite il senso implicito di "fermarsi a riposare uno dopo l'altro" 次 potrebbe aver suggerito "lo stare fermo in un posto" e "continuità", da cui "accumulo di ricchezze (貝)" > **capitali, fondi > risorse**. Il significato è chiarito grazie al collegamento fonetico tra 次 e 持 (しじ) (tenere, possedere). |
| 姿 | 姿 (すがた)、姿勢 (しせい) postura-posizione, posa/atteggiamento、容姿 (ようし) apparenza-figura |
| VI | Persone a bocca aperta (欠), una dopo l'altra (次), davanti a una 女 donna dall'aspetto attraente > **forma, figura**. La lettura richiama 美 (び) bellezza. |
| 諮 | 諮る (はか) る、諮問 (しもん) consultazione |
| // | *咨 indica investigare e chiedere informazioni (口) sistematicamente (次) > **consultarsi con** (言). |
| 盗 | 盗む (ぬす) む、盗人 (ぬすっと) ladro、強盗 (ごうとう) rapinatore, scassinatore、窃盗 (せっとう) furto (盗難 (とうなん))、窃盗団 (せっとうだん) banda di ladri |
| / | Semplificato da *盜, l'elemento superiore non era 次, ma un kanji dal significato di "saliva" (sbavare *冫 da una bocca aperta 欠) > avere un grande desiderio di cibo (皿 piatto) da arrivare a **rubarlo**. |
| 羨 | 羨ましい (うらや)、羨む (うらや) む、羨望 (せんぼう) invidia |
| / | > sbavare (*盜) dal desiderio delle ricchezze altrui, simboleggiate da una 羊 pecora simbolo di abbondanza > **essere invidiosi**. |
| 茨 | 茨 (いばら) |
| // | Un susseguirsi (次) di **spine** che formano un **rovo** (suggeriti da *艹 erba). |

# 3.2.5 Capelli e peli

| 小 | 小さい、小さ、小鳥 uccellino、小包み pacco、小銭 spiccioli、小説 romanzo、小川 ruscello、小い molto piccolo (peggiorativo)、小っちゃい minuscolo、縮小 riduzione、最小限 minimo |
|---|---|
| I | Una rasatura fine > **piccolo**. Come radicale può presentarsi anche capovolto (* ''). |

| 鎖 | 鎖 catena、鎖国 isolamento (nazionale)、閉鎖 chiudere un'attività、連鎖 catena-connessione |
|---|---|
| / | L'elemento a destra rappresenta 貝 conchiglie unite insieme da piccoli (* '') anelli di giunzione. Aggiungendo 金 si rappresenta una **catena** di metallo > **connessione**. |

| 少 | 少し un poco、少ない poco、少年 ragazzo、少々 solo un attimo/un poco、多少 quantità-numero/un po' |
|---|---|
| II | Si aggiunge * ノ a 小 per indicare una misura ancora più piccola. Successivamente 少 è stato usato per definire una piccola quantità > **poco**. |

| 秒 | 秒 |
|---|---|
| III | Le punte piccole e sottili di una *禾 spiga di grano. Il significato di qualcosa di piccolo e sottile si è poi trasferito al campo semantico astratto del tempo indicando l'unità di misura del **secondo**. |

| 砂 | 砂、砂漠 deserto、砂利 ghiaia |
|---|---|
| VI | Piccoli granelli (石) di **sabbia**. In passato questo significato era trasmesso da 沙. |

| 省 | 省みる riflettere、省く omettere, eliminare/ridurre, diminuire、省略 omissione, tralasciare、自省 esame di coscienza、文部省 Ministero dell'educazione |
|---|---|
| IV | Strizzare gli 目 occhi per concentrarsi sui piccoli particolari > **essere introspettivo** > **scrutinare-esaminare** > **ministero**. Concentrarsi sui particolari porta a rimuovere ciò che è di troppo al fine di ottenere una situazione ottimale > **omettere**. |

| 抄 | 抄本 estratto |
|---|---|
| // | Estrarre una piccola parte di qualcosa con la *扌 mano > **estratto** (da un libro). |

| 妙 | 妙、玄妙 mistero、奇妙 strano-bizzarro-curioso、微妙 delicato-sottile (es. situazione)、巧妙 ingegnoso、妙なる調べ melodia incantevole、妙技 eccellente-esecuzione eccellente |
|---|---|
| / | Una 女 donna di corporatura eccezionalmente piccola e aggraziata. Le suddette qualità da una parte trasmettono al kanji il significato di **splendido**, dall'altra quelli di **insolito, strano, misterioso**. |

| 炒 | 炒める friggere、炒る abbrustolire |
|---|---|
| / | **Friggere** o **abbrustolire** a 火 fuoco lento. |

| 劣 | 劣る、卑劣 meschino、下劣 vile、劣等 inferiore、劣等感 complesso di inferiorità |
|---|---|
| / | Avere poca 力 forza rispetto agli altri > **essere inferiore**. |

| 雀 | 雀 |
|---|---|
| // | Un piccolo *隹 uccello > **passero**. |

| | |
|---|---|
| 賓 | 主賓 <sub>しゅひん</sub> ospite d'onore |
| // | **Ospite, visitatore**. Il kanji ha un'origine incerta. A un certo stadio della sua evoluzione ha assunto il significato di "mostrare oggetti di valore (貝) in caso di una visita a casa propria (*宀)". La combinazione di 一 e 少 potrebbe essere una versione capovolta di 止 fermarsi, così da confermare la presenza del visitatore (in modo simile a quanto succede in 客 ospite), il quale si ferma come ospite. Il capovolgimento di 止 potrebbe anche suggerire un senso di "allontanamento del pericolo", accentuando un senso di protezione nei confronti dell'ospite (confrontare con *之). |

| | |
|---|---|
| 長 | 長い <sub>なが</sub> lungo、駅長 <sub>えきちょう</sub> capostazione、社長 <sub>しゃちょう</sub> presidente, direttore、成長 <sub>せいちょう</sub> crescere, maturare、身長 <sub>しんちょう</sub> altezza, statura |
| II | La sagoma laterale di una persona anziana piegata che si regge con un bastone e ha **lunghi** capelli > **crescita**. Il senso di persona anziana ha portato all'associazione con **capo**. |

| | |
|---|---|
| 髪 | 髪 <sub>かみ</sub> capelli, pettinatura、髪の毛 <sub>かみ け</sub> capelli、髪を整える <sub>かみ ととの</sub> sistemarsi i capelli、金髪 <sub>きんぱつ</sub> capelli biondi、散髪 <sub>さんぱつ</sub> taglio dei capelli、理髪店 <sub>りはつてん</sub> (bottega del) barbiere、髪型 <sub>かみがた</sub> acconciatura、白髪 <sub>しらが</sub> capelli bianchi-grigi |
| / | La parte superiore *髟 indica 長 lunghi capelli (*彡) mentre quella inferiore deriva da * 犮 <sub>はつ / ばち</sub> (elemento poco chiaro, forse rappresentazione di un 犬 cane che compie un balzo), usato foneticamente per esprimere "crescita" > **capelli** che crescono lunghi. Al posto di *犮, la forma attuale utilizza il kanji di 友 amico, graficamente due mani che offrono supporto, utile alla memorizzazione del kanji immaginando "due mani che legano lunghi capelli in un'acconciatura". Si noti la variante *镸. |
| 帳 | 手帳 <sub>てちょう</sub> agenda, taccuino、電話帳 <sub>でんわちょう</sub> elenco telefonico、写真長 <sub>しゃしんちょう</sub> album fotografico、几帳面 <sub>きちょうめん</sub> metodico、切手帳 <sub>きってちょう</sub> album di francobolli、帳簿 <sub>ちょうぼ</sub> registro、蚊帳 <sub>かや</sub> zanzariera |
| III | Un lungo pezzo di stoffa (巾) spiegato (richiamo fonetico con 張 <sub>ちょう</sub> tendere) usato anticamente come riparo del proprio giaciglio > **drappo**. I significati principali attuali sono **quaderno** e **registro**, forse derivati dall'uso delle stoffe come materiale per la scrittura prima che la carta diventasse un bene d'uso comune. |
| 張 | 張る <sub>は</sub>、頑張る <sub>がんば</sub> perseverare、引っ張る <sub>ひ ば</sub> tirare a sé (anche figurato)、緊張 <sub>きんちょう</sub> essere teso, nervoso、見張る <sub>みは</sub> fare la guardia, tenere sotto occhio、拡張 <sub>かくちょう</sub> allargamento、主張 <sub>しゅちょう</sub> insistere su (opinione, pretesa) |
| V | **Tendere** l'arco al massimo della sua 長 lunghezza (utile anche l'omofonia 脹 <sub>ちょう</sub> gonfiarsi). Fare attenzione in quanto il kanji assume molteplici e vari significati affini nei verbi e nei composti. |
| 脹 | 脹らむ <sub>ふく</sub> (intr.)、脹らめる <sub>ふく</sub> (tr.)、膨張 <sub>ぼうちょう</sub> espansione, dilatazione |
| // | Un corpo (肉) che si **gonfia** (si allunga 長) a causa di una malattia > **ingrossarsi**. In passato il kanji si riferiva con precisione a una persona con sintomi di idropisia ed era scritto direttamente *痕, con il radicale di *疒 malattia. |

| | |
|---|---|
| 毛 | 髪の毛 <sub>かみ け</sub> capelli、毛皮 <sub>けがわ</sub> pelliccia、毛虫 <sub>けむし</sub> bruco、羊毛 <sub>ようもう</sub> lana、毛布 <sub>もうふ</sub> coperta、羽毛 <sub>うもう</sub> piumaggio, piuma |
| II | Il pittogramma di una ciocca di capelli > **capelli** > **pelo**. |

| | |
|---|---|
| 表 | 表れる <sub>あらわ</sub> apparire、表す <sub>あらわ</sub> mostrare、表 <sub>おもて</sub> superficie/facciata/testa (della moneta)、表 <sub>ひょう</sub> tabella、表示 <sub>ひょうじ</sub> indicazione, visualizzazione、表面 <sub>ひょうめん</sub> superficie、表現 <sub>ひょうげん</sub> espressione、代表 <sub>だいひょう</sub> rappresentare |
| III | Il 毛 pelo della pelliccia che ricopre la parte esteriore del 衣 vestito > **facciata, superficie** > **mostrare** e **tabella** per associazione. In questo caso 毛 come radicale è stato reso con *圭 (in genere forma radicale semplificata di 生). |

| | |
|---|---|
| 俵 | 俵 <ruby>俵<rt>たわら</rt></ruby> sacco di paglia、<ruby>米俵<rt>こめだわら</rt></ruby> sacco di riso、<ruby>一俵<rt>いっぴょう</rt></ruby> un sacco、<ruby>土俵<rt>どひょう</rt></ruby> sacco di terra/ring (es. lotta sumō) |
| V | > una 表 tabella in cui sono elencate le *亻 persone che hanno beneficiato di una distribuzione > **sacchi** distribuiti. 表, composto di 毛 e 衣, può essere usato a livello mnemonico come rappresentazione del sacco stesso. |
| 耗 | <ruby>消耗<rt>しょうもう</rt></ruby> consumo, logoramento、<ruby>摩耗<rt>まもう</rt></ruby> abrasione、<ruby>心神耗弱<rt>しんしんこうじゃく</rt></ruby> deficienza mentale |
| // | *耒 rappresenta un pezzo di legno (木) intagliato (*丰) o un aratro, mentre 毛 richiama foneticamente <ruby>亡<rt>もう / ぼう</rt></ruby> (morte). Il kanji inizialmente si riferiva a un "raccolto andato male", ma in seguito è stato usato per indicare una perdita in generale > **decremento**. |

| *彡 | Stilizzazione di <u>capelli fini</u> o il <u>ciuffo di peli della punta di un pennello</u>. Come radicale suggerisce spesso il senso del <u>dettaglio</u>, <u>finezza</u> ed <u>eleganza</u>. |
|---|---|

| | |
|---|---|
| 形 | 形、<ruby>自由形<rt>じゆうがた</rt></ruby> stile libero (nuoto)、<ruby>人形<rt>にんぎょう</rt></ruby> bambola、<ruby>普通形<rt>ふつうけい</rt></ruby> forma piana (dei verbi)、<br><ruby>形式<rt>けいしき</rt></ruby> forma/formalità/metodo/stile、<ruby>三角形<rt>さんかっけい</rt></ruby> triangolo、<ruby>図形<rt>ずけい</rt></ruby> figura geometrica |
| II | L'elemento a sinistra *开 proviene da *幵 e rappresenta due pali della stessa altezza usati per costruire un'inferriata. Quest'ultima trasmette un'idea di forma e modello > riprodurre la stessa forma con il pennello > **forma, aspetto, stile**. |
| 杉 | <ruby>杉<rt>すぎ</rt></ruby> |
| // | Le foglie di un **cedro** (木) simili al ciuffo della punta di un pennello o a capelli fini. |
| 修 | <ruby>修<rt>おさ</rt></ruby>める(tr.)、<ruby>修<rt>おさ</rt></ruby>まる(intr.)、<ruby>修理<rt>しゅうり</rt></ruby> riparazione、<ruby>修了<rt>しゅうりょう</rt></ruby> fine degli studi、<br><ruby>修正<rt>しゅうせい</rt></ruby> revisione, emendamento、<ruby>修業<rt>しゅぎょう</rt></ruby> studi, ricerca della conoscenza, pratica ascetica |
| V | Graficamente *攸 indica il colpire (*攵) una *亻 persona con un rametto (indicato dal tratto verticale) al fine di rimuovere la polvere. *彡 enfatizza gli aspetti positivi di *攸 elevandone il campo semantico > **condurre se stessi, correggere, pratica, studio, padroneggiare**. |
| 悠 | <ruby>悠々<rt>ゆうゆう</rt></ruby> con calma, senza fretta、<ruby>悠然<rt>ゆうぜん</rt></ruby> con tranquillità, senza fretta |
| / | > riuscire a 修 padroneggiare il proprio animo (心) nonostante i sentimenti di preoccupazione che lo affliggono > essere **composto, calmo**. **Distante** e **lungo tempo** sono prestiti, forse in parte incoraggiati dai significati del kanji. |

| *㐱 | Una 人 persona dai *彡 capelli fini. Come radicale può suggerire qualcosa di <u>dettagliato</u> o <u>attraente</u>. |
|---|---|

| | |
|---|---|
| 診 | <ruby>診<rt>み</rt></ruby>る esaminare (un paziente)、<ruby>脈<rt>みゃく</rt></ruby>を<ruby>診<rt>み</rt></ruby>る controllare il battito cardiaco、<ruby>診察<rt>しんさつ</rt></ruby> visita medico、<br><ruby>診断<rt>しんだん</rt></ruby> diagnosi、<ruby>診療所<rt>しんりょうじょ</rt></ruby> clinica, studio medico, ambulatorio |
| / | Il kanji si riferisce all'esaminare le parole (言) di una persona nei minimi dettagli, per poi concentrare l'attenzione sul pronunciamento della **diagnosi** e all'analisi svolta > **esame medico**. |
| 珍 | <ruby>珍<rt>めずら</rt></ruby>しい raro, inusuale、<ruby>珍味<rt>ちんみ</rt></ruby> prelibatezza、<ruby>珍妙<rt>ちんみょう</rt></ruby> bizzarro, buffo |
| / | Un 玉 gioiello (semplificato con 王) di grande fascino e senza difetti > **raro, curioso**. Si noti come gli elementi presenti nel kanji 妙 "splendido, insolito", ossia una donna attraente dalla corporatura minuta, abbiano generato dei significati simili. |

| | |
|---|---|
| 参 | 参る andare/venire (umile)、参加 partecipare、降参 resa、参拝 adorazione、参考 consultazione、参詣 andare in pellegrinaggio a un tempio per pregare |
| IV | Semplificato da *參, una giovane donna con tre forcine (*厶) infilate fra i lunghi capelli che accentuano la sua eleganza e bellezza > i pretendenti **vanno** e **vengono**, **profondamente infatuati** da lei > **essere sconfitti** (significato minore). 参 è usato anche per indicare il numero **tre** in documenti legali e affini, sia per il numero di forcine presenti nella versione originale, sia per l'omofonia con il kanji indicante il numero 三 tre. |
| 惨 | 惨め、悲惨 miserabile, tragico, disgraziato、惨烈 atroce、惨事 catastrofe、無惨 crudele-atroce/tragico |
| / | > dolore intenso che penetra dentro al *忄 cuore. 参 suggerisce "trafiggere" dall'immagine delle forcine infilate fra i capelli, oltre che richiamare i suoi significati principali > **miserabile**, **crudele**. |

| *而 | Originariamente il pittogramma di una <u>barba</u>, poi rielaborato come quello di un <u>rastrello</u>. In genere come radicale torna a indicare il suo significato originario, enfatizzando spesso la <u>morbidezza</u> della barba. |
|---|---|

| | |
|---|---|
| 耐 | 耐える、耐え難い intollerabile、忍耐 pazienza-perseveranza、耐久性 durabilità |
| / | Combinazione di "uso attento delle mani" (寸) e il pittogramma di una barba > la rasatura della barba era considerata una punizione minore sopportabile rispetto alla rasatura dei capelli > **sopportare**, **tollerare**. |
| 端 | 端、極端 estremità/estremo、道端 ciglio della strada、両端 entrambi i margini/le due estremità、中東半端 fare le cose a metà、途端 appena, nel momento in cui |
| / | *耑 ha un'etimologia incerta. Esaminato nell'aspetto grafico, 山 "montagna", probabilmente una semplificazione del pittogramma di una pianta folta e cresciuta, potrebbe suggerire un senso di "verticalità" e indicare nell'insieme una "barba folta che si estende verticalmente". Il senso di verticalità è stato poi enfatizzato dalla presenza di 立 raffigurante una persona dritta in piedi. I significati principali attualmente sono quelli di **bordo** e **margine**. Entrambi sono considerati dei prestiti, ma potrebbero essere stati influenzati anche dall'aspetto grafico di 端, reinterpretabile come "montagne che si ergono verticalmente e delimitano i margini di una zona". Si noti come *耑 in alcuni dizionari compaia con i significati di "limite-fine" e "specializzato-concentrato". |
| 需 | 軍需 forniture militari、需要家 consumatore、必需品 oggetto indispensabile |
| / | Una barba <u>inumidita</u> dalla 雨 pioggia > attendere la fine della pioggia per evitare di bagnarsi o aspettare un miglioramento > desiderare qualcosa di migliore > **domanda** (economica). |
| 濡 | 濡れる (intr.)、濡らす (tr.) |
| // | > aggiungendo acqua (*氵) si rafforza il significato grafico di 需 > **inumidire**. |
| 儒 | 儒教 |
| // | > una *亻 persona gentile e di aiuto per gli altri, in senso metaforico morbida come una barba inumidita (需) > **confucianesimo**. |

# 3.3 Arti superiori

## 3.3.1 Mano 手

| 手 | 左 | 右 | 夫* | 夹* | 失 | 白 | 爪 |
|---|---|---|---|---|---|---|---|
| 拝 有 賄 | 佐 差 | 若 諾 匿 | 春 奏 泰 奉 捧 棒 俸 | 巻 圏 券 拳 朕 送 勝 騰 謄 | 秩 鉄 | 拍 伯 迫 泊 舶 貌 | |

## 3.3.2 Mano 又

| 又 | 反 | 及 | 叚* | 爰* | 丞* |
|---|---|---|---|---|---|
| 友 抜 受 授 双 隻 桑 | 返 坂 飯 板 販 | 扱 級 吸 汲 服 | 仮 暇 霞 | 暖 援 緩 | 極 |

## 3.3.3 Mano 寸

| 寸 | 守 | 射 | 付 |
|---|---|---|---|
| 村 討 肘 団 得 尋 | 狩 | 謝 | 符 附 府 腐 |

## 3.3.4 Mano ヨ

| 事 | 尹* | 争 | 承 | 彗 | 侵 | 隶* | 康 | 兼 |
|---|---|---|---|---|---|---|---|---|
| | 伊 君 群 郡 | 静 浄 | 蒸 | 雪 帚* 帰 掃 婦 妻 凄 | 寝 浸 | 逮 隷 | 唐 糖 庸 | 嫌 謙 廉 |

## 3.3.5 Due o più mani

| 廾* | 共 | 學* | 與* | 臾* |
|---|---|---|---|---|
| 弁 算 | 供 恭 洪 港 選 暴 爆 | 学 覚 | 興 与 写 挙 誉 | 貴 遺 潰 |

# 3.3.1 Mano 手

| 手 | 手、手紙 lettera、両手 entrambe le mani、相手 compagno, partner, avversario、上手 abile、下手 poco abile、苦手 negato、手伝う dare una mano、歌手 cantante、選手 atleta、手術 operazione chirurgica |
|---|---|
| I | Dal pittogramma di una **mano**. La lettura si collega con il kanji di 取 prendere. Nelle parole è in grado di suggerire svariati significati affini, mentre nell'uso come radicale può comparire in numerose varianti diverse. |

| 拝 | 拝む、礼拝堂 cappella、拝見する vedere (umile)、参拝 adorazione、拝啓 (incipit nelle lettere) |
|---|---|
| VI | **Venerare** qualcuno porgendo (*扌) un'offerta simbolica (l'elemento a destra) ricavata dal raccolto. |
| 有 | ある、ありがとう grazie、有名 famoso、有力 potente, influente/promettente、所有 possesso、私有地 proprietà privata、固有 peculiare, proprio di、有利 vantaggioso, favorevole |
| III | Porgere un pezzo di 肉 carne nella mano > **avere, possedere** > **esistere, esserci** (cose inanimate). |
| 賄 | 賄う、賄い vitto、贈収賄 corruzione、賄賂 bustarella |
| / | > dare i propri averi (有) a qualcuno in modo che sia finanziariamente (貝) coperto > **coprire le spese**. I significati di **provvedere ai pasti** e **tangente** si sono aggiunti per associazione. La lettura di 有 potrebbe essere collegata a quella di 佑 "aiuto". |

| 左 | 左、左手 mano sinistra、左側 lato sinistro、左右 destra e sinistra/influenzare、さようなら addio, arrivederci |
|---|---|
| I | La mano **sinistra** mentre tiene un oggetto da lavoro manuale (工) e assiste la mano destra. Come radicale trasmette sia il significato di supporto, sia quello di irregolarità, data la disparità di forza tra la mano sinistra e la destra. |

| 佐 | 補佐、大佐 colonnello、中佐 tenente、少佐 maggiore |
|---|---|
| // | Aggiungendo *亻 persona si accentua il significato originario di 左, ossia offrire **assistenza**. |
| 差 | 差 differenza、交差 incrocio、格差 differenza, disparità, divario、根差す mettere radici/derivare da、指差す indicare (es. con il dito)、差し上げる dare a qualcuno (onorifico)、差別 discriminazione、差す stendere, alzare (le braccia, l'ombrello, maree …)/versare/offrire (da bere)/trasparire (colore, emozione)/ portare una katana, portare con sé da un lato/illuminare/applicare, inserire (es. chiavi) … |
| IV | La parte superiore non è 羊 pecora, ma la semplificazione di una pianta che germoglia. L'irregolare (左) lunghezza dei nuovi germogli di una pianta > **disparità** > **differenza, resto**. In alcune parole 差 indica una varietà di significati derivati dall'idea dei germogli che spuntano fuori. La semplificazione con 羊 pecora, usata spesso per evidenziare connotati positivi, può essere ricordata come "nuovi germogli di una pianta che spuntano fuori, ognuno diverso, ma tutti di gran bellezza". |

| 右 | 右、右手 mano destra、右側 lato destro、左右 destra e sinistra/influenzare |
|---|---|
| I | In origine una mano destra, simbolo di forza, posta sopra la 口 bocca per indicare "supporto verbale". Una volta che questo significato si è trasferito al kanji 佑 (aiuto), 右 è rimasto a indicare la mano destra e, infine, solo **destra**. La lettura deriva da 優 eccellere, riferito alla mano destra in genere molto più abile della sinistra. |

| 若 | 若い <sub>わか</sub> giovane、若者 <sub>わかもの</sub> giovane (persona)、幼若 <sub>ようじゃく</sub> giovanile、若干 <sub>じゃっかん</sub> alcuni, un po' di、もし <sub>若</sub> se |
|---|---|
| VI | Accarezzarsi i capelli morbidi (simboleggiati da *艹 erba) con la mano destra > parole (口) malleabili di <u>consenso</u>. L'essere malleabili è stato poi associato con l'essere **giovani**, significato evidenziato anche dall'omofonia con 弱 "debole, fragile". Un significato minore deriva dall'idea che essendo giovani si è pieni di dubbi > **se**. |
| 諾 | 承諾 <sub>しょうだく</sub> consenso, approvazione、受諾 <sub>じゅだく</sub> accettare, acconsentire、許諾 <sub>きょだく</sub> consenso, autorizzazione |
| / | > aggiungendo 言 si ripristina il significato originario di 若 di parole malleabili di **consenso**. |
| 匿 | 匿う <sub>かくま</sub>、匿名 <sub>とくめい</sub> anonimato、隠匿 <sub>いんとく</sub> occultamento、秘匿 <sub>ひとく</sub> celare-occultare |
| / | > qualcosa di malleabile (若) che viene piegato per essere **nascosto** dentro una *匚 scatola > **celare, occultare**. |

| *夫 | Una mano piegata sopra l'altra che <u>porge un'offerta</u>. |
|---|---|

| 春 | 春 <sub>はる</sub> primavera、青春 <sub>せいしゅん</sub> giovinezza、思春期 <sub>ししゅんき</sub> pubertà、売春 <sub>ばいしゅん</sub> prostituzione |
|---|---|
| II | Da *暜, i 日 giorni in cui la vegetazione (*艹) germoglia (屯) > **primavera** > **giovinezza** > **desideri sessuali**. La semplificazione può essere ricordata come "la stagione che offre il 日 sole". |
| 奏 | 奏でる <sub>かな</sub>、演奏 <sub>えんそう</sub> esecuzione (musicale)、伴奏 <sub>ばんそう</sub> accompagnamento、前奏曲 <sub>ぜんそうきょく</sub> preludio、協奏曲 <sub>きょうそうきょく</sub> concerto (composizione)、演奏会 <sub>えんそうかい</sub> concerto (evento) |
| VI | L'elemento interno è una semplificazione di un "sacrificio animale" offerto agli dei. Per comodità potrebbe essere utile immaginarlo come variante di 天 <sub>てん</sub> "cieli" che porta con sé il concetto di divino. Il significato di **suonare uno strumento musicale** può essere derivato dall'idea di "un'offerta musicale". |
| 泰 | 泰然 <sub>たいぜん</sub> calmo, imperturbabile、安泰 <sub>あんたい</sub> sicurezza-ordine、泰平 <sub>たいへい</sub> in pace |
| // | In origine due mani da cui scivola qualcosa durante il lavaggio (*氺). **Calma, serenità** e **compostezza** sono dei prestiti, anche se potrebbero essere associati allo stato mentale di chi in tranquillità si occupa del lavaggio. **Tailandia** è un ulteriore prestito. |

| 奉 | 奉る <sub>たてまつ</sub> (奉る <sub>まつ</sub>)、奉ずる offrire-presentare qualcosa a qualcuno/ubbidire-credere ciecamente in (奉じる <sub>ほう</sub>)、勤労奉仕 <sub>きんろうほうし</sub> collaborazione (non remunerata)、信奉 <sub>しんぽう</sub> professare o aderire a qualcosa |
|---|---|
| / | <u>Due mani che tengono in mano una pianta folta</u> (semplificata in basso da *丰), offerta in modo rispettoso a qualcuno > **offrire qualcosa in onore di qualcuno** > **osservanza, obbedienza, dedizione, dedicare**. |

| 捧 | 捧げる <sub>ささ</sub> |
|---|---|
| / | L'aggiunta di un'altra *扌 mano accentua il significato di **offrire**. |
| 棒 | 棒、鉄棒 <sub>ぼう てつぼう</sub> sbarra/esercizi alla sbarra、相棒 <sub>あいぼう</sub> compare-compagno, complice、用心棒 <sub>ようじんぼう</sub> guardia del corpo、泥棒 <sub>どろぼう</sub> ladro |
| VI | Aggiungendo legno (木) si suggerisce due mani che tengono un **bastone** (e simili). |
| 俸 | 俸給 <sub>ほうきゅう</sub>、俸給日 <sub>ほうきゅうび</sub> giorno di paga、減俸 <sub>げんぽう</sub> riduzione dello stipendio |
| // | Ciò che viene offerto a una *亻 persona > **paga, salario**. |

| *关 | Il <u>palmo della mano</u> che <u>arrotola</u> il riso. Si noti nei kanji sottostanti come la semplificazione modifichi la parte superiore. |
|---|---|

| 巻 | 巻く <sub>arrotolare</sub>、巻き <sub>rotolo</sub> (巻物 <sub>まきもの</sub>)、糸巻き <sub>bobina</sub>、〜巻 <sub>かん volume</sub> |
|---|---|
| VI | Una persona inginocchiata (*己) con particolare attenzione alla posizione piegata (arrotolata) delle ginocchia > **arrotolare** > **rotolo-volume**. |
| 圏 | 北極圏 <sub>ほっきょくけん</sub> Circolo polare artico、圏外 <sub>けんがい</sub> fuori da, fuori portata、首都圏 <sub>しゅとけん</sub> zona metropolitana |
| // | > 巻 <sub>かん</sub> suggerisce sia qualcosa che si dispiega tutto intorno (arrotola) che una barriera, derivata dall'omofonia con 関 <sub>かん</sub> (barriera, connessione) > un recinto (囗) che delimita un'area > **zona, area** > **sfera di influenza**. 巻 potrebbe richiamare foneticamente anche il kanji di 間 <sub>かん / けん</sub> (spazio, intervallo), restituendo allo stesso modo l'idea di "un'area ben delimitata da un recinto". |
| 券 | 券、旅券 <sub>りょけん</sub> passaporto (=パスポート)、航空券 <sub>こうくうけん</sub> biglietto aereo、搭乗券 <sub>とうじょうけん</sub> carta d'imbarco |
| V | *关 <sub>けん</sub> richiama foneticamente *契 <sub>けい</sub>, un kanji che rappresenta un'incisione su un pezzo di legno. Aggiungendo "spada" (刀) l'incisione è ulteriormente enfatizzata e si riferisce a un particolare intaglio usato come certificazione, prova di riconoscimento o garanzia > **certificato** > **biglietto**. Per semplicità è possibile immaginare *关 nella sua accezione grafica di "palmo della mano" usato come impronta e certificazione, con 刀 che rimanda allo stesso modo al concetto di incisione. |
| 拳 | 拳 <sub>こぶし</sub>、空拳 <sub>くうけん</sub> a mani nude |
| / | Una 手 mano chiusa a **pugno**. |

| 朕 | 朕 <sub>ちん</sub> noi (regale) |
|---|---|
| // | Delle mani che riparano la 舟 nave (semplificata con 月). Come radicale ha connotazione di <u>ripetizione</u> e di <u>innalzamento</u>, entrambi riferiti ai tipi di movimenti continui svolti dalle mani durante il lavoro a bordo. **Noi** è un prestito. L'elemento a destra deriva da *关 con la consueta modifica della parte superiore, ma senza che il prolungamento del tratto centrale (abbreviazione che nell'uso come radicale si perde nella maggior parte dei casi). |

| 送 | 送る <sub>おく</sub> spedire, mandare/trasmettere/accompagnare (qualcuno da qualche parte)/salutare (congedarsi)/passare un periodo di tempo-una vita/dare l'addio (ai defunti)、送信者 <sub>そうしんしゃ</sub> destinatario、配送 <sub>はいそう</sub> consegna、輸送 <sub>ゆそう</sub> trasporto、衛星放送 <sub>えいせいほうそう</sub> trasmissione satellitare、送別会 <sub>そうべつかい</sub> festa d'addio、葬送 <sub>そうそう</sub> corteo funebre |
|---|---|
| III | È ripreso il concetto di ripetizione presente in 朕 (modificando leggermente il componente a destra e omettendo 月) per indicare "seguire (*辶) qualcuno incessantemente", riferito a un servo che segue il suo padrone > "mandare qualcuno a svolgere un compito" > **spedire, mandare**. |
| 勝 | 勝つ <sub>か</sub>、勝手に <sub>かって</sub> (fare) a modo proprio, senza permesso、勝る <sub>まさ</sub> essere superiore-migliore/eccellere、必勝 <sub>ひっしょう</sub> vittoria assoluta、勝利 <sub>しょうり</sub> vittoria、勝者 <sub>しょうしゃ</sub> vincitore、勝負 <sub>しょうぶ</sub> sfida/partita/vittoria o sconfitta |
| III | Innalzare (*朕) qualcosa con le proprie 力 forze > riuscire a superare qualcosa > **vincere**. La lettura richiama 昇 <sub>しょう</sub> (salire, ascendere). |
| 騰 | 沸騰 <sub>ふっとう</sub> ebollizione、急騰 <sub>きゅうとう</sub> rialzo improvviso (dei prezzi, del valore della moneta) |
| / | Un 馬 cavallo che compie un balzo verso l'alto > **aumento** (in particolare dei prezzi). |
| 謄 | 謄写 <sub>とうしゃ</sub> copia-trascrizione、謄本 <sub>とうほん</sub> copia conforme, duplicato |
| // | Scrivere ripetutamente delle parole (言) > scrivere una **copia**. |

| | |
|---|---|
| 失 | 失う (失くす)、失礼 scortesia、失敗 fallimento、失業 disoccupazione、失望 delusione、消え失せる svanire-sparire (volgare)、記憶喪失 perdita della memoria、失踪 scomparsa、過失 errore, sbaglio |
| IV | Dal pittogramma di in oggetto che scivola via dalla mano > **perdere** (qualcosa). Il kanji si collega foneticamente a 逸 (distogliere, evitare, fuga, perdere). |

| | |
|---|---|
| 秩 | 秩序 ordine, regolarità、無秩序 caos |
| / | Mettere in ordine il *禾 grano per pagare un tributo, grano che dal punto di vista dell'agricoltore è come se fosse andato perduto > mettere in **sequenza** > **regolarità**. 失 è usato per il suo ruolo semantico di "perdere" e richiamava foneticamente "mettere in ordine". |
| 鉄 | 鉄、(黒鉄 くろがね ferro nero)、鋼鉄 acciaio、地下鉄 metropolitana、鉄道 ferrovia |
| III | Da *鐵: l'elemento a destra *戜 esprime "tagliare (*戈 lancia) una 大 grande porzione da 呈 offrire" e sottintende un collegamento fonetico con *涅 "suolo nero". Combinato con metallo (金) indica un massiccio pezzo di **ferro** di colore nero. La semplificazione utilizza 失 (perdere). |

| | |
|---|---|
| 白 | 白い、面白い interessante、白鳥 cigno、白髪 capelli bianchi-grigi、告白 confessione-dichiarazione、白状 confessione、潔白 innocenza (non colpevole), integrità、明白 chiaro-evidente-ovvio |
| I | L'unghia **bianca** del pollice lasciata crescere. Come radicale a volte suggerisce il senso di principale, essendo il pollice il dito più importante della mano, significato riscontrabile in modo preciso in 伯 e in alcuni kanji derivati. |

| | |
|---|---|
| 拍 | 拍手 applauso、脈拍 pulsazione、拍子 ritmo, tempo |
| / | **Battere** e tenere il **tempo** tamburellando con l'unghia del pollice (enfatizzata da *扌 mano). |
| 伯 | 伯父 zio、伯母 zia、伯仲 essere quasi alla pari in qualcosa、伯爵 conte |
| / | Una *亻 persona principale che guida le altre > **una persona più anziana o superiore**. |
| 迫 | 迫る avvicinarsi, incombere/fare pressione、脅迫 minaccia、迫害 persecuzione、圧迫 oppressione |
| / | Muoversi (*辶) fino ad **avvicinarsi** alla distanza di un'unghia > **essere imminente, fare pressioni**. 白 era usato foneticamente per esprimere l'atto di avvicinarsi stesso. |
| 泊 | 泊まる、泊める dare alloggio a qualcuno、〜泊 contatore per il numero di notti、宿泊 alloggiare |
| / | Gettare l'ancora in acque (*氵) poco profonde > **pernottare, fermarsi in un posto**. 白 suggerisce il basso livello delle acque grazie all'omofonia con 薄 "sottile, tenue, rado" e al "colore bianco" stesso. Dal punto di vista grafico la minuta dimensione dell'unghia può aver suggerito lo stesso. |
| 舶 | 船舶 nave、舶来 importazione、舶来品 articoli importati |
| / | La 舟 **nave** principale della flotta, usata per il **trasporto**. |
| 貌 | 美貌 bellezza, bel viso、容貌 aspetto fisico、相貌 aspetto-caratteristiche、外貌 aspetto esteriore |
| / | L'elemento a sinistra rappresenta un *豸 animale con gli artigli, usato per rafforzare l'elemento a destra *皃, "l'aspetto principale, distintivo, di una persona (*儿)" > **aspetto, espressione del viso** graffiante. |

| | |
|---|---|
| 爪 | 爪、爪先 punta dei piedi、爪先立ち stare in punta di piedi |
| / | Il pittogramma di un'**unghia** > **artiglio** (e simili). |

# 3.3.2 Mano 又

| 又 | また、または altrimenti, sennò |
|---|---|
| // | Dal pittogramma di una <u>mano</u> destra. **Ancora** è un prestito. |

| 友 | 友 compagno, amico (友人)、友達 amico、親友 amico intimo、友情 amicizia |
|---|---|
| II | Il pittogramma originario mostrava due 又 mani destre per indicare mutuo supporto e l'essere sodali. Il significato finale derivato è quello di **amico**. |

| 抜 | 抜く、抜ける staccarsi, venir via/essere mancante、抜かす omettere, lasciar fuori、間抜け idiota, sempliciotto、抜粋 estratti, brani scelti、抜刀 estrazione della spada |
|---|---|
| / | > il componente a destra è una semplificazione di * 犮 (elemento poco chiaro, forse rappresentazione di un 犬 cane che compie un balzo), usato foneticamente per esprimere "estrazione", ulteriormente enfatizzato dall'aggiunta di *扌 mano > **estrarre, staccare** (e simili) > **omettere**. La versione attuale 抜 può essere ricordata così come la si vede, essendo la combinazione grafica di tre mani, facilmente riconducibile al concetto di "estrazione". |

| 受 | (を) 受ける ricevere, accettare, dare l'esame、(に) 受かる superare l'esame、受話器 cornetta |
|---|---|
| III | Una mano (又) che **riceve** qualcosa da un'altra (*爫) > **prendere lezioni, dare esami, accettare**. |

| 授 | 授ける (tr.)、授かる (intr.)、授業 lezione、教授 lezione/docente |
|---|---|
| V | > aggiungendo un'ulteriore *扌 mano a 受 si suggerisce **conferire** > trasmettere un **insegnamento**. |

| 双 | 双子 gemello, gemelli、双眼鏡 binocolo、無双 incomparabile、双方 entrambe le parti, tutti e due |
|---|---|
| / | In origine *雙, tenere due *隹 uccelli nella mano > **paio** > **gemelli**. |

| 隻 | ～隻、一隻眼 discernimento |
|---|---|
| / | > tenere un *隹 uccello nella mano > **uno di un paio**, contrapposto a *雙 dove gli uccelli sono due. **Contatore per navi** è un prestito. |

| 桑 | 桑 mora |
|---|---|
| // | Semplificazione di un cespuglio di **more**. Per semplicità mnemonica 木 albero può indicare l'elemento naturale, mentre le tre mani l'atto della raccolta del frutto. |

| 反 | 反する opporsi-essere contrario a、反る deformarsi、反対 contrario、反応 reazione、違反 violazione (es. legge) |
|---|---|
| III | *厂 (rupe) qui rappresenta una <u>collina con due versanti</u> > <u>**voltare** la 又 mano</u> ("da un versante all'altro") > **contrario, opporsi**. Il senso di voltare-girare la mano ha generato il significato minore di "rotolo di stoffa sfogliato da un mercante di tessuti"; sebbene si tratti di un significato minore molto raro, sarà sfruttato in seguito nella spiegazione del kanji di 麻 canapa. |

| 返 | 返す restituire、取り返す riprendere、繰り返し ripetizione、返事 risposta、返金 rimborso |
|---|---|
| III | Ritornare indietro per la strada percorsa (*辶) > **restituire** > **rispondere**. |

| | | |
|---|---|---|
| 坂 | 坂、急坂 (きゅうはん) collina ripida | |
| III | I versanti opposti di una **collina** > **pendio** (土). Kanji simile a 阪, usato per la città di 大阪 Ōsaka. | |
| 飯 | 飯 (めし) pasto、 ご飯、 朝ご飯 (あさ はん) colazione、 昼ご飯 (ひる はん) pranzo、 晩ご飯 (ばん はん) cena、 飯店 (はんてん) ristorante cinese | |
| IV | Voltare la mano per portare il cibo (食) alla bocca > **pasto** > **riso cotto**. | |
| 板 | 板 (いた)、 黒板 (こくばん) lavagna、 掲示板 (けいじばん) bacheca、 看板 (かんばん) insegna, poster, cartellone, affisso, manifesto … | |
| III | Un'**asse** o una **tavola** rivoltata, ricavata da un 木 albero. | |
| 販 | 販売 (はんばい) vendite、 自動販売機 (じどうはんばいき) distributore automatico、 販売員 (はんばいいん) commesso、 市販 (しはん) mettere in vendita | |
| / | Merci messe in **vendita** e scambiate (suggerito dalla mano che si volta in 反) per denaro (貝). | |

| | | |
|---|---|---|
| 及 | 及ぶ (およ) raggiungere/essere all'altezza di (及ばない (およ) non esserci bisogno di/ …)、 及ぼす (およ) esercitare-causare、 影響も及ぼす (えいきょう およ) avere effetto su、 普及 (ふきゅう) diffusione, divulgazione、 言及 (げんきゅう) menzionare | |
| / | Inseguendo una 人 persona in fuga si stende la mano (又) per **raggiungerla** (significati affini: "estendersi", "esercitare" …). Come radicale comunica spesso un senso di aderenza e di consequenzialità-ordine, spesso riscontrabile nella variante *及. | |

| | | |
|---|---|---|
| 扱 | 扱う (あつか)、 取り扱い (と あつか) trattamento | |
| / | 及 suggerisce "raggiungimento" > ottenere qualcosa grazie al controllo esercitato con la *扌 mano > **maneggiare** > **avere a che fare, trattare**. | |
| 級 | 級 (きゅう)、 階級 (かいきゅう) classe (sociale)、 級友 (きゅうゆう) compagno di classe | |
| III | Intrecciare insieme e con consequenzialità i 糸 fili > dato ordine > **classe, grado, rango**. | |
| 吸 | 吸う (す)、 煙草を吸う (たばこ す) fumare、 呼吸 (こきゅう) respiro、 吸血鬼 (きゅうけつき) vampiro、 吸収 (きゅうしゅう) assorbimento | |
| VI | "Tirare a sé" (及) con la 口 bocca > **inalare, succhiare**. | |
| 汲 | 汲む (く)、 汲々 (きゅうきゅう) essere preso-assorbito in qualcosa | |
| // | **Attingere** dell'acqua (*氵). Nelle parole assume numerosi significati affini. | |
| 服 | 服 (ふく)、 衣服 (いふく) indumento、 制服 (せいふく) uniforme、 服従 (ふくじゅう) obbedienza, sottomissione、 克服 (こくふく) conquista | |
| III | Unione di 舟 nave (semplificato a sinistra con 月) e *及. Il kanji si riferisce al **servire con obbedienza** (omofonia con 伏 (ふく) prostrarsi) durante il lavoro sulla nave > **vestito, uniforme** del lavoratore. | |

| | | |
|---|---|---|
| *叚 | In origine il kanji mostrava più chiaramente delle mani (又) che si agitano, suggerendo "emulare con abilità" e una variante di *厂 (かん) rupe. Quest'ultima era usata foneticamente per richiamare 偽 (か) "falso", suggerendo nell'insieme "emulare abilmente al fine di ingannare". | |

| | | |
|---|---|---|
| 仮 | 仮 (かり)、 仮名 (か な) kana (alfabeti sillabici giapponesi)、 仮説 (かせつ) ipotesi、 仮定 (かてい) supposizione、 仮面 (かめん) maschera、 仮に (かり) per il momento/supposto che…、 仮病 (けびょう) fingersi malato | |
| V | Da *假, un impostore (*亻) che emula qualcuno > **temporaneo, provvisorio, falso**. La semplificazione presenta 反 (はん) (contrario); tale scelta è motivata dai suoi elementi grafici che comprendono allo stesso modo "mano" (又) e *厂 rupe, e dal significato di "contrario", nel senso di agire temporaneamente in modo contrario alla propria natura. | |

| | | |
|---|---|---|
| 暇 | 暇、暇な時、余暇、夏期休暇 vacanze estive、暇取る prendere tempo、暇潰し passatempo | |
| / | *叚 richiamava foneticamente 間 "spazio" > spazio durante il 日 giorno > **tempo libero**. Il concetto sottinteso in *叚 di "mani che si agitano" potrebbe aver suggerito anche da solo un ampio "spazio". | |
| 霞 | 霞 かすみ | |
| // | **Foschia** (雨) che copre tutto e inganna la vista. | |

**\*爰** — Una *爫 mano che al fine di aiutare <u>tira a sé</u> la cima di una fune a cui un'altra mano (又) è appesa.

| | | |
|---|---|---|
| 暖 | 暖 める riscaldare、暖 かい mite、暖房 calorifero, termosifone, stufa、暖炉 caminetto | |
| VI | Attirare a sé il calore del 日 sole > **mite, riscaldare**. *爰 richiama foneticamente 温 scaldare. | |
| 援 | 援助 aiuto, assistenza、声援 grido di incoraggiamento、支援 appoggio、援護 assistenza-copertura | |
| / | Aggiungendo un'altra *扌 mano ci si concentra sull'atto dell'**aiuto** > **assistenza**. | |
| 緩 | 緩 める (tr.)、緩 む (intr.)、緩 い、緩 やか permissivo、緩和 attenuazione | |
| / | Tirare a sé una corda (糸) per legare in modo lento (richiamo fonetico con 寛 rilassamento) > **allentare, attenuare**. Significati minori derivati sono **rilassare, lento, indulgente**. | |

**\*亟** — Una persona che con la mano (又) ne spinge un'altra fra 二 due estremi all'interno di spazio vuoto (口). Un'altra spiegazione vede una persona che fa pressioni e sollecita tramite l'uso della bocca e della mano. In ambo i casi il kanji trasmette il senso di **estremo**.

| | | |
|---|---|---|
| 極 | 極 めて estremamente、北極 Polo Nord、南極 Polo Sud、極端 estremo、極楽 Paradiso、極致 culmine, perfezione (massimo grado)、極限 limite massimo | |
| IV | Il kanji indica una trave di colmo, trave di 木 legno posta nel punto più alto (*亟 estremo) della casa > **portare all'estremo, estremo** > **polo**. | |

# 3.3.3 Mano 寸

| 寸 | 寸 <ruby>すん</ruby> *sun* (3,03 cm)、ちょっと un secondo, un attimo/alquanto … | | |
|---|---|---|---|
| **VI** | Misurare le pulsazioni (indicate dal trattino) del polso di una mano. Il kanji richiamava foneticamente 算 <ruby>さん</ruby> calcolo e 手 <ruby>しゅ</ruby> mano ed è stato usato poi per indicare una precisa **unità di misura**. Come radicale intende di solito l'<u>uso attento delle mani</u>, spesso rielaborando il trattino come un utensile adoperato per un dato scopo. | | |

| 村 | 村、山村 <ruby>さんそん</ruby> villaggio montano、漁村 <ruby>ぎょそん</ruby> villaggio di pescatori | | |
|---|---|---|---|
| **I** | Semplificazione di un kanji rappresentante l'albero della lacca (\*柹). **Villaggio** è un prestito da \*邨 e può essere ricordato come "luogo costruito (寸) dall'uomo e confinante con la foresta (木)". | | |
| 討 | 討つ、検討 <ruby>けんとう</ruby> porre in esame、討議 <ruby>とうぎ</ruby> dibattito, discussione、敵討ち <ruby>かたきうち</ruby> vendetta | | |
| **VI** | **Attaccare** con parole (言) di scherno ben misurate > **sconfiggere**. | | |
| 肘 | 肘 <ruby>ひじ</ruby>、肘掛け <ruby>ひじかけ</ruby> bracciolo (di una sedia) | | |
| **//** | Parte del corpo (肉) che collega il braccio all'avambraccio e la mano > **gomito**. | | |
| 団 | 集団 <ruby>しゅうだん</ruby> gruppo、一団 <ruby>いちだん</ruby> gruppo, gang, banda、団体 <ruby>だんたい</ruby> gruppo, organizzazione、団結 <ruby>だんけつ</ruby> unione-unità、楽団 <ruby>がくだん</ruby> band (musicale)、交響楽団 <ruby>こうきょうがくだん</ruby> orchestra、団子 <ruby>だんご</ruby> *dango* (gnocco giapponese)、布団 <ruby>ふとん</ruby> futon | | |
| **V** | Da \*團. L'elemento interno \*專 (l'attuale 専 specializzazione) rappresenta graficamente "delle mani che arrotolano un filo nel rocchetto". Nell'uso come radicale è suggerito l'aspetto rotatorio, ulteriormente sottolineato dall'aggiunta di 口 (in questo caso abbreviazione di 回 <ruby>かい</ruby> rotazione) e dal richiamo fonetico con 丸 <ruby>がん</ruby> rotondo. Mentre in alcune parole 団 ancora evidenzia il senso di **tondo**, il significato principale è diventato quello di riunirsi in **gruppo, associazione**. La semplificazione attuale può essere d'aiuto immaginando "un gruppo definito (口) di persone abili (寸)". | | |
| 得 | 得る (得る)、得 <ruby>とく</ruby> profitto、得意 <ruby>とくい</ruby> punto forte、説得 <ruby>せっとく</ruby> persuasione、あり得ない <ruby>え</ruby> impossibile | | |
| **IV** | La parte superiore (semplificata con 日 e 一, oppure 且) era in realtà 貝 conchiglia, usata per simboleggiare dei preziosi, combinata con "uso attento delle mani" (寸). L'idea generale è quella di \*彳 andare a ottenere qualcosa di prezioso. Ne deriva il senso di "ottenere un profitto in base a quello che si è in grado di fare" > **ottenere, essere in grado, potere** > **profitto**. | | |
| 尋 | 尋ねる <ruby>たず</ruby>、尋問 <ruby>じんもん</ruby> interrogatorio、尋常 <ruby>じんじょう</ruby> usuale、尋 <ruby>ひろ</ruby> braccio (unità di misura) | | |
| **/** | Derivato dall'unione della mano sinistra 左 <ruby>さ</ruby> (gli elementi \*ヨ e 工) e quella destra 右 <ruby>ゆう</ruby> (寸 e 口) a indicare il valore dell'ampiezza media fra le due braccia distese > **consueto**. Le braccia distese sono state in seguito immaginate come una richiesta di appello > **chiedere**. | | |

| 守 | 守る <ruby>まも</ruby>、留守 <ruby>るす</ruby> non essere in casa、保守的 <ruby>ほしゅてき</ruby> conservatore、子守 <ruby>こもり</ruby> (fare da) babysitter、お守り <ruby>まも</ruby> amuleto | | |
|---|---|---|---|
| **III** | Qui 寸 indica qualcuno che si occupa sia dell'amministrazione della casa (\*宀) sia della sua effettiva difesa > **proteggere** > **difendere, mantenere** (es. una promessa), **rispettare** (es. una legge). | | |

| | | |
|---|---|---|
| 狩 | 狩る cacciare、狩 caccia (狩猟)、狩人 cacciatore | |
| / | Un cane (*犭) da **caccia** che 守 difende il proprio padrone. | |

| | |
|---|---|
| 射 | 射る scoccare la freccia (e simili)、発射、反射 riflettere、注射 iniezione、注射器 siringa |
| VI | Inizialmente il kanji mostrava una freccia tesa nel suo 弓 arco. Mano (寸) è stata aggiunta per concentrarsi sull'atto di **scoccare** la freccia. 弓 arco è stato poi sostituito da 身 corpo per errore di trascrizione, anche se può essere reinterpretabile come il bersaglio della freccia. Come radicale il kanji può suggerire <u>andare via</u>. |

| | |
|---|---|
| 謝 | 謝る scusarsi、謝罪 scuse、感謝 gratitudine、面会謝絶 vietato l'ingresso ai visitatori |
| V | Parole (言) pronunciate quando si va via (射) > **scusarsi, gratitudine, rifiuto**. |

| | |
|---|---|
| 付 | つける (tr.)、つく (tr.)、気づく accorgersi、近づく avvicinarsi、受付 reception, accettazione、名づける dare un nome、付き合う frequentare o avere rapporti con qualcuno、付着 adesione |
| IV | Kanji interpretato come una mano che si appoggia sulla schiena di qualcuno (*イ) oppure una mano che tiene un oggetto e lo dà a un'altra persona (*イ). In entrambi i casi, i significati finali derivati sono quelli di **attaccare, fissare** e **attribuire**. |

| | |
|---|---|
| 符 | 疑問符 punto interrogativo、感嘆符 punto esclamativo、切符 biglietto、音符 nota (musicale) |
| / | Fissare insieme le tavolette di 竹 bambù. Il significato di **segno** è associato con le tavolette stesse. |

| | |
|---|---|
| 附 | 寄附 contributo, donazione、附属 affiliato |
| / | Una *阝 collinetta annessa a un'altra > **attaccato, affisso, apposto a**. |

| | |
|---|---|
| 府 | 政府 governo、無政府 anarchia、〜府 prefettura di …、幕府 bakufu |
| IV | Un palazzo (*广) adibito (付) a <u>magazzino</u>. 付 può aver suggerito anche il senso di "annessione", inteso in questo caso come "un magazzino annesso all'edificio principale". Il concetto si è successivamente esteso al livello urbano per indicare un ente che si occupa di assolvere un compito > **ufficio governativo, prefettura** urbana. |

| | |
|---|---|
| 腐 | 腐る (intr.)、腐れる (tr.)、腐す parlare male di、腐食 corrosione、豆腐 tōfu、腐敗 marcire, deterioramento/depravazione, corruzione |
| / | > 肉 carne stipata dentro un magazzino (府) e lasciata **andare a male**. La lettura richiamava 朽 "marcire, decadimento", ma per comodità mnemonica potrebbe essere associata anche all'omofono 不, utile per il suo significato avverso di "negazione". |

# 3.3.4 Mano ヨ

| 事 | 事、仕事 lavoro、出来事 avvenimento、事務室 ufficio、食事 pasto、用事 impegno、返事 risposta、工事 lavori-costruzione、事実 fatto-realtà、事故 incidente、家事 faccende domestiche、事件 caso-affare |
|---|---|
| III | Pittogramma di un palo con la targa identificativa di una bottega. Mano (*ヨ) suggerisce la persona che ci lavora > **lavoro**; per estensione **faccenda**, **questione** e, infine, **cosa astratta**. |

| *尹 | Una *ヨ mano che regge un bastone: <u>prete</u>, <u>pastore</u> o <u>leader</u> che guida il <u>gruppo</u>. |
|---|---|

| | 伊 | 和伊 giapponese-italiano、伊和 italiano-giapponese |
|---|---|---|
| | イ | *イ persona che porta l'armonia nel gruppo. **Italia** è un prestito. |

| 君 | 君 tu、〜君 (suffisso per i nomi)、君主 sovrano、君臨 regnare、「君が代」 *Kimi ga yo* |
|---|---|
| III | Aggiungendo 口 bocca a *尹 si evidenzia la **persona che guida il gruppo** > **tu, suffisso per i nomi**. |

| | 群 | 群れる affluire in gran numero、群れ (群)、群集 folla, massa |
|---|---|---|
| | V | Pastore che guida un **gregge** di 羊 pecore > **gruppo, stormo, mandria, folla**. |
| | 郡 | 郡、郡部 distretto rurale |
| | IV | Un raggruppamento di *阝 villaggi sotto un'unica **divisione amministrativa** > **distretto**. |

| 争 | 争う lottare, competere、戦争 guerra、競争 competizione、論争 controversia, polemica、争議 conflitto, sciopero |
|---|---|
| IV | Da *爭, una *ヨ mano che detiene il possesso di un oggetto, simile nella forma a uno scettro (*亅), e un'altra *爫 mano (semplificata in alto) che lo strattona per ottenerlo > **lottare, conflitto**. Forme precedenti del kanji mostrano due braccia con i bicipiti sviluppati impegnate in una lotta. |

| | 静 | 静か、静まる (intr.)、静める (trans.)、静寂 silenzio-calma、静脈 vena、沈静剤 calmante, sedativo, tranquillante |
|---|---|---|
| | IV | 青 "blu-verde" suggerisce un senso di **calma**, stato di **tranquillità** dopo il cessare di un conflitto. |
| | 浄 | 浄化 purificazione/depurazione/purga、洗浄 lavaggio, detersione, lavanda、胃洗浄 lavanda gastrica |
| | 氵 | Dell'acqua (*氵) **pura**, vista come altamente desiderabile e per la quale si è disposti a lottare. |

| 承 | 承る、承知 consenso/essere conscio di、民間伝承 folclore |
|---|---|
| V | Un kanji piuttosto confuso che in origine mostra un insieme mani. Questo ha portato a una serie di significati dello stesso campo semantico di **ricevere**, quali **accettare, sentire, essere informati, sapere, acconsentire**. |

| | 蒸 | 蒸れる essere afoso-soffocante ...、蒸す cuocere a vapore/essere afoso、蒸し暑い umido-afoso、蒸気 vapore、蒸発 evaporazione |
|---|---|---|
| | VI | Mani che gettano nel *灬 fuoco del combustibile vegetale (simboleggiato da *艹) > l'attenzione si è poi spostata sul **vapore** prodotto (forse per la somiglianza del componente interno con 水 acqua) > **afoso**. È presente un rimando fonetico a 焦 bruciare. |

| 彗 | 彗星 <ruby>彗星<rt>すいせい</rt></ruby> cometa（彗星 <ruby>彗星<rt>ほうきぼし</rt></ruby>） |
|---|---|
| // | Combinazione di mano (*ヨ) che regge una **scopa** (raddoppiata graficamente per enfasi) > **spazzare via**. **Cometa** è un significato associato alla sua coda che con la sua luce brillante è come se spazzasse tutto via al passaggio. |

|  | 雪 | 雪、雪だるま <ruby>雪<rt>ゆき</rt></ruby> <ruby>雪<rt>ゆき</rt></ruby> pupazzo di neve、降雪 <ruby>降雪<rt>こうせつ</rt></ruby> nevicata、除雪車 <ruby>除雪車<rt>じょせつしゃ</rt></ruby> spazzaneve、雪渓 <ruby>雪渓<rt>せっけい</rt></ruby> valle innevata、<br>雪合戦 <ruby>雪合戦<rt>ゆきがっせん</rt></ruby> battaglia di palle di neve、雪片 <ruby>雪片<rt>せっぺん</rt></ruby> fiocco di neve、雪崩 <ruby>雪崩<rt>なだれ</rt></ruby> <u>valanga</u>、吹雪 <ruby>吹雪<rt>ふぶき</rt></ruby> <u>bufera di neve, tormenta</u> |
|---|---|---|
|  | II | L'elemento inferiore deriva da 彗 (spazzare via/cometa), semplificato poi con la sola *ヨ mano. Aggiungendo 雨 si intende la **neve** che, cadendo dal cielo, è come se spazzasse via e pulisse ogni cosa. La lettura richiama 潔 <ruby>潔<rt>けつ</rt></ruby> (purificare, essere retto). |

| *帚 | Una mano (*ヨ) che regge una <u>scopa</u>, rappresentata da tessuto (巾) e *冖 "coprire". Il kanji è stato associato in particolare all'immagine della propria <u>sposa</u> (vedi 婦) che svolge le faccende domestiche. |
|---|---|

|  | 帰 | 帰る、帰す <ruby>帰<rt>かえ</rt></ruby> <ruby>帰<rt>かえ</rt></ruby> far tornare, congedare、お帰りなさい <ruby>帰<rt>かえ</rt></ruby> bentornato、帰宅 <ruby>帰宅<rt>きたく</rt></ruby> ritorno a casa、<br>帰還 <ruby>帰還<rt>きかん</rt></ruby> ritorno a casa, rimpatrio、復帰 <ruby>復帰<rt>ふっき</rt></ruby> ritorno、帰途につく <ruby>帰途<rt>きと</rt></ruby> prendere la via del ritorno |
|---|---|---|
|  | II | Kanji semplificato da *歸, formato da *帚 per indicare la propria sposa e una variante di 追 <ruby>追<rt>つい</rt></ruby> "inseguire" che sostituisce *辶 con 止 <ruby>止<rt>し</rt></ruby> (nel suo significato grafico di "orme"). Il kanji si riferisce alla vecchia usanza cinese che vedeva lo sposo passare del tempo nella casa dei famigliari della sposa prima di far ritorno alla propria abitazione con lei al seguito > **rincasare**. La semplificazione utilizza *刂 spada, associabile alla figura dello sposo, con la sposa sempre a destra che lo segue durante il ritorno a casa. |
|  | 掃 | 掃く <ruby>掃<rt>は</rt></ruby> spazzare、掃除 <ruby>掃除<rt>そうじ</rt></ruby> pulire、掃除機 <ruby>掃除機<rt>そうじき</rt></ruby> aspirapolvere、清掃 <ruby>清掃<rt>せいそう</rt></ruby> pulizia, spazzare、<br>掃討 <ruby>掃討<rt>そうとう</rt></ruby> fare piazza pulita |
|  | / | L'aggiunta di *扌 mano enfatizza l'atto di **spazzare**. |
|  | 婦 | 夫婦 <ruby>夫婦<rt>ふうふ</rt></ruby> coniugi, marito e moglie、家政婦 <ruby>家政婦<rt>かせいふ</rt></ruby> domestica、主婦 <ruby>主婦<rt>しゅふ</rt></ruby> casalinga、看護婦 <ruby>看護婦<rt>かんごふ</rt></ruby> infermiera、<br>娼婦 <ruby>娼婦<rt>しょうふ</rt></ruby> prostituta、妊婦 <ruby>妊婦<rt>にんぷ</rt></ruby> donna incinta、婦人科学 <ruby>婦人科学<rt>ふじんかがく</rt></ruby> ginecologia、老婦人 <ruby>老婦人<rt>ろうふじん</rt></ruby> donna anziana |
|  | V | L'aggiunta di 女 donna enfatizza il significato di **sposa**, da cui il significato generico di **signora**. |
|  | 妻 | 妻、稲妻 <ruby>妻<rt>つま</rt></ruby> <ruby>稲妻<rt>いなずま</rt></ruby> lampo (di un tuono)、後妻 <ruby>後妻<rt>ごさい</rt></ruby> seconda moglie、夫妻 <ruby>夫妻<rt>ふさい</rt></ruby> coniugi、一夫多妻 <ruby>一夫多妻<rt>いっぷたさい</rt></ruby> poligamia |
|  | V | La propria 女 donna presa in sposa (la parte superiore è una variante del componente *帚) > **moglie**. La lettura richiama 取 <ruby>取<rt>しゅ</rt></ruby> (prendere) e 採 <ruby>採<rt>さい</rt></ruby> (raccogliere-prendere). |
|  | 凄 | すごい、物凄い <ruby>凄<rt>すご</rt></ruby> <ruby>物凄<rt>ものすご</rt></ruby> 、すごく <ruby>凄<rt>すご</rt></ruby> estremamente、凄まじい <ruby>凄<rt>すさ</rt></ruby> terribile/furioso |
|  | // | > 妻 richiama foneticamente 最 <ruby>最<rt>さい</rt></ruby> (estremo, il più), da cui il senso di "un gelo (*冫) estremo" > **meraviglioso, grandioso, terribile, feroce, impetuoso** (e simili). |

| 侵 | 侵す、侵害 <ruby>侵<rt>おか</rt></ruby> <ruby>侵害<rt>しんがい</rt></ruby> violazione、侵入 <ruby>侵入<rt>しんにゅう</rt></ruby> invasione, intrusione、侵入者 <ruby>侵入者<rt>しんにゅうしゃ</rt></ruby> intruso, invasore、侵略 <ruby>侵略<rt>しんりゃく</rt></ruby> invasione, aggressione、<br>侵略者 <ruby>侵略者<rt>しんりゃくしゃ</rt></ruby> invasore, aggressore、侵犯 <ruby>侵犯<rt>しんぱん</rt></ruby> invasione-violazione、著作権侵害 <ruby>著作権侵害<rt>ちょさくけんしんがい</rt></ruby> violazione dei diritti d'autore |
|---|---|
| / | La parte destra è una variante di *帚 "mano che regge una scopa": si mantiene *冖, si semplifica la mano con la variante *ヨ e se ne aggiunge una seconda (又) in basso per indicare nell'insieme l'atto di <u>spazzare con entrambe le mani</u> > una *亻 persona che spazza con entrambe le mani > il gesto e l'azione svolta è paragonata alle razzie compiute durante un'**invasione** > **introdursi, violare**. |
|  |  |

| | | |
|---|---|---|
| 寝 | 寝る andare a dormire, coricarsi/sdraiarsi、 寝かす mettere a dormire/lasciare fermo (e simili)、 寝付く addormentarsi/restare a letto ammalato、 寝ぼける essere mezzo addormentato、 早寝 andare a letto presto、 朝寝坊 dormire fino a tardi、 寝室 camera da letto | |
| / | Da \*寢. Inizialmente si riferiva a un tempio (\*宀) dove i malati si stendevano a letto (semplificato e indicato da \*爿 "metà di un tronco" a sinistra) per essere purificati "spazzando via" lo spirito malvagio che causava la malattia. In seguito 寝 ha assunto il significato generico di **stendersi a letto**, da cui quello di **andare a dormire** > **dormire**. | |
| 浸 | 浸す (tr.)、 浸る (intr.)、 水浸し、 浸水、 浸透 osmosi, infiltrazione-penetrazione、 浸食 erosione, corrosione | |
| / | Acqua (\*氵) che avanza fino a spazzare via tutto > **immergere**, **infradiciarsi**. La lettura richiama 進 avanzare. | |

| | |
|---|---|
| \*隶 | Una \*ヨ mano che afferra un animale per la coda mentre si dimena (suggerito dall'elemento inferiore \*氺 gocce d'acqua). Come radicale suggerisce <u>cattura</u>, <u>ottenimento</u>. Da non confondersi con 康 (salute) che, pur possedendo una forma simile, possiede una etimologia differente. |

| | | |
|---|---|---|
| 逮 | 逮捕 arresto | |
| / | Inseguire (\*辶) fino alla cattura > **arrestare**. | |
| 隷 | 奴隷、 奴隷制度 schiavitù | |
| / | L'elemento a sinistra deriva da 款 "certificazione", graficamente una persona che pone un'offerta floreale (simboleggiata da 士) sull'altare (示) e supplica (bocca aperta 欠) gli dei per avere qualcosa in cambio. Il senso complessivo è quello di ottenere uno **schiavo** tramite accordi. | |

| | | |
|---|---|---|
| 康 | 健康 salute、 健康診断 esame medico、 健康診断書 certificato medico、 健康法 igiene | |
| IV | In origine il kanji mostrava più chiaramente due mani (di cui \*ヨ) che <u>pestano il riso</u> con un pestello (vedi 午) producendo <u>crusca di riso</u> (simboleggiata dalle \*氺 gocce d'acqua). **Salutare** e **in quiete** sono dei prestiti, associabili al senso originario immaginando uno stile di vita salutare. | |

| | | |
|---|---|---|
| 唐 | 唐、 唐突 improvviso, inatteso、 唐辛子 peperoncino rosso、 獅子唐 peperoncino verde、 毛唐 straniero peloso (dispregiativo)、 から揚げ karaage | |
| // | La componente superiore deriva da 康 ed era usata foneticamente per esprimere "vantarsi", da cui "parlare (口) dandosi delle arie". In seguito il kanji ha preso in prestito il significato di dinastia **T'ang** e quello di **Cina** per estensione. In ottica giapponese questo ha portato al significato aggiuntivo di **straniero**. | |
| 糖 | 砂糖、 糖尿病 diabete | |
| VI | > 唐 richiamava foneticamente 煬 (arrostire), sebbene sia possibile che abbia suggerito "riso pestato" e l'atto dell'assaggio per mezzo dei suoi componenti 康 e 口 > pasticcio di 米 riso dolce all'assaggio > **zucchero**. | |
| 庸 | 中庸 moderazione、 凡庸 mediocre, banale、 庸才 talento mediocre | |
| // | La parte inferiore è il kanji di 用 "uso, utilizzo, impiego" e nell'insieme simboleggia l'**impiego** di pestare il riso (康, abbreviato), considerato un lavoro **ordinario**. | |

| 兼 | 兼<sup>か</sup>ねる、兼<sup>か</sup>ね備<sup>そな</sup>える combinare-possedere entrambe le cose、待<sup>ま</sup>ち兼<sup>か</sup>ねる aspettare impazientemente、<br>兼備<sup>けんび</sup> essere capaci in entrambe le cose、〜兼<sup>けん</sup>〜 … e … (è questo e anche questo insieme …) |
|---|---|
| / | Una *ヨ mano che afferra due piante di riso > fare due cose **contemporaneamente** > **combinare**. Usato come suffisso verbale intende **non essere in grado**, dall'idea che facendo <u>due cose contemporaneamente</u> <u>non si è capaci di eseguirle in modo appropriato</u>. |

| 嫌 | 嫌<sup>きら</sup>う、嫌<sup>きら</sup>い、〜嫌<sup>ぎら</sup>い odio-repulsione per …、いや、機嫌<sup>きげん</sup> umore, disposizione d'animo |
|---|---|
| / | Scontentezza di una 女 donna nel dover condividere le attenzioni del proprio marito con un'altra donna (due cose contemporaneamente 兼) > **spiacevole, odioso, detestare, non gradire**. |
| 謙 | 謙<sup>へりくだ</sup>る sminuire sé stessi (in favore dell'altro), mostrarsi modesto-umile、謙譲語<sup>けんじょうご</sup> linguaggio umile、<br>謙虚<sup>けんきょ</sup> umiltà, modestia、謙遜<sup>けんそん</sup> essere modesto (schivo, ritroso), non mettersi in mostra |
| / | Non essere in grado di 言 dire niente davanti per esempio a un superiore > **modestia, umiltà**. La lettura potrebbe richiamare 謹<sup>きん</sup> (circospezione, considerazione, rispetto). |
| 廉 | 廉価版<sup>れんかばん</sup> edizione economica、清廉潔白<sup>せいれんけっぱく</sup> essere integerrimo、破廉恥<sup>はれんち</sup> impudenza, sfrontatezza |
| // | 兼 era usato per il suo significato di "combinare" e l'omofonia con il kanji di 険<sup>けん</sup> "ripido, pericoloso, inaccessibile", entrambi riferiti a un *广 edificio imponente con mura ripide e inaccessibili. I significati attuali di **economico** e **onesto** sono dei prestiti. |

# 3.3.5 Due o più mani

| *廾 | Due mani. Usato occasionalmente per esprimere il numero **venti**. |
|------|------|

| | 弁 | 弁<ruby>える<rt>わきま</rt></ruby> discernere-distinguere/essere conscio di、花<ruby>びら<rt>はな</rt></ruby> petalo、弁<ruby>当<rt>べんとう</rt></ruby> *bentō*、〜弁 dialetto di..、勘<ruby>弁<rt>かんべん</rt></ruby> tolleranza-perdono-sopportazione、弁<ruby>護士<rt>べんごし</rt></ruby> avvocato、多<ruby>弁<rt>たべん</rt></ruby> loquacità、雄<ruby>弁<rt>ゆうべん</rt></ruby> eloquenza、弁<ruby>解<rt>べんかい</rt></ruby> giustificazione、僧<ruby>帽弁<rt>そうぼうべん</rt></ruby> valvola mitrale、三<ruby>尖弁<rt>さんせんべん</rt></ruby> valvola tricuspide、(弁<ruby>髪<rt>べんぱつ</rt></ruby> codino) |
|--|--|--|
| | V | Due mani che porgono una corona (simboleggiata da *ム) a qualcuno sancendo il raggiungimento di una carica più elevata. I vari significati che il kanji può assumere derivano da altri kanji dalla pronuncia omofona confluiti in 弁. Questi hanno come elemento comune *辡, due aghi (辛) affilati e penetranti, legato foneticamente a 半 metà. *辨 indica tagliare (*刂) di netto a metà, metafora del raggiungimento di **comprensione** e **discernimento**. *辯 indica **discorsi** (言) penetranti, in senso generale un **dialetto**. *瓣 rappresenta l'aprire di netto un *瓜 melone a indicare in senso più ampio cose che si schiudono o si aprono, in particolare i **petali** dei fiori o le **valvole**. Infine 弁 può essere trovato come sostituito del kanji *辮, 糸 filo da cui definire una "treccia", e del kanji *辦, "occuparsi di" qualcosa con impegno (力). |
| | 算 | 計<ruby>算<rt>けいさん</rt></ruby> calcolo、算<ruby>数<rt>さんすう</rt></ruby> aritmetica、予<ruby>算<rt>よさん</rt></ruby> budget/preventivo, spese previste |
| | II | Due mani che tengono un abaco di 竹 bambù con cui eseguire i **calcoli**. L'abaco era rappresentato da 具 strumento, adesso semplificato con il kanji di 目 occhio e ricordabile come "sguardo attento a svolgere un calcolo". |

| 共 | | 共<ruby>に<rt>とも</rt></ruby> insieme、公<ruby>共<rt>こうきょう</rt></ruby> pubblico、共<ruby>通点<rt>きょうつうてん</rt></ruby> punti in comune、共<ruby>同<rt>きょうどう</rt></ruby> cooperarazione, collaborazione、共<ruby>同生活<rt>きょうどうせいかつ</rt></ruby> coabitare, convivere、共<ruby>振<rt>きょうしん</rt></ruby> risonanza、共<ruby>産主義<rt>きょうさんしゅぎ</rt></ruby> comunismo |
|--|--|--|
| IV | | Semplificato dal pittogramma di *廾 due mani che <u>offrono</u> un dono > <u>mettere insieme</u> le mani per condividere > **fare insieme**. |
| | 供 | 供<ruby>える<rt>そな</rt></ruby>、子<ruby>供<rt>こども</rt></ruby> bambino, figlio、提<ruby>供<rt>ていきょう</rt></ruby> fornire, offrire, sponsorizzare、供<ruby>給<rt>きょうきゅう</rt></ruby> fornitura、自<ruby>供<rt>じきょう</rt></ruby> confessione、臓<ruby>器提供<rt>ぞうきていきょう</rt></ruby> donazione degli organi、供<ruby>物<rt>くもつ</rt></ruby> offerte、人<ruby>身御供<rt>ひとみごくう</rt></ruby> sacrificio umano |
| | VI | Aggiungendo *イ persona si riacquisisce il senso originario di **offrire** > **provvedere per qualcuno** > **compagno**. |
| | 恭 | 恭<ruby>しい<rt>うやうや</rt></ruby>、恭<ruby>順<rt>きょうじゅん</rt></ruby> obbedienza-lealtà |
| | // | Sentimenti (*小, ossia 心 cuore) di rispetto provati da chi dona qualcosa a qualcuno > **essere rispettoso**. |
| | 洪 | 洪<ruby>水<rt>こうずい</rt></ruby> inondazione |
| | / | Una **vasta** confluenza di acque (*氵) > **inondazione**. |

| | |
|---|---|
| 港 | 港 porto、出港 salpare、入港 approdare、空港 aeroporto |
| III | Il componente a destra deriva da *巷, viottoli che convergendo compongono le strade del *邑 villaggio. Aggiungendo acqua (*氵) il kanji ha indicato la foce a delta di un fiume, caratterizzata da numerose diramazioni. **Porto** è un prestito affine. *邑 villaggio è stato semplificato con una forma serpeggiante (己) che ricorda graficamente i viottoli o le diramazioni. |
| 選 | 選択 scelta、選手 atleta、選挙 elezione |
| IV | *巽 mostra graficamente una forma serpeggiante (己), 共 "insieme" e richiamava foneticamente 遵 (seguire/obbedire-rispettare) grazie alla lettura del suo componente interno 尊. 遵 a sua volta si ricollega a 順 ordine. L'idea finale di 選 è quella di seguire qualcuno lungo la strada (*辶). I significati principali attuali sono **scelta** e **selezione**, prestiti probabilmente incoraggiati dall'idea di "scegliere un capo da seguire". |
| 暴 | 暴れる agire con violenza、暴く esporre、暴露 rivelazione-svelamento-smascheramento、乱暴 violento、暴力 violenza、粗暴 rude, zotico、暴風雨 vento forte, tifone |
| V | Originariamente la parte inferiore era 米, da cui il senso di mettere insieme (共) il riso sotto al 日 sole per essiccarlo > **esporre**. **Agire con violenza** è un prestito, forse suggerito dall'atto di "esporre qualcosa", inteso come il compimento di un'azione plateale. Nella versione attuale 米 è stato semplificato con "schizzi d'acqua" (*氺). |
| 爆 | 爆発 esplosione、爆弾 bomba、原爆 bomba atomica |
| / | Una violenta e appariscente **esplosione** di 火 fuoco. Il suono BAKU ha anche funzione onomatopeica. |
| *𦥑 | Due mani che *爻 intrecciano dei bastoncini facendoli combaciare tra di loro. Suggerisce l'idea di imparare per emulazione manuale. |
| 学 | 学ぶ imparare、学生 studente、大学 università、文学 letteratura、学部 facoltà、学校 scuola、化学 chimica、数学 matematica、留学 studiare all'estero |
| I | Da *學, un 子 bambino che **impara** per emulazione. |
| 覚 | 覚える imparare a memoria/ricordare、覚ます svegliarsi, essere svegliato/dissipare (far passare)、目が覚める svegliarsi、目覚まし時計 sveglia、覚悟 determinazione, risoluzione、聴覚 senso dell'udito、覚醒 risveglio, disinganno, disillusione |
| IV | Da *覺, **apprendere** per emulazione 見 guardando > **memorizzare, ricordare** > prontezza mentale > **svegliarsi**. Un'altra teoria più dettagliata analizza *𦥑 a livello fonetico in modo che trasmetta il senso di "chiaro", da cui "apparire improvvisamente chiaro davanti agli occhi". Questa seconda possibilità è facilmente ricordabile rielaborando la semplificazione della parte superiore come se fosse derivata da 火 fuoco, come accade per esempio nel kanji di 蛍 lucciola (da *螢), e per l'omofonia del kanji stesso con 赫 (luminoso/improvviso). |

| **\*與** | Quattro mani che s'intrecciano fra loro e uniscono le forze per <u>trasportare</u> qualcosa. Il kanji può trasmettere un senso di <u>unità</u>, l'atto di <u>alzare</u> e, di conseguenza, quello di <u>dare</u> e <u>concessione</u>. \*與 può apparire con svariate modifiche grafiche tra cui una semplificazione completa in 与. |
|---|---|

| | 興 | 興る fiorire-prosperare、興味 interesse、興味深い molto interessante、新興 nuovo-emergente、興奮 eccitazione, esaltazione、復興 rinascimento-ricostruzione-rifiorimento、即興 improvvisazione |
|---|---|---|
| | V | Combinazione di \*與 e il kanji 同 (uguale, lo stesso) a enfatizzare il senso di unione > **lavorare insieme** per **sollevare** qualcosa > **interesse, eccitazione** che si alza. Sono presenti rimandi fonetici a \*舁 trasportare (es. una 輿 palanchina) e a 挙, che porta con sé ed enfatizza il senso di "alzare". |
| | 与 | 与える、関与 prendere parte a qualcosa、寄与 contributo、給与 assegnazione/paga |
| | / | Semplificato in toto da \*與, rappresenta uno scambio che avviene fra le mani > **dare, conferire**. |
| | 写 | 写、写す fare una fotografia/copiare、写る trasparire、写真 fotografia、複写 copia-duplicato、複写機 fotocopiatrice、書き写す trascrivere、模写 copia-riproduzione (dall'originale) |
| | III | Spiegato a volte come "aiutare a trasferire un oggetto", in realtà il kanji originale era \*寫, una \*舄 gazza ladra che "porta qualcosa da un posto a un altro" (tetto-edificio \*宀). \*宀 è stato poi semplificato con \*冖 e \*舄 con 与. Successivamente il significato si è evoluto in quello di "copiare un testo" > **copiare, riprodurre, fotografare,**. |
| | 挙 | 挙げる、こぞる fare tutti insieme-all'unanimità、選挙 elezione、挙式 tenere una cerimonia |
| | IV | Semplificato da \*擧, composto di \*與 e un'altra 手 mano > **innalzare, compiere** > **fare un esempio, citare**. \*與 trasmette anche i significati minori di **fare tutti insieme, all'unanimità**. |
| | 誉 | 誉める lodare, parlare bene di、誉 onore、名誉 onore-prestigio、名誉毀損 diffamazione, calunnia |
| | / | Da \*譽, persone che uniscono i loro canti (言) in **onore** di qualcuno > **lodare, reputazione**. |

| **\*賢** | Due mani che 入 inseriscono in un fagotto degli <u>oggetti preziosi</u> (貝). La parte superiore viene semplificata con un unico simbolo come osservabile negli esempi sotto riportati. |
|---|---|
| 貴 | 貴い、貴族 nobile, aristocratico、貴重 prezioso、貴方 tu/caro (detto dalla moglie al marito)、兄貴 fratello maggiore |
| VI | Semplificato direttamente da \*賢, mantiene il significato di oggetti **preziosi** accumulati e aggiunge per associazione quelli di **riverito** e **nobile**. Come radicale 貴 stabilisce spesso un collegamento fonetico con il kanji 棄 <u>abbandonare, rinunciare a</u>. |

| | 遺 | 遺伝 eredità、遺跡 rovine、遺言 ultime volontà |
|---|---|---|
| | VI | **Perdere** qualcosa di **prezioso** mentre ci si sposta per la via (\*辶) > **lasciare indietro, lasciare in eredità**. |
| | 潰 | 潰える collassare、潰れる (intr.)、潰す (tr.)、潰瘍 ulcera |
| | / | Il kanji indicava lo straripare del fiume (\*氵) e la perdita e distruzione risultante dei propri beni > **sprecare, sfasciare, collassare** > **andare in bancarotta**. |

# 3.4 Arti inferiori

| 3.4.1 Piedi e gambe | | | | | | | |
|---|---|---|---|---|---|---|---|
| 止 | 足 | 走 | 此* | 先 | 正 | 是 | 疋* |
| 企 | 促 | 徒 | 紫 | 洗 | 政 | 題 | 婿 |
| 祉 | 捉 | | 雌 | | 証 | 提 | 礎 |
| 肯 | 踏 | | | | 症 | 堤 | 疎 |
| 渋 | | | | | 征 | | 疑 |
| 従 | | | | | 延 | | 擬 |
| 縦 | | | | | 誕 | | 凝 |
| 歩 | | | | | 定 | | |
| 渉 | | | | | 綻 | | |
| 頻 | | | | | 錠 | | |

| 3.4.2 Piede che punta verso il basso 夂 | | | | | | | |
|---|---|---|---|---|---|---|---|
| 夂* | 各 | 复* | 夋* | 久 | 舛* | 夆* | 韋* |
| 後 | 格 | 腹 | 唆 | | 傑 | 降 | 衛 |
| 条 | 閣 | 複 | 酸 | | 瞬 | 隆 | 違 |
| 夏 | 落 | 復 | 俊 | | 隣 | | 緯 |
| 憂 | 絡 | 覆 | | | 鱗 | | 偉 |
| 優 | 酪 | 履 | | | | | 韓 |
| | 略 | | | | | | |
| | 客 | | | | | | |
| | 額 | | | | | | |
| | 路 | | | | | | |
| | 露 | | | | | | |

# 3.4.1 Piedi e gambe

| 止 | 止まる (intr.)、止める (tr.)、止む cessare、止す smettere, finirla di、禁止 proibito、中止 sospensione、<br>停止 sospensione, interruzione, arresto、立入禁止 ingresso vietato、行き止まり vicolo cieco |
|---|---|
| II | Pittogramma dell'impronta del piede sinistro > piantare il piede a terra > **fermarsi** > **cessare**. La lettura richiama 基 basi, fondamenta. Usato come radicale in diversi kanji in combinazioni con elementi di movimento, in genere 止 ne rafforza l'idea; in questi casi 止 è interpretato come una traccia di orme lasciate al passaggio. |

| 企 | 企てる、企む progettare, pianificare, cospirare、企業 impresa, azienda、企画 progetto |
|---|---|
| / | Una 人 persona 止 ferma in punta di piedi. In Giappone è vista come una persona in allerta pronta ad agire > **intraprendere, tentare di**. Da lì agire secondo un **piano** > **pianificare**. |
| 祉 | 福祉 benessere, assistenza sociale、社会福祉 previdenza sociale |
| // | 止 richiama foneticamente i significati di 賜 donare-conferire > il benessere donato dagli dei (*ネ) > **sussidio**. Può essere d'aiuto ricordarlo come "fermarsi a un altare per propiziarsi il benessere". |
| 肯 | 肯定的 affermativo, positivo、首肯 assenso-consenso |
| / | Inizialmente il kanji era una variante di 骨 osso e il significato di **consenso** un prestito. La semplificazione può essere ricordata come "tenere il corpo (肉) 止 fermo e inerme in segno di resa", da cui il significato di "consenso". |
| 渋 | 渋る esitare、渋い aspro/sobrio/di buon gusto (nel vestirsi)、渋谷 Shibuya、渋滞 ingorgo (traffico) |
| / | L'originale *澁 mostrava un groviglio di piedi che si ostacolano fra loro > un liquido (*氵) che non scorre fluido > **esitare** > **astringente, aspro** > **sobrio**. La semplificazione mantiene un solo 止 e sostituisce gli altri due con un semplice simbolo grafico nella parte inferiore. Non è un caso isolato che un kanji composto da tre elementi uguali subisca una semplificazione simile (es. *攝 > 摂). |
| 従 | 従う、したがって di conseguenza, in accordo con、従者 seguace |
| VI | Da *從, una persona che **segue** e **accompagna** un'altra (*从). *彳 indica il movimento per una strada e 止 ne rafforza l'idea venendo reinterpretato come delle orme lasciate a terra > **attenersi** e **ubbidire** sono diventati i significati principali per associazione. |
| 縦 | 縦 verticale, altezza、縦軸 ordinata (y)、縦横 verticalmente e orizzontalmente/liberamente、<br>放縦 licenziosità, sregolatezza |
| VI | > in passato 従 richiamava foneticamente 緩 (allentare) oltre che a comunicare a livello semantico un senso di movimento. Il kanji si riferisce all'essere legati con una corda (糸) allentata che permette il movimento > **agire in modo indulgente con se stessi**. Il significato principale è poi diventato quello di **verticale** dal tipo di movimento eseguito per avvolgere i fili in una matassa. |

| 歩 | 歩く、歩む andare avanti、歩行者 pedone、散歩 passeggiata、一歩 un passo、進歩 progresso |
|---|---|
| II | L'originale presentava due piedi (止) e aveva il significato di mettere un piede davanti all'altro > **camminare**. Uno dei due piedi è stato semplificato con 少 poco, ricordabile come "camminare a piccoli passi". |

| 渉 | 交渉 <ruby>交渉<rt>こうしょう</rt></ruby> negoziato、 干渉 <ruby>干渉<rt>かんしょう</rt></ruby> intromissione, interferenza, intervento |
|---|---|
| / | **Attraversare** (歩 camminando) un corso d'acqua (\*氵) > fare da **intermediario**. |
| 頻 | <ruby>頻々<rt>ひんぴん</rt></ruby>、 <ruby>頻度<rt>ひんど</rt></ruby> frequenza、 <ruby>頻繁<rt>ひんぱん</rt></ruby> frequente, frequentato |
| / | > in passato 頻 era lo stesso carattere di \*瀕, composto da testa (頁) e 渡 "attraversare", il quale richiamava foneticamente \*涛 "onde". Insieme restituivano il senso di "increspature che attraversano il viso", ossia le rughe, ma la forte influenza di 渡 ha portato ad aggiungere anche il significato di "attraversare l'acqua". Per porre una distinzione fra i due, \*瀕 è rimasto inalterato con il senso di "attraversare l'acqua", evolutosi poi in quello di "sponda, riva", mentre 頻, senza "acqua" (\*氵), ha espresso quello di "rughe". Il significato finale di **frequentemente** potrebbe essere un prestito, ma è possibile che sia derivato dall'associazione di idee con "rughe che attraversano numerose il volto". |

| 足 | <ruby>足<rt>あし</rt></ruby> piede/gamba、 <ruby>足元<rt>あしもと</rt></ruby> vicino ai piedi、 <ruby>足音<rt>あしおと</rt></ruby> rumore di passi、 <ruby>足首<rt>あしくび</rt></ruby> caviglia、 <ruby>遠足<rt>えんそく</rt></ruby> escursione、 <ruby>〜足<rt>そく</rt></ruby> paio、 <ruby>足りる<rt>たりる</rt></ruby> bastare、 <ruby>足す<rt>たす</rt></ruby> addizionare、 <ruby>補足情報<rt>ほそくじょうほう</rt></ruby> informazioni supplementari、 <ruby>満足<rt>まんぞく</rt></ruby> soddisfatto、 <ruby>不足<rt>ふそく</rt></ruby> insufficiente |
|---|---|
| I | Una variante di piede (止) con l'aggiunta di 口 per raffigurare la rotula. Il suono richiama 直 <ruby>直<rt>ちょく</rt></ruby> dritto > una **gamba** dritta. Il kanji si riferisce alla parte di gamba sotto il ginocchio nella sua interezza e comprende di conseguenza anche il significato di **piede**. **Bastare** ed **essere sufficiente** sono prestiti. |

| 促 | <ruby>促す<rt>うなが</rt></ruby>、 注意を<ruby>促す<rt>ちゅうい うなが</rt></ruby> attirare l'attenzione su、 発達を<ruby>促す<rt>はったつ うなが</rt></ruby> accelerare lo sviluppo、 <ruby>促進<rt>そくしん</rt></ruby> dare un impulso a, promuovere、 <ruby>催促<rt>さいそく</rt></ruby> sollecitazione, sollecito |
|---|---|
| / | Una \*亻 persona che si incammina (足) poiché pressata da un'urgenza (omofonia con 速 <ruby>速<rt>そく</rt></ruby> veloce, rapido) > **sollecitare** (e affini). Un'altra teoria collega 足 <ruby>足<rt>あし そく</rt></ruby> a 束 "fascio" per indicare qualcosa di stretto e compatto e nel complesso una \*亻 persona con le 足 gambe corte. In questo caso se ne deriva i significati astratti di "rendere corto" e "pressare", da cui quello attuale di "sollecitare". |
| 捉 | <ruby>捉える<rt>とら</rt></ruby>、 心を<ruby>捉える<rt>こころ とら</rt></ruby> impressionare、 <ruby>把捉<rt>はそく</rt></ruby> cogliere (un significato) |
| // | Avvicinarsi sempre di più fino a poter stendere la \*扌 mano per **afferrare** e **catturare**. Il kanji è adoperato per lo più in senso figurato. |
| 踏 | <ruby>踏む<rt>ふ</rt></ruby>、 <ruby>踏まえる<rt>ふ</rt></ruby> basandosi su、 <ruby>舞踏<rt>ぶとう</rt></ruby> ballo, danza |
| / | \*沓 è un kanji dal significato di "connessione", forse intesa su ampia scala come quella presente fra il 日 sole e 水 l'acqua. Nel caso di 踏, viene indicato e rappresentato il contatto fra il 足 piede e il suolo portando al significato finale di **calpestare** (e simili). Si noti come in alcuni dizionari \*沓 sia riportato anche con i significati di stivale, scarpa e calzatura. |

| 走 | <ruby>走る<rt>はし</rt></ruby>、 ご<ruby>馳走<rt>ちそう</rt></ruby>さまでした grazie per il pasto、 <ruby>暴走<rt>ぼうそう</rt></ruby> imprudenza/correre precipitosamente，<ruby>競走<rt>きょうそう</rt></ruby> gara |
|---|---|
| II | Versione semplificata di una \*夭 persona giovane e snella che corre combinata con "impronte di piedi" (止) > **correre**. La versione moderna unisce graficamente 止 a 土 terra. |

| 徒 | <ruby>生徒<rt>せいと</rt></ruby> alunno、 <ruby>使徒<rt>しと</rt></ruby> apostolo、 <ruby>教徒<rt>きょうと</rt></ruby> credente, seguace、 <ruby>反徒<rt>はんと</rt></ruby> ribelle、 <ruby>徒花<rt>とばな</rt></ruby> qualcosa di futile |
|---|---|
| IV | In origine 徒 indicava \*亻 l'andare a piedi senza salire sul mezzo. Allo scopo era presente un collegamento fonetico con 踏 <ruby>踏<rt>とう</rt></ruby> calpestare. "Fante" è un significato associato, da cui deriva quello di **seguace** e di **futilità**, generato dal preferire l'andare a piedi rispetto al comodo mezzo di trasporto. |

| 此 | Un piede (止) piegato (*ヒ) suggerisce "non muoversi da un certo punto" > **questo** (これ). | | | | | |
|---|---|---|---|---|---|---|

| | 紫 | 紫、紫外線 raggi ultravioletti | | | | |
|---|---|---|---|---|---|---|
| | / | Un 糸 filo tinto di colore **murasaki** (tonalità di viola). *此 è usato a scopo fonetico, ma può essere ricordato per il suo significato grafico di "non mobilità", associabile al colore di cui il filo è pregno. | | | | |
| | 雌 | 雌、雌、雌蕊 pistillo、雌雄同体 ermafrodito | | | | |
| | / | *此 esprimeva foneticamente 微 "minuto-piccolo". Il kanji si riferisce a un *隹 uccello più piccolo in una coppia, identificato generalmente come quello di sesso **femminile** (per animali). | | | | |

| 先 | 先、先生 insegnante、先月 il mese scorso、先輩 compagno più grande、宛先 recapito、指先 punta del dito、お先にどうぞ prego, dopo di lei、まず prima di tutto、行き先 destinazione, mete/recapito、鼻先 punta del naso |
|---|---|
| I | Una persona (*儿) che si ferma (止, semplificato in alto), in riferimento alla morte e in particolare a quella di un antenato. Per associazione il kanji ha assunto i significati di **prima, precedere, davanti (a sé)** e **punta-apice-destinazione**. Si noti come la lettura di 止 stabilisca un collegamento fonetico con 死 morte. |

| | 洗 | 洗う、洗面所 bagno、洗面台 lavandino、洗濯機 lavatrice、洗剤 detersivo |
|---|---|---|
| | VI | 先 qui è un'abbreviazione del kanji *跣 piedi nudi > una persona che si **lava** i piedi immergendoli nell'acqua (*氵). 先 stesso può essere interpretato graficamente come una "persona ferma". |

| 正 | 正す correggere/esaminare、正しい、正月 Capodanno、正直 onesto、正式 formale/in regola, legale、まさに per certo/in procinto di/precisamente-esattamente、正解 risposta corretta、公正 equo-giusto, imparzialità |
|---|---|
| I | Una variante di 足 gamba dritta (sottolineato dalla presenza di 一 in alto, rispetto a 口). L'essere dritti ha portato all'idea di essere **giusto, corretto**. Da non confondersi con *疋. |

| | 政 | 政 governo-amministrazione、政治 politica、政治家 politico、政府 governo、暴政 tirannia |
|---|---|---|
| | V | Fare sì (*攵) che qualcosa sia corretto > **governare**. |
| | 証 | 証、証明 prova-dimostrazione、証拠 prova、証人 testimone、身分証明書 carta d'identità |
| | V | Parole (言) che testimoniano il giusto > **prova, conferma**. A rafforzare questo significato in passato era presente un legame fonetico con 徴 "segno, simbolo, indicatore". |
| | 症 | 症状 sintomo, condizioni、炎症 infiammazione、恐怖症 fobia、自閉症 autismo、花粉症 allergia al polline、不眠症 insonnia、依存症 dipendenza (alcool, droghe ...) |
| | / | **Sintomi** indicatori diretti e autentici della *疒 malattia. A rafforzare il kanji in passato era presente un legame fonetico con 徴 "segno, simbolo, indicatore". |
| | 征 | 征服 soggiogare, conquistare, prevalere、遠征 spedizione |
| | / | **Viaggiare** (*彳) in formazione militare per **soggiogare** il nemico. 正 è usato nella sua accezione grafica di "gamba". |
| | 延 | 延びる (intr.)、延ばす (tr.)、延長 estensione、延期 posticipazione、遅延 ritardo |
| | VI | Procedere dritti per una lunga distanza (*廴) > **estendersi, allungarsi**. Si noti l'omofonia con il kanji di 遠 lontano. |

| 誕 | 誕生日 compleanno、誕生 nascita、誕生祝いを言う fare gli auguri di buon compleanno |
|---|---|
| VI | > parole (言) dal significato 延 esteso fino all'esagerazione e all'inganno. Il significato principale attuale è però quello di **nascita** derivato dall'associazione di due parole omofone: 荒誕 "dire esagerazioni fino alla menzogna" riguardo 降誕 "la nascita di un regale". |

| 定 | 定める (tr.)、定まる (intr.)、定か certo、予定 programma, piano, progetto、決定 decisione、定休日 giorno di chiusura |
|---|---|
| III | Erigere in modo 正 corretto l'<u>abitazione</u> (*宀) > **stabilire** dove porre le <u>fondamenta</u> > **determinare**. |

| 綻 | 綻びる、綻び、破綻 bancarotta |
|---|---|
| / | Cercare di riportare alla forma corretta (di base 定) un indumento scucito (糸) > **disgregarsi, andare in pezzi**. |

| 錠 | 錠 serratura/pastiglia、錠前 serratura、手錠 manette、錠剤 pastiglia, compressa |
|---|---|
| / | Una placca di metallo (金) usata come base (定) di qualcosa. Il kanji si riferiva alla base di un piatto o di un calice, ma in Giappone ha assunto il significato di **serratura** (oggetto metallico fissato alla base di un'abitazione 定). **Pastiglia** deriva invece da una vaga associazione di forma con "placca". |

| 是 | 是非 a tutti i costi, sicuramente、是正 correzione, rettifica, modifica |
|---|---|
| / | L'originale era composto da un 匕 cucchiaio appeso a un gancio. Il gancio si è poi confuso nella forma con il kanji di 止 "fermarsi" generando il senso di "tenere il cucchiaio fermo al proprio posto" > **appropriato, corretto**. La versione attuale mostra 日 sole e 正 "giusto" e può essere ricordata come "sole che splende al suo posto nel cielo". Come radicale 是 riflette a volte un antico collegamento fonetico con 剃 <u>rasarsi</u>, suggerendo una <u>superficie piana</u>. |

| 題 | 題、題する essere intitolato、主題 soggetto-tema、話題 argomento、宿題 compiti per casa、題名 titolo、問題 problema、本題 questione o problema principale |
|---|---|
| III | Una fronte (頁) rasata a scopo di essere tatuata, uno dei tratti distintivi della condizione di schiavitù. Con il tempo è rimasto solo il significato di "tratto distintivo" che ha condotto a quelli di **titolo, soggetto, tema** > **problema**. |

| 提 | 提げる portare con sé、提案 proposta、提出 presentazione、前提 premessa, presupposto |
|---|---|
| V | In combinazione con *扌, 是 può aver suggerito delle mani che porgono qualcosa in modo appropriato o a coppa (in modo simile a un cucchiaio), oppure ancora il palmo (la parte piana) stesso delle mani > **portare qualcosa con sé, proporre** agli altri. La lettura richiama *挈 "portare qualcosa in mano". |

| 堤 | 堤、堤防 |
|---|---|
| // | Una superficie di 土 terra atta ad **argine**. 是 è usato anche per richiamare 締 "fissare, stringere" per meglio enfatizzare l'argine e le sue caratteristiche. |

| | |
|---|---|
| **\*疋** | Una gamba (足) che si volta verso una <u>direzione differente</u>. Da non confondersi con 正. |

| | |
|---|---|
| 婿 | 婿<sub>むこ</sub>、娘婿<sub>むすめむこ</sub>、花婿<sub>はなむこ</sub> sposo |
| / | \*胥 rappresenta una gamba che si muove in una direzione differente rispetto al proprio corpo (肉). Quest'ultimo è stato inteso come simbolo del proprio sangue, la propria famiglia, da cui ci si allontana per sposare una 女 donna > **genero**. |
| 礎 | 礎<sub>いしずえ</sub>、基礎<sub>きそ</sub> basi, fondamento, basarsi su、基礎的<sub>きそてき</sub> fondamentale |
| / | \*楚 indica le radici 木 dell'albero che si diramano in direzioni differenti. Aggiungendo 石 pietra si enfatizza il senso di **fondamenta (prima pietra)**. |
| 疎 | 疎む<sub>うと</sub>、疎い<sub>うと</sub> essere all'oscuro di, sapere poco di、疎々しい<sub>うとうと</sub> non essere amichevole、疎外<sub>そがい</sub> emarginazione, alienazione、疎通<sub>そつう</sub> comprensione reciproca、疎ら<sub>まば</sub> sparso, rado |
| / | L'elemento a sinistra \*疋 è una variante di \*疋 (gamba che si volta verso una direzione differente), mentre quello a destra una semplificazione di \*㐬 che mostra graficamente un bambino durante il parto. Il senso che se ne ricava è di **distanziamento** > l'idea è ampliata negativamente suggerendo **trattare freddamente, non essere al corrente, non avere familiarità con, alienarsi da**. La semplificazione usa 束 fascio forse è stata intesa come "qualcosa di compatto messo da parte". |
| 疑 | 疑う<sub>うたが</sub>、疑い<sub>うたが</sub>、疑問<sub>ぎもん</sub> dubbio、嫌疑<sub>けんぎ</sub> sospetto、容疑者<sub>ようぎしゃ</sub> sospettato、疑惑<sub>ぎわく</sub> dubbio-sospetto、疑念<sub>ぎねん</sub> dubbio-timore、懐疑的<sub>かいぎてき</sub> scettico |
| VI | La parte a sinistra rappresenta il bastone (\*ヒ) di un anziano conficcato a terra come una 矢 freccia > <u>fermarsi immobili</u> ed essere dubbiosi su come procedere. Analogamente nella parte a destra un 子 bambino (raffigurato solo con la testa in alto) si ferma di scatto e cambia direzione smarrito. Nell'insieme il kanji rappresenta un bambino che ha da poco cominciato a camminare e si ferma guardandosi attorno con aria <u>confusa</u> > **dubbio, sospetto**. |
| 擬 | 擬い<sub>まが</sub>、模擬<sub>もぎ</sub>、擬声<sub>ぎせい</sub> onomatopea、擬装<sub>ぎそう</sub> camuffamento、〜もどき<sub>擬</sub> alla maniera di... |
| / | > causare confusione (疑) con le \*扌 mani, vale a dire fare un'**imitazione**. Possibile un rimando fonetico con 偽<sub>ぎ</sub> "falso". |
| 凝 | 凝る<sub>こ</sub> (intr.)、凝らす<sub>こ</sub> (tr.)、凝固<sub>ぎょうこ</sub> solidificazione/coagulazione、凝視<sub>ぎょうし</sub> sguardo fisso、凝った<sub>こ</sub> elaborato, artistico、肩が凝る<sub>かた こ</sub> avere le spalle irrigidite |
| / | > un blocco di ghiaccio (\*冫) rigido e immobile (dal concetto d'immobilità suggerito da 疑) > **irrigidirsi**. In senso figurato avere la mente fissata su qualcosa > **appassionarsi completamente a, essere assorbito da qualcosa**. |

# 3.4.2 Piede che punta verso il basso 夂

| **\*夂** | Un <u>piede che punta verso il basso</u>. Simboleggia spesso un <u>andamento discontinuo fatto di fermate e riprese</u>. |
|---|---|

| | |
|---|---|
| 後 | 後<sub>あと</sub> dopo (後)、後<sub>のち</sub>ろ<sub>うし</sub> dietro、午後<sub>ご ご</sub> pomeriggio、最後<sub>さい ご</sub> ultimo、その後<sub>ご</sub> in seguito |
| II | Restare **dietro** procedendo (\*彳) a piccoli (幺 piccolo filo) passi > arrivare **dopo**. |
| 条 | 条件<sub>じょうけん</sub> condizione、条約<sub>じょうやく</sub> trattato, patto、星条旗<sub>せいじょうき</sub> The Star-Spangled Banner (inno nazionale statunitense) |
| V | Da \*條: \*攸 "colpire una persona con un rametto" e 木 albero, aggiunto per concentrare l'attenzione sul ramo in sé. "Ramo" porta all'idea di branca, qualcosa separato dalla parte principale > **clausola, articolo, linea** (per associazione di forma). La semplificazione può essere immaginata come "scendere giù dall'albero poggiando il piede sui rami", mentre la lettura richiama 小<sub>しょう</sub> piccolo. |
| 夏 | 夏<sub>なつ</sub>、真夏<sub>まなつ</sub>に in piena estate、夏期休暇<sub>かききゅうか</sub> vacanze estive |
| II | Una ballerina con indosso una maschera (testa 頁) che balla per celebrare l'**estate**. \*夂 indica il continuo fermarsi e riprendere a ballare dei piedi. La lettura si collega a 仮<sub>か</sub> (provvisorio, falso), rappresentazione di una persona che emula un'altra, usato per suggerire l'atto di mettersi una maschera (仮面<sub>かめん</sub>). È possibile anche un collegamento con l'omofono 火<sub>か</sub> fuoco per rafforzare il senso di estate (calura estiva). |
| 憂 | 憂<sub>ゆれ</sub>える、憂<sub>うれ</sub>い angoscia, preoccupazione、憂<sub>う</sub>き目<sub>め</sub> esperienza dolorosa、憂鬱<sub>ゆううつ</sub> depressione |
| / | <u>Camminare piano</u> (andamento discontinuo) a causa di uno stato pensieroso e sofferente della mente (頁) che copre (\*冖) il 心 cuore > **melanconia, affliggersi**. Da non confondersi con 愛 (amore). |
| 優 | 優<sub>すぐ</sub>れる、優<sub>すぐ</sub>れた eccellente (優秀<sub>ゆうしゅう</sub>)、優<sub>やさ</sub>しい gentile、優<sub>ゆう</sub> ottimo (voto)、優雅<sub>ゆうが</sub> eleganza, grazia、女優<sub>じょゆう</sub> attrice、俳優<sub>はいゆう</sub> attore |
| VI | > l'idea originaria vede una \*亻 persona che danza in modo lento (憂) ed estremamente gestuale (da \*擾) > **eccellere**. Il senso si è poi spostato ad **attore**, mentre la capacità di trasmettere le più melanconiche emozioni tramite la danza è stata associata a quella di essere di animo **gentile**. |

| | |
|---|---|
| 各 | 各々<sub>おのおの</sub> ciascuno (各自<sub>かくじ</sub>)、各<sub>かく</sub>〜 ogni...、各地<sub>かくち</sub> ogni posto/vari luoghi、各駅停車<sub>かくえきていしゃ</sub> treno locale |
| IV | Entrambi gli elementi suggeriscono un <u>andamento discendente</u> dall'alto (omofonia di 口 con 降<sub>こう</sub> scendere). In particolare il kanji si riferiva alla visita di alti dignitari da un posto a un altro <u>fermandosi</u> ogni volta (andamento discontinuo di \*夂) > **ogni, ciascuno**. |
| 格 | 性格<sub>せいかく</sub> personalità, carattere, indole、合格<sub>ごうかく</sub> passare l'esame, essere promosso、価格<sub>かかく</sub> prezzo、資格<sub>しかく</sub> qualifica, titolo/requisiti |
| V | 各 qui suggerisce solo il senso di altezza di "scendere da un posto 高<sub>こう</sub> alto". In origine il kanji si riferiva a un 木 albero molto alto; successivamente ha assunto il significato metaforico di raggiungere altezze elevate > ottenere un certo **status**, stabilire uno **standard**. |

| | | |
|---|---|---|
| 閣 | 閣下 かっか sua eccellenza、内閣 ないかく gabinetto, governo, Consiglio dei ministri、金閣寺 きんかくじ *Kinkakuji* | |
| VI | 各 qui suggerisce l'atto di "fermarsi", riferito a un 門 portone chiuso da una trave. Successivamente il kanji è stato usato per indicare determinati posti di accesso non libero > **ufficio governativo, gabinetto**. | |
| 落 | 落ちる、落とす お お far cadere、落ち着く お calmarsi、落下 らっか caduta、落石 らくせき caduta massi、落胆 らくたん scoraggiamento (気落ち きおち)、落書き らくがき scarabocchi、落ち葉 おば foglie che cadono | |
| III | *洛 suggerisce "acqua (*氵) che scorre verso il basso". Il kanji nell'insieme rappresenta delle foglie (*艹) che cadono > **cadere** (e simili). | |
| 絡 | 絡む から、連絡 れんらく contattare, comunicare qualcosa a qualcuno、連絡先 れんらくさき recapito-indirizzo | |
| / | 糸 fili **attorcigliati** (各 suggerisce un andamento discontinuo fatto di continue fermate) > **connessione** > **essere coinvolti in**. | |
| 酪 | 酪農 らくのう | |
| // | 各 suggerisce l'atto di fermarsi, nel caso particolare la solidificazione. Combinato con *酉 (giara di vino) si intendeva qualcosa che fermentava e solidificava; inizialmente riferito al processo di produzione della cagliata, in seguito alla **produzione casearia** in generale. | |
| 略 | 略す りゃく omettere, riassumere, abbreviare、略語 りゃくご abbreviazione、略図 りゃくず schizzo/piantina-mappa | |
| V | Ripartire le 田 risaie tracciandone i confini. 各 indica "andamento discontinuo" e si collega foneticamente a 画 かく (immagine), la cui etimologia presenta in ugual modo la ripartizione delle risaie > tracciare i confini > **linee generali, abbreviazione**. | |

| | | |
|---|---|---|
| 客 | 客、お客さん、観光客 きゃく きゃく かんこうきゃく turista、乗客 じょうきゃく passeggero、看客 かんかく spettatori, visitatori | |
| III | Una persona in viaggio che si ferma in una casa (*宀) > **cliente, ospite** (e simili). | |

| | | |
|---|---|---|
| 額 | 額 ひたい fronte、額 がく cornice/ammontare-somma、金額 きんがく ammontare di denaro, importo、多額 たがく grande somma di denaro、小額 しょうがく piccola somma di denaro | |
| V | 客 era usato foneticamente per indicare "radersi i capelli" (in modo simile a come succede in 題 だい). Il kanji si riferiva a una **fronte** (頁) con l'attaccatura dei capelli ben rasata. È possibile che i significati di **bacheca** e **cornice** siano derivati dall'aspetto di una "fronte ben rasata", immaginata come un'ampia porzione di spazio su cui poter scrivere. **Ammontare** potrebbe essere stato associato al punto alto rappresentato dalla fronte. Un modo per ricordare il kanji potrebbe essere "una bacheca bene in vista come una fronte con scritto sopra l'ammontare delle tariffe per i visitatori". | |

| | | |
|---|---|---|
| 路 | 道路 どうろ、高速道路 こうそくどうろ autostrada、線路 せんろ binari、滑走路 かっそうろ pista、迷路 めいろ labirinto、十字路 じゅうじろ incrocio、進路 しんろ corso-rotta-carriera-corso (della vita futura)、大路 おおじ strada maestra | |
| III | Una **strada, via** percorsa (足 piede) dai passanti. | |

| | | |
|---|---|---|
| 露 | 露 つゆ rugiada、暴露 ばくろ rivelazione-svelamento-smascheramento、露見 ろけん scoperta、披露 ひろう annuncio、披露目 ひろめ debutto/divulgare e rendere popolare qualcosa | |
| / | **Rugiada** (雨) che si deposita sulla 路 via, visibile a tutti > **esporre, rivelare**. **Russia** è un prestito. | |

| | |
|---|---|
| **\*复** | La parte superiore rappresenta un "contenitore dalla forma <u>reversibile</u>" (adesso semplificato con 人 e 日), mentre \*夂 indica un andamento discontinuo, fatto di fermate e riprese. Il senso generale del kanji è quello di "andare avanti fino a un certo punto per poi fermarsi e <u>tornare indietro</u>". Il kanji può suggerire anche l'idea di <u>duplicato</u> (tornare indietro per la stessa strada) e di <u>punto centrale</u> (centro simmetrico del contenitore). |

| | |
|---|---|
| 腹 | 腹 pancia、腹が立つ arrabbiarsi, offendersi、腹切 *harakiri* (=切腹 *seppuku*)、<br>お腹が空いた essere affamati |
| VI | Punto centrale del corpo (肉) > **pancia**. |
| 複 | 複雑 complicato, complesso、複製 riproduzione, replica、複写機 fotocopiatrice、複数 plurale、<br>重複 ripetizione, doppione |
| V | \*ネ vestiti duplicati, inteso come indossati uno sopra l'altro come doppio strato > **ripetersi, duplicare, sovrapporre** > rendere più **complesso**. |
| 復 | 復する tornare normale、回復 ripristino/ristabilirsi (es. da una malattia/clima …)、復習 ripasso、<br>復帰 fare ritorno/riavere indietro、復活 restaurazione, ristabilimento/rinascita、復讐 vendetta |
| V | Aggiungendo \*彳 andare si sottolinea l'atto di **tornare indietro** > **ripristinare, ripetere, di nuovo**. |
| 覆 | 覆う coprire/avvolgere/ammantare、覆る rovesciarsi, capovolgersi、<br>覆す rovesciare, capovolgere、覆面 maschera, mascheramento、転覆 capovolgimento, sovvertimento |
| / | > un \*襾 contenitore **capovolto** usato per **coprire** qualcosa. 復 "tornare indietro" trasmette un senso di reversibilità e quindi "l'essere capovolto"; \*襾 è stato semplificato con \*西. |
| 履 | はく indossare (nella parte inferiore del corpo)、履物 calzatura、履行 compimento, attuazione、<br>履歴 storia personale, precedenti, carriera、草履 *zōri* |
| / | > 復 "tornare indietro" qui è in realtà un errore di trascrizione del kanji "camminare lentamente con degli zoccoli". \*尸 corpo morente suggerisce una mancanza di vitalità portando al senso di "camminare lentamente con degli zoccoli, trascinandosi per inerzia". Dal concetto di **calzatura** è derivato quello di **mettersi ai piedi**, mentre il senso di "agire in modo reclutante" è stato ampliato in quello generico di **agire**. |

| | |
|---|---|
| **\*夋** | Una \*允 persona che ciondola e si <u>sofferma</u> (\*夂) nello stesso punto. |

| | |
|---|---|
| 唆 | 唆す、唆し istigazione (教唆)、示唆 allusione, suggerimento |
| / | \*夋 richiamava foneticamente "costrizione", ma il ruolo semantico non è chiaro > costringere qualcuno a fare qualcosa, in genere inteso come atto negativo > **istigare** (口), **sollecitare, sobillare**. |
| 酸 | 酸い acido, aspro, acre (酸っぱい)、酸性 acidità、二酸化炭素 anidride carbonica |
| V | Sapore **acido** di una bevanda alcolica (酉) che impregna la bocca. La lettura richiama \*鑽 "pungente come un diamante", in riferimento al sapore acido sulla lingua. |
| 俊 | 俊才 |
| // | Una \*イ persona che pur soffermandosi è in grado di superare gli altri > **genio**. |

| 久 | 久しい、久しぶり da tanto tempo (che non ci si vede)、永久 eternità |
|---|---|
| V | Una persona che punta il piede per terra (in modo simile a *久) > fare una sosta in posto per un **lungo periodo di tempo**. |

| *舛 | Due <u>piedi danzanti</u> che si <u>incrociano</u>. *久 compare graficamente modificato. |
|---|---|

| | 傑 | 傑出、傑作 capolavoro |
|---|---|---|
| | // | A destra *桀, ossia posizionarsi sopra la cima di un 木 albero > stare in una posizione di superiorità rispetto agli altri > una *亻 persona che **eccelle, notevole**. |
| | 瞬 | 瞬く、瞬間 momento, istante (瞬時)、一瞬 un istante |
| | / | Un tempo scritto con una combinazione di 目 occhio e 矢 freccia a indicare movimenti rapidi degli occhi > **sbattere gli occhi** rapidamente > **lampeggiare, scintillare**. Non è chiaro il motivo della sostituzione di 矢 freccia con *舜 (governante leggendario), composto di "mano che dà qualcosa" (*爫, *冖) e *舛. Probabilmente *舜 è stato scelto per richiamare un altro kanji dal significato di "sbattere gli occhi". |
| | 隣 | 隣 vicino (es. di casa, di posto), adiacente a、隣同士 vicini (es. di casa, di posto)、近隣 vicinanze、隣り合う unirsi l'un con l'altro/sedersi uno accanto all'altro |
| | / | In origine il kanji era *鄰. *舛 rappresenta dei "fuochi fatui" ed è formato da una semplificazione identica a 米 riso di 炎 fiamme baluginanti, paragonate a dei *舛 piedi che danzano. I fuochi fatui hanno la caratteristica di apparire in successione e pertanto richiamano alla mente l'immagine delle torce baluginanti delle abitazioni di un *阝 villaggio poste in fila una dietro l'altra > **essere contiguo-adiacente, vicino**. Nella versione moderna *阝 villaggio compare a sinistra (come se stesse a indicare *阝 collina). |
| | 鱗 | うろこ |
| | // | > **squame** di 魚 pesce una adiacente all'altra (vedi *舛). |

| *夅 | Due <u>piedi che s'incrociano mentre scendono giù</u> da qualcosa. |
|---|---|

| | 降 | 降る、降る cadere (pioggia, neve...)、降りる scendere/andare giù/ritirarsi、降参 resa、降ろす far scendere/scaricare、以降 a partire da |
|---|---|---|
| | VI | Piedi che s'incrociano mentre scendono da una *阝 collina > **scendere** > **scendere dal cielo**. La lettura こう deriva da 下 (sotto/scendere). **Resa** è un significato minore associato. |
| | 隆 | 隆盛 prosperità、広隆寺 Hōryūji |
| | // | > kanji derivato da 降. La parte inferiore è stata sostituita da 生 (vita) nel suo significato grafico di pianta che cresce, suggerendo che la stessa distanza percorsa verso il basso di 降 sarà considerata nel senso opposto, verso l'alto > **crescere verso l'alto** > **prosperità, elevato**. È possibile che il kanji in origine indicasse un'alta collina. |

| *韋 | *夅 piedi di due agenti che <u>pattugliano in circolo il perimetro</u> di un recinto (囗) andando in <u>direzioni opposte</u> (concetto accentuato dall'omofonia con 異 differire) |
|---|---|

| | 衛 | 衛星放送 trasmissione satellitare、衛星 satellite、防衛 difesa、衛星 igiene、自衛 autodifesa |
|---|---|---|
| | V | 行 andare di pattuglia tutto intorno > **difesa** > **coprire tutte le direzioni**. |

| 違 | 違う、間違い errore、相違 discordanza、違反 violazione, infrazione |
|---|---|
| / | Muoversi (*辶) in direzione opposta > **differire, sbagliare**. |
| 緯 | 緯度 latitudine、緯線 parallelo、経緯 longitudine e latitudine/tutti i dettagli di una storia |
| / | Un 糸 filo che percorre entrambe le direzioni > **trama** di un tessuto > **orizzontale, latitudine**. |
| 偉 | 偉い、偉大 grandioso, massiccio、偉業 grande impresa |
| / | Una *イ persona che agisce in modo opposto alla norma > una persona diversa da una normale > **notevole, ammirevole, grande**. |
| 韓 | 韓国 Corea |
| // | L'elemento a sinistra indica un 日 sole che sorge alto all'alba (早 presto). Nel complesso una recinzione molto alta che circonda un perimetro. **Corea** è un prestito. |

# 4.
# NATURA

# 4.1 Fauna

## 4.1.1 Animali

| 犬 | 牛 | 羊 | 豕* | 豸* | 亥* | 馬 | 鹿 | 能 | 虍* | 象 |
|---|---|---|---|---|---|---|---|---|---|---|
| 吠 | 件 | 洋 | 豚 | 隊 | 刻 | 騒 | 薦 | 熊 | 虎 | 像 |
| 伏 | 牧 | 様 | 縁 | 墜 | 核 | 篤 | 麗 | 態 | 劇 | 為 |
| 然 | 牲 | 養 | 逐 | 遂 | 骸 | 罵 | 塵 | 罷 | 慮 | 偽 |
| 燃 |  | 窯 | 蒙 |  | 劾 |  | 麓 |  | 虜 |  |
| 獄 |  | 美 | 塚 |  | 該 |  | 慶 |  | 膚 |  |
|  |  | 達 | 家 |  |  |  |  |  | 虐 |  |
|  |  | 遅 | 嫁 |  |  |  |  |  | 虚 |  |
|  |  | 鮮 | 稼 |  |  |  |  |  | 嘘 |  |
|  |  | 詳 |  |  |  |  |  |  | 戯 |  |
|  |  | 祥 |  |  |  |  |  |  |  |  |
|  |  | 善 |  |  |  |  |  |  |  |  |
|  |  | 繕 |  |  |  |  |  |  |  |  |
|  |  | 嬉 |  |  |  |  |  |  |  |  |

## 4.1.2 Animali piccoli

| 它*（也） | 禺* | 虫 | 易 | 亀 | 黽* |
|---|---|---|---|---|---|
| 蛇 | 偶 | 蛍 | 賜 |  | 縄 |
| 他 | 遇 | 蚕 |  |  |  |
| 地 | 隅 | 繭 |  |  |  |
| 馳 | 愚 | 蜀* |  |  |  |
| 池 |  | 独 |  |  |  |
| 弛 |  | 濁 |  |  |  |
|  |  | 属 |  |  |  |
|  |  | 嘱 |  |  |  |

## 4.1.3 Animali marini

| 魚 | 辰* | 貝 | 貫 |
|---|---|---|---|
| 漁 | 震 | 買 | 慣 |
|  | 振 | 敗 | 実 |
|  | 唇 | 負 |  |
|  | 娠 | 則 |  |
|  | 辱 | 側 |  |
|  | 農 | 測 |  |
|  | 濃 | 員 |  |
|  |  | 韻 |  |
|  |  | 円 |  |
|  |  | 損 |  |

## 4.1.4 Volatili

| 鳥 | 佳* | 奞* | 蒦* | 雚* | 雈* | 卂* | 羽 | 非 |
|---|---|---|---|---|---|---|---|---|
| 鳴 | 誰 | 奮 | 護 | 権 | 確 | 迅 | 習 | 悲 |
| 島 | 集 | 奪 | 獲 | 観 | 鶴 |  | 翌 | 罪 |
| 鳩 | 雑 |  | 穫 | 歓 |  |  | 扇 | 俳 |
| 鴫 | 進 |  |  | 勧 |  |  | 翟* | 排 |
|  | 推 |  |  |  |  |  | 曜 | 輩 |
|  | 焦 |  |  |  |  |  | 躍 | 扉 |
|  | 礁 |  |  |  |  |  | 濯 |  |
|  | 準 |  |  |  |  |  |  |  |
|  | 准 |  |  |  |  |  |  |  |
|  | 唯 |  |  |  |  |  |  |  |
|  | 維 |  |  |  |  |  |  |  |
|  | 雄 |  |  |  |  |  |  |  |
|  | 擁 |  |  |  |  |  |  |  |
|  | 羅 |  |  |  |  |  |  |  |

## 4.1.5 Parti animali

| 肉 | 皮 | 革 | 求 | 角 | 甲 | 殻* | 兆 | 卜* | 牙 |
|---|---|---|---|---|---|---|---|---|---|
| 胃 | 彼 | 覇 | 球 | 解 | 押 | 殻 | 眺 | 朴 | 芽 |
| 肩 | 疲 | 靴 | 救 | 触 | 岬 | 穀 | 跳 | 赴 | 雅 |
| 絹 | 被 |  |  | 衡 | 鴨 |  | 挑 | 貞 | 邪 |
|  | 披 |  |  |  |  |  | 逃 | 偵 | 冴 |
|  | 破 |  |  |  |  |  | 桃 | 占 |  |
|  | 波 |  |  |  |  |  |  | 店 |  |
|  | 婆 |  |  |  |  |  |  | 点 |  |
|  |  |  |  |  |  |  |  | 粘 |  |
|  |  |  |  |  |  |  |  | 貼 |  |

# 4.1.1 Animali

| 犬 | 犬、子犬 <sub>こいぬ</sub> cagnolino、番犬 <sub>ばんけん</sub> cane da guardia、野犬 <sub>やけん</sub> cane randagio、猟犬 <sub>りょうけん</sub> cane da caccia |
|---|---|
| I | Dal pittogramma di un **cane** con le orecchie a punta (il tratto in alto a destra). Come radicale si può trovare con *犭 e intendere un qualsiasi <u>animale</u>, o come *豸 a indicare più precisamente un <u>animale con gli artigli</u>. |

| 吠 | 吠える、遠吠え <sub>とおぼ</sub> ululato |
|---|---|
| // | Un cane che **abbaia** (口) > ululare. |
| 伏 | 伏せる、待ち伏せる <sub>まぶ</sub> tendere un'imboscata、降伏 <sub>こうふく</sub> sottomissione, resa、潜伏 <sub>せんぷく</sub> nascondersi, essere latitante/essere latente |
| / | Una *亻 persona accucciata come un 犬 cane > **abbassarsi a terra, accovacciarsi-rannicchiarsi, prostrarsi, nascondersi** > tendere un'imboscata. |
| 然 | 自然 <sub>しぜん</sub> natura、偶然 <sub>ぐうぜん</sub> coincidenza、全然 <sub>ぜんぜん</sub> per niente、突然 <sub>とつぜん</sub> improvviso、当然 <sub>とうぜん</sub> ovvio, naturale、必然 <sub>ひつぜん</sub> inevitabile、同然 <sub>どうぜん</sub> essere simile、然 <sub>しか</sub> し però、然 <sub>しか</sub> も inoltre-oltretutto、然 そして e, e poi |
| IV | <u>Bruciare</u> sul *灬 fuoco della 肉 carne di 犬 cane. Il pasto suggerisce un senso di appagamento, da cui il significato astratto di **come le cose dovrebbero essere** > cose **nel modo in cui sono**. |
| 燃 | 燃える <sub>も</sub> (intr.)、燃やす <sub>も</sub> (tr.) (燃す <sub>も</sub>)、燃料 <sub>ねんりょう</sub> combustibile、燃焼 <sub>ねんしょう</sub> combustione |
| V | > si aggiunge un altro 火 fuoco a 然 per riprendere il significato originario di **bruciare**. |
| 獄 | 獄 <sub>ごく</sub>、脱獄 <sub>だつごく</sub> evasione、投獄 <sub>とうごく</sub> imprigionamento、出獄 <sub>しゅつごく</sub> scarcerazione、地獄 <sub>じごく</sub> inferno |
| / | Due cani (*犭 e 犬) che litigano (言) animosamente. Il kanji è stato usato poi per riferirsi a un processo causato da un contenzioso che alla fine porterà una delle due parti in **prigione**. |

| 牛 | 牛 <sub>うし</sub>、牛乳 <sub>ぎゅうにゅう</sub> latte、牛肉 <sub>ぎゅうにく</sub> carne bovina、乳牛 <sub>にゅうぎゅう</sub> vacca da latte |
|---|---|
| II | La testa di una **mucca** con le corna. La lettura simula il muggito. Da non confondersi con 午. |

| 件 | 件 <sub>けん</sub>、物件 <sub>ぶっけん</sub> oggetto-articolo、事件 <sub>じけん</sub> caso-questione-faccenda、条件 <sub>じょうけん</sub> condizioni |
|---|---|
| V | Una *亻 persona che separa una mucca dalla mandria per acquistarla > separare **articoli-oggetti** > **caso, faccenda, questione**. |
| 牧 | 牧 <sub>まき</sub>、牧畜 <sub>ぼくちく</sub> allevamento di bestiame, pastorizia |
| IV | *攵 colpire con un bastone la 牛 mucca affinché non si allontani dalla mandria > **pascolo**. |
| 牲 | 犠牲 <sub>ぎせい</sub>、犠牲者 <sub>ぎせいしゃ</sub> vittima |
| / | Una mucca offerta come **sacrificio** vivente (生). 生 <sub>せい</sub> richiama foneticamente 清 <sub>せい</sub> purezza. |

| 羊 | 羊 <sub>ひつじ</sub>、羊飼い <sub>ひつじか</sub> pastore、羊毛 <sub>ようもう</sub> lana |
|---|---|
| III | Una **pecora** con due piccole corna in alto. Come radicale si può trovare anche come *⺷ e trasmette sempre dei connotati di <u>positività</u>, <u>bellezza</u>, <u>abbondanza</u> e <u>lode</u>, essendo la pecora considerata un animale prezioso. |

| 洋 | 西洋 <ruby>せいよう</ruby> occidente、東洋 <ruby>とうよう</ruby> oriente、太平洋 <ruby>たいへいよう</ruby> Oceano Pacifico、大西洋 <ruby>たいせいよう</ruby> Oceano Atlantico、<br>洋服 <ruby>ようふく</ruby> vestiti occidentali、洋食 <ruby>ようしょく</ruby> cibo occidentale |
|---|---|
| III | La cresta spumosa dell'acqua (*氵) del mare, bianca come una 羊 pecora > **oceano**. Il significato di **occidente** deriva dal concetto di "estero, oltreoceano". |
| 様 | 様、有様 <ruby>ありさま</ruby> situazione、様子 <ruby>ようす</ruby> stato, condizione/aspetto, aria、生活様式 <ruby>せいかつようしき</ruby> stile di vita、<br>同様 <ruby>どうよう</ruby> stesso-medesimo, simile、神様 <ruby>かみさま</ruby> Dio、〜様 <ruby>さま</ruby> suffisso onorifico per le persone |
| III | Semplificazione di *樣. La componente destra mostra un fiume che si dirama in numerosi affluenti (significato grafico di 永 <ruby>えい</ruby> eternità) con 羊 che enfatizza il concetto tramite l'aspetto grafico delle corna che si diramano. L'aggiunta di 木 suggerisce un albero di ippocastano con i rami che si diramano in gran numero. *樣 rivela un collegamento fonetico con 象 <ruby>よう / しょう</ruby> (forma, aspetto) allo scopo di indicare i frutti dell'albero, simili nell'aspetto a delle castagne, ma al contrario di esse non commestibili. A tale albero si riferiva anche un secondo kanji, *橡 <ruby>しょう</ruby>, che esprimeva lo stesso concetto con più chiarezza. Alla fine i significati di 象 sono diventati predominanti e *樣 è diventato l'attuale 様 tramite la semplificazione di 永 con il radicale di gocce d'acqua (*氷) > **aspetto**, **forma**, **condizione** > **modo**, **metodo**. L'uso di 〜さま come suffisso gentile per le persone è un prestito fonetico, mentre la lettura よう è utilizzata in numerose forme grammaticali descrittive. La lettura si collega a 容 <ruby>よう</ruby> (forma, aspetto, contenuto). |
| 養 | 養う <ruby>やしな</ruby> allevare/curare/sviluppare、栄養 <ruby>えいよう</ruby> nutrimento、療養 <ruby>りょうよう</ruby> trattamento medico, terapia, curarsi、<br>扶養 <ruby>ふよう</ruby> supporto-mantenimento (es. della famiglia)、教養 <ruby>きょうよう</ruby> cultura、養子 <ruby>ようし</ruby> figlio adottivo |
| IV | Allevare le 羊 pecore per cibarsene (食, abbreviato) > **allevare**, dare **supporto** > **nutrimento**. |
| 窯 | 窯 <ruby>かま</ruby>、窯業 <ruby>ようぎょう</ruby> industria della ceramica |
| // | Nella parte inferiore si trova *羔 "agnello", composto da 羊 e *灬 fuoco per indicare il cucciolo della pecora buono per essere cotto > cuocere nel **forno** (suggerito da 穴 buco-foro) > **fornace**. |
| 美 | 美 <ruby>び</ruby>、美しい <ruby>うつく</ruby>、美しさ <ruby>うつく</ruby> bellezza、美人 <ruby>びじん</ruby> bella donna、美術館 <ruby>びじゅつかん</ruby> museo、美容院 <ruby>びよういん</ruby> parrucchiere |
| III | Una 羊 pecora di 大 grandi dimensioni altamente desiderabile > **bellezza**, **bello**. La lettura richiama 肥 <ruby>ひ</ruby> (ingrassato). |
| 達 | 達する <ruby>たっ</ruby>、友達 <ruby>ともだち</ruby> amico、発達 <ruby>はったつ</ruby> progresso/sviluppato、上達 <ruby>じょうたつ</ruby> miglioramento, fare progressi、<br>達人 <ruby>たつじん</ruby> esperto、配達 <ruby>はいたつ</ruby> consegna a domicilio、〜達 <ruby>たち</ruby> (suffisso plurale) |
| IV | L'elemento a destra deriva da *羍 e comunica la facilità con cui le 羊 pecore nascono e diventano 大 grandi > percorrere facilmente un tragitto (*辶) arrivando a destinazione > **arrivare a**, **portare a termine**. La semplificazione della parte superiore con 土 terra può essere associata alla strada percorsa. |
| 遅 | 遅い <ruby>おそ</ruby> lento/tardi、遅れる <ruby>おく</ruby> fare tardi、手遅れ <ruby>ておく</ruby> essere troppo tardi、遅刻 <ruby>ちこく</ruby> ritardo |
| / | Da *遲, un *犀 rinoceronte che si muove con **lentezza** per la strada (*辶), semplificato successivamente con 羊 pecora. La lentezza di spostamento è enfatizzata dalla presenza di lato del corpo inerme (*尸) > **fare tardi**. |
| 鮮 | 鮮やか <ruby>あざ</ruby>、鮮明 <ruby>せんめい</ruby> chiaro-vivido、新鮮 <ruby>しんせん</ruby> fresco, nuovo, originale、鮮魚 <ruby>せんぎょ</ruby> pesce fresco |
| / | Del buon (羊) 魚 pesce, riferito a un pesce **fresco** dai colori **chiari** e **vividi**. |

| 詳 | 詳しい、詳細 dettagli、未詳 sconosciuto, ignoto, non identificato |
|---|---|
| / | Discutere (言) nel **dettaglio** riguardo all'acquisto di una pecora > **conoscere nel dettaglio**. |
| 祥 | 発祥 origine-apparizione、発祥地 luogo d'origine, culla (es. della civiltà)、不祥事 scandalo |
| // | Un buon (羊) **auspicio** dagli dei (\*ネ). La lettura richiama 徴 "segno, simbolo, indicatore". |

| 善 | 善い、善良、改善 miglioramento、慈善 carità、偽善 ipocrisia、最善を尽くす fare del proprio meglio |
|---|---|
| VI | Da \*譱, un \*誩 dibattito degno di <u>elogio</u> (羊) > **buono, virtuoso**. La semplificazione usa 口 bocca. |

| 繕 | 繕う、取り繕う mantenere (l'apparenza), sorvolare (un errore), rappezzare、修繕 riparazione |
|---|---|
| / | **Rammendare** (糸) un vestito logoro per renderlo 善 buono da riutilizzare > **aggiustare, curare il proprio aspetto**. |
| 嬉 | うれしい、嬉々たる |
| // | Una 女 donna che con parole di elogio (善) rallegra gli animi > **felice, contentezza**. |

| \*豕 | Dal pittogramma di un <u>maiale</u> domestico o di un <u>cinghiale</u>. |
|---|---|

| 豚 | 豚、豚肉 carne di maiale、豚カツ cotoletta di maiale |
|---|---|
| / | 肉 carne di **maiale**, adesso riferito all'animale in sé in generale. |
| 縁 | 縁 bordo, orlo、額縁 cornice、縁 relazione, fato、近縁 strettamente correlato、縁側 veranda |
| / | La parte a destra deriva da \*彖 riccio, usato foneticamente per esprimere 端 bordo-margine > 糸 fili usati per orlare > **orlo, bordo** > legame fra i fili > **connessione, relazione, fato**. |
| 逐 | 逐次 a uno a uno、逐一 nel dettaglio、逐語的 parola per parola、駆逐 scacciare, annientare |
| / | **Inseguire** (\*辶) dei cinghiali al fine di **riuscire** a **scacciarli via** a uno a uno. |
| 蒙 | (蒙 ignoranza)、蒙る ricevere-subire、啓蒙 illuminismo |
| // | \*冢 "coprire: un \*豕 maiale a cui si avvolge una benda (\*冃) intorno agli occhi > coprire la vegetazione (\*艹) impedendo che fiorisca > agire con **ignoranza**. I significati di **ricevere-subire** sono dei prestiti. |
| 塚 | 塚、一里塚 ichiridzuka |
| // | Una combinazione di \*冖 coprire, 土 terra e \*豕, forse usato foneticamente per richiamare 死 morte > un **cumulo**, inteso in genere come una tomba. |

| 家 | 家 casa (house)、家 casa (home)、家族 famiglia、家賃 affitto、画家 pittore、家内 moglie、作家 scrittore、家庭 famiglia-ambiente domestico、翻訳家 traduttore、借家 casa in affitto |
|---|---|
| II | Qui \*豕 maiale suggerisce uno stato di non operatività confermato ulteriormente dall'omofonia del kanji con 暇 tempo libero > edificio (\*宀) dove rilassarsi > **casa, famiglia** > casa dove abita lo **specialista** di una disciplina. |

| 嫁 | 嫁ぐ prendere in sposa、嫁 sposa (花嫁)、嫁入り matrimonio、許嫁 <u>fidanzata</u> |
|---|---|
| / | Una 女 donna presa in **sposa** e portata nella sua nuova 家 casa. |

| | | |
|---|---|---|
| 稼 | 稼ぐ、出稼ぎ<sub>lavorare lontano da casa (in un'altra città o paese)</sub>、稼動人口<sub>manodopera</sub> | |
| / | Una grande quantità di grano (*禾), tanta da poter riempire il deposito, simboleggiato da 家 casa > **lavorare** per **ottenere un guadagno**. | |

| *豕 | Il kanji indicava una mandria di 豕 maiali che <u>procedono in avanti goffamente</u> (spingendosi e sparpagliandosi *ソ). Foneticamente *豕 richiama 垂 (penzolare, gocciolare), comunicando spesso come radicale un senso di <u>discesa</u>. |
|---|---|

| | | |
|---|---|---|
| 隊 | 軍隊<sub>esercito</sub>、兵隊<sub>soldato</sub>、隊長<sub>capitano</sub>、部隊<sub>truppa</sub>、艦隊<sub>flotta</sub> | |
| IV | <u>Precipitare da una *阝 collina</u>. I significati di **squadra** e **truppa** militare sono dei prestiti, forse in parte associati all'idea di uno squadrone che discende o si accampa sulla collina. | |
| 墜 | 堕ちる、墜落、墜落事故<sub>incidente aereo</sub> | |
| / | > l'aggiunta di 土 terra suggerisce una frana e ripristina il senso di **precipitare** dalla collina di 隊. | |
| 遂 | 遂げる<sub>compiere, realizzare</sub>、完遂<sub>adempimento</sub>、自殺未遂<sub>tentato suicidio</sub>、ついに<sub>infine</sub> | |
| / | L'aggiunta di *辶 enfatizza il senso di movimento del gruppo di maiali. Il kanji ha preso poi il significato di **portare a compimento** qualcosa tramite la forza del gruppo > **alla fine, infine**. | |

| *亥 | Semplificazione di un *豕 maiale fatto macellare. Come radicale può comunicare qualsiasi significato affine all'idea di <u>separazione e sminuzzamento</u> suggerita dalla macellazione. |
|---|---|

| | | |
|---|---|---|
| 刻 | 刻む、時を刻む<sub>scandire il tempo</sub>、遅刻<sub>ritardo</sub> | |
| VI | **Tritare, tagliuzzare** (*刂) > **imprimere, incidere, scolpire**. La lettura richiama 画 (immagine) per sottolineare il risultato dell'intaglio. | |
| 核 | 核<sub>nucleo, nocciolo</sub>、細胞核<sub>nucleo (cellula)</sub>、原子核<sub>nucleo atomico</sub>、核兵器<sub>arma nucleare</sub> | |
| / | *亥 era adoperato a livello fonetico per indicare "un involucro duro" (殻 guscio), dapprima riferito a una cassa di legno e successivamente al **nocciolo** dei frutti che crescono 木 sull'albero > **nucleo**. *亥 può essere immaginato per comodità nella sua senso implicito di "sminuzzare", riferito al frutto aperto con in mostra il nocciolo. | |
| 骸 | 骸<sub>corpo, cadavere, salma</sub>、骸骨<sub>scheletro</sub>、残骸<sub>rovine, rottami, relitto</sub> | |
| // | 骨 **ossa** e **spoglie** di un cadavere > **scheletro**. | |
| 劾 | 弾劾<sub>incriminazione</sub> | |
| // | **Investigare su un reato**, dall'idea di separare e analizzare con impegno (力) ogni particolare. | |
| 該 | 該当<sub>pertinente, che soddisfa (es. delle condizioni)</sub> | |
| // | Parole (言) **pertinenti** nei minimi dettagli. | |

| | | |
|---|---|---|
| 馬 | 馬、馬車<sub>carrozza</sub>、馬術<sub>equitazione</sub>、馬鹿 バカ<sub>stupido (e simili)</sub> | |
| II | Dal pittogramma di un **cavallo** con gli occhi coperti dalla criniera. Da non confondersi con 鳥 uccello. | |
| 騒 | 騒ぐ、騒がしい、胸騒ぎ<sub>turbamento</sub>、騒音<sub>rumore</sub>、騒動<sub>tumulto, disordini/rissa</sub> | |
| / | Da *騒, il **disturbo** provocato a un 馬 cavallo da una *蚤 pulce, ossia un 虫 insetto che pizzica (*爫 mano, modificata con 又) > qualcosa che disturba o genera confusione > **rumore**. | |

| 篤 | 篤い、篤実 schietto-franco、危篤状態 condizioni critiche |
|---|---|
| / | Un cavallo che procede a passo sicuro, saldo a terra e flessibile (agile) come il 竹 bambù. **Serio, sincero** e **cordiale** sono dei prestiti, in parte associabili figurativamente all'immagine rappresentata. |
| 罵 | 罵る、罵り、罵倒 ingiuria, invettiva |
| / | Gli *吅 occhi del cavallo coperti dalla criniera > "agire con gli occhi coperti", in senso figurato coprire di **insulti, imprecare**. |

| 鹿 | 鹿、ばからしい assurdo! (ばかばかしい) |
|---|---|
| // | Inizialmente scritto *麃, rivela la sua derivazione da 馬 cavallo con in alto un corno. Il kanji si riferiva a una particolare bestia mitologica di natura divina, significato ancora presente in alcuni composti. Aggiungendo due *ヒ per simboleggiare le corna curve si ottiene il significato attuale di **cervo**. |

| 薦 | 薦める、推薦 raccomandazione、推薦状 lettera di raccomandazione |
|---|---|
| / | Come visto sopra, il kanji presenta la versione originaria di 鹿, una *麃 bestia mitologica, usata in questo caso per indicare un animale da pascolo a cui si dà *艹 l'erba migliore (omofonia con 鮮 fresco, chiaro, vivido) > **raccomandare** il meglio > **offrire** (es. vino, significato minore). |
| 麗 | 麗しい、きれい、美辞麗句 linguaggio fiorito |
| // | Un cervo che mette in mostra le sue **bellissime** corna, riconfermate graficamente in alto > **bello, stupendo** > **carino, grazioso**. In realtà un'altra teoria suppone *丽 rappresenti due asce e sia usato per esprimere "pluralità", nel caso specifico un branco di cervi. I significati finali deriverebbero comunque dalle caratteristiche del cervo, considerato un animale pieno di grazia. |
| 塵 | ゴミ spazzatura、ちり polvere |
| // | Nuvola di **polvere** (土) alzata dall'avanzata di una mandria di cervi > **spazzatura**. |
| 麓 | 麓、山麓 |
| // | 林 bosco ai **piedi di un montagna**. 鹿 può indicare la località naturale dove trovare l'animale. |
| 慶 | 慶ぶ、慶祝 celebrazione、慶賀 congratulazioni、慶賀を述べる congratularsi |
| // | Unione di 鹿 con la parte inferiore di 愛 amore. 鹿 riprende il suo significato originale di creatura divina suggerendo una divinità portatrice di **gioia** > **celebrazione**. |

| 能 | 能 Nō (teatro)、能力 capacità、才能 talento、可能性 possibile、不可能 impossibile、よく bene/spesso... |
|---|---|
| V | Dal pittogramma di un <u>orso</u> di cui il corpo (肉), la grande testa (*厶) e le zanne (*ヒ). L'orso è visto come un animale forte e di grandi **capacità** > **abilità, possibilità** > **teatro Nō**. |

| 熊 | 熊 |
|---|---|
| // | Un *灬 fuoco ardente e feroce come un **orso**. Il kanji ripristina il significato originale di 能. |
| 態 | 態と di proposito、態度 atteggiamento、状態 condizioni, stato、事態 situazione, caso |
| V | Capacità che variano in base alle proprie emozioni (心) > **atteggiamento, condizioni, stato**. |
| 罷 | 罷り間違う andare per il peggio、罷免 licenziare qualcuno |
| // | Piazzare una *吅 rete per catturare un orso > lasciare qualcosa e **andarsene** > **cessare** (di fare). |

| | |
|---|---|
| **\*虍** | La testa di una tigre. 匕 simboleggia le zanne. |

| | | |
|---|---|---|
| | **虎** | 虎、猛虎 (もうこ) tigre feroce、虎穴 (こけつ) tana della tigre/posto pericoloso |
| | / | Una **tigre** con le zampe (\*儿) accovacciate, pronta per compiere un balzo. |
| | **劇** | 劇場 (げきじょう) teatro、演劇 (えんげき) spettacolo teatrale、劇的 (げきてき) drammatico、悲劇 (ひげき) tragico、喜劇 (きげき) commedia |
| | VI | Attaccare in modo concitato con una \*刂 spada così come una tigre attacca un cinghiale (indicato da \*豕 maiale) > **teatro, dramma**. |
| | **慮** | 慮る (おもんばか)、遠慮 (えんりょ) prudenza, riservo, ritegno、考慮 (こうりょ) considerazione, tenere presente, riflettere su |
| | / | Combinazione di 思 (し) "pensare" e \*虍, usato per richiamare foneticamente il contatore 箇 (か/こ) > pensare a un conteggio, in seguito ponderare con serietà riguardo a qualcosa > **considerazione, prudenza**. La presenza di \*虍 tigre potrebbe avere influito sull'evoluzione semantica del kanji. |
| | **虜** | 虜 (とりこ) prigioniero/vittima (es. della malinconia)/schiavo (es. dell'ambizione)、捕虜 (ほりょ) prigioniero (di guerra) |
| | / | Kanji derivato da numerose semplificazioni. L'originale mostrava una combinazione di \*虍 tigre, 力 forza e 貫 (かん) "perforare", usato nella sua accezione grafica di "貝 conchiglie tenute insieme da un filo che vi passa attraverso" > raccogliere le forze (力) in modo da catturare qualcuno > **prigioniero**. \*虍 (こ) richiama foneticamente 捕 (ほ) "catturare" e forse suggerisce una situazione simile anche a livello semantico. Per questo, la forma attuale del kanji potrebbe essere ricordata semplicemente come "un 男 (だん) uomo messo alle strette, fatto prigioniero da una \*虍 tigre". |
| | **膚** | 皮膚 (ひふ)、皮膚科学 (ひふかがく) dermatologia、皮膚炎 (ひふえん) dermatite |
| | / | Kanji di etimologia confusa che sembrerebbe trovare la sua origine in \*臚. \*盧 ha il significato di "capanna", ma in passato indicava un "contenitore", ben rappresentato dai suoi elementi 皿 "piatto" e 田, di solo utilizzo grafico. Il ruolo di \*虍 "tigre" non è chiaro, ma potrebbe essere che il contenitore fosse adibito a conservare il cibo. Con l'aggiunta di 月 (肉 carne) si indica la parte del corpo che ha il ruolo di contenimento, vale a dire la **pelle**, il **derma**. La versione attuale semplifica il contenitore con i soli elementi \*虍 e 田 e mantiene 月 per indicare la parte del corpo. Il kanji di 胃 (い) stomaco non è quindi presente, ma può essere utile considerarlo tale per aiuto mnemonico. |
| | **虐** | 虐げる (しいた)、暴虐 (ぼうぎゃく) tirannia/atrocità、残虐 (ざんぎゃく) crudeltà、虐待 (ぎゃくたい) maltrattamento |
| | // | Una tigre che morde la mano (\*ヨ) di una persona > **opprimere, crudeltà**. |

| | |
|---|---|
| **虚** | 虚ろ (うつ)、虚しい (むな) vano, futile、虚像 (きょぞう) immagine virtuale/falsa immagine、虚偽 (きょぎ) falsità、虚無主義 (きょむしゅぎ) nichilismo |
| / | \*虍 tigre qui suggerisce qualcosa di "imponente". L'originale mostrava anche 丘 (きゅう) e si riferiva a una grande collina con una \*业 fossa al centro, probabilmente un vulcano inattivo > **cavità** vuota > **vacuo, vuoto, falso**. |

| | | |
|---|---|---|
| | **嘘** | 嘘 (うそ) bugia/(esclamazione di sorpresa)、嘘を吐く (うそ) dire una bugia、嘘つき (うそ) bugiardo |
| | / | Far uscire dalla 口 bocca parole vuote e false > **bugia**. |
| | **戯** | 戯れる (たわむ)、戯言 (たわごと) sciocchezza, inezia、遊戯 (ゆうぎ) gioco, sport、戯画 (ぎが) caricatura |
| | / | Una 戈 lancia usata per **gioco-sport** (in modo vuoto, non seriamente) > **comportarsi in modo giocoso, scherzoso**. |

| 象 | 象 <sub>ぞう</sub> elefante、象牙 <sub>ぞうげ</sub> avorio、印象 <sub>いんしょう</sub> impressione、対象 <sub>たいしょう</sub> oggetto per-di...、象徴 <sub>しょうちょう</sub> simbolo、現象 <sub>げんしょう</sub> fenomeno |
|---|---|
| IV | Dal pittogramma di un **elefante** con zanne e proboscide > essendo un animale gigantesco che salta subito all'occhio il kanji ha assunto anche i significati astratti di **forma** e **aspetto**. |

| 像 | 像 <sub>ぞう</sub> statua、象増 <sub>ぞうぞう</sub> immaginazione、肖像画 <sub>しょうぞうが</sub> ritratto、映像 <sub>えいぞう</sub> immagine (riflessa/in televisione/nella mente..) |
|---|---|
| V | L'aspetto di una *イ persona. 像 è usato in senso astratto per indicare il significato di **immagine** e in senso concreto per rappresentare una **statua**. |
| 為 | する <sub>為</sub> fare ...、なさる <sub>為</sub> fare (formale)、ため <sub>為</sub> scopo/bene-interesse、行為 <sub>こうい</sub> azione、<br>なす <sub>為</sub> compiere, portare a termine qualcosa/fare (costituire, formare) qualcosa |
| / | Da *爲, una *爫 mano che riproduce la 象 forma di qualcosa > <u>imitare</u> più volte allo **scopo** di imparare > **fare**. 象 è presentato in una sua variante. |
| 偽 | 偽る <sub>いつわ</sub>、偽物 <sub>にせもの</sub> falsificazione, falso, imitazione、偽者 <sub>にせもの</sub> impostore、偽善 <sub>ぎぜん</sub> ipocrisia |
| / | > una *イ persona che cambia se stessa al fine di imitare (為) qualcuno > **falso** (falsificazione), **bugia**. |

# 4.1.2 Animali piccoli

| | |
|---|---|
| **\*它**<br>**(也)** | 它, o \*也, derivano dal pittogramma di un <u>serpente</u> con un ampio cappuccio <u>avviluppato</u> su se stesso. La semplificazione è composta da \*ヒ e \*宀 e deriva da una variante di 虫 <sup>ちゅう / き</sup> (insetto), anch'esso la rappresentazione grafica di un serpente. Un tempo per chiedere alle persone se tutto andasse bene si usava dire 「別<sup>べつじょう</sup>状なかったか」, cioè "se non fosse accaduta <u>un'altra situazione</u>", ossia qualcosa di inusuale, diverso dal normale. Per suggerire l'idea di "altra situazione" l'espressione originale utilizzava simbolicamente \*它 serpente: 「無它乎」, "se non ci si fosse imbattuti in un serpente" > da ciò \*它/\*也 ha assunto anche il significato di <u>altro</u>. |

| | |
|---|---|
| 蛇 | 蛇<sup>へび</sup>、大蛇<sup>だいじゃ</sup> grosso serpente (大蛇)、蛇口<sup>じゃぐち</sup> rubinetto、蛇行<sup>だこう</sup> serpeggiamento, meandro |
| / | 虫 è aggiunto per sottolineare il significato di \*它 **serpente**. |
| 他 | 他<sup>ほか</sup> altro、他人<sup>たにん</sup> estraneo/altra persona、他方<sup>たほう</sup> l'altro/d'altra parte...、他愛<sup>たあい</sup> altruismo |
| III | Un'**altra** persona (\*イ), inusuale, straniera o appartenente a un diverso gruppo. Questo significato è derivato dalla seconda accezione etimologica di \*也. |
| 地 | 地<sup>ち</sup>、地下鉄<sup>ちかてつ</sup> metropolitana、地震<sup>じしん</sup> terremoto、地面<sup>じめん</sup> superficie、地図<sup>ちず</sup> mappa、地方<sup>ちほう</sup> territorio |
| II | Una <u>distesa di 土 **terra**</u> che si dirama come un serpente avviluppato al **suolo**. |
| 馳 | ご馳走様<sup>ちそうさま</sup>でした grazie per il pasto、馳せ<sup>は</sup>参<sup>さん</sup>じる sbrigarsi per visitare o unirsi a qualcuno、ご馳走<sup>ちそう</sup> banchetto |
| / | > **galoppare** a 馬 cavallo per una lunga distesa (地, abbreviato) > **andare veloce, di fretta**. |
| 池 | 池<sup>いけ</sup>、電池<sup>でんち</sup> batteria、貯水池<sup>ちょすいち</sup> bacino idrico |
| II | Un argine che, come un serpente avviluppato, gira intorno a uno **stagno** (\*氵) > **bacino idrico**. |
| 弛 | 弛<sup>たゆ</sup>む、弛緩<sup>しかん</sup> rilassamento, distensione |
| // | La corda di un 弓 arco **allentata**, ondulata come un serpente. |

| | |
|---|---|
| **\*禺** | Dal pittogramma di uno scorpione con la coda arricciata. Come radicale indica spesso l'idea di qualcosa di "contorto" e quindi d'<u>intricato</u>, <u>confuso</u>, <u>non chiaro</u>. |

| | |
|---|---|
| 偶 | 偶<sup>偶</sup>たまに a volte、偶然<sup>ぐうぜん</sup> coincidenza、配偶者<sup>はいぐうしゃ</sup> coniuge, consorte、偶像<sup>ぐうぞう</sup> idolo、偶数<sup>ぐうすう</sup> numeri pari |
| / | Una \*イ persona <u>incontrata per un intricato gioco del caso</u> > **per caso. Compagno** è un significato associato > **coniuge, numeri pari**. **Bambola-effige** deriva invece dalla pratica di bruciare feticci insieme al defunto, come compagni da portare con sé nell'aldilà. |
| 遇 | 待遇<sup>たいぐう</sup> accoglienza, trattamento、冷遇<sup>れいぐう</sup> trattamento freddo |
| / | > l'elemento a destra è un'abbreviazione di 偶 > incontrarsi mentre ci si muove per la strada (\*辶) > **incontro, accoglienza**. |
| 隅 | 隅<sup>すみ</sup>、片隅<sup>かたすみ</sup> |
| / | Un recesso oscuro di un'intricata catena collinare (\*阝) > **angolo, nicchia**. |

| | | |
|---|---|---|
| 愚 | 愚か、愚図る <sub>おろ ぐ ず</sub> lamentarsi, brontolare、愚痴 <sub>ぐ ち</sub> lamentela | |
| / | Sentimenti (心) intricati e confusi > sentimenti irrazionali > **stupido, folle**. | |

| 虫 | 虫（昆虫）<sub>むし こんちゅう</sub>、虫歯 <sub>むしば</sub> carie、害虫 <sub>がいちゅう</sub> insetto nocivo、殺虫剤 <sub>さっちゅうざい</sub> insetticida、寄生虫 <sub>きせいちゅう</sub> parassita、爬虫 <sub>はちゅう</sub> rettile |
|---|---|
| I | Pittogramma di un serpente dal grande cappuccio. Serpenti e insetti anticamente erano considerati animali simili, come dimostrato dal kanji *蟲 rappresentante un gran numero di specie viventi di piccole dimensioni > **insetto**. |

| | | |
|---|---|---|
| 蛍 | 蛍、蛍光 <sub>ほたる けいこう</sub> fluorescenza、蛍光灯 <sub>けいこうとう</sub> lampada fluorescente/persona lenta a reagire | |
| / | Da *螢, un insetto luminoso come fosse ricoperto dal 火 fuoco > **lucciola**. | |
| 蚕 | 蚕、蚕業 <sub>かいこ さんぎょう</sub> sericoltura、蚕糸 <sub>さんし</sub> filo di seta、ソラマメ fave | |
| VI | Da *蠶 **baco da seta**. L'elemento *替 (dovrebbe) era usato foneticamente per richiamare 妊 <sub>にん / じん</sub> (gravidanza), a indicare la produzione di seta del baco (虫, raddoppiato). La semplificazione può essere ricordata come "un baco (虫) che produce seta candida come il 天 <sub>てん</sub> cielo". | |
| 繭 | 繭 <sub>まゆ</sub> | |
| // | Un 虫 insetto che fila (糸) il suo **bozzolo**, rappresentato dall'elemento che circonda il kanji. La parte superiore non era *艹 erba, ma delle corna simmetriche a indicare la forma speculare del bozzolo. La semplificazione con *艹 può comunque rimandare all'elemento naturale. | |

| *蜀 | Un <u>bruco</u>, 虫 insetto dai grandi *罒 occhi *勹 avvolto a spirale. A volte come radicale suggerisce qualcosa di <u>appiccicoso</u> che si <u>attacca</u> (legame fonetico con 触 <sub>しょく</sub> entrare in contatto). |
|---|---|

| | | |
|---|---|---|
| 独 | 独り <sub>ひと</sub> solo、独身 <sub>どくしん</sub> celibe、独立 <sub>どくりつ</sub> indipendenza、単独 <sub>たんどく</sub>で tutto da solo, individualmente、独断 <sub>どくだん</sub> di testa propria, arbitrario (es. una scelta)、孤独 <sub>こどく</sub> solitudine | |
| V | Da *獨, due cani (*犭) avvinghiati (attaccati *蜀) assieme in una lotta, tanto da sembrare un'unica entità > **essere solo**. **Germania** è un prestito. 虫 è da considerare come abbreviazione di *蜀. | |
| 濁 | 濁る <sub>にご</sub> (intr.)、濁す <sub>にご</sub> (tr.)、濁り <sub>にご</sub> impurità, torbidezza/suono sonoro、濁音 <sub>だくおん</sub> consonante sonora | |
| / | Dell'acqua (*氵) appiccicosa e sgradevole (suggeriti da *蜀) > **diventare impuro, intorbidirsi, viziarsi**. 濁 è anche usato per indicare il suono **sonoro**. | |
| 属 | 属する、所属、金属 <sub>きんぞく</sub> metallo、付属 <sub>ふぞく</sub> essere annesso-dipendere da、付属品 <sub>ふぞくひん</sub> accessorio | |
| V | Da *屬, composto da una variante di 尾 <sub>び</sub> coda e *蜀 bruco > un bruco che si avvolge a spirale così che la coda incontri la testa > **appartenere** saldamente a qualcosa > **affiliato, genere** (biologico). La semplificazione abbrevia 尾 con *尸 (fondoschiena) e semplifica bruco *蜀 con 虫 e *冂. La lettura richiama 続 <sub>ぞく</sub> (continuazione). | |
| 嘱 | 嘱望 <sub>しょくぼう</sub> essere pieno di aspettative、嘱託 <sub>しょくたく</sub> commissionare, affidare (es. un lavoro a qualcuno) | |
| // | > imporre verbalmente (口), significato suggerito dall'idea di "salda appartenenza" di 属 > **affidare, commissionare**. | |

| 易 | 易しい <sub>やさ</sub> facile, comprensibile、交易 <sub>こうえき</sub> scambio commerciale、貿易 <sub>ぼうえき</sub> commercio con l'estero、易者 <sub>えきしゃ</sub> indovina、安易 <sub>あんい</sub> facile-comodo, alla leggera |
|---|---|
| V | Semplificato dal pittogramma di una <u>lucertola che **cambia colore**</u> > qualcosa che cambia **facilmente** > **scambi commerciali**. Il significato minore di **divinazione** deriva dal concetto di interpretazione dei cambiamenti. |

| | | |
|---|---|---|
| 賜 | 賜る (intr.)、賜う (tr.)、賜物 dono-risultato (es. dei propri sforzi) | |
| / | Degli oggetti preziosi (貝) iridescenti (di vario colore 易), **donati** da un sovrano come ricompensa > **essere onorati** con dei doni, **conferire**. | |

| | | |
|---|---|---|
| 亀 | 亀、亀の甲 guscio di una tartaruga、亀裂 crepa | |
| // | Da *龜, pittogramma di una **tartaruga**. La semplificazione è simile a quella che avviene con 縄 mosca (da *繩). | |

| | |
|---|---|
| *黽 | Pittogramma di una specie di <u>mosca</u> con le sue ali, la testa dai grandi occhi e il pungiglione. La semplificazione usa 田 sia per la testa che per il corpo ed è simile a quella che avviene in 亀 tartaruga (da *龜). Il significato di **rana** è un prestito, mentre mosca è attualmente espresso dal kanji 蝿 (はえ) che aggiunge 虫 insetto a *黽. |

| | | |
|---|---|---|
| 縄 | 縄、沖縄 Okinawa、縄文時代 Periodo *Jōmon* | |
| // | 糸 fili legati insieme, compatti come uno sciame di mosche > **fune**. | |

# 4.1.3 Animali marini

| 魚 | 魚 (魚)、魚屋 pescivendolo、 魚 釣り pesca、金魚 pesce rosso、鮮魚 pesce fresco |
|---|---|
| II | Pittogramma di un **pesce**. |

| | 漁 | 漁る cercare da mangiare, razzolare、漁獲 pesca、漁船 peschereccio、漁師 pescatore |
|---|---|---|
| | IV | Pesci nell'acqua (*氵) da catturare > **pesca**. La lettura ぎょ riprende quella di 魚 "pesce", mentre la lettura りょう si collega a 猟 "caccia" e a 虜 "prigioniero". |

| *辰 | Il movimento frenetico di una vongola che si chiude di scatto > spasmo, contrazione, vibrazione. A volte per associazione il kanji si riferisce a uno strumento tagliente come una falce. |
|---|---|

| | 震 | 震える (intr.)、震う (tr.)、身震い brivido-fremito、地震 terremoto、震央 epicentro |
|---|---|---|
| | / | Una violenta tempesta (雨) che fa scuotere ogni cosa > **tremare** (e simili). |
| | 振 | 振る (tr.)、振るう (tr.)、振れる (intr.)、振り返る guardare indietro、振り向く girarsi、振る舞う comportarsi、振り maniera, apparenza/ fare finta、振り仮名 furigana、久しぶり da tanto tempo (che non ci si vede)、身振り gesto、振動 oscillazione, vibrazione |
| | / | **Agitare** le *扌 mani > **oscillare**. Dall'idea di brandire con le mani e agire in modo appariscente derivano i significati di **maniera, atteggiamento con cui si fa qualcosa**, spesso nel senso di **fare finta. Dopo del tempo** è invece un significato minore derivato dall'idea di un'azione che comincia. |
| | 唇 | 唇 、唇音 suono labiale、読唇術 lettura delle labbra |
| | / | Parte della 口 bocca che freme, si apre e si chiude > **labbra**. |
| | 娠 | 妊娠 gravidanza、妊娠検査 test di gravidanza、妊娠中絶 aborto |
| | / | *辰 "vongola" qui suggerisce un essere vivente contenuto in un involucro esterno > un bambino che si muove nella pancia della madre (女) > **gravidanza, essere incinta**. |
| | 辱 | 辱める、侮辱 insulto、屈辱 affronto, umiliazione、雪辱 rivincita/vendicare il proprio onore |
| | / | Uso attento delle mani (寸) nel maneggiare una falce. I significati di **umiliare, insultare** e **disonorare** sono un'estensione simbolica dell'idea di "agire in modo tagliente nei confronti di qualcuno". |
| | 農 | 農業 agricoltura、農具 attrezzi agricoli、農薬 pesticida、農家 famiglia di agricoltori、農民 contadino, agricoltore |
| | III | In origine la parte superiore era una combinazione di campo (田) coltivato, 木 alberi ed *艹 erba; il tutto adesso semplificato con 曲 (curvare, piegare). L'intero kanji significava "disboscare un'area per renderla coltivabile" con *辰 a simboleggiare una "falce" > **agricoltura**. |
| | 濃 | 濃い scuro, intenso, denso、濃厚 denso-ricco-concentrato, appassionato、濃霧 nebbia fitta |
| | / | > abbondante acqua (*氵) usata a scopo 農 agricolo > un'area fertile e ricca > **scuro, intenso** e **denso** sono significati associati. |

| 貝 | 貝 (かい) conchiglia/mollusco、貝がら (かいがら) conchiglia、二枚貝 (にまいがい) bivalve、(貝貨 (ばいか) conchiglie usate come moneta di scambio) |
|---|---|
| I | Pittogramma di un mollusco bivalve > **conchiglia**. La lettura si collega a 介 (mediare, stare tra due cose), pittogramma di un uomo dentro un'armatura, che annovera tra i suoi significati anche quello di "conchiglia". Nell'uso come radicale 貝 indica <u>soldi</u> e tutto quello che può venire associato al <u>commercio</u>, oggetti <u>preziosi</u> e <u>ricchezze</u> in generale. Le conchiglie in passato erano adoperate infatti come moneta di scambio. |

| 買 | 買う (か)、買い物 (か もの) spesa、買い手 (か て) acquirente、売買 (ばいばい) compravendita |
|---|---|
| II | Una *罒 rete contenente delle merci scambiate per soldi (貝) > **comprare**. La lettura richiama il kanji di 貿 (ぼう) scambi commerciali. |

| 敗 | 失敗 (しっぱい) fallimento、敗北 (はいぼく) sconfitta, disfatta、勝敗 (しょうはい) vittoria o sconfitta/esito、大敗 (たいはい) sconfitta schiacciante |
|---|---|
| IV | 貝 qui richiama 壊 (かい) (distruggere) e 潰 (かい) (sfasciare, collassare) > venire colpiti (* 攵 ) fino all'annientamento > **essere sconfitti**. |

| 負 | 負ける (ま) perdere、負かす (ま) battere qualcuno、負う (お) portare sulle spalle/assumersi delle responsabilità、負 (ふ) svantaggi、負担 (ふたん) peso/onere、勝負 (しょうぶ) competizione, partita |
|---|---|
| III | La parte superiore è la semplificazione di una "persona inginocchiata" (vedi 危 (き) pericoloso), mentre 貝 (かい) è usato foneticamente per richiamare 背 (はい) schiena > **portare sulla schiena, assumersi delle responsabilità** > **svantaggi, perdere, sconfitta**. |

| 則 | 則る (のっと) attenersi a, conformarsi a、規則 (きそく) legge, regola、不規則 (ふきそく) irregolare、法則 (ほうそく) legge、原則 (げんそく) principio generale |
|---|---|
| V | 貝 qui è una semplificazione di * 鼎 (てい / ちょう) calderone treppiede, usato per richiamare foneticamente 創 (そう) (ferita) > ferire o intagliare con la spada (* 刂). Il significato si è poi esteso a quello di "intagli eseguiti a <u>scopo demarcativo-misurativo</u>", forse suggerito da dei particolari intagli eseguiti sul *鼎 calderone per fini decorativi > **regole, modello**. È possibile un richiamo fonetico fra la lettura del kanji e 刻 (こく) (intagliare). |

| 側 | 〜側 (がわ) lato...、片側 (かたがわ) un lato、右側 (みぎがわ) lato destro、左側 (ひだりがわ) lato sinistro、裏側 (うらがわ) l'altra parte/il retro、表側 (おもてがわ) lato anteriore、外側 (そとがわ) lato esterno, facciata、側面 (そくめん) lato, fianco |
|---|---|
| IV | Una * 亻 persona che tende verso un certo 則 modello da seguire. Ne deriva il significato generico di **lato** (verso cui si tende). 則 richiama foneticamente * 仄 (そく) (in pendenza-obliquo). |

| 測 | 測る (はか) misurare、測定 (そくてい) misurazione、憶測 (おくそく) congettura-supposizione、推測 (すいそく) congettura, presunzione |
|---|---|
| V | Misurare la profondità dell'acqua (* 氵) > **stima, misura, schema, piano**. |

| 員 | 会社員 (かいしゃいん) impiegato、工員 (こういん) operaio、全員 (ぜんいん) tutti quanti、店員 (てんいん) commesso、員数 (いんずう) numero di membri |
|---|---|
| III | 貝 conchiglia qui è in realtà una semplificazione di *鼎 calderone treppiede con l'attenzione rivolta alla sua 口 bocca <u>rotonda</u>. Poiché durante le feste diversi calderoni erano posti uno accanto all'altro per cuocere la carne, si è generata la parola 「員数」 "numero di membri" (per cose o persone), da cui **membro, impiegato**. |

| 円 | 円い (まる) rotondo、円 (えん) en (yen)、円形 (えんけい) cerchio、一万円札 (いちまんえんさつ) banconota da 10.000 yen |
|---|---|
| I | Semplificato da *圓, composto di 員, nel significato originale di **rotondo**, e una seconda 口 per enfasi > valuta giapponese **en (yen)** per associazione con la forma rotondeggiante delle monete. Di solito, per comodità mnemonica, la semplificazione attuale è spiegata come la rappresentazione grafica di uno sportello bancario. |

| | |
|---|---|
| 韻 | 韻 rima、韻を踏む fare rima、韻文 verso、韻律 metrica、類韻 assonanza、頭韻 allitterazione |
| // | Un 音 suono rotondo e quindi elegante > **rima, tono**. |
| 損 | 損なう danneggiare/fallire nel fare qualcosa、損 svantaggio, perdita、損害 danno, perdita, guasto |
| V | Rimuovere qualcosa mettendo la *扌 mano a coppa (rotonda) > **danneggiare** > **perdita, svantaggio**. Per aiuto mnemonico può essere utile ricordare il kanji come "il solco rotondo lasciato da un pugno", a cui ricollegare i significati attuali. |

| | | |
|---|---|---|
| 貫 | | 貫く、一貫性 coerenza、首尾一貫 coerente、貫通 trafiggere, perforare |
| / | | Dal pittogramma di due 貝 conchiglie usate come moneta di scambio, **perforate** al centro per farvi **passare attraverso** un filo che le tiene assieme. La conchiglia superiore è stata semplificata mantenendo una forma che richiama il significato. Come radicale può suggerire <u>accumulo</u>, dall'idea di "monete tenute insieme". |
| | 慣 | 慣れる abituarsi a, diventare familiari con, diventare abili-pratici con、習慣 abitudine/maniere |
| | V | Accumulare sentimenti nel *忄 cuore > **familiarità, abitudine**. |
| | 実 | 実る dar frutto、実 frutto、真実 verità、実は in realtà…、事実 fatti、現実 realtà |
| | III | Semplificato da *實, una casa (*宀) riempita di tesori e ricchezze > **sostanza** > **contenuto, ingrediente, frutto** > **verità, sincerità**. |

# 4.1.4 Volatili

| 鳥 | 鳥、小鳥 <ruby>とり<rt></rt></ruby> <ruby>ことり<rt></rt></ruby> uccellino、鳥居 <ruby>とりい<rt></rt></ruby> torii、白鳥 <ruby>はくちょう<rt></rt></ruby> cigno |
|---|---|
| II | Dal pittogramma di un **uccello**. Da non confondersi con 馬 cavallo. |

|  |  |  |
|---|---|---|
| 鳴 | 鳴く、鳴る <ruby>な<rt></rt></ruby> <ruby>な<rt></rt></ruby> squillare, risuonare、鳴らす <ruby>な<rt></rt></ruby> emettere un suono、耳鳴り <ruby>みみな<rt></rt></ruby> fischio all'orecchio、 怒鳴る <ruby>どな<rt></rt></ruby> urlare-strillare、悲鳴 <ruby>ひめい<rt></rt></ruby> grido, urlo, strillo、雷鳴 <ruby>らいめい<rt></rt></ruby> tuono | |
| | II | Un uccello che **cinguetta** (口) > **emettere suoni** (animali), **squillare**. |
| 島 | 島、島国 <ruby>しま<rt></rt></ruby> <ruby>しまぐに<rt></rt></ruby> paese insulare、列島 <ruby>れっとう<rt></rt></ruby> arcipelago、半島 <ruby>はんとう<rt></rt></ruby> penisola | |
| | III | 山 montagne che si elevano come 鳥 uccelli (presente in forma abbreviata) o dove questi ultimi si posano > terraferma emersa > **isola**. 鳥 si collega foneticamente a 潮 <ruby>ちょう<rt></rt></ruby> marea. |
| 鳩 | 鳩 <ruby>はと<rt></rt></ruby> | |
| | // | Un uccello paffuto (丸 rotondo, semplificato con 九) > **piccione**. |
| 鴫 | 鴫 <ruby>しぎ<rt></rt></ruby> | |
| | // | Un uccello che sorvola un campo (田), riferito a un **chiurlo**. |

| *隹 | Un piccolo <u>uccello</u> in volo visto di lato. Come radicale a volte suggerisce un <u>movimento in avanti</u>. |
|---|---|

|  |  |  |
|---|---|---|
| 誰 | 誰、誰か <ruby>だれ<rt></rt></ruby> <ruby>だれ<rt></rt></ruby> qualcuno、誰も <ruby>だれ<rt></rt></ruby> nessuno (con verbi negativi)、誰何 <ruby>すいか<rt></rt></ruby> chiedere l'identità a qualcuno | |
| | / | All'arrivo di qualcuno, paragonato a un uccello in viaggio, si chiede (言) la sua identità > **chi**. |
| 集 | 集まる <ruby>あつ<rt></rt></ruby> (intr.)、集める <ruby>あつ<rt></rt></ruby> (tr.)、〜集 <ruby>しゅう<rt></rt></ruby> raccolta di...、集中 <ruby>しゅうちゅう<rt></rt></ruby> concentrazione | |
| | III | Da *雥, uccelli **radunati** sopra un 木 albero. La lettura si collega a 衆 <ruby>しゅう<rt></rt></ruby> (folla, moltitudine). |
| 雑 | 雑誌 <ruby>ざっし<rt></rt></ruby> rivista、複雑 <ruby>ふくざつ<rt></rt></ruby> complicato、混雑 <ruby>こんざつ<rt></rt></ruby> affollamento、雑巾 <ruby>ぞうきん<rt></rt></ruby> straccio | |
| | V | > da *襍, composto di 集 uccelli radunati sopra un albero e *衤 vestito per indicare tanti piccoli brandelli di tessuto colorati come uccelli, assemblati insieme per comporre un patchwork. La varietà tipica del patchwork in sé conduce al concetto generico di **miscellanea**. Nella versione attuale 木 appare spostato in basso e *衤 vestito è sostituito con 九 "nove" per esprimere pluralità, ma può essere stato scelto anche in riferimento a *卆, forma alternativa di 卒, nel suo significato grafico di "divise appartenenti ai soldati". |
| 進 | 進む、進学 <ruby>すす<rt></rt></ruby> <ruby>しんがく<rt></rt></ruby> promozione、進歩 <ruby>しんぽ<rt></rt></ruby> progresso、進化 <ruby>しんか<rt></rt></ruby> evoluzione、先進 <ruby>せんしん<rt></rt></ruby> progredito, avanzato | |
| | III | Muoversi (*辶) in avanti come un uccello in volo > **proseguire, avanzare**. |
| 推 | 推す、推測 <ruby>お<rt></rt></ruby> <ruby>すいそく<rt></rt></ruby> congettura, presunzione、推薦 <ruby>すいせん<rt></rt></ruby> raccomandazione、推理小説 <ruby>すいりしょうせつ<rt></rt></ruby> romanzo giallo | |
| | VI | *隹 uccello suggerisce un "movimento in avanti" > **spingere in avanti** con la *扌 mano. 推 è usato figuratamente anche per indicare i significati di **promuovere** e **appoggiare**. **Deduzione** è un prestito associato. |

| | |
|---|---|
| 焦 | 焦がす bruciare、焦げる bruciarsi、焦がれる struggersi、焦る avere fretta, essere impaziente、焦点 punto focale |
| / | Arrostire un uccello sul *灬 fuoco > **bruciare** > in senso figurato **struggersi** > **avere fretta**. La lettura può essere ricollegata a 焼 "abbrustolire-bruciare". |
| 礁 | 暗礁、暗礁に乗り上げる arenarsi (anche figurato)/incagliarsi con uno scoglio、岩礁 scoglio |
| // | > delle 石 **rocce sommerse** di cui spunta solo la cima> **barriera corallina**. 焦 indica lo struggimento e la fretta di volerle superare. |
| 準 | 準備 preparativi、基準 base, norma, principio, criterio、水準 standard, livello medio/livello dell'acqua |
| V | Da *準. La parte destra, composta graficamente da *隹 e 十, deriva dal pittogramma di un falco appollaiato su un ramo e comunica uno stato di riposo e stabilità > uno lago (*冫) ghiacciato piano, dove tutto è allo stesso **livello** > **conforme, proporzionato**. *冫 è stato poi sostituito da *氵 acqua. |
| 准 | 准、に准じて in proporzione a、批准 ratifica、准教員 professore associato |
| // | > abbreviato da *準, ma considerabile come lo stesso kanji evolutosi con significati solo in parte divergenti > **conforme, permesso, associato** > **quasi**. |
| 唯 | 唯一 unico、唯々諾々 remissivamente, ubbidientemente、唯今 ただいま adesso/"sono a casa" |
| / | *隹 è usato per la sua antica lettura I, indicante assenso (simile all'attuale ええ in giapponese) > una bocca (口) che produce il suono I > **rispondere prontamente**. Il significato principale attuale è quello di **unico**, derivato da un prestito. Potrebbe essere utile ricordare il kanji come "un uccello che cinguetta", associando l'immagine al senso di "rispondere prontamente" e a quello di "unico". |
| 維 | 繊維 fibra、明治維新 Restaurazione *Meiji* |
| // | Una corda (糸) **legata stretta** a qualcosa al fine di tirarlo in avanti > **fibra**. |
| 雄 | 雄、雄、雄牛 bue、雄々しい intrepido、英雄 eroe、雄弁 eloquenza、雄大 grandioso |
| / | L'elemento a sinistra *厷 rappresenta un braccio piegato (*厶 suggerisce la forma), simbolo di **potenza** e mascolinità > un uccello appariscente di sesso **maschile (per animali)**. |
| 擁 | 擁護 protezione, difesa, supporto、人権擁護 protezione dei diritti umani、抱擁 abbraccio |
| / | La parte a destra deriva da *雝 (stagno/armonia), un *巛 fiume vicino a un *邑 villaggio dove gli uccelli si raccolgono per abbeverarsi. Nella semplificazione *邑 villaggio assume una forma specchiata (come si trova anche in 郷), mentre *巛 fiume è sostituito da *亠 coperchio. Il senso ultimo è di **protezione** e sostentamento, entrambi forniti al villaggio dal fiume che scorrendo intorno è come se lo **abbracciasse** (*扌). La lettura richiama 包 "avvolgere". |
| 羅 | 羅針盤 bussola、網羅 coprire-comprendere、羅列 enumerare、森羅万象 tutto il creato |
| / | Una *罒 rete per uccelli fatta di 糸 fili. 羅 ha finito per simboleggiare il concetto di mettere insieme dentro un unico ambito > **comprendere, includere**. |

| | |
|---|---|
| *奞 | Un *隹 uccello che sbatte veloce le sue 大 grandi ali in volo. L'originale mostrava nella parte superiore 衣 vestito, indicando una persona che cammina veloce con la veste che sventola come le ali di un uccello in volo. |

| | |
|---|---|
| 奮 | 奮う、奮い立つ tirarsi su di morale、興奮、奮闘 strenua battaglia |
| VI | Un uccello che spicca il volo da un campo (田) sbattendo velocemente le ali > **entusiasmarsi, esaltarsi, eccitarsi**. |

| | | |
|---|---|---|
| 奪 | | 奪う、奪い去る portare via、奪還 riconquista、略奪 saccheggio、剥奪 privazione |
| | / | Farsi sfuggire di mano (寸) un uccello > perdere dalla mano > **rubare**, **sottrarre**, **arraffare**. La lettura richiama 失 "perdere". |

| | |
|---|---|
| *蒦 | Un *隹 uccello <u>intrappolato dentro a una mano</u> (又); tutto <u>frastornato</u> ruota gli 目 occhi in ogni direzione. La parte superiore è attualmente semplificata con *艹 erba, in quanto frequentemente appare sopra il radicale di *隹 uccello per indicarne la cresta. |

| | | |
|---|---|---|
| 護 | | 看護婦 infermiera、弁護士 avvocato、保護 protezione, tutela、護衛 scorta, guardia |
| | V | Intrappolare con le parole (言) frastornando chi accusa > **difendersi** da un'accusa > **protezione**. |
| 獲 | | 獲物 preda、漁獲 pesca、獲得 acquisizione、捕獲 cattura |
| | / | Un *犭 cane che cattura un uccello > **catturare, acquisire**. |
| 穫 | | 収穫 |
| | // | Ottenere piante di riso (*禾) > **raccolto**. |

| | |
|---|---|
| *雚 | Un <u>airone</u> (*隹). *艹 erba simboleggia il ciuffo nucale che diparte dagli occhi (resi con due 口) che <u>scrutano in modo uniforme il paesaggio intorno in cerca di cibo</u>. Come radicale appare sempre semplificato. |

| | | |
|---|---|---|
| 権 | | 権利 diritti、権威 autorità、人権 diritti dell'uomo、特権 privilegio、権力 potere (es. politico) |
| | VI | *雚 era utilizzato foneticamente per esprimere "color crema" (anche se potrebbe anche essere stato associato al colore chiaro del piumaggio di un airone) > un 木 albero pieno di fiori color crema. A seguito di errori di trascrizione 権 è stato confuso con un altro kanji che mostrava *扌 mano al posto di 木 albero, mentre *雚 richiamava foneticamente un "pugno di pietre", a indicare "una persona che tiene in equilibrio nella mano pietre di varie dimensioni decretando una scala di misura" > **diritti** e **autorità**. Per comodità mnemonica si può immaginare "fiori color crema disposti in modo bilanciato sulla chioma dell'albero", e dal concetto di "bilanciare" arrivare ai significati attuali. |
| 観 | | 景観 veduta-panorama、価値観 valori、観光 turismo、観察 osservazione、観客 spettatore |
| | IV | 見 guardarsi attorno (*雚) > **osservare** > **aspetto-aria, punto di vista**. |
| 歓 | | 歓迎 accoglienza、歓呼 acclamazione、歓声 urlo di gioia、歓談 chiacchierata piacevole |
| | / | **Fare festa** a un banchetto, cibandosi (bocca aperta 欠) di un airone > **gioire**. |
| 勧 | | 勧める、勧め、勧告 consiglio、勧誘 esortazione |
| | / | Un airone che cerca del cibo con impegno (力) > incitare gli altri a fare sforzi simili > **consigliare, raccomandare, incoraggiare**. |

| | |
|---|---|
| *雈 | Un *隹 uccello con la cresta, in particolare una <u>gru</u>. |

| | | |
|---|---|---|
| 確 | | 確かめる、確かに effettivamente、確か sicuro, certo、正確 preciso、確認 conferma、確実 sicuro-attendibile、明確 chiaro-preciso、確固 fermo-risoluto-deciso、確信 convinzione, convincimento、確っかり fermamente, constantemente-stabilmente |
| | V | *雈 gru suggerisce il colore bianco del piumaggio che, insieme a 石 pietra, porta a suggerire il granito. Simbolicamente il granito comunica un senso di solidità e **affidabilità** > **accertarsi**. |

| | | |
|---|---|---|
| 鶴 | 鶴、折鶴 (おりづる) gru di carta つる | |
| | // | Aggiungendo 鳥 uccello si enfatizza il significato di *雀 **gru**. |

| *卂 | Uno stormo (十) di uccelli che volano <u>rapidi</u>. L'elemento a destra rappresenta un'ala (simile a quelle presenti nel kanji di 飛 volare ひ). | |
|---|---|---|
| | 迅 | 迅速 (じんそく) rapidità, prontezza、獅子奮迅 (ししふんじん) intensamente e con furore |
| | / | Movimenti (*辶) **rapidi**. |

| 羽 | 羽、〜羽 (はね・わ) contatore per uccelli、羽織 (はおり) haori、羽毛 (うもう) piumaggio, piuma | |
|---|---|---|
| | II | Pittogramma di un paio d'**ali** di un uccello in volo > **piume**. La lettura richiama 宇 (universo, tetto う) nella sua accezione grafica di "tetto che copre ogni cosa" > 羽 ali che ricoprono il corpo di un volatile. |
| | 習 | 習う、練習 (れんしゅう) allenamento、予習 (よしゅう) prepararsi per la lezione、復習 (ふくしゅう) ripasso、習慣 (しゅうかん) abitudine なら |
| | III | 白 bianco era in realtà 自 "sé stessi" (じ／し), usato foneticamente per richiamare 積 "pila, accumulare" (せき) > un volatile che sbatte ripetutamente le ali al fine di **imparare** a volare. In alternativa si può considerare 白 bianco come simbolo di purezza dell'uccello che ancora non ha imparato a volare. |
| | 翌 | 翌〜、翌日 (よく・よくじつ) il giorno successivo |
| | VI | Un uccello che si 立 alza in volo sbattendo le ali. Il significato di **successivo** è un prestito, anche se potrebbe essere stato influenzato dall'idea di "alzarsi e andarsene", riferito figuratamente a un momento del tempo che passa e fa posto a quello successivo. |
| | 扇 | 扇ぐ (あお) sventolare、扇 (おうぎ) ventaglio pieghevole (扇子 せんす)、扇風機 (せんぷうき) ventilatore、扇動 (せんどう) istigazione |
| | / | Un **ventaglio pieghevole** che sventola simile a delle ali o alle ante di una 戸 porta > **sventolare**. |

| *翟 | Un *隹 uccello che <u>sbatte</u> le 羽 ali e <u>vola alto</u> nel cielo. | |
|---|---|---|
| | 曜 | 曜日 (ようび)、日曜日 (にちようび) domenica、月曜日 (げつようび) lunedì、火曜日 (かようび) martedì、水曜日 (すいようび) mercoledì、木曜日 (もくようび) giovedì、金曜日 (きんようび) venerdì、土曜日 (どようび) sabato |
| | II | Il 日 sole che splende luminoso e alto nel cielo > passare del tempo > **giorni della settimana**. È possibile anche che il passaggio del tempo sia stato associato con l'idea del sole che passa nel cielo come un uccello in volo. La lettura si collega direttamente al kanji di 陽 sole (よう). |
| | 躍 | 躍る (おど)、跳躍 (ちょうやく) salto、小躍り (こおど) saltare di gioia、躍進 (やくしん) progresso-salto、活躍 (かつやく) partecipare attivamente |
| | / | Compiere un **balzo** in alto con le 足 gambe > **scattare**. |
| | 濯 | 濯ぐ (濯ぐ) (すす・ゆす)、洗濯 (せんたく) lavaggio、洗濯物 (せんたくもの) bucato、洗濯機 (せんたくき) lavatrice、洗濯屋 (せんたくや) lavanderia |
| | / | Sbattere il bucato nell'acqua (*氵) > **lavaggio, sciacquare**. |

| 非 | 非〜、非を認める (ひ・ひ・みと) ammettere di avere sbagliato、非常 (ひじょう) emergenza、非常に (ひじょう) estremamente、是非 (ぜひ) a tutti i costi, sicuramente、非番 (ひばん) non essere di turno、非難 (ひなん) accusa, critica、非行 (ひこう) delinquenza, cattiva condotta | |
|---|---|---|
| | V | Due ali spiegate <u>rivolte in direzione opposta</u>. Come accade in 背 (schiena/voltare le spalle > andare contro はい), la "direzione opposta" è associata a qualcosa di **negativo** > **non**. |

| | |
|---|---|
| 悲 | 悲しい、悲しむ rattristirsi、悲しさ tristezza、悲劇 tragedia、悲哀 amarezza, afflizione、慈悲 compassione, misericordia、悲観 pessimismo, scoraggiamento、悲鳴 urlo, strillo, grido |
| III | Un 心 cuore che si spezza in due parti > **triste, pietoso**. La lettura richiamava 哀 (sofferenza, compassione). |
| 罪 | 罪 peccato、犯罪 crimine、罪人 criminale、有罪 colpevole、無罪 innocente、謝罪 scuse |
| V | Una *罒 rete per catturare chi ha commesso un **crimine** (chi è "andato nella direzione opposta, ossia sbagliata") > commettere un **peccato**. |
| 俳 | 俳優 attore (maschio)、俳句 haiku |
| VI | Una *亻 persona reietta che vive di recitazione > **attore** > recitare un **haiku**. |
| 排 | 排する、排除 rimozione, esclusione、排斥 esclusione, espulsione/boicottaggio、排出管 tubo di scappamento、排気ガス gas di scarico、排卵 ovulazione |
| / | Spingere via con le *扌 mani da entrambe le parti per separare > **rigettare, espellere, escludere**. |
| 輩 | 先輩 compagno più grande、後輩 compagno più piccolo、同輩 compagno (di pari livello)、吾輩 io/noi (arcaico) |
| / | File di carri (車) disposti a sinistra e a destra > **compagni** che viaggiano insieme. La lettura richiama 並 allinearsi. |
| 扉 | 扉 porta, anta, battente, portiera/frontespizio |
| / | Un **portone** (戸) a due ante. 扉 è usato simbolicamente anche per riferirsi alle pagine di un libro e, in particolare, alla copertina. |

# 4.1.5 Parti animali

| 肉 | 肉、筋肉 muscolo、豚肉 carne di maiale、肉体 corpo (umano), carne、皮肉 cinico, ironico、食肉 carnivoro |
|---|---|
| II | Una fetta di **carne** con in mostra le venature. Come radicale è quasi sempre semplificato in modo identico al kanji di 月 "luna" e indica una <u>parte di un corpo</u>, un <u>organo interno</u> o il <u>corpo</u> per intero. |

| 胃 | 胃 stomaco (胃袋)、胃炎 gastrite、胃液 succo gastrico |
|---|---|
| IV | In alto il pittogramma di uno **stomaco** (semplificato con 田), rafforzato dalla presenza di 肉. |
| 肩 | 肩、肩車 portare a cavalcioni sulle spalle、肩凝り spalle tese、肩慣らし fare riscaldamento、比肩 essere paragonabile a |
| / | Una **spalla** rappresentata graficamente come fosse una 戸 porta, forse la mobilità simile a quella dei suoi cardini. 肉 indica la parte del corpo. |
| 絹 | 絹、絹糸 / 絹糸 filo di seta |
| VI | La parte destra *肙 rappresenta un piccolo verme, composto da un corpo (肉) di forma rotondeggiante (口), riferito al "baco da seta" > **seta** (糸). |

| 皮 | 皮 pelle/buccia、毛皮 pelliccia、皮膚 cute, derma、樹皮 corteccia、皮肉 cinico, ironico |
|---|---|
| III | Una mano (又) che <u>rimuove la **pelle** di un animale</u>. |

| 彼 | 彼、彼女 lei、彼氏 fidanzato、彼 あれ quello、彼方 あなた tu/caro (moglie che si rivolge al marito) |
|---|---|
| / | "Pelle che viene rimossa" (皮) suggerisce una separazione, un allontanamento > muoversi (*彳) verso una destinazione lontana. È stato usato poi per riferirsi a qualcosa o qualcuno > **quello, lui.** |
| 疲 | 疲れる stancarsi、疲れた stanco、お疲れ様 ottimo lavoro、疲労 fatica |
| / | Una persona e **stanca** e priva di vitalità (*疒 malattia), come se cadesse a pezzi (pelle rimossa 皮). |
| 被 | 被る indossare (dall'alto)、被る ricevere-subire、被害 danno、被害者 vittima、被告 imputato、被せる coprire con qualcosa (anche figurato)/mettere qualcosa sulla testa di qualcuno |
| / | **Coprirsi** con una pelliccia (*衤 vestito) > **indossare** > **ricevere-subire.** |
| 披 | 披露 annuncio、披露目 debutto/divulgare e rendere popolare qualcosa、結婚披露宴 ricevimento di nozze |
| / | L'aggiunta di un'altra *扌 mano enfatizza l'atto di togliere la pelle dall'animale, suggerendo a livello astratto "aprire, rivelare", da cui il significato finale di **divulgare.** |
| 破 | 破る (tr.)、破れる (intr.)、約束を破る infrangere una promessa、破産 bancarotta、破壊 distruzione、破滅 rovina、破片 frammento, scheggia、突破 sfondare, oltrepassare, penetrare |
| V | 皮 qui richiama foneticamente 微 "minuto-piccolo" > sbriciolare un 石 sasso > **rompere, spezzare, lacerare.** È possibile ricordarlo anche come "lacerare una pelle d'animale con un sasso". |

| | | |
|---|---|---|
| 波 | | 波、津波 <sub>tsunami</sub>、波紋 crespatura, cerchi nell'acqua/ripercussioni、電波 onda elettromagnetica |
| | III | 皮 richiamava foneticamente l'espressione 「飛播」 "innalzarsi e discendere" per indicare nel complesso il movimento delle **onde** (*氵). 皮 potrebbe essere stato scelto immaginando "una parte del mare che agisce come se si distaccasse". |
| 婆 | | 婆、老婆、老婆心 premura |
| | / | > 波 "onda" trasmette l'immagine di qualcosa di "bianco che si gonfia", reimmaginato come i lunghi capelli bianchi di una 女 donna anziana. La lettura di 波 richiamava 白 bianco. |

| | | |
|---|---|---|
| 革 | | 革、皮革 cuoio、革命 rivoluzione、改革 riforma、変革 cambiamento, riforma, trasformazione |
| | VI | Da *革, due mani che rimuovono la **pelle** di un animale (l'elemento in alto rappresenta la testa). A differenza di 皮, qui la pelle è sottoposta a depilazione e a numerosi altri processi di lavorazione della concia, portando all'idea di cambiamento e quindi di **riforma** > **cuoio**. La lettura si collega a 白 bianco, la pelle schiarita alla fine del processo di raffinazione. Si noti che in tempi passati il kanji indicava "le ossa bianche di un piccolo animale" (omofonia con *骼 "ossa sbiancate"). |
| 覇 | | 世界制覇 conquista del mondo、制覇 supremazia、覇権 egemonia、覇気 ambizione/vigore |
| | / | Da *覇. L'unione di 革 e fenomeni naturali (雨) restituisce il significato di "bianco candido", una carcassa lasciata alle intemperie fino a che rimangono solo le "bianche ossa" (significato originario di 革). L'intero kanji simboleggiava il "chiaro di 月 luna". Successivamente 覇 è stato usato come sostituto di 伯 "persona principale" (in cui si noti la presenza del kanji di 白 bianco), passando dal concetto di "persona che domina" all'atto stesso della **dominazione** > **supremazia**. 雨 è stato semplificato con *覀 (ossia 西 est), pittogramma di un torchio vinario la cui spremitura cola dall'alto, per suggerire una posizione rialzata come quella di chi, in questo caso, domina sugli altri. |
| 靴 | | 靴、長靴 stivali (長靴)、運動靴 scarpe da ginnastica、靴下 calzini |
| | / | 革 cuoio lavorato (化 trasformato) per produrre delle **scarpe**. |

| | | |
|---|---|---|
| 求 | | 求める、探求 andare in cerca di qualcosa、追求 inseguire o incalzare qualcuno、請求 fare richiesta di qualcosa、要求 richiesta-rivendicazione, reclamare |
| | IV | Dal pittogramma di una pelliccia d'animale (in parte simile a 犬) > oggetto prezioso e desiderabile > oggetto da ricercare e richiedere. Versione precedenti del kanji *裘 contenevano anche 衣 vestito. |
| 球 | | 球、野球 baseball、電球 lampadina、卓球 ping pong、地球 Terra (pianeta) |
| | III | Un 玉 gioiello (semplificato con 王) prezioso e desiderabile > **oggetto rotondo, sfera, palla.** |
| 救 | | 救う、救い salvezza、救世 salvezza-redenzione、救助 salvataggio、救急車 ambulanza |
| | IV | 求 richiama foneticamente 休 riposarsi. Il senso generale era quello di costringere (*攵) qualcuno al riposo. Il significato attuale di **salvare** è un prestito, ricordabile come "求 richiedere un'azione (*攵) di soccorso o simili". |

| | |
|---|---|
| 角 | 角 corno、角 angolo, spigolo、町角 angolo della città、方角 direzione、四角 quadrato、角度 angolo、直角 angolo perpendicolare、頭角を現す distinguersi, spiccare (rispetto agli altri)、互角 uguaglianza-parità、角突き合い bisticciare continuamente、角界 mondo-società del *sumō* (＝相撲界) |
| II | Dal pittogramma di un **corno**. La lettura richiama 確 (accertarsi) per il suo significato originale di "solidità". Il significato di **angolo** è associato alla forma del corno, mentre la sfumatura di "comparazione" presente in alcune parole è data dall'omofonia con 較 confronto. Infine, il significato minore di "disputa" è derivato dall'idea di "incornare", "attaccare frontalmente"; questo concetto è stato associato anche alla lotta *sumō*. |

| | |
|---|---|
| 解 | 解ける (intr.)、解く (tr.)、解かす pettinare (es. i capelli)/sciogliere、解散 sciogliersi-disperdersi、理解 comprensione、解決 spiegazione, interpretazione、解体 smantellamento/scioglimento、誤解 malinteso、解除 rescissione, revoca, abrogazione |
| V | **Rimuovere** il 角 corno di una 牛 mucca con un oggetto tagliente (刀) durante la macellazione. A livello metaforico rimuovere un problema trovando la **soluzione** > **risolvere**, **spiegare**, **sciogliere**. |
| 触 | 触れる toccare, entrare in contatto (anche figurato)/essere toccato (emotivamente)/toccare un tema, alludere、触る toccare、手触り sensazione al tatto (感触)、接触 tocco, contatto |
| / | Da *觸. La parte a destra è un'abbreviazione di *蜀 "bruco" che come radicale in genere trasmette il senso di qualcosa di "appiccicoso, che si attacca a qualcos'altro" > corna che **entrano in contatto**, incornare > **toccare** > **sentire-provare**. |
| 衡 | 均衡 equilibrio, bilanciamento, pareggio、平衡 equilibrio |
| // | 行 (andare) riprende il suo significato grafico di "strade che si incrociano" per indicare a un pezzo di legno posto orizzontalmente fra le 角 corna di un toro affinché non possano incornare il mandriano (indicato in basso da 大). **Equilibrio** deriva dal posizionamento del pezzo di legno sulle corna. |

| | |
|---|---|
| 甲 | 亀の甲 guscio di una tartaruga、甲板 ponte (della nave)、甲高い voce acuta、甲斐 valore-effetto-uso、生き甲斐 ragione di vita、甲斐がない essere vano、甲虫 coleottero |
| / | Il **guscio** di un seme con il primo germoglio che rompe la **corazza**. **Voce acuta** e **di prima classe** sono prestiti, forse suggeriti dall'omofonia con 高 alto, concetto a volte indicato nell'uso come radicale. |

| | |
|---|---|
| 押 | 押す spingere, pressare/applicare un sigillo、押し pressione/autorità、押さえる trattenere、押し入る intrufolarsi、押収 confisca |
| / | Una *扌 mano che **esercita pressione** o **spinge** come fa germoglio quando rompe il guscio (甲). |
| 岬 | 岬 |
| // | Una 山 montagna molto alta (甲) > **promontorio-capo**. |
| 鴨 | 鴨 |
| // | Un 鳥 uccello dalla 甲 voce acuta > **anatra** |

| *殻 | Inizialmente il pittogramma di un <u>gong</u>. La lettura richiama 確 (accertarsi) nel suo significato originario di "solidità". In seguito, la superficie dura del gong è stata paragonata a quella di un <u>guscio</u>. |
|---|---|

| 殻 | 殻、貝殻 conchiglia、吸殻 mozzicone、地殻 crosta terrestre |
|---|---|
| / | Colpire (*殳) con la mazza il gong > colpire il **guscio** per aprirlo. |
| 穀 | 穀物 cereali、穀倉 granaio、脱穀 trebbiatura |
| VI | > *禾 grano sgusciato > **cereali, grano**. 殻 guscio appare abbreviato per fare posto a *禾. |

| 兆 | 兆す dare i primi segni, mostrare i sintomi、兆し segno/presagio/sintomo、前兆 presagio, auspicio、〜兆 trilione |
|---|---|
| IV | <u>Crepe</u> sul guscio di una tartaruga <u>scrutate</u> per predire il futuro > **auspicio, segno**. **Trilione** è un prestito. Presente un'omofonia con 徴 "segno, indicazioni, simboli". |

| 眺 | 眺める、眺め veduta, vista (眺望) |
|---|---|
| / | **Fissare, contemplare** con i propri 目 occhi qualcosa di lontano (legame fonetico con 距 "grande lunga distanza" e *遼 distante). |
| 跳 | 跳ねる saltare, balzare/schizzare/scoppiettare、跳ぶ saltare, balzare、跳躍 salto, balzo |
| / | **Saltare** in alto con i 足 piedi. Per quando 兆 è usato per richiamare foneticamente 超 (superare i limiti), nel suo significato implicito di "prendere la rincorsa per saltare molto in alto". |
| 挑 | 挑む sfidare、挑戦 sfida、挑戦者 sfidante、挑発 provocazione、挑戦的 provocatorio, aggressivo |
| / | *扌 mano che compie un gesto (兆 segno) di **sfida**. |
| 逃 | 逃げる scappare、逃がす far scappare、逃れる sottrarsi、逃亡 fuga、逃亡者 fuggitivo、逃す perdere-lasciare andare (es. occasione)、見逃す lasciare andare, lasciar correre、逃げ道 scappatoia |
| / | Le crepe mostrate in 兆 suggeriscono separazione e allontanamento > **fuggire, scappare** (*辶). |
| 桃 | 桃、桃色の di colore rosa、桜桃 ciliegia、扁桃腺 tonsille |
| / | Anticamente la **pesca** era un frutto simbolo di fertilità, sia per la sua somiglianza con i seni femminili sia perché ritenuto il frutto preferito (insieme alla prugna) dalle donne incinte. 兆 è usato per il suo significato primario di "segno-auspicio", mentre 木 indica l'albero dove il frutto cresce. |

| *卜 | <u>Crepe</u> su un guscio di una tartaruga usate a scopo <u>divinatorio</u>. |
|---|---|

| 朴 | 素朴 semplice. ingenuo, spontaneo-naturale、ホオノキ magnolia (朴の木) |
|---|---|
| / | Una crepa sulla corteccia di un 木 albero. Il kanji descrive un albero di magnolia in quanto la sua corteccia con l'invecchiamento tende a spaccarsi in piccole lamine. **Semplicità** è un prestito che può essere associato alle piccole lamine della corteccia che si sono separate dall'albero. |
| 赴 | 赴く、快方に赴く stare in convalescenza、単身赴任 trasferimento di lavoro lontano da casa |
| / | Precipitarsi (走 correre) per comunicare un annuncio, suggerito da *卜 divinazione > **procedere verso**, significato associato maggiormente al "procedere verso il luogo del nuovo posto di lavoro". |

| | 貞 | 貞操 ていそう |
|---|---|---|
| | // | <u>Ricerca atta a conoscere il volere divino.</u> 貝 conchiglia è una semplificazione di *鼎 てい calderone treppiede, usato foneticamente per esprimere "ricerca, richiesta" anche se è possibile associarlo semanticamente a qualche particolare rituale. I significati attuali di **virtù** e **castità** (specialmente femminile) sono dei prestiti, ricollegabili mnemonicamente all'idea di "ricerca del volere divino". |
| | 偵 | 探偵 たんてい investigatore, investigazione、私立探偵 しりつたんてい investigatore privato |
| | / | > 貞 è usato per il suo significato implicito di "ricerca del volere divino". Aggiungendo *亻 persona si sposta l'attenzione sulla persona che compie la ricerca e l'azione in sé > **spiare, investigare**. |
| 占 | | 占い うらな divinazione、占う うらな predire il futuro、占める し occupare/conseguire、占星術 せんせいじゅつ astrologia、占領 せんりょう occupazione、独占 どくせん monopolizzazione, possesso esclusivo、占有 せんゆう possesso, presa di possesso、占い師 うらな　し indovina |
| / | | <u>Annunciare</u> (口) il responso di una **divinazione** (*卜) > **predire il futuro**. **Occupare** è un prestito, anche se alcuni preferiscono farlo derivare dall'idea di "scegliere il posto da occupare grazie al responso di una divinazione". Come radicale suggerisce spesso un senso di <u>occupazione-permanenza</u>. |
| | 店 | 店 みせ、開店 かいてん apertura del negozio、閉店 へいてん chiusura del negozio、喫茶店 きっさてん sala da tè、売店 ばいてん chiosco、飯店 はんてん ristorante cinese、店員 てんいん commesso、書店 しょてん libreria (negozio) |
| | II | Un edificio (*广) occupato dalle merci > **negozio**. 占 comunica sia "occupare" che "annunciare", qui nel senso di rendere nota la propria mercanzia. |
| | 点 | 点 てん、欠点 けってん difetto、重点 じゅうてん enfasi、句読点 くとうてん segni di interpunzione、共通点 きょうつうてん punti in comune、黒点 こくてん punto nero-scuro/macchia solare、要点 ようてん punti principali、地点 ちてん punto (es. della mappa, di partenza) |
| | II | Da *點, composto di 黒 こく nero e 占 "divinazione", usato per suggerire un "segno importante" che rimarrà in modo permanente > **punto, virgola** > **punteggio**. |
| | 粘 | 粘る ねば、粘り強い ねば　づよ tenace、粘膜 ねんまく mucosa、粘土 ねんど argilla/creta |
| | / | Da *黏. A sinistra mostrava del *黍 miglio glutinoso (combinazione di *禾 grano e *氺 gocce d'acqua), mentre 占 "occupare" rafforza il senso di attaccamento > **essere appiccicoso** > **persistere**. La semplificazione utilizza 米 riso. |
| | 貼 | 貼る は、貼りつける は incollare, attaccare, appiccicare、貼り出す は　だ affiggere (es. un avviso) |
| | // | Occupare con i propri beni (貝) > **incollare, attaccare, appiccicare, affiggere**. |
| 牙 | | 牙 きば、毒牙 どくが zanna velenosa、象牙 ぞうげ zanna d'elefante/avorio |
| / | | Dal pittogramma di **zanne** che si <u>incrociano</u> tra di loro. |
| | 芽 | 芽 め、新芽 しんめ、芽生える めば germogliare (anche figurato)、麦芽 ばくが malto |
| | IV | Piante (*艹) simili a una coppia di zanne > **germoglio** (e simili). |
| | 雅 | みやび 雅 *miyabi*、優雅 ゆうが |
| | / | 牙 era usato per esprimere il suono GA, associato al verso di un corvo (*隹). Per ragioni non chiare il kanji è stato poi utilizzato per assumere in prestito i significati di **eleganza** e **raffinatezza**. Un espediente mnemonico immagina il kanji come "uccelli che si incrociano in un volo elegante". |

| 邪 | 風邪（かぜ）<u>raffreddore</u>、邪魔（じゃま）intralcio、無邪気（むじゃき）innocenza、邪悪（じゃあく）malvagità |
|---|---|
| / | In origine il nome di un certo *阝 villaggio. I significati attuali di **male, torto, perverso** e **innaturale** sono dei prestiti o un riferimento alla condotta particolarmente negativa degli abitanti del suddetto villaggio. Per semplicità potrebbe essere utile ricordarlo come "un villaggio dilaniato dalle zanne di una belva". |
| 冴 | 冴（さ）える、頭（あたま）が冴（さ）える avere la mente chiara-lucida |
| // | Un freddo (*冫 ghiaccio) pungente come delle zanne > **freddo** pungente > **essere chiaro-nitido-limpido-vivido** (es. suono, colore …). |

# 4.2 Flora

## 4.2.1 — Erba, germogli e radici

| 生 | 青 | 責 | *丰 | 不 | *卉 | *毛 | 出 | 屯 | *弗 | 世 | 竹 |
|---|---|---|---|---|---|---|---|---|---|---|---|
| 性 | 晴 | 積 | 邦 | 否 | 奔 | 宅 | 拙 | 純 | 仏 | 葉 | 筋 |
| 姓 | 清 | 績 | *夆 | 杯 | *賁 | 託 | 屈 | 鈍 | 払 | 蝶 | |
| 素 | 精 | 債 | 縫 | 歪 | 噴 | | 掘 | 頓 | 費 | 菓 | |
| 告 | 請 | 漬 | 峰 | | 憤 | | 堀 | 勃 | 沸 | | |
| 造 | 情 | | 蜂 | | 墳 | | 窟 | | | | |
| 酷 | | | | | *尭 | | | | | | |
| | | | | | 焼 | | | | | | |
| | | | | | 暁 | | | | | | |

## 4.2.2 — Piante acquatiche

| 亏 | 平 | 可 |
|---|---|---|
| 号 | 評 | 何 |
| 巧 | 坪 | 荷 |
| 朽 | | 歌 |
| 汚 | | 河 |
| *于 | | 苛 |
| 呼 | | 奇 |
| 宇 | | 椅 |
| 芋 | | 寄 |
| *夸 | | 騎 |
| 誇 | | 綺 |
| 顎 | | 崎 |

## 4.2.3 — Territorio coltivato e prodotti agricoli

| 田 | 苗 | 里 | 米 | *禾 | 番 | 来 | *朮 | *瓜 | 麻 | *赤 | *莫 |
|---|---|---|---|---|---|---|---|---|---|---|---|
| 畑 | 猫 | 理 | 奥 | 私 | 翻 | 麦 | 述 | 孤 | 散 | 叔 | 漢 |
| *畾 | 描 | 裏 | 歯 | 和 | 審 | | 術 | 弧 | 磨 | 督 | 嘆 |
| 雷 | | 埋 | 迷 | 委 | 藩 | | | 狐 | 摩 | 寂 | 難 |
| 累 | | | 謎 | 萎 | | | | | 魔 | 淑 | 菫 |
| | | | 継 | 季 | | | | | 歴 | | 僅 |
| | | | 断 | 稚 | | | | | 暦 | | 謹 |
| | | | | 利 | | | | | | | 勤 |
| | | | | 梨 | | | | | | | |
| | | | | 痢 | | | | | | | |

# 4.2.1 Erba, germogli e radici

| | |
|---|---|
| 生 | 生きる vivere、生かす lasciar vivere, far rivivere/fare buon uso di、生まれる nascere、生む partorire、生える crescere, spuntare, germogliare、生やす coltivare-far crescere (capelli e simili)/piante/tenere (la barba)、生け花 ikebana、先生 insegnante、生 crudo/naturale/non maturo、生意気 impertinente、生活 vita quotidiana、出生率 tasso di natalità、一生 tutta la vita、誕生日 compleanno、芝生 <u>prato</u> |
| I | *生 germogli che <u>spuntano fuori</u> e crescono dal terreno > **vita, nascita**. Come radicale a volte si può trovare nella forma *龶, mentre altre volte ancora la parte inferiore di 生 è omessa (es. 告). Per quanto le letture attuali di 生 siano しょう e せい, in passato ve ne erano altre: しん richiamava 伸 allungarsi, in riferimento al germoglio che cresce; さん e せん invece richiamavano 山 (montagna) e 仙 (eremita), entrambi simbolo di "grandezza". Alcuni studiosi pensano che il suffisso 〜さん (signore …, signora …) usato per le persone trovi qui la sua origine. |

| | |
|---|---|
| 性 | 性 sesso/natura、男性 maschio、女性 femmina、性格 carattere, personalità, indole、性分 disposizione naturale, temperamento, indole |
| V | Il 心 cuore con cui si nasce, riferito alla propria natura > **sesso, natura, inclinazione**. |
| 姓 | 姓、改姓 cambiare il cognome、百姓 contadino |
| / | Nell'antica Cina l'uomo in genere era chiamato per il suo titolo o luogo di nascita, mentre le donne per il nome della famiglia d'origine. La presenza del carattere 女 in 姓 suggerisce perciò la donna di un dato clan o famiglia che riceve il suo **cognome** alla 生 nascita. |
| 素 | 素足 piedi nudi、素直 gentile-docile、素敵 meraviglioso、素晴らしい magnifico、素朴 semplice, ingenuo, spontaneo-naturale、質素 semplicità-frugalità、素質 attitudine, dote naturale、素材 materiale, materia、酸素 ossigeno、元素 elemento chimico、素人 <u>principiante</u> |
| V | La parte superiore è una semplificazione di 垂 (penzolare), in passato legato foneticamente a 白 bianco e forse usato anche per il suo significato di "penzolare" > un 糸 filo di seta bianco > qualcosa di puro, non lavorato > **elementare, semplice, base**. La semplificazione si può ricordare per comodità come "semplici fili d'erba". |

| | |
|---|---|
| 告 | 告げる、忠告 consiglio、警告 avvertimento、告白 confessione-dichiarazione、広告 annuncio pubblico |
| IV | Una <u>dichiarazione che emerge</u> (生) dalla 口 bocca > **informare, annunciare**. |

| | |
|---|---|
| 造 | 造る、改造 ristrutturare/apportare modifiche、人造 artificiale、構造 struttura、創造 creazione |
| V | Il significato grafico di 告 di "parole che emergono" comunica qui un punto di arrivo verso cui ci si dirige (*辶). "Punto di arrivo" simboleggia "ottenimento". I significati attuali di **costruire e fabbricare** potrebbero essere connessi a quest'idea di ottenimento oppure essere solo dei prestiti. Si noti che versioni antiche del kanji presentano anche 舟 nave, forse a suggerire l'atto di "costruzione di una nave al fine di raggiungere una certa destinazione". |
| 酷 | 酷い、酷い目にあう vedersela brutta、残酷 crudele, duro, spietato、過酷 severo-rigoroso |
| / | Alcolici (*酉) **intensi** il cui odore emerge dalla bocca (告) > **crudele**. |

| 青 | 青い verde-blu、青空 cielo azzurro、真青 blu scuro、青年 gioventù、青春 giovinezza |
|---|---|
| I | Da *青, composto di 生 e 丹 (rossastro). 丹 rappresenta minerali estratti dal sottosuolo e si è concentrato in particolare sul loro colore rossastro ("terra rossa", "rosso"), ma i minerali estratti dal terreno comprendevano anche quelli di colore verde-blu, usati di frequente come pigmenti colorati. La presenza di 生 (vita), per il suo significato grafico di germogli che crescono dal terreno, concentra l'attenzione su questi ultimi colori > **verde-blu**. Il significato di **giovinezza** è associato sia alla stagione primaverile sia ai colori che il kanji richiama, mentre la semplificazione di 丹 con 月 luna può trasmettere un senso di <u>purezza e limpidezza</u>, attribuibile allo stesso modo al colore verde-blu. |

| 晴 | 晴れる、素晴らしい magnifico、気を晴らす tirare su di morale、晴天 cielo limpido |
|---|---|
| II | 日 sole che splende in un cielo limpido > **schiarirsi, bel tempo**. Il kanji richiamava foneticamente 啓 (aprirsi, rivelare, illuminazione). |
| 清 | 清い、清める purificare、清掃 pulizia, spazzare、清潔 pulito、清涼剤 tonico |
| IV | Acqua (*氵) **chiara, pura** e **limpida**. |
| 精 | 精神 spirito/psiche、精力 vitalità、不精 indolenza、精一杯 al meglio delle proprie possibilità、精通 avere conoscenza di, essere versato in、精液 sperma、精白米 riso bianco (raffinato, brillato) |
| V | Purificare il 米 riso dalla più piccola impurità > **rifinire** tirando fuori l'**essenza > spirito, vitalità**. |
| 請 | 請う richiedere、請け合う assicurare-garantire、請求 richiesta、申請 fare richiesta (es. del visto) |
| / | 青 era utilizzato foneticamente per indicare "udienza", ma il ruolo semantico non è chiaro > richiedere (言) udienza > **richiesta, sollecito** > **assumersi l'impegno**. |
| 情 | 情け compassione-pietà、情けない miserabile、感情 sentimenti、事情 situazione-circostanze、友情 amicizia、同情 compassione, commiserazione, pietà、強情 ostinato、情報 informazione |
| V | > fare una richiesta (請, abbreviato) che proviene dal 心 cuore > **sentimento, emozione** > **compassione**. Il concetto di cuore che esprime i propri sentimenti ha portato al significato minore di **fatti-situazione così com'è**. È possibile che 青 abbia suggerito anche i suoi aspetti semantici. |

| 責 | 責める accusare、責任 responsabilità、責任を果たす adempiere alle responsabilità |
|---|---|
| V | L'elemento superiore è una semplificazione di 朿 "spina", usata per caratterizzare negativamente 貝 > i propri <u>debiti</u> > **responsabilità, accusare** (dall'idea di colpevolezza, insolvenza). Come radicale suggerisce spesso <u>pila-accumulo</u> dall'idea pila di debiti, di accumulo di responsabilità e dall'omofonia con 積 (accumulare, pila). |

| 積 | 積む accatastare/depositare、積もる accumularsi, ammucchiarsi、見積もり stima, preventivo、積つもり intenzione、体積 volume, capacità、積極的 positivo, attivo, costruttivo、積ん読 comprare libri, ma non leggerli、面積 superficie, area |
|---|---|
| IV | **Caricare e immagazzinare** il raccolto (*禾) in **pile > accumulare > prodotto** totale. |
| 績 | 成績 voto, punteggio、業績 risultato、功績 atto meritorio, contributo、紡績 filatura |
| V | 糸 fili uniti l'uno con l'altro (accumulati), risultato finale della **filatura > risultati**. |
| 債 | 負債、公債 debito pubblico、債権者 creditore、債務者 debitore |
| / | Una *亻 persona che richiede il pagamento di un **debito**. |

| | 漬 | 漬ける (tr.)、漬かる (intr.)、〜漬け essere dipendenti da, male influenzati da/…sottaceto、塩漬け sottaceto、一夜漬け mettere sottaceto la sera prima/studio notturno dell'ultimo minuto |
|---|---|---|
| | // | Accumulare o mettere in pila all'interno di un liquido (*氵) > **mettere sottaceto, immergere**. |

| *丰 | | Una <u>pianta folta</u> usata come barriera. A volte *丰 suggerisce una forma conica terminante in una <u>punta</u>. |
|---|---|---|
| | 邦 | 連邦 stato federale, federazione、邦楽 musica tradizionale giapponese |
| | // | Piante folte che isolano il *阝 villaggio > un'area protetta, un **paese** o il **Giappone** stesso. |

| *夆 | | Combinazione di *夂 (piede che punta verso il basso/andamento discontinuo) e *丰, nella sua accezione grafica di "appuntito" per rappresentare il corno di una mucca (simile a 牛). Il kanji si riferiva a una persona che indietreggia davanti a un animale con le corna. Come radicale suggerisce <u>appuntito</u>. |
|---|---|---|
| | 縫 | 縫う、縫い物 cucito (裁縫)、縫合 sutura |
| | / | La parte a destra (da *逢 incontro) descrive un "movimento (*辶) penetrante" tramite i suoi componenti. Aggiungendo 糸 filo si suggerisce l'atto di cucire > **rammendare, suturare**. |
| | 峰 | 峰、連峰 catena montuosa |
| | / | Parte appuntita di una 山 montagna > **picco, vetta, cima**. |
| | 蜂 | 蜂 (蜜蜂)、蜂蜜 miele、蜂の巣 alveare、養蜂 apicoltura |
| | / | Un'**ape** (虫). *夆 suggerisce il suo pungiglione. |

| 不 | | 不便 scomodo、不幸せ infelice、不利 svantaggioso、不安 ansia、不気味 strano, tetro, inquietante |
|---|---|---|
| | IV | Lo <u>stelo di un fiore</u>. Per omofonia con la parola che esprimeva <u>rifiuto</u> ne ha assunto il significato > **negazione**. |
| | 否 | 否む、いいえ <u>no</u>、否々 con riluttanza、否定 negazione、拒否 rifiuto、…か否か … o no |
| | VI | Una 口 bocca che esprime il suono della parola **rifiuto** > **negare**. |
| | 杯 | 杯、乾杯! cin cin!, fare un brindisi、〜杯 contatore per tazze (e simili)、一杯 pieno/una tazza |
| | / | Un **calice** di legno (木) con un'impugnatura simile allo stelo di un fiore > **tazza**. |
| | 歪 | ゆがむ (ひずむ、いがむ) |
| | // | 不 non dritto (正) > **distorcere** (e simili). |

| *卉 | | *艹 erba ripetuto > una <u>vegetazione estesa</u>. |
|---|---|---|
| | 奔 | 奔放 essere libero da impedimenti o costrizioni |
| | // | Un uomo (大) che **corre** nella vegetazione > **affaccendarsi** è un significato associato. |

| *賁 | | Delle piante cresciute così lussureggianti da sembrare come una preziosa (貝) decorazione. Come radicale comunica qualcosa che <u>cresce appariscente e imponente</u>. |
|---|---|---|
| | 噴 | 噴く、噴き出す、噴火 eruzione、噴水 fontana |
| | / | *賁 è usato per il suo suono FUN oltre che suggerire qualcosa che cresce e diventa grande > emettere il suono FUN con la 口 bocca, ossia sbuffare. I significati attuali derivati sono quelli di **emettere, eruttare, traboccare** (e simili). |

| | | |
|---|---|---|
| 憤 | | 憤る、憤慨 indignazione, risentimento (憤り)、鬱憤晴らす sfogare la propria rabbia |
| | / | Emozioni (*忄) di **indignazione** che crescono fino a scoppiare in modo appariscente > **risentimento, rabbia**. |
| 墳 | | 古墳 tumulo、墳墓 sepolcro |
| | / | Un grande e appariscente cumulo di 土 terra usato a scopo funereo > **cumulo**. |

| *堯 | Da *堯, un cumulo di sterpaglie <u>molto alto</u>. |
|---|---|

| | | |
|---|---|---|
| 焼 | | 焼く (tr.)、焼ける (intr.)、日焼け abbronzatura、燃焼 combustione、ヤキモチ gelosia |
| | IV | Un 火 fuoco che brucia le sterpaglie mentre divampa alto > **abbrustolire, bruciare**. |
| 暁 | | 暁 |
| | // | 日 sole che sorge alto > **alba, luce del giorno**. |

| *乇 | La <u>radice</u> di una pianta che esce dalla terra o un seme che si <u>apre-schiude</u> (omofonia con *拆 aprirsi, squarciasi). |
|---|---|

| | | |
|---|---|---|
| 宅 | | 住宅 residenza/alloggio、お宅 casa (tua)、自宅 casa (propria)、帰宅 ritorno a casa |
| | VI | Una teoria interpreta il kanji come "edificio (*宀) dove mettere radici"; un'altra propone "aprire una buca nella terra che, una volta coperta (*宀), fungerà da abitazione primitiva" > **casa, residenza**. |
| 託 | | 託す、委託、神託 oracolo、託児 assistenza all'infanzia |
| | / | **Affidare** verbalmente (言). *乇 "radice" comunica un senso di fermezza e richiama foneticamente il kanji simile di *托 "affidare" > **affidare-consegnare**. |

| | | |
|---|---|---|
| 出 | | 出る uscire、出す far uscire fuori, tirare fuori (e simili)、出かける uscire di casa、出口 uscita、出席 assenza、出来事 avvenimento、出来る potere、思い出 ricordo、書き出し inizio di un romanzo、出発 partenza |
| | I | *屮 germogli che spuntano fuori dal 土 terreno > **uscire** > **tirare fuori**. Un'altra teoria analizza versioni più antiche del kanji che mostravano "piede" e "scarpa" suggerendo "mettersi le scarpe ai piedi e uscire". |

| | | |
|---|---|---|
| 拙 | | 拙い、拙劣、拙者 io (umile-arcaico) |
| | // | Usare le *扌 mani in modo **maldestro** (che spicca, 出 esce fuori) > **imbranato**. |

| | | |
|---|---|---|
| 屈 | | 屈む (intr.)、屈める (tr.)、屈する piegare/cedere、退屈 noia、屈服 sottomettersi a qualcuno, cedere、理屈に合う essere ragionevole-logico、卑屈 servile、屈辱 affronto, umiliazione、不屈の perseverante, incrollabile |
| | / | *尸 "corpo sdraiato", per quanto affine al significato del kanji, è un'abbreviazione di 尾 coda, usata qui per riferirsi all'area dei genitali > castrare, tirare fuori (出) i genitali nell'atto di punire e **sottomettere** qualcuno > **piegarsi, accovacciarsi** sottomessi. Come radicale comunica spesso il senso di <u>piegarsi per scavare</u> (tirare fuori). |

| | | |
|---|---|---|
| 掘 | | 掘る、発掘 scavo, dissotterramento、採掘 estrazione-sfruttamento |
| | / | **Scavare** con le *扌 mani. |
| 堀 | | 堀 |
| | / | Inizialmente 堀 aveva lo stesso significato di 掘. In seguito la presenza di 土 terra ha enfatizzato il risultato dello scavare rispetto all'azione in sé > **fossato, canale**. |

| | |
|---|---|
| 窟 | <ruby>洞窟<rt>どうくつ</rt></ruby> |
| // | 穴 <ruby><rt>けっ</rt></ruby> buco-foro enfatizza ulteriormente il risultato dello scavare > piegarsi per entrare dentro a una **caverna**. |

| | |
|---|---|
| 屯 | <ruby>駐屯<rt>ちゅうとん</rt></ruby> presidio, guarnigione |
| // | Il pittogramma di una <u>pianta che germoglia</u>. Come radicale suggerisce a volte <u>purezza</u>, altre volte invece <u>stazionarietà</u> poiché 屯 era usato anche per indicare dei boccioli <u>che hanno fallito</u> nello schiudersi. Il significato attuale di **accampamento** (militare) potrebbe derivare da quest'idea di stazionarietà o essere un semplice prestito. |

| | |
|---|---|
| 純 | <ruby>純粋<rt>じゅんすい</rt></ruby> purezza、<ruby>単純<rt>たんじゅん</rt></ruby> puro/semplice, ingenuo、<ruby>純金<rt>じゅんきん</rt></ruby> oro fino、<ruby>純情<rt>じゅんじょう</rt></ruby> ingenuità-candore |
| VI | Dei 糸 fili di seta grezza purissima > **purezza**. |
| 鈍 | <ruby>鈍<rt>にぶ</rt></ruby>い、<ruby>鈍<rt>にぶ</rt></ruby>る、<ruby>鈍感<rt>どんかん</rt></ruby> insensibilità (riguardo qualcosa)、<ruby>鈍角<rt>どんかく</rt></ruby> angolo ottuso |
| / | Una lama inefficace, dal metallo (金) **smussato** > **smorzato, lento, ottuso**. |
| 頓 | <ruby>整頓<rt>せいとん</rt></ruby> ordine, mettere in ordine、<ruby>無頓着<rt>むとんちゃく</rt></ruby> indifferente, noncurante |
| // | I soldati (teste 頁) di un accampamento militare che svolgono i loro ruoli con **rapidità** e **ordine**. |
| 勃 | <ruby>勃発<rt>ぼっぱつ</rt></ruby> scoppio (es. della guerra)、<ruby>勃起<rt>ぼっき</rt></ruby> erezione (maschile) |
| // | L'elemento in alto a sinistra deriva da 屯 e nell'insieme indica un 子 bambino che **sprizza energia** (力) da tutti i pori. **Alzarsi** e **improvvisamente** sono significati associati. |

| | |
|---|---|
| *弗 | Delle piante rampicanti che penzolano a destra e a sinistra. Il kanji comunica <u>separare</u>, <u>disperdere</u> e <u>negazione</u>, in modo simile a quanto succede in 非 (negazione, rifiuto), graficamente due ali spiegate rivolte in direzione opposta. Spesso *弗 si trova semplificato con *ム. |

| | |
|---|---|
| 仏 | <ruby>仏<rt>ほとけ</rt></ruby> Buddha、<ruby>大仏<rt>だいぶつ</rt></ruby> grande statua di Buddha、<ruby>仏教<rt>ぶっきょう</rt></ruby> Buddhismo、<ruby>喉仏<rt>のどぼとけ</rt></ruby> pomo d'Adamo |
| V | Da *佛. *弗 richiama foneticamente *髴 <ruby><rt>ふつ</rt></ruby> "vaga somiglianza", ma può essere stato usato anche per il suo senso implicito di negazione > "una *イ persona che somiglia a un'altra, ma in realtà non lo è". **Buddha** è un prestito fonetico, forse derivato dall'idea di "una persona che sembra come le altre, ma in realtà è diversa". **Francia** è un prestito. |
| 払 | <ruby>払<rt>はら</rt></ruby>う、<ruby>支払<rt>しはら</rt></ruby>う pagare、<ruby>酔<rt>よ</rt></ruby>っ<ruby>払<rt>ぱら</rt></ruby>う ubriacarsi、<ruby>先払<rt>さきばら</rt></ruby>い pagamento anticipato、<ruby>咳払<rt>せきばら</rt></ruby>い schiarirsi la gola、<ruby>払<rt>はら</rt></ruby>い<ruby>落<rt>お</rt></ruby>とす scrollare via |
| / | Da *拂, rimuovere e disperdere con la *扌 mano > **spazzare via** con la mano, **liberarsi di** qualcosa. Il significato principale di **pagare** deriva dall'idea di sbarazzarsi dei propri debiti. |
| 費 | <ruby>費<rt>つい</rt></ruby>やす spendere, sprecare、～<ruby>費<rt>ひ</rt></ruby> spese di、<ruby>費用<rt>ひよう</rt></ruby> spese、<ruby>消費<rt>しょうひ</rt></ruby> consumo、<ruby>消費者<rt>しょうひしゃ</rt></ruby> consumatore |
| IV | Disperdere i propri soldi (貝) > **spesa** > **consumare, sprecare**. |
| 沸 | <ruby>沸<rt>わ</rt></ruby>く (intr.)、<ruby>沸<rt>わ</rt></ruby>かす (tr.)、<ruby>沸騰<rt>ふっとう</rt></ruby> ebollizione、<ruby>沸点<rt>ふってん</rt></ruby> punto di ebollizione |
| / | Acqua (*氵) che sgorga e si disperde dal terreno. **Bollire** è un significato associato, da cui deriva quello di **scaldarsi** (es. acqua) ed **eccitarsi**. La lettura richiamava 噴 <ruby><rt>ふん</rt></ruby> (emettere, eruttare, traboccare). |

| | |
|---|---|
| 世 | せかい、よ なか　せけん　せろん　せいき　せわ<br>世界、世の中 il mondo、世間 società-mondo、世論 opinione pubblica、世紀 secolo、世話 assistenza-cura |
| III | Stilizzazione di 十 "dieci" ripetuto tre volte > un periodo di trenta anni indicava una **generazione**. **Mondo** è un significato associato al tempo, il luogo e la **società** parte di una generazione. Nell'uso come radicale 世 trasmette spesso il senso di qualcosa di piccolo e sottile; è infatti possibile che in passato 世 si sia confuso e abbia assimilato un altro pittogramma graficamente simile e raffigurante una foglia. |

| | |
|---|---|
| 葉 | は　はがき　ことば　お ば　こうよう<br>葉、葉書 cartolina、言葉 parola、落ち葉 foglie cadute、紅葉 colori dell'autunno |
| III | Il componente *葉 indica una tavoletta di legno (木) piccola e sottile su cui è possibile scrivere. L'aggiunta di *⁺⁺ rende il senso di una pianta piccola e sottile, ossia una **foglia**. È possibile anche considerare fin da subito 世 come il pittogramma di una foglia su un 木 albero, enfatizzata ulteriormente dalla presenza di *⁺⁺. Si noti anche che *葉 elenca tra i suoi significati anche quello di foglia stessa. |
| 蝶 | ちょう　ちょうちょう<br>蝶（蝶々） |
| // | > un 虫 insetto dalle ali piccole e sottili come foglie (*葉) > **farfalla**. |
| 貰 | もらう<br>もらう |
| // | Monete (貝) piccole e sottili > **ricevere** dei soldi. |

| | |
|---|---|
| 竹 | たけ　しない　ばくちく<br>竹、竹刀 *shinai* (spada di bambù usata per le esercitazioni)、爆竹 petardo |
| I | Canne di **bambù**. La lettura richiamava 縮 (restringersi, contrarre) a sottolineare la flessuosità del bambù. A volte come radicale sottintende tavolette di bambù usate come registro. |
| 筋 | すじ　あらすじ　　　　　　　　　　ひとすじ<br>筋、粗筋 sommario, riassunto、一筋 qualcosa di lungo e dritto (es. raggio di luce, lacrima che scende)、<br>きんにく　　　せすじ の　　　　　　　　　　　すじ とお<br>筋肉 muscolo、背筋を伸ばす raddrizzare la schiena、筋が通る essere coerente |
| VI | La parte inferiore è costituita da *肋 "costole", ciò che dà 力 forza e struttura alla 肉 carne. Tale significato è rafforzato dall'omofonia con 緊 (teso, stretto, rigido). Nell'insieme il kanji indica le fibre del 竹 bambù. Nonostante questo la presenza di 肉 con la sua forte influenza ha mutato i significati finali in **nervo, muscolo, tendine** e **legamento** |

## 4.2.2 Piante acquatiche

| | | |
|---|---|---|
| **\*丂** | Alghe che si <u>attorcigliano</u> nell'acqua fino a raggiungere la superficie > <u>uscire fuori</u>, <u>appianarsi</u>. | |
| | 号 | ～号 numero、番号 numero (es. di una serie)、電話場号 numero di telefono、信号 semaforo、暗号 codice cifrato、記号 simbolo, segno、称号 titolo (appellativo, qualifica)、博士号 dottorato (*Ph.D.*)、モールス符号 codice Morse、号泣 pianto disperato |
| | III | Da \*號, una 虎 tigre che fa emergere un ruggito dalla 口 bocca > **chiamare a gran voce**, mandare un segnale > **simbolo, numero** > **pseudonimo**. L'abbreviazione con solo \*丂 e 口 omette la componente della tigre. |
| | 巧 | 巧み、技巧 tecnica, raffinatezza、巧妙 ingegnoso、巧言 adulazione、精巧 elaborato |
| | / | Un carpentiere appiana qualcosa con il suo strumento (工) > **abilità**. |
| | 朽 | 朽ちる、朽ち葉 foglie morte、老朽 decrepitezza、不朽 immortale-imperituro |
| | / | Un pezzo di legno (木) **marcito** dalla forma attorcigliata come quella di un'alga > **decadimento, andare in rovina**. |
| | 汚 | 汚い、汚す(tr.)、汚れる(intr.)、汚す(tr.)、汚れる(intr.)、汚れ sporcizia/disonore-onta、口汚い coprire di ingiurie、汚染 contaminazione, inquinamento、汚名 infamia |
| | / | La lettura richiamava 虚 "cavità, per indicare una fossa con dell'acqua (\*氵) stagnante le cui impurità raggiungono la superficie > **sporco, impuro** > **sporcare, macchiarsi** > **disonorare**. Graficamente la parte destra appare come un'unione di \*丂 e la variante \*亐. |
| **\*亐** | Variante di \*丂. | |
| | 呼 | 呼ぶ chiamare、呼吸 respiro、歓呼 grida di gioia |
| | VI | \*乎 rappresenta qualcosa che emerge (\*亐) per poi disperdersi (\*丷) > aria che esce dalla 口 bocca > **respiro, chiamare**. La lettura richiama 去 andarsene via. |
| | 宇 | 宇宙 universo、宇宙飛行士 astronauta、宇宙人 alieno |
| | VI | \*宀 **tetto** in cima che copre ogni cosa (come alghe che si appianano una volta raggiunta la superficie dell'acqua) > tetto del firmamento > **universo**. |
| | 芋 | 芋、焼き芋 patata dolce arrostita |
| | / | Pianta (\*艹) che emerge in superficie > **patata**. |
| **\*夸** | Un 大 gran numero di \*丂 alghe emerse sulla superficie dell'acqua (indicata da 一). In genere come radicale suggerisce <u>grandezza</u> o <u>vanteria</u>. | |
| | 誇 | 誇る、誇り、誇大 spararle grosse、誇張 esagerazione、誇示 ostentazione |
| | / | Parlare (言) **dandosi delle arie** > **vanto, orgoglio, fierezza**. |

| 顎 | 顎（　顎骨　）、上顎骨 mascella、下顎骨 mandibola |
|---|---|
| // | L'apparato mascellare, parte del cranio (頁) che permette alle arcate dentarie (simboleggiate dalle due 口 bocche) di aprirsi > **mascella, mandibola**. *号 rappresenta di per sé un'ampia apertura della bocca (riscontrabile per esempio nel kanji di *鰐, わに, coccodrillo). |

| 平 | 平ら、平安 pacifico-tranquillo、平和 pace、平気 calmo/impassibile、平野 pianura、公平 imparziale、平均 media、平等 uguaglianza、不平 scontento、平手 palmo della mano |
|---|---|
| III | Dal pittogramma di piante acquatiche che galleggiano sulla superficie dell'acqua > **piatto, piano**. |

| 評 | 批評 critica、評価 valutazione, stima, perizia、過大評価 sopravvalutazione、評判 reputazione/diceria-voce、評決 verdetto |
|---|---|
| V | Parole (言) "piane", imparziali (公平) > **valutare, commentare, criticare**. |

| 坪 | 坪 tsubo、建坪 superficie-area edificata |
|---|---|
| // | 土 terreno livellato. In Giappone 坪 ha assunto il significato principale di **tsubo**, unità di misura di 3,31 metri quadri. |

| 可 | ～可、可能性 possibilità, probabilità、可能 possibile、不可能 impossibile、許可 permesso |
|---|---|
| V | Kanji derivato da una combinazione di *丂 "alghe che si attorcigliano (piegano) nell'acqua fino a raggiungere la superficie" e 口 bocca. Il tutto si riferisce a un'affermazione espressa dopo una certa esitazione > **approvazione** riluttante > **ciò che può essere fatto** > **ciò che dovrebbe essere fatto** (べき). Da non confondersi con 司. |

| 何 | 何 che cosa (... ?)、(何)、何か qualcosa、何時間 quante ore (... ?)、幾何学 geometria |
|---|---|
| II | In origine una *亻 persona con la schiena piegata nel portare un carico pesante. Il significato principale di "che cosa ... ?" deriva da un prestito |
| 荷 | 荷物 bagaglio、積荷 carico、重荷 carico (o responsabilità) pesante、出荷 spedizione di merci、稲荷 Inari |
| III | > combinato con *艹 erba, 何 indicava il fiore di loto, forse per la grandezza della corolla del fiore che pesa come un carico (何) sul gambo > **farsi carico** > **bagaglio** > **responsabilità**. |
| 歌 | 歌う、歌 canzone、歌人 poeta、歌手 cantante、和歌 poesia giapponese、歌舞伎 Kabuki |
| II | 可 appare raddoppiato (*哥) ed è usato foneticamente per esprimere il suo suono KA (か) > "KA-KA" può essere considerato come il nostro "TRALLALLÀ" usato per intonare una melodia. La bocca aperta (欠) chiarifica del tutto il significato finale di **cantare**. Per comodità 可 può essere ricordato anche per il suo senso grafico di "alghe che emergono in superficie", da cui l'idea di un canto che dopo essere stato intonato emerge fuori dalla 口 bocca. |
| 河 | 河、運河 canale、黄河 Fiume Giallo |
| V | Un **fiume** (*氵) serpeggiante, suggerito dal significato grafico di "alghe che si attorcigliano" di 可. |
| 苛 | 苛む tormentare, affliggere、苛める tormentare, maltrattare/prendere in giro、苛つく irritarsi、いらいら innervosirsi、苛めっ子 bullo-prepotente、苛烈 accanito |
| / | *艹 erbe che irritano la gola rendendo difficile l'emissione della voce > **tormento** > **castigare** (e affini). |

| 奇 | 奇跡 <ruby>き<rt></rt></ruby> miracolo、奇数 numeri dispari、奇形 deformità、奇妙 strano-bizzarro-curioso、奇矯 eccentrico |
|---|---|
| / | Una persona (大) in una <u>posizione contorta</u> come una pianta acquatica che sale in superficie (可) > **inusuale, strano**. Alcune teorie associano la posizione contorta all'atto di stare in piedi su una gamba sola (*踦), senso rafforzato dall'associazione fonetica con 依 <u>appoggiarsi a, dipendere da</u>, significati spesso trasmessi come radicale. |

| 椅 | 椅子、車椅子 sedia a rotelle |
|---|---|
| / | Una persona seduta (posizione contorta) sopra una **sedia** di legno (木), ossia dipende e si appoggia a essa. |
| 寄 | 寄る avvicinarsi, fermarsi in un posto (mentre si è diretti da un'altra parte)/raggrupparsi, essere vicini a、寄せる portare vicino, mettere insieme/lasciare avvicinare qualcuno/spedire/contribuire、身を寄せる vivere a casa di qualcuno, diventare dipendenti da、近寄る avvicinarsi、立ち寄る fare una capatina, passare a trovare、年寄り anziano、寄贈 donazione、寄付 contributo |
| V | Una persona che si appoggia temporaneamente a casa (*宀) di uno straniero > **avvicinarsi a, fermarsi o raggrupparsi** (in un posto). |
| 騎 | 騎士 cavaliere、騎手 fantino、一騎当千 essere un grande guerriero (o giocatore), valere per mille |
| / | Un cavaliere seduto a cavalcioni (posizione contorta, appoggiarsi-dipendere da) sopra il suo 馬 cavallo > **cavallerizzo, equestre**. La lettura richiama *跨 (また.がる, stare seduti a cavalcioni o in sella). |
| 綺 | 綺麗 bello, stupendo/pulito |
| // | Una stoffa (糸) con sopra un motivo irregolare (contorto) > **bello**. |
| 崎 | 長崎 Nagasaki |
| // | Una 山 montagna inusuale, intesa come scoscesa e pericolosa (omofonia con 危) > **promontorio**. |

# 4.2.3 Territorio coltivato e prodotti agricoli

| 田 | 田 risaia (田圃)、油田 area petrolifera、田舎 campagna |
|---|---|
| I | Una **risaia** divisa da sentieri e canali. Come radicale e nelle parole può sottintendere un generico campo coltivato. |
| | 畑 畑 campo、焼畑農業 addebbiatura |
| | III — L'addebbiatura, pratica agricola di fertilizzazione che consiste nel dare 火 fuoco alle erbe secche e residui delle colture che ricoprono il campo. Il significato attuale è rimasto solo quello di **campo**. |

| *畾 | Campi divisi dai fossati. In genere come radicale suggerisce quantità e ripetizione derivati dal suo aspetto grafico, ma viene sempre semplificato con un solo 田. |
|---|---|
| | 雷 雷（靁）、雷鳴 fulmine、落雷 fulmine-lampo、雷雨 temporale |
| | / — Semplificato da *靁, fenomeno atmosferico (雨) che riverbera (*畾) ripetutamente > **fulmine**. A volte per associazione può riferirsi anche al "lampo". |
| | 累 累積 accumulare、累計 totale-somma、他に累を及ぼす coinvolgere qualcuno in un problema |
| | // — Legare insieme con un 糸 filo numerose volte > **accumulare**. **Coinvolgere (in un problema)** è un significato minore proveniente dall'idea di "legare insieme numerose volte". |

| 苗 | 苗、苗字 cognome |
|---|---|
| // | **Piantine** (*艹) che germogliano nel campo (田). |
| | 猫 猫、猫背 cifosi、愛猫 gatto domestico |
| | / — Animale (*犭) che emette il suono みょう, espresso dalla lettura di 苗 > **gatto**. 苗 può aver suggerito anche le piccole dimensioni dell'animale o le sue vibrisse, immaginate come piantine. Si noti che in giapponese l'onomatopea del verso del gatto è にゃお. |
| | 描 描く (tutti i significati riportati)、描く (solo i significati concreti riportati)、点描 puntinismo、素描 schizzo、描写 raffigurazione-descrizione-ritratto (in senso figurato) |
| | / — Con la *扌 mano **disegnare** uno **schizzo** > **dipingere**, **raffigurare** (anche astratto). Le piantine germoglianti di 苗 suggeriscono qualcosa di incompleto, ma per semplicità potrebbero anche essere associate graficamente al tratteggio dello schizzo. |

| 里 | 里、(里 unità di misura di circa mezzo chilometro)、人里離れた isolato (luogo)、里心 nostalgia (di casa) |
|---|---|
| II | Solchi nel 土 terreno di un campo (田), evidenziati dall'omofonia con 離 separazione. **Villaggio** è un prestito associabile all'idea dei campi coltivati posti vicino a ogni insediamento umano. In alcune parole 里 indica il proprio luogo d'origine, in modo specifico la casa dei genitori. |

| | | |
|---|---|---|
| 理 | 理由 motivo、無理 impossibile、料理 cucina、理科 scienza、修理 riparazione、理性 ragione、整理 riordinare、心理 mentalità、理解 comprensione、原理 principio、義理 senso del dovere | |
| II | 王 (re) è una semplificazione di 玉 gioiello. 里 comunica i suoi significati sottointesi di "solco" e "separazione" indicando nell'insieme l'atto dell'intaglio di un gioiello, procedimento che richiede particolare attenzione e grande manualità > agire usando la mente > **logica, ragione.** | |
| 裏 | 裏、裏切る tradire、裏返し a rovescio、表裏 due versi、表裏のある人 una persona ipocrita | |
| VI | Qui i solchi (里) simboleggiano la "parte interna" di un 衣 vestito > **parte interna, retro, rovescio.** | |
| 埋 | 埋める (埋める)、埋まる essere sepolto/essere coperto、埋蔵 nascondere sottoterra 埋め合わせる fare ammenda, compensare-recuperare、埋葬 sepoltura | |
| / | 里 è usato per il suo significato sottinteso di "solco" nel terreno oltre che per richiamare foneticamente 被 "coprire". Combinato con 土 terra indica l'atto di **seppellire** > **essere riempito di.** Potrebbe essere anche utile collegare il significato di seppellire al senso implicito di oscurità presente nell'omofono 毎 (ogni). | |

| 米 | 米 riso (crudo)、米国 America (U.S.A.)、玄米 riso integrale | |
|---|---|---|
| II | Chicchi di **riso** prelevati dalla spiga. **America** è un prestito. Come radicale a volte è usato a scopo di semplificare caratteri più complicati, in genere suggerendo comunque qualcosa di minuto e/o nascosto. | |

| | | |
|---|---|---|
| 奥 | 奥、奥ゆかしい educato, umile-modesto、奥さん moglie (di qualcuno)、奥行き profondità, estensione、奥義 segreti-misteri (es. di un'arte) | |
| / | Una persona (大) che pone il 米 riso nei **recessi più profondi** di un edificio (*宀) > **fondo, interno.** La lettura おく potrebbe essere connessa al verbo 置く (poggiare, mettere). | |
| 歯 | 歯、歯医者 dentista、虫歯 carie、大臼歯 molare、歯根 radice (del dente)、歯ブラシ spazzolino da denti、歯磨剤 dentifricio、乳歯 denti da latte、永久歯 denti permanenti | |
| III | Semplificato da *齒, composto dal pittogramma dell'impronta di un morso e da 止 (fermarsi), usato per il suo significato grafico di "orme di piedi", messe a in relazione alle due fila di denti delle arcate di un morso. La forma moderna semplifica la parte inferiore interna con 米. | |
| 迷 | 迷う、迷子 bambino smarrito、迷子になる perdersi-smarrirsi、道に迷う perdere (la strada)、迷路 labirinto、迷信 superstizione、迷惑 disturbo, fastidio, molestia | |
| V | 米 era usato per richiamare foneticamente 眛 "oscuro, folle", anche se può aver suggerito da sé connotati simili > camminare (*辶) incerti sulla destinazione > **perplesso, incerto, essere perso.** | |
| 謎 | 謎 | |
| // | > essere 迷 perplesso riguardo la risoluzione di un **enigma** (言) > **mistero.** | |
| 断 | 断る rifiutare、断つ interrompere, isolare/recidere、横断歩道 strisce pedonali、切断 taglio, troncamento/amputazione, mutilazione、決断 decisione, risoluzione、判断 giudizio、独断 di testa propria, arbitrario (es. una scelta)、油断 disattenzione, distrazione, negligenza | |
| V | Da *斷, formato a sinistra da una trama scucita composta di *幺 piccoli fili (e semplificata con 米) e a destra un'ascia (斤) > **recidere** con l'ascia > **interrompersi, rifiutare, essere deciso, giudizio.** | |

| | |
|---|---|
| 継 | 継ぐ (継承)、継き目 <sub>つ けいしょう つぎ め</sub> punto di giunzione、継続 durata, continuità/proroga, prolungamento、後継 <sub>こうけい</sub> successione、継子 <sub>ままこ</sub> figliastro、継子いじめ <sub>ままこ</sub> trattare male un figliastro、継母 <sub>ままはは</sub> matrigna |
| / | > semplificato da *繼. I piccoli fili della trama scucita (vedi sopra) sono considerati ricongiunti grazie all'aggiunta di 糸 filo. I significati principali derivano da quest'idea di **giunzione** > **succedere a qualcuno**, **ereditare**. |

| | |
|---|---|
| **\*禾** | La testa <u>rotonda</u> di una <u>spiga di grano</u>. Il kanji può essere usato per indicare <u>piante di riso</u>, altre <u>piantagioni</u> o l'intero <u>raccolto</u>. La forma della spiga con la testa può suggerire anche <u>flessuosità</u>, <u>pendere giù</u>. |

| | |
|---|---|
| 私 | 私 <sub>わたし</sub> io、私 <sub>わたくし</sub> io (formale)、あたし io (femminile)、私立 <sub>しりつ</sub> privato、私見 <sub>しけん</sub> opinione personale |
| VI | Qui *厶 aratro è una semplificazione di *囗, un recinto che circonda (囲) il proprio raccolto. Anticamente una parte del raccolto era data via per pagare le tasse e quello che rimaneva in proprio possesso era indicato con 私. Da lì i significati di **privato**, **personale** e, infine, il pronome di prima persona **io**. Si noti allo scopo la presenza di un altro collegamento fonetico tra 自 "se stessi" e il componente *厶. |
| 和 | 和、和らぐ <sub>わ やわ</sub> placarsi, attenuarsi、和む <sub>なご</sub> calmarsi-distendersi-tranquillizzarsi、和やか <sub>なご</sub> affabile、大和 <sub>やまと</sub> Yamato、柔和 <sub>にゅうわ</sub> dolce-gentile、調和 <sub>ちょうわ</sub> armonizzarsi con, abbinarsi bene a、平和 <sub>へいわ</sub> pace、和音 <sub>わおん</sub> accordo (musicale)、和食 <sub>わしょく</sub> cibo giapponese、和服 <sub>わふく</sub> vestiti giapponesi |
| III | L'originale presentava una forma più complessa *龢. *禾 suggeriva "flessuoso" e richiamava foneticamente 加 "aggiungere" (graficamente spiegato come "incrementare gli sforzi incoraggiandosi con la voce"). *龠 rappresentava invece un flauto di bambù con numerosi fori da cui usciva un suono armonioso. L'idea espressa da *龢 era quella di "voci che si aggiungono in un canto e si armonizzano a vicenda" > **armonia**. La semplificazione con 和 può essere ricordata come "parlare in modo accomodante per creare armonia". Il significato di **Giappone** è un prestito dal kanji *倭 (persona bassa, obbedienza, Yamato), usato dai cinesi per riferirsi ai giapponesi, ma sostituito in favore di 和 per le associazioni semantiche più positive. |
| 委 | 委ねる <sub>ゆだ</sub>、委託 <sub>いたく</sub> affidare、委任 <sub>いにん</sub> delegare qualcosa a qualcuno、委員 <sub>いいん</sub> membro della commissione |
| III | Una 女 donna che <u>muove il suo corpo flessuoso</u> in modo provocante. L'idea si è poi sviluppata in quella di comportarsi in modo docile e arrendevole, da cui **dedicare se stessi a qualcuno** e infine **affidare qualcosa a qualcuno**. |
| 萎 | 萎れる <sub>しお</sub> appassire, deperire/essere scoraggiato-avvilito、萎える <sub>な</sub> indebolirsi, perdere vitalità、萎縮 <sub>いしゅく</sub> atrofia |
| // | > pianta (*艹) che penzola flessuosa (委) > **indebolirsi, intorpidirsi, appassire, scoraggiarsi**. |
| 季 | 季節 <sub>きせつ</sub> stagione、四季 <sub>しき</sub> le quattro stagioni、季候 <sub>きこう</sub> clima |
| IV | Una spiga di grano ancora piccola (suggerito da 子 bambino). Mentre in alcune sporadiche parole il kanji trasmette il senso di "figlio (più) piccolo" e quello associato di "fine", in realtà il significato principale è **stagione**, prestito favorito dall'omofonia con 気 (atmosfera, spirito-mente) e dal significato originale di piccola spina di grano, forse correlato a una particolare periodo dell'anno. |
| 稚 | 幼稚 <sub>ようち</sub> infantile、幼稚園 <sub>ようちえん</sub> scuola materna |
| / | In origine *穉, del *禾 grano lento (*遅, ossia 遅 lento) a maturare > essere **giovane** e **immaturo**. La semplificazione può essere ricordata come "del grano lento a maturare come un piccolo *隹 uccello che ancora deve spiccare il volo". |

| 利 | 利く essere efficace、右利き destro、左利き mancino、便利 utile、不利 scomodo、権利 diritti、利口 furbo-sveglio, intelligente、利用 uso-impiego、利益 profitti、鋭利 affilatezza, acuminato、勝利 vittoria |
|---|---|
| IV | In origine una combinazione di *禾 grano e il pittogramma di un "aratro" usato per smuovere il terreno. Il kanji possedeva un senso di affilatezza derivato dall'immagine dei bordi dell'aratro, evidenziati in modo migliore dalla semplificazione con *刂. I significati attuali sono dei prestiti, anche se possono essere associati ai risultati proficui ottenuti tramite l'aratura o all'efficacia dello strumento usato > **beneficio, profitto** > **essere efficace**. |

| 梨 | 梨 |
|---|---|
| // | Un 木 albero che produce frutti di grande beneficio > **pera**. |
| 痢 | 下痢、赤痢 dissenteria |
| // | Una *疒 malattia che smuove il corpo (suggerito da uno dei significati impliciti di 利) > **diarrea**. |

| 番 | 番 turno、一番 il primo/il più...、番号 numero、電話番号 numero di telefono、番線 binario、〜番(目) suffisso numeri ordinali、番組 programma televisivo、交番 posto di polizia、番犬 cane da guardia |
|---|---|
| II | L'elemento superiore può essere visto come una combinazione di 米 riso e 手 mano a indicare "tenere dei semi nel palmo della mano e disseminarli" nel campo (田). La semina del riso è un processo che segue un determinato ordine di operazioni e necessita la turnanza dei lavoratori, da cui i significati di **numero (in una serie)**, **turno** di lavoro e **sorveglianza**. |

| 翻 | 翻す (tr.)、翻る (intr.)、翻訳 traduzione、翻訳家 traduttore |
|---|---|
| / | Le 羽 ali di un uccello in volo che sbattono su e giù, come se si scambiassero il 番 turno in sequenza > **sventolare**. Il cambio diametralmente opposto della posizione delle ali in volo ha portato al significato di **capovolgere**, da cui **cambiare idea, decisione** o **mentalità** > **tradurre**. |
| 審 | 審査 esaminazione, ispezione、審議 deliberazione、審判 giudicare, giudice/arbitro、陪審 giuria、審美眼 senso estetico、不審 sospetto (es. una persona), conoscenza-comprensione incompleta |
| / | 番 era usato foneticamente per esprimere il senso di "conoscere in modo approfondito", associabile mnemonicamente alla conoscenza delle l'ordine delle operazioni eseguite durante la semina e al significato di sorveglianza. Il senso complessivo era quello di "avere una conoscenza approfondita di un edificio (*宀)", da cui i significati generici associati di **esaminare** e **giudicare**. |
| 藩 | 藩 feudo、藩主 feudatario、幕藩体制 sistema feudale dello shogunato |
| // | *潘 indicava un affluente del fiume (*氵) Han. 番 ha ruolo fonetico, ma grazie al suo significato grafico di "semina" e la presenza di *氵 acqua riesce a trasmettere l'immagine di un'area fertile > un'area fertile delimitata dal sottobosco (*艹). **Clan** e **feudo** sono significati associati. |

| 来 | 来る venire、連れて来る portare qualcuno con sé、出来事 avvenimento、出来る potere、来月 mese prossimo、来週 prossima settimana、以来 da (allora), dopo che、将来 futuro、来日 venire in Giappone |
|---|---|
| II | Dal pittogramma di una *來 spiga terminante in punte pelose. Il significato di **venire** deriva dallo stesso kanji con l'aggiunta di *彳 spostamento (*徠 "muoversi verso"), immaginato come una spiga che emerge dal terreno e cresce. L'attuale forma 来 è una semplificazione diretta di *來. |

| 麦 | 麦、大麦 orzo、小麦 frumento, grano、麦芽 malto、ライ麦 segale、蕎麦 soba |
|---|---|
| II | Da *麥. La parte superiore, adesso semplificata con *龶 (ossia 生), rappresentava una spiga terminante in punte pelose. Queste sono evidenziate simbolicamente dalla presenza di *夂 "piede che punta verso il basso". Il kanji ha poi assunto i significati generici di **orzo** e **grano**. |

| | |
|---|---|
| **\*朮** | Pittogramma delle inflorescenze a pannocchia di una pianta di miglio. Un'altra teoria considera il kanji come la semplificazione di una mano a cui si attaccano dei chicchi di riso glutinoso. In ogni caso nell'uso come radicale suggerisce in genere qualcosa di <u>appiccicoso</u>, comparendo leggermente modificato. |

| | |
|---|---|
| 述 | 述べる、記述 descrizione、述部 predicato、陳述 deposizione, resoconto、口述 dettatura |
| V | Seguire (\*辶) qualcuno standogli attaccato > ripetere le azioni di qualcuno, in particolare le parole > **esprimere, menzionare, descrivere**. La lettura richiama 循 "ubbidire-seguire ciò che già c'è". |
| 術 | 術、美術館 museo d'arte、芸術 arte、技術 tecnologia、手術 operazione chirurgica |
| V | Strada (行) alla quale una persona aderisce e si attiene > **abilità, arte, metodo** acquisiti seguendo un percorso di vita. |

| | |
|---|---|
| **\*瓜** | Pittogramma di un melone che <u>pende</u> da un supporto. Essendo uno solo trasmette il senso di <u>solitario</u>. |

| | |
|---|---|
| 孤 | 孤児 orfano、孤児院 orfanotrofio、孤独 solitudine、孤立 isolamento |
| / | Un 子 bambino in **solitudine** > **orfano**. |
| 弧 | 円弧 arco (forma)、括弧 parentesi、鉤括弧 parentesi quadre、弧状 arcuato |
| / | Qui \*瓜 "melone" suggerisce un'immagine arcuata derivata dalla sua forma. Inizialmente il kanji si riferiva a un particolare 弓 arco curvo, poi alla forma ad **arco** in generale > **arcata**. |
| 狐 | 狐、狐の嫁入り matrimonio delle volpi/pioggia a cielo sereno |
| // | \*犭 animale che si muove in piccole unità famigliari piuttosto che in branchi > **volpe**. |

| | |
|---|---|
| 麻 | 麻、麻酔 anestesia、麻薬 narcotico, stupefacente、鈍磨 torpore、麻痺 paralisi、心臓麻痺 attacco cardiaco |
| / | Qui 林 è una semplificazione di \*林 ed indica un tipo di pianta. \*广 edificio deriva invece da \*厂 rupe, a sua volta abbreviazione di 反 (contrario). 反 indica graficamente l'atto di "voltare la mano (又)" e qui si presenta con il suo significato minore di "stoffa" (rotolo di stoffa sfogliato da un venditore). Il kanji nel suo insieme rappresenta le fibre vegetali con le quali viene prodotto un tessuto, in particolare le fibre della **canapa**. \*广 edificio potrebbe essere un errore di trascrizione o un modo per suggerire la conservazione al chiuso della canapa. Nelle parole a volte trasmette significati correlati alle sue **proprietà narcotiche**. |

| | |
|---|---|
| 散 | 散る (intr.)、散らす (tr.)、散らかす mettere in disordine-sparpagliato、解散 sciogliersi (es. riunione)、散歩 passeggiata、気が散る distrarsi、散髪 taglio dei capelli、散散 ばらばら alla rinfusa/a pezzi...、散蒔 ばらまく spargere, disseminare (anche figurato)/dare via i soldi |
| IV | La parte superiore è una semplificazione di 麻 canapa, battuta con un bastone (\*攵) per produrre le fibre > sminuzzare la 肉 carne > **sparpagliarsi, disperdersi, disseminare, cadere** (es. foglie). |
| 磨 | 磨 lucidare、歯を磨く lavarsi i denti、研磨 levigatura/approfondire e migliorare qualcosa |
| / | **Strofinare** la canapa con una 石 pietra per separare la fibra > **lucidare**. |
| 摩 | 按摩 massaggio、摩擦 sfregamento, frizione, attrito (anche in senso figurato: es. conflitto, contrasto) |
| / | **Sfregare** con la 手 mano la canapa per ottenere la fibra > **carezzare, massaggiare**. |

| | |
|---|---|
| 魔 | 悪魔<ruby>あくま</ruby> diavolo、魔法<ruby>まほう</ruby> magia、魔術師<ruby>まじゅつし</ruby> mago、魔女<ruby>まじょ</ruby> strega、誤魔化す<ruby>ごまか</ruby> imbrogliare、<br>邪魔<ruby>じゃま</ruby> intralcio-ostacolo-disturbo-fastidio (e simili) |
| / | Combinazione di 鬼 (demone) e 麻 canapa. Quest'ultima è usata foneticamente per riferirsi a Māra, un **demone** buddista famoso per aver cercato di impedire a Gautama Buddha di raggiungere l'illuminazione > **diavolo, spirito maligno**. |
| 歴 | 〜歴<ruby>れき</ruby> storia di...、歴史<ruby>れきし</ruby> storia、学歴<ruby>がくれき</ruby> titolo di studio、経歴<ruby>けいれき</ruby> carriera-curriculum/storia personale-passato |
| IV | Da \*歷. Qui 止 indica una serie di orme lasciate a terra, mentre \*秝 rappresenta delle piante di riso coltivate in file. L'idea che \*歷 comunicava era quella di un "percorso stabilito", associato successivamente a quello che gli astri tracciano nel cielo > **passaggio del tempo** > **curriculum**. La semplificazione della parte superiore con 麻 canapa (nella sua versione senza il trattino superiore) può essere ugualmente associata mnemonicamente a un qualche tipo di coltivazione. |
| 暦 | 暦<ruby>こよみ</ruby>、グレゴリオ暦<ruby>れき</ruby> calendario gregoriano、西暦<ruby>せいれき</ruby> Anno Domini |
| // | > la parte superiore è un'abbreviazione di 歴, usato per esprimere "passaggio del tempo" e il senso di regolarità del percorso stabilito > **calendario** che mostra il regolare passare dei giorni (日). |

| | |
|---|---|
| \*尗 | Foglie della patata (simboleggiata da una variante di 生 in alto) che escono da sottoterra. Al di sotto è presente il tubero, graficamente identico al kanji di 小 piccolo. |
| 叔 | 叔父<ruby>おじ</ruby> zio、叔母<ruby>おば</ruby> zia、伯叔<ruby>はくしゅく</ruby> zii |
| / | Una mano (又) che estrae una patata da sottoterra. **Zio** è un prestito. |

| | |
|---|---|
| 督 | 監督<ruby>かんとく</ruby> sorveglianza, direzione/direttore, ispettore、監督者<ruby>かんとくしゃ</ruby> direttore, ispettore、映画監督<ruby>えいがかんとく</ruby> regia |
| / | Una persona più grande (叔 zio) che tiene 目 sott'occhio gli altri > **controllare-supervisionare**. |
| 寂 | 寂しい<ruby>さび</ruby> solitario-solo-malinconico, sentire la mancanza/desolato-deserto、寂れる<ruby>さび</ruby> decadere, languire、<br>寂<ruby>さび</ruby> sobrietà/patina、わび・さび<ruby>侘 寂</ruby> wabi-sabi、静寂<ruby>せいじゃく</ruby> silenzio-calma |
| / | 叔 qui richiama foneticamente 粛 calma-solennità > un edificio (\*宀) in cui regna austerità e **silenzio** > **desolato, solitario**. |
| 淑 | 淑やか<ruby>しと</ruby> con grazia、淑女<ruby>しゅくじょ</ruby> dama |
| // | Acqua (\*氵) che sgorga dalla terra (叔) > **purezza (morigeratezza)**, agire **con grazia**. Il kanji è usato per descrivere in maggior modo dei comportamenti femminili virtuosi. |

| | |
|---|---|
| \*堇 | Kanji di origine oscura. Una teoria ipotizza che \*堇 derivi da una variante di \*黄 "freccia infuocata", a sua volta originata dalla combinazione di 矢 freccia e \*炗 "luce di un fuoco". Nel tempo \*黄 ha concentrato l'attenzione sulla luce prodotta e sul colore luminoso della fiamma creando l'attuale kanji di 黄 giallo (き). Le numerose letture di \*堇 potrebbero aver trasmesso varie sfumature di significato : きん si collega al kanji di 金<ruby>こう</ruby> oro rafforzando l'idea di un colore giallo-oro; なん richiama la parola argilla (粘土<ruby>ねんど</ruby>), intesa nella sua tipologia dal colore giallo, e in particolare un terreno argilloso; かん si collega a 冠<ruby>かん</ruby> (corona), due mani che porgono rispettosamente una corona. Probabilmente tutto ciò è stato dovuto a una commistione di caratteri diversi assimilati all'interno di \*堇. La sintesi a cui sembra si giunge alla fine è quella di un terreno argilloso di colore giallo, tipicamente noto per le sue particolari caratteristiche: duro e difficile da coltivare se asciutto sotto il sole estivo (non riuscendo l'acqua a penetrare) e appiccicoso durante le piogge invernali (poiché l'acqua, una volta assorbita, viene rilasciata lentamente impedendo all'aria di circolare). Tuttavia, si tratta nondimeno di una tipologia di terreno particolarmente apprezzata per la caratteristica delle sue minute particelle di argilla di trattenere perfettamente le sostanze nutritive e possedere un'alta capacità di ritenzione idrica. Questo tipo di terreno argilloso se trattato con accortezza e rispetto può diventare uno fra i più fertili (\*艹). |

| | |
|---|---|
| 漢 | 漢字 kanji、漢詩 poesie cinesi、痴漢 pervertito, maniaco sessuale、大食漢 gran mangione |
| III | Kanji indicante il nome di un fiume (*氵) > il fiume Han che diede il nome all'omonima dinastia cinese. Il kanji è passato a riferirsi alla **Cina** in generale, a "uomo cinese" per associazione e, infine, semplicemente a **uomo** (significato minore). |
| 嘆 | 嘆く affliggersi, lamentarsi、嘆かわしい deplorevole、嘆息 sospiro、悲嘆 afflizione、驚嘆 ammirazione, meravigliarsi di (感嘆)、感嘆符 punto esclamativo |
| / | *莫 richiama 喚 "grida" e sfrutta alcune delle caratteristiche implicite del "terreno argilloso" (*莫) per suggerire "trattenere" > soffocare un **lamento** (口) > **affliggersi**. Pur trattandosi di un sussulto di disperazione, occasionalmente è inteso come se provocato dall'ammirazione. |
| 難 | 難しい difficile、難い duro-difficile、盗難 furto、苦難 difficoltà-tribolazioni、困難 difficoltà, ostacolo, avversità、非難 accusa, critica、耐え難い insostenibile-insopportabile、言いにくい difficile da dire |
| VI | In origine un *隹 uccello dal piumaggio color oro. Il significato di **difficile** è preso in prestito da *艱, combinazione di *莫 e *艮 fermarsi, forse a indicare il momento dell'anno in cui il terreno argilloso si indurisce e si secca più di tutti diventando solido come un sasso e troppo difficile da coltivare. |

| | |
|---|---|
| 菫 | 菫、三色菫 viola del pensiero (viola tricolor) |
| // | Da *堇, variante di *莫 o uno dei caratteri commistionati al suo interno. Il kanji concentra l'attenzione sul "terreno argilloso giallo" ed è noto che fra i suoi significati abbia avuto anche quelli di "stagione" (importante fattore nel trattamento del terreno argilloso) e "minuto-poco" (forse legato alle dimensioni delle particelle di argilla). L'elemento *艹 erba può aver posto l'attenzione al risultato della coltivazione, concentrandosi su una specie di fiore in particolare > **viola**, genere di piante della famiglia Violaceae. Interessante come all'interno della famiglia esistano numeroso specie di fiori dal color giallo molto diffuse in Asia Orientale (es. la viola biflora, anche detta viola gialla, e la viola brevistipulata …), incoraggiando il legame originale tra *堇 e *莫 con *黃 (黄) giallo. |

| | |
|---|---|
| 僅 | 僅か、僅差 stretto margine |
| / | Un **piccolo numero** di *イ persone > **poco**. |
| 謹 | 謹む、謹んで rispettosamente、謹聴 ascoltare attentamente、謹賀新年 auguri di buon anno! |
| / | Utilizzare poche parole (言) > agire con **circospezione, considerazione, rispetto**. |
| 勤 | 勤める、勤まる essere adatto a、勤め compito, mansione. dovere、勤勉 diligente, assiduo |
| VI | 堇 è adoperato foneticamente per richiamare 筋 muscolo. 力 "forza" (graficamente "muscoli del braccio flessi") è usato per sottolineare ulteriormente il senso > adoperare i propri muscoli nel lavoro manuale (es. nella lavorazione del terreno argilloso) > **essere diligente, essere impiegato, fare il proprio lavoro**. |

# 4.3 Elementi naturali

**4.3.1 — Legno e alberi**

| 木 | 林 | 果 | 采 | 楽 | 本 | 未 | 末 | 乗 | 朱 | 制 | 桌* | 片 | 广* | 亲* | 支 | 半* | 束* |
|---|---|---|---|---|---|---|---|---|---|---|---|---|---|---|---|---|---|
| 休栄困枚床 | 森禁襟 | 菓課裸巣彙 | 菜採彩 | 薬 | 鉢 | 味魅妹昧 | 抹 | 剰垂睡郵唾華 | 株殊珠 | 製 | 繰操燥藻 | 版状将奨壮装荘粧 | 病疾蔵臓 | 親新薪 | 肢枝技伎岐 | 半刀*契喫潔 | 刺策 |

**4.3.2 — Acqua**

| 水 | 泉 | 氷 | 永 | 川 | 坙(圣)* | 気* |
|---|---|---|---|---|---|---|
| 漆膝 | 線腺原源願隙 | 寒塞冬終 | 泳詠*辰派脈 | 訓巡災州酬 | 軽経径怪茎 | 汽気 |

**4.3.3 — Terra**

| 土 | 圭* | 周 | 坴* | 才 | 山 | 丘 | 岡 | 谷 | 穴 | 隋* | 亜 |
|---|---|---|---|---|---|---|---|---|---|---|---|
| 圧座挫 | 佳掛街涯封崖 | 週調彫 | 陸睦 | 材財閉在存 | 炭仙催峠微徴懲 | 岳 | 綱鋼剛*岡網 | 浴欲容溶裕俗*谷船沿鉛 | 究空控虹突窓総探深 | 惰堕随髄 | 悪 |

**4.3.4 — Fuoco e luce**

| 火 | 赤 | 光 | 尞* | 黄* | 叟* | 黒* | 庶 |
|---|---|---|---|---|---|---|---|
| 灰秋愁炎淡談 | 赦嚇 |  | 寮僚療瞭 | 黄横広鉱拡*寅演 | 捜痩 | 黙墨*熏薫勲 | 遮度渡席 |

**4.3.5 — Metallo e pietre**

| 金 | 石 | 且 |
|---|---|---|
|  | 研岩妬拓 | 助組祖阻狙粗租査畳宜 |

# 4.3.1 Legno e alberi

| 木 | 木、木刀 spada di legno、木材 legname (da costruzione)、材木 legname、木立ち boschetto, frutteto |
|---|---|
| I | Dal pittogramma di un **albero** con la chioma che copre il tronco. Il kanji è usato per riferirsi anche al <u>legno</u>. |

| 休 | 休む riposare、休み riposo, vacanza、休日 giorno di riposo、休憩 pausa、休戦 armistizio |
|---|---|
| I | Una *イ persona che si ferma a **riposare** sotto la chioma di un albero. Il kanji richiamava foneticamente 駐 (fermarsi-parcheggiare). |
| 栄 | 栄える prosperare、栄える risplendere、栄養 nutrimento、繁栄 prosperità、栄光 gloria、光栄 gloria-onore-privilegio、虚栄心 vanità, vanagloria、見栄を張る darsi delle arie |
| IV | *榮, un albero ricoperto (*冖) da fiori sbocciati che luccicano come fiamme (火) > **prosperare, risplendere, gloria**. In origine 栄 si riferiva a una particolare specie di Paulownia. |
| 困 | 困る、困難 ostacolo, difficoltà, avversità、困窮者 i bisognosi |
| VI | Un 木 albero confinato in un'area chiusa (囗). Un'altra teoria considera 囗 come un ingresso e 木 come una barriera di legno che rende difficoltoso l'accesso > **essere in difficoltà, avere problemi**. |
| 枚 | 〜枚 |
| VI | Uno strumento di legno (木) usato per pungolare-colpire (*攵) i cavalli > volte in cui il cavallo viene colpito. Questo significato ha portato a scegliere 枚 come contatore, in particolare **contatore per le cose piatte**. |
| 床 | 床 letto、床 pavimento、床の間 nicchia、床屋 barbiere、病床 essere costretto a letto ammalato |
| / | Inizialmente l'elemento a sinistra non era *广, ma *爿 (metà di un tronco di legno) e l'intero kanji indicava un **letto** di legno (木) disposto sul **pavimento** o in una **nicchia**. La semplificazione con *广 chiarisce un ambiente al chiuso di un edificio. |

| 林 | 林、森林 foresta、森林破壊 deforestazione、疎林 bosco-selva、多雨林 foresta pluviale、林檎 mela |
|---|---|
| I | **Foresta-bosco**. Rispetto a 森, 林 suggerisce una crescita condizionata dall'intervento umano. È interessante il confronto della lettura はやし con quella del verbo 生やす (coltivare-far crescere). |

| 森 | 森、森林、森閑とした silenzio di tomba |
|---|---|
| I | **Foresta**. Rispetto a 林, 森 suggerisce una crescita incontaminata scevra dall'essere umano. |
| 禁 | 禁じる proibire、禁煙 vietato fumare、禁止 divieto、監禁 imprigionamento、禁欲 astinenza、立ち入り禁止 "Vietato entrare"、禁忌 tabù (=タブー)/controindicazioni (mediche) |
| V | I recessi di una 林 foresta chiusi all'accesso in quanto dimora della divinità (示). Una teoria più approfondita evidenzia un collegamento fonetico fra 林 e *綝 "astenersi", da cui il senso di "**astenersi** dal fare qualcosa per rispettare un tabù religioso (示) > essere **proibito**. |

| | | |
|---|---|---|
| | 襟 | 襟、襟首 nuca |
| // | | > punto del *ネ vestito chiuso all'accesso (禁), in riferimento a un **colletto** abbottonato. In alcune parole 襟 indica l'area intorno al collo. |

| | | |
|---|---|---|
| 果 | | 果たす compiere、果てる giungere ad una conclusione、果たして come previsto...、果物 <u>frutta</u> (果実)、結果 risultato, esito, effetto、成果 risultati、効果 effetto、因果 causa effetto、果敢 risoluto-determinato-audace |
| IV | | Un **frutto** sopra a un 木 albero. Il frutto rappresenta il **risultato** del proprio operato > **raggiunge un esito**. |

| | | |
|---|---|---|
| | 菓 | 菓子、お菓子 dolcetto, dolce, caramella |
| / | | Aggiungendo *艹 erba si riprende il significato originario di frutto di 果. L'idea di "frutto" è stata in seguito reinterpretata come un **dolce** o una **torta** dal sapore dolce e rinfrescante. |
| | 課 | 課す imporre (es. tassa)、〜課 sezione/lezione、課題 tema-argomento, compito、課長 caposezione、課税 tassazione、課程 corso di studio |
| IV | | 果 richiamava foneticamente 考 (pensare, considerare) anche se semanticamente può aver suggerito "raggiungere un esito". Il senso di 課 è quello di "considerare, valutare le parole (言) altrui", in altre parole "investigare, portare avanti un'indagine". L'attenzione si è sempre più spostata su un'indagine riguardante la tassazione e il lavoro, da cui i significati attuali di **imposta**, **sezione** e **dipartimento**. |
| | 裸 | 裸 nudo、裸足 <u>a piedi nudi</u>、裸体 nudità、裸体主義 nudismo、裸像 nudo (es. pittura) |
| / | | 果 era usato foneticamente per esprimere "rimuovere, pelare", forse inteso nell'atto di "sbucciare un frutto" > rimuovere i *ネ vestiti, denudarsi > **nudo**. |
| | 巣 | 巣 nido/tana/covo/rete (di un ragno)...、巣立つ lasciare il nido、卵巣 ovaia |
| / | | Inizialmente composto da 木 albero e la parte superiore rappresentante un **nido. Tana, covo** e simili sono dei significati associati. I tre tratti superiori della semplificazione possono essere immaginati come degli uccelli, mentre 果 come un albero con un nido sopra (come fosse un frutto). |
| | 彙 | 語彙 vocabolario |
| / | | Qui 果 "frutto" suggerisce qualcosa di rotondo > un porcospino (rappresentato da *且 in alto) che si raccoglie (*⼍) a palla quando per proteggersi > **cose dello stesso tipo** raccolte insieme. |

| | | |
|---|---|---|
| 采 | | 喝采 acclamazione, applauso, ovazione、拍手喝采 acclamare battendo le mani、風采 aspetto-apparenza-aria |
| // | | Una *爫 mano che <u>raccoglie</u> i frutti 木 dall'albero in base al loro **aspetto, forma** e **colore**. |

| | | |
|---|---|---|
| | 菜 | 野菜 verdura、前菜 antipasto、菜食主義者 vegetariano |
| IV | | Una mano che raccoglie delle *艹 erbe commestibili > **verdura, ortaggi, vegetali**. |
| | 採 | 採る、伐採 abbattimento (alberi)、採用 adottare (es. misure, proposte)/ingaggiare、採集 raccolta, collezione、採択 adozione (es. progetto di legge)、採血 prelievo di sangue |
| V | | Aggiungendo una seconda *扌 mano si enfatizza il gesto di raccolta dall'albero > **raccogliere** (es. un frutto) > **adottare** (es. misure, proposte). |
| | 彩 | 彩る、色彩 colore, tinta、水彩絵具 acquerello、多彩 variegato/multicolore |
| / | | *彡 "capelli" qui suggerisce un ornamento, mentre 采 riprende i suoi significati di "aspetto, forma e colore" per esprimere una fantasia ornamentale di elementi > una varietà di colori > **colorazione**. |

| | |
|---|---|
| 楽 | 楽しい divertente、楽 confortevole、気楽 conforto、音楽 musica、楽器 strumento musicale |
| II | Da *樂, kanji che esprime l'immagine di un 木 albero ricco di ghiande (descritte graficamente da 白 bianco) con piccoli fili (*幺) per indicare i bachi che si nutrono delle foglie e formano dei bozzoli. Il kanji si riferiva a una particolare specie di quercia, adesso indicata da * 櫟 (くにぎ). Non è chiaro da dove provengano i significati attuali di **piacevole** e **divertente**, ma potrebbero essere stati associati all'immagine del baco che si nutre e crea il suo bozzolo. **Musica** è un significato derivato dall'idea di qualcosa di piacevole e divertente. |

| | |
|---|---|
| 薬 | 薬、薬になる avere un effetto benefico su qualcuno、目薬 collirio、薬局 farmacia、薬剤師 farmacista、睡眠薬 sonnifero、向精神薬 sostanza stupefacente、薬草 erbe medicinali、麻薬 narcotico, stupefacente、火薬 polvere da sparo |
| III | Da *藥, *艹 erba medicinale utilizzata per stare meglio (楽) > **medicina** (e simili). Il componente 楽 era usato anche per richiamare foneticamente 療 (curare). |

| | |
|---|---|
| 本 | 本 libro、本屋 libreria、本箱 scaffale-libreria、絵本 libro illustrato、本当 vero、基本 i fondamenti, le basi、根本的 fondamentale-essenziale, radicale、本部 quartier generale, sede centrale、本能 istinto、本日 oggi、日本 Giappone (日本)、〜本 contatore per cose lunghe e strette |
| I | Le radici 木 dell'albero > **origine** > **principale, vero, questo** > **libro**. La lettura deriva dal kanji 根 (radice-ceppo, origine, natura). |

| | |
|---|---|
| 鉢 | 鉢 scodella、鉢植え pianta piantata in vaso、植木鉢 vaso (di fiori)、鉢巻 bandana、捨て鉢 disperato |
| / | Kanji di origine oscura. Una teoria considera 本 come omofono di un kanji defunto dal significato di "recipiente", da cui il senso di un recipiente di metallo (金) > **scodella, vaso** > **cranio** (per similarità di forma). Per semplicità è possibile ricordare il kanji anche come "un recipiente dalla base (本) metallica (金)" oppure "una scodella metallica semplice (本 origine)". In ultima analisi, è possibile che 鉢 sia realtà una semplificazione di *缽, kanji dalle medesime pronunce e significato che mostrava al suo interno il recipiente (缶) stesso. |

| | |
|---|---|
| 未 | まだ ancora ..., non ancora (con verbo negativo)、まだまだ ancora (es. prima dell'obiettivo)、未来 futuro (lontano)、未成年 minorenne、未解決 insoluto、未熟 inesperto/immaturo、いまだかって non aver mai ... fino a oggi |
| IV | Un albero con un tratto aggiuntivo in cima a indicare ramificazioni ancora in crescita > qualcosa di incompiuto > **non ancora, immaturo**. Da non confondersi con 末. |

| | |
|---|---|
| 味 | 味 sapore、味わう assaggiare (味見)、意味 significato、趣味 hobby、興味 interesse |
| III | 未 richiama foneticamente 旨 (buono, delizioso) > **assaggiare-assaporare** con la 口 bocca i **sapori**. In alcune parole 味 indica una certa qualità o apprezzamento. Il senso di "incompiuto" (未) potrebbe aver suggerito anche l'atto di assaporare, il tenere in bocca qualcosa per un po' prima di completare la deglutizione. |

| | |
|---|---|
| 魅 | 魅す stregare、魅せられる essere incantato、魅力 fascino、魅力的 affascinante, attraente |
| / | 未 era usato foneticamente per esprimere "bestia" e caratterizzare un tipo particolare di 鬼 demone. I significati di **incantare, ammaliare** e **affascinare** derivano dai poteri che si credeva i demoni possedessero. Si noti come a volte il demone espresso in 魅 sia immaginato come un abitante della foresta; in tal caso 未 potrebbe essere stato scelto anche per il suo aspetto grafico di albero. |

| | | |
|---|---|---|
| 妹 | 妹(いもうと)、妹(いもうと)さん、姉妹(しまい) sorelle、従姉妹(いとこ) <u>cugina</u> | |
| | II | Una ragazza (女) ancora immatura > **sorella minore**. |
| 昧 | 曖昧(あいまい) ambiguo | |
| | // | Una luce (日) fioca che non illumina del tutto > **oscuro, folle**. |

| | | |
|---|---|---|
| 末 | 末(すえ) termine/avvenire、末(すえ)っ子(こ) ultimogenito、末(まつ) fine (di ...)、週末(しゅうまつ) fine settimana、結末(けつまつ) fine-conclusione | |
| IV | In origine 末 aveva lo stesso significato grafico di 未, ossia le ramificazioni di un albero. Nel tempo l'attenzione si è concentrata sulla **parte finale**, la **punta** delle ramificazioni, ben evidenziate dal tratto superiore orizzontale più lungo di quello centrale > **fine**. | |
| 抹 | 抹茶(まっちゃ) tè verde、一抹(いちまつ) un po' di, pizzico di、抹殺(まっさつ) soppressione, annullamento、末梢的(まっしょうてき) insignificante | |
| | / | 末 era usato per esprimere foneticamente **coprire con la tinta**, da cui il senso di tinteggiare passando sopra con *扌 mano > **cancellare via** è un significato associato. Ai fini mnemonici può essere utile considerare 末 per i suoi significati di "fine" e "punta", associabili a quello di cancellare. |

| | | |
|---|---|---|
| 乗 | 乗(の)る salire su un mezzo、乗(の)り場(ば) fermata、乗(じょう)じる approfittare di (es. occasione)、乗車(じょうしゃ) salire a bordo (mezzo)、搭乗(とうじょう) imbarco (aereo)、乗法(じょうほう) moltiplicazione、乗(の)せる posizionare su, caricare/dare un passaggio, far salire qualcuno | |
| III | Da *乘, due persone che **salgono sopra** <u>i rami di un 木 albero</u> > **salire a bordo di un mezzo**. La lettura si collega a 昇(しょう) (salire, ascendere) e a 上(じょう) (sopra, salire). | |
| 剰 | 過剰(かじょう) eccedenza, superfluo、過剰摂取(かじょうせっしゅ) consumo eccessivo, overdose、過剰人口(かじょうじんこう) sovrappopolazione | |
| | / | Recidere (*刂) le estremità dei rami dell'albero (乗) > rimuovere l'**eccedenza**. 乗 potrebbe richiamare foneticamente 冗(じょう) (superfluo, eccessivo). |

| | | |
|---|---|---|
| 垂 | 垂(た)れる、垂(た)らす tenere sospeso/versare, far colare、首(くび)を垂(た)れる chinare il capo、垂(た)れ耳(みみ) origliare、髪(かみ)を垂(た)らす tenere i capelli sciolti、雨垂(あまだ)れ gocce di pioggia、垂直(すいちょく) perpendicolare, verticalità | |
| VI | Da *㸚, una <u>pianta che cresce (sale su 乗) dal 土 terreno</u> con le foglie **penzoloni** > **pendere, sospeso, appeso** > **gocciolare, colare**. | |
| 睡 | 微睡(まどろ)む assopirsi、睡眠(すいみん) dormita, sonno、睡眠薬(すいみんやく) sonniferi、午睡(ごすい) pisolino | |
| | / | Palpebre (目) calanti > essere **insonnolito** > **sonno**. |
| 郵 | 郵便(ゆうびん) posta、郵便局(ゆうびんきょく) ufficio postale、郵便物(ゆうびんぶつ) lettera、郵送料(ゆうそうりょう) costi di spedizione | |
| | VI | Una stazione di ricambio nel *阝 villaggio, segnalata da una bandiera sventolante (che 垂 penzola). I messaggi erano di frequente segnati su una bandiera, materiale scritto per trasmettere un messaggio, da cui il significato attuale di **posta**. "Posta" è indicato in Giappone anche dal simbolo 〒. |
| 唾 | 唾(つば) saliva/sputo、唾液(だえき) saliva、固唾(かたず)を飲(の)む <u>trattenere il respiro</u>、虫唾(むしず)が走(はし)る <u>essere disgustati da</u> | |
| | // | **Saliva** che gocciola dalla 口 bocca. |
| 華 | 華々(はなばな)しい splendido, glorioso、華(はな)やか brillante-sgargiante, fastoso, magnifico、豪華(ごうか) lusso, splendore、法華経(ほっけきょう) Sutra del Loto、万華鏡(まんげきょう) caleidoscopio | |
| | / | Una pianta (*艹) rigogliosa che cresce dal terreno > **splendore, fiore**. Graficamente 垂 viene allungato in basso per mostrare con più chiarezza il gambo. La lettura si collega a quella di 花(か) fiore. |

| 朱 | 朱色 vermiglio、朱筆 penna rossa/correzione |
|---|---|
| // | Un albero in crescita, simile a 未 (non ancora), con una linea aggiuntiva per indicare che è stato <u>reciso</u> ed è possibile vedere l'<u>interno</u> del <u>tronco</u> e il suo colore rossiccio > **vermiglio**. |

| | 株 | 株、株式会社 società per azioni |
|---|---|---|
| | VI | Aggiungendo 木 albero si concentra l'attenzione sul **tronco** e, in particolare, sulla base che rimane stabile. 朱 si collega foneticamente a 主 (principale) e 住 (abitare), entrambi indicanti lo "stare saldamente nello stesso posto". In Giappone l'idea di "base stabile" è stata associata a quella di **azione di borsa**. |
| | 殊 | 殊に particolarmente、特殊 speciale, particolare |
| | / | Uccidere qualcuno recidendolo fino alle ossa (*歹 morte, resti) in un attacco estremamente cruento > **particolarmente, specialmente**. 朱 suggerisce "recidere fino all'interno" oltre che richiamare foneticamente 襲 attaccare. |
| | 珠 | 真珠 perla、数珠 rosario |
| | / | Una **perla**, suggerita da 玉 gioiello (semplificato con 王), che si trova all'interno (朱) dell'ostrica. |

| 制 | 制服 uniforme、制度 sistema, istituzione、制限 limite-restrizione、体制 sistema-regime、自制 autocontrollo |
|---|---|
| V | A sinistra è presente una variante di 木 albero con delle linee aggiuntive per meglio rappresentare il tronco e i rami. Il senso di 制 è quello di abbattere un albero e <u>reciderne</u> (*刂) i rami > applicare una forma di **controllo** > un **sistema** sotto controllo. |

| | 製 | 〜製 prodotto in、家庭用電気製品 elettrodomestico、製作 produzione, fabbricazione, opera |
|---|---|---|
| | V | Tagliare le stoffe per confezionare un 衣 vestito > **produzione, manifattura**. |

| *喿 | Il cinguettio (口) degli uccelli raccolti sopra un 木 albero. Come radicale trasmette a volte un senso di <u>raggruppamento</u> o <u>intensità</u>. |
|---|---|

| | 繰 | 繰る、繰り返す ripetere、引っ繰り返す rovesciare, capovolgere/sconvolgere |
|---|---|---|
| | / | Raggomitolare i 糸 fili insieme, raccolti come uccelli su un albero > **avvolgere, aggomitolare** > **voltare la pagina**. |
| | 操 | 操る、操り人形 marionetta、操 fedeltà coniugale、操縦 pilotaggio、操作 manovra, operazione、体操 ginnastica |
| | VI | *喿 è usato foneticamente per richiamare 執 "agguantare", ulteriormente enfatizzato dall'aggiunta di *扌 mano > **manovrare, controllare**. **Fedeltà coniugale** deriva dall'idea di controllo esercitato sulla propria volontà e azioni. *喿 potrebbe aver suggerito da solo l'idea di "controllo" dalla posizione rialzata che sottintende. |
| | 燥 | はしゃぐ rallegrarsi, fare festa、乾燥、乾燥機 asciugatrice |
| | / | **Asciugare** al 火 fuoco > **seccarsi**. Qui *喿 trasmette un senso di intensità. |
| | 藻 | 藻 alga, piante acquatiche、海藻 alga (marina) |
| | / | **Alghe** (*艹) che galleggiano raccolte sopra la superficie dell'acqua (*氵). |

| | |
|---|---|
| 片 | 片付ける <ruby>片付<rt>かたづ</rt></ruby> mettere a posto、片手 <ruby><rt>かたて</rt></ruby> una mano、片足 <ruby><rt>かたあし</rt></ruby> un piede、破片 <ruby><rt>はへん</rt></ruby> frammento, scheggia, coccio, frantumi、<br>断片的 <ruby><rt>だんぺんてき</rt></ruby> frammentario, parziale、カタカナ <ruby>片仮名<rt>かたかな</rt></ruby> katakana |
| VI | Da *丬, la metà di un tronco di legno usata come <u>giaciglio</u> > **una sola parte, unilaterale** > **frammento**. Nella versione moderna *丬 appare riflesso orizzontalmente (片). La lettura di 片 richiama il kanji di 半 metà, mentre la lettura della versione originale *丬 a volte viene trasmessa nell'uso come radicale. |

| | |
|---|---|
| 版 | 版、出版 <ruby><rt>はん しゅっぱん</rt></ruby> pubblicazione、出版社 <ruby><rt>しゅっぱんしゃ</rt></ruby> editore、版権 <ruby><rt>はんけん</rt></ruby> copyright, diritti d'autore |
| V | 反 (contrario) richiamava foneticamente 薄 (sottile), oltre che suggerire un oggetto che può essere capovolto (dal significato grafico di "voltare la mano") > una tavola di legno (片) rivoltata. Con il tempo 版 ha sempre più indicato una **matrice** usata nel processo di **stampa**, forse per l'influenza dell'idea di opposizione presente in 反. **Edizione** è un significato associato. |
| 状 | 状態 <ruby><rt>じょうたい</rt></ruby> condizioni, stato、状況 <ruby><rt>じょうきょう</rt></ruby> situazione, circostanze attuali、白状 <ruby><rt>はくじょう</rt></ruby> confessione、<br>症状 <ruby><rt>しょうじょう</rt></ruby> sintomo/condizioni di un paziente、招待状 <ruby><rt>しょうたいじょう</rt></ruby> lettera d'invito |
| V | Da *狀. Il kanji potrebbe essere analizzato come un 犬 cane nel suo giaciglio. Tuttavia un'altra teoria collega foneticamente *丬 a 象 (forma-aspetto) per suggerire nell'insieme "il profilo e l'aspetto di un cane". Nel tempo l'elemento del "cane" è stato omesso lasciando solo il senso di "profilo-forma", da cui i significati attuali di **situazione** e **condizione**. Il significato di **lettera** deriva invece dall'idea di comunicare lo stato di una situazione. |
| 将 | 将来 <ruby><rt>しょうらい</rt></ruby> futuro (prossimo)、将軍 <ruby><rt>しょうぐん</rt></ruby> shōgun, generale、大将 <ruby><rt>たいしょう</rt></ruby> generale, ammiraglio/capo、将棋 <ruby><rt>しょうぎ</rt></ruby> shōgi |
| VI | Da *將. 丬 richiama 上 (alzare/regalare agli altri) e nell'insieme indica una mano (寸) che <u>offre una fetta di 肉 carne</u> a un superiore, da cui il significato di **comandante**. La semplificazione può essere ricordata come "due mani (*爫, 寸) che offrono qualcosa al comandante sdraiato sul suo giaciglio (*丬)". **Stare per** è un significato associato al gesto di offerta. |
| 奨 | 奨める <ruby><rt>すす</rt></ruby>、奨励 <ruby><rt>しょうれい</rt></ruby> incoraggiamento, esortazione、奨学金 <ruby><rt>しょうがくきん</rt></ruby> borsa di studio |
| / | > 将 qui trasmette il suo significato grafico iniziale di "offrire una fetta di carne" > dare una fetta di carne a un 犬 cane (semplificato con 大) come premio > **incoraggiamento, esortare, promozione.** |

| | |
|---|---|
| 壮 | 壮大 <ruby><rt>そうだい</rt></ruby> grandioso, magnifico、壮観 <ruby><rt>そうかん</rt></ruby> vista spettacolare、壮麗 <ruby><rt>そうれい</rt></ruby> splendido-pomposo、強壮 <ruby><rt>きょうそう</rt></ruby> robusto (costituzione) |
| / | Da *壯. 士 (guerriero) riprende il suo significato grafico di "membro eretto", riferendosi all'atto sessuale consumato nel giaciglio (*丬) > **virile, robusto** > **grandioso, prospero.** |

| | |
|---|---|
| 装 | 装う <ruby><rt>よそお</rt></ruby> vestirsi/fingere、変装 <ruby><rt>へんそう</rt></ruby> mascheramento、服装 <ruby><rt>ふくそう</rt></ruby> abbigliamento、装置 <ruby><rt>そうち</rt></ruby> dispositivo、<br>男装 <ruby><rt>だんそう</rt></ruby> vestirsi come un uomo、女装 <ruby><rt>じょそう</rt></ruby> vestirsi come una donna、正装 <ruby><rt>せいそう</rt></ruby> abito da cerimonia、衣装 <ruby><rt>いしょう</rt></ruby> costume |
| / | 壮 era usato foneticamente per richiamare 包 "avvolgere" oltre che suggerire semanticamente "grandiosità" > avvolgersi in 衣 vestiti sontuosi > **abbigliarsi** > **equipaggiamento.** |
| 荘 | 別荘 <ruby><rt>べっそう</rt></ruby> villa, casa per la villeggiatura、荘厳 <ruby><rt>そうごん</rt></ruby> solenne, maestoso, imponente |
| // | Un giardino (*艹) grandioso e curato, associato successivamente a quello di una **villa** dall'aria **solenne.** |

| 粧 | 化粧 trucco、化粧品 cosmetici、厚化粧 trucco pesante |
|---|---|
| / | La parte a destra deriva da 壯 che per i suoi forti connotati erotici suggerisce "attrattiva sessuale" > cipria bianca come il 米 riso usata per adornare il volto > **cosmetici**. La semplificazione mostra 土 terra e un grande edificio (*广); un modo di memorizzarla potrebbe essere quello di immaginare la bellezza di tale posto e associarla a quella ottenuta truccandosi con i cosmetici. |

| *疒 | Dall'unione di 人 persona e 片 "una sola parte", presente nella sua accezione grafica di "metà tronco di legno usato come giaciglio" > una persona <u>malata</u> sdraiata sul letto. |
|---|---|

| 病 | 病、病む ammalarsi、病み上がり convalescenza、病気 malattia、病人 malato、病院 ospedale、伝染病 epidemia、臆病 codardia、臆病者 codardo, vigliacco |
|---|---|
| III | L'elemento interno 丙 rappresenta un grande altare usato durante le cerimonie. Non è chiaro come 丙 contribuisca a enfatizzare il significato di *疒 di **malattia**. La grandezza dell'altare può aver suggerito "una malattia in peggioramento" o "una malattia che porterà all'immobilità", oppure ancora "una malattia che conduce alla morte" dall'idea di sacrifici viventi effettuati sopra l'altare. La teoria della "malattia in peggioramento" è avvalorata dal collegamento fonetico tra 丙 e *幵 "mettere insieme". |
| 疾 | 疾走 spostarsi a tutta velocità、疾患 malanno-disturbo、疾とっくに <u>molto tempo fa, già da molto che</u> |
| / | Un **malanno** che colpisce **repentino** come una 矢 freccia. |
| 蔵 | 蔵 magazzino (e simili)、酒蔵 cantina (es. per il vino)、貯蔵 scorta, immagazzinamento、冷蔵庫 frigorifero |
| VI | Da *蔵.* 臓 mostra una guardia in allerta ( 臣 ) ferita (*疒, semplificato con *厂) da un colpo di *戈 lancia, oltre che richiamare foneticamente 障 (intralciare) per indicare il suo significato grafico di "nascosto alla vista". Il significato generale era quello di "nascondere alla vista coprendo con *艹 l'erba" > **mettere da parte, preservare** > **fare scorta, magazzino** (e simili). Sono presenti ulteriori richiami fonetici a 倉 deposito e 傷 ferita. La *臓 "guardia ferita" potrebbe aver suggerito dal punto di vista semantico la necessità di nascondersi. |
| 臓 | 心臓 cuore、肺臓 polmone、腎臓 rene、肝臓 fegato、内臓 interiora、臓器 organo interno |
| VI | > ciò che è 蔵 preservato all'interno del corpo (肉) > **interiora, viscere**. |

| *亲 | Un 木 <u>albero abbattuto</u> con uno strumento affilato (suggerito dalla parte superiore proveniente da ago 辛). |
|---|---|

| 親 | 親 genitore、親しい intimo、両親 genitori、親戚 parenti、親友 amico intimo、親切 gentile、親指 pollice |
|---|---|
| II | *亲 richiamava foneticamente 生 "vita, nascita", il quale in questo caso suggerisce un parente. Con l'aggiunta di 見 (vedere) si indica "un **parente** che resta sempre a osservare" > **genitore, intimo**. Per facilità mnemonica potrebbe essere utile associare all'idea del parente sempre presente a quella di un albero abbattuto (*亲), ma con il tronco sempre stabile e ancorato al terreno. |

| | | |
|---|---|---|
| 新 | 新しい nuovo、新た nuovo, rinnovato、新聞 giornale、新鮮 fresco (es. aria, pesce …)、新築の nuovo-costruito di recente、新入正 nuovo studente、新幹線 Shinkasen | |
| II | Abbattere l'albero con un'ascia (斤). Il legname ottenuto è stato in seguito associato a una nuova costruzione per la quale è adoperato > **nuovo** (e simili). La lettura richiamava *剪 "tagliare-accorciare", il quale a sua volta si collega a *鱻 "fresco-nuovo" (鮮). | |
| 薪 | 薪 legna da ardere (薪)、薪割り accetta/tagliare la legna、薪炭 legna e carbone | |
| // | > abbattere un albero (新) per ottenere **legna da ardere**. La presenza di *艹 erba enfatizza il significato grafico di legname di 新. | |

| | | |
|---|---|---|
| 支 | 支える sostenere, sorreggere、支払い pagamento、支持 appoggio, sostegno、支配 controllo-dominio/influenza、支障 impedimento、支社 filiale、差し支えない non esserci problemi a, accettabile, consentito | |
| V | Una mano (又) che spezza un ramo per usarlo come **supporto** > **sostenere, branca**. | |

| | | |
|---|---|---|
| 肢 | 肢体 arti, membra、義肢 arto artificiale、下肢 arti inferiori、選択肢 opzioni-scelte-alternative | |
| // | Diramazioni (branche) del corpo (肉) > **arto, membra**. | |
| 枝 | 枝 ramo、枝毛 doppie punte (capelli)、爪楊枝 stuzzicadenti | |
| V | Aggiungendo 木 albero si concentra l'attenzione sull'elemento grafico > **ramo** (e simili). | |
| 技 | 技、技師 ingegnere、技術 tecnologia、技術者 tecnico、演技 recitazione | |
| V | 支 richiama foneticamente 事 (lavoro, faccenda) oltre che comunicare i suoi significati principali di "supporto" e "branca". Aggiungendo un'altra *扌 mano si intende l'uso delle dita per svolgere lavori che richiedono grande **abilità** e **tecnica** manuale. | |
| 伎 | 歌舞伎 Kabuki | |
| // | > *イ persona dai numerosi **talenti** (技, abbreviato). | |
| 岐 | 分岐 divergenza, ramificazione、多岐に渡る coprire molti argomenti | |
| // | Inizialmente due 山 montagne vicine, come rami che si biforcano; in seguito **biforcazione** in generale e **bivio**. | |

| | |
|---|---|
| *丰 | Un pezzo di legno intagliato a seghettatura per essere incastrato con un altro uguale. |
| *丰刀 | La combinazione di *丰 con 刀 enfatizza il senso dell'intaglio destinato a combinarsi con un altro adatto. Come radicale può suggerire "combinarsi nel modo giusto" e, per estensione, "un accordo, un giuramento". |

| | | |
|---|---|---|
| 契 | 契る impegnarsi a fare qualcosa-giurare、契約 contratto、契機 occasione, causa determinante | |
| / | Un importante (大 grande) **giuramento**. In alcune parole e come radicale conserva a volte il senso di combinare (espresso da *丰刀). | |
| 喫 | 喫する、喫茶店 sala da tè、喫煙 fumare、喫煙者 fumatore | |
| / | > 契 (giurare) suggerisce l'atto della "masticazione" da quello implicito di "combinare", ossia chiudere le arcate dentarie della 口 bocca > masticare per poi **ingerire** > **mangiare, bere, fumare** > **ricevere-subire** (per associazione). | |

| | |
|---|---|
| 潔 | 潔い (いさぎよ) coraggioso、清潔 (せいけつ) pulito, pulizia、潔白 (けっぱく) innocenza, purezza, integrità、簡潔 (かんけつ) conciso, succinto |
| V | L'unione con 糸 filo in *絜 genera il senso di "regolare i fili per metterli nel modo giusto", da cui "correggere". Aggiungendo acqua (*氵) si ottiene il senso di abluzione, l'atto di **purificarsi** con l'acqua > agire in modo **retto**, essere **coraggiosi**. |

| | |
|---|---|
| **＊朿** | Una <u>spina</u> <u>appuntita</u> di legno (木). |

| | |
|---|---|
| 刺 | 刺 (とげ) spina、刺す (さ) infilzare, pugnalare, trafiggere, conficcare, pungere、刺さる (さ) conficcarsi、刺身 (さしみ) sashimi、刺激 (しげき) stimolo, impulso/dare impulso、風刺 (ふうし) satira、名刺 (めいし) biglietto da visita |
| / | Una **spina** che si **conficca** (*刂) > **trafiggere** (e simili). Il senso originale del kanji tuttavia era quello di "trafiggere con una spada". |
| 策 | 策 (さく)、政策 (せいさく) linea politica、対策 (たいさく) contromisure, provvedimento、方策 (ほうさく) linea di condotta, strategia、策動 (さくどう) macchinazione、得策 (とくさく) politica intelligente, un buon piano、失策 (しっさく) errore madornale |
| VI | In origine un 竹 bambù appuntito usato per addomesticare un cavallo. L'idea di un "bambù appuntito" si è confusa con quella di una "una tavoletta di bambù incisa" grazie all'influenza fonetica del kanji di 冊 (さつ) "materiale scritto", ossia "tavolette di bambù assemblate insieme" dove poter prendere nota dei piani formulati, idea a sua volta suggerita dal richiamo fonetico con 数 (すう / さく) (numero), stabilito per sottintendere piani e strategie > **schema, piano, provvedimento, linea politica**. |

# 4.3.2 Acqua

| 水 | 水、水着 (みず、みずぎ) costume da bagno、海水 (かいすい) acqua di mare、水泳 (すいえい) nuoto、水道 (すいどう) acquedotto、潜水 (せんすい) immersione |
|---|---|
| I | La corrente increspata di un fiume > **acqua**. Come radicale si può trovare anche nelle varianti *氵 e *氺 (gocce d'acqua), le quali si possono riferire all'acqua come a qualsiasi altro liquido. La lettura si collega a 出 (しゅつ / すい) (uscire, fuoriuscire). |

| 漆 | 漆、漆黒 (うるし、しっこく) nero corvino |
|---|---|
| // | L'elemento a destra si riferisce alla linfa/resina 木 dell'albero della **lacca**, ossia *氺 gocce d'acqua contenute all'interno (*㇔) della corteccia. Aggiungendo *氵 si enfatizza il concetto. |
| 膝 | 膝 (ひざ) ginocchio、膝蓋骨 (しつがいこつ) rotula |
| // | > liquido articolare del **ginocchio** (肉), messo in analogia con la linfa (*漆) all'interno di un albero. |

| 泉 | 泉、温泉 (いずみ、おんせん) sorgente termale, terme、間欠泉 (かんけつせん) geyser |
|---|---|
| VI | In origine il pittogramma di 水 acqua che fuoriesce da un'apertura > **sorgente, fonte, terme** > **fontana**. La semplificazione può essere ricordata come "acqua limpida (白 bianco) che fuoriesce dalla sorgente". |

| 線 | 線 (せん) linea、曲線 (きょくせん) curva、直線 (ちょくせん) retta、光線 (こうせん) raggio di luce、車線 (しゃせん) corsia (automobilistica)、地平線 (ちへいせん) orizzonte、脱線 (だっせん) deragliamento/digressione、〜番線 (ばんせん) binario、新幹線 (しんかんせん) Shinkansen |
|---|---|
| II | Un 糸 filo sottile come uno zampillo d'acqua > **linea** (e simili). Una teoria più precisa ricava lo stesso significato finale collegando foneticamente 泉 (せん) a 繊 (せん) "delicato, fine, sottile". |
| 腺 | 甲状腺 (こうじょうせん) tiroide、唾液腺 (だえきせん) ghiandole salivari、生殖腺 (せいしょくせん) apparato genitale |
| // | Organi (肉) che secernono liquidi > **ghiandola**. |

| 原 | 原 (はら) pianura、野原 (のはら) campi (campagna)、高原 (こうげん) altopiano、原因 (げんいん) causa、原料 (げんりょう) materia prima、原子 (げんし) atomo、原始的 (げんしてき) primitivo、藤原 (ふじわら) Fujiwara |
|---|---|
| II | Acqua che fuoriesce da un'apertura (泉, abbreviato con 白 bianco e 小 piccolo) di una *厂 rupe > **origine, primitivo, naturale**. Il significato di **pianura** è un prestito. La lettura deriva dal kanji di 巌 (がん) rupe. |

| 源 | 源 (みなもと) origine, fonte、起源 (きげん) origine-nascita、資源 (しげん) risorse、源氏物語 (げんじものがたり) Storia di Genji |
|---|---|
| VI | Kanji dallo stesso significato di 原, accentuato dall'aggiunta di *氵 per indicare meglio la **fonte d'acqua** > **origine**. La lettura richiama 元 (げん / がん) origine-inizio. |
| 願 | 願う (ねがう) desiderare/richiedere, implorare、願い (ねがい) desiderio、お願いします (ねがい) per favore、願望 (がんぼう) desiderio, speranza, aspirazione、懇願 (こんがん) supplica、請願 (せいがん) petizione |
| IV | 原 (げん) si collega a 元 (げん) (origine-inizio) per il suo significato grafico di "testa in evidenza", anche se può essere stato scelto anche per il suo significato di "origine" a indicare nell'insieme la testa (頁) come fonte di ogni **desiderio** e **richiesta**. |

| 隙 | 隙 fessura, apertura-spazio/opportunità、隙間 fessura, spiraglio, crepa |
|---|---|
| // | Combinazione della parte interna di 原 con 小 piccolo > una piccola **fessura** che si apre nella parete di una *阝 collina e da cui sgorga un ruscelletto > cogliere un'**opportunità**. |

| 氷 | 氷 ghiaccio、氷河 ghiacciaio、氷山 iceberg、氷解 dissiparsi-svanire (soprattutto in senso figurato) |
|---|---|
| III | Unione di 水 acqua e *冫 ghiaccio > **ghiaccio, ghiacciato**. La lettura richiama 凝 irrigidirsi. Come radicale si trova in genere con solo *冫 o *冫, entrambi formati da solo due tratti distintivi. Da non confondersi con 永. |

| 寒 | 寒い freddo (clima)、肌寒い avere freddo-brividi、寒気 brivido di freddo、寒暖計 termometro |
|---|---|
| III | Da *籅, un rifugio (*宀) ricoperto dalla *茻 vegetazione per proteggersi dal **freddo** (*冫 ghiaccio). |

| 塞 | 塞がる (intr.)、塞ぐ (tr.)、梗塞 infarto、心筋梗塞 infarto cardiaco、要塞 fortezza、塞栓症 embolia |
|---|---|
| // | > il kanji riprende il rifugio ricoperto di vegetazione presente graficamente in 寒, ma sostituisce *冫 ghiaccio con 土 terra per enfatizzarne l'impenetrabilità > **tappare, rimarginarsi, ostruire** > **ingombrare, occupare**. |

| 冬 | 冬 inverno、冬眠 ibernazione、冬至 solstizio d'inverno |
|---|---|
| II | *夂 "piede che punta verso il basso" qui è una semplificazione del pittogramma di "<u>carne stagionata raccolta e appesa con delle corde</u>", a indicare le provviste di cibo per l'**inverno** (*冫 ghiaccio). Un'altra teoria collega foneticamente *夂 a 集 "raggruppare" (* 聚), in riferimento al <u>congelamento</u> dell'acqua in *冫 ghiaccio. La lettura richiama 凍 congelarsi. |

| 終 | 終わる finire、終える portare a termine、終 fine、終了 fine, completamento |
|---|---|
| III | > 冬 suggerisce qualcosa di "raccolto e stretto insieme" dal significato grafico di "carne appesa" o da quello fonetico di "congelamento". L'aggiunta di 糸 filo ha condotto al senso di "stringere un nodo", mentre focalizzando l'attenzione sulla punta del nodo e l'atto di allacciarlo in sé si è ottenuto il significato attuale di **fine**. |

| 永 | 永い、永久 eterno, perpetuo、永遠 eternità、永続 durare a lungo, perpetuarsi |
|---|---|
| V | <u>Emissari che dipartono dal fiume principale</u> (水). Ne deriva l'idea di qualcosa che si protrae **a lungo** > **duraturo, persistente** > **eternità**. Da non confondersi con 氷. |

| 泳 | 泳ぐ、平泳ぎ bracciata (nuoto)、水泳 nuoto、游泳 nuoto-bagno |
|---|---|
| III | 永 richiamava *游 (fluttuare come una bandiera al vento) oltre che suggerire l'aspetto grafico di un fiume che si estende in più direzioni. Aggiungendo *冫 acqua si sposta l'attenzione sul pelo dell'acqua e sul galleggiare fluttuando come una bandiera al vento, da cui il significato di **nuotare**. |

| 詠 | 詠む、詠歌 composizione poetica |
|---|---|
| // | Proferire (言) una dichiarazione drammatica (il cui eco risuonerà 永 a lungo) > **poema, composizione, recitazione**. |

| *辰 | *辰 è una variante rivoltata di 永 che evidenzia il <u>diramarsi degli emissari</u>. |
|---|---|
| | |

| 派 | 流派 <sub>りゅうは</sub> scuola (di...)、印象派 <sub>いんしょうは</sub> Impressionismo、立派 <sub>りっぱ</sub> esemplare, eccellente、特派員 <sub>とくはいん</sub> inviato speciale |
|---|---|
| VI | Emissari (*氵) che si diramano dal fiume principale. L'idea di **diramazione** ha portato ai significati attuali di **setta**, **corrente**, **scuola**, **fazione**, **gruppo**. |
| 脈 | 脈 <sub>みゃく</sub>、不整脈 <sub>ふせいみゃく</sub> polso irregolare、大動脈 <sub>だいどうみゃく</sub> aorta、動脈 <sub>どうみゃく</sub> arteria、静脈 <sub>じょうみゃく</sub> vena、脈搏 <sub>みゃくはく</sub> pulsazione、山脈 <sub>さんみゃく</sub> catena montuosa |
| IV | **Vasi sanguigni** che si diramano all'interno del corpo (肉) > **pulsazioni**. |

| 川 | 川 <sub>かわ</sub>、川端 <sub>かわばた</sub> riva del fiume、川口 <sub>かわぐち</sub> foce、川流れ <sub>かわながれ</sub> venire portati via dalla corrente/persona annegata in un fiume |
|---|---|
| I | Pittogramma di un <u>fiume che scorre fra le sue sponde</u>. Come radicale a volte può suggerire <u>girare intorno</u> grazie al suo significato grafico e l'omofonia con 旋 (girare intorno, rotazione). È possibile trovarlo anche nella variante *巛 |

| 訓 | 訓読み <sub>くんよみ</sub> lettura *kun*、訓練 <sub>くんれん</sub> addestramento、教訓 <sub>きょうくん</sub> precetto-morale-insegnamento |
|---|---|
| IV | Parole (言) che scorrono come un fiume > un ragionamento logico > **insegnamento**. 訓 è adoperato anche per indicare la lettura *kun* giapponese dei kanji. |
| 巡 | 巡る <sub>めぐる</sub> girare intorno (e simili)、巡り会う <sub>めぐりあう</sub> incontrare qualcuno per caso、巡査 <sub>じゅんさ</sub> vigile、巡回 <sub>じゅんかい</sub> ronda, giro d'ispezione、お巡りさん <sub>おまわりさん</sub> ufficiale di polizia |
| / | 川 è usato foneticamente per richiamare 見 <sub>けん</sub> vedere oltre che suggerire **girare intorno** > muoversi (*辶) intorno per ispezionare > **fare la ronda**. |
| 災 | 災い <sub>わざわい</sub>、災害 <sub>さいがい</sub>、被災者 <sub>ひさいしゃ</sub> vittima (di un disastro)、火災報知 <sub>かさいほうち</sub> allarme antincendio |
| V | Un fiume che straripa e un incendio (火) > **calamità**, **disastro**. La lettura richiamava 害 <sub>がい</sub> danno. |
| 州 | 欧州 <sub>おうしゅう</sub> Europa (＝ヨロッパ)、本州 <sub>ほんしゅう</sub> Honshū、九州 <sub>きゅうしゅう</sub> Kyūshū |
| III | <u>Fiume</u> che bagna le rive di un paese > **Stato**. La lettura si collega a 周 <sub>しゅう</sub> "<u>circonferenza, dintorni</u>". |
| 酬 | 酬いる <sub>むくいる</sub>、報酬 <sub>ほうしゅう</sub> ricompensa、応酬 <sub>おうしゅう</sub> risposta a |
| // | > 州 qui suggerisce "scorrere" e "intorno" > scambiarsi le tazze in circolo per brindare (*酉) > riconoscere qualcosa come degno di un brindisi > **ricompensare**, **rimborsare**, **risposta** (al comportamento di qualcuno). |

| *巠(圣) | In alcuni dizionari *巠 porta il significato di "acqua sotterranea che scorre", Probabilmente derivato dalla sua forma grafica composta da una linea (一) per indicare il <u>percorso</u>, *巛 fiume e "lavoro manuale" (工) per suggerire l'azione scavatrice dell'acqua. Un'altra teoria identifica *巠 come il pittogramma di un telaio con i <u>fili tesi verticalmente</u>. *巠 si trova sempre semplificato con *圣 e alle volte può sottintendere <u>nascosto alla vista</u> (dal primo significato), <u>piccolo percorso</u> (dall'idea di cunicolo o filo teso), oppure <u>dritto</u> (dai fili tesi del telaio). |
|---|---|
| 軽 | 軽い <sub>かるい</sub>、軽音楽 <sub>けいおんがく</sub> musica leggera、軽食 <sub>けいしょく</sub> spuntino、軽微 <sub>けいび</sub> lieve-leggero、軽々しい <sub>かるがるしい</sub> alla leggera、軽蔑 <sub>けいべつ</sub> disdegno, disprezzo, scherno |
| III | *圣 è usato foneticamente per richiamare *硜 <sub>けい</sub> "vuoto" anche se può aver trasmesso un senso di mancanza da quello di "nascosto alla vista" > un carro (車) senza carico > **leggero** (e simili). |

| 経 | 経つ<sub>た</sub> passare (del tempo)、経済<sub>けいざい</sub> economia、経験<sub>けいけん</sub> esperienza、経営<sub>けいえい</sub> gestione, amministrazione、経度<sub>けいど</sub> longitudine、経線<sub>けいせん</sub> meridiano、神経<sub>しんけい</sub> nervo、月経<sub>げっけい</sub> mestruazione、法華経<sub>ほっけきょう</sub> Sutra del Loto |
|---|---|
| V | Aggiungendo 糸 si evidenzia il senso di "filo dritto" > **longitudine**, immaginata come una linea che passa dritta per la terra > **passare (del tempo)** > **esperienza**. La linea viene vista anche come "linea guida" > **sutra**. |
| 径 | 経路<sub>けいろ</sub> percorso-via、直径<sub>ちょっけい</sub> diametro (径)、半径<sub>はんけい</sub> raggio、口径<sub>こうけい</sub> calibro (arma) |
| IV | Muoversi (*イ) per un piccolo **percorso** percorribile solo a piedi. |
| 怪 | 怪しい<sub>あや</sub>、怪我<sub>けが</sub> ferita、妖怪<sub>ようかい</sub> spettro, mostro、怪物<sub>かいぶつ</sub> mostro/mostro (persona geniale) |
| / | Qui *圣 non è la semplificazione di *至, ma l'unione di mano (又) e 土 terra per trasmettere il senso di "lavorare la terra". Tuttavia in cinese *圣 è stato utilizzato come semplificazione del kanji di 聖<sub>せい</sub> "sacro", suggerendo "misterioso". 怪 ha assunto il significato finale di sentimenti (*忄) di **sospetto** dovuti all'imbattersi in qualcosa di misterioso > **losco, dubbioso, bizzarro**. A livello mnemonico può essere utile collegare "lavorare la terra" ai concetti di "sacro" e "misterioso" in riferimento ai rituali eseguiti per propiziare un buon raccolto. |
| 茎 | 茎<sub>くき</sub> stelo (花茎<sub>かけい</sub>)、歯茎<sub>はぐき</sub> gengiva |
| / | La parte dritta e tesa verticalmente di una pianta (*艹) > **stelo**. |

| *气 | Aria che esce dalla bocca durante l'espirazione. <u>Spirito</u> e <u>vapore</u> sono significati associati. |
|---|---|
| 汽 | 汽車<sub>きしゃ</sub> treno a vapore、汽船<sub>きせん</sub> nave a vapore |
| / | Aggiungendo acqua (*氵) si enfatizza il significato di **vapore**. |
| 気 | 天気<sub>てんき</sub> tempo、元気<sub>げんき</sub> salute、気分<sub>きぶん</sub> umore、電気<sub>でんき</sub> elettricità、病気<sub>びょうき</sub> malattia、活気<sub>かっき</sub> vivacità、気に入る<sub>きい</sub> piacere (qualcosa)、雰囲気<sub>ふんいき</sub> atmosfera (anche figurato)、蒸気<sub>じょうき</sub> vapore、空気<sub>くうき</sub> aria、意気<sub>いき</sub> spirito、気味<sub>きみ</sub> sensazione-tocco、寒気<sub>さむけ</sub> brividi di freddo、湿気<sub>しっけ</sub> umidità |
| I | Da *氣 vapore che si alza dal 米 riso fumante > forza invisibile > **spirito-mente, atmosfera**. In origine il kanji sembra si riferisse alle "provviste di riso conferite a qualcuno (es. come salario)" (*餼), con *气 che si collegava a *饋<sub>き</sub> "conferire provviste". |

# 4.3.3 Terra

| 土 | 土、土地 (つち・とち) terreno/proprietà terriera/località-paese-posto、土星 (どせい) Saturno、国土 (こくど) territorio nazionale、<br>粘土 (ねんど) argilla/creta、お土産 (みやげ) souvenir |
|---|---|
| I | Un cumulo di **terra** sopra il **suolo** > **terreno**. Il kanji è usato per riferirsi anche al <u>territorio</u> e significati affini. |

| | | |
|---|---|---|
| 圧 | | 圧、圧力 (あつ・あつりょく) pressione、血圧 (けつあつ) pressione sanguigna、気圧 (きあつ) pressione atmosferica |
| | V | **Pressione** esercitata da un grande blocco di terra (*厂 rupe). |
| 座 | | 座る (すわ) sedersi、座席 (ざせき) posto a sedere、正座 (せいざ) seduta adatta (alla giapponese)、王座 (おうざ) trono、<br>座禅 (ざぜん) meditazione seduta zen、星座 (せいざ) costellazione、ございます (ございます) esistere, essere (registro umile) |
| | VI | *坐 rappresenta due 人 persone inginocchiate per 土 terra, una di fronte all'altra all'interno di un edificio (*广) > **sedersi, posto a sedere** > ritrovarsi in un luogo > **adunata** > **costellazione**. |
| 挫 | | 挫く (くじ) schiacciare、捻挫 (ねんざ) storta、挫折 (ざせつ) scoraggiamento, amara delusione, fallimento (es. di un piano) |
| | // | > con la *扌 mano spingere qualcuno in posizione seduta (*坐) > **schiacciare, scoraggiamento**. |

| | | |
|---|---|---|
| *圭 | | <u>Sentieri</u> di 土 <u>terra rialzata</u> fra i campi. A volte nell'uso come radicale, gli angoli che caratterizzano i sentieri sono paragonati alle sfaccettature di una <u>pietra preziosa</u>. |
| | 佳 | 佳人 (かじん) bella donna、佳作 (かさく) opera pregevole |
| | / | Una donna (*亻 persona) **bella** come una pietra preziosa > **buono**. |
| | 掛 | 掛ける、掛かる (か・か) volerci (tempo/risorse…)/appendere、鍵を掛ける (かぎ・か) chiudere a chiave、<br>腰掛ける (こしか) sedersi、手掛がり (てか) indizio、切っ掛け (きか) occasione、見掛ける (みか) capitare di vedere、<br>引っ掛ける (ひか) appendere-agganciare/infilarsi/ingannare/sedurre、見掛け (みか) apparenza-aspetto esteriore |
| | / | Tenere appese alla *扌 mano delle strisce di bambù interpretando i vari raggruppamenti a scopo *卜 divinatorio > **appendere, essere connesso con**. Da questi due significati ne derivano tanti altri come: "applicare", "azionare", "interagire", "capitare di", "iniziare", "chiamare", "mettersi addosso", "versare", "dipendere da", "volerci", "costo". |
| | 街 | 街、〜街、街路 (まち・がい・がいろ) strada-viale、商店街 (しょうてんがい) quartiere commerciale、住宅街 (じゅうたくがい) zona residenziale |
| | IV | Un incrociarsi di numerose **strade** (行) che compongono la **città** > **quartiere**. |
| | 涯 | 生涯 (しょうがい) (corso della) vita、一生涯 (いっしょうがい) per tutta la propria vita |
| | // | La **linea di costa** di un corso d'acqua (*氵) > **orizzonte**. |
| | 封 | 封 (ふう) sigillo、封筒 (ふうとう) busta (da lettere)、封鎖 (ふうさ) blocco, congelamento (fondi)、道路封鎖 (どうろふうさ) blocco stradale、<br>封じる (ふう) sigillare/bloccare-proibire、封じ込める (ふうこ) confinare, contenere、封建時代 (ほうけんじだい) Era Feudale |
| | / | *圭 qui è la semplificazione di un "albero dal grosso tronco" posto (寸) deliberatamente per **bloccare** il passaggio > **isolare** > **sigillo**. Per essere collegato con più facilità al significato originario, *圭 potrebbe essere considerato anche nel suo significato di "terra rialzata". |

| | | |
|---|---|---|
| 崖 | 崖、海食崖 scogliera | |
| // | La **parete scoscesa** di una 山 montagna > **rupe**. L'elemento intorno è *厓 "precipizio", combinazione di *厂 rupe e "terra rialzata" (*圭). | |

| 周 | 周り dintorni (周囲)、円周 circonferenza、周期 periodo-ciclo、一周 un giro |
|---|---|
| IV | Un 土 terreno delimitato (*冂) completamente occupato dalle colture. **Circonferenza** deriva dall'idea di completezza della delimitazione e dalla presenza di 口 a evidenziare un'area precisa di <u>forma circolare</u> > **dintorni**. |

| | | |
|---|---|---|
| 週 | 週、一週間 una settimana、先週 settimana scorsa、来週 prossima settimana、週末 fine settimana | |
| II | Procedere (*辶) in circolo > ciclo temporale > **settimana**. | |
| 調 | 調べる esaminare, investigare、調える preparare-accomodare、色調 tonalità (colore)、調子 tono, ritmo/maniera, condizioni、調査 indagine、口調 tono della voce、強調 enfasi、体調 condizione fisica, forma fisica、順調 andare bene, senza intoppi、単調 monotono | |
| III | 言 parlare di un argomento in modo esauriente, ossia girarci intorno affrontandolo da ogni punto > **esaminare, investigare, essere in ordine, preparato**. Gli stessi concetti applicati alla musica danno i significati aggiuntivi di **tono** e **melodia**. | |
| 彫 | 彫る、彫刻 scultura、彫刻家 scultore、彫塑 arti plastiche | |
| / | *彡 capelli sottili suggerisce un motivo delicato e affascinante > **scolpire** un motivo pregevole tutto intorno > **intagliare**. | |

| *坴 | Il pittogramma mostra dei monticelli di 土 terra <u>uno vicino all'altro</u>. |
|---|---|

| | | |
|---|---|---|
| 陸 | 陸、大陸 continente、上陸 sbarcare, discendere a terra、陸軍 esercito, forze di terra | |
| IV | *阝 collina enfatizza ed estende il significato di *坴 > **terraferma**. | |
| 睦 | 親睦 amicizia-cameratismo、和睦 riconciliazione, rappacificazione | |
| // | Stare uno vicino all'altro guardandosi (目) > **familiarità, intimità, amichevole, armonioso**. | |

| 才 | 才 talento/età、才能 talento、天才 genio、才色兼備 avere sia il dono della bellezza che dell'intelligenza (donna) |
|---|---|
| II | Una <u>diga</u> di terra che <u>blocca</u> il corso del fiume. **Talento ed età** sono prestiti incoraggiati dal kanji 材 (risorse, materiale allo stato grezzo, legname), derivato da 才 stesso. |

| | | |
|---|---|---|
| 材 | 木材 legname (da costruzione)、材質 (qualità del) materiale、材料 ingredienti, materiale/dati、人材 persona di talento、原材料 materie prime、素材 materiale, materia、機材 materiali meccanici | |
| IV | **Legname** (木) da costruzione > **materiale allo stato grezzo, risorse**. Diga (才) richiamava foneticamente 使 "usare", anche se potrebbe indicare da sé qualcosa che deve essere costruito. | |
| 財 | 財産、財布 portafogli、財政 finanza、財閥 zaibatsu | |
| V | La diga (才) qui suggerisce "accumulo", da cui l'idea di un grande **patrimonio** (貝) > **beni, proprietà**. | |

| | |
|---|---|
| 閉 | 閉める (tr.)、閉まる (intr.)、閉じる (tr.)、閉ざす (intr.)、閉店 chiusura del negozio、閉塞 ostruzione, occlusione、閉口 essere perplesso-sconcertato, essere imbarazzato o infastidito da |
| VI | Un 門 cancello **serrato** che blocca il passaggio (come fosse una diga) > **chiudere**. |
| 在 | 現在 attualmente、滞在 soggiorno (temporaneo in un posto)、不在 assenza、存在 esistenza |
| VI | A sinistra una versione leggermente modificata di diga (才) confermata dall'aggiunta di 土 terra. L'idea che ne deriva è quella di stabilità e protezione che permette di **stare** in un luogo > **esistere**. |
| 存 | 存じる sapere (umile)、ご存知です sapere (formale)、存在 esistenza、生存者 sopravvissuto、保存 preservazione, conservazione、存外 inaspettatamente |
| / | > 子 (bambino) si collegava foneticamente a 積 "accumulare"; perciò 存 esprime lo stesso concetto di stabilità esposto sopra in 在 > **esistenza** > vivere a lungo > **essere consci**. È possibile comunque che 子 bambino abbia influito anche a livello semantico. |
| 山 | 山、富士山 monte Fuji、山地 territorio montuoso、登山 alpinismo, scalata、火山 vulcano、山頂 cima-vetta |
| I | Una **montagna** che si staglia alta. |
| 炭 | 炭 carbone、石炭 carbone fossile、炭鉱 miniera di carbone、炭素 carbonio |
| III | Eruzione esplosiva (火) di **carbone** dal \*屵 fianco della montagna. Un'altra teoria collega foneticamente \*屵 a 還 (fare ritorno) per riferirsi alle ceneri prodotte da un fuoco. |
| 仙 | 仙人、仙女 fata、仙台 Sendai |
| / | Una \*亻 persona reclusa fra i monti > **eremita**. |
| 催 | 催す、開催、催眠 ipnosi、催促 sollecitazione, sollecito、雨催い minacciare di piovere、涙を催す essere mosso alle lacrime |
| // | \*崔 uccelli radunati sulla cima di una 山 montagna > una \*亻 persona che pianifica un raduno > **organizzare, tenere** (una festa, una riunione, un evento), **sponsorizzare**. \*崔 può aver suggerito anche una posizione elevata da dove poter esercitare il controllo. |
| 峠 | 峠、峠道、峠を越す attraversare un valico-passo/finire la parte più difficile/superare il peggio |
| / | **Valico** (che va 上 sopra e 下 sotto) di una montagna > un **passo** arduo da superare > **fase critica**. |
| 微 | 微か、微笑む sorridere、微々 minimo/insignificante/modico、微笑 sorriso、微妙 delicatezza, sottigliezza、顕微鏡 microscopio、機微 delicatezza-sottigliezza、軽微 lieve-leggero、微細 minuscolo-minuto-particolareggiato |
| / | Costringere (\*攵) qualcuno a procedere (\*亻) accucciato, raffigurato dall'elemento centrale inferiore insieme a quello centrale superiore 山 (del tutto identico al kanji di montagna e ricordabile come "nascosto nelle montagne") > essere <u>a malapena visibili</u> > **minuto, piccolo, minimi particolari** > **bellezza**. |
| 徴 | 徴、特徴 caratteristica、象徴 simbolo、徴候 segni-sintomi、徴兵 reclutamento、徴収 riscuotere qualcosa |
| / | 微 è ripreso, ma al posto della figura accucciata è presente 王 (re), qui semplificazione di una \*壬 persona in piedi, a suggerire qualcosa che è stato rivelato, ma mantenendo una certa segretezza (essere a malapena visibile) > dare un **segno** > **indicazioni, simboli**. Il significato minore di **convocazione** deriva dall'idea di "ricerca di un segno", da cui a sua volta proviene quello di **tassa**. Presente un'omofonia con 兆 "auspicio, segno". |

| 懲 | 懲りる imparare dall'esperienza/averne abbastanza di、懲らす castigare (懲らしめる)、<br>懲罰 castigo, punizione、無期懲役 ergastolo、懲役刑 condanna di reclusione |
|---|---|
| / | > imparare dai 徴 segni che indicano i propri errori, cambiando quello che è il proprio 心 cuore > **imparare dall'esperienza**. Probabilmente la presenza di \*攵 (costrizione) ha fatto sì che il kanji assumesse anche il senso di **castigare** qualcuno affinché impari dai propri errori. La lettura si collegava a 矯 "raddrizzare, correggere". |

| 丘 | 丘 (丘陵)、砂丘 duna |
|---|---|
| / | Dal pittogramma di due colline > **collina**. |

| 岳 | 岳、山岳 alpi, monti、岳人 scalatore-alpinista、剣岳 monte *Tsurugi* |
|---|---|
| / | 山 **monti** e colline, parte di una catena montuosa > **picchi**. |

| 岡 | 岡、福岡 Fukuoka |
|---|---|
| // | Kanji derivato dal pittogramma di una \*网 rete combinato con il quello di 山 montagna a simboleggiare insieme una **collina** che sovrasta le altre. Come radicale può suggerire qualcosa di formidabile e solido, forte anche dell'omofonia con 硬 duro-solido e con 強 forte. |

| 綱 | 綱 corda, fune、綱引き tiro alla fune、綱渡り funambolismo、手綱 briglie、綱要 tratti essenziali |
|---|---|
| / | Una **corda** (糸) dura e resistente. **Linee guida** è un significato minore associato. |

| 鋼 | 鋼、鋼鉄、鉄鋼業 industria siderurgica |
|---|---|
| VI | Un metallo (金) formidabile di qualità e durezza superiore > **acciaio**. |

| 剛 | 剛、内柔外剛 forte esteriormente, ma debole interiormente、剛毅 forte e intrepido、<br>剛健 vigoroso-virile、剛毛 setola |
|---|---|
| // | Una \*刂 spada formidabile simbolo di **forza** e **durezza**. |

| \*冈 | Combinazione di 岡, nel suo significato grafico di \*网 rete, e 亡 (morte), usata per richiamare foneticamente 紡 "filare" ed enfatizzare il significato di **rete** in sé. Per aiuto mnemonico potrebbe essere utile interpretare gli elementi come "una preda non più visibile o deceduta all'interno della rete". |
|---|---|

| 網 | 網 rete da pesca o da caccia/griglia/trappola、網羅 coprire-comprendere、網膜 retina、<br>鉄道網 rete ferroviaria、電話網 rete telefonica、漁網 rete da pesca |
|---|---|
| / | Aggiungendo 糸 filo si concentra ulteriormente l'attenzione sulla **rete**. |

| 谷 | 谷 valle、峡谷 gola (canyon) |
|---|---|
| II | Una bocca (口) spalancata. Il significato si è poi spostato a quello di una **gola** fra le colline e, infine, a quello di **valle**. La parte superiore (八, \*ハ) deriva dal pittogramma di una profonda e ampia cavità ed è stato aggiunto per enfasi. |

| 浴 | 浴びる、海水浴 fare il bagno al mare、浴室 bagno、シャワーを浴びる farsi la doccia |
|---|---|
| IV | Acqua (\*氵) che si riversa in una cavità. Un'altra teoria collega foneticamente 谷 a \*㳫 (spruzzi alzati mentre si entra in acqua) > **fare il bagno**, **versare da sopra** > **prendere il sole**. |

| | | |
|---|---|---|
| 欲 | 欲しい desiderare, desiderare (欲する)、欲 voglia/avarizia、欲望 desiderio、食欲 appetito | |
| VI | 欠 e il significato originario di 谷 suggeriscono "avere sempre la bocca aperta" > **voglia, desiderio** > **avarizia**. 谷 richiama foneticamente 穀 cereali-grano, a indicare voracità. | |
| 容 | 内容 contenuto (anche figurato)、容姿 aspetto (fisico)、美容院 parrucchiere、形容詞 aggettivo in I | |
| V | Un edificio (*宀) molto spazioso > **contenere**. I significati di **forma** e **aspetto** sono in parti legati al significato di "contenere" e in parte presi in prestito dall'omofono 様 (aspetto, forma, modo). | |
| 溶 | 溶ける slacciarsi/sciogliersi/dissolversi、溶かす sciogliere/fondere、溶解、溶岩 lava | |
| / | > **dissolversi/sciogliersi** dentro un contenitore (grande cavità 容) pieno d'acqua (*氵). | |
| 裕 | 余裕 spazio libero/disponibilità di tempo、心に余裕がある avere il cuore sereno、裕福 benestante | |
| / | *ネ vestiti ampi. **Ricchezza** e **abbondanza** derivano dall'associazione con il senso di ampiezza e l'idea di non avere costrizioni. | |
| 俗 | 俗、風俗 usanze, costumi、俗語 gergo、民俗 folclore、凡俗 mediocrità, volgarità/persona mediocre | |
| / | 谷 riprende il suo significato originario di "bocca spalancata" intesa come mezzo di comunicazione tra le *イ persone > trasmissione orale > **comune, volgare, ordinario** > **usanze**. | |

| | |
|---|---|
| *谷 | Un avvallamento (apertura 口 e dividersi 八) pieno d'acqua ai piedi di una collina. *谷 può essere considerato una forma sintetica di 谷 (valle), mentre come radicale può suggerire un ampio spazio vuoto incavato. |

| | | |
|---|---|---|
| 船 | 船 nave、船酔い mal di mare、船長 capitano、乗船 imbarco、風船 palloncino | |
| II | Una 舟 nave dall'ampia chiglia incavata > **nave-imbarcazione**. | |
| 沿 | 沿う、川沿い lungo il fiume、沿岸 costa, litorale、沿道 ciglio della strada | |
| VI | *谷 qui suggerisce un avvallamento pieno d'acqua, ulteriormente evidenziato dall'aggiunta di *氵 oltre che dal richiamo fonetico con 縁 (bordo, connessione). Il senso finale è quello di percorrere il fiume seguendo la corrente > **costeggiare, fiancheggiare, seguire** > **agire in accordo**. | |
| 鉛 | 鉛、鉛筆 matita、黒鉛 grafite、亜鉛 zinco | |
| / | Metallo (金) estratto (apertura *谷) dalle rocce > **piombo**. | |

| | | |
|---|---|---|
| 穴 | 穴、洞穴 caverna、墓穴 tomba-fossa、穴居人 cavernicolo | |
| VI | Scavare una buca (separare 八) e ricoprirla (*宀 tetto). Inizialmente riferito a un'abitazione primitiva, il kanji ha poi assunto i significati generici di **buco** e **foro**. La lettura richiama 掘 scavare. | |
| 究 | 研究 ricerca、研究者 ricercatore | |
| III | Infilare il braccio (significato grafico di "gomito piegato" del kanji di 九 nove) all'interno di una cavità per capire cosa cela all'interno > **ricerca**. | |

| | | |
|---|---|---|
| 空 | 空 <ruby>空<rt>そら</rt></ruby> cielo、<ruby>空<rt>から</rt></ruby> vuoto、<ruby>空<rt>くう</rt></ruby> aria/vuoto、<ruby>空<rt></rt></ruby>しい vano、<ruby>空<rt>あ</rt></ruby>く essere vuoto、<ruby>空<rt>す</rt></ruby>く svuotarsi、 お腹が<ruby>空<rt>なか す</rt></ruby>いた essere affamati、<ruby>空手<rt>からて</rt></ruby> karate、<ruby>空気<rt>くうき</rt></ruby> aria、<ruby>空港<rt>くうこう</rt></ruby> aeroporto、<ruby>架空<rt>かくう</rt></ruby> immaginario | |
| I | Scavare (工 lavoro manuale) una grotta che fungerà da abitazione primitiva. 工 si collega foneticamente a 孔 (buco) > **vuoto**. La volta (\*宀) della grotta è considerata come la sua parte più cava oltre che essere quella superiore, ed è stata per questo associata concettualmente al **cielo**. | |
| 控 | <ruby>控<rt>ひか</rt></ruby>える、<ruby>控<rt>ひか</rt></ruby>え<ruby>目<rt>め</rt></ruby> moderato, riservato, misurato、<ruby>控<rt>ひか</rt></ruby>え nota, appunto, promemoria, duplicato, copia、 <ruby>控<rt>ひか</rt></ruby>え<ruby>室<rt>しつ</rt></ruby> anticamera、<ruby>控除<rt>こうじょ</rt></ruby> esente fiscale, deduzione fiscale, ritenuta | |
| / | > 空 richiamava foneticamente la parola "tirare a sé", anche se può aver espresso lo stesso concetto dalla sua idea grafica di "scavare una grotta", immaginando l'atto in sé, e dal significato di "vuoto" > tirare sé con la \*扌 mano, in riferimento all'uso delle briglie del cavallo o al tendere un arco. Il senso si è poi evoluto in **astenersi dal**, ossia "tirarsi indietro". Il significato minore di **prendere nota** deriva sempre dall'idea di "tirare a sé" qualcosa (da tenere registrato). | |
| 虹 | <ruby>虹<rt>にじ</rt></ruby>、<ruby>虹彩<rt>こうさい</rt></ruby> iride | |
| / | > 虫 (insetto) qui suggerisce il suo significato grafico originario di serpente, associato alla forma di un arcobaleno nel cielo (工, qui è un'abbreviazione di 空 cielo) > **arcobaleno**. | |
| 突 | <ruby>突<rt>つ</rt></ruby>く、<ruby>突然<rt>とつぜん</rt></ruby> all'improvviso、<ruby>衝突<rt>しょうとつ</rt></ruby> collisione/discordia、<ruby>突破<rt>とっぱ</rt></ruby> perforare-sfondare、 <ruby>煙突<rt>えんとつ</rt></ruby> camino、<ruby>突<rt>つ</rt></ruby>っ<ruby>込<rt>こ</rt></ruby>む ficcare qualcosa dentro qualcos'altro/andare in profondità/immischiarsi | |
| / | Una buca da cui **all'improvviso** salta fuori un 犬 cane (semplificato con 大) all'attacco > **ficcare, stoccata** > **perforare**. L'idea di "cane che salta fuori", e quindi "saltare fuori", ha condotto ai significati di **protrudere, sporgere**. | |
| 窓 | <ruby>窓<rt>まど</rt></ruby>、<ruby>窓口<rt>まどぐち</rt></ruby> sportello (es. dove comprare i biglietti, sportello bancario …)、<ruby>車窓<rt>しゃそう</rt></ruby> finestrino (della macchina) | |
| VI | Semplificato da \*悤. La parte superiore rappresenta una finestra a grata posta sul tetto. Il motivo dell'aggiunta di 心 cuore non è chiaro, ma potrebbe essere stato usato per riferirsi semplicemente ai sentimenti che si provano <u>guardando al di fuori della finestra</u>. 穴 foro è stato poi aggiunto per enfatizzare il concetto ottenendo \*窻. La semplificazione sostituisce l'inferriata con \*厶 > **finestra**. | |
| 総 | <ruby>総理大臣<rt>そうりだいじん</rt></ruby> Primo Ministro、<ruby>総計<rt>そうけい</rt></ruby> totale (somma)、<ruby>総額<rt>そうがく</rt></ruby> ammontare, importo globale、<ruby>総合<rt>そうごう</rt></ruby> sintesi | |
| V | > "finestra", semplificata a destra da \*悤, qui suggerisce "avere un'ampia visione" oltre che a richiamare foneticamente 集 "raggruppare" (\* 聚) > raggruppare un gran numero di 糸 fili > **controllo, unificare** > **complessivo, generale**. | |

| | |
|---|---|
| 探 | <ruby>探<rt>さが</rt></ruby>す cercare, andare in cerca di qualcuno, ricercare qualcosa, rovistare, frugare、<ruby>探<rt>さぐ</rt></ruby>る cercare-ricercare/andare a tentoni/spiare qualcuno o qualcosa、<ruby>手探<rt>てさぐ</rt></ruby>り andare a tentoni、<ruby>探求<rt>たんきゅう</rt></ruby> andare in cerca di qualcosa、<ruby>探検<rt>たんけん</rt></ruby> spedizione |
| VI | Una \*扌 mano che tasta l'interno di un camino per rimuovere la fuliggine > **cercare** a tastoni. La parte superiore deriva da 穴 (buco, foro) ed è formata da una parte che copre (\*宀) e da un'apertura (八, modificata con \*儿). La parte centrale-inferiore inizialmente era 火 "fuoco", ma è stata sostituita con "legno" (木) per errori di trascrizione, ricollegabile allo stesso modo alla legna presente nel camino. |

| | |
|---|---|
| 深 | <ruby>深<rt>ふか</rt></ruby>い、<ruby>深<rt>ふか</rt></ruby>める (tr.)、<ruby>深<rt>ふか</rt></ruby>まる (intr.)、<ruby>深刻<rt>しんこく</rt></ruby> serio-grave、<ruby>深海<rt>しんかい</rt></ruby> profondità marine |
| III | La parte a destra trasmette l'idea di una cavità (vedi 探) > acque (\*氵) di un fiume molto **profondo**. |

| *隋 | Collasso del versante di una *阝 collina. L'elemento a destra rappresenta dei pezzi di 肉 carne <u>lasciati cadere</u> dalla mano sinistra (左). Quest'ultima viene spesso semplificata con 有 (esserci/avere) che mostra graficamente una mano che tiene una fetta di carne. |
|---|---|

| 惰 | 怠惰 (たいだ) pigrizia、惰気 (だき) indolenza、惰性 (だせい) inerzia/forza dell'abitudine |
|---|---|
| / | Sentimenti (*忄) "collassati", simbolo di svogliatezza > **pigrizia, indolenza**. |
| 堕 | 堕ちる (お)、堕落 (だらく) degradazione, depravazione, corruzione |
| / | Aggiungendo 土 terra si enfatizza il significato originario di collasso del versante della collina, rielaborato poi in termini di moralità > **decadere, degenerare**. |
| 随 | 随筆 (ずいひつ) saggio、随想 (ずいそう) pensieri casuali-occasionali、随時に (ずいじ) in qualsiasi momento, in caso、随分 (ずい ぶん) ずいぶん molto, considerevolmente、不随 (ふずい) paralisi、随意 (ずいい) volontario、不随意 (ふずいい) involontario |
| / | Semplificato da *隨 che, rispetto a *隋, aggiunge l'idea di movimento (*辶) > un **movimento inesorabile** a cui non si può sottostare, come il crollo del versante di una collina > **seguire** i propri desideri in modo inesorabile > agire in modo capriccioso e illogico > **casuale**. |
| 髄 | 髄、神髄 (ずい) (しんずい) essenza, quintessenza |
| // | > 随 (abbreviato) combinato con 骨 (こつ) (osso) sta a indicare il **midollo** (肉) che percorre e segue il percorso fra le ossa. |

| 亜 | 亜細亜 (ア)(ジア) アジア Asia、亜熱帯 (あねったい) fascia subtropicale、亜鉛 (あえん) zinco |
|---|---|
| // | Da *亞, dei cunicoli sotterranei che si diramano da una stanza centrale verso stanze decentrate più piccole. Il kanji ha indicato nel tempo qualcosa di storto, angolare o una gobba fino a giungere al significato di **al di sotto**. Viene usato principalmente in modo fonetico per indicare la lettera **A** e l'**Asia** in generale. Come radicale può suggerire qualcosa di <u>negativo</u>, <u>spiacevole</u> e <u>contorto</u> per via dei suoi significati impliciti. |

| 悪 | 悪い (わる)、運が悪い (うん)(わる) essere sfortunato、気分が悪い (きぶん)(わる) sentirsi male、悪口 (わるくち) insulto、悪 (あく) male、最悪 (さいあく) peggiore, pessimo、悪夢 (あくむ) incubo、悪習 (あくしゅう) cattiva abitudine、悪魔 (あくま) demone |
|---|---|
| III | Un sentimento (心) negativo, spiacevole e contorto > **male** (e simili), **colpa**. |

# 4.3.4 Fuoco e luce

| 火 | 火<sup>ひ</sup>、花火<sup>はなび</sup> fuoco d'artificio、火星<sup>かせい</sup> Marte、火事<sup>かじ</sup> incendio、火山<sup>かざん</sup> vulcano、噴火<sup>ふんか</sup> eruzione |
|---|---|
| I | Pittogramma di un **fuoco** da cui divampano fiamme e scintille. |

| | 灰 | 灰<sup>はい</sup> cenere、灰色<sup>はいいろ</sup> grigio、灰皿<sup>はいざら</sup> posacenere、灰神楽<sup>はいかぐら</sup>を上<sup>あ</sup>げる alzare una nuvola di cenere、石灰<sup>せっかい</sup> calce |
|---|---|---|
| | VI | *厂 (rupe) è una semplificazione di una mano (又) > (ciò che rimane di un) fuoco che può essere tenuto in una mano > **cenere** > **grigio**. |
| | 秋 | 秋<sup>あき</sup>、秋風<sup>あきかぜ</sup> brezza autunnale/affievolirsi dell'interesse in una coppia、春夏秋冬<sup>しゅんかしゅうとう</sup> le quattro stagioni |
| | II | Kanji di interpretazione incerta. Una possibile chiave di lettura è quella di incendi (火) nelle piantagioni (*禾) causati dai venti caldi e secchi dell'**autunno**. La lettura si collega a 収<sup>しゅう</sup> "ottenere" per evidenziare ulteriormente la stagione dell'autunno, periodo dell'anno in cui si effettua il raccolto. |
| | 愁 | 愁<sup>うれ</sup>える、愁<sup>うれ</sup>い、郷愁<sup>きょうしゅう</sup> nostalgia、ご愁傷様<sup>しゅうしょうさま</sup> le mie condoglianze |
| | / | > sentimenti (心) 秋 autunnali di malinconia > **piangere**, **affliggersi** > **tristezza**. |

| 炎 | 炎<sup>ほのお</sup> fiamma, fiammata、炎症<sup>えんしょう</sup> infiammazione、胃炎<sup>いえん</sup> gastrite、腱鞘炎<sup>けんしょうえん</sup> tendinite、炎上<sup>えんじょう</sup> andare in fiamme |
|---|---|
| / | 火 fuoco, raddoppiato per rappresentare il divampare delle **fiamme**. |

| | 淡 | 淡<sup>あわ</sup>い、淡水<sup>たんすい</sup> acqua dolce、淡々<sup>たんたん</sup> con indifferenza、冷淡<sup>れいたん</sup> freddezza-indifferenza、淡色<sup>たんしょく</sup> colore tenue |
|---|---|---|
| | / | Acqua (*氵) che estingue le 炎 fiamme > affievolirsi > **pallido, leggero, tenue, sottile**. La lettura richiama *倓<sup>たん</sup> semplice-tranquillo e 単<sup>たん</sup> semplice-singolo. |
| | 談 | 雑談<sup>ざつだん</sup> chiacchierata、相談<sup>そうだん</sup> consultazione/chiedere consiglio、冗談<sup>じょうだん</sup> scherzo、怪談<sup>かいだん</sup> storia di fantasmi |
| | III | 炎<sup>えん</sup> richiama foneticamente *倓<sup>たん</sup> semplice-tranquillo > una **conversazione** (言) serena. Per comodità mnemonica si potrebbe associare 炎 "fiamme" alla qualità brillante della chiacchierata. |

| 赤 | 赤<sup>あか</sup>い、赤<sup>あか</sup>ちゃん neonato、真<sup>ま</sup>っ赤<sup>か</sup> rosso vivo、赤外線<sup>せきがいせん</sup> raggi infrarossi、赤道<sup>せきどう</sup> equatore、赤面<sup>せきめん</sup> arrossire |
|---|---|
| I | Originato dalla combinazione di 大 grande e 火 per rendere l'immagine di un <u>fuoco che divampa</u>. Successivamente l'attenzione si è spostata sul colore **rosso**. La semplificazione può essere ricordata come una combinazione di 土 terra e il radicale di *灬 fuoco graficamente allungato. |

| | 赦 | 容赦<sup>ようしゃ</sup> perdono, tolleranza、容赦<sup>ようしゃ</sup>がない spietato、大赦<sup>たいしゃ</sup> amnistia、恩赦<sup>おんしゃ</sup> indulto, grazia、赦免<sup>しゃめん</sup> perdonare-assolvere qualcuno |
|---|---|---|
| | / | Colpire (*攵) qualcuno in preda alla rabbia, come un fuoco che divampa, ma poi fermarsi in segno di **perdono**. La lettura potrebbe richiamare 遮<sup>しゃ</sup> "bloccare, interrompere" e 捨<sup>しゃ</sup> "abbandonare". |
| | 嚇 | 威嚇<sup>いかく</sup> minaccia, intimidazione |
| | // | Parlare (口) furiosamente, suggerito da *赫, una fiammata improvvisa e luminosa > **intimidazione**. |

| | |
|---|---|
| 光 | 光り、日光 <sub>ひか</sub><sub>にっこう</sub> luce solare、観光 <sub>かんこう</sub> turismo、栄光 <sub>えいこう</sub> gloria、蛍光灯 <sub>けいこうとう</sub> lampada fluorescente/persona lenta a reagire |
| II | Da *炗, una persona (*儿) che regge una torcia (火) > **luce** vivida della torcia. La lettura si collega a 黄 <sub>こう</sub> giallo. |

| | |
|---|---|
| *尞 | Combustibile utilizzato per alimentare una pira sacrificale. Un possibile modo per memorizzare la forma è immaginare 日 come la fonte di calore, 小 (piccolo) come i residui del materiale combustibile e l'elemento in alto come una combinazione di 火 fuoco e 大 grande. Come radicale può suggerire un'idea di <u>appartenenza allo stesso gruppo</u> (che svolge sacrifici insieme). |

| | |
|---|---|
| 寮 | 寮 dormitorio（寮舎） <sub>りょう</sub><sub>りょうしゃ</sub> |
| / | Persone che alloggiano sotto lo stesso *宀 tetto > **dormitorio**. Un'altra teoria ritiene che il kanji in origine indicasse un edificio dotato di una finestra da cui il fumo prodotto dal fuoco (*尞) poteva fuoriuscire. |
| 僚 | 同僚 <sub>どうりょう</sub> collega、官僚 <sub>かんりょう</sub> burocrate, funzionario |
| / | *イ persone che lavorano nello stesso gruppo > **collega**. |
| 療 | 治療 <sub>ちりょう</sub> trattamento medico, cure、療養 <sub>りょうよう</sub> terapia, curarsi、医療保険 <sub>いりょうほけん</sub> assicurazione sanitaria |
| / | * 尞 <sub>りょう</sub> si collega foneticamente a 良 <sub>りょう</sub> buono > **curare** una *疒 malattia. *尞 può aver suggerito anche l'atto di pregare gli dei al fine di favorire la guarigione. |
| 瞭 | 明瞭 <sub>めいりょう</sub>、不明瞭 <sub>ふめいりょう</sub> oscuro-incomprensibile、一目瞭然 <sub>いちもくりょうぜん</sub> ovvio-molto chiaro (a prima vista)、簡単明瞭 <sub>かんたんめいりょう</sub> semplice e chiaro |
| // | Vedere (目) con **chiarezza**. Qui *尞 suggerisce la luce emanata dalla pira. |

| | |
|---|---|
| *黃（黄） | Dal pittogramma di una "<u>freccia infuocata</u>", originato dalla combinazione di 矢 freccia e *炗 "luce di un fuoco". Nel tempo *黃 ha concentrato l'attenzione sulla luce prodotta e, infine, sul colore luminoso della fiamma, trasmesso dall'attuale kanji di 黄 giallo, semplificato direttamente da *黃. |

| | |
|---|---|
| 黄 | 黄色い、黄金 <sub>きいろ</sub><sub>おうごん</sub> oro、卵黄 <sub>らんおう</sub> tuorlo、硫黄 <sub>いおう</sub> zolfo、黄昏 <sub>たそがれ</sub> <u>crepuscolo</u>、黄河 <sub>こうが</sub> Fiume Giallo |
| II | Semplificato direttamente da *黃, reinventato come il colore della luce di una freccia infuocata > **giallo**. La lettura si collega al kanji di 光 <sub>こう</sub> luce. |
| 横 | 横 <sub>よこ</sub> di lato, di fianco/orizzontale、横向き <sub>よこむ</sub> girarsi di fianco、横切る <sub>よこぎ</sub> attraversare qualcosa（横断 <sub>おうだん</sub>）、横断歩道 <sub>おうだんほどう</sub> strisce pedonali、横領 <sub>おうりょう</sub> appropriazione indebita, usurpazione、横浜 <sub>よこはま</sub> Yokohama |
| III | 黄 <sub>こう</sub> richiama foneticamente 抗 <sub>こう</sub> (opporre resistenza) > una barra di legno (木) fissata orizzontalmente al portone per bloccarlo > **orizzontale** > **larghezza, lato-fianco**. 黄 può essere ricordato anche per il suo significato originale di "freccia infuocata" da cui ci si difende bloccando il portone. |

| | |
|---|---|
| 広 | 広い、広げる <sub>ひろ</sub><sub>ひろ</sub> aprire-spiegare/allargare-estendere、広める <sub>ひろ</sub> propagare-divulgare、背広 <sub>せびろ</sub> completo (maschile)、広場 <sub>ひろば</sub> piazza、広告 <sub>こうこく</sub> annuncio pubblico、広大 <sub>こうだい</sub> vasto、広島 <sub>ひろしま</sub> Hiroshima |
| II | Da *廣, composto da un grande *广 edificio e *黃 (giallo). Quest'ultimo richiama foneticamente 空 <sub>くう</sub> vuoto oltre che a indicare un grande spazio, percorso o illuminato, dal suo significato originario di "freccia infuocata" > un edificio **spazioso** > **largo, ampio** > **diffondere**. *黃 è stato semplificato con *ム aratro. |

| | | |
|---|---|---|
| 鉱 | | 鉱物 <sub>こうぶつ</sub> minerale、炭鉱 <sub>たんこう</sub> miniera di carbone、鉱石 <sub>こうせき</sub> minerale (grezzo) |
| | V | Da *鑛. Per quanto *廣 (広 ampio, diffondere) possa aver suggerito la presenza numerosa dei metalli (金) in un giacimento, forme precedenti del kanji rivelano che in origine l'elemento a destra era solamente *黄 (giallo), usato per indicare l'oro in particolare. Successivamente il significato si generalizzato a quello di **minerale**. |
| 拡 | | 拡大 <sub>かくだい</sub> ampliamento, ingrandimento, estensione、拡散 <sub>かくさん</sub> diffusione、拡張 <sub>かくちょう</sub> estensione, allargamento |
| | VI | Da *擴. **Spiegare** le *扌 mani > **estendere**. |

| | |
|---|---|
| **\*寅** | Il kanji originale mostrava due mani combinate con la parte inferiore di *黄 (giallo), quindi una "freccia infuocata", ma senza la parte superiore. Il significato finale era quello di <u>raddrizzare (estendere)</u> una freccia. La semplificazione con *宀 tetto può suggerire allo stesso modo qualcosa che viene raddrizzato (posto verso l'alto). |

| | | |
|---|---|---|
| 演 | | 演劇 <sub>えんげき</sub> spettacolo teatrale、講演 <sub>こうえん</sub> conferenza、演説 <sub>えんぜつ</sub> discorso-conferenza、演奏 <sub>えんそう</sub> esibizione musicale、演技 <sub>えんぎ</sub> recitazione, interpretazione |
| | V | In origine un fiume (*氵) esteso, suggerito dal senso di "raddrizzare" di *寅. In Giappone il concetto di "esteso" è stato associato a quello di un lungo **spettacolo, esibizione**. |

| | |
|---|---|
| **\*叟** | Una mano (又) che regge una torcia in <u>cerca</u> di qualcosa. Il significato di <u>persona anziana</u> è un prestito. |

| | | |
|---|---|---|
| 捜 | | 捜す、家捜し <sub>やさがし</sub> cercare casa、捜査 <sub>そうさ</sub> indagine、捜索 <sub>そうさく</sub> perquisizione, ricerca (specialmente di qualcuno o qualcosa scomparso)、宝捜し <sub>たからさがし</sub> caccia al tesoro |
| | / | Aggiungendo un'altra *扌 mano si enfatizza l'atto di **cercare** illuminando con la luce di una torcia. |
| 痩 | | 痩せる、痩身 <sub>そうしん</sub> corpo esile |
| | / | Una persona anziana deperita (*疒) > **dimagrire**. |

| | | |
|---|---|---|
| 黒 | | 黒い、腹黒い <sub>はらぐろ</sub> perfido-subdolo、黒雲 <sub>こくうん</sub> nuvola nera、黒板 <sub>こくばん</sub> lavagna、黒人 <sub>こくじん</sub> nero (persona) |
| | II | Da *黒, <u>fuliggine **nera** che si alza dal focolare</u> quando il *灬 fuoco è acceso. La semplificazione della parte superiore è identica al kanji di 里 (villaggio) <sub>り</sub>. |
| 黙 | | 黙る、黙読 <sub>もくどく</sub> leggere a mente、沈黙 <sub>ちんもく</sub> silenzio, stare zitto、黙殺 <sub>もくさつ</sub> ignorare qualcuno, non dare ascolto、暗黙 <sub>あんもく</sub> tacito, implicito、黙考 <sub>もっこう</sub> contemplazione |
| | / | 黒 era usato foneticamente per esprimere "silenzio" > un 犬 cane in silenzio > **fare silenzio**. Per aiuto mnemonico potrebbe essere utile ricordare il kanji come un "cane in silenzio accucciato accanto al fuoco del focolare", o collegare il significato di silenzio al colore nero stesso. |
| 墨 | | 墨 <sub>すみ</sub>、入れ墨 <sub>いれずみ</sub> tatuaggio、水墨画 <sub>すいぼくが</sub> pittura monocroma a inchiostro |
| | / | **Inchiostro** nero prodotto dalla fuliggine mischiata con un certo tipo di 土 terra. |

| | |
|---|---|
| **\*薫** | La parte centrale è un'unione di 黒 nero (*黒) e una variante di 生 (vivere) <sub>せい / しょう</sub>, nella sua accezione grafica di "erba che fuoriesce e cresce dal terreno". Questo suggerisce "emanare-uscire" e nell'insieme è usato per riferirsi al <u>fumo nero emanato da un fuoco, considerato buono e piacevole all'olfatto poiché proveniente dall'erba bruciata</u>. Come radicale appare semplificato in modo identico a 重 (pesante) <sub>じゅう</sub>, usato nel suo significato implicito di "sovrapporre" e ricollegabile all'immagine del fumo emanato di continuo dal fuoco. |

| | | |
|---|---|---|
| 薫 | | 薫り <sub>かお</sub>、薫香 <sub>くんこう</sub> incenso, fragranza |
| | // | Semplificato da *薫. Profumo emanato *艹 dall'erba bruciata > **fragranza, aroma**. |

| | | |
|---|---|---|
| 勲 | 勲章 <ruby>くんしょう</ruby> medaglia, decorazione, onorificenza、殊勲 <ruby>しゅくん</ruby> merito, prodezza | |
| / | Semplificato da *勳. *熏 suggerisce i connotati positivi di "buono e piacevole" dal suo significato di "profumo del fumo e delle erbe bruciate". Il senso complessivo è quello di 力 **sforzi meritori**. | |

| | | |
|---|---|---|
| 庶 | 庶民 <ruby>しょみん</ruby> popolo, gente comune、庶子 <ruby>しょし</ruby> figlio illegittimo | |
| / | Un <u>focolare</u> (*灬) domestico (*广) dove <u>sono messe</u> e cotte **varie** cose (nel caso di 庶 l'elemento centrale potrebbe rappresentare una testa di animale) > **moltitudine**. Ad un certo punto il kanji ha preso in prestito anche il significato di concubina da cui deriva quello minore di **illegittimo**. Nell'uso come radicale spesso *灬 viene omesso. | |

| | | |
|---|---|---|
| 遮 | 遮る、遮断 <ruby>さえぎ</ruby> <ruby>しゃだん</ruby> interruzione, blocco | |
| / | Qualcosa che **blocca** il passaggio (*辶) ostruendolo > **interrompere**. 庶 suggerisce "mettere" in mezzo (dall'idea di "mettere sul fuoco"). | |
| 度 | 一度 <ruby>いちど</ruby> una volta、今度 <ruby>こんど</ruby> questa volta, la prossima volta、程度 <ruby>ていど</ruby> grado-entità、支度 <ruby>したく</ruby> preparazione、温度 <ruby>おんど</ruby> temperatura、角度 <ruby>かくど</ruby> angolo、制度 <ruby>せいど</ruby> sistema, istituzione、〜たびに <ruby>度</ruby> ogni volta... | |
| III | Una mano (又) che <u>volta per volta aggiunge</u> combustibile al focolare > **occorrenza, grado**. Un'altra teoria collega foneticamente 庶 a 尺 (unità di misura), da cui il senso di "contare con le mani (又)" e i significati finali attuali. | |
| 渡 | 渡る <ruby>わた</ruby> attraversare/passare nelle mani di qualcuno、渡す <ruby>わた</ruby> portare qualcuno/consegnare/cedere、渡航者 <ruby>とこうしゃ</ruby> passeggero、渡来 <ruby>とらい</ruby> provenienza dall'estero | |
| / | > **attraversare** un fiume (*氵) aggiungendo di volta in volta (度) elementi che possano fare da ponte. **Consegnare** è la versione transitiva. | |
| 席 | 席 <ruby>せき</ruby> posto a sedere/luogo per、座席 <ruby>ざせき</ruby>、出席 <ruby>しゅっせき</ruby> presenza、欠席 <ruby>けっせき</ruby> assenza、宴席 <ruby>えんせき</ruby> banchetto、予約席 <ruby>よやくせき</ruby> posto riservato、席を譲る <ruby>せき ゆず</ruby> cedere il posto、席を取っておく <ruby>せき と</ruby> tenere il posto、満席 <ruby>まんせき</ruby> posti al completo、空席 <ruby>くうせき</ruby> posto vuoto、主席 <ruby>しゅせき</ruby> capo, presidente | |
| IV | 庶 moltitudine di stoffe (巾) usate come cuscino dove potersi sedere > **posto a sedere**. | |

# 4.3.5 Metallo e pietre

| 金 | <ruby>金<rt>きん</rt></ruby>、<ruby>お金<rt>かね</rt></ruby> soldi、<ruby>お金持ち<rt>かねも</rt></ruby> ricco、<ruby>金魚<rt>きんぎょ</rt></ruby> pesce rosso、<ruby>料金<rt>りょうきん</rt></ruby> tariffa、<ruby>現金<rt>げんきん</rt></ruby> contanti、<ruby>黄金<rt>おうごん</rt></ruby> oro、<br><ruby>金髪<rt>きんぱつ</rt></ruby> capelli biondi、<ruby>基金<rt>ききん</rt></ruby> fondi, fondo (monetario), fondazione、<ruby>代金<rt>だいきん</rt></ruby> prezzo、<ruby>貯金<rt>ちょきん</rt></ruby> risparmio |
|---|---|
| I | Metalli luccicanti (suggerito dai due trattini in basso) contenuti (*人) nella 土 terra. Il significato principale del kanji è diventato quello di **oro**, ma nell'uso come radicale può suggerire un qualsiasi tipo di metallo. Nelle parole usato spesso per riferirsi al denaro. |

| 石 | <ruby>石<rt>いし</rt></ruby>、<ruby>小石<rt>こいし</rt></ruby> ciottolo、<ruby>宝石<rt>ほうせき</rt></ruby> gioiello、<ruby>落石<rt>らくせき</rt></ruby> caduta massi、<ruby>石油<rt>せきゆ</rt></ruby> petrolio、<ruby>化石<rt>かせき</rt></ruby> fossile、<ruby>磁石<rt>じしゃく</rt></ruby> magnete |
|---|---|
| I | **Pietre** e **sassi** frananti da una rupe. Si noti come il tratto superiore di *厂 risulti allungato. |

| 研 | <ruby>研ぐ<rt>と</rt></ruby>、<ruby>研究<rt>けんきゅう</rt></ruby> ricerca、<ruby>研修生<rt>けんしゅうせい</rt></ruby> apprendista, tirocinante |
|---|---|
| III | **Affilare-levigare** una 石 pietra. L'elemento a destra *开 rappresenta *幵 due pali della stessa altezza e suggerisce "uniformità". |
| 岩 | <ruby>岩<rt>いわ</rt></ruby>、<ruby>岩屋<rt>いわや</rt></ruby> grotta、<ruby>溶岩<rt>ようがん</rt></ruby> lava |
| II | Una grotta rocciosa (石) sul versante di una 山 montagna > **roccia, sporgenza rocciosa**. La lettura richiama il kanji di <ruby>巌<rt>がん</rt></ruby> rupe. |
| 妬 | <ruby>妬む<rt>ねた</rt></ruby>、<ruby>妬ましい<rt>ねた</rt></ruby>、<ruby>妬く<rt>や</rt></ruby> essere invidioso di qualcuno、<ruby>嫉妬<rt>しっと</rt></ruby> gelosia, invidia |
| // | Una 女 donna **gelosa** dei possedimenti di un'altra > **invidia**. 石 pietra simboleggia concretamente l'oggetto bramato o simbolicamente la durezza del sentimento provato. |
| 拓 | <ruby>拓く<rt>ひら</rt></ruby> liberare il passaggio、<ruby>開拓<rt>かいたく</rt></ruby> sfruttamento-bonifica、<ruby>開拓者<rt>かいたくしゃ</rt></ruby> pioniere, colono |
| // | Rimuovere le 石 rocce con la *扌 mano > **liberare** e **rivendicare** un'area. |

| 且 | <ruby>且<rt>か</rt></ruby>つ、<ruby>且<rt>か</rt></ruby>つ<ruby>又<rt>また</rt></ruby> |
|---|---|
| // | Un cumulo di pietre impilate una sopra l'altra > **in aggiunta, per di più**. Come radicale suggerisce spesso un senso di accumulo. |

| 助 | <ruby>助ける<rt>たす</rt></ruby> (tr.)、<ruby>助かる<rt>たす</rt></ruby> (intr.)、<ruby>援助<rt>えんじょ</rt></ruby> aiuto-sostegno、<ruby>補助<rt>ほじょ</rt></ruby> aiuto-assistenza、<ruby>助手<rt>じょしゅ</rt></ruby> assistente |
|---|---|
| III | Aggiungere le proprie 力 forze a quelle degli altri > **aiutare**. |
| 組 | <ruby>組む<rt>く</rt></ruby>、<ruby>組み立てる<rt>くた</rt></ruby> assemblare、<ruby>番組<rt>ばんぐみ</rt></ruby> programma televisivo、<ruby>〜組<rt>ぐみ</rt></ruby> … classe、<br><ruby>仕組み<rt>しく</rt></ruby> struttura, meccanismo-sistema、<ruby>組み合い<rt>くあ</rt></ruby> associazione, sindacato、<ruby>組織<rt>そしき</rt></ruby> organizzazione |
| II | Avvolgere (impilare-accumulo) 糸 fili insieme per produrre una corda > **formare un gruppo, organizzare, classe, gruppo** > **incrociare le braccia o le gambe**. |
| 祖 | <ruby>祖父<rt>そふ</rt></ruby> nonno、<ruby>祖母<rt>そぼ</rt></ruby> nonna、<ruby>祖父母<rt>そふぼ</rt></ruby> nonni、<ruby>祖先<rt>そせん</rt></ruby> antenati (<ruby>先祖<rt>せんぞ</rt></ruby>)、<ruby>祖国<rt>そこく</rt></ruby> patria |
| V | Venerare (*礻) gli **antenati**. 且 suggerisce il gran numero (di antenati o divinità) anche se in questo caso può essere più utile considerarlo graficamente come un altarino di pietre. |

| 阻 | 阻む、阻止、阻害 impedimento, ostacolo |
|---|---|
| / | Un ammasso collinare (*阝) che **ostruisce** e **intralcia** il passaggio > **bloccare**. |
| 狙 | 狙う、狙い mira/obiettivo, intenzione、狙撃兵 cecchino |
| / | Inizialmente il kanji indicava un primate scimmiesco (*犭) molto alto (come un cumulo di pietre). **Puntare a qualcosa** e **prendere la mira** sono significati associati alle abitudini da cacciatore del primate. |
| 粗 | 粗い、粗筋 sommario, trama, riassunto, elementi essenziali、粗野 rude, grossolano, rustico、粗末 sobrio-semplice/misero, scadente |
| / | Una pila di 米 riso accumulata in modo negligente > **grezzo, grossolano**. 且 si collega foneticamente a 疎 (trattare freddamente, trascurare, distanziamento). |
| 租 | 租税 imposta, tassa |
| // | Parte del raccolto (*禾) pagata come **tributo/imposta**. 且 suggerisce "accumulo", sia nel senso di parte del raccolto accumulata per assolvere l'imposta, sia in quello figurato di peso e onere. |
| 査 | 調査 indagine, investigazione, inchiesta、捜査 indagine、検査 visita, esame, ispezione |
| V | Mettere su (impilare) una struttura di legno (木). **Investigare** è un prestito. La lettura richiamava 斜 obliquo, in riferimento al modo in cui il legno era posizionato per costruire la struttura. |
| 畳 | 畳 tatami、畳む piegare (es. vestiti)、4畳半の部屋 stanza di quattro tatami e mezzo |
| / | Da *疊, composto di 且 nella sua funzione di "impilare" e *晶 (campi divisi dai fossati) per suggerire "quantità" e "ripetizione". Il significato finale che ne consegue è quello di **piegare** uno sopra l'altro e ripetere la procedura > **tatami** (stuoie di riso impilate una sopra l'altra). *晶 è stato semplificato con una sola 田 risaia. |
| 宜 | よろしい、よろしく buono, appropriato/saluti ..., in modo favorevole ...、便宜 agevolazione, comodità-convenienza、便宜上 per convenienza |
| / | Un cumulo di pietre usato come luogo (*宀) di culto > **appropriato, buono, andare bene**. Versioni precedenti del kanji mostrano "carne di origine animale sopra a un altare" a indicare dei sacrifici eseguiti in onore degli dei, esempio di appropriata e buona condotta. |

# 4.4 Atmosfera

| 4.4.1 Cielo e tempo atmosferico | | | | | |
|---|---|---|---|---|---|
| 天 | 月 | 夕 | 雨 | 申 | 云* |
| 忝 添 | 明 盟 夜 液 棚 崩 | 外 名 銘 多 移 夢 | 漏 | 伸 神 紳 電 俺 | 雲 曇 伝 転 |

| 4.4.2 Sole | | | | | | | | |
|---|---|---|---|---|---|---|---|---|
| 日 | 旧 | 昔 | 昜* | 旦 | 早 | 朝 | 莫* | 暴* |
| 晶 星 厚 宴 | 児 陥 稲 | 借 惜 籍 錯 措 | 場 傷 湯 腸 陽 揚 瘍 | 担 胆 但 | 草 卓 悼 | 潮 嘲 斡* 乾 幹 | 暮 募 慕 墓 漠 幕 膜 模 | 湿 顕 |

# 4.4.1 Cielo e tempo atmosferico

| 天 | 天、天気 tempo (atmosferico)、天気予報 previsioni del tempo、天国 paradiso、天使 angelo、先天 innato、天皇 imperatore、天候 clima、天性 natura-indole、有頂天 estasi、楽天的 ottimista、天の川 Via Lattea |
|---|---|
| I | Un uomo (大) con la testa chinata ben in evidenza > la parte più in alto > **cielo** (alto dei cieli). Il kanji può suggerire una qualità divina. |

| 忝 | かたじけない essere grati e sentirsi in debito |
|---|---|
| // | Una persona che china la testa per i **sentimenti di gratitudine** che riempiono il suo cuore (*小, variante di 心 cuore) > **sentirsi in debito**. La lettura richiama *填 (riempire). |
| 添 | 添う accompagnare, stare al fianco di, corrispondere (es. le proprie aspettative)、添い寝 dormire insieme、添付 allegato、添える allegare, aggiungere (es. come supporto), accompagnare (es. un biglietto su un regalo) |
| / | > riempire (忝) con dell'acqua (*氵). **Accompagnare-andare insieme** e **allegato** possono essere significati associati all'idea di aggiungere e riempire, forse incoraggiati dall'omofonia anche da una serie di kanji che sottolineano un certo stato di permanenza (es. *沾 aggiungere acqua, 貼 incollare, 点 punto-virgola). |

| 月 | 月 luna、毎月 ogni mese、今月 questo mese、先月 il mese scorso、来月 il prossimo mese、一月 gennaio、一ヶ月 un mese (一箇月)、正月 Capodanno、満月 luna piena、月経周期 ciclo mestruale |
|---|---|
| I | Dal pittogramma di una **luna** crescente con i suoi crateri. La lettura richiama *闕 (mancanza). Prestare attenzione al kanji di 肉 "carne" e a quello di 舟 "nave" che nell'uso come radicale compaiono spesso semplificati con 月. |

| 明 | 明るい luminoso、明かり luce、明らか chiaro, luminoso/ovvio-evidente、発明 invenzione、明日 domani (明日)、説明 spiegazione、明夜 domani notte、明確 chiaro-preciso-esatto、明ける fare spazio/andarsene (temporaneamente)/fare giorno、明瞭 chiarezza、賢明 saggio-giudizioso |
|---|---|
| II | 日 sole suggerisce la luminosità del chiaro di luna > **luminoso, albeggiare, chiaro** > **evidente**. |
| 盟 | 同盟 alleanza、連盟 lega, federazione、盟を結ぶ formare un'alleanza |
| VI | > 明 era usato per richiamare foneticamente il kanji di "sorseggiare", mentre 皿 piatto è una semplificazione di 血 sangue. I significati di **alleanza** e **giuramento di fedeltà** derivano dalla pratica di stringere alleanze e giuramenti passandosi un piatto pieno del sangue dei sacrifici animali. A turno ognuno immergeva il proprio dito indice nel sangue e vi bagnava le labbra sorseggiando e proferendo il giuramento. Per comodità mnemonica 皿 piatto può essere associato al concetto di condivisione, mentre 明 "chiaro-luminoso" a quello di alleanza, oppure essere rielaborato come l'unione di *日, per suggerire "sorseggiare", e 月 per indicare 肉 e il sacrificio animale. |
| 夜 | 夜、夜中 notte fonda、夜明け alba、今夜 questa notte、一夜 una notte/tutta la notte |
| II | La forma attuale presenta una variante di 月 luna (simile a quella di 夕 sera), *亻 persona e *亠 coperchio e può essere interpretata come "una persona che cammina ricoperta dalla luce della luna" > **notte**. In origine il kanji indicava la parte della giornata in cui la luna è più luminosa. |

| 液 | <ruby>液体<rt>えきたい</rt></ruby> liquido, fluido、<ruby>血液<rt>けつえき</rt></ruby> sangue、<ruby>血液型<rt>けつえきがた</rt></ruby> gruppo sanguigno、<ruby>唾液<rt>だえき</rt></ruby> saliva, sputo、<br><ruby>粘液<rt>ねんえき</rt></ruby> liquido vischioso、<ruby>液化<rt>えきか</rt></ruby> liquefazione |
|---|---|
| V | > 夜 notte qui suggerisce "coprire", dal significato grafico di "luce della luna che ricopre una persona mentre cammina di notte" > qualcosa immerso in un **liquido** (*氵). |
| 棚 | <ruby>棚<rt>だな</rt></ruby> scaffale, mensola、<ruby>本棚<rt>ほんだな</rt></ruby> libreria、<ruby>戸棚<rt>とだな</rt></ruby> credenza, armadio |
| / | *朋 trasmette un senso di <u>abbinamento</u> e nel complesso si riferisce a un graticcio di legno (木). **Scaffale** e **mensola** sono significati associati. |
| 崩 | <ruby>崩<rt>くず</rt></ruby>れる crollare、<ruby>崩<rt>くず</rt></ruby>す distruggere (e simili)/cambiare i soldi、<ruby>崩壊<rt>ほうかい</rt></ruby> crollo, disintegrazione、<br><ruby>崖崩<rt>がけくず</rt></ruby>れ frana、<ruby>雪崩<rt>なだれ</rt></ruby> valanga |
| / | > 朋 (abbinamento) qui richiamava foneticamente <ruby>倒<rt>とう</rt></ruby> (crollare, collassare) > **crollo** del fianco di una <ruby>山<rt></rt></ruby> montagna > **distruggere** > **cambiare i soldi**. *朋 potrebbe essere ricordato graficamente come il crollo di entrambi i versanti della montagna. |

| 夕 | <ruby>夕<rt>ゆう</rt></ruby> sera、<ruby>夕<rt>ゆう</rt></ruby>べ serata、<ruby>夕方<rt>ゆうがた</rt></ruby> sera (<ruby>夕<rt>ゆうぐ</rt></ruby>暮れ)、<ruby>夕焼<rt>ゆうや</rt></ruby>け tramonto、<ruby>夕食<rt>ゆうしょく</rt></ruby> cena、<ruby>今夕<rt>こんせき</rt></ruby> stasera |
|---|---|
| I | Una luna crescente che rischiara la **sera**. Inizialmente 夕 corrispondeva al kanji di 月 luna, ma senza il tratto al centro simboleggiante i crateri. La lettura richiama *<ruby>晳<rt>せき</rt></ruby> chiarore. |
| 外 | <ruby>外<rt>はず</rt></ruby>す rimuovere、<ruby>外<rt>そと</rt></ruby> fuori、<ruby>外<rt>ほか</rt></ruby> altro/il resto、<ruby>外国<rt>がいこく</rt></ruby> paese straniero、<ruby>海外<rt>かいがい</rt></ruby> estero、<br><ruby>外国人<rt>がいこくじん</rt></ruby> straniero (<ruby>外人<rt>がいじん</rt></ruby>)、<ruby>以外<rt>いがい</rt></ruby> eccetto、<ruby>意外<rt>いがい</rt></ruby> inaspettato, sorprendente、<ruby>屋外<rt>おくがい</rt></ruby> all'aperto |
| II | *卜 rappresenta una crepa su un guscio di una tartaruga adoperato a scopo divinatorio. Luna crescente (夕), non completa, enfatizza il significato di crepa. **Fuori** ed **esterno** derivano dalla posizione esterna delle crepe rispetto al guscio. |
| 名 | 名、<ruby>名前<rt>なまえ</rt></ruby> nome (cognome seguito da nome)、あだ<ruby>名<rt>な</rt></ruby> soprannome、<ruby>有名<rt>ゆうめい</rt></ruby> famoso、<ruby>題名<rt>だいめい</rt></ruby> titolo、<br><ruby>無名<rt>むめい</rt></ruby> senza nome/anonimo、<ruby>名声<rt>めいせい</rt></ruby> fama、<ruby>名案<rt>めいあん</rt></ruby> buona idea、<ruby>氏名<rt>しめい</rt></ruby> nome, nome e cognome、<br><ruby>署名<rt>しょめい</rt></ruby> firma (=サイン)、<ruby>功名<rt>こうみょう</rt></ruby> prodezza, impresa-gesta、<ruby>仮名<rt>かな</rt></ruby> *kana* (alfabeto sillabico giapponese) |
| I | Pronunciare (口) il proprio **nome** per essere riconosciuti nell'oscurità della 夕 sera. La lettura si collega a <ruby>鳴<rt>めい</rt></ruby> (emettere un suono). |
| 銘 | <ruby>肝<rt>きも</rt></ruby>に<ruby>銘<rt>めい</rt></ruby>じる avere bene a mente、<ruby>銘柄<rt>めいがら</rt></ruby> marca、<ruby>銘記<rt>めいき</rt></ruby> tenere a mente、<ruby>感銘<rt>かんめい</rt></ruby> impressione profonda |
| / | > incidere il 名 nome su una targa di metallo (金) > **incisione, firma** (di un artigiano). In alcune parole trasmette il senso di "individuo, individuale". |
| 多 | <ruby>多<rt>おお</rt></ruby>い、<ruby>多分<rt>たぶん</rt></ruby> forse、<ruby>多数<rt>たすう</rt></ruby> maggioranza、<ruby>多民族<rt>たみんぞく</rt></ruby> multietnico、<ruby>滅多<rt>めった</rt></ruby> sconsiderato, avventato |
| II | 夕 sera raddoppiato > giorni che passano **numerosi**. 夕 si collega foneticamente a <ruby>積<rt>せき</rt></ruby> accumulare. |
| 移 | <ruby>移<rt>うつ</rt></ruby>る trasferirsi, passare a, diffondersi/passare (tempo)/vedersi in trasparenza、<ruby>移植<rt>いしょく</rt></ruby> trapianto、<br><ruby>移<rt>うつ</rt></ruby>す trasferire/fotografare/copiare、<ruby>移民<rt>いみん</rt></ruby> immigrazione、<ruby>移動<rt>いどう</rt></ruby> spostamento/trasferimento/migrazione |
| V | > 多 numerose 禾 spighe di grano che ondeggiano al vento. I significati attuali di **trasferirsi, passare a, diffondersi** (e simili) derivano dal kanji *<ruby>迻<rt></rt></ruby> (letteralmente "molto movimento"). |

| 夢 | 夢 sogno、夢を見る sognare、夢見る sognare (di)、悪夢 incubo、夢中 assorto/estasiato |
|---|---|
| V | Kanji di origine incerta. Una teoria di facile memorizzazione considera l'elemento superiore composto da *罒 occhio ed *艹 erba, usata per simboleggiare delle sopracciglia così folte da coprire gli occhi e ridurre la visione > essere *冖 coperti dall'oscurità della 夕 sera che riduce la visibilità. **Sogno** è il significato associato finale. La lettura potrebbe essere collegata all'omofono 霧 nebbia. |

| 雨 | 雨、大雨 pioggia torrenziale、霧雨 pioggerella、降雨 precipitazione、梅雨 stagione delle piogge (雨季) |
|---|---|
| I | Pittogramma di **pioggia** che cade dalle nuvole. Usato come radicale può riferirsi a un qualsiasi fenomeno atmosferico. |

| 漏 | 漏れる、漏る fuoriuscire/infiltrarsi、漏らす lasciar fuoriuscire, far trapelare、漏り infiltrazione、雨漏り perdita dal tetto、漏洩 trapelare、ガスの漏洩 fuga di gas |
|---|---|
| / | Qui *尸 è un'abbreviazione di 屋 casa > **infiltrazione** di acqua (*氵) piovana (雨) che **passa attraverso** il tetto della casa > **filtrare** > **trapelare**. |

| 申 | 申す dire (registro umile)、申し訳 scuse、申請 richiesta, domanda (ufficiale)、申告 resoconto, dichiarazione、申し分ない soddisfacente (non lascia obiezioni) |
|---|---|
| III | Il lampo di un fulmine che si allunga in cielo > forze soprannaturali che parlano all'uomo > **dire**. |

| 伸 | 伸びる (intr.)、伸ばす (tr.)、追伸 P.S., poscritto、伸縮性 elasticità、欠伸 sbadiglio、伸び伸び spensieratamente, a proprio agio、背伸び alzarsi sulla punta dei piedi, farsi più alto possibile |
|---|---|
| / | Una *亻 persona che si stiracchia > **allungare** (e simili). |

| 神 | 神 dio, divinità、女神 dea、神様 Dio、神宮 santuario (shintō) (神社)、神道 shintō、精神 spirito/psiche、神学 teologia、無神論 ateismo、神経 nervo、神髄 essenza, quintessenza |
|---|---|
| III | *ネ (altare, divino) accentua l'aspetto soprannaturale di 申 > **dio** del cielo. La lettura richiama 震 tremare, riferito al rombo del tuono a cui si attribuiva una natura divina. |

| 紳 | 紳士 |
|---|---|
| // | Una fascia (糸) tirata (allungata) in vita, associata a quella indossata da un **gentiluomo**. |

| 電 | 電気 elettricità、停電 interruzione di corrente、電話 telefono、電車 treno、電球 lampadina、電池 batteria、電子 elettrone、電子工学 elettronica |
|---|---|
| II | 申 riprende il suo significato grafico di fulmine, mentre 雨 concentra l'attenzione sul fenomeno atmosferico. **Elettricità** è il significato finale associato. Il significato di fulmine viene espresso invece dal kanji 雷. |

| 俺 | 俺 |
|---|---|
| / | *奄 rappresenta una persona (大) che allunga (申) le braccia per nascondere qualcosa. L'aggiunta di *亻 concentra l'attenzione sulla persona in sé > **io** (maschile). |

| *云 | Pittogramma di un <u>cumulo di nuvole</u>. È stato poi adoperato per esprimere il verbo <u>dire</u>, forse immaginando la comunicazione verbale come nuvole che si propagano nell'aria. |
|---|---|

| 雲 | 雲、暗雲 <sub>あんうん</sub> nubi nere、星雲 <sub>せいうん</sub> nebulosa |
|---|---|
| II | Elemento atmosferico (雨) è stato aggiunto per ripristinare il significato originario di *云 > **nuvola**. La lettura richiama 運 (trasportare) per il suo significato grafico di "muoversi circolarmente". |

雲、暗雲 (あんうん) nubi nere、星雲 (せいうん) nebulosa

| 曇 | 曇る、曇天 (どんてん) tempo nuvoloso |
|---|---|
| / | > il 日 sole coperto dalle 雲 nuvole > **annuvolarsi**. |

| 伝 | 伝える (intr.)、伝わる (tr.)、手伝う dare una mano、伝説 leggenda、伝記 biografia、伝染 contagio、伝言 messaggio (verbale)、伝達 trasmissione, comunicazione、宣伝 pubblicizzare |
|---|---|
| IV | **Tramandare** per via orale da *イ persona a persona > **trasmettere, riferire**. |

| 転 | 転がる rotolare、転がす far rotolare、転ぶ cadere-rotolare、自転車 bicicletta、運転 guida、運転手 autista、回転 rotazione、転職 cambiare lavoro |
|---|---|
| III | Le ruote del carro (車) cigolano (*云 dire) quando **ruotano** > **rotolare**. *云 richiama foneticamente 運 (trasportare) per il suo significato grafico di "muoversi circolarmente". L'originale *轉 presentava a destra *專, ossia delle mani che arrotolano un filo nel rocchetto (l'attuale 專 "specializzazione"), che enfatizzava ancora di più il movimento rotatorio. |

# 4.4.2 Sole

| 日 | ひ<br>日 sole/giorno、にほん<br>日本 Giappone、きょう<br>今日 oggi (ほんじつ<br>本日)、あした<br>明日 <u>domani</u>、きのう<br>昨日 <u>ieri</u>、こんにち<br>今日は buongiorno (saluto)、<br><br>しゅくじつ<br>祝日 giorno di festa、きゅうじつ<br>休日 giorno di riposo、にちじ<br>日時 giorno e ora, data、せいねんがっぴ<br>生年月日 data di nascita、<br><br>まいにち<br>毎日 ogni giorno、ついたち<br>一日 <u>primo giorno del mese</u>、いちにち<br>一日 un giorno、ふつか<br>二日 il secondo giorno del mese/due giorni |
|---|---|
| I | Dal pittogramma del **sole** > **giorno** per estensione di significato. 日 è usato anche come simbolo del **Giappone**, il paese del Sol Levante. Una delle letture richiama 実 (verità, sostanza) a indicare la forma completa del sole (rispetto a quella parziale della 月 luna). Come radicale è usato per indicare anche <u>luce</u>, <u>brillantezza</u> e <u>calore</u>. |

| 晶 | すいしょう<br>水晶 cristallo、けっしょう<br>結晶 cristallo, cristallizzazione、えきしょう<br>液晶 cristalli liquidi |
|---|---|
| / | Luci che <u>scintillano</u>. In una fase della sua evoluzione il kanji ha rappresentato le <u>stelle</u>, ma attualmente è usato per indicare i **cristalli**. |
| 星 | ほし<br>星 stella/pianeta、なが ぼし<br>流れ星 stella cadente、ほしぞら<br>星空 cielo stellato、えいせいほうそう<br>衛星放送 trasmissione satellitare、<br><br>わくせい<br>惑星 pianeta, astro、すいせい<br>彗星 cometa、しょうわくせい<br>小惑星 asteroide、きんせい<br>金星 Venere、せいうん<br>星雲 nebulosa |
| II | > da *曐. 晶 suggerisce "scintillare" e "stelle", mentre 生 può essere considerato nel suo significato principale di vita e come richiamo fonetico fonetico a 精 (vitalità) > **stelle** che scintillano. |
| 厚 | あつ<br>厚い、てあつ<br>手厚い cortese、あつ<br>厚かましい sfacciato、おんこう<br>温厚 mite, affabile、のうこう<br>濃厚 denso-concentrato |
| V | Combinazione di *厂 rupe e una versione capovolta di こう<br>高 (alto, kanji rappresentante un'alta torre"). In un primo momento 厚 ha assunto il significato di "(discendere) da una alta rupe", ma poi l'attenzione si è spostata sulla consistenza considerevole della rupe stessa > **denso, spesso**. **Cordiale** è un significato associato all'idea di un sentimento consistente e profondo. La semplificazione attuale mostra *厂 rupe, 日 sole e 子 bambino, ricordabile per semplicità come "sentimenti consistenti, calorosi e cordiali provati da un bambino". |
| 宴 | うたげ<br>宴、えんかい<br>宴会 banchetto, ricevimento (えん<br>宴)、けっこんひろうえん<br>結婚披露宴 banchetto nuziale |
| / | *晏 è una 女 donna dalla bellezza abbagliante (日), a volte usato per riferirsi alle prostitute > un edificio (*宀) adibito a bordello. Il significato attuale di **banchetto** è legato all'idea di un luogo pieno di bellezza dove si tiene una **festa** e si bisboccia. |

| 旧 | きゅう<br>旧〜、ふっきゅう<br>復旧 ristabilimento, ripristino、きゅうゆう<br>旧友 amico di vecchia data、きゅうせき<br>旧跡 località storica |
|---|---|
| V | Semplificato da *舊, *隹 uccello dalla testa rotonda, simile alla forma di un 臼 mortaio, e la cresta in alto simboleggiata da *艹 erba > <u>un gufo che emette il verso "chiù-chiù"</u> (きゅうきゅう きゅう<br>臼臼). 臼 mortaio è quindi usato principalmente a scopo fonetico (si noti che uno dei significati antichi di 臼 era quello di "digrignare i denti"). I significati di **vecchio** e di "appartenente al **passato**" sono prestiti dall'omofono きゅう<br>久 (lungo periodo di tempo). La versione attuale mostra una linea verticale e 日 "giorno", forse per meglio comunicare i significati temporali attuali. |

| 児 | 育児 allevare i figli、 幼児 infante-bambino、 幼児期 infanzia、 幼稚園児 asilo nido、 幼稚 infantile、 未熟児 bambino prematuro、 孤児 orfano |
|---|---|
| IV | Un **infante** inginocchiato (*儿) per terra che emette vagiti. *舊 gufo (semplificato in alto) suggerisce "l'essere indifesi", ma anche il senso di "emettere versi" dal suo significato originario di "gufo che emette il suo verso". Un altro modo per ricordare il kanji è immaginare "il tempo 旧 passato, quando si era infanti e si andava gattoni (*儿)". |
| 陥 | 陥る、 陥れる far cadere in trappola (o in una certa situazione)、 欠陥 carenza, difetto, imperfezione |
| / | Modificato da *陷. *臽 rappresenta in alto una persona (simile a quella presente in 危 pericoloso) che inciampa e cade in una buca (simboleggiata da 臼 mortaio). L'aggiunta di *阝 collina suggerisce il cadere giù da un posto sopraelevato > **cadere in qualcosa** > **cadere in trappola**. La sostituzione con 旧 può essere ricordata come "una persona anziana (旧) che inciampa e cade". |
| 稲 | 稲、 稲作 risicoltura、 稲妻 lampo (di un tuono)、 早稲田 Waseda、 稲荷 Inari |
| / | Semplificato da *稻. *舀 mostra una *爫 mano che utilizza il 臼 mortaio e suggerisce qualcosa di soffice, risultato dalla pressione esercitata > **piante di riso** (*禾) soffici. La modifica con 旧 può essere ricordata come "raccogliere (*爫) le *禾 piante di riso ormai mature (旧 tempo passato)". |

| 昔 | 昔 vecchi tempi, anticamente、 昔々 tanto tempo fa、 昔日 tempi andati、 今昔 presente e passato |
|---|---|
| III | La parte superiore è la semplificazione di un pittogramma di incerta interpretazione, probabilmente un bozzolo, che esprimeva un senso di "accumulo e sovrapposizione". Il senso generale è quello di 日 giorni che si accumulano nel passato > **tempo passato** > **antico-vecchio**. La lettura si collega ad 積 "accumulare" e 昨 "passato, ieri" (si noti anche l'omofonia con 績 risultati/filatura). |

| 借 | 借りる prendere in prestito、 借金 debito、 借家 casa in affitto |
|---|---|
| IV | 昔 qui è usato per richiamare foneticamente 作 costruire. In origine 作 più che indicare una persona che costruisce si riferiva a una "persona costruita", ossia qualcuno che diventa altro rispetto alla propria natura al fine di ingannare il prossimo > una *亻 persona che non è se stessa e imita altro. Il senso di persona è stato poi omesso lasciando il significato generico di **prendere in prestito** (assumere ciò che non è proprio). Per semplicità è possibile ricordare il kanji come "una persona che prende in prestito qualcosa per un lungo periodo". |
| 惜 | 惜しむ、 惜しい、 負け惜しみを言う non ammettere la sconfitta、 痛惜 profondo rimpianto |
| / | Sentimenti (*忄) di **rimpianto** verso il tempo passato > **essere riluttante, avere caro**. |
| 籍 | 国籍 nazionalità、 無国籍者 apolide、 学籍簿 registro scolastico、 書籍 libri-pubblicazioni |
| / | *耒 rappresenta un pezzo di legno (木) intagliato (*丯) o un aratro ed è usato per suggerisce un'incisione > tavolette di 竹 bambù sui cui si incide il passato > **registro, iscrizione** > **stato di famiglia**. |
| 錯 | 錯覚 illusione, allucinazione、 倒錯 perversione、 錯乱状態 stato confusionale、 倒錯 perversione、 時代錯誤 anacronismo、 試行錯誤 andare per tentativi |
| / | 昔 qui suggerisce "accumulo" e "passare del tempo" > placcare con strati di metallo (金) aggiunti nel tempo > **mescolamento** degli elementi > **confusione**. È possibile che l'omofonia con 作 "costruire", in origine "una persona che diventa altro rispetto a se stessa per ingannare il prossimo", abbia contribuito a enfatizzare il senso di "confusione" di 錯. |

| 措 | を措いて <ruby>措<rt>お</rt></ruby>いて escludendo、<ruby>措置<rt>そち</rt></ruby> provvedimenti, precauzioni |
|---|---|
| / | **Disporre** (con la 扌 mano) di qualcosa rendendolo parte del passato > **eccetto**. Si noti l'omofonia con 疎 (trattare freddamente, distanziamento). |

| *昜 | 日 sole che <u>sorge alto</u> illuminando con i suoi raggi. A volte suggerisce un <u>aumento di intensità</u>. Da non confondersi con 易. |
|---|---|

| 場 | 場、<ruby>場所<rt>ばしょ</rt></ruby> luogo, posto、<ruby>広場<rt>ひろば</rt></ruby> piazza、<ruby>乗り場<rt>のば</rt></ruby> fermata (del mezzo)、<ruby>劇場<rt>げきじょう</rt></ruby> teatro、<ruby>工場<rt>こうじょう</rt></ruby> fabbrica、<ruby>戦場<rt>せんじょう</rt></ruby> campo di battaglia、<ruby>駐車場<rt>ちゅうしゃじょう</rt></ruby> parcheggio、<ruby>登場<rt>とうじょう</rt></ruby> entrata in scena |
|---|---|
| II | Un **luogo** (土) illuminato dal sole > **scena** (nel senso di performance pubblica). Un'altra teoria collega *昜 a 除 (rimuovere) per suggerire il luogo o la scena nella sua interezza. |
| 傷 | <ruby>傷<rt>きず</rt></ruby> ferita (<ruby>負傷<rt>ふしょう</rt></ruby>)、かすり<ruby>傷<rt>きず</rt></ruby> graffio, abrasione、<ruby>傷跡<rt>きずあと</rt></ruby> cicatrice、<ruby>傷む<rt>いた</rt></ruby> sentire dolore, essere ferito、<ruby>傷める<rt>いた</rt></ruby> ferire (e simili)、<ruby>打撲傷<rt>だぼくしょう</rt></ruby> contusione、<ruby>重傷<rt>じゅうしょう</rt></ruby> ferita grave、<ruby>火傷<rt>やけど</rt></ruby> bruciatura |
| VI | La parte destra rappresenta una *⺊ persona che osserva il sole sorgere e suggerisce a livello astratto un "aumento di intensità" > una 亻 persona **ferita** il cui dolore diventa sempre più intenso. Il kanji richiama foneticamente <ruby>創<rt>そう</rt></ruby> ferirsi. |
| 湯 | (お)<ruby>湯<rt>ゆ</rt></ruby> acqua calda/bagno pubblico/sorgete termale、<ruby>湯気<rt>ゆげ</rt></ruby> vapore、<ruby>茶の湯<rt>ちゃのゆ</rt></ruby> cerimonia del tè、<ruby>湯飲み<rt>ゆの</rt></ruby> tazza da tè、<ruby>銭湯<rt>せんとう</rt></ruby> bagni pubblici、<ruby>熱湯<rt>ねっとう</rt></ruby> acqua bollente |
| III | *氵 **acqua calda** riscaldata (*昜). 湯 può riferirsi da solo ai bagni pubblici. |
| 腸 | <ruby>腸<rt>ちょう</rt></ruby>、<ruby>大腸<rt>だいちょう</rt></ruby> intestino crasso、<ruby>小腸<rt>しょうちょう</rt></ruby> intestino tenue、<ruby>結腸<rt>けっちょう</rt></ruby> colon、<ruby>羊腸<rt>ようちょう</rt></ruby> sinuoso |
| IV | *昜 richiama foneticamente <ruby>長<rt>ちょう</rt></ruby> lungo, anche se può aver suggerito lo stesso concetto dal lungo percorso che traccia il sole nel cielo quando sorge > lungo percorso all'interno del corpo (肉) > **intestino**. |
| 陽 | <ruby>太陽<rt>たいよう</rt></ruby> sole (陽)、<ruby>陽気<rt>ひようき</rt></ruby> allegria, festosità/tempo, stagione、<ruby>陰陽<rt>おんよう</rt></ruby> forze cosmiche opposte, Yin e Yang |
| III | Il versante soleggiato della *阝 collina > **Sole** > **Yang** (opposto di <ruby>陰<rt>いん</rt></ruby> ombra/Yin, che mostra il versante in ombra). |
| 揚 | <ruby>揚<rt>あ</rt></ruby>がる (intr.)、<ruby>揚<rt>あ</rt></ruby>げる (tr.)、<ruby>唐揚<rt>からあ</rt></ruby>げ karaage、<ruby>掲揚<rt>けいよう</rt></ruby> issare、<ruby>抑揚<rt>よくよう</rt></ruby> intonazione, inflessione、<ruby>凧揚<rt>たこあ</rt></ruby>げ far volare l'aquilone、<ruby>揚げ物<rt>あもの</rt></ruby> cibo fritto、<ruby>意気揚々<rt>いきようよう</rt></ruby> trionfalmente |
| / | **Tirare su** con la *扌 mano. In Giappone il kanji ha assunto anche il significato di **friggere**, dall'idea di tirare su il cibo dalla friggitrice. |
| 瘍 | <ruby>潰瘍<rt>かいよう</rt></ruby> ulcera、<ruby>腫瘍<rt>しゅよう</rt></ruby> neoplasia, tumore、<ruby>腫瘍学<rt>しゅようがく</rt></ruby> oncologia、<ruby>膿瘍<rt>のうよう</rt></ruby> ascesso |
| // | *昜 "sole che sorge" suggerisce una *疒 malattia che sale di intensità fino a manifestarsi sulla pelle > **piaga, ulcera**. Nelle parole trasmette un'idea simile. |

| 旦 | <ruby>元旦<rt>がんたん</rt></ruby> mattina di capodanno、<ruby>一旦<rt>いったん</rt></ruby> una volta che/momentaneamente、<ruby>旦那<rt>だんな</rt></ruby> padrone (di casa)/marito (informale) |
|---|---|
| / | 日 sole che sorge sopra l'orizzonte (一) > **alba**. Come radicale 旦 è usato spesso come sostituto dell'omofono *<ruby>詹<rt>たん</rt></ruby> "parlare troppo", kanji che combina l'immagine di una persona accovacciata sul ciglio di una rupe (rielaborato come accovacciata per via di un carico che porta) e 言 dire. 旦/*詹 trasmette spesso il senso di un <u>peso da portare</u>, dall'idea di "sole sopra l'orizzonte" o da quella di verbosità. |

| 担 | 担ぐ <sup>かつ</sup> portare sulle spalle/mettere nel sacco、担う <sup>にな</sup> portare sulle spalle/farsi carico di una responsabilità、負担 <sup>ふたん</sup> carico, peso, onere、加担 <sup>かたん</sup> prendere parte, complicità、担任 <sup>たんにん</sup> essere incaricato di (es. una classe)、担当 <sup>たんとう</sup> essere incaricato di, essere responsabile di (es. un lavoro, un compito) |
|---|---|
| VI | Semplificato da *擔. Aggiungendo *扌 mano a *詹 si concentra l'attenzione sull'atto in sé > **sopportare un peso, portare sulle spalle**. La lettura richiamava 任 (にん) (responsabilità), una persona che porta con sé un peso. |
| 胆 | 胆囊 <sup>たんのう</sup> cistifellea、大胆 <sup>だいたん</sup> audacia, intrepidità、胆力 <sup>たんりょく</sup> avere coraggio-fegato、落胆 <sup>らくたん</sup> scoraggiamento、胆石 <sup>たんせき</sup> calcolo biliare、肝胆相照らす <sup>かんたんあいて</sup> essere profondamente compatibili, essere inseparabili |
| / | Da *膽. 且 è usato per richiamare *壜 (たん) e *坩 (かん) (giara) > parte del corpo (肉) a forma di giara > fegato > **cistifellea** e **avere coraggio** sono significati associati. Il significato di fegato è espresso principalmente dal kanji 肝 (きも). |
| 但 | 但し <sup>但</sup> ただし |
| // | Una *イ persona esposta come il sole all'alba > una persona nuda. L'idea di essere privo di qualsiasi tratto distintivo all'infuori della propria nudità ha portato al significato di "un mero uomo", "solo, solamente", da cui "la sola cosa è …" fino al senso finale di **tuttavia** > **purché**. |

| 早 | 早い <sup>はや</sup>、早起き <sup>はやお</sup> svegliarsi presto、早口 <sup>はやくち</sup> parlare velocemente、朝早く <sup>あさはや</sup> mattina presto、早速 <sup>さっそく</sup> subito、早急 <sup>そっきゅう</sup> urgentemente-prontamente、手早い <sup>てばや</sup> svelto-rapido、おはようございます <sup>早</sup> buongiorno (saluto) |
|---|---|
| I | 日 sole che sorgendo <u>squarcia</u> l'oscurità della notte > **presto** > **rapido**. La parte inferiore deriva da 十 (sette), usato per il suo significato grafico originario di "tagliare". |
| 草 | 草 <sup>くさ</sup> erba、煙草を吸う <sup>たばこ　す</sup> <u>fumare</u>、干し草 <sup>ほ　くさ</sup> fieno、仕草 <sup>しぐさ</sup> gesto/mimica、草原 <sup>そうげん</sup> prateria、草食 <sup>そうしょく</sup> erbivoro、雑草 <sup>ざっそう</sup> erbaccia、ほうれん草 <sup>菠薐　そう</sup> spinaci、草案 <sup>そうあん</sup> progetto preliminare, abbozzo, schema |
| I | Semi che si schiudono e generano una **pianta** (*艹) > **erba**. |
| 卓 | 食卓 <sup>しょくたく</sup> tavola、円卓 <sup>えんたく</sup> tavolo rotondo、卓球 <sup>たっきゅう</sup> ping pong、卓越 <sup>たくえつ</sup> eccellere in qualcosa rispetto agli altri |
| / | Kanji di origine oscura e discussa. Un'interpretazione arbitraria propone di scomporlo in *卜 divinazione (crepe usate al scopo divinatorio) e 早 "presto" per suggerire "eccellere grazie ai responsi divinatori", oppure considerare l'elemento superiore come una stilizzazione di 人 persona, in grado quindi di <u>sorpassare le altre</u> > **eccellenza-eminenza**. **Tavola** è un prestito. |
| 悼 | 悼む <sup>いた</sup>、哀悼 <sup>あいとう</sup> condoglianze |
| // | > un'emozione (心) che sorpassa (卓) le altre > **addolorarsi**. |

| 朝 | 朝 <sup>あさ</sup>、朝ご飯 <sup>あさ　はん</sup> colazione (朝食 <sup>ちょうしょく</sup>)、今朝 <sup>けさ</sup> <u>questa mattina</u>、早朝 <sup>そうちょう</sup> primo mattino、朝寝坊 <sup>あさねぼう</sup> dormire fino a tardi |
|---|---|
| II | In origine l'elemento a destra non era 月 luna, ma una variante di 川 fiume, mentre l'elemento a sinistra è una variante di 早 (presto), rappresentante il 日 sole che sorge all'alba, ma con l'attenzione concentrata sul suo movimento ascendente. Il significato complessivo era quello di <u>marea del fiume che si alza</u> (adesso espresso da 潮. L'idea di "sole che sale alto" ha poi prevalso conducendo al significato di **mattina**. L'attuale semplificazione con 朝 può essere ricordata pensando alle prime ore del mattino, quando il sole sorge, ma la luna è ancora visibile nel cielo. |

| | | |
|---|---|---|
| 潮 | 潮、満<ruby>ち潮<rt>し お</rt></ruby> alta marea (満潮)、潮流 corrente di marea/tendenza、紅潮 arrossire、<br>風潮 corrente-tendenza-gusti | |
| VI | Con l'aggiunta di acqua (*氵) 朝 riprende il suo significato originario di "marea che sale" > **marea** > **acqua del mare**. | |
| 嘲 | 嘲る、嘲笑う schernire, deridere, ridere beffardamente di qualcuno、嘲笑 scherno, beffa, ghigno | |
| // | Un sorriso (口) beffardo che traspare sul volto (come la marea che sale) > **schernire, deridere**. | |

| *倝 | Una 人 persona che osserva il sorgere del sole. Come radicale può suggerire <u>alzarsi dritti</u>. |
|---|---|

| | | |
|---|---|---|
| 乾 | 乾く asciugarsi/seccarsi、乾かす far asciugare/essiccare、乾杯 cin cin, salute!、<br>喉が乾く avere sete、乾燥機 asciugatrice、乾燥 essiccazione, secchezza、乾電池 pila, batteria | |
| / | Strizzare (suggerito dalla forma di 乙) e stirare (alzare dritto *倝) qualcosa nell'atto di **asciugarlo** > **seccare**. La lettura richiama 干 (asciugare). *倝 potrebbe suggerisce asciugare anche per l'elemento "sole" presente all'interno. | |
| 幹 | 幹 tronco、新幹線 Shinkansen、幹部 dirigenza、根幹 fondamento | |
| V | L'elemento a destra 干 (asciugare) rappresenta graficamente una grossa arma di legno biforcata, ma forme precedenti di 幹 rivelano essere un errore di trascrizione di 木 albero > la parte dell'albero che si innalza dritta > **tronco**. Il tronco è visto come base dell'albero e quindi la **parte più importante**. La lettura richiama 根 (radice, ceppo). | |

| *莫 | Un 日 sole che tramonta dietro la vegetazione (*艹) fitta delle chiome degli alberi che non permettono alla luce di filtrare. Inizialmente anche la parte inferiore era composta di *艹 erba: l'attuale errore di trascrizione può essere considerato come una variante di 大 grande a indicare la grande quantità di vegetazione presente. Dall'idea di adombramento si sono generati i significati di <u>sparire dalla visuale</u>, <u>oscurarsi</u>, <u>nascondersi</u>, <u>cessare di esistere</u>. La lettura richiama 無 (non, scomparire, cessare di esistere), mentre l'aspetto grafico di "<u>coperto dalla vegetazione</u>" è enfatizzato dai legami fonetici con 冒 (rischiare, graficamente "occhi coperti") e 茂 (vegetazione fitta e lussureggiante). |
|---|---|

| | | |
|---|---|---|
| 暮 | 暮れる oscurarsi/arrivare a una fine、暮らす trascorrere il tempo, vivere、<br>夕暮れ sera (al tramonto)、日暮らし vivere giorno per giorno、野暮 zotico, indelicato | |
| VI | L'aggiunta di un secondo 日 sole riporta l'attenzione al significato originario di **oscurarsi per il tramonto** > **finire, passare** > **trascorrere il tempo, vivere**. | |
| 募 | 募る、募集 assumere a lavorare、応募 sottoscrizione、応募者 concorrente、募金 colletta、<br>冷え募る farsi più freddo、吹き募る soffiare sempre più forte | |
| / | Impegnarsi (力) per portare qualcuno sotto la propria ala > **reclutare, assumere, appellarsi, sollecitare** (es. un contributo), **raccogliere** (es. fondi). Il senso di raccolta in sé, influenzato dalla presenza di 力, ha portato ad aggiungere il significato di **crescere di intensità**. | |
| 慕 | 慕う、慕わしい caro, amato、追慕 curare il ricordo di qualcuno | |
| / | Ricercare qualcosa con il *小 cuore, avvolto e ricoperto come da un **desiderio ardente** > avere **caro**, essere **affezionato, adorare**. | |
| 墓 | 墓、墓参り visitare una tomba、墓穴 tomba-fossa、墓地 cimitero | |
| V | Seppellire le persone decedute sotto 土 terra ricoprendole con la vegetazione > **tomba**. | |

| 漢 | 砂漠 (さばく) deserto、砂漠化 (さばくか) desertificazione、漠然 (ばくぜん) vago-ambiguo-impreciso |
|---|---|
| / | Luogo dove l'acqua (\*氵) è nascosta > **deserto** > **vasto, vago**. |

| 幕 | 幕 (まく)、開幕 (かいまく) apertura del sipario, inizio dello spettacolo、字幕 (じまく) sottotitoli、幕府 (ばくふ) *bakufu* |
|---|---|
| VI | La tela (巾) del **sipario** che nasconde la scena > **atto** (teatrale) > **tenda**. |

| 膜 | 膜 (まく)、粘膜 (ねんまく) membrana, mucosa、網膜 (もうまく) retina |
|---|---|
| / | **Membrana** che ricopre la 肉 carne > **pellicola, strato**. |

| 模 | 模様 (もよう) disegno, figura/situazione, condizione、模範 (もはん) esemplare-modello、模擬 (もぎ) imitazione, simulazione、空模様 (そらもよう) aspetto del cielo (tempo)、規模 (きぼ) scala (dimensioni) |
|---|---|
| VI | \*莫 (ぼ) richiamava foneticamente 法 (ほう / ほっ) (legge, modello) > uno stampo di legno (木) > **imitazione, copia, modello**. \*莫 può aver suggerito anche il modo d'uso dello stampo che presuppone la copertura con lo stampo del materiale da lavorare. |

| \*㬎 | Il kanji indica <u>piccoli granelli</u> di polvere. Il raddoppiamento di 糸 filo suggerisce il loro carattere <u>minuto</u>, visibile solo se esposto alla luce del 日 sole. Come radicale il kanji subisce sempre una semplificazione: 日 è mantenuto, ma i due fili sono sostituiti da \*业 (fossa vuota), associabile anch'essa all'aspetto etereo dei granelli. |
|---|---|

| 湿 | 湿 (しめ) る inumidirsi、湿 (しめ) す inumidire (湿 (しめ) らす)、湿 (しめ) っぽい umido、湿気 (しっけ) umidità |
|---|---|
| / | Acqua (\*氵) del fiume che si riversa dentro numerose pozze più piccole, come un acquitrino. Il kanji ha assunto successivamente il significato generico di **inumidirsi**. |

| 顕 | 顕微鏡 (けんびきょう) microscopio、顕著 (けんちょ) evidente, lampante, rimarchevole, rilevante、顕在化的 (けんざいてき) lampante-manifesto |
|---|---|
| / | Testa (頁), seppur ricollegabile al significato finale, è un errore di trascrizione del kanji di 見 (けん) vedere. Il senso complessivo è quello di "piccolo, ma visibile se vi si concentra lo sguardo" > **visibile, manifesto**. |

# 5.
# COSE

# 5.1 Ambiente urbano

### 5.1.1 — Recinti e mura

| 口* | 因 | 亘* | 用 | 甫* | 公 |
|---|---|---|---|---|---|
| 図 回 囚 菌 | 恩 姻 咽 | 宣 垣 恒 | 備 / 甬* 通 痛 勇 踊 湧 | 捕 補 浦 哺 / 専* 博 縛 薄 簿 舗 敷 | 松 訟 翁 |

### 5.1.2 — Città e contesto urbano

| 市 | 行 | 井 | 丁 | 主 | 弋* | 并* |
|---|---|---|---|---|---|---|
| 姉 肺 | | 囲 耕 井 丹 | 町 頂 庁 貯 訂 寧 灯 打 | 住 注 柱 駐 往 | 代 貸 袋 式 試 拭 | 併 塀 餅 |

### 5.1.3 — Palazzi

| 寺 | 京 | 高 | 享 | 亭 |
|---|---|---|---|---|
| 時 持 侍 詩 等 待 特 | 涼 鯨 就 蹴 景 影 憬 | 稿 豪 橋 矯 壇 | 郭 熟 塾 | 停 |

### 5.1.4 — Ingressi e finestre

| 入 | 戸 | 門 | 向 | 开* |
|---|---|---|---|---|
| 込 内 納 | 雇 顧 戻 涙 啓 炉 倉 創 | 問 聞 関 開 間 簡 閑 潤 | 尚 当 党 堂 常 賞 償 掌 | 刑 型 |

### 5.1.5 — Mezzi di trasporto

| 車 | 軍 | 舟 | 兪* |
|---|---|---|---|
| 庫 連 撃 陣 斬 暫 漸 | 運 揮 輝 | 前 揃 煎 般 搬 盤 | 輸 愉 癒 諭 喩 |

# 5.1.1 Recinti e mura

| | |
|---|---|
| **\*囗** | Un <u>recinto che avvolge circolarmente</u> qualcosa. |

| | | |
|---|---|---|
| | 図 | 図る progettare di/sforzarsi per, tentare di、図書館 biblioteca、地図 mappa、合図 segnale、図面 disegno-tracciato |
| | II | Semplificato da \*圖, composto da \*啚 considerabile come una variante di 画 (immagine), ossia "segnare la ripartizione delle risaie", e \*囗 > una **mappa** su cui segnare la ripartizione dei campi > **schema, disegno**. La semplificazione può essere ricordata semplicemente come rappresentazione della mappa in sé. |
| | 回 | 回る (intr.)、回す (tr.)、〜回 ... volta/e、数回 qualche volta、回復 ripristino/ristabilimento、歩き回る gironzolare、回転 rotazione、もう一回 ancora una volta |
| | II | Rappresentazione grafica di un movimento rotatorio > **ruotare** > **contatore per numero di volte**. |
| | 囚 | 囚人 detenuto、脱獄囚 evaso |
| | // | Una 人 persona rinchiusa (囗) > **prigioniero**. |
| | 菌 | 毒菌 fungo velenoso、細菌 batterio, germe、殺菌 sterilizzazione |
| | // | \*囷 "granaio" (\*囗 e \*禾) suggerisce un'area delimitata e la testa prominente delle spighe di grano > una pianta (\*艹) con la testa prominente che cresce in aree particolari e ombreggiate (legame fonetico con 陰 ombra) > **fungo**. **Batterio e microrganismo** sono significati associati. |
| 因 | | 因る venire da、ちなむ essere associato con, in occasione di、原因 causa、死因 causa della morte、要因 fattore primo、因果関係 relazione causa-effetto、によって secondo le, stando a |
| V | | Una <u>persona (大) che si trova a vivere nella casa (\*囗) di qualcun altro</u> > **dipendere da** > **causa**. La lettura richiama 依 (dipendere da, appoggiarsi a). |
| | 恩 | 恩 favore, debito di gratitudine (恩義)、恩恵 favore, beneficio、恩人 benefattore、恩返し restituire un favore、恩赦 indulto, grazia、忘恩 ingratitudine、恩知らず ingrato |
| | V | Sentimenti (心) di pietà verso chi si decide di accogliere > **gentilezza**, fare un **favore**. Il componente 因 richiama 隠 (nascondere), considerato nel suo significato implicito di "sentimenti di compassione celati nel cuore". |
| | 姻 | 婚姻 |
| | // | 女 donna che una volta sposata si trova a dipendere e a vivere nella casa del marito > **matrimonio**. |
| | 咽 | 咽 gola (咽喉)、咽ぶ singhiozzare、咽る soffocare、嗚咽 singhiozzo, pianto a dirotto、咽び泣く singhiozzare, piangere a singhiozzi |
| | // | La persona ospitata viene nutrita (口) > parte del corpo interessata nell'atto > **gola**. **Soffocamento** è un significato grafico associato. |

| | |
|---|---|
| **\*亘** | Dal pittogramma di un <u>vortice</u>, rielaborato per indicare un <u>recinto</u> o delle <u>mura</u> <u>intorno</u> a un edificio. Si noti come nella stessa forma sia confluito \*亙, kanji rappresentante la 月 luna fra due linee limite, in riferimento alla sua traiettoria orbitale fissa, simbolo di <u>costanza e fedeltà</u>. È probabile che 月 luna si sia poi confuso con 日. |

| | |
|---|---|
| 宣 | 宣言 せんげん dichiarazione, proclamazione、宣言書 せんげんしょ Dichiarazione d'indipendenza、宣教師 せんきょうし missionario、宣伝 せんでん propaganda, pubblicizzare、宣告 せんこく sentenza, condanna、宣戦布告 せんせんふこく dichiarazione di guerra |
| VI | Delle mura tutte intorno a un edificio (\*宀) importante. **Proclamare** e **annuncio** sono dei prestiti. |
| 垣 | 垣 かき recinto (=垣根)、生け垣 かきね・いがき siepe、石垣 いしがき muretto (di pietra)、垣間見る かいまみ <u>intravedere-sbirciare</u> |
| / | Aggiungendo 土 terra si enfatizza il significato di **mura** e **recinto** > **siepe**. |
| 恒 | 恒星 こうせい stella fissa、恒久的 こうきゅうてき perpetuo, permanente、恒常的 こうじょうてき costante |
| // | Da \*恆, un sentimento (\*忄) di fedeltà **costante** > **sempre**. |

| | |
|---|---|
| 用 | 用、用いる もち utilizzare、用事 ようじ impegno、用心 ようじん precauzione, prudenza、用心棒 ようじんぼう guardia del corpo、利用 りよう utilizzo、使用料 しようりょう noleggio、副作用 ふくさよう effetto collaterale、用意 ようい prepararsi、有用 ゆうよう utile、作用 さよう azione-funzione、信用 しんよう fiducia |
| II | Dal pittogramma di un recinto atto a delimitare l'area del pascolo > **usare, uso** > avere un **impegno**. |
| 備 | 備える そな (tr.)、備わる そな (intr.)、準備 じゅんび preparativi、守備 しゅび difesa、設備 せつび attrezzatura, impianto、兼備 けんび essere capaci in due cose insieme、整備 せいび allestimento/messa a punto, manutenzione/miglioramento |
| V | Una \*イ persona con indosso una faretra (a destra) equipaggiata con le frecce pronte per essere scoccate > **premunirsi, essere provvisto**. 用 simboleggia un'area delimitata, in questo caso la faretra, e l'essere pronto all'uso. |

| | |
|---|---|
| **\*甬** | Una persona che <u>passa attraverso</u> un sentiero (suggerito dall'area recintata). |

| | |
|---|---|
| 通 | 通る とお passare attraverso、通す とお lasciar passare (e simili)、通り とお strada, via、〜通り どお via...、通う かよ frequentare、通訳 つうやく interprete、通行 つうこう passaggio、通行人 つうこうにん pedone, passante、交通 こうつう traffico、普通 ふつう normale、〜通 つう contatore per lettere, documenti, copie ...、通過 つうか passaggio-transito、通じる つう portare a, comunicare con/scorrere (es. liquido, corrente)/raggiungere /essere compreso/essere onorato |
| II | Muoversi (\*辶) attraverso un sentiero > **passare attraverso, via, strada** > **frequentare** > **esperto conoscitore**. |
| 痛 | 痛い いた、痛む いた (intr.)、痛める いた (tr.)、痛み いた dolore、腹痛 ふくつう / はらいた mal di stomaco、頭痛 ずつう mal di testa、鎮痛剤 ちんつうざい analgesico、〜が痛い いた soffrire di... |
| VI | Un **dolore** (\*疒 malattia) penetrante che passa attraverso il corpo > **sentire dolore**. |
| 勇 | 勇ましい いさ、勇む いさ esaltarsi、勇敢 ゆうかん valoroso、勇気 ゆうき coraggio、勇者 ゆうしゃ uomo valoroso |
| IV | Essere attraversati da una 力 forza tale da <u>scaturire fuori</u> > essere **coraggioso, esaltarsi**. Graficamente \*甬 subisce un'abbreviazione della parte inferiore. |
| 踊 | 踊る おど、舞踊 ぶよう danza, ballo (踊り)、踊り手 おど て ballerino、踊り子 おど こ ballerina |
| / | > semplificato da \*踴, muovere le 足 そく gambe in modo 勇 esaltato > **ballare**. |
| 湧 | 湧く わ、湧出 ゆうしゅつ scaturire fuori |
| / | > acqua (\*氵) che **scaturisce fuori** (勇) > **bollire**. |

| *甫 | Una mano che regge un'ascia (l'elemento che taglia dall'alto verso il basso) e il kanji di 用 utilizzo > <u>iniziare</u> a usare un'ascia. Come radicale spesso comunica un senso di <u>lavoro svolto precipitosamente</u> o un <u>lavoro provvisorio</u>. |
|---|---|

| 捕 | 捕まえる (tr.) (捕る)、捕まる (intr.)、逮捕 arresto、捕虜 prigioniero、捕獲 cattura、捕らえる prendere-afferrare/affascinare/cogliere-capire-interpretare |
|---|---|
| / | Stendere precipitosamente la *扌 mano per **catturare** qualcuno > **afferrare, arrestare**. *甫 può aver suggerito l'atto di afferrare anche grazie al suo significato grafico di "mano che regge un'ascia" e un collegamento fonetico con 包 "avvolgere". |
| 補 | 補う supplire-compensare qualcosa、補充 supplenza、補強 rinforzo、候補 candidato、立候補 candidatura、補助 aiuto, assistenza、補償 compensazione, risarcimento, indennizzo |
| VI | Un *衤 vestito rattoppato > **soluzione provvisoria** > **integrare, compensare, rendere buono**. |
| 浦 | 浦、津々浦々 per tutto il paese |
| / | *甫 qui suggerisce "bordo", in parte dal significato implicito di "inizio", in parte da quello grafico di recinto del componente 用 > acqua (*氵) che bagna le **insenature** della **costa** > **baia, ansa, cala**. |
| 哺 | 哺乳 |
| // | La 口 bocca di un neonato che precipitosamente si affretta a succhiare il latte > **allattamento**. |

| *専 | *甫 è usato per il suo significato di "iniziare" > un primo modo per iniziare a contare è stato quello di <u>distendere</u> le dita della mano (寸). Come radicale può suggerire anche <u>vasto</u> ed <u>esteso</u>, dall'idea di contare e quella di distendere. |
|---|---|

| 博 | 博物館 museo、賭博 gioco d'azzardo、博識 vasta erudizione、博士 persona erudita/Dott. (titolo) |
|---|---|
| IV | 十 (dieci) è usato sia per il suo significato implicito di "dieci dita delle due mani" sia per quello di "mettere insieme". In combinazione con *専 comunica il senso di riuscire a ottenere e mettere insieme **grandi ottenimenti**. **Dottorato** e **gioco d'azzardo** sono significati associati. |
| 縛 | 縛る、縛り restrizione (束縛)、捕縛 arrestare |
| / | *専 richiamava foneticamente 束 (legare saldamente in un fascio) oltre che suggerire "in modo esteso" > **fasciare** qualcosa in modo saldo > **legare**. |
| 薄 | 薄い、薄暗い fioco、薄着 vestirsi leggero、希薄 rarefatto, diluito、薄情 essere senza cuore |
| / | La parte inferiore *溥 rappresenta una vasta (*専) distesa d'acqua (*氵), da cui il senso complessivo di una vegetazione (*艹) estesa. I significati di **rado, sottile** e **tenue** sono dei prestiti che, per quanto opposti al senso originale, potrebbero essere stati suggeriti dall'idea di qualcosa di così vasto ed espanso da diventare sempre meno concentrato e più rado. |
| 簿 | 帳簿 registro-libro contabile、会計簿 libro contabile, libro di cassa、名簿 registro (dei nomi) |
| / | > una *溥 vasta raccolta di tavolette di 竹 bambù adibite a **registro**. |
| 舗 | 店舗 negozio、舗道 strada pavimentata、舗装 rivestimento del suolo (pavimentazione, lastricatura...) |
| // | In origine *鋪, una distesa (*専, abbreviato con *甫) di metallo (金), riferito alla placcatura o alla doratura. Il significato si è poi evoluto in quello di **asfaltare**. **Negozio** è un prestito che ha causato la sostituzione di 金 con 舎 (riparo, luogo abitato) per maggiore chiarezza. |

| 敷 | 敷く、敷物 tappeto (termine generico)、風呂敷 fagotto、屋敷 villa、敷金 deposito cauzionale |
|---|---|
| / | In origine il componente a destra era *尃, usato per suggerire "stendere" e richiamare foneticamente 布 (tessuto, stoffa), raffigurante una mano che sbatte e stende un tessuto. Qui questo significato è riproposto e accentuato dall'aggiunta di *攵 per indicare con più chiarezza la mano che sbatte il tessuto steso al fine di togliere le pieghe > **stendere, stendere su**. La versione attuale sostituisce 寸 con 方 (modo, direzione). |

| 公 | 公 、公立 pubblico、公園 parco、公平 imparziale-giusto-equo、公然と in pubblico、公害 inquinamento、公衆電話 telefono pubblico、主人公 protagonista、公安 sicurezza pubblica、大公 granduca |
|---|---|
| II | Un tempo scritto come una *囗 recinzione che viene aperta (八) a indicare un luogo privato diventato **pubblico**. Il concetto si è sovrapposto a quello di appartenenza statale > **ufficiale, governativo**. Nella forma attuale *厶 (aratro) può essere considerato come abbreviazione di 私 (io, privato) a indicare un luogo privato che diventerà pubblico. Come radicale può suggerire ampiezza. |

| 松 | 松、松根油 olio di pino |
|---|---|
| IV | Un 木 albero molto comune (公 pubblico) > **pino**. 松 è stato usato in sostituzione di *鬆 che aggiungeva l'elemento *髟 (長 lunghi e sottili capelli *彡) per simboleggiare gli aghi, le foglie del pino. |
| 訟 | 訴訟 causa (legale), azione giudiziaria、離婚訴訟 causa di divorzio |
| // | Una disputa (言) 公 pubblica > **fare causa, accusa**. |
| 翁 | ( 翁 )、老翁、信天翁 albatros |
| // | Inizialmente si riferiva al piumaggio sulla testa di un uccello (羽 ali) che si apriva (公) a destra e a sinistra. Il significato si è poi trasferito a quello di una persona calva con i capelli presenti solo ai lati > **persona anziana venerabile**. |

# 5.1.2 Città e contesto urbano

| 市 | 市、市場 mercato、魚市場 mercato del pesce、都市 città、市役所 municipio、市長 sindaco、市民 cittadino, abitante (di città) |
|---|---|
| II | L'originale era una combinazione di 止 fermarsi e *丂 (alghe che si attorcigliano fino a raggiungere la superficie dell'acqua appianandosi). Il senso che se ne ricavava era quello di un luogo dove ci si ferma fino ad aver raggiunto una situazione di parità, metafora degli interessi del venditore e dell'acquirente durante una transazione al **mercato** > **fiera, città**. La semplificazione può essere ricordata come una combinazione di *亠 coperchio e stoffa (巾), a rappresentare la varietà delle merci. |

| | 姉 | 姉、お姉さん、姉妹 sorelle、姉妹都市 città gemellata、従姉妹 <u>cugina</u> |
|---|---|---|
| | II | 市 qui è usato come sostituito di un pittogramma di una pianta rampicante che cresce intorno a un palo. L'idea di crescita, abbinata all'omofonia con 始 "inizio", ha indicato la figlia nata e cresciuta per prima, da cui il significato finale di **sorella maggiore**. |
| | 肺 | 肺 (肺臓)、肺炎 polmonite、肺がん 癌 cancro al polmone |
| | VI | Anche qui 市 è usato come sostituto di un altro carattere che raffigurava una pianta che cresce (variante di 生 vivere) a suggerire il concetto di "emersione" > parte del corpo (肉) da cui emerge il respiro > **polmone**. |

| 行 | 行く andare (ゆく)、行う realizzare qualcosa/celebrare、行われる avere luogo、行 riga、銀行 banca、連れて行く andare con qualcuno、飛行機 aeroplano、旅行 viaggio、通行人 passante, pedone、流行 moda |
|---|---|
| II | Pittogramma di un incrocio stradale. **Andare** è in parte un significato associato, in parte un prestito da 往 > **tenersi un evento**. Il senso di **riga** deriva dall'associazione con strada. La lettura richiama 交 (mescolare, incrociare), mentre nell'uso come radicale si presenta spesso abbreviato con *イ a indicare un qualsiasi tipo di <u>movimento</u>. |

| 井 | 井戸 pozzo、井底 fondo del pozzo、天井 soffitto |
|---|---|
| / | Pittogramma di un **pozzo**. |

| | 囲 | 囲む (intr.)、囲う (tr.)、雰囲気 atmosfera (anche figurato)、周囲 perimetro、範囲 ambito/portata |
|---|---|---|
| | IV | Semplificato da *圍, *韋 rappresenta i piedi di due agenti di pattuglia che si muovono in circolo. L'aggiunta di 口 tutto intorno rafforza l'idea di **circondare** (e simili). La semplificazione utilizza 井 "pozzo", fornendo una buona immagine per rappresentare il concetto di rotondità. |
| | 耕 | 耕す、耕作 coltivazione、工作者 coltivatore、耕地 terre coltivate |
| | V | *耒 rappresenta un pezzo di legno (木) intagliato (*丰) o un aratro > lavorare la terra > **coltivare, arare, dissodare**. 井 è usato foneticamente per richiamare *埣 (kanji dagli stessi significati di 耕), anche se potrebbe essere stato scelto per il suo significato di "pozzo", usato a scopo agricolo. |
| | 丼 | 丼、カツ丼 costoletta di maiale servita in una ciotola con il riso |
| | / | Il trattino aggiuntivo simboleggia l'acqua nel pozzo. In Giappone 丼 indica una **scodella di riso**. |

| | |
|---|---|
| 丹 | 丹色、丹念 <sub>accurato, diligente</sub>、丹精 <sub>sforzi-premura-impegno</sub> |
| // | > kanji di origine oscura. Si pensa provenga da una variante di 井 che concentrava l'attenzione sul contenuto del pozzo, l'acqua e in particolare l'argilla rossa > **rossastro**. **Con sincerità** è un prestito. |

| | |
|---|---|
| 丁 | ～丁目 <sub>numero del blocco di case di un quartiere</sub>、丁度 <sub>esattamente-proprio, appena</sub>、丁重 <sub>cortese-educato</sub>、<br>丁寧 <sub>gentile-cortese/attento-minuzioso</sub>、包丁 <sub>coltello da cucina</sub>、～丁 <sub>contatore per fogli/porzioni/utensili stretti...</sub> |
| III | In origine il pittogramma di un'<u>unghia</u> (adesso indicata da 釘 くぎ). 丁 è stato poi rielaborato graficamente come l'<u>intersezione di due strade</u> > **blocco cittadino**. **Esattezza** deriva dalla forma ben definita del kanji. |

| | |
|---|---|
| 町 | 町、下町 <sub>centro città</sub>、裏町 <sub>quartiere di strade secondarie</sub>、町人 <sub>mercante</sub> |
| I | Sentieri che dividono la 田 risaia > **strada** > strade che dividono la **città**. |
| 頂 | 頂く <sub>ricevere (e simili, linguaggio umile)</sub>、頂 <sub>cima (e simili)</sub>、絶頂 <sub>picco, apice, culmine/orgasmo</sub>、<br>有頂天 <sub>estasi</sub>、山頂 <sub>cima della montagna</sub>、登頂 <sub>raggiungere la vetta</sub>、頂戴 <sub>ricezione/"per favore faccia per me"</sub> (forma per di più appartenente al parlato femminile usata dopo la forma in TE del verbo) |
| VI | Qui 丁 simboleggia "apice" (dal suo significato originario di unghia), enfatizzato ulteriormente dalla presenza di testa (頁) > **cima** > **ricevere** (da qualcuno più in alto). |
| 庁 | 庁 <sub>ufficio</sub>、官庁 <sub>ufficio statale</sub>、庁舎 <sub>edificio di uffici pubblici</sub> |
| VI | Semplificato da *廳, edificio (*广) dove ogni appello viene 聴 ascoltato attentamente > **ufficio governativo**. La parte interna attuale usa 丁 come semplificazione e sostituzione fonetica oltre che per rinforzare un'immagine di ambientazione urbana. |
| 貯 | 貯める <sub>risparmiare</sub>、貯える <sub>mettere da parte</sub>、貯金 <sub>risparmi</sub>、貯蔵 <sub>scorta, immagazzinamento</sub> |
| IV | **Risparmiare** soldi (貝). *宁 rappresenta una pila (丁 è usato a solo scopo grafico) di oggetti conservati in un luogo chiuso (*宀). |
| 訂 | 改訂 <sub>revisione, ritocco</sub>、訂正 <sub>rettifica, correzione/rimangiarsi quanto detto</sub> |
| / | Dichiarare (言) qualcosa in modo 丁 esatto > **revisione, correzione**. La lettura richiama 定 "stabilire, determinare". |
| 寧 | 寧ろ <sub>piuttosto</sub>、丁寧 <sub>gentile-cortese/attento-minuzioso</sub>、丁寧系 <sub>linguaggio cortese</sub> |
| / | In origine scritto con *寍 e *丂 (alghe che si attorcigliano fino a raggiungere la superficie appianandosi). Il senso generale è quello di sentimenti (心) di **tranquillità e pace** (appianamento *丂) derivati dal vivere sotto il proprio tetto *宀 tetto e avere di che mangiare (皿 piatto). **Preferibile** è un significato associato. La semplificazione potrebbe essere ricordata come "sentimenti (心) di tranquillità e pace derivati dal vivere sotto il proprio tetto, situazione preferibile a quella che *罒 l'occhio vede strada (丁). |
| 灯 | 灯 <sub>luce, bagliore</sub> (灯)、灯る <sub>accendersi (es. lampada, candela)</sub>、電灯 <sub>luce elettrica</sub>、<br>灯火 <sub>luce di una lampada, lume</sub>、灯台 <sub>faro</sub>、懐中電灯 <sub>torcia elettrica</sub>、街灯 <sub>lampione</sub> |
| IV | Da *燈, un fuoco acceso che divampa da un supporto (登 salire, scalare) > **luce, bagliore, lampada**. La semplificazione può essere ricordata come "luci delle lampade poste lungo la strada (丁)", oppure considerando graficamente 丁 come un piedistallo. |

| | | |
|---|---|---|
| 打 | 打つ、打ち合わせ incontro preliminare、打楽器 strumenti a percussione、打撲傷 contusione | |
| III | **Colpire** con un pugno (*扌). Il significato originario di unghia di 丁 pone maggiore attenzione sulla mano oltre che richiamare foneticamente 討 attaccare. | |

| | |
|---|---|
| 主 | 主 padrone/persona da cui...、主 capofamiglia, padrone、主な principale, importante (主要)、主婦 casalinga、主人 marito、主人公 protagonista、飼い主 padrone (di un animale)、神主 sacerdote (*shintô*)、主語 soggetto、主義 dottrina, principio、主権 sovranità、主観 soggettività、自主 indipendente, autonomo |
| III | Pittogramma di un lampione a olio acceso. Era usanza che il capo della casa desse disposizioni riguardo l'accensione del fuoco > **capo** > **principale, importante**. La lettura richiama 朱 vermiglio a indicare il colore della fiamma accesa. Come radicale può suggerire qualcosa di dritto e fermo nello stesso posto. |

| | |
|---|---|
| 住 | 住む、住まい abitazione, residenza (住宅)、定住 stabilirsi, fissare dimora、住所 indirizzo |
| III | *イ persona ferma in un posto > **vivere, abitare** nella propria abitazione. |
| 注 | 注ぐ、注 nota、注意 (fare) attenzione、注意を注ぐ fare attenzione、注目 attenzione、注文 ordinazione/richiesta-condizione、注射 iniezione |
| III | Acqua (*氵) **versata** di continuo in un punto > **irrigare**. In senso figurato "versare di continuo la propria attenzione su qualcosa" > **porre attenzione, nota**. |
| 柱 | 柱、帆柱 albero (nave)、電柱 palo della luce, palo del telefono |
| III | Una **colonna** di legno (木) > **palo, pilastro**. |
| 駐 | 駐車 parcheggiare, sosta、駐車場 parcheggio (luogo fisico)、駐車禁止 divieto di parcheggio、駐在 stare-risiedere in un posto |
| / | Un 馬 cavallo fermo sul posto > **parcheggiare, risiedere**. |
| 往 | 往なす aggirare, schivare, eludere、往々にして a volte, ogni tanto、既往症 anamnesi、往来 traffico, circolazione、往復 andata e ritorno、往診 visita medica a domicilio |
| V | Una persona importante (主) che **va** (*イ) avanti precedendo gli altri > **ciò che è andato, ciò che è passato**. In precedenza le componenti di 往 erano 止 (nel suo significato grafico di "impronte di piedi") e 王 "re" a indicare la persona importante. Il kanji 行 ha preso in prestito da 往 il significato di "andare". |

| | |
|---|---|
| *弋 | Un ramo dalla punta affilata usato come palo a terra o come arma (si noti la somiglianza con *戈 lancia, a volte usata come palo o segnaletica quando piantata a terra). |
| 代 | 代える sostituire、代わる sostituirsi a、時代 epoca、年代 periodo, epoca, età, data、〜代 costo.../età-era-epoca、代表 rappresentare、代理人 sostituto, agente, rappresentante, delegato、交代 alternanza、「君が代」 *Kimi ga yo* |
| III | Una *イ persona che sostituisce un'altra. *弋 "pali" richiamava foneticamente "sostituzione" anche se può aver suggerito lo stesso essendo in genere prodotti di ugual misura e intercambiabili > **sostituzione, scambio**. In senso generale il susseguirsi di una generazione che sostituisce quella precedente > **mondo, società, era, epoca. Costo** deriva infine dall'idea scambio di beni o servizi per un dato prezzo. La lettura richiama 替 cambiare-scambiare. |

| | |
|---|---|
| 貸 | 貸す、又貸し subaffitto、貸し家 casa in affitto、貸し間 stanza in affitto、賃貸 affitto |
| V | Del denaro (貝) **prestato** per garantire al posto (代 scambio) di un'altra persona > **prestare**. |

| | |
|---|---|
| 袋 | 袋、手袋 (てぶくろ) guanti、紙袋 (かみぶくろ) sacchetto di carta、胃袋 (いぶくろ) stomaco、有袋類 (ゆうたいるい) marsupiale |
| / | 代 (たい / だい) è usato per richiamare 内 (ない / だい) (interno, dentro) > un **sacco** usato per contenere i 衣 vestiti. Per semplicità potrebbe essere utile ricordato come "un sacco che contiene vestiti da sostituire". |

| | |
|---|---|
| 式 | 式 (しき)、卒業式 (そつぎょうしき) festa di laurea、入学式 (にゅうがくしき) cerimonia d'ammissione、結婚式 (けっこんしき) cerimonia nuziale、図式 (ずしき) schema、株式 (かぶしき) società per azioni、正式 (せいしき) formale/in regola, legale、形式 (けいしき) forma, modalità, formalità、公式 (こうしき) formula/ufficiale, formale |
| III | Combinazione di 工 lavoro manuale e *弋 pali, usato per richiamare foneticamente 則 (そく) (regola, modello) > piantare dei pali segnaletici nel terreno a intervalli regolari > lavorare seguendo **regole** prestabilite > **stile, formula, cerimonia** formale. |

| | |
|---|---|
| 試 | 試み (こころ) prova, tentativo、試す (ため) tentare, provare、試験 (しけん) esame、試合 (しあい) partita、試着 (しちゃく) provare i vestiti |
| IV | Osservare quali parole (言) hanno la forma (式) più efficace > **tentativo, prova**. La lettura si collega a 視 (し) visione, considerazione. |

| | |
|---|---|
| 拭 | 拭う (ぬぐ) asciugarsi, tergere、拭く (ふ) strofinare-asciugare-pulire、払拭 (ふっしょく) eliminare-spazzare via-dissipare |
| / | 式 (しき) richiamava foneticamente 触 (しょく) (toccare, contatto) > **asciugare strofinando** con un movimento regolare della *扌 mano. |

| | |
|---|---|
| *并 | Da *幷, due pali combinati insieme. Da non confondersi con *开. |

| | |
|---|---|
| 併 | 併せる (あわ)、合併 (がっぺい) unione, annessione, incorporazione, assorbimento、併用 (へいよう) usare simultaneamente、併合 (へいごう) incorporazione, annessione |
| / | Due *亻 persone insieme > **unire insieme, annettere**. |
| 塀 | 塀 (へい) muro、石塀 (いしべい) muro di pietra、土塀 (どべい) muro di terra |
| // | *尸 qui è un'abbreviazione di 屋 (おく) (casa, negozio), usato per indicare un "edificio" e richiamare foneticamente 塞 (そく) "ostruire". Unito a *并 "combinare insieme", *屏 indica la costruzione della recinzione intorno a un edificio; 土 terra ha il solo scopo di enfatizzare il senso e suggerire anche la costruzione di un muro > **muro, recinto**. |
| 餅 | 餅 (もち)、煎餅 (せんべい) *senbei* (biscotti di farina di riso) |
| / | Unirsi insieme per 食 mangiare > **mochi** (tortino di farina di riso). |

# 5.1.3 Palazzi

| 寺 | 寺 tempio、寺院 tempio buddhista、東大寺 *Tōdaiji*、金閣寺 *Kinkakuji* |
|---|---|
| II | 土 nella parte superiore è una semplificazione di 止, usato per il suo significato grafico di "orme" a suggerire una certa operosità > uso attento delle mani (寸) e operosità insieme si riferiscono al lavoro clericale svolto nel **tempio**. La sostituzione con 土 terra può essere stata causata dalla necessità di focalizzare l'attenzione sul luogo in sé. Come radicale può suggerire il <u>moto operoso</u> e la <u>regolarità</u> dello svolgersi delle mansioni al tempio. |

| 時 | 時、時々 a volte、何時 a che ora、一時 l'una、一時間 un'ora、時代 epoca、目覚まし時計 sveglia、時計 orologio、日時 giorno e ora, data、同時に nello stesso momento |
|---|---|
| II | Il moto regolare del 日 sole che scandisce le **ore** e il **tempo**. |

| 持 | 持つ、持っている avere, avere con sé、持てる essere popolare (con/tra)、支持 appoggio、気持ち emozione、金持ち persona ricca、持ち主 proprietario、維持 mantenere, preservare、所持 possesso, detenzione、持参 portare con sé |
|---|---|
| III | L'aggiunta di *扌 mano enfatizza il significato implicito di uso operoso delle mani presente in di 寺 > **tenere** nella mano. La lettura richiama 使 usare. |

| 侍 | 侍 samurai、侍る servire, essere al servizio di (侍する)、侍女 dama di compagnia |
|---|---|
| / | Una *亻 persona **al servizio** del tempio > **samurai** al servizio di qualcuno. La lettura si collega a 使 (usare) a scopo di richiamare il suo significato originario di "servitore di cui si fa uso". |

| 詩 | 詩 poesia, verso、漢詩 poesia cinese、詩人 poeta、詩的 poetico |
|---|---|
| III | 寺 richiama 志 volontà-intento > esprimere a parole (言) i propri pensieri > recitare una **poesia**. 寺 può aver suggerito anche il moto e la regolarità del ritmo poetico. |

| 等 | 等しい essere uguale-pari、等 eccetera、上等 di qualità superiore、等々 alla fine, finalmente、同等 dello stesso valore, pari, uguale、平等 parità, uguaglianza、等価 equivalenza、劣等 inferiore、均等の uniforme、一等賞 primo premio、対等 parità (es. diritti, condizioni)、〜ら suffisso plurale |
|---|---|
| III | Ordinare le tavolette di 竹 bambù in modo regolare > **uguaglianza** > **classe, grado** > **eccetera**. Il kanji è molto simile nel senso a 第 che però si concentra sull'ordine sequenziale delle tavolette. |

| 待 | 待つ、待ち合わせる incontrarsi (a un orario e un posto prestabilito)、待合室 sale d'attesa、招待 invito、期待 aspettativa、歓待 ospitalità, accoglienza、待遇 accoglienza/trattamento |
|---|---|
| III | 寺 qui richiama 止 per il suo significato primario di "fermarsi" > fermarsi lungo la strada (*亻). Il senso di operosità insito in 寺 suggerisce un'azione svolta anche durante lo stare fermi, da cui il significato finale di **aspettare**. |

| | |
|---|---|
| 特 | 特に in particolare、特別 particolare, speciale, eccezionale, originale、特徴 caratteristica、特長 punto di forza、独特の speciale, tipico, unico, inimitabile, peculiare, caratteristico、特殊 particolare, speciale, singolare |
| IV | Qui 牛 mucca è usata per riferirsi al "toro" (legame fonetico tra 寺 e 士 uomo-guerriero/mascolinità). I tori di qualità superiore erano scelti per i sacrifici al 寺 tempio > **speciale**. |

| | |
|---|---|
| 京 | 東京 Tōkyō、上京 andare a Tōkyō、帰京 fare ritorno a Tōkyō、京都 Kyōto |
| II | Derivato dal pittogramma di un <u>palazzo in cima a un'alta collina</u>, proprietà tipica di chi apparteneva alla nobiltà. I nobili erano soliti passare molto del loro tempo nella capitale per stare vicini all'imperatore e, con il tempo, questa idea ha prevalso sul significato finale del kanji > **capitale**. |

| | |
|---|---|
| 涼 | 涼しい、涼む、清涼、清涼飲料 bevanda rinfrescante |
| / | Acqua (*氵) **fresca** presente nelle alte colline (京) > **rinfrescare, rinfrescante**. |
| 鯨 | 鯨、捕鯨 caccia alla balena、鯨肉 carne di balena |
| / | Un animale marino (魚) gigantesco > **balena**. 京 suggerisce le grandi dimensioni dell'animale oltre che la sua natura nobile che si eleva sugli altri. |
| 就 | 就く (intr.)、就ける (tr.)、について riguardo a、就職 cercare lavoro、就任 prendere possesso di una carica |
| VI | Un *尤 uomo importante che arriva al palazzo in cima alla collina, vale a dire un dignitario che prende posto nella sua nuova abitazione > **prendersi un lavoro, essere coinvolto**. |
| 蹴 | 蹴る calciare/respingere-rifiutare (蹴飛ばす) |
| // | > coinvolgere (就) tutti i muscoli della 足 gamba per tirare un **calcio**. |

| | |
|---|---|
| 景 | 景色 paesaggio、背景 sfondo、景気 situazione del mercato、景観 panorama、光景 scena, spettacolo, vista |
| IV | Qui 京 esprime il suo significato originario di palazzo sopra la collina, e quindi esposto all'aria aperta > con l'aggiunta di 日 si indica un <u>luogo aperto esposto alla luce del sole</u> > **paesaggio**. La lettura richiama *炯 luce chiara. |

| | |
|---|---|
| 影 | 影 ombra, sfumatura、陰る oscurarsi、面影 aspetto-fisionomia-immagine、影響 influenza、影が薄い non spiccare-essere poco brillante、撮影 fotografare, filmare、投影 proiezione (e simili) |
| / | Un luogo illuminato dai raggi del sole (景), simboleggiati dai *彡 capelli sottili > **luci tenui** e **ombre** delicate > **profilo, forma**. |
| 憧 | 憧れる、憧憬 brama, aspirazione (憧れ) |
| // | Un sentimento (*忄) che anela a qualcosa di più grande e luminoso > **agognare**. |

| | |
|---|---|
| 高 | 高い、背が高い essere alto、高校 liceo、最高 migliore、高速道路 autostrada、高原 altopiano |
| II | Dal pittogramma di un palazzo signorile con un'entrata imponente. La lettura si collega a 仰 (guardare in alto) > alzare lo sguardo per guardare un grande palazzo signorile > **alto**. |

| | |
|---|---|
| 稿 | 原稿 manoscritto, bozza、草稿 brutta copia、寄稿 contributo (es. su un giornale) |
| / | Il significato originario del kanji era l'alto fusto di una spiga di *禾 grano, e la paglia prodotta dai fusti dopo la trebbiatura per associazione. **Manoscritto** è un prestito, ma può essere associato al significato originario tramite la natura grezza in comune. |

| 豪 | 豪華 lusso、 富豪 persona molto ricca, miliardario、 酒豪 bevitore accanito、 豪邸 residenza di lusso、 豪雨 pioggia torrenziale、 豪雪 forte nevicata |
| --- | --- |
| / | Un animale simile a un *豕 maiale provvisto di 高 alti aculei. Pur riferendosi a un porcospino, il kanji è stato associato anche a un cinghiale selvaggio portando ai significati astratti di **grande potenza** e **magnificenza**. La lettura richiama 剛 (forte, solido), kanji raffigurante una spada formidabile. |
| 橋 | 橋 ponte (橋梁)、 歩道橋 cavalcavia pedonale |
| III | La parte a destra *喬 rappresenta una struttura molto 高 alta e <u>curvata ad arco</u> in cima (suggerito da *夭 persona giovane slanciata e snella). Aggiungendo 木 si raffigura un **ponte** di legno. |
| 矯 | 矯める、 矯正 correggere, rettificare、 奇矯 eccentrico |
| / | > una 矢 freccia piegata (*喬) che necessita di essere **raddrizzata** > **correggere**. L'essere piegato, non dritto, comunica anche il significato di **falsificare**. |
| 壇 | 演壇 palco, podio、 土壇場 piattaforma usata nel periodo Edo per le esecuzioni/l'ultimo momento、 花壇 aiuola、 祭壇 altare、 画壇 mondo della pittura |
| // | *亶 è considerabile come una variante dell'alto palazzo rappresentato in 高, ma con maggiore attenzione posta sulle sue fondamenta di 土 terra rialzata > una **piattaforma** (e simili) rialzata. |

| 享 | 享楽 piaceri, godimento、 享受 godere di (享有) |
| --- | --- |
| / | La parte superiore riprende l'elemento presente in 高 alto e rappresenta <u>la torre di guardia di un castello, ben protetto in tutte le direzioni</u> > **avere/ricevere** protezione (e in particolare godimento, appagamento). La parte inferiore in passato riprendeva quella superiore, ma è stata poi semplificata con 子 bambino. Tale modifica può essere associata per semplicità al "bisogno del bambino di avere e ricevere protezione e appagamento". |

| 郭 | 城郭 fortezza, cittadella、 輪郭 contorno, lineamenti, sagoma, profilo、 外郭 mura esterne |
| --- | --- |
| // | *阝 "villaggio-insediamento" protetto dalla torre di guardia del castello > **area recintata-fortificata** > **quartiere**. |
| 熟 | 熟す maturare (熟れる)、 熟語 frase idiomatica/parola composta da più ideogrammi、 熟こなす digerire qualcosa/conoscere a fondo, avere buona padronanza di、 半熟 cotto a metà、 早熟 precocità、 未熟 acerbo, immaturo/inesperto, immaturo |
| VI | Kanji di evoluzione oscura. 享 è un errore di trascrizione del pittogramma di una "pentola con il coperchio", da cui il senso di una persona ricurva (丸 rotondo) intenta a **bollire** qualcosa sul fuoco (*灬) > **cotto, maturare**. 享 può essere ricordato per il suo significato implicito di "ricevere appagamento", collegato al piacere derivato dal cucinare il proprio cibo. |
| 塾 | 塾 |
| // | Una persona ricurva (丸 rotondo) mentre edifica le mura di 土 terra di una grande fortificazione (享). Con il tempo il kanji ha assunto il significato generico di "insediamento murato", da cui quello di "scuola" e infine quello di **doposcuola privato** per associazione. |

| 亭 | 料亭 <ruby>りょうてい</ruby> ristorante (tradizionale giapponese)、亭主 <ruby>ていしゅ</ruby> locandiere/padrone di casa, marito |
|---|---|
| / | La parte superiore deriva dalla rappresentazione di un alto edificio (高), mentre 丁 <ruby>てい</ruby> (strada, blocco cittadino), graficamente l'intersezione di due strade, suggerisce un <u>luogo di sosta</u> > **locanda**, **padiglione** dove le persone si fermano a stare. 丁 stabilisce un collegamento a 定 <ruby>てい</ruby> stabilire. |

| 停 | 停電 <ruby>ていでん</ruby> interruzione della corrente elettrica、停止 <ruby>ていし</ruby> interruzione, sospensione、停車 <ruby>ていしゃ</ruby> arrestare (il veicolo)、バス停 <ruby>てい</ruby> fermata dell'autobus、停学 <ruby>ていがく</ruby> sospensione da scuola、調停 <ruby>ちょうてい</ruby> mediazione |
|---|---|
| IV | Una * イ persona che sosta alla 亭 locanda > **fermarsi, interruzione**. |

# 5.1.4 Ingressi e finestre

| 入 | 入る entrare、入れる inserire、気に入る piacere、入学 iscrizione-ammisione a scuola、入院 ricovero、手に入れる ottenere、輸入 importazione、立入禁止 vietato entrare、入場無料 entrata gratuita |
| --- | --- |
| I | Il pittogramma dell'ingresso di un'abitazione primitiva > **entrare, inserire**. |
| 込 | 込む (intr.)、込める (tr.)、飛び込む tuffarsi, lanciarsi/precipitarsi、吸い込む inalare, assorbire、申し込み proposta, iscrizione, presentazione della domanda/prenotazione-abbonamento、巻き込む coinvolgere (qualcuno in qualcosa)、税込み tasse incluse |
| / | Spostamento (*辶) verso l'interno > **mettere dentro, muoversi dentro** > **riempirsi, affollarsi**. |
| 内 | 内 dentro/entro、内容 contenuto、案内 guidare (qualcuno), dare indicazioni、家内 moglie |
| II | Il pittogramma di un ingresso con particolare attenzione all'**interno** dell'abitazione (*冂) > **dentro**. Nella versione attuale moderna 入 è trascritto in modo simile a 人 persona. |
| 納 | 納める (tr.)、納まる (intr.)、収納 mettere via da parte/ricevere (es. un pagamento)、納税 versare le imposte、出納係 cassiere, contabile、納屋 fienile、納得 consenso/persuadersi |
| VI | > 糸 fili qui sottintende "vestiti" > un edificio al cui 内 interno sono conservati dei vestiti. Per l'immagine generica che dà, il kanji assume vari significati legati all'idea di **conservare-depositare**, tra cui **stabilire-sistemare** (in un posto/essere soddisfatto), **ottenere** e **pagare**. |

| 戸 | 戸、戸をたたく bussare alla porta、戸棚 credenza, armadio、戸締り chiudere la porta、戸外 all'aperto、井戸 pozzo、〜戸 contatore per case |
| --- | --- |
| II | Da *戸, pittogramma di una **porta** (differente da 門 portone-cancello, dove le ante presenti sono due). La lettura richiama 護 protezione, ruolo primario della porta della propria abitazione. |
| 雇 | 雇う assumere、雇い主 datore di lavoro、雇い assunzione (雇用)、解雇 licenziamento |
| / | Una quaglia (*隹) che sbatte le ali in modo rigido e sgraziato come fossero porte. Il significato si è poi evoluto in quello di un **dipendente** appena **assunto** che ancora svolge goffamente il lavoro. |
| 顧 | 顧みる、回顧 reminescenza、顧客 cliente (abituale), avventore, clientela |
| / | > una testa (頁) che si **volta indietro** in modo sgraziato (雇), come se presa dal panico. In senso figurato il kanji rende anche l'idea di **reminiscenza** e di **riflessione su se stessi**. La lettura richiama 向 (voltarsi, girarsi) e 去 passato. |
| 戻 | 戻る (intr.)、戻す (tr.)、取り戻す rientrare in possesso、巻き戻す riavvolgere、返戻 dare indietro、(背戻 disubbidire-violare)、 |
| / | Il proprio 犬 cane (semplificato con 大) che **fa ritorno** alla porta di casa > **tornare indietro**. **Ristabilire, ripristinare** e **dare indietro** sono significati associati. L'idea di "fare ritorno" ha sviluppato anche quella di andare all'indietro, da cui il significato minore di "ribellarsi". |

| 涙 | 涙、空涙を流す なみだ そらなみだ なが versare lacrime di coccodrillo、感涙にむせぶ かんるい 咽 commuoversi fino alle lacrime |
|---|---|
| / | > 戻 richiama 零 れい versare > versare **lacrime** (*氵), forse dovute al ritorno (戻) di qualcuno. |
| 啓 | 啓発 けいはつ illuminare-chiarire le idee、拝啓 はいけい Caro... (nelle lettere)、啓示 けいじ rivelazione (天啓 てんけい) |
| / | Forzare (*攵) qualcuno ad aprire (口) la porta > **aprirsi** > **rivelare, illuminazione**. |
| 炉 | 暖炉 だんろ caminetto、炉辺 ろへん / ろべ focolare, vicino al fuoco、原子炉 げんしろ reattore nucleare |
| // | L'originale *爐 mostrava una combinazione di 火 fuoco e *盧 (capanna), in passato avente il significato di contenitore per conservare il cibo, per rendere il significato di **fornace**. 炉 semplifica la parte destra con 戸, ricordabile come "lo sportello della fornace da cui si accede al fuoco". |
| 倉 | 倉、倉庫、穀倉 くら そうこ こくそう granaio、鎌倉 かまくら Kamakura |
| IV | La parte centrale e inferiore rappresenta una variante di 戸 porta con l'ingresso (口) ben in evidenza. In combinazione con "luogo al coperto" (*亼) indica un **magazzino** o un **deposito**. |
| 創 | 創造 そうぞう creazione、創造者 そうぞうしゃ creatore、創立 そうりつ fondazione, istituzione、独創的 どくそうてき creativo-originale、創作 そうさく opera originale, invenzione-creazione、銃創 じゅうそう ferita da arma da fuoco |
| VI | > una persona **ferita** da una spada (*刂) che necessita di un posto al coperto (倉) dove potersi rifugiare. **Punto di inizio** è un prestito. La lettura richiama 傷 しょう ferita. |

| 門 | 門、専門 もん せんもん materia di specializzazione、専門家 せんもんか specialista、門限 もんげん ora di rientro、正門 せいもん ingresso principale、部門 ぶもん branca, settore, reparto, categoria、専門用語 せんもんようご termine tecnico |
|---|---|
| II | Pittogramma di una doppia porta > **cancello, portone**. |

| 問 | 問う、質問 と しつもん domanda、問題 もんだい problema、疑問 ぎもん dubbio、学問 がくもん studio-erudizione、訪問 ほうもん * visita |
|---|---|
| III | **Domandare** (口) informazioni al cancello d'ingresso. |
| 聞 | 聞く、聞こえる き き sentire (essere udibile)、新聞 しんぶん giornale、醜聞 しゅうぶん scandalo |
| II | 耳 orecchio come porta di ingresso del suono > **sentire**. La lettura richiama 分 ぶん (parte, suddividere, capire) a indicare come i suoni siano distinti e analizzati dall'orecchio. Il senso attivo è **domandare**. |
| 関 | 関わる かか avere a che fare con、関 せき posto di controllo, barriera doganale (関所 せきしょ)、関係 かんけい relazione, nesso、関する かん riguardare qualcosa、玄関 げんかん ingresso principale、関心 かんしん interesse (verso qualcosa)、関連 かんれん relazione-connessione-nesso、難関 なんかん ostacolo-difficoltà、関知 かんち riguardare、関節 かんせつ articolazione |
| IV | Da *關. La parte interna, composta da *丱 due pezzi di legno incrociati insieme e fili (*幺), indicava il pedale di un telaio a suggerire nell'insieme dei pezzi di legno usati per sbarrare il 門 cancello > **barriera**. I significati di **connessione** e **avere a che fare con** possono essere associati all'immagine della barriera che connette due punti diversi. Una teoria li mette in relazione al significato grafico originale essendo il pedale connesso e fautore del funzionamento del telaio. La semplificazione della parte centrale è simile all'elemento interno presente in 送 そう (mandare-spedire). |
| 開 | 開ける あ aprire、開く あ aprirsi、開く ひら aprire, spalancarsi/schiudersi, sbocciare、再開 さいかい riapertura、開店 かいてん apertura di un negozio、開花 かいか fioritura、展開 てんかい sviluppo/estendersi、開始 かいし inizio |
| III | *廾 due mani che **aprono** il cancello togliendo la *門 staccia. L'elemento interno *开, generato dalla combinazione di *廾 e *門, appare identico a *开 (finestra a grata). |

| | | |
|---|---|---|
| 間 | **間** spazio (concreto o astratto)、**間に合う** fare in tempo、**仲間** compagno、**時間** tempo/ora、**一週間** una settimana、**人間** essere umano、**居間** soggiorno, salotto、**期間** periodo-sessione、**いつの間にか** prima di potersene accorgere、**間もなく** dopo poco tempo、**間違い** errore、**隙間** apertura, fessura、**空間** spazio (vuoto)、**瞬間** momento, instante、**世間** società-mondo | |
| II | L'originale *閒 all'interno presentava 月 luna, usata foneticamente per richiamare 隙 "apertura" (欠) > lo **spazio** fra le porte di un cancello. La forma attuale può essere ricordata come "luce del 日 sole che filtra fra lo spazio delle porte di un cancello". | |
| 簡 | **簡単** facile, semplice、**簡潔** conciso-succinto、**簡素** semplice-sobrio、**書簡** epistola | |
| VI | > 間 trasmette l'immagine dello spazio tra le porte di un cancello ed è usato per richiamare *柬, un sacco aperto e disfatto da cui si sceglie il contenuto > tavolette di 竹 bambù sparse ovunque e usate per prendere nota > **lettera**. I significati di **semplicità** e **succinto** sono stati ricavati dal modo in cui le tavolette erano compilate, lasciando 間 spazi e curando la *柬 scelta dei termini. | |
| 閑 | **閑静** quieto、**安閑とした** ozioso e spensierato、**閑散とした** poco frequentato/inattivo | |
| / | Una trave di legno (木) che blocca il 門 cancello. I significati di **tranquillità** e **quiete** possono essere associati al sentimento di protezione derivato, anche se è possibile provengano da una confusione con il kanji di 間 spazio, inteso qui come **tempo libero** > **svago**. | |
| 潤 | **潤う** inumidirsi/trarre un profitto、**利潤** profitto、**潤滑剤** lubrificante | |
| / | La parte a destra *閏 mostra un 王 re che passa fra le porte di un cancello. Il kanji nel suo insieme suggerisce acqua (*氵) che passa attraverso qualcosa > **trasudare, inumidirsi, offuscarsi**. **Arricchirsi** è un significato associato, in parte incoraggiato dalla presenza di 王 re. | |

| | |
|---|---|
| 向 | **向かう** dirigersi verso/stare di fronte a、**向ける** rivolgere-dirigire/dirigersi verso/mandare qualcuno a-in/assegnare、**向く** voltarsi verso, rivolgere lo sguardo verso、**向こう** dall'altra parte, dietro-oltre、**傾向** tendenza、**向き** direzione-orientamento/inclinazione-idoneità/tendenza、**方向** direzione-senso/orientamento、**内向的** introverso、**むきになる** arrabbiarsi per un nonnulla, perdere la calma、**転向** conversazione |
| III | Dal pittogramma di un'ampia finestra nell'abitazione (*宀) che si affaccia verso nord > **dirigersi verso, volgersi, voltarsi verso, direzione**. La lettura richiama 口 e 孔 buco-apertura. |
| 尚 | **なお、時期尚早** prematuro, essere troppo presto、**高尚** raffinato, distinto |
| // | Il fumo che si dirama (*ヽ丿) uscendo dalla finestra (向) > levarsi sempre più in alto > **oltretutto, per di più**. |

| | | |
|---|---|---|
| 当 | **当てる** (tr.)、**当たる** (intr.)、**本当** vero、**適当** adeguato、**弁当** *bentō*、**相当** appropriato、**当時** a quel tempo、**穏当** moderato、**見当** stima, pronostico/congettura/in direzione-dalle parti、**見当違いの** inopportuno, non pertinente、**見当をつける** farsi un'idea、**当然** ovvio-naturale、**当て** scopo, meta/speranza in qualcosa/affidamento, attendibilità、**見当たる** essere trovato | |
| II | Semplificato da *當, 尚 richiamava foneticamente 応 (contraccambiare) oltre che suggerire una certa quantità dal senso di "levarsi più in alto". Il kanji nell'insieme si riferisce all'ammontare di un prestito, stabilito in base ai propri diritti sulla coltivazione di un campo (田) offerti come garanzia > **appropriato** > **centrare, mira, puntare, colpire, provare a indovinare** > **vero**. La versione moderna semplifica tutta la parte inferiore con *彐 mano. | |

| 党 | 党、政党 partito (politico)、党派 fazione、野党 opposizione (partito)、民主党 Partito popolare |
|---|---|
| VI | Kanji semplificato da *黨, combinazione di 尚, nel suo significato grafico di fumo che si dirama dalla finestra, e 黒 nero. L'idea di una finestra oscurata è associata a quella dell'agire in clandestinità. **Fazione** e **partito** sono significati associati. La lettura richiama *幬 (coprire, tenda). Successivamente 黒 è stato semplificato con 兄 fratello maggiore (forse per il suo significato implicito di "prendere parola per adempiere ai propri doveri"). |
| 堂 | 食堂 mensa、礼拝堂 cappella、堂々と imponente, maestoso, solenne/con dignità, apertamente、正々堂々と lealmente、堂に入る diventare esperto、講堂 auditorio、公会堂 salone (pubblico) |
| IV | Un edificio di importanza posto in alto (尚) su un altopiano (土) > **tempio, santuario, sala** > **magnificenza**. |
| 常 | 常に sempre, costantemente、日常 giornaliero, quotidiano、正常 normalità、非常 emergenza、非常に estremamente、常識 buon senso、常例 convenzione、常習 abitudine |
| V | Una bandiera (巾) appesa in alto (尚) che sventola come fumo che sale. L'attenzione successivamente si è concentrata sul movimento continuo che persegue a lungo nel tempo > **usuale, ordinario**. Il senso di "a lungo" è anche dato dal collegamento fonetico fra 尚 e 長. |
| 賞 | 賞 premio, ricompensa、賞品 premio、賞金 premio in denaro、賞賛 elogio、一等賞 primo premio、賞味 apprezzare, gustare、入賞 vincere un premio (es. in una gara) |
| IV | **Premio** o **ricompensa** in denaro (貝) conferito in segno di **elogio** (elevazione 尚). |
| 償 | 償う、賠償 risarcimento、弁償 risarcimento, compensare (es. una merce)、補償 indennizzo |
| / | > **redimere** uno schiavo (*亻) **compensando** (賞) il suo padrone > **risarcire**. |
| 掌 | ( 掌 )、車掌 capotreno, controllore、掌握 tenere (es. sotto controllo una situazione) |
| // | 尚 richiama foneticamente 執 "agguantare". Il kanji concentra l'attenzione sulla parte della 手 mano in grado di tenere e alzare le cose > **palmo**. **Controllo** è un significato associato con l'idea di tenere la situazione nel palmo della mano. |

| *开 | Pittogramma di una finestra inferriata a grata. *开 proviene da *幵 e rappresenta due pali della stessa altezza Nella stessa forma è confluito anche il pittogramma di due catene-ceppi usate per ammanettare. Distinguere da *并. |
|---|---|
| 刑 | 刑、死刑 pena di morte、処刑 esecuzione、刑務所 carcere, prigione、刑事 investigatore/penale |
| / | Ferire con la *刂 spada per infliggere una **punizione** (suggerito da catene-ceppi *开) > **pena**. |
| 型 | 型、大型 larga scala、小型 piccola scala、人体の模型 modello del corpo umano、鋳型 stampo-forma-matrice、髪型 taglio-acconciatura、血液型 gruppo sanguigno、典型的 tipico |
| IV | > argilla (土) modellata in una certa **forma** > **modello, norma**. 刑 suggerisce l'atto costruttivo grazie alla presenza di *开 (finestra a grata) e tagliare (*刂). |

# 5.1.5 Mezzi di trasporto

| 車 | 車 macchina (自動車)、車椅子 sedia a rotelle、列車 treno、車庫 garage、救急車 ambulanza |
|---|---|
| II | Dal pittogramma di un <u>carro</u> > **macchina**. La lettura richiama 舎 (rifugio, riparo). |

| 庫 | 倉庫 magazzino, deposito、車庫 garage、冷蔵庫 frigorifero、金庫 cassaforte |
|---|---|
| III | Grande edificio (*广) usato per tenere parcheggiati i carri > **deposito** per estensione di significato. |

| 連 | 連れる、連続 continuità, successione、連中 gruppo-gente, colleghi-cricca、連盟 lega, federazione<br>連絡 mettersi in contatto、連想 associazione di idee、関連 relazione-connessione-nesso |
|---|---|
| IV | Un carro che si muove (*辶) con lentezza > **accompagnare, portare con sé** > **gruppo, serie**. In passato le strade erano di difficile percorribilità e i carri che trasportavano le merci erano costretti a procedere lentamente. |

| 撃 | 撃つ、狙撃兵 cecchino、攻撃 assalto, attacco, offensiva、襲撃 attacco、進撃 avanzata、<br>衝撃 impatto, urto/shock、反撃 contrattacco、一撃 colpo、目撃 vedere con i propri occhi |
|---|---|
| / | Un carro (車) in moto che subisce colpi (*殳) continui al mozzo delle ruote (visibile in versioni precedenti del kanji: *擊) > colpire costantemente con la 手 mano > **attaccare** > **sparare**. La lettura potrebbe essere collegata a 激 "turbolento, violento, intenso". |

| 陣 | 陣地、円陣 formazione circolare、陣痛 doglie、一陣の風 folata di vento |
|---|---|
| // | Carri stazionati intorno a una *阝 collina > **accampamento militare** > **posizione**. |

| 斬 | 斬る、首斬り decapitazione/licenziamento、人斬り assassinio、斬罪 decapitazione (esecuzione) |
|---|---|
| / | Decapitare con un'ascia (斤) qualcuno in un assalto al suo carro (車) > **uccidere, assassinare, decapitare**. Come radicale suggerire l'agire in <u>modo rapido</u>. |

| 暫 | しばらく un momento (暫時)、暫定 provvisorio |
|---|---|
| // | > un tempo (日 giorno) che passa rapido (斬) > **temporaneo, provvisorio** > **per un po'**. |

| 漸 | ようやく finalmente/ gradualmente、漸近 asintoto、漸次 gradualmente |
|---|---|
| // | > l'acqua (*氵) di un fiume che scorre rapida (斬). Il senso di "avanzare rapidamente" si è evoluto nel tempo in quello di **avanzamento graduale**. La lettura richiama 進 avanzare. |

| 軍 | 軍 esercito、軍隊 esercito、軍人 militare、海軍 marina militare、将軍 shōgun、軍記物語 romanzo di guerra |
|---|---|
| IV | Carri (車) militari disposti in formazione <u>circolare</u> (*勹 avvolgere, semplificato con *冖) a protezione dell'accampamento (vedi 陣) > **esercito**. La lettura richiama 巡 (girare intorno). |

| 運 | 運ぶ trasportare、運動 movimento/esercizio fisico、運動場 campo sportivo、運転 guidare、<br>運 fortuna、運がいい essere fortunato、運が悪い essere sfortunato、幸運 buona sorte |
|---|---|
| III | Muoversi (*辶) circolarmente > **trasportare** qualcosa da una parte all'altra > **fortuna**. |

| | |
|---|---|
| 揮 | 発揮<sub>はっき</sub> mettere in mostra、指揮<sub>しき</sub> comando-direzione、指揮者<sub>しきしゃ</sub> direttore d'orchestra |
| VI | 軍 è usato per richiamare 奮 "esaltarsi, eccitarsi". Insieme a *扌 viene suggerito l'atto di **agitare le mani**. **Mettere in mostra** e **comandare** sono significati associati con l'uso energico delle mani. |
| 輝 | 輝<sub>かがや</sub>く、光輝<sub>こうき</sub>ある glorioso |
| / | 光 luci che baluginano > **brillare, splendere**. 軍 potrebbe suggerire l'alone circolare luminoso e-manato dalle fonti di luce. |

| | |
|---|---|
| 舟 | 舟<sub>ふね</sub>、箱舟<sub>はこぶね</sub> arca、小舟<sub>こぶね</sub> barca, barchetta、助け舟<sub>たすぶね</sub> scialuppa di salvataggio/aiuto、舟航<sub>しゅうこう</sub> circumnavigazione, crociera、呉越同舟<sub>ごえつどうしゅう</sub> nemici acerrimi uniti dal fato contro gli stessi pericoli |
| / | Dal pittogramma di una **nave** <u>incavata con poppa e prua rialzate</u>. A volte come radicale si semplifica con 月 (luna). |

| | |
|---|---|
| 前 | 前<sub>まえ</sub> prima/davanti、数日前<sub>すうじつまえ</sub> alcuni giorni fa、前菜<sub>ぜんさい</sub> antipasto、午前<sub>ごぜん</sub> mattina、前方<sub>ぜんぼう</sub> davanti、以前<sub>いぜん</sub> precedentemente, prima、前進<sub>ぜんしん</sub> avanzata、名前<sub>なまえ</sub> nome, cognome e nome、当たり前<sub>あまえ</sub> ovvio |
| II | In precedenza il kanji era formato da 舟 nave (semplificata con 月) e "impronte di piedi" (止). 舟 suggeriva delle calzature dalla forma incavata, ricavando il senso di "mettersi le scarpe ai piedi e cominciare a camminare" > procedere in **avanti** > **davanti, prima**. In un momento successivo è stata aggiunta *刂 spada e la parte originale è stata usata foneticamente per richiamare 斉<sub>せい</sub> (<u>uniforme, equo</u>), suggerendo nell'insieme <u>tagliare in modo uniforme</u> (in questo caso può essere utile considerare 月 come semplificazione di 肉 carne). Eventualmente questo significato è stato trasferito a *剪, mentre l'idea di "agire con ordine" a 揃. 前 ha così riassunto i suoi significati originali. |
| 揃 | 揃<sub>そろ</sub>える、揃<sub>そろ</sub>う essersi tutti presenti, essere radunati al completo/essere ben allineati o accordati |
| // | > **raccogliere** e **mettere in ordine** (前) con la *扌 mano. |
| 煎 | 煎<sub>い</sub>る、煎<sub>せん</sub>じる preparare un infuso、煎餅<sub>せんべい</sub> senbei (biscotti di farina di riso) |
| / | > **arrostire** su un *灬 fuoco dopo aver tagliato in modo uniforme il cibo. |
| 般 | 一般的<sub>いっぱんてき</sub>に generalmente, in generale、一般化<sub>いっぱんか</sub> generalizzazione |
| / | "Colpire" (*殳) qui suggerisce "fare in modo" che la nave si muovi, l'atto di salpare. In seguito il kanji ha assunto il significato di <u>trasporto</u> (significato trasferito in seguito a 搬), essendo le navi utilizzate in genere a tale scopo. I significati attuali di cosa **generica** e **in generale** sono dei prestiti, associabili però all'idea di "funzione generica di una nave da trasporto". |
| 搬 | 運搬<sub>うんぱん</sub> trasporto、搬送<sub>はんそう</sub> trasporto/trasmissione、搬入<sub>はんにゅう</sub> portare-trasportare |
| / | > l'aggiunta di *扌 mano ripristina il significato originale di 般 > **trasporto**. |
| 盤 | 碁盤<sub>ごばん</sub> scacchiera del go、地盤<sub>じばん</sub> terreno-fondamenta/sfera di influenza, punto d'appoggio, posizione、羅針盤<sub>らしんばん</sub> bussola、を基盤<sub>きばん</sub>として basandosi su..., in base a...、鍵盤<sub>けんばん</sub> tastiera (es. pianoforte)、空飛<sub>そらと</sub>ぶ円盤<sub>えんばん</sub> disco volante |
| / | > un **vassoio-scodella** (皿 piatto) da trasporto (般) > **asse-tavola** > **scacchiera**. |

| | |
|---|---|
| *俞 | *亼 copertura qui suggerisce l'atto di completare un'azione > riuscire a tagliare (*刂) la legna necessaria a costruire un'imbarcazione (舟, semplificata con 月). Il kanji si riferisce a una piroga usata per <u>trasportare</u> le merci. A volte *刂 è scritto leggermente modificato pur rappresentando lo stesso elemento. |

| | |
|---|---|
| 輸 | 輸送 trasporto、輸入 importazione、輸出 esportazione、輸血 trasfusione |
| V | Un carro (車) usato per trasportare le merci > **trasporto**. |
| 愉 | 愉悦 gioia、愉快 divertente, allegro, spassoso、愉楽 piacere |
| / | Sentimenti di **gioia** trasportati al *忄 cuore > **piacevole**. |
| 癒 | 癒す alleviare, sfamarsi, dissetarsi, placare, consolare/curare、癒える ristabilirsi, essere curato、快癒 guarigione-ristabilimento (治癒 guarigione-ristabilimento) |
| / | > rimuovere (trasportare via) una *疒 malattia > **alleviare, curare, guarire**. L'elemento *俞 mantiene il suo significato di "trasporto", mentre in combinazione con 心 cuore rende *愈, kanji dal significato di "cura" e considerabile come una variante di 愉 "gioia" (vedi sopra) che concentra l'attenzione sul sentimento provato in seguito alle cure ricevute. |
| 諭 | 諭す、説諭 ammonizione、福沢諭吉 Fukuzawa Yukichi |
| / | Parole (言) di chiarimento trasmesse (trasportate) a qualcuno > **ammonire, redarguire**. |
| 喩 | 隠喩 metafora、比喩 figura retorica, allegoria、比喩的 figurato |
| // | Dire (口) una parola capace di trasportare un significato chiarificatore > **metafora**. |

# 5.2 Tessili e monili

## 5.2.1 Gioielli e collane

| 玉 | 文 | *彦 | 斉 |
|---|---|---|---|
| 宝 現 全 栓 班 弄 | 紋 斑 蚊 | 顔 産 | 済 剤 斎 |

## 5.2.2 Stoffa, tessuti e vestiti

| 巾 | *㡀 | 衣 | 哀 | *襄 | *褱 | *袁 | 凡 | *勿 |
|---|---|---|---|---|---|---|---|---|
| 希 刷 綿 布 怖 帯 滞 | 敝 幣 弊 | 依 衰 初 | 衷 衰 *睘 環 還 | 嬢 譲 壌 醸 | 懐 壊 | 猿 遠 園 | 帆 汎 風 嵐 | 物 |

## 5.2.3 Fili

| 糸 | 系 | *幺 | 玄 | *奚 | *丩 | 己 |
|---|---|---|---|---|---|---|
| 索 紐 | 係 孫 遜 | 幻 幼 幾 機 幽 | 率 弦 畜 蓄 *玄玄 磁 慈 滋 | 鶏 渓 | 収 叫 糾 | 記 紀 起 忌 妃 改 |

# 5.2.1 Gioielli e collane

| 玉 | 玉、玉ねぎ cipolla、シャボン玉 bolla di sapone、珠玉 gemma |
|---|---|
| I | Kanji derivato dal pittogramma di una collana di **gioielli** > forma **sferica**. Il trattino centrale è stato aggiunto per distinguere il kanji da quello di 王 re; tuttavia nell'uso come radicale il trattino viene spesso omesso. La lettura richiama 曲 (curva, piega), come ulteriormente conferma della forma sferica. |

| 宝 | 宝、宝物、宝くじ lotteria、宝石 gioiello, pietra preziosa、宝石箱 portagioie |
|---|---|
| VI | Gioielli custoditi in casa (*宀) > **tesoro**. |

| 現 | 現れる (intr.)、現す (tr.)、表現 espressione、現金 contanti、現象 fenomeno、再現 riproduzione, ricomparsa, riapparizione、実現 realizzazione、現実 realtà、現在 attuale, presente |
|---|---|
| V | 見 osservare un gioiello. In un primo momento il kanji si riferiva alla lucentezza del gioiello in sé, in seguito l'attenzione si è spostata sull'atto dell'osservazione > **apparire**, **essere visibile**, **mostrarsi**. |

| 全 | 全て tutto (e simili) (全部)、全く completamente、安全 sicurezza、完全 perfetto、万全 tutto (il possibile)、全員 tutti i membri, tutti quanti、全然 per niente, affatto、全う rispettabile, appropriato, compiuto、全うする assolvere-completare qualcosa, condurre qualcosa a buon fine-termine |
|---|---|
| III | Un gioiello tenuto sotto protezione al coperto (*へ) poiché di gran valore e senza difetti. La lettura richiama 善 (buono, virtuoso). L'idea di perfezione del gioiello ha portato al significato attuale di **completo**, da cui quello di **tutto**. |

| 栓 | 栓、栓抜き cavatappi、元栓 rubinetto d'arresto (es. gas, acqua) |
|---|---|
| / | > un oggetto di legno (木) usato per chiudere qualcosa del 全 tutto > **tappo** (e simili). |

| 班 | 班、班長 caposquadra、首班 Primo ministro |
|---|---|
| VI | Dividere (*刂) fra i nobili le ricchezze (*玨 due gioielli) accumulate dai tributi. I significati di **squadra**, **team** e **gruppo** derivano dall'idea di suddivisione e allocazione. |

| 弄 | 弄ぶ、弄る rigirarsi tra le dita, toccare qualcosa con le dita (gingillarsi)、庭弄り giardinaggio、翻弄 sballottare/prendersi gioco di qualcuno、愚弄 derisione, beffa |
|---|---|
| // | *廾 due mani che **giocherellano** con un oggetto rotondo > **scherzare con**. |

| 文 | (文 forma-disegno)、(文 libro, lettera)、文 frase-periodo/scritto、文学 letteratura、作文 tema、文化 cultura、文法 grammatica、文章 testo, brano, stile, passo, componimento、散文 prosa、序文 prefazione, premessa、文字 carattere、注文 ordinazione、注文服 vestito su misura |
|---|---|
| I | In origine al centro del kanji si trovava un disegno intricato, parte dell'elemento decorativo del colletto di un indumento. L'idea è stata estesa poi al concetto di **scrittura** > **frase, testo** > **letteratura**. |

| 紋 | 紋 stemma, emblema, blasone (紋章)、指紋 impronta digitale、波紋 cerchi nell'acqua/ripercussioni |
|---|---|
| / | 糸 filo enfatizza il significato originale di 文 > **stemma, emblema, blasone** > **forma-pattern**. |
| 斑 | 斑 、斑点、紅斑 eritema、雀斑 lentiggini |
| // | Essere ricoperti di **chiazze** simili a gioielli (*珏 due gioielli) che nell'insieme è come se componessero un disegno intricato > **macchioline, puntini**. |
| 蚊 | 蚊 zanzara、蚊帳 zanzariera、蚊の鳴くような声 con voce flebile |
| // | Il disegno intricato che una **zanzara** (虫) traccia in aria nel suo volo. La lettura di 文, BUN, rappresenta il suono prodotto dalla zanzara. |

| *彦 | *彦 (ひこ) rappresenta un bel ragazzo ed è la versione maschile di 姫 (ひめ principessa). La versione originale *彦 mostra un giovane di gran bellezza con indosso un vestito dai motivi intricati (vedi 文). *彡 potrebbe indicare i suoi capelli sottili o rafforzare l'idea del motivo intricato (grazie al suo secondo significato di "peli della punta di un pennello"). L'aggiunta di *厂 rupe simboleggia l'ampia fronte del ragazzo. |
|---|---|

| 顔 | 顔、顔色 colorito, carnagione、笑顔 volto sorridente、顔面 faccia |
|---|---|
| II | L'aggiunta di testa (頁) concentra l'attenzione sull'ampia fronte. **Viso** è un significato associato. |
| 産 | 産む partorire/produrre、倒産 bancarotta、出産 parto、産地 zona produttrice/habitat、産業 industria、財産 patrimonio、遺産 eredità |
| IV | 生 (vivere, nascere) è usato per il suo significato grafico di "erba che cresce", mentre *彦 richiama foneticamente 生 stesso oltre che suggerire connotati di positività > vegetazione che nasce e cresce > **nascita**. **Ricchezza** e **produzione** per estensione. |

| 斉 | 一斉に insieme, simultaneamente, contemporaneamente, in coro、斉唱 cantare in coro、均斉 proporzione (armoniosa) |
|---|---|
| / | L'originale *齊 mostrava tre spighe di grano simili fra loro, ben disposte per un'offerta religiosa > **uniforme, equo, simile**. La semplificazione utilizza 文, sfruttabile nella sua accezione grafica per suggerire "un motivo su una veste che si ripete in modo simile". |

| 済 | 済む (intr.)、済ます (tr.)、〜済み "venduto", "saldato"、経済 economia、すみません scusa |
|---|---|
| VI | 斉, oltre che indicare "uniformità", richiama 清 (chiaro, puro, limpido) > un fiume (*氵) dall'acqua limpida. A livello astratto il significato si è evoluto in quello di **regolare, sistemare, saldare** e, di conseguenza, **finire**. Il senso originale di limpido è espresso attualmente da 澄. |
| 剤 | 錠剤 compressa, pastiglia、洗剤 detersivo、鎮痛剤 calmante, sedativo、薬剤師 farmacista、潤滑剤 lubrificante、接着剤 colla, collante、殺虫剤 insetticida、下剤 purga, purgante |
| / | **Medicine** tagliate (*刂) in modo uniforme > **dose**. |
| 斎 | 斎く venerare、斎む astenersi da、潔斎 astinenza religiosa, purificazione、書斎 studio (stanza) |
| // | 斉, oltre che suggerire il suo significato di "uniforme", è utilizzato per richiamare 清 (chiaro, puro, limpido), mentre la parte inferiore è abbreviata per fare posto ad altare (示). Nell'insieme il kanji si riferisce a una cerimonia di **purificazione** del cibo offerto agli dei. **Astinenza** deriva dall'associazione con l'alimentazione dei monaci costituita esclusivamente da cibo purificato. **Studio** (la stanza) è legato all'idea di una delle sale del tempio adibita alla **venerazione** degli dei. |

# 5.2.2 Stoffa, tessuti e vestiti

| 巾 | 雑巾 (ぞうきん) straccio、頭巾 (ずきん) cappuccio |
|---|---|
| / | Un <u>tessuto</u> appeso a drappo > **asciugamano**. Come radicale può indicare <u>stoffa</u> e significati affini. |

| 希 | (希 (まれ) raro)、希望 (きぼう) speranza, desiderio、希少 (きしょう) raro-scarso、希薄 (きはく) rarefatto, diluito、希釈 (きしゃく) diluizione |
|---|---|
| IV | Intrecciare (abbreviato da *爻) dei fili per produrre un tessuto ricamato. I significati attuali di **raro**, **speranza** e **desiderio** sono tutti dei prestiti, forse associati al tessuto pregiato, oggetto visto come qualcosa di raro e desiderabile. |
| 刷 | 刷 (す) る、印刷 (いんさつ) stampa |
| IV | La parte sinistra lascia intendere l'atto di pulirsi strofinando il fondoschiena (*尸) con un tessuto. L'aggiunta di *刂 modifica il senso in incidere strofinando con un oggetto tagliente > **stampare**. |
| 綿 | 綿 (わた) cotone, bambagia、綿 (めん) cotone (木綿)、海綿 (かいめん) spugna、綿密 (めんみつ) minuzioso-scrupoloso |
| V | Un tessuto composto di 白 bianchi 糸 fili di **cotone**. |
| 布 | 布 (ぬの) tessuto, tela, stoffa、財布 (さいふ) portafogli、毛布 (もうふ) coperta、布団 (ふとん) futon、配布 (はいふ) distribuzione |
| V | Una mano che sbatte e **stende** un <u>tessuto</u> > **tela, stoffa**. |
| 怖 | 怖 (こわ) い、怖 (こわ) がる avere paura di、恐怖 (きょうふ) paura, terrore, spavento、恐怖症 (きょうふしょう) fobia |
| / | > sentimento (*忄) di **paura** che si 布 stende e avvolge *忄 cuore come un 布 tessuto > **spaventarsi, terrorizzarsi**. |
| 帯 | 帯 (おび) obi (cintura del kimono)、帯 (お) びる avere addosso qualcosa/essere incaricato di qualcosa、携帯電話 (けいたいでんわ) cellulare、熱帯 (ねったい) tropici |
| IV | Una fascia-cintura (raffigurata in alto) con 巾 aggiunto per suggerire il materiale > **obi, fascia**, anche in senso figurato di **zona** geografica. |
| 滞 | 滞 (とどこお) る essere in arretrato、延滞 (えんたい) arretrato、渋滞 (じゅうたい) ingorgo、滞在 (たいざい) soggiornare-trattenersi、滞納 (たいのう) essere in ritardo con un pagamento |
| / | > un corso d'acqua (*氵) **stagnante**, come se stretto da una 帯 fascia > **ritardare, tenere indietro**. La lettura richiama 停 (てい) "fermarsi, interruzione". |

| *㡀 | Il tessuto (巾) di un <u>vestito fatto a brandelli</u>, suggeriti dall'idea di separazione presente in (*丷). |
|---|---|
| *敝 | Aggiungendo *攵 si rafforza l'atto di colpire fino a ridurre a brandelli un tessuto. La pratica si riferisce all'usanza di tagliare <u>piccoli pezzi di stoffa (e poi di carta) presentati come umile offerta simbolica agli dei</u> (gohei). |

| 幣 | 紙幣 (しへい) banconota、貨幣 (かへい) denaro-moneta, valuta、御幣 (ごへい) gohei |
|---|---|
| / | Aggiungendo un secondo tessuto (巾) si sposta l'attenzione sui pezzi di stoffa in sé dati come <u>umile offerta</u>, da cui il significato moderno di **contanti**. A volte in alcune parole trasmette il senso di offerta. La necessità di fare un'offerta agli dei ha suggerito anche il senso di penitenza per rimediare a una <u>malefatta</u>, significato a volte trasmesso nell'uso come radicale. |

| | | |
|---|---|---|
| 弊 | 弊害 <sub>へいがい</sub> effetto nocivo, influenza dannosa、疲弊 <sub>ひへい</sub> impoverimento, spossamento、悪弊 <sub>あくへい</sub> vizio、(弊社 <sub>へいしゃ</sub> la nostra ditta) | |
| / | > un tempo il kanji mostrava 犬 nella parte inferiore per indicare un cane **esausto** ("ridotto a brandelli" \*敝). Successivamente il kanji si è confuso con 幣 ed è stato influenzato dal suo senso implicito di umile offerta conducendo ai significati di **mio** e **nostro** (umile). Come visto in 幣 la necessità di fare un'offerta agli dei sottintende quella di penitenza per rimediare a una malefatta, da cui i significati di **abuso** e **male**. La modifica della parte inferiore con \*廾 "due mani" può essere associata graficamente all'atto di porgere umilmente l'offerta. | |

| | | |
|---|---|---|
| 衣 | 衣 <sub>ころも</sub>、衣服 <sub>いふく</sub> abiti、衣類 <sub>いるい</sub> vestiario、衣装 <sub>いしょう</sub> costumi, corredo, vestiario, guardaroba、法衣 <sub>ほうい / ほうえ</sub> tonaca、衣食 <sub>いしょく</sub> cibo e vestiario, mezzi di sostentamento、浴衣 <sub>ゆかた</sub> yukata | |
| IV | Dal pittogramma di un **indumento** che ricopre il corpo: il colletto in alto e le maniche che scendono > **vestito, abito**. La lettura richiama 被 <sub>ひ</sub> (coprire, indossare, ricevere) e 囲 <sub>い</sub> (circondare). Come radicale si può trovare con \*ネ. | |

| | | |
|---|---|---|
| 依 | 依る <sub>よ</sub>、によって a seconda di、依頼 <sub>いらい</sub> richiesta/incarico、依拠 <sub>いきょ</sub> fare riferimento a, in base a、依然 <sub>いぜん</sub> come sempre, come al solito | |
| / | 衣 richiama foneticamente 異 <sub>い</sub> "differire" per indicare una \*亻 persona deforme che ha bisogno dell'aiuto altrui > **dipendere da, appoggiarsi a**. Per semplicità si può immaginare il kanji come "una persona che ha bisogno dell'aiuto altrui per indossare un abito". | |
| 衷 | 衷心 <sub>ちゅうしん</sub>、折衷 <sub>せっちゅう</sub> compromesso, miscuglio-combinazione、折衷主義 <sub>せっちゅうしゅぎ</sub> eclettismo | |
| / | 衣 vestiti interni (中 <sub>ちゅう</sub> dentro), ossia la biancheria intima. Il significato di **intimi sentimenti**, in parte legato a quello originale, è derivato dalla somiglianza del kanji con 忠 <sub>ちゅう</sub> "fedeltà, devozione". | |
| 初 | 初めて <sub>はじ</sub> per la prima volta、初恋 <sub>はつこい</sub> primo amore、当初 <sub>とうしょ</sub> all'inizio, in principio、初〜 <sub>はつ</sub> prima...、初心者 <sub>しょしんしゃ</sub> principiante、初耳 <sub>はつみみ</sub> sentire per la prima volta、着初め <sub>きぞ</sub> indossare un vestito per la prima volta | |
| IV | Confezionare un \*ネ vestito cominciando a tagliare (刀) la stoffa > **inizio**. Le lettura si collega a 緒 <sub>しょ</sub> (inizio, connessione). | |

| | | |
|---|---|---|
| 哀 | 哀れむ <sub>あわ</sub>、哀れみ <sub>あわ</sub> pietà、悲哀 <sub>ひあい</sub> tristezza、哀愁 <sub>あいしゅう</sub> malinconia、哀悼 <sub>あいとう</sub> condoglianze、可哀相 <sub>かわいそう</sub> patetico/poverino | |
| / | Una 口 bocca singhiozzante che gemendo pronuncia il suono い <sub>い</sub> (espresso da 衣 vestito) > **sofferenza, compassione, compatire** > **pathos**. 衣 risulta graficamente spezzato per inserire 口 bocca in mezzo. | |

| | | |
|---|---|---|
| 衰 | 衰える <sub>おとろ</sub>、衰弱 <sub>すいじゃく</sub> deperimento, esaurimento、老衰 <sub>ろうすい</sub> senilità, vecchiaia | |
| / | In origine il kanji mostrava della paglia intrecciata di un tetto atto a riparo dalle intemperie. La forma attuale, simile a 哀, è il risultato di varie trascrizioni e, data la somiglianza con 衣 vestito, ha indicato un impermeabile di paglia. Il senso di **indebolirsi** e **affievolirsi** proviene da un prestito, associabile al logoramento dell'impermeabile per via all'esposizione continua alle intemperie. | |

| | | |
|---|---|---|
| \*睘 | Sguardo (\*罒) di 哀 sofferenza. A volte come radicale può suggerire "tornare indietro" che, sebbene derivato da un collegamento fonetico, è possibile ricollegarlo all'idea di "guardare indietro con sguardo disperato e allarmato". | |

| | | |
|---|---|---|
| 環 | 花環 <sub>はなわ</sub> ghirlanda di fiori、環境 <sub>かんきょう</sub> ambiente、悪循環 <sub>あくじゅんかん</sub> circolo vizioso、循環 <sub>じゅんかん</sub> circolazione | |
| / | Guardare con trasporto un braccialetto o un **anello** con sopra incastonato perfettamente un 玉 gioiello (semplificato con 王) > **circolo, ciclo**. Si noti come \*睘 appaia leggermente modificato in basso. La lettura richiama \*圜 <sub>かん</sub> rotondo. | |

| | | |
|---|---|---|
| 還 | 帰還 <ruby>き<rt>き</rt></ruby><ruby>かん<rt>かん</rt></ruby> ritorno-rientro (a casa), rimpatrio、生還者 <ruby>せいかんしゃ<rt>せいかんしゃ</rt></ruby> superstite、召還 <ruby>しょうかん<rt>しょうかん</rt></ruby> richiamo (far rientrare qualcuno) | |
| / | > fare **ritorno** (*辶). Si noti come *睘 appaia leggermente modificato in basso, qui probabile abbreviazione del kanji di 環 circolo, ciclo. | |

**\*襄**

Kanji di evoluzione poco chiara. In origine presentava due 口 bocche e *爻 "intrecciare" a simboleggiare <u>due persone che si accusano a vicenda</u> le cui <u>parole passano da una bocca all'altra</u>. Successivamente è stato aggiunto 衣 vestito, mentre la parte interna è stata modificata in modo simile a quella presente in 寒 "freddo" (ossia *茻 <ruby>かん<rt>かん</rt></ruby> vegetazione usata per costruire un riparo). Il kanji nel tempo ha assunto una serie di significati diversi quali svestirsi, assistere, <u>cambiare</u> posizione e <u>alzare-alto</u> (omofonia con 上 <ruby>じょう<rt>じょう</rt></ruby>); una parte di essi prestiti fonetici connessi apparentemente alla presenza di 衣 vestito, per quanto il modo in cui gli elementi si leghino tra loro non sia chiarissimo. Come radicale trasmette spesso un'idea di <u>sofficità</u> (legame fonetico con 柔 <ruby>じゅう<rt>じゅう</rt></ruby> morbido), associabile ancora una volta al 衣 vestito. Nell'uso moderno i due 口 di *襄 sono stati semplificati con 八.

| | | |
|---|---|---|
| 嬢 | お嬢 <ruby>じょう<rt>じょう</rt></ruby> さん、～嬢 <ruby>じょう<rt>じょう</rt></ruby> signorina… | |
| / | La 女 donna più importante della casa. *襄 qui suggerisce il suo significato di "alto", ma può essere immaginato anche come una donna nel suo vestito che impartisce gli ordini in casa (significato originario di "parole che passano da una bocca all'altra"). Nel tempo il kanji è stato associato a giovani ragazze, da cui i significati attuali di **signorina** e **figlia**. È possibile che *襄 abbia trasmesso anche il senso di "sofficità", giustificando tale graduale modifica di significato. | |
| 譲 | 譲る、席を譲る <ruby>ゆず<rt>ゆず</rt></ruby><ruby>せき<rt>せき</rt></ruby><ruby>ゆず<rt>ゆず</rt></ruby> cedere il posto a qualcuno、謙譲語 <ruby>けんじょうご<rt>けんじょうご</rt></ruby> linguaggio umile、<br>譲歩 <ruby>じょうほ<rt>じょうほ</rt></ruby> concessione-compromesso | |
| / | Due persone che si accusano a vicenda concedendosi l'un con l'altra di esprimersi (言) > **concedere, cedere a** > **permettere**. | |
| 壌 | 土壌 <ruby>どじょう<rt>どじょう</rt></ruby> terra-suolo/ambiente | |
| // | Una 土 terra soffice e quindi ricca e fertile > **terra, suolo**. | |
| 醸 | 醸す、醸造 <ruby>かも<rt>かも</rt></ruby><ruby>じょうぞう<rt>じょうぞう</rt></ruby> | |
| // | *襄 trasmette il senso di "rendere soffice" e di "cambiare" > **far fermentare l'alcool** (*酉). | |

**\*褱**

Kanji di etimologia poco chiara dal significato di <u>nascondere e portare nelle proprie tasche</u>. Graficamente mostra 衣 vestito e un elemento simile al kanji 衆 <ruby>しゅう<rt>しゅう</rt></ruby> (*眾) moltitudine ("moltitudine di cose portate nelle proprie tasche"). Un'altra teoria rielabora gli elementi visibili come <u>lacrime che cadono dagli *罒 occhi, assorbite dal vestito</u>. Per fini mnemonici qui saranno considerate entrambe le teorie.

| | | |
|---|---|---|
| 懐 | 懐く <ruby>なつ<rt>なつ</rt></ruby> affezionarsi、懐かしむ <ruby>なつ<rt>なつ</rt></ruby> sentire la mancanza、懐かしい <ruby>なつ<rt>なつ</rt></ruby> avere nostalgia、<br>懐っこい <ruby>なつ<rt>なつ</rt></ruby> affabile、懐 <ruby>ふところ<rt>ふところ</rt></ruby> taschino/grembo-petto、述懐 <ruby>じゅっかい<rt>じゅっかい</rt></ruby> raccontare-rievocare qualcosa、<br>懐中電灯 <ruby>かいちゅうでんとう<rt>かいちゅうでんとう</rt></ruby> torcia elettrica、虚心坦懐 <ruby>きょしんたんかい<rt>きょしんたんかい</rt></ruby> con franchezza | |
| / | Le tasche sottointese in *褱 qui si riferiscono a un particolare **taschino** presente all'altezza del **petto** (ふところ) > sentimenti (*忄) nascosti e portati dentro al petto > **affezionarsi** > **sentire la mancanza, nostalgia**. | |
| 壊 | 壊す <ruby>こわ<rt>こわ</rt></ruby> (tr.)、壊れる <ruby>こわ<rt>こわ</rt></ruby> (intr.)、破壊 <ruby>はかい<rt>はかい</rt></ruby> distruzione、崩壊 <ruby>ほうかい<rt>ほうかい</rt></ruby> crollo/disintegrazione、壊滅 <ruby>かいめつ<rt>かいめつ</rt></ruby> annientamento | |
| / | Un bastione di 土 terra che viene distrutto, significato suggerito dal senso di nascondimento e assorbimento presente in *褱 > **distruggere**. | |

| | |
|---|---|
| **\*袁** | Dal pittogramma di un abito lungo stretto in vita. Come radicale suggerisce <u>lunghezza</u>. Dal punto di vista grafico la parte inferiore deriva da 衣 vestito, 口 può essere associato al girovita mentre 土 alla parte superiore del corpo (o essere considerato nel suo significato di 土 terra per enfatizzare il senso di "lunghezza"). |

| | |
|---|---|
| 猿 | <ruby>猿<rt>さる</rt></ruby>、<ruby>猿<rt>さる</rt></ruby>まねをする scimmiottare-imitare qualcuno、<ruby>類人猿<rt>るいじんえん</rt></ruby> antropoide |
| // | Un animale (\*犭) capace di percorrere grandi lunghezze, riferito alla **scimmia** che si arrampica veloce sugli alberi. In origine la parte a destra era \*爰 (mani che si aggrappano a una fune) che meglio evidenziava le caratteristiche dell'animale. |
| 遠 | <ruby>遠<rt>とお</rt></ruby>い、<ruby>永遠<rt>えいえん</rt></ruby> eternità、<ruby>疎遠<rt>そえん</rt></ruby> raffreddamento dei rapporti、<ruby>遠慮<rt>えんりょ</rt></ruby> riserbo, esitazione, astensione、<br><ruby>遠慮<rt>えんりょ</rt></ruby>なく senza fare complimenti, senza riserve、<ruby>遠隔<rt>えんかく</rt></ruby> remoto, distante |
| II | Muoversi (\*辶) per una lunga distanza > andare **lontano**. Si noti come la parte inferiore sia stata leggermente modificata rispetto a \*袁. |
| 園 | <ruby>公園<rt>こうえん</rt></ruby> giardino pubblico, parco, villa、<ruby>学園都市<rt>がくえんとし</rt></ruby> città universitaria、<ruby>動物園<rt>どうぶつえん</rt></ruby> zoo、<ruby>園芸<rt>えんげい</rt></ruby> giardinaggio |
| II | Un **giardino** ampio circondato da una recinzione (囗). Si noti come la parte inferiore sia stata leggermente modificata rispetto a \*袁. |

| | |
|---|---|
| 凡 | <ruby>平凡<rt>へいぼん</rt></ruby>、<ruby>凡人<rt>ぼんじん</rt></ruby> persona comune、<ruby>平々凡々<rt>へいへいぼんぼん</rt></ruby> ordinario e mediocre、<ruby>非凡<rt>ひぼん</rt></ruby> fuori dal comune、<br><ruby>およそ<rt>凡</rt></ruby> approssimativamente, all'incirca/niente affatto, per nulla/tutto quello che |
| / | Dal pittogramma di un vassoio basso. I significati di **usuale, comune, mediocre** e **approssimativo** sono associati alla semplicità dell'oggetto in sé. Come radicale è usato spesso per rappresentare graficamente una <u>vela</u>. |

| | |
|---|---|
| 帆 | <ruby>帆<rt>ほ</rt></ruby>、<ruby>帆柱<rt>ほばしら</rt></ruby> albero (della nave)、<ruby>出帆<rt>しゅっぱん</rt></ruby> salpare、<ruby>帆走<rt>はんそう</rt></ruby> navigazione a vela, veleggiare |
| / | Aggiungendo tessuto (巾) si enfatizza il significato grafico di **vela** associato implicitamente a 凡. |
| 汎 | <ruby>汎神論<rt>はんしんろん</rt></ruby> panteismo、<ruby>汎用<rt>はんよう</rt></ruby> con molteplici campi d'utilizzo |
| // | Acque (\*氵) che bagnano ampie aree (凡 usuale, comune) > **universale**. |
| 風 | <ruby>風<rt>かぜ</rt></ruby> vento、<ruby>風邪<rt>かぜ</rt></ruby>を<ruby>引<rt>ひ</rt></ruby>く <u>prendersi il raffreddore</u>、<ruby>風<rt>ふう</rt></ruby> stile, aria, modo...、<ruby>台風<rt>たいふう</rt></ruby> tifone、<br><ruby>風俗<rt>ふうぞく</rt></ruby> usanze、<ruby>扇風機<rt>せんぷうき</rt></ruby> ventilatore、<ruby>風潮<rt>ふうちょう</rt></ruby> corrente, tendenza、<ruby>和風<rt>わふう</rt></ruby> stile giapponese、<br><ruby>風船<rt>ふうせん</rt></ruby> palloncino |
| II | Kanji di origine controversa. Una teoria lo considera una semplificazione di \*鳳 fenice, composto da 鳥 uccello e 凡, usato per il suo significato di "comune-usuale" in riferimento alla figura della fenice ben presente nell'immaginario collettivo, oppure usato per il senso grafico di "vela", a indicare l'ampia apertura alare dell'uccello. Il significato principale di **vento** sarebbe quindi associato al volo della fenice. La versione semplificata appare come una combinazione di 凡 e <ruby>虫<rt>ちゅう</rt></ruby> insetto. In questo caso l'idea di vento rimarrebbe connessa a quella di vela, mentre la presenza di 虫 potrebbe essere legata al detto "quando il vento soffia, arrivano gli insetti", riferito all'arrivo degli insetti a seguito di cambiamenti climatici. Numerosi sono i significati figurati associati all'idea di "vento" > **aria, usi, stile, tendenza, modo, aspetto**. |
| 嵐 | <ruby>嵐<rt>あらし</rt></ruby>、<ruby>嵐気<rt>らんき</rt></ruby> aria montana |
| / | > 風 vento tra le 山 montagne > **tempesta**. |

| *勿 | Una <u>moltitudine di stendardi</u>. |
| --- | --- |

| 物 | 物 <sub>もの</sub> cosa (concreta)、着物 <sub>きもの</sub> kimono、物語 <sub>ものがたり</sub> racconto、品物 <sub>しなもの</sub> merce、物音 <sub>ものおと</sub> rumore, suono、贈り物 <sub>おくりもの</sub> dono、買い物 <sub>かいもの</sub> spesa、荷物 <sub>にもつ</sub> bagaglio、見物 <sub>けんぶつ</sub> visita、動物 <sub>どうぶつ</sub> animale、人物 <sub>じんぶつ</sub> persona, uomo/carattere-personalità/personaggio |
| --- | --- |
| III | *勿 richiama foneticamente 雑 <sub>ざつ</sub> (miscellanea, patchwork) oltre che suggerire varietà dal suo significato grafico. Il kanji si riferisce a un tipo di 牛 <sub>ぎゅう</sub> mucca chiazzata. Nel tempo il significato si è ampliato indicando una qualsiasi creatura fino ad esprimere qualcosa di concreto in generale > **cosa** (concreta). |

# 5.2.3 Fili

| 糸 | 糸 (いと) filo、糸口 (いとぐち) bandolo/punto di partenza、釣り糸 (つ・いと) lenza、毛糸 (けいと) (fili di) lana、絹糸 (けんし) filo di seta |
|---|---|
| II | Un **filo** di seta grezza. Come radicale può indicare nel concreto significati affini (come <u>filare</u> e <u>rammendare</u>), <u>corde</u> e più raramente <u>stoffe e vestiti</u>, mentre in senso astratto può sottintendere un <u>legame</u>, un senso di <u>unità</u> o <u>controllo</u>. |

| 索 | 策 (さく) politica-provvedimenti、索引 (さくいん) indice、検索 (けんさく) reperimento (dati), consultare (es. dizionario, enciclopedia)、探索 (たんさく) investigazione、捜索 (そうさく) ricerca (di qualcuno o qualcosa smarrito), perquisizione、思索 (しさく) meditare su |
|---|---|
| / | Dal pittogramma di due mani che intrecciano i 糸 fili di una **corda**. **Cercare** è un prestito, associabile all'idea di cercare il punto in cui un filo si congiunge con l'altro. |
| 紐 | 紐 (ひも)、靴の紐 (くつ・ひも) lacci delle scarpe |
| // | Una **corda** curva, suggerita dalla forma dell'elemento a destra raffigurante una *丑 barchetta > **laccio**. |

| 系 | 〜系 (けい)、系統 (けいとう)、太陽系 (たいようけい) sistema solare、家系 (かけい) genealogia、家系図 (かけいず) albero genealogico、体系的 (たいけいてき) sistematico |
|---|---|
| VI | 糸 fili legati con un nodo (simboleggiato dalla linea in alto) > **connessione, sistema** > **lignaggio**. |

| 係 | 係る (かかわ)、係 (かか) addetto、係りの人 (かか・ひと) persona addetta、関係 (かんけい) relazione, nesso |
|---|---|
| III | *イ persona appartenente a un certo lignaggio > **dipendere da, persona addetta**. |
| 孫 | 孫 (まご) nipote、孫娘 (まごむすめ) nipote (femmina)、子孫 (しそん) discendente, posteri |
| IV | Un 子 bambino appartenente a un certo lignaggio > **nipote**. In origine il kanji lasciava intendere il significato di nipote con più chiarezza presentando 子 e *幺 piccoli fili, a indicare un bambino più piccolo, comparso dopo gli altri > **discendenza**. |
| 遜 | 遜る (へりくだ) abbassare se stessi ed elogiare gli altri, mostrarsi modesto、謙遜 (けんそん) modestia |
| / | > discendenti (孫) che si comportano (muovono *辶) con **modestia** e **umiltà** verso gli altri. |

| *幺 | <u>Piccoli fili</u>. |
|---|---|
| 幻 | 幻 (まぼろし) fantasma, illusione-sogno-chimera, visione、幻想 (げんそう) illusione-sogno, fantasia、幻滅 (げんめつ) disillusione、幻覚 (げんかく) allucinazione-visione、幻術 (げんじゅつ) arte magica |
| / | L'originale mostrava una navetta con il filato per tessere. La forma attuale deriva da delle stilizzazioni e può essere ricondotta ai significati finali immaginando "la punta di un filo che fluttua inducendo uno stato di ipnosi" > **illusione, magia**. Si noti l'omofonia con 玄 (げん) "oscuro, misterioso, occulto". |
| 幼 | 幼い (おさな) piccolo, infantile、幼馴染 (おさななじみ) amico di infanzia、幼稚園 (ようちえん) parco giochi、幼児 (ようじ) infante-bambino、幼時 (ようじ) infanzia、幼年の (ようねん) infantile-puerile、幼稚園児 (ようちえんじ) asilo nido |
| VI | Possedere poca 力 forza > **infanzia**. |

| | | |
|---|---|---|
| 幾 | 幾何学<sub>きかがく</sub> geometria、幾〜<sub>いく</sub> vari ..., alcuni ...、幾分<sub>いくぶん</sub> qualche、いくつ quanti?、いくら quanto? | |
| // | La parte inferiore è una variante dell'attrezzo tagliente usato per levigare il legno, visibile nel kanji di 成<sub>せい</sub> "diventare" > tagliare e dare forma controllata e precisa al materiale. Il senso generale ricavato è quello di lavorare i fili (*幺幺) al <u>telaio</u> controllandoli, da cui il senso di produrre un risultato controllato, una **quantità** prevedibile > **quanto** (interrogativo). | |
| 機 | 機械<sub>きかい</sub> macchinario、飛行機<sub>ひこうき</sub> aeroplano、洗濯機<sub>せんたくき</sub> lavatrice、機会<sub>きかい</sub> occasione、機嫌<sub>きげん</sub> umore、機<sub>き</sub> occasione-opportunità、機<sub>はた</sub> telaio、映写機<sub>えいしゃき</sub> proiettore、複写機<sub>ふくしゃき</sub> fotocopiatrice、危機<sub>きき</sub> crisi | |
| IV | > l'aggiunta di legno (木) riporta l'attenzione sul significato originario di 幾 di telaio > **macchinario** In particolare 機 si riferiva al pedale di legno grazie al quale era possibile adoperare il telaio e metterlo in funzione > **opportunità** di svolgere una funzione > **occasione**. | |
| 幽 | 幽する<sub>ゆう</sub> confinarsi in una stanza、幽霊<sub>ゆうれい</sub> spettro, fantasma、幽閉<sub>ゆうへい</sub> rinchiudere-sequestrare qualcuno | |
| / | In origine l'elemento tutto attorno non era 山 montagna, ma 火 fuoco > qualcosa reso poco visibile (suggerito da *幺幺 piccoli fili) dalle fiamme > **isolato, confinato** > **oscuro, calmo, indistinto**. 山 montagna potrebbe essere comunque immaginata come un elemento naturale che copre e isola conducendo allo stesso modo ai significati attuali. | |

| | | |
|---|---|---|
| 玄 | 玄妙<sub>げんみょう</sub> mistero、玄関<sub>げんかん</sub> porta principale、玄米<sub>げんまい</sub> riso integrale、玄人<sub>くろうと</sub> <u>professionista</u> | |
| / | <u>Fili tesi e intrecciati insieme da uno strumento per produrre una corda</u>. L'attenzione si è successivamente spostata sulla *幺 <u>piccola dimensione</u> dei fili, adatta allo scopo, da cui i significati astratti di **oscuro, misterioso** e **occulto**. Si noti l'omofonia con 幻<sub>げん</sub> "illusione, magia". | |

| | | |
|---|---|---|
| 率 | 率いる<sub>ひき</sub> essere a capo di qualcosa、出生率<sub>しゅっしょうりつ</sub> tasso di natalità、能率<sub>のうりつ</sub> efficienza、統率者<sub>とうそつしゃ</sub> dirigente | |
| V | Una combinazione di "fili tesi e intrecciati insieme da uno strumento per produrre una corda" (significato grafico di 玄 misterioso) e 十, usato graficamente per suggerire lo strumento stesso > <u>fili intrecciati in un modo preciso da uno strumento</u> > **frequenza, tasso**. **Guida** e **comando** sono significati incoraggiati dal legame fonetico con 律<sub>りつ</sub> (regolamento, legge, controllo). | |
| 弦 | 弦、ギターの弦<sub>つる</sub><sub>げん</sub> corde della chitarra、弦楽器<sub>げんがっき</sub> strumento musicale a corda、管弦楽団<sub>かんげんがくだん</sub> orchestra | |
| / | **Corda** legata e tesa al suo 弓<sub>きゅう</sub> arco > **corda** (di uno strumento musicale). | |
| 畜 | 牧畜<sub>ぼくちく</sub> allevamento di bestiame、家畜<sub>かちく</sub> animali domestici, bestiame、畜生<sub>ちくしょう</sub>! dannazione! | |
| / | Lasciare un campo (田) incolto, permettendo alle forze 玄 occulte della natura di <u>rigenerarne</u> la fertilità. Il campo incolto è usato per pascolare il **bestiame**. A volte 畜 può suggerire un senso di <u>accumulo</u> (così come il suo derivato 蓄). | |
| 蓄 | 蓄える<sub>たくわ</sub>、貯蓄<sub>ちょちく</sub> risparmio、蓄積<sub>ちくせき</sub> accumulare, ammassare | |
| / | > il concetto di rigenerazione suggerito da 畜 è amplificato con l'aggiunta di *艹 erba > grande produzione agricola derivata dalla fertilità del campo > **accumulare, immagazzinare**. | |

| | |
|---|---|
| *幺幺 | Un raddoppiamento di 玄 per enfatizzare il senso di "fili tesi e attorcigliati". Come radicale può suggerire il senso correlato di <u>tirare a sé</u> o quello implicito di <u>piccole dimensioni</u> analizzato in 玄. |

| | | |
|---|---|---|
| 磁 | 磁石<sub>じしゃく / じせき</sub> magnete、磁力<sub>じりょく</sub> magnetismo、磁気<sub>じき</sub> forza magnetica、磁場<sub>じば</sub> campo magnetico、磁器<sub>じき</sub> porcellana (陶磁器<sub>とうじき</sub>)、電磁<sub>でんじ</sub> elettromagnetismo | |
| VI | Una 石 pietra capace di attirare a sé > **magnete**. **Porcellana** è un prestito. | |

| | |
|---|---|
| 慈 | 慈<ruby>慈<rt>いつく</rt></ruby>しむ、慈愛<sub>affetto</sub>、慈善<sub>carità, beneficenza</sub>、慈悲<sub>misericordia</sub> |
| / | Il raddoppiamento di *玄 qui ha il solo scopo di enfatizzare il significato di "piccole dimensioni" sottointeso in *玄 in riferimento al proprio bambino > **affetto** (心) materno per il proprio bambino > **voler bene, pietà**. È possibile considerare il raddoppiamento anche per il suo significato intuitivo di "tirare a sé", generando l'idea di un "sentimento di affetto che lega e tira a sé l'altro". |
| 滋 | 滋養に富む<sub>nutritivo, nutriente, sostanzioso</sub> |
| // | Acqua (*氵) di un fiume che porta (attira a sé) una crescita **lussureggiante** > ne deriva il significato principale di **nutritivo**. Il significato di "misterioso" di 玄 può aver influenzato l'idea di una forza occulta portatrice di fertilità (confrontare con 畜). |

| *奚 | Una *爫 mano che tenendo i lembi dei fili (*幺) li attorciglia in un <u>groviglio</u> più 大 grande. Nell'uso attuale la parte inferiore appare semplificata in modo identico a 夫 (marito). |
|---|---|
| 鶏 | 鶏、鶏舎<sub>pollaio</sub>、鶏肉<sub>pollo (carne)</sub>、鶏鳴<sub>chiocciare</sub>、養鶏業<sub>industria del pollame</sub> |
| // | Un 鳥 uccello con la cresta > **pollo**. L'elemento a sinistra, con il suo groviglio di fili, è usato per suggerire la forma ondulata della cresta dell'animale. |
| 渓 | 渓<sub>valle</sub>、渓谷<sub>valle infossata</sub>、渓流<sub>ruscello-torrente di montagna</sub>、雪渓<sub>valle nevosa</sub> |
| // | Un **ruscello** (*氵) che si attorciglia nel suo corso > **gola** e **valle** per la quale il ruscello passa. |

| *丩 | Dei fili <u>aggrovigliati</u>. |
|---|---|
| 収 | 収める<sub>(tr.)</sub>、収まる<sub>(intr.)</sub>、収集<sub>raccolta/collezione</sub>、領収書<sub>ricevuta</sub>、吸収<sub>assorbimento</sub>、収益<sub>rendita</sub>、収入<sub>entrate</sub>、没収<sub>confisca</sub>、収賄<sub>corruzione</sub> |
| VI | Una mano (又) che raggomitola dei fili > mettere insieme (legame fonetico con 集 radunare) > **ottenere, depositare** > stare o essere fissato in un posto, reddito. |
| 叫 | 叫ぶ、叫び声、絶叫<sub>grido, esclamazione</sub> |
| / | Contorcere la 口 bocca in un **grido** improvviso (legame fonetico con 急 improvviso, sbrigarsi). |
| 糾 | (糾う<sub>attorcigliare qualcosa</sub>)、(糾す<sub>verificare-accertarsi</sub>)、紛糾<sub>complicazione, ingarbugliamento</sub> |
| // | 糸 fili aggrovigliati > **groviglio** > **esaminare a fondo** una situazione complicata. |

| 己 | 己<sub>se stessi/tu (dispregiativo)</sub>、自己、自己紹介<sub>presentarsi</sub>、利己的<sub>egoista</sub>、利己主義<sub>egoismo</sub> |
|---|---|
| VI | Pittogramma di un <u>filo con le estremità in evidenza</u> (legame fonetico con 始 inizio). Il significato di **se stessi** è un prestito fonetico da 自 (se stessi). Alle volte accade che 己 sia usato per rivolgersi anche alla seconda persona per via di una generalizzazione del concetto di "se stessi". Come radicale può suggerire <u>dall'inizio alla fine</u> per via del significato grafico di estremità di un filo in evidenza. Per il suo aspetto grafico il kanji può suggerire anche un <u>serpente</u>, una <u>persona inginocchiata</u> o una <u>forma serpeggiante</u> in generale. |
| 記 | 記す、日記<sub>diario</sub>、記者<sub>giornalista</sub>、記念<sub>ricordo</sub>、記憶<sub>memoria</sub>、暗記<sub>imparare a memoria</sub> |
| II | **Prendere nota** di quanto detto (言) dall'inizio alla fine (己). |

| | |
|---|---|
| 紀 | 〜紀（き）periodo, era、日本書紀（にほんしょき）*Nihon shoki*、世紀（せいき）secolo、紀元（きげん）era/dopo Cristo、紀元前（きげんぜん）avanti Cristo |
| IV | Le due estremità di un 糸 filo. "Prendere nota" è un prestito da 記（き）> **resoconto storico** di un **periodo** (trascritto dall'inizio alla fine). |
| 起 | 起（お）きる svegliarsi、起（お）こす svegliare/causare、早起（はやお）き alzarsi presto、起源（きげん）origine-nascita、起（お）こる succedere, capitare, accadere/essere causato da/essere generato-prodotto、起立（きりつ）alzarsi in piedi |
| III | In questo caso 己（き）era in origine il pittogramma di un serpente, usato foneticamente per richiamare 止（し）fermarsi e indicare nell'insieme qualcuno che non 走（そう）corre, ma rimane fermo e in piedi (come un serpente) > alzarsi > **svegliarsi, capitare qualcosa**,. |
| 忌 | 忌（い）む、忌（い）まわしい、禁忌（きんき）tabù (=タブー)/controindicazioni (mediche) |
| / | Emozioni (心) di totale (dall'inizio alla fine) disprezzo > **aborrire, detestare** > lutto, tabù. |
| 妃 | 妃（ひ）、王妃（おうひ）regina |
| / | 女 donne messe in fila (dall'inizio alla fine), un riferimento vago alle **consorti imperiali** > **regina, principessa**. |
| 改 | 改（あらた）める (tr.)、改（あらた）まる (intr.)、改（あらた）めて ancora una volta、改造（かいぞう）ristrutturare-modificare、改正（かいせい）revisione、改装（かいそう）modernizzare, rinnovare、改革（かいかく）riforma、改善（かいぜん）miglioramento |
| IV | In questo caso 己（き）era in origine il pittogramma di un serpente, usato foneticamente per richiamare 鬼（き）demone > scacciare via i demoni con una mano armata di bastone (*攵), rituale al seguito del quale ci si apprestava ad accogliere la nuova stagione > **riformare, migliorare** > **rifare di nuovo**. È possibile interpretare il kanji anche come "scacciare con un bastone i serpenti", da cui il senso di "liberare l'area" che può portare ugualmente ai significati attuali. |

# 5.3 Oggetti

## 5.3.1 — Tavoli, piedistalli e altari

| 几* | 豆 | 豊 | 壹* | 台 | 業 | 示 | 丙 |
|---|---|---|---|---|---|---|---|
| 肌 机 飢 処 拠 冗 | 短 登 澄 闘 痘 | 艶 礼 体 | 喜 樹 膨 鼓 | 怠 胎 始 治 冶 | 対 僕 撲 | 社 宗 崇 祭 際 察 擦 | 柄 更 硬 便 |

## 5.3.2 — Utensili

| 匕* | 旨 | 皀* | 勺 | 斗 | 升 | 皿 | 串 | 辛 | 章 | 幸 | 卯* | 瓦 |
|---|---|---|---|---|---|---|---|---|---|---|---|---|
| 頃 傾 尼 泥 | 指 脂 詣 稽 | 即 節 郷 響 爵 食 飾 | 酌 約 的 釣 | 科 料 | 昇 飛 | 血 益 温 盆 猛 | 患 | 辞 乱 接 商 宰 辟* 避 壁 癖 璧 | 障 彰 | 報 執 | 卵 留 | 瓶 |

## 5.3.3 — Scrittura e tavolette

| 聿* | 冊 |
|---|---|
| 筆 律 書 画 建 健 鍵 津 粛 | 典 柵 侖* 論 輪 倫 扁* 編 偏 遍 |

## 5.3.4 — Oggetti da lavoro

| 工 | 巨 | 乍* | 午 | 畾*（畾） | 臼 | 录* | 西 | 由 | 叀* | 予 | 良 | 其* |
|---|---|---|---|---|---|---|---|---|---|---|---|---|
| 功 攻 項 紅 貢 江 巩* 恐 築 | 距 拒 | 作 昨 酢 搾 詐 | 許 御 卸 | 挿 | | 緑 録 剥 | 価 煙 栗 票 標 漂 遷 要 腰 | 笛 油 届 宙 抽 軸 袖 卑 碑 | 専 恵 穂 | 野 序 預 | 朗 浪 郎 廊 娘 狼 | 期 基 欺 棋 碁 旗 㫃* 旅 族 遊 旋 施 |

# 5.3.1 Tavoli, piedistalli e altari

| *几 | Pittogramma di un <u>piccolo tavolo</u>. La lettura di *几 richiama foneticamente 微 "minuto-piccolo" e *丌 "tavolo". |
|---|---|

| | |
|---|---|
| 肌 | 肌 <ruby>肌<rt>はだ</rt></ruby> pelle (e simili)、<ruby>肌寒<rt>はださむ</rt></ruby>い freddo, brividi、<ruby>肌<rt>はだ</rt></ruby>が<ruby>合<rt>あ</rt></ruby>う andare d'accordo, essere compatibili (a pelle)、<br><ruby>鳥肌<rt>とりはだ</rt></ruby>が<ruby>立<rt>た</rt></ruby>つ far venire la pelle d'oca、<ruby>肌荒<rt>はだあ</rt></ruby>れ pelle secca、<ruby>肌着<rt>はだぎ</rt></ruby> biancheria intima、<ruby>肌理<rt>きめ</rt></ruby> <u>texture</u> |
| / | *几 è usato per la sua forma grafica che ricorda *冖 coprire > **pelle** che ricopre il corpo (肉). |
| 机 | <ruby>机<rt>つくえ</rt></ruby>、<ruby>机上<rt>きじょう</rt></ruby> sopra la scrivania/teorico-speculativo |
| VI | Una **scrivania** di legno (木). La lettura richiama 寄 (fermarsi-appoggiarsi in un posto). |
| 飢 | <ruby>飢<rt>う</rt></ruby>える、<ruby>飢饉<rt>ききん</rt></ruby> carestia |
| // | Cibo (食) posto su un piccolo tavolo > esserci poco cibo > **fame, morire di fare**. |
| 処 | <ruby>処理<rt>しょり</rt></ruby>、<ruby>処置<rt>しょち</rt></ruby> provvedimento-misura/cura、<ruby>処方箋<rt>しょほうせん</rt></ruby> ricetta (medica)、<ruby>此処<rt>ここ</rt></ruby> qui |
| VI | Prendere posto al tavolo (fermarsi, andamento discontinuo di *夂 piede ) > **collocare**, <u>posizionarsi al proprio **posto**</u>; in senso più generale **occuparsi di** > **provvedimento**. |
| 拠 | <ruby>拠<rt>よ</rt></ruby>る basato su, dipeso da、<ruby>証拠<rt>しょうこ</rt></ruby> prova、<ruby>根拠<rt>こんきょ</rt></ruby> base-fondamento、<ruby>占拠<rt>せんきょ</rt></ruby> occupazione (di un posto) |
| / | > punto d'appoggio (処) per le *扌 mani > **punto d'origine, essere basato su**. Le letture potrebbero richiamare <ruby>居<rt>こ / きょ</rt></ruby> (esistere, esserci), raffigurante una persona rimasta sdraiata a lungo. |
| 冗 | <ruby>冗談<rt>じょうだん</rt></ruby> scherzo、<ruby>冗長<rt>じょうちょう</rt></ruby> verbosità, prolisso、<ruby>冗長性<rt>じょうちょうせい</rt></ruby> ridondanza |
| / | In origine il kanji mostrava una persona con la gobba che rimane a casa propria (*冖). Essendo vista come una persona impossibilitata a lavorare si sono generati i significati di **superfluo** ed **eccessivo**. La semplificazione attuale può essere immaginata per semplicità come "oggetti superflui che coprono (*冖) la scrivania". |

| 豆 | <ruby>豆<rt>まめ</rt></ruby> fagiolo (e simili)、<ruby>大豆<rt>だいず</rt></ruby> fagiolo di soia、<ruby>納豆<rt>なっとう</rt></ruby> nattō、<ruby>豆腐<rt>とうふ</rt></ruby> tōfu、<ruby>豆乳<rt>とうにゅう</rt></ruby> latte di soia、<ruby>小豆<rt>あずき</rt></ruby> azuki、<br><ruby>豆知識<rt>まめちしき</rt></ruby> conoscenza nozionistica |
|---|---|
| III | Pittogramma di un <u>recipiente rialzato da tavola</u> (たかつき) su cui appoggiare il cibo. **Fagiolo** è un prestito assecondato dall'idea di cibo nel recipiente. Nei composti 豆 rende molteplici sfumature: qualcosa di <u>piccolo</u> (dalla forma del recipiente relativamente più piccolo rispetto a un vassoio normale) o di <u>alto</u> (dalla forma rialzata), o ancora una <u>base</u> per qualcosa (dalla funzione di supporto) e di conseguenza un <u>piedistallo</u>. |

| | |
|---|---|
| 短 | <ruby>短<rt>みじか</rt></ruby>い corto、<ruby>気<rt>き</rt></ruby>が<ruby>短<rt>みじか</rt></ruby>い impaziente, irascibile (<ruby>短気<rt>たんき</rt></ruby>)、<ruby>手短<rt>てみじか</rt></ruby> in breve |
| III | Le 矢 frecce erano utilizzate come unità di misura fissa, mentre 豆 è usato qui per esprimere il senso di "piccolo" > una piccola misura > essere **corto**. |
| 登 | <ruby>登<rt>のぼ</rt></ruby>る、<ruby>木登<rt>きのぼ</rt></ruby>り arrampicarsi su un albero、<ruby>登録<rt>とうろく</rt></ruby> registrazione, iscrizione, immatricolazione、<br><ruby>登場<rt>とうじょう</rt></ruby> entrata in scena、<ruby>登山<rt>とざん</rt></ruby> alpinismo, scalata、<ruby>登山家<rt>とざんか</rt></ruby> alpinista、<ruby>登頂<rt>とうちょう</rt></ruby> raggiungere la vetta |
| III | **Salire** in alto avanzando con i *癶 piedi ben saldi al terreno > **scalare**. |

| | | |
|---|---|---|
| 澄 | 澄む、澄ます <sub>(す / す)</sub> rendere chiaro/ascoltare attentamente、明澄 <sub>(めいちょう)</sub> lucidità | |
| / | > 豆 <sub>(とう)</sub> richiama foneticamente 透 <sub>(とう)</sub> trasparante > acqua (\*氵) limpida, forse un riferimento alla foce di un fiume (senso implicito di "alto" di 豆) > **diventare limpido, schiarirsi**. | |
| 闘 | 闘う、闘い、戦闘 <sub>(たたか / たたか / せんとう)</sub> combattimento, battaglia、乱闘 <sub>(らんとう)</sub> zuffa、闘魂 <sub>(とうこん)</sub> combattere con anima、格闘 <sub>(かくとう)</sub> combattimento (a mani nude)、闘争 <sub>(とうそう)</sub> conflitto, contesa, lotta、奮闘 <sub>(ふんとう)</sub> strenua lotta | |
| / | Semplificato da \*鬭. \*鬥 rappresenta due persone una di fronte all'altra che si affrontano in una lotta. Il componente interno \*斲 (intaglio) mostrava un'ascia (斤) e una caraffa (\*䂮) ed era usato per esprimere foneticamente "colpire" (\*攵, 僕), suggerendo probabilmente anche l'uso di un'arma > **combattere**. \*斲 è stato poi sostituito da una combinazione di "mano" (寸), per enfatizzare la lotta a mani nude, e di 豆, usato per suggerire "lo stare ben saldi ed eretti" e richiamare foneticamente 当 <sub>(とう)</sub> colpire. Si noti come la combinazione di 豆 e 寸 possa essere considerata una variante del kanji \*尌 (vedi 樹 nella pagina successiva), dal significato simile dei suoi elementi interni e per il senso di "altezza ed eretto" espresso in comune. La semplificazione di \*鬥 con 門 <sub>(もん)</sub> cancello può essere ricordata come "due persone in posizione eretta (alto/piedistallo 豆), poste una di fronte all'altra come le ante di un cancello, che si scontrano a mani (寸) nude". | |
| 痘 | 天然痘 <sub>(てんねんとう)</sub> | |
| // | Una \*疒 malattia che produce pustole simili nella forma a fagioli > **vaiolo**. | |

| 豊 | 豊か、豊富、経験豊富 <sub>(ゆた / ほうふ / けいけんほうふ)</sub> avere molta esperienza | |
|---|---|---|
| V | Da \*豐, un recipiente rialzato da tavola (豆) pieno di \*丰 piante commestibili > **abbondanza, ricchezza**. | |

| | | |
|---|---|---|
| 艶 | 艶 <sub>(つや)</sub> lucentezza、妖艶 <sub>(ようえん)</sub> seducente | |
| / | Essere 豊 ricco di attrattiva 色 <sub>(しょく / せき)</sub> (colore/erotismo) > **lucente, seducente, accattivante**. | |
| 礼 | お礼 <sub>(れい)</sub> gratitudine、お礼を言う <sub>(れい / い)</sub> ringraziare、敬礼 <sub>(けいれい)</sub> inchino、礼儀 <sub>(れいぎ)</sub> buone maniere、失礼します <sub>(しつれい)</sub> chiedere scusa、失礼 <sub>(しつれい)</sub> scortesia、無礼 <sub>(ぶれい)</sub> insolenza, scortesia、礼拝堂 <sub>(れいはいどう)</sub> cappella | |
| III | Da \*禮, porgere delle offerte (豊) alla divinità (\*示) > agire con decoro > **buone maniere, saluto, ringraziamento** > **cerimonia**. La semplificazione attuale mostra una persona inginocchiata davanti a un altare e trasmette lo stesso senso di agire con decoro. | |
| 体 | 体 <sub>(からだ)</sub> corpo、体重 <sub>(たいじゅう)</sub> peso corporeo、全体 <sub>(ぜんたい)</sub> nell'insieme、液体 <sub>(えきたい)</sub> fluido, liquido、気体 <sub>(きたい)</sub> gas、球体 <sub>(きゅうたい)</sub> corpo sferico、大体 <sub>(だいたい)</sub> piuttosto, grosso modo/del resto...、体力 <sub>(たいりょく)</sub> forza fisica、体 <sub>(てい)</sub> aria-aspetto | |
| II | Da \*體, il **corpo**, dove le 骨 <sub>(こつ)</sub> ossa sono presenti in 豊 abbondanza. La semplificazione è formata da 本 <sub>(ほん)</sub> "origine" e \*亻 a indicare forse una persona nella sua forma più basilare. | |

| \*壴 | Della <u>verdura commestibile</u> che <u>emerge da un recipiente</u> rialzato da tavola (豆). La lettura \*壴 <sub>(ちゅ / しゅ)</sub> richiama 柔 <sub>(じゅう)</sub> "morbido" per indicare lo stato di cottura delle verdure. L'elemento che indicava la verdura è stato semplificato in modo identico al kanji di 士 <sub>(し)</sub> (uomo-guerriero). | |
|---|---|---|

| | | |
|---|---|---|
| 喜 | 喜ぶ、喜び <sub>(よろこ / よろこ)</sub> gioia、喜んで <sub>(よろこ)</sub> con gioia, volentieri、歓喜 <sub>(かんき)</sub>、狂喜 <sub>(きょうき)</sub> estasi, esultanza | |
| IV | 口 bocca enfatizza l'atto di godere del pasto > **gioire, rallegrarsi**. | |

| | |
|---|---|
| 樹 | 果樹 <sub>かじゅ</sub> albero da frutto、常緑樹 <sub>じょうりょくじゅ</sub> albero sempreverde、果樹栽培者 <sub>かじゅさいばいしゃ</sub> ortolano、植樹 <sub>しょくじゅ</sub> piantare un albero、樹脂 <sub>じゅし</sub> resina、樹皮 <sub>じゅひ</sub> corteccia |
| VI | *尌 suggerisce una mano (寸) intenta a coltivare piante che emergeranno alte e produrranno verdura commestibile > piantare un 木 **albero**. |
| 膨 | 膨れる <sub>ふく</sub> (tr.)、膨らむ <sub>ふく</sub> (intr.)、膨張 <sub>ぼうちょう</sub> espansione, dilatazione/incremento、膨大 <sub>ぼうだい</sub> enorme, gigantesco |
| / | La parte destra *彭 rappresenta i battiti che emergono da un <u>tamburo</u>, simile nella forma a un recipiente. *彡 (capelli) simboleggia graficamente una ripetizione regolare, mentre nel suo senso sottinteso di "sottile" suggerisce cominciare a battere sul tamburo delicatamente per poi aumentare di intensità. Il senso finale che *彭 trasmette al kanji è quello di "ingrossarsi" > un corpo (肉) che si gonfia, dapprima riferito a una donna incinta, poi inteso in senso generale > **gonfiarsi, ingrossarsi**. |
| 鼓 | 鼓 <sub>つづみ</sub> tamburo、鼓動 <sub>こどう</sub> battito、太鼓 <sub>たいこ</sub> taiko、士気を鼓舞する <sub>しき</sub> <sub>こぶ</sub> tirare sul il morale |
| / | > la parte sinistra è un'abbreviazione di *彭 **tamburo** (vedi sopra). A destra è stato aggiunto un ramo (senso grafico di 支 "supportare", con la mano 又 che lo impugna) per simboleggiare le bacchette usate per suonare lo strumento. La lettura こ richiama il suono prodotto. |

| | |
|---|---|
| 台 | 台 <sub>だい</sub> piedistallo/tavolo …、〜台 <sub>だい</sub> contatore per veicoli、寝台 <sub>しんだい</sub> letto、台所 <sub>だいどころ</sub> cucina、洗面台 <sub>せんめんだい</sub> lavandino、台所用品 <sub>だいどころようひん</sub> utensili da cucina、台風 <sub>たいふう</sub> tifone、舞台 <sub>ぶたい</sub> palcoscenico/scena-mondo、縁台 <sub>えんだい</sub> panchina, panca、土台 <sub>どだい</sub> base |
| II | Il significato originale era <u>se stesso</u>, da *厶 (abbreviazione di 私 "io") e 口 bocca, vale a dire una bocca che <u>annuncia se stessa</u>. Si è poi sostituito al kanji di **piedistallo** (* 臺 <sub>だい / たい</sub>, combinazione di 高 alto, una variante di 土 terra e 至 <sub>し</sub> "arrivare", usato per esprimere un senso di stazionarietà). Come radicale può comunicare un senso di <u>pressione</u>. |
| 怠 | 怠る <sub>おこた</sub> essere svogliato、怠ける <sub>なま</sub> fare il fannullone, trascurare…、怠惰 <sub>たいだ</sub> pigrizia、怠慢 <sub>たいまん</sub> negligenza |
| / | Sentimento (心) pressante di pesantezza > **diventare pigro** > **essere svogliati, negligenti**. |
| 胎 | 胎 <sub>はら / たい</sub>、胎動 <sub>たいどう</sub> movimento fetale、受胎 <sub>じゅたい</sub> concepimento、胎盤 <sub>たいばん</sub> placenta |
| // | Aggiungendo 肉 si precisa la parte del corpo che subisce una pressione dentro di sé, in riferimento alla gravidanza o al parto > **utero**. |
| 始 | 始まる <sub>はじ</sub> (intr.)、始める <sub>はじ</sub> (tr.)、開始 <sub>かいし</sub>、始動 <sub>しどう</sub> avviamento (es. macchinario)、始終 <sub>しじゅう</sub> di continuo、一部始終 <sub>いちぶしじゅう</sub> tutti i particolari, dall'inizio alla fine、始末 <sub>しまつ</sub> sistemazione/andamento delle cose/brutta situazione |
| III | La lettura richiama 姉 sorella maggiore > primogenita femmina (女) che annuncia se stessa (台) e parla a nome delle sue sorelle minori > **iniziare, cominciare**. |
| 治 | 治る <sub>なお</sub> essere riparato/guarire/essere corretto、治す <sub>なお</sub> riparare/curare/correggere、治療 <sub>ちりょう</sub> rimedio、治まる <sub>おさ</sub> sistemarsi, essere represso/calmarsi-pacificarsi、治める <sub>おさ</sub> sedare-reprimere/governare、政治 <sub>せいじ</sub> politica、政治家 <sub>せいじか</sub> politico、全治 <sub>ぜんち</sub> guarigione completa、地方自治体 <sub>ちほうじちたい</sub> autorità locali、明治時代 <sub>めいじじだい</sub> Periodo Meiji |
| IV | Portare l'acqua (*氵) a sé (台) > controllare l'irrigazione > **governare, correggere, curare**. |
| 冶 | 冶金 <sub>やきん</sub> metallurgia、人格を陶冶する <sub>じんかく</sub> <sub>とうや</sub> formare-temprare il carattere di qualcuno |
| // | Sciogliere un blocco (台 piedistallo) di ghiaccio (*冫) > **fondere**. |

| 業 | 授業 <ruby>じゅぎょう</ruby> lezione, corso、卒業 <ruby>そつぎょう</ruby> laurea、失業 <ruby>しつぎょう</ruby> disoccupazione、工業 <ruby>こうぎょう</ruby> industria、営業 <ruby>えいぎょう</ruby> attività commerciale、<br>仕業 <ruby>しわざ</ruby> atto, azione-opera、休業 <ruby>きゅうぎょう</ruby> chiusura-sospensione (lavoro)、企業 <ruby>きぎょう</ruby> impresa, azienda、農業 <ruby>のうぎょう</ruby> agricoltura、業 <ruby>ごう</ruby> karma |
|---|---|
| III | Kanji derivato dal pittogramma di uno strumento musicale. Questo era costituito da un piedistallo di legno (木) composto di traverse orizzontali fissate verticalmente da dei perni a loro volta inseriti in alcune cavità, con dei campanelli che penzolavano intorno. Il kanji assume una varietà di significati legati allo studio necessario per padroneggiare lo strumento > **attività, abilità, lavoro, industria, studio**. **Karma** è un significato associato. |

| 対 | 〜対〜、に対して nei confronti di、反対 <ruby>はんたい</ruby> contrario、対象 <ruby>たいしょう</ruby> essere oggetto di, essere soggetto a、<br>絶対 <ruby>ぜったい</ruby> assolutamente、対立 <ruby>たいりつ</ruby> opposizione、対処 <ruby>たいしょ</ruby> prendere provvedimenti、対 <ruby>つい</ruby> paio |
|---|---|
| III | Semplificato da *對, una mano (寸) che regola e controbilancia le parti dello strumento musicale > **rapporto, nei confronti di** > essere in **opposizione** > **paio**. |

| 僕 | 僕 <ruby>ぼく</ruby> io (maschile) |
|---|---|
| / | La parte a destra *業 deriva dal pittogramma di uno schiavo che trasporta un contenitore, con *亻 "persona" aggiunta successivamente per chiarificare il significato > **servo**. Essendo molto simile a 業, ma con la parte inferiore modificata (simile a 人), può essere utile ricordare il kanji immaginando lo schiavo che trasporta lo strumento musicale. 僕 è stato adoperato principalmente per riferirsi umilmente a se stessi, per poi diventare parte del parlato colloquiale comune > **io** (maschile). |

| 撲 | 打撲傷 <ruby>だぼくしょう</ruby> contusione, livido、相撲 <ruby>すもう</ruby> *sumō* |
|---|---|
| / | **Colpire** il proprio servo con la *扌 mano. La lettura richiama (colpire *攵 <ruby>ぼく</ruby>). |

| 示 | 示す <ruby>しめ</ruby> mostrare, far vedere/dare prova di/indicare/denotare、示唆 <ruby>しさ</ruby> suggerimento, allusione、提示 <ruby>ていじ</ruby> proporre/esibire、<br>掲示 <ruby>けいじ</ruby> avviso、表示 <ruby>ひょうじ</ruby> indicazione, visualizzazione、指示 <ruby>しじ</ruby> indicazione, istruzioni, direttive、教示 <ruby>きょうじ</ruby> istruzioni-indicazioni |
|---|---|
| V | Pittogramma di un altare con sopra, **in risalto**, un sacrificio agli dei. I due tratti laterali rappresentano le gocce di vino versate sul sacrificio mentre colano giù. Come radicale mantiene il significato di <u>altare</u> e può richiamare l'idea di <u>divinità</u> o quella di <u>religione</u> stessa comparendo spesso nella forma *礻. Il kanji ha assunto i significati principali di **denotare, indicare, mostrare**, in parte legati al sacrificio in mostra sopra l'altare, in parte al responso divino che si manifesterà in seguito. |

| 社 | 神社 <ruby>じんじゃ</ruby> santuario (*shintō*) (社)、社会 <ruby>しゃかい</ruby> società、会社 <ruby>かいしゃ</ruby> ditta、社長 <ruby>しゃちょう</ruby> direttore、会社員 <ruby>かいしゃいん</ruby> impiegato |
|---|---|
| II | 土 territorio sacro intorno a un altare (*礻) > **santuario**. **Società** e **ditta** sono significati associati con l'idea di un luogo definito di elevata importanza. |
| 宗 | 宗教 <ruby>しゅうきょう</ruby> religione, culto、改宗 <ruby>かいしゅう</ruby> conversione、宗派 <ruby>しゅうは</ruby> setta religiosa |
| VI | Edificio (*宀) dove è presente l'altare e la divinità. Riferito dapprima a un mausoleo, ha poi esteso il suo significato a quello di **religione** o **setta**, luogo **principale** dove queste si riuniscono. |
| 崇 | 崇める <ruby>あが</ruby>、崇拝 <ruby>すうはい</ruby> venerazione, culto、崇拝者 <ruby>すうはいしゃ</ruby> adoratore, ammiratore, corteggiatore、崇高 <ruby>すうこう</ruby> sublime |
| / | > una 山 montagna che si eleva sopra le altre ispirando un senso di **venerazione**, suggerito dalla presenza di 宗 religione > **adorare, riverire**. |

| 祭 | 祭る <ruby>まつ</ruby> tenere una cerimonia、祭り <ruby>まつ</ruby> *matsuri*、学園祭 <ruby>がくえんさい</ruby> festival scolastico、祭壇 <ruby>さいだん</ruby> altare、司祭 <ruby>しさい</ruby> parroco |
|---|---|
| III | In 祭 viene evidenziato con più chiarezza il significato grafico di 示 > una mano (又) che pone la vittima sacrificale (indicata da 肉 carne) sopra l'altare (示) durante una cerimonia > **festeggiare, matsuri** (festival). |

| 際 | 際、際 momento-occasione、国際 internazionale、実際 in pratica, in realtà、交際 avere rapporti、瀬戸際 momento critico、手際 abilità-riuscire bene、間際 sul punto di、窓際 alla finestra |
|---|---|
| V | *阝 collina qui simboleggia delle mura di terra. 祭 è usato foneticamente per richiamare 会 incontrare, per quanto il kanji da solo possa aver suggerito tale accezione dal suo significato di "festival" > punto di giunzione delle mura > **entrare in contatto** > **margini, fianco, orlo** > **occasione** di incontro. |
| 察 | 察する presumere、警察 polizia、診察 visita medica、観察 osservazione、洞察 perspicacia |
| IV | Kanji di origine controversa. Una teoria collega foneticamente 祭 a 載 (caricare-posizionare su), da cui il senso di posizionare la copertura del *宀 tetto. Il significato attuale di **realizzare** sarebbe così solo un prestito dal kanji *瞭 "vedere chiaro". Un'altra teoria ritiene 祭 suggerisca un senso di "purificazione" dovuto alla cerimonia descritta, da cui il senso di "purificare la casa". "Realizzare" potrebbe essere così collegato al senso di "purificazione", in altre parole "rendere chiaro". **Giudizio** e **deduzione** sono significati associati a quello di "realizzare". |
| 擦 | 擦る、擦れる sfregarsi/logorarsi、擦り減る consumarsi-sciuparsi、こする sfregare, grattare、擦り切れる logorarsi-consumarsi、擦り剥く scorticarsi、摩擦 sfregamento, frizione/conflitto |
| / | > **sfregare** con la *扌 mano (per purificare 祭). |

| 丙 | 甲乙丙 "1, 2, 3", l'ABC、丙種 terza classe, serie C |
|---|---|
| // | Dal pittogramma di un oggetto posto sopra un <u>altare con delle gambe solide e salde</u>. **Terzo** è un prestito. |
| 柄 | 柄 manico, impugnatura、柄 disegno, modello, motivo/corporatura/carattere、間柄 rapporto, relazione、人柄 carattere、取り柄 qualità, punto forte, merito、小柄 di piccole fattezze、横柄 arroganza、柄にもない comportarsi in modo non confacente alla propria natura o posizione、事柄 faccenda, cosa、職業柄 natura del proprio lavoro |
| / | 丙 era usato foneticamente per richiamare 把 "afferrare" e indicare un **manico** di legno (木) solido e saldo. **Pattern**, **design** e **natura** (qualità di qualcosa) sono prestiti. Per comodità si potrebbe associare i suddetti significati alle parti e alla forma dell'altare indicato graficamente da 丙. |

| 更 | 更に oltre, ulteriore, in più、今更 ormai、更ける farsi tardi、夜更かし stare alzati fino a tardi、変更 modifica, cambiamento、更新 rinnovo, ri-abbonamento、更迭 cambiamento (es. del governo), sostituzione |
|---|---|
| / | Semplificato da *㪅, combinazione di "forzare-obbligare" (*攴) e 丙, usato per il suo significato grafico di "altare" a suggerire qualcosa di stabile e fermo. Il kanji inizialmente si riferiva al **cambio** della guardia (omofonia con 交 scambio, mescolare), obbligo verso il quale non era possibile esimersi, e in particolare il ruolo di guardia notturna > notte **inoltrata**. Il cambio suggerisce un'azione che si **rinnova** > **ancora una volta**. |
| 硬 | 硬い、硬貨 moneta、強硬 inflessibile, risoluto, intransigente、硬直 rigidità, irrigidimento |
| / | 更 richiama foneticamente 固 (duro-rigido) e trasmette il suo significato di "cambio" per rappresentare la pietrificazione > diventare **duro**, **rigido** come la roccia. |
| 便 | 便り corrispondenza, notizia、郵便 posta、郵便局 ufficio postale、便 posta/mezzo、便、便利 conveniente, comodo, utile、不便 sconveniente, disagio、便所 gabinetto、方便 espediente |
| IV | Una *亻 persona che compie un servizio efficiente (suggerito dall'etimologia di 更) > **convenienza, comodità**. **Secrezioni corporee** e **corrispondenza** postale sono significati associati. |

## 5.3.2 Utensili

| | |
|---|---|
| **＊ヒ** | Un **cucchiaio**. La forma suggerisce qualcosa di <u>piegato</u> e spesso rende l'immagine di una <u>persona che si piega e crolla a terra sul fianco</u>. Come radicale compare in genere con ＊ヒ. |

| | |
|---|---|
| 頃 | 頃 (頃)、近頃 in questo ultimo periodo、日頃 abitualmente/da sempre、年頃 età, età in cui... |
| / | La <u>testa (頁) inclinata di una persona caduta a terra sul fianco</u>. Il kanji è usato per indicare **tempo** e **periodo**, associabili al kanji come "una testa che si piega concentrata a ricordare un momento del tempo" o che simbolicamente "si inclina, tende con il pensiero, ad un certo momento nel tempo". |
| 傾 | 傾ける (tr.)、傾く (intr.)、耳を傾ける prestare orecchio a、傾向 tendenza, inclinazione、首を傾ける inclinare la testa、傾聴 ascoltare attentamente、傾斜 inclinazione |
| / | > aggiungendo ＊イ persona si riacquista il significato originario di 頃 > **inclinare, cadere sul fianco**. **Mettere la propria dedizione in qualcosa** può essere collegato all'idea "di testa piegata a ricordare qualcosa". |
| 尼 | 尼 monaca, suora/donnaccia! (volgare)、尼僧、比丘尼 bikuni |
| / | Sia ＊尸 che ＊ヒ suggeriscono una persona crollata a terra o malata, impossibilitata a muoversi (legame fonetico con 止 fermarsi). Il kanji è stato usato per prendere in prestito i significati di **monaca** e **suora**, associabili al senso originale di <u>immobilità</u> immaginando la vita sedentaria della monaca o la fermezza della sua fede. |
| 泥 | 泥、泥棒 ladro、泥塗れ fangoso、泥縄式 all'ultimo momento、泥酔 ubriachezza molesta |
| / | > acque (＊氵) stagnanti, immobili (尼) > **fango**. |

| | |
|---|---|
| 旨 | 旨い delizioso, eccellente, buono、旨 intenzione/principio、趣旨 intento, proposito, senso, argomento, tenore (主旨) |
| / | Assaporare qualcosa di 甘 dolce (semplificato con 日) con un cucchiaio > **delizioso** > **eccellente, buono**. 甘 suggerisce il suo significato grafico di "tenere e assaporare in bocca", mentre la lettura di 旨 può essere associata a 止 (fermarsi) per enfasi, a indicare il sapore che permane. **Concetto-essenza** è un prestito da ＊恉 (qualcosa di buono che rimane nel cuore). |

| | |
|---|---|
| 指 | 指す indicare, puntare、指 dito、指輪 anello、指導 guida-direzione, consiglio、指示 indicazioni、物指 righello、親指 pollice、人差し指 indice、中指 medio、薬指 anulare、小指 mignolo |
| III | 旨 comunica il suo significato di "buono-eccellente" oltre che a richiamare foneticamente 支 (supporto, branca) > le diramazioni eccellenti e abili della ＊扌 mano, vale a dire le **dita** > **indicare**. Per le dita dei piedi si utilizza il kanji 趾 (あしゆび). |
| 脂 | 脂、脂身 grasso (della carne)、脂肪 grasso, sebo、樹脂 resina、目やに cispa (agli occhi) |
| / | Del **grasso** (肉) saporito (旨) > **lardo**. |
| 詣 | 詣でる、初詣で prima visita dell'anno nuovo al tempio、参詣 visita al tempio per pregare |
| // | Parlare (言) in modo lento così da assaporare (旨) ogni parola > rivolgersi a un superiore in modo appropriato > **visitare un tempio** per pregare. |

| 稽 | 滑稽 こっけい comico, buffo、 無稽 むけい infondato、 荒唐無稽 こうとうむけい assurdo-insensato、 稽古 けいこ lezione, esercitazione |
|---|---|
| // | La parte destra, formata da *尤 e raffigurante un uomo importante ed 旨 eccellente, suggerisce l'ispezione della qualità del *禾 grano > **considerare**. |

| *皀 | In origine il kanji era molto simile a 豆, raffigurante un <u>recipiente</u> rialzato da tavola con del cibo. La semplificazione utilizza 白 bianco e *ヒ cucchiaio, ricordabile come "mangiare riso bianco con un cucchiaio a tavola". Come radicale suggerisce <u>cibo a tavola</u> con i due componenti uniti e l'omissione del trattino superiore. |
|---|---|
| 即 | すなわち ossia, vale a dire、 即する そく essere conforme, basarsi su、 即刻 そっこく immediatamente (即座 そくざ)、 即時 そくじ all'istante、 即席 そくせき estemporaneo, improvvisato、 即興 そっきょう improvvisazione、 即答 そくとう risposta immediata |
| / | Semplificato da *卽, una persona inginocchiata (*卩) mentre prende posto a tavola > <u>accedere al proprio posto</u> > **essere conforme** > **ossia, vale a dire**. Immediato è un significato associato, forse in parte influenzato dall'omofonia con 速 そく veloce. |
| 節 | 節、 一節 ふし ひとふし / いっせつ un paragrafo-passaggio-brano-versetto、 季節 きせつ stagione、 音節 おんせつ sillaba、 調節 ちょうせつ regolazione, messa a punto、 その節 せつ in quella occasione、 関節 かんせつ articolazione, giuntura |
| IV | > 即 richiamava 切 せつ (tagliare) e 絶 ぜつ (recidere), oltre che suggerire "ordine" dall'idea di accedere al proprio posto a tavola > un fusto di 竹 bambù reciso in più parti. 節 è stato associato a cose di simili fattezze > **articolazione, sezione, giunzione, versi** di una **melodia, periodo** di tempo. |
| 郷 | 郷里 きょうり、 故郷 ふるさと paese natio (故郷 こきょう)、 郷愁 きょうしゅう nostalgia、 望郷 ぼうきょう nostalgia di casa、 郷軍 ごうぐん veterano |
| VI | Da *卿, due persone inginocchiate (*卩, e lo stesso specchiato a sinistra) a tavola una di fronte all'altra. L'idea è stata ampliata a una <u>comunità che banchetta e festeggia insieme</u>, da cui il significato attuale di **villaggio, luogo natio**. Questo è stato ulteriormente enfatizzato dalla sostituzione di *卩 a destra con *阝 villaggio (e la sostituzione con il suo equivalente specchiato a sinistra). Si noti l'esistenza del kanji *饗 (con 食 mangiare in basso) dal significato di "banchetto". La lettura del kanji richiamava 向 こう "voltarsi verso" e probabilmente anche 共 きょう "fare insieme". |
| 響 | 響く、 響き ひびき、 影響 えいきょう influenza、 反響 はんきょう risonanza, ripercuotersi、 交響曲 こうきょうきょく sinfonia |
| / | > il 音 おん suono di un villaggio in festa che riecheggia in lontananza > **eco, riverbero**. |
| 爵 | 爵位 しゃくい、 公爵 こうしゃく duca |
| // | *皀 qui è usato per il suo significato di recipiente, enfatizzato ulteriormente dall'aggiunta di 皿 piatto (ora semplificato con *罒 occhio). Il kanji si riferiva a un particolare contenitore per il vino offerto e versato da due mani (*爫, 寸). Il significato attuale di **titolo nobiliare** può essere derivato dall'oggetto in sé, emblematico di un'alta posizione sociale. |

| 食 | 食べる た、 昼食 ちゅうしょく pranzo、 食堂 しょくどう mensa、 食事 しょくじ pasto、 定食 ていしょく menù、 食欲 しょくよく appetito、 乞食 こじき mendicante、 食う く mangiare (maschile)、 食らう く mangiare/ricevere (es. un colpo)、 食糧 しょくりょう provviste、 和食 わしょく cibo giapponese |
|---|---|
| II | Da *倉, composto di *皀 (recipiente pieno di cibo) e coperchio (*人) > **mangiare**. Come radicale il kanji si trova in genere leggermente abbreviato con *飠, oppure a volte senza il coperchio in alto. |
| 飾 | 飾る かざ decorare、 飾り かざ decorazione、 着飾る きかざ vestirsi a festa, agghindarsi、 装飾 そうしょく ornamento、 宝飾 ほうしょく gioielli、 服飾品 ふくしょくひん accessori |
| / | *飤 しょく (dare da mangiare a una 人 persona) è usato per richiamare 拭 しょく (strofinare) > "strofinare e lucidare con un panno di stoffa (巾)" > **adornare, decorare**. Per semplicità il kanji può essere ricordato come "adornare con una tovaglia il tavolo prima di dare da mangiare a una persona". |

| 勺 | ～勺 （しゃく） |
| --- | --- |
| // | Dal pittogramma di un <u>mestolo che attinge una certa quantità di liquido</u> (letteralmente lo *勺 avvolge) > unità di misura (**shaku**, 18 ml). |

| 酌 | 酌む (く) servire da bere、酌み交わす (く) bere insieme、献酌 (けんしゃく) offrire da bere |
| --- | --- |
| / | **Servire** con il mestolo una certa quantità di vino (*酉). |
| 約 | 約束 (やくそく) promessa、約～ (やく) circa、婚約 (こんやく) fidanzamento、婚約者 (こんやくしゃ) fidanzato、契約 (けいやく) contratto、予約 (よやく) prenotazione、倹約 (けんやく) risparmiare, economizzare |
| IV | 勺 è usato per richiamare 縛 (fasciare, legare) > legare saldamente con un 糸 filo; in senso figurato **stringere un accordo**, fare una **promessa** > **approssimazione** (tenere saldo insieme). A livello grafico *勺 può essere collegato ai significati finali grazie alla sua forma simile ad *勹 avvolgere. |
| 的 | 的 (まと) bersaglio、的外れ (まとはず) mancare il bersaglio/andare fuori tema、目的 (もくてき) obiettivo, scopo、～的 (てき) (aggettivizzatore in な)、個人的 (こじんてき) personale、自動的 (じどうてき) automatico、知的 (ちてき) intellettuale |
| IV | In passato il kanji era formato da 日 sole e *勺, usato per richiamare 白 bianco > la luce chiara del 日 sole. Il significato di **bersaglio** è associato al colore bianco che in genere lo caratterizzava. È possibile che 勺 abbia suggerito l'idea di "selezionare e prendere da parte" dal suo significato grafico di "mestolo che attinge del liquido", portando 的 ad assumere il ruolo grammaticale di "aggettivizzatore-classificatore". 日 è stato sostituito con 白 bianco per maggiore chiarezza. |
| 釣 | 釣る (つ)、釣られる (つ) essere indotti、釣り針 (つ・ばり) amo da pesca、釣り銭 (つ・せん) resto (=お釣り (つ))、釣り合う (つ・あ) equilibrarsi, controbilanciarsi, essere in armonia, stare bene insieme、釣り合い (つ・あ) equilibrio |
| / | 勺 suggerisce un amo da pesca metallico (金) grazie alla sua forma grafica e per il suo significato di "attingere del liquido" > **pescare, esca** (essere adescati). Il significato secondario di **resto** (es. dopo un acquisto) e il senso di "bilanciamento" trasmesso in alcune parole potrebbero derivare dall'equilibrio che si instaura fra il pescatore e la preda durante l'attività della pesca, oppure riferirsi all'attività di compravendita del pescato. |

| 斗 | ～斗 (と)、北斗七星 (ほくとしちせい) Grande Carro (dell'Orsa Maggiore) |
| --- | --- |
| // | Pittogramma di un **mestolo** (considerabile una variante di 升). Il kanji è adoperato come <u>unità di misura</u> di **18 litri**. |

| 科 | 教科書 (きょうかしょ) libro di testo、科学 (かがく) scienza、科学者 (かがくしゃ) scienziato、科目 (かもく) articolo-voci /materia, disciplina、しなを作る (科・つく) comportarsi in modo provocante、百科事典 (ひゃっかじてん) enciclopedia、外科医 (げかい) chirurgo |
| --- | --- |
| II | Raccogliere il 禾 grano in fasci e contarli (unità di misura suggerita da 斗) > dividere e raggruppare > **dipartimento, corso, sezione, reparto, materia**. |
| 料 | ～料 (りょう) tariffa per...、無料 (むりょう) gratis、料金 (りょうきん) tariffa、料理する (りょうり) cucinare、資料 (しりょう) documento, dati、給料 (きゅうりょう) salario、香辛料 (こうしんりょう) spezia、燃料 (ねんりょう) carburante、原料 (げんりょう) materia prima、飲料 (いんりょう) bevanda |
| IV | Misurare il 米 riso > **misurare, tariffa** > bilanciare gli ingredienti > **sostanza-materiali**. La lettura richiama 量 (りょう) quantità. |

| 升 | 升 (ます)、一升瓶 (いっしょうびん) una bottiglia da uno shō |
| --- | --- |
| // | Dal pittogramma di un mestolo con del contenuto nella parte interna > **misurino**. Il kanji è stato associato in particolare a una misura standard di 1,8 litri di sake. Il mestolo è immaginato durante il suo utilizzo comunicando come radicale l'idea di qualcosa che si <u>alza</u> (collegamento fonetico con 上 (じょう) alzarsi, su). |

| | | |
|---|---|---|
| 昇 | 昇る、 昇進 promozione, avanzamento di grado、 昇給 aumento di stipendio、<br>上昇 aumento, rialzo, innalzamento、 昇格 promozione, avanzamento | |
| / | Il 日 sole che **sale** alto nel cielo > **ascendere**. | |
| 飛 | 飛ぶ、飛び込む tuffarsi, precipitarsi, lanciarsi、 飛ばす fare volare (e simili) /tralasciare-saltare、<br>飛行機 aeroplano、 飛行 volo, navigazione (aerea)、 飛翔 volo | |
| IV | Le ali (*飞 ala, ripetuto due volte) di un uccello che si alza (升) alto in volo > **volare**. | |

| | | |
|---|---|---|
| 皿 | 皿、 皿洗い lavare i piatti、 灰皿 posacenere | |
| III | Pittogramma di una ciotola > **piatto**. | |
| 血 | 血 sangue/consanguineità、 血液、 輸血 trasfusione、 貧血 anemia、 血圧 pressione sanguigna、<br>出血 emorragia、 血統 lignaggio-famiglia、 献血 donazione di sangue | |
| III | Un piatto per contenere il **sangue** durante i rituali. | |
| 益 | 益、 利益 profitto, beneficio、 有益 benefico、 収益 profitti、 ますます sempre di più | |
| V | L'elemento in alto è il kanji di 水 "acqua" capovolto per rendere l'idea complessiva di un piatto riempito fino all'orlo al punto di traboccare > **vantaggio, beneficio**. | |
| 温 | 温かい、 温める (tr.)、 温まる (intr.)、 温暖 mite、 温泉 terme、 温情 cordiale、<br>温度 temperatura、 気温 temperatura (atmosferica)、 体温 temperatura (corporea) | |
| III | La parte a destra è stata semplificata da *㿉, composto di 囚 prigioniero e 皿 piatto. Il senso era quello di compiere un gesto caloroso verso un prigioniero dandogli un piatto pieno d'acqua. Ne è derivato il significato concreto di **caldo**, enfatizzato poi dalla semplificazione di 囚 con 日 sole. | |
| 盆 | 盆 vassoio、 お盆 (o)Bon、 盆栽 bonsai | |
| / | Un ampio vassoio, come se 分 diviso e aperto ai lati > **vassoio**. In Giappone il kanji viene usato per riferirsi al **Bon**, festa in onore dei morti che si svolge in estate. | |
| 猛 | 猛る、 猛烈、 猛然と impetuosamente, con furore、 猛獣 animale feroce、 猛暑 ondata di calore | |
| / | La parte a destra *孟 mostra un 子 bambino che si precipita a mangiare dal piatto. Aggiungendo *犭 si indica un animale con un comportamento energico fino all'aggressività > **feroce, accanirsi**. | |

| | | |
|---|---|---|
| 串 | 串、 串カツ spiedini di carne di maiale (串揚げ) | |
| / | Il pittogramma di uno **spiedino, spiedo**. | |
| 患 | 患う、 患者 paziente | |
| / | 串 suggerisce l'atto di trafiggere, da cui una condizione di afflizione del 心 cuore > **essere affetto da una malattia, essere ammalato**. | |

| 辛 | 辛い<ruby>辛<rt>つら</rt></ruby>い doloroso、<ruby>辛<rt>から</rt></ruby>い piccante、<ruby>塩辛<rt>しおから</rt></ruby>い salato (sapore)、<ruby>辛苦<rt>しんく</rt></ruby> patimenti, stenti、<ruby>辛抱<rt>しんぼう</rt></ruby> pazienza、<br><ruby>辛抱強<rt>しんぼうづよ</rt></ruby>い paziente-perseverante、<ruby>辛<rt>かろ</rt></ruby>うじて a mala pena, per un pelo |
|---|---|
| / | Pittogramma di un <u>ago</u> da tatuatore. Il kanji suggerisce la sensazione **dolorosa** e penetrante causata dall'uso dell'ago per <u>torturare e tatuare uno schiavo</u>, mentre il significato di **piccante** deriva dall'associazione con un sapore pungente. La lettura richiama il kanji di 針 ago. Come radicale a volte compare con la sola parte superiore. Da non confondersi con 幸. |

| 辞 | <ruby>辞<rt>や</rt></ruby>める dimettersi (<ruby>辞任<rt>じにん</rt></ruby>)、<ruby>辞書<rt>じしょ</rt></ruby> dizionario、<ruby>辞職<rt>じしょく</rt></ruby> dimissioni、<ruby>辞表<rt>じひょう</rt></ruby> lettera di dimissioni、<br><ruby>辞典<rt>じてん</rt></ruby> dizionario、<ruby>修辞学<rt>しゅうじがく</rt></ruby> retorica、お<ruby>辞儀<rt>じぎ</rt></ruby> inchino |
|---|---|
| IV | Da *辭, combinazione di "mani che sciolgono un filo attorcigliato" e ago (辛), a simboleggiare la punizione inferta a un prigioniero. Il kanji ha assunto in uno primo momento i significati di "giudicare un prigioniero" e "rendere conto dei propri peccati". Quelli attuali di **discorso**, **parole**, e **licenziamento** potrebbero essere associazioni derivate dal significato originario di "dare un verdetto". Altre teorie li considerano prestiti da 詞 (parole, parte del discorso) e *辤 (parole, messaggio). La semplificazione utilizza 舌 lingua, forse per meglio evidenziare i significati attuali. |
| 乱 | <ruby>乱<rt>みだ</rt></ruby>す scompigliare、<ruby>乱<rt>みだ</rt></ruby>れる essere in disordine, confuso, turbarsi、<ruby>乱<rt>らん</rt></ruby> guerra civile, rivolta、<ruby>乱用<rt>らんよう</rt></ruby> abuso<br><ruby>反乱<rt>はんらん</rt></ruby> ribellione、<ruby>乱暴<rt>らんぼう</rt></ruby> violento、<ruby>混乱<rt>こんらん</rt></ruby> confusione, disordine、<ruby>乱視<rt>らんし</rt></ruby> astigmatismo、<ruby>錯乱<rt>さくらん</rt></ruby> delirio |
| VI | > da *亂, combinazione di "mani che sciolgono un filo attorcigliato" e un segno grafico atto a rappresentare una persona costretta in ginocchio. L'idea iniziale del kanji era quella di sedare la rivolta di un ribelle, ma successivamente il significato finale è rimasto solo quello di **rivolta**, forse enfatizzato dal legame fonetico con *<ruby>䜌<rt>れん</rt></ruby> caos > **disordine**. La semplificazione utilizza 舌 lingua, così come visto nell'esempio precedente. |
| 接 | <ruby>接<rt>つ</rt></ruby>ぐ congiungere、<ruby>接<rt>せっ</rt></ruby>する entrare in contatto, essere contiguo、<ruby>直接<rt>ちょくせつ</rt></ruby> diretto、<ruby>面接<rt>めんせつ</rt></ruby> intervista、<br><ruby>接続<rt>せつぞく</rt></ruby> collegamento、<ruby>接近<rt>せっきん</rt></ruby> avvicinarsi、<ruby>接点<rt>せってん</rt></ruby> punto di contatto、<ruby>接触<rt>せっしょく</rt></ruby> contatto、<ruby>接尾辞<rt>せつびじ</rt></ruby> suffisso |
| V | *妾 rappresenta una concubina, carattere formato da 女 donna e ago (辛), a indicare una serva o l'atto stesso della penetrazione. L'aggiunta di *扌 mano enfatizza il senso di **contatto** diretto > **unire**. |
| 商 | <ruby>商<rt>あきな</rt></ruby>う commerciare、<ruby>商売<rt>しょうばい</rt></ruby> commercio, affari、<ruby>商品<rt>しょうひん</rt></ruby> merce、<ruby>商店街<rt>しょうてんがい</rt></ruby> quartiere commerciale、<br><ruby>行商人<rt>ぎょうしょうにん</rt></ruby> venditore ambulante、<ruby>商業<rt>しょうぎょう</rt></ruby> commercio、<ruby>商売人<rt>しょうばいにん</rt></ruby> commerciante |
| III | La parte centrale rappresenta in modo simile a come si trova in *<ruby>奐<rt>かん</rt></ruby> le due gambe divaricate di una donna con in mostra la vagina (口), mentre la parte superiore, abbreviata da ago (辛), simboleggia l'atto della penetrazione. Il significato principale di **commercio** potrebbe essere derivato dall'idea di prostituzione come forma di commercio, oppure provenire da un prestito. |
| 宰 | <ruby>主宰<rt>しゅさい</rt></ruby> presidenza, direzione、<ruby>主宰者<rt>しゅさいしゃ</rt></ruby> presidente-direttore |
| // | Un prigioniero all'interno di un edificio (*宀), inteso come impiegato nei lavori forzati. Questo significato è stato poi associato alla **supervisione** e **amministratore** del prigioniero. |

| *辟 | Fondoschiena (*尸) unito con apertura (口) indica con chiarezza l'ano. L'aggiunta di ago (辛) suggerisce quindi la <u>penetrazione anale</u>, usata come forma di <u>punizione e tortura</u> ed espressione dell'<u>autorità</u>, o direttamente la <u>sodomia</u>. |
|---|---|

| 避 | <ruby>避<rt>さ</rt></ruby>ける evitare (una situazione, qualcuno)、<ruby>避<rt>よ</rt></ruby>ける evitare (contatto)/mettersi al riparo、<ruby>逃避<rt>とうひ</rt></ruby> fuga、<br><ruby>避妊<rt>ひにん</rt></ruby> contraccezione、<ruby>回避<rt>かいひ</rt></ruby> sottrarsi a、<ruby>避難<rt>ひなん</rt></ruby> rifugio, riparo |
|---|---|
| / | **Tenersi alla larga** (movimento *辶) per **evitare** la tortura. |

| 壁 | 壁、城壁（じょうへき）muro di cinta、壁画（へきが）murale、貿易障壁（ぼうえきしょうへき）barriere commerciali、壁紙（かべがみ）wallpaper |
|---|---|
| / | **Parete/muro** di 土 terra. 辟 era utilizzato foneticamente per esprimere "circondare", caratterizzando così la funzione del muro. Per supporto mnemonico 辟 potrebbe essere associato ai significati del kanji anche tramite i connotati negativi del suo senso grafico, usati per simboleggiare i nemici sconfitti e umiliati al di sotto delle mura o l'autorità che le mura stesse rappresentano. |
| 癖 | 癖（くせ）abitudine, mania, vizio、一癖（ひとくせ）peculiarità-tratto、悪癖（あくへき）brutta abitudine, vizio、飲酒癖（いんしゅへき）alcolismo、盗癖（とうへき）cleptomania、癖毛（くせけ）capelli ricci, capelli ribelli-indomabili |
| / | In origine il kanji aveva il significato di costipazione, dall'idea di "ano bloccato" e l'aggiunta di *疒 malattia. In seguito, la forte presenza di *辟 "sodomia" ha modificato il significato portando a quelli di **perversione** e vizio, da cui **abitudine** in senso generale. |
| 璧 | 完璧（かんぺき）perfetto |
| // | Una pietra preziosa (玉) forata al centro > **sfera**. |

| 章 | 章（しょう）capitolo, sezione、文章（ぶんしょう）testo, brano, stile, passo, componimento、記章（きしょう）medaglia, distintivo、印章（いんしょう）sigillo、勲章（くんしょう）decorazione-medaglia-onorificenza、楽章（がくしょう）movimento (musicale) |
|---|---|
| III | Graficamente identico a una combinazione di 立 alzarsi e 早（そう）presto, il kanji è in realtà una stilizzazione del pittogramma di un <u>ago usato per tatuare gli schiavi o i prigionieri</u>, esattamente come accade in 辛 di cui si possono ritrovare qui le due parti superiori e inferiori (mentre la parte centrale, identica a 日 sole, dovrebbe rappresentare la cruna dell'ago messa in enfasi). Il tatuaggio in genere era eseguito sulla fronte e perciò, nel tempo, tale pratica ha trasmesso al kanji i significati di **riconoscimento** e segno **distintivo**. **Composizione**, **sezione** e **capitolo** sono ulteriori ampliamenti di significato. |
| 障 | 障（さわ）る、目障（めざわ）り ostruire la vista/essere un pugno in un occhio, fastidioso、保障（ほしょう）garantire、障害（しょうがい）impedimento, ostacolo, difficoltà/disturbo, malformazione、支障（ししょう）ostacolo-barriera, impedimento、気（き）に障（さわ）る ferire i sentimenti di qualcuno、故障（こしょう）guasto |
| VI | 章 suggerisce "impedimento, non essere liberi di agire" dal suo significato originario di "schiavo tatuato con un ago" > *阝 colline che impediscono il passaggio > **intralciare, interferire** > **effetti negativi**. |
| 彰 | 表彰（ひょうしょう）、表彰式（ひょうしょうしき）cerimonia di premiazione、顕彰（けんしょう）onorare-elogiare pubblicamente |
| // | 章 comunica il suo significato di "segno distintivo bene in mostra", a cui *彡 "capelli sottili" aggiunge connotati decorativi e di delicatezza > **mostrare** a tutti qualcosa di affascinante > **apprezzare e riconoscere pubblicamente** qualcosa per il suo valore. |

| 幸 | 幸（さいわ）い buona fortuna, felicità (幸)、幸（さち）せ felice、不幸（ふしあわ）せ infelice、幸運（こううん）buona sorte、海（うみ）の幸（さち）frutti di mare、幸福（こうふく）felicità, benedizione |
|---|---|
| III | Il kanji in passato combinava *夭 "morire giovane", per suggerire una sventura, con *屰 inverso-contrario. Il significato complessivo era quello di "evitare una sventura", ricercare l'esatto opposto di sventura, da cui i significati finali di **fortunato** e **felice**. La forma attuale è la stessa in cui è confluito il pittogramma di <u>ceppi a cui è legato un prigioniero</u>. Per questo motivo come radicale 幸 può suggerire anche quest'ultimo significato (associabile mnemonicamente al significato di "felice" dall'idea di "liberarsi dalla prigionia"). Da non confondersi con 辛. |
| | |

| | |
|---|---|
| 報 | 報いる ricompensare, ricambiare (e simili)、情報 informazione、天気予報 previsioni del tempo、報告 resoconto、報酬 ricompensa、電報 telegramma、警報 allarme, sirena d'allarme |
| V | *及 mano che si allunga per afferrare (vedi 及 raggiungere) un prigioniero. > dare a qualcuno quello che si merita, fare giustizia > **ricompensare**. **Riferire** e **riportare** possono essere significati associati al processo giuridico che seguirà la cattura del criminale, sebbene in genere siano considerati semplici prestiti. |
| 執 | 執る、固執 ostinarsi e persistere nelle proprie opinioni、執行 esecuzione、執拗 ostinazione、執着 attaccamento |
| // | 丸 (rotondo) qui viene usato per il suo significato grafico di persona ricurva; nel caso specifico un prigioniero a cui sono stati messi i ceppi > avere in pugno un prigioniero > **agguantare** (anche a livello figurato). |

| | |
|---|---|
| *卯 | Pittogramma di un morso connesso alle briglie, atto a controllare il cavallo. Da non confondersi con *卩 (una persona inginocchiata che ne accoglie un'altra). A volte è usata la variante in cui *卩 diventa identico a 刀. |

| | |
|---|---|
| 卵 | 卵 uovo、生卵 uovo crudo、卵黄 tuorlo、卵白 albume、排卵 ovulazione |
| VI | Kanji di origine oscura. È possibile interpretarlo graficamente come il pittogramma di due **uova** considerando i trattini al centro come crepe sul guscio. Il suono richiama 丸 rotondo. |
| 留 | 留まる (intr.)、留める (tr.)、留守 assenza da casa/custodia di una casa、留学 studiare all'estero |
| V | Qui 田 è una semplificazione di 由 (motivo), il quale richiamava foneticamente *馷 "redini" > il morso di un cavallo connesso alle briglie. Il senso che se ne deriva è quello di "allacciare il morso", da cui i significati generali di **fermarsi, trattenersi**. Per semplicità è possibile considerare 田 come semplice simbolo grafico rappresentante il muso del cavallo. |
| 貿 | 貿易 commercio con l'estero、貿易障壁 barriere commerciali |
| V | Il *卯 morso qui simboleggia un controllo applicato agli **scambi commerciali** (貝). La lettura si può collegare a quella dei kanji di 買 "compare" e 売 "vendere". |
| 柳 | 柳、花柳 quartiere a luci rosse |
| // | Il *卯 morso qui viene immaginato dal punto di vista grafico come penzolante > un **salice** (木) dalle fronde penzolanti. La lettura si collega a 流 scorrere. |

| | |
|---|---|
| 瓦 | 瓦 tegola、レンガ mattone、瓦礫 macerie、グラム grammo |
| / | Due **tegole** di terracotta poste una sopra l'altra. |
| 瓶 | 瓶 bottiglia (e simili)、花瓶 vaso di fiori、瓶詰め imbottigliamento、釣瓶 secchio del pozzo |
| / | Da *瓶. L'elemento a sinistra 并 (proveniente da *幷) rappresenta un paio di elementi uguali combinati insieme > l'intero kanji indica così un paio di secchi di terracotta, di solito usati in coppia e posti accanto al pozzo. I significati attuali di **vaso** e **bottiglia** sono stati generati per estensione. |

## 5.3.3 Scrittura e tavolette

| *聿 | Una *ヨ mano che tiene un <u>pennello</u>. |
|---|---|

| 筆 | 筆 pennello、鉛筆 matita、随筆 saggio、主筆 caporedattore、万年筆 penna stilografica、筆舌に尽くし難い indescrivibile、鉛筆書き disegnare o scrivere a matita、筆跡 calligrafia |
|---|---|
| III | Un **pennello** di 竹 bambù. |

| 律 | 法律 legge、法律上の legale, legittimo、法律違反 violazione della legge、規律 disciplina |
|---|---|
| VI | *聿 è usato per richiamare 一 (uno) a indicare una strada (*イ) dritta (significato riconducibile anche all'idea di "un tratto eseguito con il pennello"). **Regolamento, legge** e **controllo** derivano dal concetto di una strada prestabilita da percorrere. |

| 書 | 書く、葉書 cartolina、書き出し prima frase di un testo、教科書 libro di testo、辞書 dizionario、図書館 biblioteca、読書 lettura、書類 documento、秘書 segretario |
|---|---|
| II | In origine una combinazione di *聿 pennello e 者 persona (di cui è rimasto solo l'elemento inferiore 日). Immaginare una "persona che scrive" potrebbe essere una buona tecnica mnemonica; tuttavia 者 è stato usato foneticamente per richiamare 写 (copiare) e suggerire il senso di trascrivere-copiare la scrittura degli altri, da cui il significato generico di **scrivere**. Per semplicità potrebbe essere utile considerare 日 come semplificazione di *曰 (dire), da cui "scrivere quanto dettato da qualcuno". |

| 画 | 計画 piano-progetto、絵画 pittura、映画 film、画家 pittore、水彩画 acquerello、画面 schermo, teleschermo、一画 un appezzamento di terreno)/un quartiere)/un tratto (di un kanji) |
|---|---|
| II | Da *畫, un pennello *聿 che segna la ripartizione delle 田 risaie > **immagine, numero dei tratti.** |

| 建 | 建てる (tr.)、建つ (intr.)、建物 palazzo、〜階建て piani (di un edificio)、建築 architettura、建築家 architetto、建設的 costruttivo、建造 costruzione、建て前 comportamento di facciata |
|---|---|
| IV | Gli ampi movimenti (*廴) eseguiti con il pennello durante la scrittura (legame fonetico con 延 estendersi, letteralmente "procedere dritti per una lunga distanza"). Il pennello era tenuto in <u>posizione eretta</u>, da cui i significati finali di **erigere, costruire** (edifici). |

| 健 | 健やか in buona salute, sano、健康 salute、健康診断 esame medico (健診)、保健 sanità、剛健 vigoroso-virile、頑健 robusto (di costituzione)、健気 <u>coraggioso-valente</u>、穏健 moderato |
|---|---|
| IV | > una *イ persona in posizione ben eretta (建) > essere **vigorosi** e in **salute.** |

| 鍵 | 鍵、鍵を掛ける chiudere a chiave、合い鍵 duplicato (chiave)、鍵盤 tastiera (es. pianoforte) |
|---|---|
| / | > un catenaccio di metallo (金) > **chiave.** 建 può suggerire i movimenti eseguiti nell'usare la chiave, simili a quelli tracciati con un pennello. |

| 津 | 津波 tsunami、津々浦々 per tutto il paese、興味津々 (たる) avvincente-appassionnate |
|---|---|
| / | **Avanzare attraversando** le acque (*氵). Il movimento in avanti è suggerito da quello compiuto con il *聿 pennello e dall'omofonia con 進 "proseguire, avanzare". **Porto** è un significato associato. |

| | |
|---|---|
| 粛 | <ruby>厳<rt>げん</rt></ruby><ruby>粛<rt>しゅく</rt></ruby> grave, austero、<ruby>静<rt>せい</rt></ruby><ruby>粛<rt>しゅく</rt></ruby> silenzio, calma |
| // | Semplificato da \*肅. La parte inferiore mostrava "uno stagno profondo" (adesso indicato da \*淵), la cui parte interna deriva da \*亞 (stanza tra i cunicoli sotterranei). \*聿 pennello era associato al concetto di "scuro" (ricordabile pensando all'inchiostro a cui attingere). Nell'insieme il kanji indicava "le profondità scure di uno stagno", da cui il senso attuale di **calma** e **solennità**. L'elemento inferiore è stato semplificato con 米 riso, racchiuso sempre fra due linee. Per mantenere il senso originale del kanji si potrebbe collegare questa semplificazione a <ruby>奥<rt>おく</rt></ruby> (recessi più profondi, fondo, interno), dove il riso rappresenta qualcosa di nascosto nei recessi di un luogo. |

| | |
|---|---|
| 冊 | ～<ruby>冊<rt>さつ</rt></ruby> contatore per libri e volumi、<ruby>数<rt>すう</rt><rt></rt></ruby><ruby>冊<rt>さつ</rt></ruby> alcuni libri-volumi、<ruby>別<rt>べっ</rt></ruby><ruby>冊<rt>さつ</rt></ruby> supplemento, inserto, volume in omaggio, numero speciale |
| VI | Da \*冊, tavolette di bambù <u>assemblate e legate assieme</u> > collezione di **materiale scritto** > **libri, volumi.** |

| | |
|---|---|
| 典 | <ruby>辞<rt>じ</rt></ruby><ruby>典<rt>てん</rt></ruby> dizionario、<ruby>式<rt>しき</rt></ruby><ruby>典<rt>てん</rt></ruby> cerimonia、<ruby>典<rt>てん</rt></ruby><ruby>型<rt>けい</rt></ruby><ruby>的<rt>てき</rt></ruby> tipico、<ruby>百<rt>ひゃっ</rt></ruby><ruby>科<rt>か</rt></ruby><ruby>事<rt>じ</rt></ruby><ruby>典<rt>てん</rt></ruby> enciclopedia、<ruby>古<rt>こ</rt></ruby><ruby>典<rt>てん</rt></ruby> opera classica |
| IV | Tavolette di bambù (冊) scritte e poggiate sopra un \*丌 tavolo > **scrittura, classici, tomo** > **codici.** 冊 è stato semplificato in modo identico a <ruby>曲<rt>きょく</rt></ruby> (curva, brano musicale). |
| 柵 | <ruby>柵<rt>さく</rt></ruby> |
| // | **Staccionata** di legno (木) i cui pali sono assemblati insieme uno accanto all'altro. |

| | |
|---|---|
| \*侖 | \*𠓛 "copertura" suggerisce l'<u>assemblaggio ordinato, sequenziale e completo</u> delle tavolette di bambù (冊). |

| | |
|---|---|
| 論 | <ruby>論<rt>ろん</rt></ruby>、<ruby>卒<rt>そつ</rt></ruby><ruby>論<rt>ろん</rt></ruby> tesi di laurea、<ruby>結<rt>けつ</rt></ruby><ruby>論<rt>ろん</rt></ruby> conclusione、<ruby>論<rt>ろん</rt></ruby><ruby>文<rt>ぶん</rt></ruby> saggio, tesi、<ruby>理<rt>り</rt></ruby><ruby>論<rt>ろん</rt></ruby> teoria、<ruby>論<rt>ろん</rt></ruby><ruby>理<rt>り</rt></ruby> logica |
| VI | Parlare (言) assemblando bene in ordine le parole > **teoria, opinione, saggio, discussione.** |
| 輪 | <ruby>輪<rt>わ</rt></ruby> anello, cerchio、<ruby>指<rt>ゆ</rt></ruby><ruby>輪<rt>びわ</rt></ruby> anello、<ruby>車<rt>しゃ</rt></ruby><ruby>輪<rt>りん</rt></ruby> ruota (di un veicolo)、～<ruby>輪<rt>りん</rt></ruby> contatore per ruote e fiori、<ruby>内<rt>うち</rt></ruby><ruby>輪<rt>わ</rt></ruby> cerchia privata (e simili)、<ruby>車<rt>しゃ</rt></ruby><ruby>軸<rt>じく</rt></ruby> assale、<ruby>輪<rt>りん</rt></ruby><ruby>郭<rt>かく</rt></ruby> contorno, lineamenti, sagoma、<ruby>首<rt>くび</rt></ruby><ruby>輪<rt>わ</rt></ruby> collare |
| IV | \*侖 richiamava foneticamente la parola 「<ruby>巻円<rt>りん</rt></ruby>」 ("rotondo e rotolante"), oltre che suggerire "assemblaggio ordinato" > le ruote di un carro (車) > **circolare** > **anello.** |
| 倫 | <ruby>倫<rt>りん</rt></ruby><ruby>理<rt>り</rt></ruby> etica、<ruby>不<rt>ふ</rt></ruby><ruby>倫<rt>りん</rt></ruby> immoralità/adulterio |
| / | L'ordine delle cose che le \*亻 persone sono tenute a osservare > **etica.** |

| | |
|---|---|
| \*扁 | Tavolette di bambù (冊) affisse alle 戸 porte. Come radicale può suggerire la caratteristiche della tavoletta in sé, generalmente <u>posta a lato</u> della porta. 冊 può invece continuare a suggerire il senso implicito di "<u>assemblare e legare assieme</u>". |

| | |
|---|---|
| 編 | <ruby>編<rt>あ</rt></ruby>む lavorare a maglia/compilare/editare、<ruby>編<rt>へん</rt></ruby><ruby>集<rt>しゅう</rt></ruby><ruby>者<rt>しゃ</rt></ruby> editor、<ruby>短<rt>たん</rt></ruby><ruby>編<rt>ぺん</rt></ruby> storia breve |
| V | 糸 filo accentua il senso di "assemblare e legare assieme" > **lavorare a maglia, compilazione** > **editare, poema, parte di un libro.** |
| 偏 | <ruby>偏<rt>かたよ</rt></ruby>る、<ruby>偏<rt>へん</rt></ruby><ruby>頭<rt>ず</rt></ruby><ruby>痛<rt>つう</rt></ruby> emicrania、<ruby>偏<rt>へん</rt></ruby><ruby>見<rt>けん</rt></ruby> pregiudizio、<ruby>偏<rt>へん</rt></ruby><ruby>屈<rt>くつ</rt></ruby> ostinato, testardo, gretto |
| / | \*扁 qui suggerisce "essere posto a lato", da cui il senso di una \*亻 persona che si china e si appoggia da una parte > **inclinare**; in senso figurato **essere faziosi, parziali.** |
| 遍 | <ruby>遍<rt>あまね</rt></ruby>く、<ruby>普<rt>ふ</rt></ruby><ruby>遍<rt>へん</rt></ruby><ruby>的<rt>てき</rt></ruby> universale、<ruby>遍<rt>へん</rt></ruby><ruby>路<rt>ろ</rt></ruby> pellegrino/pellegrinaggio、<ruby>普<rt>ふ</rt></ruby><ruby>遍<rt>へん</rt></ruby><ruby>的<rt>てき</rt></ruby> universale |
| / | \*扁 qui suggerisce "essere posto a lato", da cui il senso di muoversi (\*⻌) non dritti, ma in modo rotatorio > muoversi **largamente, ovunque.** |

# 5.3.4 Oggetti da lavoro

| 工 | 工事 こうじ lavori, costruzione、工事中 こうじちゅう lavori in corso、工場 こうじょう fabbrica、工員 こういん operaio、工業 こうぎょう industria、<br>人工 じんこう artificiale、大工 だいく carpentiere, falegname、工作 こうさく artigianato、工夫 くふう espediente |
|---|---|
| II | Pittogramma di una <u>grande ascia</u> usata per spaccare la legna > <u>strumento da lavoro</u> > **lavoro** manuale. |

| | 功 | 成功 せいこう successo、功績 こうせき atto meritorio, contributo、功徳 くどく azione meritoria, atto di carità |
|---|---|---|
| | IV | L'atto meritorio di impiegare le proprie 力 forze nel lavoro (工) > **gesta, successo, merito.** |
| | 攻 | 攻める、攻撃 こうげき attacco、攻撃者 こうげきしゃ aggressore、猛攻 もうこう attacco violento、専攻 せんこう specializzazione |
| | / | Colpire (*攵) con uno strumento pericoloso > **attaccare, assalire.** |
| | 項 | 項 うなじ nuca、事項 じこう articolo, voce, clausola, tema、項目 こうもく punti, argomenti (条項 じょうこう) |
| | / | 工 richiama foneticamente 後 "dietro" こう > il retro della testa (頁), vale a dire la **nuca. Clausola** e **comma** sono due significati associati astratti. |
| | 紅 | 紅、紅 べに くれない、口紅 くちべに rossetto、紅葉 もみじ <u>acero giapponese/tinta autunnale</u>、紅葉 こうよう colori dell'autunno、<br>紅茶 こうちゃ tè nero |
| | VI | 工 era usato foneticamente per richiamare una certa tonalità di "rosa" 「桃紅」 「粉紅」 applicata come colorazione di un tessuto (糸), oltre che suggerire la lavorazione dello stesso. **Rosso cremisi** è il significato attuale associato. |
| | 貢 | 貢ぐ みつ supportare, finanziare、貢献 こうけん contributo, servigio、年貢の納め時 ねんぐ おさ どき l'ora della resa dei conti |
| | / | Offrire il proprio lavoro come forma di pagamento (貝) > **pagare un tributo, finanziare.** |
| | 江 | 入り江 い え baia、江戸 えど Edo |
| | // | 工 richiama 広 "ampio" こう, oltre che suggerire lo stesso concetto dalla grande forma dello strumento da lavoro > il braccio di un grande **fiume** (*氵) > **baia, insenatura.** |

| *巩 | Uno <u>strumento musicale</u> (simboleggiato da "strumento da lavoro" 工) e una mano che tiene un oggetto simile a un plettro, entrambi semplificati in modo indentico a 凡 ぼん (mediocre). Come radicale suggerisce spesso <u>percussione</u>. |
|---|---|

| | 恐 | 恐れる おそ avere paura、恐ろしい おそ spaventoso、恐怖 きょうふ paura |
|---|---|---|
| | / | Un sentimento di **paura** che martella il 心 cuore. |
| | 築 | 築く きず、建築 けんちく architettura、建築家 けんちくか architetto、改築 かいちく ristrutturazione、再構築 さいこうちく ricostruzione |
| | V | La parte superiore *筑 indica uno strumento musicale a percussione suonato con delle bacchette di 竹 bambù. Nel complesso suggerisce "colpire" e in combinazione con 木 rappresenta uno strumento di legno usato per pressare il terreno prima di potervi **costruire** sopra > **edificare.** |

| 巨 | 巨大 きょだい gigantesco、巨人 きょじん giganti、巨額 きょがく cifra ingente、巨匠 きょしょう grande maestro |
|---|---|
| / | Un **gigantesco** <u>attrezzo da lavoro</u> (simile a 工). Da non confondersi con 臣. |

| 距 | 距離 distanza、長距離 grande distanza、遠距離恋愛 relazione a distanza |
|---|---|
| / | Inizialmente il kanji si riferiva allo sperone sulla zampa (足 gamba-piede) di un uccello, associato in seguito all'idea di respingere e tenere lontani, da cui il significato finale di **grande distanza**. È possibile ricordarlo con semplicità rielaborando i componenti come "una distanza troppo grande per essere percorsa a 足 piedi". |
| 拒 | 拒む、拒絶、拒否 diniego, respingimento, mettere il veto |
| // | Un gigantesco attrezzo da lavoro difficile da impugnare (*扌) > **rifiutare, respingere**. |

| *乍 | Kanji semplificato dalla combinazione di un tipo di ascia da lavoro e legno (木) a suggerire l'atto della <u>costruzione</u>. |
|---|---|

| 作 | 作る costruire、作文 tema、作者 autore、動作 azione, gesto, movimento、工作 artigianato、作品 componimento, opera、作曲 comporre、創作 opera originale, invenzione, creazione |
|---|---|
| II | Inizialmente una "*亻 persona costruita" che rende se stessa in un certo modo al fine di ingannare gli altri. Il senso si è trasferito al senso più intuitivo di "persona che **costruisce**" > **opera**. |
| 昨 | 昨日 ieri、昨夜 la notte scorsa、一昨日 ieri l'altro |
| IV | *乍 richiama foneticamente 積 accumulare, oltre che suggerire il suo significato di "costruire" > 日 giorni che si accumulano e costituiscono il **passato. Ieri** per associazione. |
| 酢 | 酢、酢漬けにする mettere qualcosa sottaceto |
| / | > qui *乍 può essere considerato abbreviazione di 昨 al fine di trasmettere il senso di "passato" e quello di passaggio del tempo > **aceto** prodotto dal vino (*酉) con il passare del tempo. |
| 搾 | 搾る、乳搾り mungitura、搾取 sfruttamento、圧搾 compressione、圧搾空気 aria compressa |
| / | *窄, formato da 穴 buco e *乍, indica l'atto di "restringere uno spazio", da cui il significato complessivo di **spremere** con la *扌 mano, **comprimere**. |
| 詐 | 詐欺 inganno, frode、詐欺師 impostore |
| / | Parole (言) costruite, vale a dire **menzogne** atte a trarre in **inganno**. |

| 午 | 午後 a.m.、午前 p.m.、正午 mezzogiorno、午年 anno del cavallo |
|---|---|
| II | Un <u>pestello</u>. Il kanji suggerire il <u>centro</u> della giornata, senso generato in parte dal modo d'uso del pestello nel momento in cui viene colpito il centro del mortaio, in parte per l'essere stato scelto per indicare il segno zodiacale del cavallo, associato nella tabella oraria al **mezzogiorno**. Da non confondersi con 牛. |

| 許 | 許す perdonare, permettere, concedere、許可 permesso、免許 licenza, permesso、許諾 autorizzazione |
|---|---|
| V | 午 richiamava foneticamente *與 (trasportare, unione, dare, concedere) per indicare l'atto di accettare le parole (言) altrui > **perdono, permesso**. Può essere utile a livello mnemonico associare i colpi dati con il pestello ai battiti del cuore, per meglio simboleggiare il moto dell'anima e il sentimento di accettazione. |

| | |
|---|---|
| 御 | 御〜 <sub>お</sub> (prefisso onorifico per le parole in lettura *kun*)、御〜 <sub>ご</sub> (prefisso onorifico per le parole in lettura *on*)、<br>ごめんなさい <sup>お めん</sup> chiedo scusa、お願いします <sup>ねが</sup> per favore、お互い <sup>たが</sup> reciproco, mutuo、<br>御苑 <sup>ぎょえん</sup> giardino imperiale、防御 <sup>ぼうぎょ</sup> difesa、制御 <sup>せいぎょ</sup> controllo, dominio、ご飯 <sup>はん</sup> riso cotto, pasto |
| / | La parte a destra mostra una persona inginocchiata (*卩) e un pestello (午), se ne deriva il senso di "pestare-ammorbidire", da cui quello di "rendere trattabile-controllabile". L'aggiunta di movimento (*イ) e 止 (nel suo significato grafico di "orme") suggerisce "<u>condurre un veicolo trainato dai cavalli</u>", successivamente evolutosi in quello di "condurre un carro mercantile" rimandando così al senso di **controllo** espresso inizialmente. Il significato attuale di **imperiale** è un prestito da un carattere più complesso che combinava 御 a 禁 <sup>きん</sup> proibito per indicare i territori del palazzo imperiale dove non era possibile transitare con il carro mercantile. In Giappone quest'ultimo significato ha portato all'uso principale di 御 come **prefisso onorifico**. |
| 卸 | 卸す <sup>おろ</sup> vendere all'ingrosso/(grattugiare le verdure)、卸売り <sup>おろしう</sup> vendita all'ingrosso、卸業者 <sup>おろしぎょうしゃ</sup> fornitore |
| // | > kanji ricavato da 御, usato nel suo significato originario di "condurre un veicolo trainato dai cavalli". Con l'omissione dell'elemento di moto (*イ), 止 assume il suo significato di "fermarsi", da cui l'idea di "fermare il carro e **scaricare** la merce per la vendita" > **vendita all'ingrosso**. |

| | |
|---|---|
| *舂(舂) | Un pestello (午, in una variante simile a 干) <u>affondato dentro</u> al 臼 mortaio. |
| 挿 | 挿す <sup>さ</sup>、挿絵 <sup>さしえ</sup> illustrazioni (es. di un libro), vignetta、挿入 <sup>そうにゅう</sup> inserimento |
| / | Aggiungendo *扌 mano si enfatizza l'atto di **inserire qualcosa dentro qualcos'altro**. |

| | |
|---|---|
| 臼 | 臼 *usu* (mortaio giapponese)、大臼歯 <sup>だいきゅうし</sup> molare、小臼歯 <sup>しょうきゅうし</sup> premolare、脱臼 <sup>だっきゅう</sup> slogatura (es. braccio) |
| // | Il pittogramma di un **mortaio** (giapponese). Nelle parole usato spesso a scopo grafico. Anche come radicale può indicare associazioni di forma; le più comuni sono quelle con una "piccola testa" o una "buca". |

| | |
|---|---|
| *彔 | Torchiatura del *sake* non ancora filtrato, le gocce (*氺) <u>trasudano e grondano</u> giù. L'idea di "filtrare-trasudare" è stata associata in particolare al verderame, patina colorata che si può formare sugli oggetti di rame. Come radicale suggerisce il colore <u>verde</u> o un'<u>incisione</u> dall'idea di qualcosa che si forma su una superficie. Nelle forme moderne la parte superiore *且 è semplificata con *ヨ mano. |
| 緑 | 緑 <sup>みどり</sup>、常緑樹 <sup>じょうりょくじゅ</sup> sempreverde、緑青 <sup>ろくしょう</sup> verderame |
| III | Da *彔, un tessuto (糸) di colore **verde**. |
| 録 | 記録 <sup>きろく</sup> registrazione, documenti/record、録音 <sup>ろくおん</sup> registrazione, incisione、登録 <sup>とうろく</sup> registrazione, iscrizione |
| IV | L'aggiunta di 金 concentra l'attenzione sul rame e il verderame che si forma sulla sua superificie. Il senso si è poi ampliato in quello di un'incisione una superficie (legame fonetico con 刻 <sup>こく</sup> incidere) > trascrivere > **copiare, registrare**. |
| 剥 | 剥がれる <sup>は</sup> staccarsi, scrostarsi, scollarsi, venire via、剥ぐ <sup>は</sup> togliere di dosso/scortecciare, scorticare、<br>剥げる <sup>は</sup> staccarsi, venire via, scrostarsi, togliersi/scolorire, sbiadire、剥がす <sup>は</sup> staccare, scollare、<br>剥く <sup>む</sup> sbucciare, pelare, sgusciare、剥奪 <sup>はくだつ</sup> privazione |
| / | Qui *彔 suggerisce "incisione" e con *刂 accentua in senso di **staccarsi** da qualcosa > **sbiadire**. |

| 西 | 西、西洋 Occidente、大西洋 Oceano Atlantico、関西 Kansai、スイカ cocomero |
|---|---|
| II | Il pittogramma di un <u>torchio vinario</u> la cui spremitura <u>colerà dall'alto</u>. **Ovest** è un prestito, forse suggerito dal movimento discendente del sole mentre tramonta verso ovest. Graficamente 西 è associato da alcuni con il pittogramma di un nido di uccelli, trasmettendo allo stesso modo come radicale l'idea di un punto "<u>in alto</u>". Come radicale viene semplificato con \*覀; si noti come la stessa semplificazione sia usata per il carattere \*両 raffigurante un <u>contenitore</u>. Da non confondersi con \*酉. |

| 価 | 価、物価 costo della vita、価格 prezzo、価値観 (senso dei) valori、価値 valore, merito |
|---|---|
| V | Da \*價, combinazione di \*亻 persona e \*賈, ossia \*両 e 貝, a indicare nell'insieme un negoziante che si occupa della compravendita dei beni in base al loro **valore** > **prezzo**. |

| 煙 | 煙、喫煙者 fumatore、煙草 sigaretta、煙草を吸う <u>fumare</u> (喫煙)、煙突 camino、禁煙 vietato fumare、煙たい fumoso/pieno di fumo/sentirsi a disagio、愛煙家 fumatore incallito |
|---|---|
| / | L'elemento a destra deriva da \*垔 "bloccare-arginare il fiume in modo che cambi direzione" > un blocco di 土 terra che costringe a passare da un'altra parte ("colare dove possibile" 西) > un 火 fuoco che blocca il passaggio > il **fumo** prodotto dal fuoco. Il significato minore di **imbarazzo** deriva dall'idea di "una situazione dove non si riesce a vedere bene e si è incapacitati a proseguire". |

| 栗 | 栗 |
|---|---|
| // | **Castagne** mature cadute 木 dall'albero. |

| 票 | 票、投票 votare、国民投票 referendum popolare, plebiscito |
|---|---|
| IV | Il kanji in origine mostrava una combinazione di 火 fuoco e \*囟 "testa di un neonato" (a indicare la "cima"), mentre la lettura richiamava la parola 「飛揚」 "volo" > <u>scintille</u> che <u>salgono in alto</u>, generate dalle fiamme. In un secondo momento il kanji ha assunto i significati di 標 (marchio, segnale) assumendo quelli finali di **etichetta** e **biglietto** e quelli di **voto** e **ballottaggio** per associazione. La forma attuale mostra \*覀 (ossia 西) e 示 altare, che allo stesso modo possono indicare rispettivamente un posto in alto e bene in vista. |

| 標 | 標識、目標 obiettivo, scopo、里程標 pietra miliare、標本 campione-esemplare、標的 bersaglio、標準 standard、道路標識 segnale stradale、標高 altitudine, quota |
|---|---|
| IV | La punta (salire in alto) di un 木 albero particolarmente alto > **segnale, segno, indicatore**. |

| 漂 | 漂う、漂流 (andare alla) deriva、漂流者 naufrago |
|---|---|
| / | Un oggetto che sale (票) a galla (\*氵), ondeggiando come le scintille di un fuoco > **galleggiare**, **fluttuare** (anche andare alla deriva, vagare), **trasparire** (es. dal viso). |

| 遷 | 変遷、遷都 trasferimento della capitale、(遷化 morte di un gran sacerdote) |
|---|---|
| // | L'elemento in alto è un'abbreviazione di (票) > una persona piegata (\*己) e morente con le braccia (\*廾 due mani) rivolte al cielo > salire (\*辶) verso il paradiso > **transizione, spostamento**. |

| 要 | 要る、重要 importante、必要 necessario、要約 contratto、要求 richiesta-rivendicazione, reclamare、要 perno di un ventaglio/punto principale, fulcro |
|---|---|
| IV | La parte superiore era il pittogramma dei <u>fianchi</u> sporgenti di una 女 donna. La semplificazione con 西 (ovest), graficamente un torchio, suggerisce la pressione esercitata da una fascia legata stretta ai fianchi. I fianchi sono visti come la "parte centrale e vitale del corpo", "il punto di perno", da cui il significato finale di **essere necessario**. |

| 腰 | 腰 fianchi、腰掛ける sedersi、丸腰で disarmato、腰痛 dolore lombare |
|---|---|
| / | La parte del corpo (肉) intesa graficamente in 要 > **fianchi**. |

| | |
|---|---|
| 由 | 由来 <small>ゆらい</small> origine, fonte di、 理由 <small>りゆう</small> motivo、 自由 <small>じゆう</small> libertà、 不自由 <small>ふじゆう</small> inconvenienza, disagio (e simili)、 原由 <small>げんゆう</small> causa、 経由 <small>けいゆ</small> (andare) passando per…-via… |
| III | Kanji simile al significato grafico di 西 <small>せい</small> (est), ossia il pittogramma di un torchio vinario la cui spremitura <u>cola dall'alto</u> > torchio attraverso il quale passa il liquido fino a <u>fuoriuscire</u> > **sorgente, origine** > **causa, motivo**. |

| | |
|---|---|
| 笛 | 笛 <small>ふえ</small> flauto、 口笛を吹く <small>くちぶえ ふ</small> fischiettare、 笛吹き <small>ふえふ</small> flautista、 汽笛 <small>きてき</small> fischio (a vapore) |
| III | Un **flauto** di 竹 bambù da cui fuoriesce il suono > **fischio**. |
| 油 | 油 <small>あぶら</small>、 油彩 <small>ゆさい</small> pittura ad olio (油絵 <small>あぶらえ</small>)、 油断 <small>ゆだん</small> disattenzione, distrazione, imprudenza、 醤油 <small>しょうゆ</small> salsa di soia、 潤滑油 <small>じゅんかつゆ</small> olio lubrificante、 石油 <small>せきゆ</small> petrolio、 灯油 <small>とうゆ</small> cherosene、 オリーブ油 <small>ゆ</small> olio d'oliva |
| III | Liquido (*氵) viscoso che fuoriesce > **olio**. |
| 届 | 届く <small>とど</small> raggiungere、 届ける <small>とど</small> notificare/recapitare、 届け出 <small>とど で</small> notificare、 届け <small>とど</small> denuncia, annuncio |
| VI | Semplificato da *届, composto di corpo morente (*尸) e massa di terra (*凷) a indicare una persona malata o ferita che si muove con pesantezza e difficoltà. I significati di **raggiungere** e **recapitare** sono dei prestiti, forse associati all'idea di "muoversi verso un posto con difficoltà, ma raggiungendolo infine", oppure "muoversi verso un posto non liberamente, dovendo recapitare qualcosa". **Denuncia** è un significato associato. La semplificazione con 由 può suggerire allo stesso modo un andamento lento verso la destinazione, simboleggiato in questo caso dalla spremitura. |
| 宙 | 宇宙 <small>うちゅう</small> universo、 宇宙飛行士 <small>うちゅうひこうし</small> astronauta、 宇宙船 <small>うちゅうせん</small> navicella spaziale、 小宇宙 <small>しょううちゅう</small> microcosmo |
| VI | Lo **spazio** sotto al *宀 tetto, rappresentato da 由 per associazione di forma e di idea con qualcosa posto in alto. In senso figurato si ottiene il significato di **cieli**. |
| 抽 | 抽出 <small>ちゅうしゅつ</small> campionamento, campionamento, estrazione、 抽象 <small>ちゅうしょう</small> astrazione |
| / | **Estrarre** con la *扌 mano > **tirare fuori**. |
| 軸 | 軸 <small>じく</small>、 キノコの軸 <small>じく</small> gambo di un fungo、 車軸 <small>しゃじく</small> assale、 地軸 <small>ちじく</small> asse terrestre、 縦軸 <small>たてじく</small> asse verticale、 横軸 <small>よこじく</small> asse orizzontale |
| / | 由 richiama 佑 <small>ゆう</small> (supporto) oltre che a suggerisce qualcosa che fuoriesce > gli assali di un veicolo (車), significato poi espanso a elementi con funzione di supporto simile > **asse, perno, gambo** > **assi cartesiani**. |
| 袖 | 袖 <small>そで</small>、 長袖 <small>ながそで</small> maniche lunghe、 半袖 <small>はんそで</small> mezze maniche |
| // | Parte del *衤 vestito da cui fuoriesce il braccio > **manica**. |
| 卑 | 卑しめる <small>いや</small> disprezzare, disdegnare、 卑しい <small>いや</small>、 卑怯者 <small>ひきょうもの</small> vigliacco, codardo、 卑劣 <small>ひれつ</small> meschino、 卑屈 <small>ひくつ</small> servile、 卑俗 <small>ひぞく</small> volgarità |
| / | Il kanji rappresenta <u>una mano che capovolge il torchio</u> (derivato da 由) al fine di estrarre fino all'ultima goccia. Questo gesto era considerato **gretto** e **volgare** > **ignobile, miserabile** > **disprezzare**. |
| 碑 | 石碑 <small>せきひ</small> lapide, pietra tombale、 記念碑 <small>きねんひ</small> monumento commemorativo、 碑銘 <small>ひめい</small> epitaffio |
| / | > una 石 pietra posta verticalmente al suolo e usata come **lapide** > **stele, monumento memoriale**. 卑 suggerisce gesto e posizione dal suo significato grafico di mano che capovolge il torchio. |

| | |
|---|---|
| **\*叀** | Pittogramma di un <u>rocchetto</u> su cui viene <u>arrotolato</u> il filo. La lettura richiama 旋 (girare intorno, rotazione). La parte inferiore è spesso omessa. |

| | |
|---|---|
| **専** | 専ら interamente, mettendocela tutta、専門 specializzazione、専門家 specialista、専攻 disciplina di specializzazione、専用 riservato-privato-apposito、専門用語 termine tecnico、専念 dedicarsi complemente a qualcosa |
| VI | Semplificato da \*専. Aggiungendo l'uso attento delle mani (寸) a \*叀 si precisa l'atto di dedicarsi esclusivamente al filare > **specializzazione, esclusivo**. Un'altra spiegazione considera \*叀 come un giocattolo tenuto in mano (寸) da un bambino che ne mantiene il possesso esclusivo, da cui i significati attuali. |
| **恵** | 恵む fare un favore a qualcuno, fare la carità、知恵 saggezza, intelligenza, ingegno、恩恵 favore |
| / | Da \*恵. Un 心 cuore che si dona a tutti intorno (\*叀) > **grazia, benedizione, favore**. |
| **穂** | 穂、落ち穂 spighe cadute、花穂 spiga |
| // | > da \*穂, \*禾 **spighe di grano** che crescono, simbolo di 恵 benedizione. Un'altra teoria considera 心 cuore come simbolo della parte principale della \*禾 spiga, la sua testa, la cui immagine è enfatizzata dall'omofonia del kanji con 垂 "penzolare". |

| | |
|---|---|
| **予** | 予約 prenotazione、予想 aspettativa, previsione、予期 aspettativa、予感 presentimento、予定 programma, piano、予知 predizione, previsione、天気予報 previsioni del tempo、予言 predizione、予告 preavviso, preannuncio |
| III | Il pittogramma di una navetta con il filato per tessere, usata nella sua corsa avanti e indietro per <u>stendere</u> i fili. Il movimento suggerisce una <u>sequenza di azioni che preparano quella successiva</u>, da cui i significati di **fare qualcosa in anticipo, precedere**. Da non confonde con 矛. |
| **野** | 野原 campi-campagna、野宿 passare la notte all'aperto、野菜 verdura、野球 baseball、平野 pianura、野性の selvatico、分野 campo-settore、荒野 landa、野犬 cane randagio、粗野 rude, grossolano, rustico |
| II | Ampio spazio intorno al 里 villaggio > **campo** che si estende intorno al villaggio > **selvaggio**. 予 suggerisce "stesura" (da cui "ampio spazio"). |
| **序** | 順序 sequenza, ordine、序列 ordine, grado, rango、序数 numeri ordinali、序章 introduzione、序文 prefazione, premessa、秩序 ordine, sistematico、序で in quell'occasione |
| V | L'operazione da eseguire prima delle altre (予) nella costruzione di un edificio (\*广), riferito al gettare le fondamenta > **inizio, premessa** > procedere nella giusta **sequenza**. |
| **預** | 預ける、預かる prendere in custodia/trattenersi dal、預金 depositare denaro |
| V | Un viso (testa 頁) rilassato e disteso (予). **Affidare, dare in custodia** e **depositare** sono prestiti derivati dall'omofono 与 conferire. Per semplicità potrebbero essere ricollegati all'idea di "avere il viso rilassato dopo aver lasciato in custodia qualcosa a qualcuno di fidato". |

| | |
|---|---|
| **良** | 良い (いい)、改良 miglioramento、最良 il più bello、不良 non buono、善良 bontà、奈良 Nara |
| IV | Pittogramma di un setaccio su cui è versato il materiale > separare ciò che è **buono** da ciò che non lo è > **bene**. La semplificazione moderna può essere facilmente ricordata come il kanji di 食 mangiare senza la parte superiore (\*𠆢). |

| | |
|---|---|
| 朗 | 朗<ruby>ほが</ruby>らか、明朗<ruby>めいろう</ruby> gioviale, luminoso、朗報<ruby>ろうほう</ruby> buone notizie、音吐朗朗<ruby>おんとろうろう</ruby> con voce chiara、<br>朗読<ruby>ろうどく</ruby> lettura a voce alta, recitazione, declamazione、晴朗<ruby>せいろう</ruby> chiaro-sereno |
| VI | 良 richiama foneticamente 瞭 (chiaro) oltre che a comunicare connotati positivi dai suoi significati > luce **chiara** della 月 luna > **radioso, allegro**. |
| 浪 | 浪人<ruby>ろうにん</ruby> samurai senza padrone/studente bocciato agli esami d'ammissione all'università/disoccupato、<br>放浪<ruby>ほうろう</ruby> vagare、放浪者<ruby>ほうろうしゃ</ruby> vagabondo、浪費<ruby>ろうひ</ruby> sperpero (di denaro) |
| / | Inizialmente usato per riferirsi a un certo fiume in Cina (letteralmente un 良 buon fiume *氵), in seguito è stato usato come sostituto di un kanji più complesso dal significato di **flutti** > **vagabondare**, **errare** per associazione > **spreco**. |
| 郎 | 野郎<ruby>やろう</ruby> bastardo! (dispregiativo)、浦島太郎<ruby>うらしまたろう</ruby> Urashima Tarō |
| / | Inizialmente il kanji si riferiva a un certo <u>villaggio</u> in Cina (letteralmente un 良 buon *阝 villaggio). I significati di **figlio-ragazzo-uomo** derivano dall'uso di 郎 come abbreviazione del termine 「良人」 usato in passato dalle mogli per riferirsi ai propri mariti. Frequente nei nomi propri maschili. |
| 廊 | 廊下<ruby>ろうか</ruby> corridoio、画廊<ruby>がろう</ruby> galleria d'arte |
| / | > l'ampio **portico** di un edificio (*广) > **corridoio**. 郎 suggeriva foneticamente un "ampio spazio" richiamando 広<ruby>こう</ruby> "spazioso, ampio", associabile mnemonicamente al significato originale di villaggio. |
| 娘 | 娘<ruby>むすめ</ruby>、花売り娘<ruby>はなうりむすめ</ruby> ragazza che vende i fiori |
| / | Una buona **ragazza** (女), immaginata nel fiore degli anni > **figlia**. |
| 狼 | 狼<ruby>おおかみ</ruby> |
| // | Un animale simile al *犭 cane, ma con capacità migliori > **lupo**. |

| | |
|---|---|
| *其 | Dal pittogramma di uno strumento per setacciare semi e granaglie. La parte inferiore deriva da *丌<ruby>き</ruby> "tavolo", sopra il quale lo strumento viene <u>poggiato</u>. A volte come radicale può suggerire il <u>momento preciso dell'anno</u> in cui lo strumento era usato. |
| 期 | 学期<ruby>がっき</ruby> periodo scolastico、時期<ruby>じき</ruby> tempo-periodo、延期<ruby>えんき</ruby> rinvio, proroga、最期<ruby>さいご</ruby> momento della morte、<br>定期的<ruby>ていきてき</ruby> periodicamente、期限<ruby>きげん</ruby> scadenza, termine、長期<ruby>ちょうき</ruby> lungo termine、期待<ruby>きたい</ruby> aspettativa, speranza、<br>月経周期<ruby>げっけいしゅうき</ruby> ciclo mestruale、思春期<ruby>ししゅんき</ruby> pubertà、初期<ruby>しょき</ruby> stadio iniziale、期間<ruby>きかん</ruby> periodo-sessione |
| III | *其 è usato per richiamare 規 (regola) nel suo significato originario di "strumento simile al compasso con cui poter tracciare cerchi". Qui in particolare suggerisce "un ciclo di tempo" (correlato anche all'uso agricolo di *其 in un certo momento dell'anno), da cui l'idea di un mese di tempo fra una 月 luna piena e quella successiva > **periodo, ciclo, stadio**. |
| 基 | 基<ruby>もと</ruby>、基<ruby>もとい</ruby>、基<ruby>もと</ruby>づく basarsi su、基準<ruby>きじゅん</ruby> base, norma, principio, criterio、塩基<ruby>えんき</ruby> base (chimica)、<br>基礎<ruby>きそ</ruby> basi, fondamento, basarsi su、基本的<ruby>きほんてき</ruby> fondamentale, essenziale, basilare、基金<ruby>ききん</ruby> fondo, fondazione |
| V | Gettare (poggiare) le **fondamenta** a 土 terra prima di edificare > **basi** (anche in senso figurato). |
| 欺 | 欺<ruby>あざむ</ruby>く、詐欺<ruby>さぎ</ruby> inganno, imbroglio, frode、詐欺師<ruby>さぎし</ruby> impostore、欺<ruby>ぎ</ruby>まん的<ruby>まんてき</ruby> ingannevole |
| / | Sbadigliare (欠) esausti (legame fonetico tra *其 e 疲<ruby>ひ</ruby> stancarsi). **Ingannare** e **truffare** sono dei prestiti dall'omofono 偽<ruby>ぎ</ruby> (falso). |

| 棋 | 将棋 <small>しょうぎ</small> *shōgi*、 将棋の駒 <small>しょうぎ こま</small> pezzi dello *shōgi*、 棋士 <small>き し</small> giocatore di *shōgi* |
|---|---|
| // | Tavola da gioco di legno (木) su cui sono poggiate le pedine dello **shōgi** (scacchi giapponesi). Un'altra teoria collega foneticamente *其 a 微 "minuto-piccolo", per suggerire le piccole pedine di legno (木) dello *shōgi*. |
| 碁 | 碁 <small>ご</small> *go*、 碁石 <small>ご いし</small> pietra (pedina del *go*)、 碁盤 <small>ご ばん</small> scacchiera (del *go*) |
| // | Tavola da gioco su cui poggiare le 石 pietre del **go** (gioco da tavola cinese). Come sopra, è possibile che *其 si colleghi foneticamente a 微 "minuto-piccolo" per indicare specificatamente le 石 pietre del *go* stesse. |

| 旗 | 旗 <small>はた</small> bandiera、 旗揚げ <small>はた あ</small> muovere guerra/intraprendere un'impresa、 国旗 <small>こっき</small> bandiera nazionale、 五輪旗 <small>ごりんき</small> bandiera olimpica、 三色旗 <small>さんしょくき</small> bandiera tricolore、 白旗 <small>しろはた / しらはた / はっき</small> bandiera bianca |
|---|---|
| IV | L'elemento superiore *㫃 deriva dal pittogramma di una **bandiera fluttuante**. *其 suggerisce il suo significato sottointeso di "un certo momento dell'anno", inteso in questo caso come quello in cui ci si radunava sotto a una stessa bandiera per andare a combattere, significato associabile ai significati letterali di 方 "a fianco" e 人 "persona". |
| *㫃 | Kanji derivato dal pittogramma di una <u>bandiera</u> fluttuante (vedi sopra). |

| 旅 | 旅 <small>たび</small> viaggio、 旅人 <small>たびびと</small> viaggiatore、 船旅 <small>ふなたび</small> viaggio marittimo、 旅行 <small>りょこう</small> viaggio (per turismo)、 旅行社 <small>りょこうしゃ</small> turista |
|---|---|
| III | Guerrieri (*从 persone) in **viaggio** radunati sotto la stessa bandiera. La lettura richiama 侶 <small>りょ</small> (compagni/fare insieme). |
| 族 | 族 <small>ぞく</small> tribù, clan, famiglia、 家族 <small>かぞく</small> famiglia、 一族 <small>いちぞく</small> famiglia, stirpe、 部族 <small>ぶぞく</small> tribù、 貴族 <small>きぞく</small> nobile、 民族 <small>みんぞく</small> popolo, etnia, razza、 少数民族 <small>しょうすうみんぞく</small> minoranza etnica |
| III | *㫃 richiama *尖 (essere appuntito) per indicare nel complesso la punta di una 矢 freccia. Il significato di **tribù** può essere ricondotto al concetto di "raduno sotto a una stessa bandiera" presente in *㫃, mentre quello di **famiglia** è un prestito da 属 (appartenenza), sicuramente enfatizzato dal concetto di "raduno" e "tribù" e l'omofonia con 続 <small>ぞく</small> "continuità", intesa come continuità di un legame di sangue. |
| 遊 | 遊ぶ、 遊びに行く <small>あそ あそ い</small> andare in gita/andare a trovare qualcuno、 遊園地 <small>ゆうえんち</small> parco giochi、 遊び相手 <small>あそ あいて</small> compagno di giochi、 遊戯 <small>ゆうぎ</small> gioco、 遊牧民 <small>ゆうぼくみん</small> nomade、 遊覧地 <small>ゆうらんち</small> luogo turistico |
| III | *斿 indica le piccole (suggerite da 子 bambino) fluttuazioni della bandiera (*㫃) > muoversi (*辶) in modo rilassato e libero, come una bandiera al vento > non lavorare e **stare rilassati** > **giocare**. La presenza di 子 bambino avrà sicuramente influito sull'evoluzione dei significati del kanji. |
| 旋 | 旋風 <small>せんぷう</small> turbine di vento/fare clamore、 旋回 <small>せんかい</small> giro in tondo, volteggio, virata、 凱旋 <small>がいせん</small> ritorno trionfale |
| / | *㫃 richiama foneticamente 返 <small>へん</small> (restituire), inteso nel suo significato grafico di "ritornare indietro per la stessa strada". Il significato è enfatizzato dall'aggiunta di *疋 "gamba che si volta verso una direzione differente" > **girarsi**, **girare in tondo**, **rotazione**. |
| 施 | 施す、 実施 <small>ほどこ じっし</small> applicazione, esecuzione, effettuazione、 施設 <small>しせつ</small> istituto, edificio, attrezzatura-impianto |
| / | Una bandiera che fluttua come un *也 serpente avviluppato. **Mettere in atto**, **donare** e **applicare** sono dei prestiti. |

# 5.4 Recipienti

### 5.4.1 Sacchi

| 東 | 束* | 束 | 重 | 童 | 曹 |
|---|---|---|---|---|---|
| 凍 | 練 | 速 | 動 | 瞳 | 遭 |
| 棟 | 錬 | 頼 | 働 | 鐘 | 槽 |
| 陳 | 煉 | 瀬 | 種 | 憧 | |
| | 欄 | 整 | 腫 | | |
| | | | 衝 | | |
| | | | 量 | | |
| | | | 糧 | | |

### 5.4.2 Contenitori

| 吉 | 去 | 缶 | 曽 | 曲 | 冓* |
|---|---|---|---|---|---|
| 結 | 法 | 揺 | 層 | | 講 |
| 詰 | 怯 | 謡 | 僧 | | 構 |
| | 却 | 陶 | 憎 | | 溝 |
| | 蓋 | 鬱 | 贈 | | 購 |
| | | | 増 | | 再 |
| | | | | | 称 |

### 5.4.3 Scatole

| 亡* | 匹 | 亡 | 凶 |
|---|---|---|---|
| 区 | 甚 | 望 | 胸 |
| 駆 | 勘 | 忘 | |
| 殴 | 堪 | 忙 | |
| 欧 | | 荒 | |
| 枢 | | 慌 | |
| | | 盲 | |
| | | 妄 | |

### 5.4.4 Giare e calderoni

| 酉* | 酋* | 畐* | 髙* | 鼎* |
|---|---|---|---|---|
| 酒 | 猶 | 福 | 隔 | 具 |
| 配 | 尊 | 副 | 融 | 真 |
| | 遵 | 富 | | 慎 |
| | 噂 | 幅 | | 鎮 |

### 5.4.5 Coperchi e coperture

| 亼* | 合 | 今 | 令 | 余 | 僉* | 之* | 南 |
|---|---|---|---|---|---|---|---|
| 会 | 答 | 吟 | 冷 | 途 | 験 | 乏 | 献 |
| 絵 | 塔 | 琴 | 齢 | 塗 | 検 | 芝 | |
| 命 | 搭 | 貪 | 零 | 叙 | 険 | | |
| | 拾 | 念 | 鈴 | 除 | 剣 | | |
| | 給 | 捻 | 領 | 徐 | 倹 | | |
| | | 陰 | | 斜 | | | |
| | | 含 | | 茶 | | | |
| | | 領 | | 舎 | | | |
| | | | | 捨 | | | |

# 5.4.1 Sacchi

| 東 | 東、東京 Tōkyō、東洋 Oriente |
|---|---|
| II | Un bastone di legno (木) che <u>attraversa</u> un <u>fagotto</u> legato alle due estremità. Il significato di **est** è un prestito, forse messo in analogia con il senso originale immaginando il sole che sorge a est come se trafiggesse l'orizzonte. |

| 凍 | 凍る、凍える gelare, intirizzire、凍結 congelamento/blocco、凍死 morte per assideramento、冷凍 surgelamento、冷凍庫 freezer、冷凍品 congelatore-surgelatore |
|---|---|
| / | Il fagotto (東) suggerisce una massa compatta e richiama 硬 "duro". Con l'aggiunta di ghiaccio (*ソ) sono resi i significati di **ghiacciarsi, congelarsi, gelarsi**. Utile l'omofonia con 冬 inverno. |
| 棟 | 棟 colmo del tetto、〜棟 ... costruzioni、病棟 reparto (ospedaliero) |
| / | Travi di legno (木) che attraversano la copertura dell'**edificio > colmo del tetto > reparto**. 東 evidenzia la funzione centrale di supporto della trave di legno, paragonata a quella del bastone che attraversa il fagotto. |
| 陳 | 陳述 deposizione、陳情 petizione, supplica、陳列 esposizione、陳列品 articolo in esposizione |
| // | Sentieri rialzati (suggeriti da *阝 collina e il senso implicito di "attraversamento" di 東) > essere messo in mostra > **esposizione > esprimere-affermazione**. |

| *柬 | <u>Rimuovere</u> (disperdere *ハ) dal sacco (東) quello che è stato <u>selezionato</u>. Si semplifica direttamente con 東. |
|---|---|
| III | 練る、練習 allenamento, esercizio、訓練 addestramento, esercitazione、洗練 raffinare、熟練 abilità acquisita dopo lunga pratica、試練 prova-traversia、未練 rimpianto, rincrescimento |
| | *柬 trasmette il senso di "selezionare" e richiamava foneticamente *爛 "ammorbidire tramite bollitura" per suggerire nell'insieme il processo di lucidatura dei 糸 fili di seta > migliorare, rifinire > **esercitarsi, fare pratica, allenarsi**. |
| 錬 | 錬る、鍛錬 temprare-allenare/forgiatura、錬金術 alchimia |
| / | **Raffinatura** (*柬 selezione-rimozione) del metallo (金) > **temprare il metallo, separare gli elementi**. La lettura richiama 燃 bruciare. |
| 煉 | 煉瓦 mattone |
| // | **Metallo raffinato** ad alte temperature (火). *柬 suggerisce il senso di raffinatura dai suoi significati di "selezione-rimozione" e richiama foneticamente 燃 bruciare (vedi sopra). |
| 欄 | 欄 colonna (di testo), rubrica, riquadro、空欄 colonna in bianco, spazio vuoto、欄干 balaustra, parapetto, ringhiera (e simili) |
| / | *闌 rappresenta l'ingresso (門) di una secinzione. Qui l'idea è rafforzata dall'aggiunta di legno (木) e dal legame fonetico tra *柬 con 円 (rotondo) e 垣 (recinto) > **recinto-ringhiera**. L'idea di spazio delimitato ha generato il significato principale di **colonna** (es. del giornale, di un blog). |

| 束 | 束、束ねる legare insieme (e simili) (束ねる)、花束 mazzo di fiori、約束 promessa、束縛 restrizione |
|---|---|
| IV | Kanji simile nella forma a 東 e *柬, ma in realtà semplificazione del pittogramma di un **fascio** di legna > **mazzo**. |

| 速 | 速い、速やか、時速 velocità oraria、急速 rapido (es. progresso)、高速道路 autostrada、速達郵便 posta espressa、高速 alta velocità、早速 subito, il prima possibile、迅速 prontezza |
|---|---|
| III | Andare **veloci** per la strada (*辶) > **rapido**. 束 richiama foneticamente 促 sollecitazione e forse suggerisce un'idea di "movimento compatto" dal suo significato di fascio. |

| 頼 | 頼む chiedere un favore、頼み、頼もしい fidato、頼る fare affidamento su, confidare in、人頼み dipendere dagli altri、依頼 richiesta/incarico、信頼 avere fiducia in |
|---|---|
| / | Da *頼, unione di 貝 per indicare "denaro" e *剌 "squarciare, tagliare in due/essere in contraddizione", usato foneticamente per esprimere "profitto". Il significato complessivo era quello di "dare un profitto a livello economico". **Fare affidamento su** e **richiedere** sono dei prestiti, forse in parte associati all'idea di fare affidamento sulle risorse finanziarie altrui. La semplificazione attuale è composta da 束 e un errore di trascrizione di 貝 e 刀 con "testa" (頁). |

| 瀬 | 瀬、浅瀬 secca, guado, bassofondo、瀬戸物 ceramica/porcellana、瀬戸際 momento critico |
|---|---|
| // | > il kanji indica un punto dove il fiume (*氵) si divide in due (頼, ovvero *賴) e scorre più veloce > **secca, rapide, guado**. Per semplicità potrebbe essere ricordato come un punto del fiume (*氵) dove è necessario 頼 fare affidamento su qualcosa per poter passare. |

| 整 | 整える mettere in ordine, sistemare、整う essere ben proporzionato、整理 riordinamento、整備 allestimento/messa a punto, manutenzione/miglioramento、整列 allineamento、髪を整える sistemarsi i capelli、整頓 mettere in ordine |
|---|---|
| III | *敕 suggerisce "costringere (*攵) a comportarsi in modo corretto", con 束 usato per richiamare foneticamente 直 (dritto, onestà). Aggiungendo 正 (giusto) si rafforza il senso e si stabilisce un secondo richiamo a 斉 (uniforme, equo) giungendo così al significato finale di portare ordine > **mettere in ordine** > **ben proporzionato**. |

| 重 | 重い pesante、重んじる dare importanza, stimare、重荷 peso-carico、重力 gravità、重要 importante、重なる (intr.)、重ねる (tr.)、体重 peso corporeo、厳重 rigoroso、慎重 prudente、貴重 prezioso、〜重 ... pieghe、紙一重 (differenza) sottile come la carta |
|---|---|
| III | Combinazione di *壬 persona in piedi e 東 (est), nel suo significato grafico di "<u>fagotto</u>" > una <u>persona che porta un carico</u> > **peso, pesante** (anche figurato) > **sovrapporre, impilare-accatastare** > **pieghe**. |

| 動 | 動く、自動車 automobile、動物 animale、運動 movimento/esercizio fisico、動詞 verbo、感動 commozione、動作 azione, gesto、活動 attività、移動 spostamento, trasferimento, migrazione |
|---|---|
| III | Persona che porta un carico applicando la sua 力 forza > generare **movimento**. |

| 働 | 働く、働き者 gran lavoratore、労働 lavoro、労働力 forza lavoro-manodopera |
|---|---|
| IV | > una *亻 persona in 動 movimento, riferito al **lavorare** > **operare, essere efficace**. |

| 種 | 種 seme (e simili)、種 genere/specie、種々 vario、種類 genere, tipo, specie、人種 razza umana |
|---|---|
| IV | 重 richiamava foneticamente 遅 ritardare, significato forse in parte suggerito anche da quello implicito di "portare un carico". Il kanji si riferiva a un particolare **specie-tipo** di \*禾 grano lento a maturare. **Seme** è un prestito, ricordabile come "la parte 重 pesante del \*禾 grano". |
| 腫 | 腫れる gonfiarsi (es. infiammazione, occhi)、腫瘍 tumore、癌腫 carcinoma、肉腫 sarcoma、黒色腫 melanoma |
| // | 重 richiama 脹 "gonfiarsi" oltre che suggerire il suo significato di "peso" > **gonfiori** nel corpo (肉) > **tumore**. |
| 衝 | 衝突 collisione/disaccordo、正面衝突 urto frontale、衝動 impulso, stimolo、衝撃 shock |
| / | Oggetti 重 pesanti che **collidono** muovendosi (行) l'uno contro l'altro. |
| 量 | 量る、量 quantità, ammontare、重量 peso、分量 quantità, dose、計量 misurare-pesare、容量 dose, dosaggio、多量 grande quantità (大量)、音量 volume (sonoro) (=ボリューム) |
| IV | Combinazione di un "contenitore usato per misurare" (semplificato in alto con 日 sole) e 重, a indicare un <u>fagotto pieno</u> di un certo peso > **misura, quantità**. 重 compare in basso senza l'elemento di \*壬 persona in piedi, omesso poiché inutile ai fini del significato finale, risultando così identico al kanji di 里 villaggio. |
| 糧 | 糧 nutrimento, cibo、食糧 viveri |
| / | > un fagotto pieno (量) di **provviste** (米 riso) preparato in previsione di un viaggio (legame fonetico con 路 strada, via) > **cibo, nutrimento**. |

| 童 | 童、児童 infanzia, bambino、童話 favola、童心 mente di un bambino, innocenza infantile、河童 Kappa |
|---|---|
| III | Kanji originato dalla combinazione di "ago" (辛, di cui rimane la parte superiore), 目 occhio e 重 (peso), quest'ultimo presentato nella sua accezione grafica di "persona che porta un carico". Il tutto rimandava alla figura di uno schiavo identificato dal tatuaggio inciso sopra i suoi <u>occhi</u> (sulla fronte). L'idea di "non avere sufficienti diritti nella società" ha portato ai significati attuali associati di **bambino** e **bambinesco**. La semplificazione di 重 e 目 appare identica al kanji di 里 villaggio. |
| 瞳 | 瞳、瞳孔 pupilla |
| / | L'aggiunta di 目 occhio accentua l'attenzione sulla **pupilla** > **occhio**. |
| 鐘 | 鐘、早鐘を打つ battere velocemente (cuore), martellamento、鍾乳石 stalattite |
| / | Una **campana** di metallo (金). Il ruolo di 童 non è chiaro. Il suo componente 重 potrebbe aver prevalso comunicando il senso di "pesante", oppure potrebbe aver richiamato foneticamente "maniglia" per indicare un particolare tipo di campana. Una tecnica mnemonica è quella di pensare a "un servo che suona una campana di metallo". |
| 憧 | 憧れる、憧れ、憧憬 |
| / | Sentimenti (\*忄) provati da un bambino > **desiderare, aspirazione, ammirazione**. |

| 曹 | 軍曹 <sub>ぐんそう</sub> sergente |
|---|---|
| / | La parte superiore è la semplificazione di un raddoppiamento di 東 (inteso nel suo significato grafico di fagotto come visto sopra) per esprimere <u>pluralità</u> > <u>due persone di pari valore che dibattono</u> (*曰 dire in basso, semplificato con 日) > **ufficiali, cadetti, compagni**. |

| 遭 | 遭う、目に遭う soffrire-patire (un'esperienza spiacevole)、遭難 <sub>そうなん</sub> disastro-incidente/naufragio、交通事故に遭う <sub>こうつうじこ</sub> rimanere bloccato per un incidente stradale、事故に遭う <sub>じこ</sub> avere un incidente |
|---|---|
| / | Due persone che si **incontrano** per strada (*辶). In genere 遭 assume significato figurato negativo di incontro indesiderato, forse riprendendo l'idea di 曹 che porta le due persone a dibattere. |
| 槽 | 浴槽 <sub>よくそう</sub> vasca da bagno、水槽 <sub>すいそう</sub> cisterna, serbatoio d'acqua |
| // | Una tinozza di legno (木) > **vasca, serbatoio**. 曹 era usato foneticamente per esprimere "grano danneggiato" caratterizzando lo scopo e il tipo di tinozza. Per semplicità è possibile considerare il raddoppiamento di fagotto (東) come preponderante nell'evidenziare la presenza del contenitore. |

# 5.4.2 Contenitori

| 吉 | 吉、不吉 (ふきつ) infausto, malaugurio、吉報 (きっぽう) buone notizie |
|---|---|
| / | Kanji derivato dal pittogramma di un <u>contenitore (口) colmo fino al coperchio</u>, questo semplificato nella forma in modo identico a 土 (uomo-guerriero). L'abbondanza espressa suggerisce ricchezza e fortuna > **buona sorte**. È possibile che il kanji nel tempo sia stato rielaborato semplicemente come "una 土 uomo con la 口 bocca piena". |

| | | |
|---|---|---|
| 結 | | 結ぶ、結う (ゆ) allacciare、結わえる (ゆ) allacciare-annodare、結局 (けっきょく) in definitiva、結果 (けっか) risultato, esito 結び付く (むすび つき) essere legato a/congiungersi、結び目 (め) nodo、結末 (けつまつ) conclusione-soluzione、結婚 (けっこん) matrimonio |
| | IV | Fissare saldamente il coperchio al contenitore **legandolo-allacciandolo** con una corda (糸) > chiudere in modo saldo > **conclusione**. |
| 詰 | | 詰む (つ) essere colmo-fitto、詰める (つ) (tr.)、詰まる (つ) (intr.)、詰まらせる (つ) mettere in breve、つまらない (積) insignificante/sciocco/non interessante, banale/inutile、詰問 (きつもん) chiedere severamente una spiegazione a qualcuno、缶詰 (かんづめ) scatola-scatoletta、詰まり (つ) in breve, in altre parole |
| | / | Essere **colmi** di parole (言) > **riempire** di domande qualcuno. L'essere pieno comunica un senso di compressione che porta al significato di **mettere in breve**. |

| 去 | 去る、立ち去る (た ち さ) andarsene, lasciare、去年 (きょねん) l'anno scorso、過去 (かこ) passato、撤去 (てっきょ) rimuovere、死去 (しきょ) morte |
|---|---|
| III | Dal pittogramma di un <u>contenitore</u> per il riso con un <u>doppio coperchio</u>. Il kanji sottintende la conservazione atta al consumo dell'alimento, da cui il significato di **andarsene via** > **lasciare-abbandonare, passato, passare**. |

| | | |
|---|---|---|
| 法 | | 法、法律 (ほうりつ) legge、文法 (ぶんぽう) grammatica、不法 (ふほう) illegale、憲法 (けんぽう) costituzione、法学 (ほうがく) giurisprudenza |
| | IV | Il doppio coperchio impedisce all'acqua (*氵) di fuoriuscire. Il senso di contenimento qui espresso è stato successivamente associato a quello di una **legge** > **modello, regola, sistema, principio**. |
| 怯 | | 怯える (おび) impaurirsi、怯む (ひる) intimorirsi、卑怯 (ひきょう) codardia, vigliaccheria、卑怯者 (ひきょうもの) codardo, vigliacco |
| | / | Andarsene via per la paura (心) > **intimorirsi, codardia**. |
| 却 | | 却って (かえ) al contrario, invece/piuttosto che、返却 (へんきゃく) restituzione (es. di un libro)、退却 (たいきゃく) ritirata、却下 (きゃっか) rifiuto, respingere、冷却 (れいきゃく) raffreddamento, refrigerazione |
| | / | Una <u>persona inginocchiata</u> (*卩) che lascia il suo posto e 去 va via > **ritirarsi. Al contrario** è un significato associato al concetto di ritirata e allontanamento. |
| 脚 | | 脚 (あし)、脚注 (きゃくちゅう) nota a piè di pagina、脚本 (きゃくほん) sceneggiatura、脚色 (きゃくしょく) adattamento、馬脚を露わす (ばきゃく あら) rivelare la propria vera natura、失脚 (しっきゃく) destituzione、行脚 (あんぎゃ) pellegrinaggio |
| | / | > aggiungendo 肉 a 却 si pone l'attenzione sulla parte del corpo coinvolta nell'atto di alzarsi dalla posizione inginocchiata > **gambe** (anche figurato). |
| 蓋 | | 蓋 (ふた)、目蓋 (まぶた) palpebra、円蓋 (えんがい) (volta a) cupola、頭蓋 (ずがい) cranio, scatola cranica |
| | // | *盍 mostra un 皿 piatto con un coperchio. L'aggiunta di *艹 erba suggerisce la copertura del tetto di un'abitazione primitiva > **coperchio, copertura**. |

| 缶 | 缶、缶詰 scatola-scatoletta、空き缶 lattina vuota、缶切り apriscatole、薬缶 teiera、汽缶 bollitore |
|---|---|
| / | Pittogramma di un *凵 recipiente ben chiuso da un doppio coperchio. 缶 è stato associato in particolare a conteni-tori metallici > **barattolo, lattina**. La forma è scomponibile come combinazione di *凵 e pestello (vedi 午). |

| 揺 | 揺れる tremare, traballare, oscillare, vibrare、揺らぐ tremare, ondeggiare、揺りかご culla、動揺 |
|---|---|
| / | Da *搖. La parte a destra *䍃 mostra un recipiente (缶) atto a contenere la 肉 carne. Come radicale *䍃 suggerisce agitare-scuotere, per ragioni fonetiche o forse per associazione con all'atto di lavora-re la carne contenuta nel recipiente > l'aggiunta di *扌 mano e la semplificazione di 肉 con un'altra *爫 mano ha enfatizzato i significati di **agitare, vibrare, tremare, ondulare** e **dondolare**. |
| 謡 | 謡 、童謡 canzone per bambini, filastrocca |
| / | > da *謠. La parte destra deriva da *䍃 (carne in un recipiente) ed è lo stesso elemento analizzato sopra, usato per suggerisce anche qui "agitare" > cantare e recitare modulando e facendo vibrare la voce (言) > **canzone popolare, canto** (teatro Nō). |
| 陶 | 陶芸 arte della ceramica、陶器 ceramica, terracotta、陶磁器 ceramiche e porcellane |
| / | In origine il kanji era solo *匋, un recipiente di **ceramica** avvolto (*勹) per protezione. *匋 si è poi confuso con 陶, la cui aggiunta di *阝 indicava un tipo di fornace costruita a più livelli sul fianco della collina in grado di produrre un particolare tipo di ceramica. Per comodità *阝 collina può esse-re considerata a scopo rafforzativo dell'idea di protezione della ceramica espressa in *匋. Questa idea di protezione comunica un senso di "felicità" in poche sporadiche parole. |
| 鬱 | 鬱、憂鬱 malinconia、鬱陶しい triste-cupo/fastidioso-noioso |
| / | *鬯 erbe aromatiche dall'aroma delicato (suggerito da *彡 capelli sottili) poste in un recipiente (in-dicato da *凵 e *匕 cucchiaio). Il recipiente appare sigillato (缶 e *冖 coprire) e inarrivabile come se nascosto nel folto del 林 bosco > **depressione**. |

| 曽 | 曽孫 pronipote (曾孫) |
|---|---|
| // | Da *曾, del vapore che si alza da una pentola per cuocere il riso. Il kanji comunica un senso di accumulo dovuto al vapore che si alza e dalla forma della pentola stessa formata da due scomparti. L'idea di accumulo è stata riutilizzata in termini di parentela > **pro...** (pronipote). La semplificazione può essere immaginata per comodità considerando 日 come la fonte di calore, 田 (risaia) la pentola del riso e *ソ il vapore che si leva e disperde. |

| 層 | 層、超高層建築 grattacielo (高層ビル)、オゾン層 strato d'ozono、一層 ancora di più、階層 classe sociale |
|---|---|
| VI | *尸 qui è un'abbreviazione di 屋 (casa, negozio), utilizzato per indicare un "edificio" formato da più piani (曽) > **strati** > **ceto**. |
| 僧 | 僧、尼僧 monaca, suora、小僧 giovane, novizio, apprendista |
| / | 曽 era usato per esprimere il suono della prima sillaba della parola sanscrita *sangha*, ossia **monaco** (evidenziato dall'aggiunta di *亻 persona). Un espediente mnemonico per ricordarsi il kanji potreb-be essere quello di immaginare il vapore che si leva dalla pentola come metafora di uno stato dell'esistenza più elevato verso il quale un monaco cerca di dirigersi. |

| 憎 | 憎い、憎む、愛憎 amore e odio/parzialità、憎悪 odio, avversione |
|---|---|
| / | Accumulo di sentimenti (*忄) negativi che ardono nel cuore > **odio**. |

| 贈 | 贈る、寄贈 donazione, offerta、贈呈 omaggio、贈収賄 corruzione、贈答 scambiarsi i regali |
|---|---|
| / | **Donare** dei regali preziosi (貝). *曽 richiama 送 "spedire, mandare", ma può aver suggerito anche il loro gran numero o, in ottica giapponese, l'atto di regalare visto come un'azione che va dal basso (se stessi) verso l'alto (l'altra persona). |

| 増 | 増える (intr.)、増やす (tr.) (増す)、増加 aumento, incremento, accrescimento、増大 aumento, incremento, accentuazione、日増しに di giorno in giorno、割り増し supplemento、増設 fondare-instituire、増強 rinforzare-potenziare、増援 rinforzo, rinforzi |
|---|---|
| V | Un accumulo di 土 terra > **aumentare**. |

| 曲 | 曲がる (intr.)、曲げる (tr.)、曲線 curva、曲 brano musicale (一曲)、作曲家 compositore |
|---|---|
| III | Dal pittogramma di un contenitore curvo > **curvare, piegare** > andamento di una melodia > **brano musicale**. |

| *冓 | In origine il pittogramma di due ceste di bambù poggiate una sopra l'altra. Come radicale suggerisce spesso <u>combinare insieme</u> e alle volte una <u>gran quantità</u>. |
|---|---|

| 講 | 講演 conferenza、講義 lezione universitaria、休講 cancellazione della lezione |
|---|---|
| V | Argomenti (言) combinati insieme in una **discussione** o una **spiegazione** > **lezione**. |

| 構 | 構う badare-preoccuparsi di qualcosa、構える mettere su (negozio, casa…)/assumere un atteggiamento、結構 essere apposto, andare bene, abbastanza, spesso、構成 composizione, struttura、構造 struttura |
|---|---|
| V | Pezzi di legno (木) combinati insieme nella costruzione di una **struttura** > **cornice, postura**. **Badare-preoccuparsi di qualcosa** sono associati all'idea di "combinare i pensieri insieme". |

| 溝 | 溝 fosso, canale/divario (es. tra le persone)、海溝 fossa oceanica、溝ネズミ topo di fogna |
|---|---|
| / | Un sistema di **canali** per l'irrigazione (*氵) combinati insieme > **fosso**. |

| 購 | 購読 abbonamento (es. a una rivista)、購入 acquisto, compera |
|---|---|
| // | Desiderare qualcosa al punto di spendere (貝) molto pur di **acquistarla** > **abbonamento**. *冓 richiama foneticamente 好 "piacere qualcosa" oltre che a suggerisce la gran quantità (di soldi spesi). |

| 再 | 再び nuovamente、再～、再婚 risposarsi、再会 rivedersi, rincontrarsi、再編 riorganizzare、再来月 fra due mesi、再考 riconsiderazione |
|---|---|
| V | Il kanji presenta la parte inferiore di *冓 allo scopo di rappresentare <u>una sola cesta</u>, con l'aggiunta di un tratto (一) per suggerire il punto di appoggio o il piedistallo su cui posare l'altra > **di nuovo, una seconda volta**. La lettura richiama 載 "posizionare su". |

| 称 | 称する chiamare, denominare/farsi passare per、愛称 vezzeggiativo, appellativo affettuoso、名称 denominazione、称賛 elogio, lode、称号 titolo (es. di lord)、一人称 prima persona |
|---|---|
| / | Semplificato da *稱, una *爫 mano che raccoglie il *禾 grano e lo raggruppa dentro una cesta (indicata dalla parte inferiore di *冓). Le **cantilene** che accompagnavano questo genere di attività lavorativa trasmettono al kanji il significato di **appellativo** > **nome, titolo**. **Elogio** potrebbe essere un prestito quanto un significato associato. |

# 5.4.3 Scatole

| | |
|---|---|
| **\*匚** | Pittogramma di una <u>scatola</u>. |
| **区** | 区、地区 <sub>く ちく</sub> distretto、区分 <sub>くぶん</sub> divisione, ripartizione、区別 <sub>くべつ</sub> distinzione, discernimento、区画整理 <sub>くかくせいり</sub> riassetto urbanistico、区切る <sub>くぎ</sub> dividere in più parti、区域 <sub>くいき</sub> zona, distretto, area、まちまち <sub>区 々</sub> vario, divergente |
| **III** | Da \*區, un'unita circoscritta (\*匚) suddivisa in più **sezioni** (品) > **distretti** in cui è suddivisa la città. Come radicale è usato spesso per indicare la lettura fonetica originaria おう (EO-Ō). La lettura attuale richiama invece 隅 <sub>ぐう</sub> (<u>nicchia, angolo</u>). La lettura originaria おう e quella attuale く sembra derivino da una lettura primitiva comune (EOKU). |

| | |
|---|---|
| **駆** | 駆ける <sub>か</sub> galoppare/correre、駆る <sub>か</sub> sospingere/andare in (es. auto)、駆使 <sub>くし</sub> trarre il massimo vantaggio da、駆られる <sub>か</sub> essere trascinato (dai propri sentimenti)、先駆者 <sub>せんくしゃ</sub> pioniere, precursore |
| **//** | Il suono originario di \*區 (EO-Ō) indica qui il verso emesso per spronare il 馬 cavallo > **galoppare, sospingere, precipitarsi.** |
| **殴** | 殴る <sub>なぐ</sub>、殴打 <sub>おうだ</sub> colpo、殴殺 <sub>おうさつ</sub> picchiare a morte |
| **/** | **Colpire** (\*殳) qualcuno. \*區 è usato per la lettura originaria (EO-Ō) che trasmette il suono del lamento di chi è stato colpito. |
| **欧** | 欧州 <sub>おうしゅう</sub> (=ヨロッパ) |
| **//** | \*區 trasmette la lettura originaria (EO-Ō) che, insieme a "bocca aperta" (欠), suggerisce il suono prodotto durante il vomito. **Europa** è un prestito per associazione fonetica. |
| **枢** | 中枢神経系統 <sub>ちゅうすうしんけいけいとう</sub> sistema nervoso centrale、中枢 <sub>ちゅうすう</sub> centro, nucleo、枢要 <sub>すうよう</sub> centrale-importante |
| **//** | Qui \*區 suggerisce la nicchia dove è inserito il cardine dell'anta di legno (木) di una porta > **perno.** |

| | |
|---|---|
| **匹** | ～匹 <sub>ひき</sub> contatore per piccoli animali e insetti/rotoli di stoffa、匹敵 <sub>ひってき</sub> essere alla pari, uguagliare, rivaleggiare |
| **/** | Kanji semplificato dal pittogramma di "due **rotoli di stoffa** della stessa dimensione" > **eguagliare.** Non è chiaro come 匹 abbia assunto la funzione di **contatore per piccoli animali e insetti.** Una teoria semplice interpreta la forma attuale come una \*匚 scatola con due piccoli animaletti all'interno (raffigurati da \*儿 gambe). |
| **甚** | 甚だ <sub>はなは</sub>、甚だしい <sub>はなは</sub>、甚大 <sub>じんだい</sub> considerevole, notevole |
| **/** | "Un abbinamento (匹 eguagliare) 甘 dolce", riferito a una coppia di amanti ben abbinata, simbolo d'immensa felicità <sub>かん</sub> > **enorme, estremo, grande.** I suddetti significati sono stati estesi anche per caratterizzare gli eventi negativi > **eccessivo, enormi (danni).** 甘 appare modificato con un tratto aggiuntivo. |

| | |
|---|---|
| **勘** | 勘違い <sub>かんちが</sub> sbagliarsi、勘弁 <sub>かんべん</sub> perdono-tolleranza、割り勘 <sub>わ かん</sub> dividere il conto、(お)勘定 <sub>かんじょう</sub> il conto |
| **/** | Compiere 甚 enormi sforzi (力) per **sopportare** una situazione difficile > avere grande **tolleranza** > lottare per comprendere > **intuizione, senso.** La lettura richiama 担 <sub>たん</sub> "portare sulle spalle, sopportare un peso". |

| 堪 | 堪える、堪忍 pazienza、堪忍袋の緒が切れる perdere la pazienza |
|---|---|
| / | Un 甚 enorme ammasso di 土 terra. **Sopportare** e **resistere** sono significati associabili in parte al peso della terra e in parte derivati dall'omofono 勘 (vedi sopra) e dal legame fonetico con 担 "portare sulle spalle, sopportare un peso". |

| 亡 | 亡くなる morire-mancare、亡くす perdere qualcuno、死亡 morte、逃亡 fuga、逃亡者 fuggitivo |
|---|---|
| VI | In origine il pittogramma di una persona <u>nascosta dietro l'angolo e non più visibile</u> > **fuga, perdere qualcosa** > **morte** (<u>non essere più visibili né attivamente presenti</u>). La semplificazione può essere ricordata "come una *凵 scatola sopra alle quale è stato posto un *亠 coperchio così da coprire e nascondere il contenuto alla vista". |

| 望 | 望む、希望 speranza、絶望 disperazione、失望 delusione、願望 aspirazione-desiderio、野望 ambizione、志望者 aspirante、欲望 desiderio、望郷 nostalgia di casa、(望月 luna piena) |
|---|---|
| IV | Una persona dritta in piedi (*壬, semplificata con 王 re) che alza lo sguardo verso la 月 luna, **fissandola** da lontano > **desiderare** quello che non si ha (亡). In passato l'elemento 亡 era in realtà 臣 (pittogramma di una pupilla dilatata). |

| 忘 | 忘れる、忘れ物 oggetto dimenticato、忘恩 ingratitudine |
|---|---|
| VI | Qualcosa che era nel proprio 心 cuore, ma che ormai non è più visibile > **dimenticare**. |

| 忙 | 忙しい、多忙 estremamente impegnato (soprattutto dal punto di vista lavorativo) |
|---|---|
| / | Stato di offuscamento dell'animo (*忄) dovuto all'essere troppo **impegnati**. |

| 荒 | 荒れる (intr.)、荒らす (tr.)、荒い、荒波 mare burrascoso、肌荒れ pelle secca、荒野 landa、荒廃 in rovina/decadenza、踏み荒らす calpestare, sconfinare、荒々しい rude |
|---|---|
| / | *㡃 indica un danneggiamento di vaste proporzioni (omofonia con 広 ampio) e inquinamento idrico (川 fiume combinato con 亡 morte). Insieme a *艹 erba si dà il senso di una **distesa vasta e desolata** ormai **in rovina** > **selvaggio** > **rude, impetuoso, agitato** (anche per il comportamento). |

| 慌 | 慌てる、慌しい、恐慌 panico/crisi |
|---|---|
| / | > sentimenti (*忄) 荒 agitati > **essere confuso, agitato, sconvolto, essere di fretta**. |

| 盲 | 盲、盲目 cecità、盲人 cieco、盲導犬 cane per ciechi、文盲 analfabetismo、色盲 daltonismo |
|---|---|
| / | Non essere più visibile agli 目 occhi > essere **cieco** > **ignoranza** per associazione. |

| 妄 | 妄りに、妄想 fantasticheria, fissazione、軽挙妄動 azione imprudente |
|---|---|
| / | 亡 indica "non essere più visibile" > perdere la ragione a causa dell'infatuazione per una 女 donna > essere **incauto, irrazionale**. |

| 凶 | 凶悪 atroce, efferato、凶器 arma mortale、凶作 raccolto scarso, pessima annata |
|---|---|
| / | Il simbolo al centro simboleggia che la <u>scatola (*凵)</u> è **vuota**. Il kanji trasmette il senso di **sfortuna** e **disastro** contrapponendosi a 吉, un contenitore chiuso e pieno fino all'orlo simbolo di abbondanza e di buona fortuna. |

| 胸 | 胸、胸焼け bruciore di stomaco、胸糞 disgusto、胸部 torace、度胸 coraggio、胸筋 pettorale |
|---|---|
| VI | Zona cava (凶) avvolta (*勹) nel corpo (肉); dapprima riferito ai polmoni, in seguito alla zona del **petto** in generale > **seno, cuore** (e affini). |

# 5.4.4 Giare e calderoni

| *酉 | Una <u>giara di vino</u>. Da non confondersi con 西 (ovest). |
|---|---|

| 酒 | (お)酒 <sub>さけ</sub> sake、日本酒 <sub>にほんしゅ</sub> sake giapponese、飲酒 <sub>いんしゅ</sub> (il) bere、禁酒 <sub>きんしゅ</sub> astinenza dal bere、居酒屋 <sub>いざかや</sub> izakaya、酒場 <sub>さかば</sub> pub-locale (e simili)、大酒飲み <sub>おおざけの</sub> grande bevitore、食前酒 <sub>しょくぜんしゅ</sub> aperitivo |
|---|---|
| III | Una giara piena di vino (*氵) > **alcolici** > **sake**. |
| 配 | 配る、心配 <sub>しんぱい</sub> preoccupazione、配達 <sub>はいたつ</sub> consegna、支配 <sub>しはい</sub> controllo/influenza、配置 <sub>はいち</sub> disposizione |
| III | Kanji di origine poco chiara. In genere viene interpretato come una persona inginocchiata (己) che **distribuisce** il vino. La lettura può essere collegata a 杯 <sub>はい</sub> (calice, tazza). |

| *酋 | <u>Versare (*丶丿)</u> il contenuto di una *酉 giara di vino. |
|---|---|

| 猶 | 猶予 <sub>ゆうよ</sub> esitazione/proroga |
|---|---|
| // | *酋 è utilizzato per richiamare foneticamente 渋 <sub>しゅう</sub> (esitare/sobrio) <sub>しゅう / じゅう</sub> > una scimmia (*犭) che si comporta con fare **esitante** davanti a una giara, essendo a volte usate come trappole > **ritardo, ancora**, un'azione da portare ancora a termine a causa del proprio comportamento esitante. |

| 尊 | 尊ぶ <sub>たっと</sub>、尊ぶ <sub>とうと</sub>、尊い <sub>とうと</sub>、尊重 <sub>そんちょう</sub> rispetto, stima、自尊 <sub>じそん</sub> autostima、尊敬 <sub>そんけい</sub> stima, rispetto, venerazione、尊敬語 <sub>そんけいご</sub> linguaggio onorifico、尊厳 <sub>そんげん</sub> dignità |
|---|---|
| VI | Mano (寸) che offre una *酉 giara di vino e versa il contenuto a un superiore > **rispettare, onorare**. |

| 遵 | 遵守 <sub>じゅんしゅ</sub> osservanza (遵法 <sub>じゅんぽう</sub>) |
|---|---|
| / | Seguire (*辶) la persona che si 尊 rispetta > **obbedire, assecondare**. La lettura richiama 順 <sub>じゅん</sub> (conformità, ordine, sequenza) e 循 <sub>じゅん</sub> (seguire). |
| 噂 | 噂 <sub>うわさ</sub>、噂話 <sub>うわさばなし</sub> |
| // | Raccontare (口) **dicerie** e **pettegolezzi** mentre si offre il vino. |

| *畐 | Una <u>giara piena di vino</u> fino all'orlo. La bocca della giara (口 e 一) è immaginata come <u>molto ampia</u>. |
|---|---|

| 福 | 祝福 <sub>しゅくふく</sub> benedizione、幸福 <sub>こうふく</sub> felicità, buona fortuna、祝福 <sub>しゅくふく</sub> benedizione、裕福 <sub>ゆうふく</sub> benestante、福祉 <sub>ふくし</sub> benessere, assistenza sociale |
|---|---|
| III | Una giara piena di vino purificato usato nelle cerimonie religiose (*礻) > **fortuna, benedizione**. |
| 副 | 副 <sub>ふく</sub>、副詞 <sub>ふくし</sub> avverbio、副作用 <sub>ふくさよう</sub> effetti collaterali、副業 <sub>ふくぎょう</sub> attività secondaria, secondo lavoro |
| IV | Dividere (*刂) abbondanti contenuti > **duplicare**. La similarità fra le parti divise ha condotto ai significati di **abbinamento** e **complementarietà** > **vice**. |

| 富 | 富、富む <sub>とみ・と</sub> arricchirsi/abbondare、富士山 <sub>ふじさん</sub> monte Fuji (富士山 <sub>ふじやま</sub>)、国富 <sub>こくふ</sub> ricchezza-risorse nazionali |
|---|---|
| V | Una casa (*宀) piena di ricchezze > **arricchirsi, abbondanza**. |
| 幅 | 幅 <sub>はば</sub>、大幅 <sub>おおはば</sub> doppia altezza (stoffa)/netto, drastico, grande, considerevole、肩幅 <sub>かたはば</sub> spalle larghe、一幅 <sub>いっぷく</sub> un rotolo、振幅 <sub>しんぷく</sub> ampiezza delle vibrazioni-oscillazioni |
| / | La **larghezza** complessiva di un ampio **rotolo** (suggerito da 巾). |

| *鬲 | Un <u>grosso calderone</u>. La parte superiore è la stessa che si trova in *畐 (una giara dall'ampia bocca) mente la parte inferiore rappresenta il supporto che tiene su tutto (*冂, *儿 gambe e il piccolo elemento grafico in basso). Come radicale può suggerire un <u>oggetto molto grande che occupa così tanto spazio da ostacolare il passaggio</u>. |
|---|---|

| 隔 | 隔てる <sub>へだ</sub>、間隔 <sub>かんかく</sub> intervallo, spazio, distanza、隔離 <sub>かくり</sub> segregazione, isolamento, quarantena、隔世の感がある <sub>かくせい・かん</sub> avere la sensazione di appartenere a un'altra epoca |
|---|---|
| / | Una *阝 collina che si **frappone** e ostacola il passaggio > **separare, isolare**. |
| 融 | 金融 <sub>きんゆう</sub> finanza、融資 <sub>ゆうし</sub> finanziamento、銀行融資 <sub>ぎんこうゆうし</sub> credito bancario |
| // | 虫 (insetto) è usato per la sua lettura CHŪ, associata al suono del vapore che fuoriesce dal calderone mentre si cucina. **Dissolversi** potrebbe essere un prestito come un significato associato al suono emesso che subito dopo comincia ad affievolirsi. |

| *鼎 | Pittogramma di un <u>calderone treppiede cinese retto da delle mani</u>. In genere si semplifica direttamente con 具. |
|---|---|

| 具 | 器具 <sub>きぐ</sub> strumento, utensile、具合 <sub>ぐあい</sub> condizioni、道具 <sub>どうぐ</sub> strumento, attrezzo, utensile、家具 <sub>かぐ</sub> mobile、運動用具 <sub>うんどうようぐ</sub> articoli sportivi、具体 <sub>ぐたい</sub> concreto、具体的 <sub>ぐたいてき</sub> concretamente、工具箱 <sub>こうぐばこ</sub> cassetta degli attrezzi |
|---|---|
| III | Semplificato direttamente da *鼎, il kanji indicava delle mani che reggono un calderone treppiede. Il senso si è poi generalizzato a delle mani che impugnano un **utensile** > **strumento, equipaggiare con tutto il necessario**. |

| 真 | 真 <sub>まこと</sub> verità、真の <sub>しん</sub> reale, vero...、真実 <sub>しんじつ</sub> verità-realtà、写真 <sub>しゃしん</sub> fotografia、真珠 <sub>しんじゅ</sub> perla、真っ赤 <sub>ま・か</sub> rosso vivo、真剣 <sub>しんけん</sub> vera spada/serio, con zelo、真意 <sub>しんい</sub> reali intenzioni, vero motivo、真っ直ぐ <sub>ま・す</sub> dritto、真面目 <sub>まじめ</sub> serio, onesto、真ん中 <sub>ま・なか</sub> centro, mezzo |
|---|---|
| III | Kanji semplificato da *眞, composto da una persona piegata (*ヒ) e una variante di 県 <sub>けん</sub> (prefettura) presentata nel suo significato grafico di "testa (首 <sub>しゅ</sub>) capovolta". Il senso complessivo era quello di una persona <u>capovolta</u>. Una teoria collega i significati di **essenza**, **verità** e **realtà** a quelli di "morte e spirito" suggeriti da *眞, essendo molto probabile che la persona capovolta in questione fosse immaginata come deceduta. La lettura richiama 信 <sub>しん</sub> verità. La versione attuale rende con 十 la persona piegata e semplifica la parte centrale e inferiore in modo identico a 具. |

| 慎 | 慎む <sub>つつし</sub>、慎み深い <sub>つつし・ぶか</sub> discreto, riservato、慎重 <sub>しんちょう</sub> prudenza, cautela |
|---|---|
| / | **Essere discreto**, agire in modo impeccabile **trattenendo** dentro di sé i propri sentimenti (*忄). |
| 鎮 | 鎮める <sub>しず</sub> (tr.)、鎮まる <sub>しず</sub> (intr.)、鎮静 <sub>ちんせい</sub> sedare、鎮静剤 <sub>ちんせいざい</sub> sedativo, tranquillizzante, calmante、鎮圧 <sub>ちんあつ</sub> repressione、鎮火 <sub>ちんか</sub> estinguersi, spegnere (incendio) |
| / | Un metallo (金) capovolto e pesante (legame fonetico con 甚 estremo-grande-eccessivo), da cui un senso di pressione e il significato figurato di **sopprimere** > **acquietare, calma**. La lettura potrebbe richiamare anche 沈 <sub>ちん</sub> (affondare, essere sommerso). |

# 5.4.5 Coperchi e coperture

| | |
|---|---|
| **\*亼** | Pittogramma di una copertura di erbe usata come <u>tetto di un'abitazione</u> primitiva. Come radicale può suggerire una <u>copertura</u> generica, un <u>coperchio</u>, <u>riunirsi in uno stesso posto</u> (omofonia fra \*亼 e 集 raggrupparsi) o <u>combaciare</u>. |

| | | |
|---|---|---|
| **会** | | 会う、出会う incontrare, imbattersi in、会社 ditta、学会 associazione, congresso、会話 frase、会 riunione, assemblea/circolo、送別会 festa d'addio、教会 chiesa、会議 riunione |
| | II | In origine \*會 un coperchio poggiato su una pentola in modo che combaci perfettamente > mettere insieme > **incontrare** (e significati affini). La versione moderna possiede il senso di raccoglimento suggerito da \*亼 e semplifica la parte inferiore con \*云 (parlare), ricordabile in toto come "incontrarsi sotto a un tetto per parlare". |
| **絵** | | 絵、絵本 libro illustrato、油絵 pittura a olio、絵画 dipinto, pittura、絵画館 pinacoteca、浮世絵 ukiyoe、絵に描いたよう …essere l'immagine di… |
| | II | > 糸 fili che si 会 incontrano per formare un ricamo > **disegno, immagine**. |
| **命** | | 命 vita (mortale)、長命 lunga vita、命令 ordine, comando、運命 destino、革命 rivoluzione、寿命 durata della vita、致命傷 ferita letale、一生懸命 impegnarsi al massimo |
| | III | Impartire i **comandi** a gran voce (口) a delle persone inginocchiate (\*卩) radunate in luogo > superiori che controllano la **vita** dei subordinati > dei che comandono il **destino**. In sostanza il kanji è una variante di 令 (comando) con l'aggiunta di 口 bocca per dare più enfasi. |

| | | |
|---|---|---|
| **合** | | 合う (intr.)、合わせる (tr.)、間に合う fare in tempo、話し合う parlare con qualcuno、合図 segnale、試合 incontro-partita、待合室 sala d'aspetto、具合 condizioni, stato、合格 superamento di un esame, promozione、割合 percentuale, proporzione, percentuale、場合 caso, situazione、合言葉 parola d'ordine/slogan、合唱 coro、合体 unione, combinazione、合理 razionalità |
| | II | \*亼 richiama foneticamente \*雔 (ripagare, rispondere) oltre che suggerire "combaciare" > <u>rispondere</u> appropriatamente alle parole (口) dell'interlocutore > **far combaciare, unire insieme**. Un'altra teoria giunge allo stesso significato elaborando gli elementi come "una copertura (\*亼) che combacia perfettamente con il contenitore". |
| **答** | | 答える、答 risposta, soluzione、回答 risposta (返答)、答案 foglio per l'esame scritto、解答 soluzione-risposta、応と答える dire di sì、即答 risposta immediata、応答 replica |
| | II | Kanji creato per veicolare il significato di **rispondere** in seguito al mutamento del significato di 合 in "far combaciare". 竹 (bambù) è usato a scopo fonetico per esprimere "rispondere", ma può essere ricordato con facilità tramite la seconda teoria di 合, immaginando il coperchio come fatto di bambù. |
| **塔** | | 塔、エッフェル塔 torre Eiffel、管制塔 torre di controllo、仏塔 pagoda |
| | / | \*荅, composto di 合 "unire insieme" ed \*艹 erba, suggerire l'atto di <u>mettere su e costruire</u> qualcosa. Con l'aggiunta di 土 terra si è accentuata l'idea della costruzione di un'abitazione primitiva o dell'<u>ammassare</u> di una montagnola di terra. Il kanji in un momento successivo ha assunto il significato di **stupa**, fino a quelli principali attuali di **torre** e **pagoda**. |

| | | |
|---|---|---|
| 搭 | 搭乗 (とうじょう) imbarco、搭乗券 (とうじょうけん) carta d'imbarco、搭乗者 (とうじょうしゃ) passeggero、搭載 (とうさい) caricare (a bordo/sul PC) | |
| / | > ammassare (*荅) con le *扌 mani > **caricare** oggetti uno su l'altro; **imbarcarsi** per associazione. | |
| 拾 | 拾う (ひろう)、拾い読み (ひろよみ) sfogliare, leggere in fretta、拾得 (しゅうとく) procurarsi, trovare、拾 (じゅう) dieci (in documenti legali) | |
| III | Usare entrambe le *扌 mani insieme (合) per **raccogliere** qualcosa. Il senso di "mani unite" ha portato il kanji a essere usato come versione formale del numero **dieci** (le dieci dita delle due mani unite). | |
| 給 | 給う (たま)、給料 (きゅうりょう) salario、月給 (げっきゅう) paga mensile、供給 (きょうきゅう) fornitura、給与 (きゅうよ) assegnazione/paga | |
| IV | 糸 fili fatti 合 combaciare immediatamente nella formazione di un bozzolo (legame fonetico con *緝 (しゅう), indicante il momento nella filatura del bozzolo in cui i fili prodotti appena recisi vengono immediatamente fatti combaciare tra di loro) > rispondere immediatamente a una necessità > **rifornire**, **conferire** > **salario**. | |

| | |
|---|---|
| 今 | 今 (いま) adesso, ora、今月 (こんげつ) questo mese、今夜 (こんや) questa notte、今度 (こんど) questa volta, la prossima volta (今回 (こんかい))、ただ今 (いま) "sono a casa"/adesso-ora、今後 (こんご) da ora in poi、今日 (きょう) oggi、今朝 (けさ) stamattina、今年 (ことし) questo anno、今日は (こんにち) buongiorno、今晩は (こんばん) buonasera、今晩 (こんばん) questa sera、今頃 (いまごろ) ormai, a quest'ora |
| II | Coprire e nascondere qualcosa sotto il tetto (*人) di casa (legame fonetico con 隠 (いん) nascondere). I significati attuali di **presente** e **adesso** sono derivati da un prestito. |

| | | |
|---|---|---|
| 吟 | 吟じる (ぎん) (吟ずる (ぎん))、吟味 (ぎんみ) esame approfondito | |
| // | Inizialmente il kanji indicava un gemito trattenuto (coperto e nascosto) nella 口 bocca. Con il tempo il significato si è evoluto concentrandosi sul modo in cui l'emissione vocale è espressa > **recitazione verbale**. La lettura potrebbe aver richiamato *呻 (しん) (gemito). | |
| 琴 | 琴 (こと) koto (strumento musicale giapponese)、手風琴 (てふうきん) fisarmonica (=アコーディオン) | |
| // | *玨 rappresenta due stringhe di 玉 gioielli e si riferisce alle corde di uno strumento musicale. 今 qui è usato per rappresentare la cassa chiusa dello strumento a corde > **koto** > **arpa**. | |
| 貪 | 貪る (むさぼ)、貪欲 (どんよく) avidità | |
| / | Nascondere le proprie ricchezze (貝) sotto il tetto di casa > **bramare** in modo **avido**. | |
| 念 | 残念 (ざんねん) essere un peccato, dispiacere、記念 (きねん) memoria, commemorazione、概念 (がいねん) concetto, nozione generale、専念 (せんねん) dedicarsi completamente a qualcosa、信念 (しんねん) convinzione, fede、断念 (だんねん) abbandonare (es. speranza, piano) | |
| IV | **Idea** e **sentimenti** nascosti e racchiusi stretti dentro al 心 cuore. 今 è usato anche per richiamare 緊 (こん / きん) stretto-teso. | |
| 捻 | 捻じれる (ね) torcersi, storcersi、捻る (ひね) torcere/avvitare/escogitare、捻挫 (ねんざ) storta、ネジ (ねんし) vite | |
| / | > **girare-avvitare** un oggetto racchiuso stretto (念) nella *扌 mano. | |
| 陰 | 陰 (かげ) ombra (日陰 (ひかげ))、陰る (かげ) ombreggiare, tramontare、陰影 (いんえい) ombreggiatura, sfumatura、陰気 (いんき) cupo、木陰 (こかげ) ombra di un albero、隠居 (いんきょ) pensionato、陰謀 (いんぼう) complotto, cospirazione、陰陽 (いんよう) Yin e Yang | |
| / | *侌 indica nuvole (*云) che coprono e nascondono. Aggiungendo *阝 si trasmette l'immagine del versante in **ombra** di una collina > **Yin** (opposto a Yang, rappresentato dal versante soleggiato della collina 陽 (よう)). | |

| 含 | 含む、含める includere-comprendere、含有 contenere-comprendere、包含 includere, implicare |
|---|---|
| / | **Tenere in bocca** 口 > **contenere, includere.** |

| 頷 | 頷く |
|---|---|
| // | > **fare un cenno con il capo in segno di assenso**, movimento simile a quello che compie la testa (頁) durante la masticazione (suggerita da 含 tenere in bocca). 含 potrebbe essere considerato anche per la sua omofonia con 顔 viso. |

| 令 | 命令 ordine, comando、訓令を発する dare le istruzioni (direttive, ordini)、法令 leggi e decreti |
|---|---|
| IV | Persone inginocchiate (variante di *卩) a cui vengono impartiti i **comandi**. *亼 (copertura) trasmette un'idea di imposizione dall'alto, spesso riscontrabile anche nell'uso di 令 come radicale. 令 è considerabile simile a 命 (vita, destino/comando). In base allo stile di scrittura il kanji può apparire scritto come 令 o 令. |

| 冷 | 冷たい freddo (al tatto)、冷える raffreddarsi、冷やす rinfrescare, raffreddare qualcosa、冷やかす prendere in giro qualcuno/curiosare (es. in un negozio)、冷める raffreddarsi, intiepidirsi、冷ます raffreddare, intiepidire、冷蔵庫 frigorifero、冷房 climatizzazione、冷戦 guerra fredda |
|---|---|
| IV | 令 richiamava foneticamente *懍 (brividi) oltre che suggerire un'imposizione a cui non ci si può sottrarre > un **freddo** gelido (*冫) che fa tremare il corpo. |

| 齢 | 年齢 età、年齢差 differenza di età、老齢 vecchiaia、高齢者 anziano (persona) |
|---|---|
| / | Contare i 歯 denti per stabilire l'**età**. 令 era usato foneticamente per esprimere "contare", ma potrebbe essere collegato al significato finale immaginando "i denti permanenti che crescono come imposti dall'alto con l'avanzare dell'età". |

| 零 | 零す versare/lamentarsi di、零れる colare, sgorgare/trasparire, spuntare fuori、零 zero (=ゼロ)、零下 sottozero、零細 piccolo-irrisorio、零度 zero assoluto (temperatura)、零点 zero (punteggio) |
|---|---|
| / | Gocce d'acqua piovana (雨) che cadono dall'alto. **Versare e fuoriuscire** sono significati derivati. Le piccole dimensioni delle gocce d'acqua hanno trasmesso al kanji anche il significato di **minuscolo**, mentre quello di **zero** è un'ulteriore e conseguente associazione semantica avvenuta in Giappone. In passato la forma del kanji era *霝 e indicava con chiarezza le gocce d'acqua piovana. |

| 鈴 | 鈴、風鈴 *fūrin*、本鈴 campanella (es. a inizio lezione o lavoro)、予鈴 campanella (prima dell'inizio) |
|---|---|
| / | 令 era usato foneticamente per esprimere "lingua", da cui il senso di uno strumento metallico (金) con un piccolo batacchio al centro, simile a una lingua che sporge > **campanella**. 令 potrebbe aver suggerito il suono della campanella che si propaga, paragonandolo a quello dei comandi espressi. |

| 領 | 首領 capo、大統領 presidente、領域 dominio, territorio/settore、占領 occupazione、本領 propria specialità、領収書 ricevuta、領土 territorio-dominio、横領 usurpazione |
|---|---|
| V | Persona che sta in testa (頁) a tutti e impartisce gli 令 ordini > **giurisdizione, dominio, controllo.** |

| 余 | 余る avanzare/eccedere、余す lasciare、余り avanzo/eccesso/troppo、余裕 spazio libero/disponibilità di tempo、余儀ない imprescindibile、余計 superfluo、余分 eccesso/superfluo、余地 spazio、余暇 tempo libero |
|---|---|
| V | Kanji derivato dal pittogramma di un tetto (*亼) sorretto da travi e pilastri (mostrati nella parte inferiore) > un edificio di grande ampiezza > **avanzare** (e affini). In un certo momento fu aggiunto cibo (食) per suggerire "avanzi di cibo abbondante fino all'eccesso" (*餘), ma in seguito è stato omesso. |

| | | |
|---|---|---|
| 途 | 途中 a metà strada/strada facendo, lungo il tragitto (行く途中 stare andando)、途方 essere perplesso、前途 futuro-prospettiva-avvenire、途端 appena, nel momento in cui、帰途 nella via del ritorno | |
| / | Un **percorso** o una **strada** (*辶) molto ampia e di facile percorribilità. | |
| 塗 | 塗る、ペンキ塗り立て "Vernice fresca"、塗れる essere sporco-coperto di、泥塗れ ricoperto di fango、塗装 verniciatura | |
| / | Un ampio fiume (*氵) sul punto di straripare (eccesso d'acqua) > lasciare uno **strato** di 土 terra > **spalmare**, **pitturare** (e simili). | |
| 叙 | 叙述 descrizione, narrazione、叙事 narrazione、叙情 lirismo、叙勲 conferire un'onorificenza、自叙伝 autobiografia | |
| / | 余 richiama foneticamente il senso di sequenzialità presente in 序 (inizio, sequenza, premessa) > una mano (又) che mette in ordine e in sequenza > concetti ed eventi collocati nel loro ordine > **descrizione**. **Conferire** potrebbe essere un significato associato, un prestito o essere derivato da un collegamento fonetico fra 余 e 与 (dare-conferire). | |
| 除 | 除く、掃除 pulizia、排除 esclusione, rimozione、解除 revoca, recessione、免除 esenzione、除いて eccetto、除草剤 diserbante、削除 cancellare-depennare, eliminazione、除外 esclusione | |
| VI | 余 richiama foneticamente il senso di sequenzialità suggerito da 叙 e 序 (sequenza) per indicare una serie di gradini di una pendenza collinare (*阝). **Rimuovere** ed **escludere** sono considerati prestiti sebbene una seconda teoria prenda in esame il senso di grande ampiezza di 余 al fine di suggerire l'atto di rimozione degli ostacoli (*阝). | |
| 徐 | 徐ろに、徐々に、徐行 andare lentamente、徐行速度 bassa velocità | |
| / | Muoversi (*彳) con movimenti ampi > spostarsi **lentamente**, in modo **graduale**, **piano piano**. | |
| 斜 | 斜め、傾斜 inclinazione, pendenza、斜視 strabismo、斜面 pendio | |
| / | In origine il kanji indicava l'atto di prendere un'ampia misurazione (斗 mestolo/misura). Il significato attuale di **obliquo** è un prestito, forse suggerito dalla forma obliqua di 斗 e dal concetto di ampiezza presente in 余. | |
| 茶 | (お)茶、紅茶 tè (nero)、茶色い marrone、茶の湯 cerimonia del tè、抹茶 tè verde、茶化す prendersi gioco di、無茶 assurdo, irragionevole/esagerato/essere precipitoso (無茶苦茶)、滅茶苦茶 incoerente, assurdo, eccessivo, illogico, incauto/devastato, in disordine、喫茶店 sala da tè | |
| II | *艹 erbe dal sapore amaro (legame fonetico tra 余 e il componente 古 di 苦 amaro) > **tè**. 余 è stato semplificato tramite l'omissione di un tratto. Potrebbe tornare utile associare la nuova forma a quella di una pianta per meglio richiamare alla mente l'immagine del tè. In alcune parole il kanji può trasmettere il senso di "infastidire", derivato forse dall'associazione originaria con "amaro", oppure per una connessione con l'omofono *岔 "bivio nel percorso", applicato in senso figurato negativo. | |
| 舎 | 田舎 campagna、校舎 edificio scolastico、兵舎 caserma、寄宿舎 dormitorio, pensione | |
| V | 余, semplificato in alto, è usato per suggerire "grande ampiezza" e richiamare 徐 lentamente-gradualmente > respirare (口) in modo profondo e rilassato. La presenza di 土 terra e *宀 (copertura) nella semplificazione attuale può aver contribuito a far evolvere il significato in quello di "un luogo dove potersi rilassare" > **rifugio**, **riparo**, **luogo abitato**. | |

| | |
|---|---|
| 捨 | 捨てる、見捨てる abbandonare qualcuno、切り捨てる tagliare via/omettere、<br>取捨 selezione-scelta |
| VI | 舎 richiamava 措 (disporre di qualcosa), oltre che suggerire uno stato di non preoccupazione > mettere via con la *扌 mano > **gettare**, **buttare**, **abbandonare**. |

| | |
|---|---|
| ***僉** | Semplificato da *僉, due persone che prendono parola (significato implicito di 兄 fratello maggiore) ed esprimono le loro differenti idee fino a sintetizzarle insieme (*亼). Come radicale può indicare di conseguenza <u>sintesi</u>, <u>mettere insieme</u>, <u>esaminare</u>, <u>discutere</u> e simili. |

| | |
|---|---|
| 験 | 試験 esame、経験 esperienza、実験 esperimento、実験室 laboratorio、受験 sostenere un esame |
| IV | **Esaminare** i 馬 cavalli a scopo valutativo > **testare**. |
| 検 | 検査 visita, esame, ispezione、検定 esame di idoneità/autorizzazione ufficiale、車検 revisione (veicolo)、<br>探検 spedizione、検討 porre in esame、検索 reperimento (dati), consultare (es. dizionario, enciclopedia) |
| V | **Esaminare** le incisioni delle tavolette di legno (木) > **investigare**. |
| 険 | 険しい ripido, scosceso/severo, burbero、危険 pericoloso、冒険 avventura、探険 esplorazione、<br>保険 assicurazione、険悪 minaccioso, critico、邪険 cattivo, crudele, spietato |
| V | Un insieme di crinali e *阝 colline particolarmente difficile da valicare > luogo **ripido, pericoloso, inaccessibile**. |
| 剣 | 剣、剣、剣道 kendō、長剣 spada lunga、短剣 pugnale, daga、剣士 spadaccino、<br>木剣 spada di legno、剣法 scherma、真剣 vera spada/serio, con zelo |
| / | *僉 richiama foneticamente *尖 (appuntito) per indicare un certo tipo di **spada** (*刂). |
| 倹 | 倹しい、倹約 economizzare、倹約家 risparmiatore, persona avara |
| // | In senso di sintesi e di unione presente in *僉 suggerisce qui un senso di riduzione > una *亻 persona con pochi possedimenti > **frugalità, parsimonia**. |

| | |
|---|---|
| ***之** | Kanji di origine oscura. Si pensa derivi dal pittogramma prototipo di 賓 "ospite", cui parte interna, ora semplificata con 少 e 一, è una versione capovolta di 止 "fermarsi" (di cui *之 condivide la lettura). Il capovolgimento di 止 può aver suggerito un senso di protezione e allontanamento (del pericolo), portando a rielaborare il kanji come una copertura usata per difendersi e respingere le frecce nemiche. Come radicale può suggerire una <u>copertura</u> che, suggerendo non visibilità, genera un senso di <u>mancanza</u> (in modo simile a quanto avviene con *莫). Nella forma del kanji *之 sembrai sia confluito un secondo pittogramma rappresentante una variante di <u>pianta che cresce dal terreno</u> (simile a 生), significato a volte trasmesso nell'uso come radicale. **Questo** è un prestito (これ). |

| | |
|---|---|
| 乏 | 乏しい、貧乏 povero、欠乏 scarsità-mancanza、酸素欠乏 mancanza di ossigeno |
| / | Il tratto aggiuntivo in alto accentua il significato di "coperto" > ciò che non è visibile è come se non ci fosse o mancasse > **scarso, insufficiente** > **povero**. I suddetti significati sono stati sicuramente influenzati dal kanji *貶, entrato in disuso. |
| 芝 | 芝、芝生 prato、芝居 teatro, rappresentazione teatrale/messinscena、芝刈り機 tagliaerba |
| / | Un **manto erboso** (*艹) > **prato**. |

| 南 | 南、南極 Polo Sud、東西南北 i quattro punti cardinali |
|---|---|
| II | In origine la combinazione di una tenda e il kanji di 丹 (rossastro), usato foneticamente per richiamare il kanji di 暖 mite-caldo > una tenda che tiene al caldo > <u>luogo riscaldato</u> > **sud**. |

| 献 | 献身 devozione, dedizione、献血 donazione di sangue、貢献 contributo, servigio、献立 menù |
|---|---|
| / | L'originale *獻 mostrava un *鬲 grosso calderone con dentro un particolare animale simile al 犬 cane, ma con alcuni attributi della *虍 tigre, offerto in sacrificio > **offrire, dedicare, donare**. La semplificazione della parte sinistra utilizza 南 e può essere ricordata come "offrire in sacrificio un animale bruciandolo in un contenitore caldo (南)". |

# 5.5 Armi

### 5.5.1 Armi

| 刀 | 分 | 刃 | 乙 | 斤 | 殳* | 発 | 弟 | 干 | 単 |
|---|---|---|---|---|---|---|---|---|---|
| 辺 | 粉 | 忍 | 札 | 近 | 投 | 廃 | 第 | 刊 | 弾 |
| 刈 | 雾 | 認 |  | 祈 | 役 |  | 剃 | 肝 | 戦 |
|  | 紛 |  |  | 所 | 疫 |  |  | 岸 | 禅 |
|  | 貧 |  |  | 質 | 設 |  |  | 軒 | 獣 |
|  | 頒 |  |  | 匠 | 殺 |  |  | 汗 |  |
|  | 寡 |  |  | 析 | 没 |  |  |  |  |
|  |  |  |  | 斥 | 段 |  |  |  |  |
|  |  |  |  | 訴 | 鍛 |  |  |  |  |
|  |  |  |  | 兵 | 股 |  |  |  |  |
|  |  |  |  | 浜 |  |  |  |  |  |
|  |  |  |  | 折 |  |  |  |  |  |
|  |  |  |  | 哲 |  |  |  |  |  |
|  |  |  |  | 誓 |  |  |  |  |  |
|  |  |  |  | 逝 |  |  |  |  |  |

### 5.5.2 Arco e frecce

| 弓 | 矢 | 夬* | 至 |
|---|---|---|---|
| 引 | 医 | 決 | 致 |
| 強 | 知 | 快 | 緻 |
| 弱 | 痴 | 侯 | 到 |
| 溺 | 挨 | 候 | 倒 |
| 弔 |  | 喉 | 室 |
|  |  |  | 窒 |
|  |  |  | 屋 |
|  |  |  | 握 |

### 5.5.3 Lance

| 戈* | 戔* | 或 | 戠 | 𢦏* | 我 |
|---|---|---|---|---|---|
| 武 | 残 | 域 | 識 | 裁 | 餓 |
| 賦 | 浅 | 惑 | 織 | 栽 | 義 |
| 戒 | 銭 | 国 | 職 | 繊 | 議 |
| 械 | 践 |  |  | 載 | 儀 |
| 伐 | 箋 |  |  | 戴 | 犠 |
| 閥 |  |  |  |  |  |
| 賊 |  |  |  |  |  |
| 弐 |  |  |  |  |  |

### 5.5.4 Alabarde

| 矛 | 戉* | 戊* | 戌* | 咸* |
|---|---|---|---|---|
| 務 | 越 | 茂 | 滅 | 減 |
| 霧 |  | 成 | 蔑 | 感 |
| 柔 |  | 誠 | 威 | 憾 |
|  |  | 盛 | 歳 |  |
|  |  | 城 |  |  |

# 5.5.1 Armi

| | |
|---|---|
| 刀 | 刀、 木刀 spada di legno、 短刀 pugnale, daga、 単刀直入 andare dritti al punto、 剃刀 rasoio、 太刀 spada lunga |
| II | Il pittogramma di una **spada** > **katana**. Nelle parole e come radicale può suggerisce un qualsiasi oggetto da taglio. Nell'uso come radicale appare spesso abbreviato con *刂 e può indicare anche l'atto stesso di tagliare o incidere. |

| | |
|---|---|
| 辺 | 辺、 辺り paraggi, dintorni/all'incirca、 この辺 da queste parti、 周辺 dintorni, periferia、 一辺 lato (di una forma geometrica)、 四辺形 quadrilatero、 近所 vicinanza, prossimità/vicinato、 辺ぴ luogo fuori mano、 ほとり nelle vicinanze di 岸辺 riva、 海辺 vicino al mare, spiaggia |
| IV | Semplificato da *邊. L'elemento a destra *臱 (cieco) è composto da 自 (se stessi), 穴 (buca) e 方 (direzione), presumibilmente una persona caduta in trappola che si muove alla cieca > muoversi (*辶) all'interno di un'**area** delimitata > **confini**, **vicinanza**, **prossimità**. La semplificazione adopera "spada" (刀), ricordabile come "muoversi tra i confini di un'area definita (come se incisa)". Da non confondersi con 近 (vicino). |
| 刈 | 刈る、 刈り取る、 頭を刈る tagliarsi i capelli、 羊毛を刈る tosare una pecora |
| / | Tagliare con delle cesoie (raffigurate a sinistra) > **potare**, **recidere**, **mietere**, **falciare**. |

| | |
|---|---|
| 分 | 分 parte/circostanza/posto-posizione (es. sociale)/dovere、 分かる capire (e simili)、 分ける dividere/spartire、 分かれる separarsi, divergere、 半分 metà、 部分 parte, porzione、 自分 se stessi、 身分 posizione sociale、 気分 condizioni fisiche/stato d'animo, umore、 分野 campo-settore、 言い分 parere, punto di vista/lamentela、 十分 abbastanza, sufficiente、 大分 abbastanza, alquanto、 〜分 … minuti |
| II | Combinazione di 刀 spada e dividere (八) > tagliare con la spada > **dividere** in **parti** > **minuto** (unità di tempo). **Capire** è un significato associato con l'atto della suddivisione. La lettura richiama *刎 (taglio). |

| | |
|---|---|
| 粉 | 粉、 粉々 in mille pezzi、 花粉 polline、 花粉症 allergia al polline、 火の粉 scintille, faville |
| IV | Sminuzzare il 米 riso in **polvere** > **farina** per associazione. |
| 雰 | 雰囲気 atmosfera (anche figurato) |
| / | > condizioni atmosferiche (雨) in cui l'aria si fa "farinosa" (abbreviazione o richiamo fonetico a 粉). All'inizio il kanji si riferiva a uno stato nebbioso o nevoso, poi all'**atmosfera** in termini generali. |
| 紛 | 紛れる (intr.)、 紛らす (tr.)、 紛らわしい confuso, ambiguo, fuorviante、 紛失 smarrimento、 紛れ込む sparire-confondersi、 扮装 travestimento, trucco、 紛争 disputa、 内紛 lotta interna |
| / | I significati moderni di **confusione**, **fuorviare** e **deviare** sono stati acquisiti in seguito a prestiti. È possibile ricordarli elaborando i componenti del kanji come "dividere i 糸 fili e portare scompiglio". |
| 貧 | 貧しい、 貧乏 povero、 貧困 povertà, miseria, indigenza/povero di contenuti、 貧血 anemia |
| V | Piccola (分 divisa) quantità di denaro (貝) > **povertà**. |

| | | |
|---|---|---|
| 頌 | | 頌布 <ruby>頌布<rt>はんぷ</rt></ruby> distribuzione |
| | // | Una mente (testa 頁) che divide la sua attenzione rivolgendola a più cose > **diviso, distribuito**. |
| 寡 | | 寡 <ruby>寡<rt>やもめ</rt></ruby> vedova (<ruby>寡婦<rt>かふ</rt></ruby>)、寡黙 <ruby>寡黙<rt>かもく</rt></ruby> taciturno、寡頭制 <ruby>寡頭制<rt>かとうせい</rt></ruby> oligarchia |
| | // | Una persona (testa 頁) separata dagli altri e da sola in casa (\*宀) > **vedova**. **Minimo** è un significato associato con l'idea di un numero di famigliari minore > **poco**. |

| | | |
|---|---|---|
| 刃 | | 刃 <ruby>刃<rt>やいば</rt></ruby> lama, spada、刃 <ruby>刃<rt>は</rt></ruby> taglio-filo (della lama)、刃物 <ruby>刃物<rt>はもの</rt></ruby> utensile tagliente、刃向かう <ruby>刃向<rt>はむ</rt></ruby>かう opporsi、円刃刀 <ruby>円刃刀<rt>えんじんとう</rt></ruby> scalpello |
| | / | Il taglio della **lama** di una spada (刀), evidenziato graficamente dal tratto aggiuntivo. |
| 忍 | | 忍ぶ <ruby>忍<rt>しの</rt></ruby>ぶ nascondersi/sopportare, tollerare、忍ばせる <ruby>忍<rt>しの</rt></ruby>ばせる tenere nascosto、忍耐 <ruby>忍耐<rt>にんたい</rt></ruby> perseveranza, pazienza、忍者 <ruby>忍者<rt>にんじゃ</rt></ruby> ninja、堪忍 <ruby>堪忍<rt>かんにん</rt></ruby> pazienza, sopportazione、残忍 <ruby>残忍<rt>ざんにん</rt></ruby> brutale, atroce |
| | / | 刃 suggerisce qualcosa di affilato e doloroso oltre che richiamare 仁 <ruby>仁<rt>じん / にん</rt></ruby> (benevolenza) e 任 <ruby>任<rt>にん</rt></ruby> (affidare), entrambe rappresentazioni di una persona che porta un fardello con sé > **resistere-sopportare** un fardello portato dentro al 心 cuore. Ne deriva un senso di **occultamento** che ha portato a quello di **agire di nascosto** senza essere visti> **infiltrarsi**. |
| 認 | | 認める <ruby>認<rt>みと</rt></ruby>める、確認 <ruby>確認<rt>かくにん</rt></ruby> conferma、認定 <ruby>認定<rt>にんてい</rt></ruby> riconoscimento、承認 <ruby>承認<rt>しょうにん</rt></ruby> consenso、認識 <ruby>認識<rt>にんしき</rt></ruby> cognizione (e simili)、認識票 <ruby>認識票<rt>にんしきひょう</rt></ruby> targhetta identificativa、認識不足 <ruby>認識不足<rt>にんしきぶそく</rt></ruby> avere solo una vaga idea di qualcosa |
| | VI | > 忍 sopportare le parole (言) altrui > **accettare, approvare** e **riconoscere** quanto detto. |

| | | |
|---|---|---|
| 乙 | | 乙 <ruby>乙<rt>おつ</rt></ruby>、乙女 <ruby>乙女<rt>おとめ</rt></ruby> fanciulla, signorina、甲乙丙 <ruby>甲乙丙<rt>こうおつへい</rt></ruby> "1, 2, 3", l'ABC |
| | // | In origine il pittogramma di una <u>spada a doppia lama</u>. **Strano** e **raffinato** sono significati associati alla particolarità dell'arma in sé. **Secondo** è un prestito. |
| 札 | | 札 <ruby>札<rt>ふだ</rt></ruby> targa、荷札 <ruby>荷札<rt>にふだ</rt></ruby> etichetta、名札 <ruby>名札<rt>なふだ</rt></ruby> targa, etichetta (con il nome)、〜札 <ruby>札<rt>さつ</rt></ruby> banconota da、札幌 <ruby>札幌<rt>さっぽろ</rt></ruby> Sapporo |
| | / | L'elemento a destra è una semplificazione di 乙 usata per suggerire un'incisione grazie al significato grafico originario di spada a doppia lama > **tavolette** di legno (木) incise > **targa, carta da gioco** > **banconota**. |

| | | |
|---|---|---|
| 斤 | | 斤 <ruby>斤<rt>きん</rt></ruby> kin |
| | // | Pittogramma di un'**ascia** con l'impugnatura curva. È stato usato per indicare il valore di un **kin** (circa 600 grammi). |
| 近 | | 近い <ruby>近<rt>ちか</rt></ruby>い、近道 <ruby>近道<rt>ちかみち</rt></ruby> scorciatoia、近頃 <ruby>近頃<rt>ちかごろ</rt></ruby> in questo ultimo periodo、最近 <ruby>最近<rt>さいきん</rt></ruby> recentemente、近辺 <ruby>近辺<rt>きんぺん</rt></ruby> prossimità、近所 <ruby>近所<rt>きんじょ</rt></ruby> vicinanza/vicinato、近付く <ruby>近付<rt>ちかづ</rt></ruby>く avvicinarsi (接近 <ruby>接近<rt>せっきん</rt></ruby>、近寄 <ruby>近寄<rt>ちかよ</rt></ruby>る)、近視 <ruby>近視<rt>きんし</rt></ruby> miopia |
| | II | 斤 richiama 僅 (piccolo, poco) oltre che suggerire un certo valore numerico > dover camminare (\*辶) poco > **vicino**. Da non confondersi con 辺 <ruby>辺<rt>へん</rt></ruby> (confini, vicinanza). |
| 祈 | | 祈る <ruby>祈<rt>いの</rt></ruby>る、祈り <ruby>祈<rt>いの</rt></ruby>り preghiera (<ruby>祈念<rt>きねん</rt></ruby>) |
| | / | 斤 <ruby>斤<rt>きん</rt></ruby> richiamava 希 <ruby>希<rt>き</rt></ruby> (raro, speranza, desiderio) > **pregare** gli dei (\*礻) affinché esaudiscano il proprio desiderio. 斤 ascia potrebbe essere associata a livello mnemonico a un sacrificio eseguito allo scopo. |

| | | |
|---|---|---|
| 所 | 所、台所 cucina、場所 luogo, posto、案内所 ufficio informazioni、市役所 municipio、事務所 ufficio、住所 indirizzo、洗面所 lavandino、所有 possesso | |
| III | 戸 (porta) è usato a solo scopo fonetico per indicare il suono prodotto mentre si spacca la legna con l'ascia. I significati attuali di **posto** e di **situazione** (per associazione) sono prestito derivati da *處, per quanto la presenza di 戸 "porta" possa aver avuto un ruolo nell'indicare presumibilmente "l'ingresso (戸) di un luogo dove la legna veniva spaccata con l'ascia (斤)". | |
| 質 | 品質 qualità、質問 domanda、素質 attitudine, dote naturale、抗生物質 antibiotico、物質 materia, sostanza、性質 natura-indole/proprietà、人質 ostaggio、質屋 banco dei pegni | |
| V | *所, con 斤 raddoppiata, suggerisce la comparazione fra due elementi oltre che il senso di "unità di misura" > comparare il valore delle cose in base alla loro **qualità** e dare in cambio l'equivalente in denaro (貝) > **sostanza-materiale**. | |
| 匠 | 師匠 maestro、巨匠 maestro, grande artista、刀匠 fabbricante di spade、意匠 design-disegno, idea | |
| / | Una *匚 scatola che contiene una piccola ascia, in questo caso simbolo degli attrezzi appartenenti a un **artigiano**. **Piano** è un significato minore associato al modo in cui l'artigiano pianifica il lavoro. | |
| 析 | 分析 analisi (解析)、精神分析 psicanalisi | |
| / | Abbattere un 木 albero e spaccare la legna con un'ascia > ridurre in piccoli pezzi > **dividere, analizzare**. | |
| 斥 | 斥ける、排斥 esclusione, espulsione, boicottaggio | |
| / | Semplificato da una combinazione di edificio (*广) e *屰 (contrario), usato per richiamare 虚 (vuoto) > una situazione contraria alla normalità, in questo caso particolare un edificio vuoto di solito occupato. **Rigettare** e **respingere** sono prestiti, forse in parte influenzati dal senso originale. La forma moderna può essere immaginata come ascia (斤) con un tratto aggiuntivo. | |
| 訴 | 訴える、告訴 denuncia, querela, accusa、訴訟 causa (legale), azione giudiziaria | |
| / | > **fare un appello** verbale (言) > **fare causa**. 斥 potrebbe essere stato usato per richiamare 責 (accusare) o per suggerire che la richiesta d'appello sarà respinta. | |
| 兵 | 兵士 (兵)、騎兵 cavalleria、兵器 arma, armamenti、兵舍 caserma、徴兵 leva (militare) | |
| IV | *廾 due mani che maneggiano un tipo di ascia usata per <u>spianare</u> il legno (omofonia con 平 piatto). Il significato si è poi evoluto in un **soldato** che tiene fra le mani la sua arma. | |
| 浜 | 浜 spiaggia, riva (浜辺)、海浜 litorale、横浜 Yokohama | |
| / | > semplificato da *濱, combinazione di 賓 (ospite) e *氵 acqua. 賓 richiama *瀕 (essere sull'orlo di, riva) oltre che suggerire uno dei suoi significati originari "mostrare preziosi-conchiglie" > **spiaggia, riva** del mare (*氵). 賓 è stato semplificato con 兵, associabile all'immagine della spiaggia tramite il concetto sottinteso di "spianare". | |

| 折 | 折る piegare/spezzare、折 circostanza, occasione、折り紙 origami、骨折 frattura、屈折 flessione/rinfrangersi |
|---|---|
| IV | In origine il kanji aveva il significato di "abbattere gli alberi con un'ascia (斤)", ma la parte raffigurante l'elemento vegetale è stata sostituita da *扌 "mano" in seguito a errori di trascrizione > **spezzare** e **piegare** sono significati associati. **Momento** e **occasione** sono significati presenti solo in Giappone e di origine non chiara. Una modo per ricordarli può essere "occasione come momento di rottura con quanto c'era prima". La lettura richiama 切 tagliare. |

| 哲 | 哲学 filosofia、哲学者 filosofo |
|---|---|
| / | Qui 折 "spezzare-piegare" suggerire il senso di divisione e analisi e, di conseguenza, quello di comprensione > parole (口) piene di comprensione > **filosofia**. |
| 誓 | 誓う、誓い giuramento、誓約 giuramento-voto、宣誓 giuramento solenne |
| / | 折 "spezzare-piegare" qui si riferisce alla pratica di tagliare in due parti di un pezzo di legno che sarà ricongiunto una volta sancito il **giuramento** (言). |
| 逝 | 逝く morire-andarsene-mancare、逝去、夭逝 morte prematura (=夭折) |
| // | Un movimento (*⻌) che si interrompe (折 spezzato) > **dipartita**, **morte**. |

| *殳 | Una mano (又) equipaggiata di ascia. Come radicale suggerisce spesso l'atto di colpire qualcosa. |
|---|---|
| 投 | 投げる、投影 proiezione (e simili)、投下 lancio su、投薬 medicina prescritta/somministrazione、投票 votare、投石 lapidare |
| III | Aggiungendo un'altra *扌 mano si enfatizza l'atto di colpire > **lanciare** qualcosa con la mano. |
| 役 | 疫、役割 ruolo, parte、役目 dovere, incarico、上役 superiori、市役所 municipio、役に立つ essere d'aiuto、役職 posto-posizione (lavorativa) |
| III | Andare (*彳) in battaglia armati > svolgere il proprio **incarico** > **dovere**, **ruolo**. |
| 疫 | 疫病 epidemia, malattia contagiosa、免疫 immunità、免疫系 sistema immunitario |
| / | Una malattia (*疒) che colpisce (*殳) chiunque > **epidemia**. |
| 設 | 設ける organizzare/formare, istituire、設計 progetto、設置 installazione/istituire、設立 fondare、建設 costruire (e simili)、建設現場 cantiere、設定 impostazione |
| V | In origine una combinazione di *殳 e il pittogramma un paletto. Insieme davano l'idea di porre le fondamenta ponendo i primi paletti > **fondare**, **istituire**, significati più generici forse in parte suggeriti dalla trascrizione erronea del paletto con il kanji di 言 dire. |
| 殺 | 殺す、殺人 assassino、自殺 suicidio、暗殺 assassinio、抹殺 sopprimere、殺菌 sterilizzazione |
| IV | Derivato dalla combinazione di *殳 e *豕 maiale. Una teoria interpreta gli elementi letteralmente come "*殳 colpire a morte un *豕 maiale", mentre un'altra adopera *豕 a solo scopo fonetico per richiamare 死 morte, da cui il senso più generico di "colpire a morte qualcuno" > **uccidere**. La versione attuale deriva da errori di trascrizione e può essere ricordata come una combinazione di *殳 colpire, *㐅 cesoie e legno (木). |
| 没 | 没する、沈没 affondare、水没 sommergere、没頭 immergersi (es. nei propri pensieri), essere assorto |
| / | Un vortice d'acqua (*氵) nel quale la mano non trova appiglio > **affondare**, **andare giù**. Significati minori correlati sono **scomparire**, **mancanza** e **morte**. In origine la parte a destra era il pittogramma del vortice con la mano (又). Entrambe sono state semplificate con *殳 "colpire", associabile al gesto compiuto con la mano in cerca di appiglio. |

| | |
|---|---|
| 段 | 段、階段 scale、段階 grado、値段 prezzo、手段 mezzo-misura、だんだん gradualmente、一段 un gradino、一段と di più、格段 netto-notevole、段落 paragrafo |
| VI | Battere (*殳) il versante di una collina per costruire dei **gradini** (a sinistra). **Grado** per associazione. |
| 鍛 | 鍛える、鍛錬 temprare-allenare/forgiatura、鍛冶屋 fabbro |
| / | > battere (段) il metallo (金) > **forgiare** > **temprare, allenare, disciplinare**. |
| 股 | 股 coscia、股 inguine, inforcatura della gambe/biforcazione、二股 biforcazione |
| // | Una parte del corpo (肉) soggetta a contatto (*殳 colpo ) > **coscia, inguine** > **biforcazione**. |

| | |
|---|---|
| 発 | 発音 pronuncia、発明 invenzione、発見 scoperta、発表 annunciare, rendere noto, presentazione、発展 sviluppo、出発 partenza、発射 sparo-lancio、蒸発 evaporazione/dileguarsi、爆発 esplosione、発達 progresso/sviluppato |
| III | Semplificato da *發. *癹 è una combinazione di "piedi ben saldi (*癶)" e colpire (*殳) ed è usato per richiamare il suono HATSU prodotto dalla scoccare di una freccia 弓 dall'arco > prendere posizione e scoccare una freccia > **emettere, partire**. La versione attuale mostra al centro un mescolamento grafico di 弓 e *殳. |
| 廃 | 廃れる (intr.)、廃る (tr.)、廃屋 casa fatiscente, casa deserta、廃墟 ruderi, rovine、廃止 abolizione、産業廃棄物 rifiuti industriali、軍備撤廃 disarmo totale |
| / | 発 partire da un edificio (*广) > **abbandonare, cadere in disuso** > **obsoleto**. La lettura richiama 排 (rigettare, espellere). |

| | |
|---|---|
| 弟 | 弟 、弟 さん、兄弟 fratelli、弟子 discepolo, allievo |
| II | Dal pittogramma di un bastone usato come arma sulla quale impugnatura è applicata una fasciatura allo scopo di ottenere una maggiore presa. La fasciatura (graficamente simile a 弓 arco) era eseguita secondo un ordine preciso di gesti da cui il senso di <u>sequenza e ordine</u>, applicato successivamente all'ordine di nascita dei propri figli e lo status che di conseguenza ottengono, con particolare risalto all'ultimogenito > **fratello minore**. |
| 第 | 第〜、第一 primo/primario/in primo luogo、次第 dipendente da/non appena/ordine/circostanze |
| III | L'aggiunta di 竹 bambù riporta 弟 al suo significato originale di "sequenza e ordine" > mettere in ordine le tavolette di bambù > **numeri ordinali, sequenza, ordine**. *丿 è omesso. |
| 剃 | 剃る radere, rasare、剃毛 rasatura、剃刀 rasoio |
| // | Tagliare (*刂) con un ordine e sequenza precisa di gesti > **rasarsi**. |

| | |
|---|---|
| 干 | 干す asciugare/stendere (es. bucato)/prosciugare、干る asciugarsi、梅干 prugna sott'aceto、満干 alternarsi delle maree、干潟 piana di marea、干上がる dissecarsi, prosciugarsi/perdere i propri mezzi di sostentamento、干し草 fieno、干渉 interferenza, intervento、武力干渉 intervento armato |
| VI | Dal pittogramma di un'<u>arma di legno biforcata utilizzata per trafiggere</u>. **Asciugare** e **seccare** sono prestiti dall'omofono 乾. Come radicale può suggerire l'idea di <u>trafiggere</u> dell'arma, oppure il senso di qualcosa che si <u>staglia alto</u>, trasmesso da un richiamo fonetico con 高 alto, l'idea di trafiggere e la forma stessa del kanji. |
| 刊 | 週刊誌 pubblicazione-rivista settimanale、日刊 (giornale) quotidiano、月刊 (rivista) mensile |
| V | Incidere con uno strumento tagliente (*刂) > **pubblicazione**. |

| 肝 | 肝、肝臓、肝試し prova di coraggio、肝炎 epatite、肝硬変 cirrosi epatica、肝心 importante-essenziale |
|---|---|
| / | 干 richiamava foneticamente 活 (vitale) per riferirsi a un organo vitale del corpo (肉) > **fegato** > **coraggio** ("avere fegato"), significato associabile a livello mnemonico al senso originale di "arma usata per trafiggere" di 干. È possibile che la lettura richiami anche *坩 "giara" per similarità di forma con il suddetto organo. |
| 岸 | 岸、川岸 riva-sponda del fiume、海岸 spiaggia、湾岸 costa、岸壁 molo, banchina |
| III | *厈 rupe (*厂) che si staglia alta, concetto rafforzato dall'aggiunta di 山 montagna. In seguito 岸 è stato usato per riferirsi a una **scogliera** da cui i significati associati di **sponda**, **riva** e **costa**. |
| 軒 | 軒、一軒家 una casa solitaria、〜軒 contatore per case |
| / | La parte del carro (車) che si staglia in alto > **tettoia**. Il concetto è stato ampliato all'ambito architettonico > **cornicione** > **contatore per case**. |
| 汗 | 汗、汗ばむ sudare in modo leggero、汗をかく sudare、制汗剤 deodorante |
| / | 干 richiamava 散 (sparpagliarsi, disperdersi) in riferimento al **sudore** (*氵) che trasuda fuori dal corpo. È possibile immagine mnemonicamente "sudore (*氵) che trasuda fuori dal corpo per impedire che si 干 asciughi e secchi". |

| 単 | 簡単 facile, semplice、単位 unità/crediti、単純 puro/semplice, ingenuo、単独で tutto da solo, individualmente、単語 parola, vocabolo、単調 monotono, poco vario |
|---|---|
| IV | Da *單, un'arma biforcata (vedi 干) con punte appuntite in rilievo e un'ampia guardia. **Semplice** è un prestito anche se può essere stato incoraggiato dall'idea di un'arma semplice e primitiva. **Singolo** è un significato associato con "semplice". La lettura richiama 耑 (limite-fine, concentrato-specializzato), a sua volta inteso come abbreviazione della parola 「耑鋭」 avente il significato di "appuntito". |

| 弾 | 弾む rimbalzare、弾く suonare、弾く dare un colpetto con un dito, pizzicare/respingere qualcosa、弾 pallottola、弾丸 proiettile, munizioni、手榴弾 bomba a mano、爆弾 bomba、原子爆弾 bomba nucleare、弾力性 elasticità |
|---|---|
| / | 弓 arco qui suggerisce un'arma da lancio come una catapulta mentre 単, nel suo significato di "semplice-singolo", suggerisce un oggetto usato come proiettile (oltre che indicare un'arma semplice) > **pallottola**. L'uso della catapulta ha portato successivamente al significato di **rimbalzare** cui movimento elastico è stato associato a quello delle corde di uno strumento musicale mentre quando vengono pizzicate > **suonare**. |
| 戦 | 戦う combattere、戦 battaglia, guerra、戦争 guerra、戦慄 brivido, fremito, inorridire、戦闘 combattimento, battaglia、冷戦 guerra fredda、作戦 strategia, tattica/operazione militare |
| IV | 単 suggerisce un'arma e richiamava foneticamente 闘 (combattere) > 戈 lance che si incrociano in **combattimento** > **guerra, battaglia**. |
| 禅 | 禅 Zen、座禅 meditazione seduta zen |
| / | In origine il kanji aveva il senso di "liberare un'area (renderla semplice) per costruirvi un altare (*礻)". Il significato attuale di buddhismo **Zen** potrebbe essere un prestito o una reinterpretazione dei componenti come "una religione (*礻) semplice". |

| 獣 | 獣 <sup>けもの / けだもの</sup> bestia、 獣医 <sup>じゅうい</sup> veterinario、 猛獣 <sup>もうじゅう</sup> animale feroce、 獣性 <sup>じゅうせい</sup> brutalità, bestialità、 野獣 <sup>やじゅう</sup> animale selvatico, fiera、 怪獣 <sup>かいじゅう</sup> mostro |
|---|---|
| / | In alto a sinistra si trova una forma abbreviata di 単, usato nel suo significato originario di arma con un'ampia guardia per sottolineare un senso di protezione e difesa. Ne deriva l'immagine di un 犬 cane da guardia che ringhia (口). Il significato attuale derivato è quello di **bestia**. |

# 5.5.2 Arco e frecce

| 弓 | 弓、 ゆみ きゅうけい / ゆみなり / ゆみがた 弓形 arco, arcuato、 きゅうどう 弓道 tiro con l'arco giapponese |
|---|---|
| II | Il pittogramma di un **arco** curvo. |

| | 引 | ひ 引く、取り引き transazione, trattativa、ひ こ 引っ越す traslocare、さくいん 索引 indice、<br>いんりょく 引力 attrazione gravitazionale、か ぜ ひ 風邪を引く prendersi il raffreddore、ふくびき 福引き lotteria、<br>ひ ぱ 引っ張る tirare/condurre、ひ う 引き受ける assumere, incaricarsi di/garantire/accudire、<br>ひ だ 引き出し cassetto/ritiro-prelievo、ひ 〜引き sconto del… |
|---|---|---|
| | II | Un arco con la corda tesa > **tirare** (e simili). |
| | 強 | つよ べんきょう がんきょう ごうとう きょうちょう<br>強い、勉強 studio、頑強 tenace、強盗 rapinatore, scassinatore、強調 enfasi、<br>し し い きょうか<br>強いる forzare、強いて言えば se devo dirlo…/se proprio、強化 rafforzamento, consolidamento |
| | II | Kanji semplificato dalla combinazione di 虫 insetto e *彊 "forte", indicante un potente arco. Nell'insieme era trasmessa l'immagine di un insetto grande e forte nell'atto di pungere con il suo pungiglione, in particolare un tafano. In seguito **forte** è diventato il significato finale. La semplificazione può essere ricordata per semplicità come 虫 insetto, *厶 usato graficamente per indicare il suo pungiglione e 弓 arco. In alcune parole trasmette un senso di "tenacia". |
| | 弱 | よわ よわ よわ じゃくてん じゃくしゃ<br>弱い、弱る indebolirsi、弱まる attenuarsi、弱点 punto debole、弱者 persone deboli |
| | II | *弜 archi che si curvano facilmente come *彡 capelli sottili > **debole, fragile**. Si noti come 弱 esprima l'esatto contrario di 強 forte, derivato da un *彊 potente arco (vedi sopra). |
| | 溺 | おぼ できし たんでき<br>溺れる、溺死 morte per annegamento、耽溺 abbandonarsi-darsi a qualcosa |
| | / | > piegarsi mentre si viene sommersi dalle acque (*氵) > **affogare** (anche figurato). |
| | 弔 | とむら ちょうい<br>弔う、弔意 condoglianze |
| | // | Kanji di origine oscura. Una teoria ritiene che la componente simile a 弓 non sia in realtà arco, ma l'immagine di un serpente che si avvolge intorno a una persona (simboleggiata dalla linea verticale). Dall'idea di persona uccisa da un serpente è derivato il significato attuale di **piangere qualcuno**. |

| 矢 | や やじるし いっし むく<br>矢、矢印 freccia (direzionale, segnaletica)、一矢を報いる restituire un colpo, ribattere, reagire、<br>や ばり<br>やはり nello stesso modo, anche-neppure/come sempre/come ci si aspettava/tutto sommato, in fondo (やっぱり) |
|---|---|
| II | Il pittogramma di una **freccia**. |

| | 医 | いしゃ いがくぶ はいしゃ じゅうい<br>医者 dottore、医学部 facoltà di medicina、歯医者 dentista、獣医 veterinario、<br>いりょう いりょうほけん げ か い<br>医療 assistenza medica, cure、医療保険 assicurazione sanitaria、外科医 chirurgo |
|---|---|---|
| | III | Da *醫. 医 rappresenta una 矢 freccia posta all'interno della sua faretra (*匚). In combinazione con *殳 "colpire" indicava "attaccare". Nel caso di *醫, *殳 può suggerire una persona che è stata attaccata (o l'atto stesso di attaccare), inoltre è usato per richiamare 清 せい (chiaro, puro, limpido) > "attaccare con dell'alcool (*酉) raffinato (purificato)", riferito alla pratica di usare alcolici come cura e anestetizzante contro malattie e ferite > **medicina**. La semplificazione mostra solo 医. |

| | | |
|---|---|---|
| 知 | | 知る、知っている sapere (ご存知です)、知り合い conoscente、無知 ignorante、知性 intelletto、知恵 saggezza, intelligenza, ingegno、知識 conoscenza、察知 intuire, dedurre、恩知らず ingrato、承知 consenso/essere conscio di、知的 intellettuale、予知 predizione, previsione |
| | II | Parlare (口) con la rapidità di una freccia > dimostrare di **conoscere** > **venire a conoscenza**. |
| 痴 | | 痴漢 pervertito, maniaco sessuale、愚痴 lamentela、音痴 non avere orecchio (musicale), stonato、方向音痴 non avere senso dell'orientamento、痴情 passione cieca, amore folle |
| | / | > una 知 conoscenza non sana (*疒) > **stupidità, sciocco**. L'originale *癡 mostrava *疒 e il kanji di 疑 "dubbio" per esprimere con chiarezza lentezza di comprendonio. La lettura richiama 遅 lento. |
| 挨 | | 挨拶 saluto、挨拶状 biglietto d'auguri |
| | // | L'elemento a destra è *矣 una freccia che si ferma contro il bersaglio (*厶). Aggiungendo *扌 mano è reso il senso di **approcciare**. |

| *夬 | Dal pittogramma di una mano con indosso un guanto da arciere che <u>tende</u> la corda di un arco. |
|---|---|

| | | |
|---|---|---|
| 決 | | 決める (tr.)、決まる (intr.)、決して mai, affatto、解決 risoluzione, sistemazione、決定 decisione、評決 verdetto、決意 decisione, risoluzione、決心 decisione, risoluzione |
| | III | Essere trascinati (tendere) via dall'acqua (*氵) > un fiume che sfonda l'argine (da cui il significato minore di "collasso"). Il significato è stato poi associato in senso figurato a quello di prendere una **decisione** che sblocca e cambia una situazione. *夬 richiama 潰 (sfasciare, collassare), inteso nel suo significato originario di "distruzione portata dallo straripamento del fiume". |
| 快 | | 快い、愉快 divertente, allegro, spassoso、快適 comodo, confortevole、快癒 guarigione、快方に向かう essere in via di guarigione、快活 allegro, lieto |
| | V | *夬 richiama 開 (aprirsi) oltre che suggerire "tendere" > essere di buon umore (心), espansivi e **lieti** > **piacevole, gradevole**. |

| 侯 | こう 侯 |
|---|---|

| | | |
|---|---|---|
| | // | Kanji di origine non chiara. Una spiegazione considera la parte a destra derivante da un 矢 freccia che si dirige verso un bersaglio o lo colpisce. Aggiungendo *亻 persona si comunica che il bersaglio a cui si punta è la persona stessa > il <u>desiderio di incontrare una persona importante</u> > **marchese, dignitario**. |
| 候 | | 気候 clima-tempo、天候 tempo (atmosferico)、候補 candidato、症候群 sindrome、徴候 segno, indizio, sintomo (兆候)、候文 stile epistolare giapponese classico |
| | IV | Il tratto verticale aggiuntivo simboleggia la persona che desidera l'incontro, immaginata inchinata in segno d'umiltà > attendere un **segnale** dalla persona importante > **formalità, clima**. |
| 喉 | | 喉 gola (咽喉)、喉が渇く avere sete |
| | / | 侯 suggerisce "connessione" dal senso implicito di "incontro" > **gola** connessa alla 口 bocca. |

| | | |
|---|---|---|
| 至 | | 至る arrivare/giungere a、至らない inesperto/negligente、夏至 solstizio d'estate、冬至 solstizio d'inverno、信じるに至る arrivare a credere、至極 estremamente, assai、至急 urgentemente, subito |
| | VI | Una freccia <u>sottosopra</u>, conficcata verticalmente nel 土 terreno dopo che ha percorso la sua traiettoria in volo > raggiungere il punto **massimo** per poi <u>**arrivare** a destinazione e fermasi</u>. La lettura richiama 止 fermarsi. |

| | | |
|---|---|---|
| 致 | 致す fare (umile)、一致 concordare, corrispondere (合致)、不一致 disaccordo, discrepanza、どういたしまして prego、致命的 fatale, mortale | |
| / | In origine la parte a destra era *夊 "piede che punta verso il basso, andamento discontinuo", usato per indicare nell'insieme una persona che raggiunge la destinazione e si ferma. La trascrizione erronea con *攵 ha modificato in modo causativo il senso > **mandare** qualcuno a fare visita a qualcun altro > **fare** (umile), **causare** per ampliamento di significato. | |
| 緻 | 緻密 minuzioso, accurato、巧緻 elaborato-fine | |
| // | > raffinatura accurata dei 糸 fili, suggerita da 致 (fare, causare) e il componente 至 (raggiungere il massimo, arrivare) > **accurato, preciso, fine, elaborato**. | |
| 到 | 到着 arrivo、殺到 precipitarsi tutti assieme、到底 assolutamente、到達 arrivo, realizzazione、周到 scrupoloso, cauto, attento | |
| / | Qui *刂 (spada) è una trascrizione erronea di "persona", immaginata come messa sottosopra (至) mentre <u>collassa-crolla</u>. 到 si è poi generalizzato sottolineando il senso di **arrivo** già presente in 至 > **raggiungere**. | |
| 倒 | 倒れる、倒す abbattere, demolire, rovesciare/sconfiggere、倒産 bancarotta、圧倒 sopraffare、面倒 seccatura/difficoltà、打倒 buttare a terra, sovvertire、転倒 caduta/rovesciamento | |
| / | > aggiungendo *イ persona si ripristina il senso originale di 到 > **crollare, collassare**. | |
| 室 | 室 cantina, scantinato、教室 aula、事務室 segreteria、待合室 sala d'aspetto、寝室 camera da letto | |
| II | Luogo della casa (*宀) dove arrivare e potersi fermare > **stanza**. Da non confondersi con 屋. | |
| 窒 | 窒息 soffocamento、窒息死 morte per soffocamento、窒素 azoto | |
| / | Qualcosa che ostruisce (arrivare e fermarsi) un 穴 buco > **blocco, ostruzione**. | |

| | | |
|---|---|---|
| 屋 | 部屋 stanza、本屋 libreria、花屋 fioraio、小屋 capanna、屋根 tetto、屋上 terrazza、家屋 edificio-immobile | |
| III | <u>Luogo dove arrivare e fermarsi</u> (至) a riposare (*尸 corpo sdraiato) > **casa** > **negozio di**. Da non confondersi con 室. | |

| | | |
|---|---|---|
| 握 | 握る、把握 afferrare (anche figurato)、握り manico、握手 stretta di mano、拍手 applauso | |
| / | Una *扌 mano che arriva e si ferma (屋) su un oggetto > **afferrare, impugnare**. | |

# 5.5.3 Lance

| | |
|---|---|
| **\*戈** | Una mano che tiene una <u>lancia</u>. |

| | |
|---|---|
| 武 | 武士 <ruby>武<rt>ぶ</rt></ruby><ruby>士<rt>し</rt></ruby> guerriero-samurai、武士道 <ruby>武<rt>ぶ</rt></ruby><ruby>士<rt>し</rt></ruby><ruby>道<rt>どう</rt></ruby> *bushidō*、武者 <ruby>武<rt>む</rt></ruby><ruby>者<rt>しゃ</rt></ruby> guerriero-samurai armato、武器 <ruby>武<rt>ぶ</rt></ruby><ruby>器<rt>き</rt></ruby> arma、武装 <ruby>武<rt>ぶ</rt></ruby><ruby>装<rt>そう</rt></ruby> armamento |
| V | Qui 止 indica delle orme lasciate sul terreno per rappresentare un uomo che avanza armato di lancia > **guerriero, militare**. Il tratto che dovrebbe tagliare obliquamente \*戈 è stato spostato in alto a sinistra, probabilmente per ragioni stilistiche. |
| 賦 | 月賦 <ruby>月<rt>げっ</rt></ruby><ruby>賦<rt>ぷ</rt></ruby> rate mensili、天賦の <ruby>天<rt>てん</rt></ruby><ruby>賦<rt>ぷ</rt></ruby> naturale, innato |
| // | > 武 richiama 分 <ruby>分<rt>ぶ / ぶん</rt></ruby> (dividere, parti) > guerrieri che spartiscono il bottino (貝) di una campagna militare > assolvere il pagamento di **un tributo** > comporre un'**ode** o un **poema** per qualcuno (significati minori). |
| 戒 | 戒める、戒め <ruby>戒<rt>いまし</rt></ruby>める、<ruby>戒<rt>いまし</rt></ruby>め insegnamento/castigo、警戒 <ruby>警<rt>けい</rt></ruby><ruby>戒<rt>かい</rt></ruby> stare in guardia, vigilanza、戒厳令 <ruby>戒<rt>かい</rt></ruby><ruby>厳<rt>げん</rt></ruby><ruby>令<rt>れい</rt></ruby> legge marziale |
| / | \*廾 due mani che brandiscono una lancia in segno di minaccia > **avvertire, ammonire, stare in guardia** > **comandare**. |
| 械 | (械 ceppi)、機械 <ruby>機<rt>き</rt></ruby><ruby>械<rt>かい</rt></ruby> macchinario、器械 <ruby>器<rt>き</rt></ruby><ruby>械<rt>かい</rt></ruby> apparecchio-strumento |
| IV | > 戒 "ammonire" qui suggerisce l'utilizzo di ceppi di legno (木) su qualcuno. Il senso si è poi esteso a quello di un **dispositivo** generico. |
| 伐 | 伐採 <ruby>伐<rt>ばっ</rt></ruby><ruby>採<rt>さい</rt></ruby> abbattimento (alberi)、討伐 <ruby>討<rt>とう</rt></ruby><ruby>伐<rt>ばつ</rt></ruby> spedizione punitiva, repressione, assoggettamento |
| / | **Abbattere** una \*亻 persona con una lancia. La lettura BATSU ha funzione onomatopeica. |
| 閥 | 閥、財閥 <ruby>財<rt>ざい</rt></ruby><ruby>閥<rt>ばつ</rt></ruby> *zaibatsu*、派閥 <ruby>派<rt>は</rt></ruby><ruby>閥<rt>ばつ</rt></ruby> fazione |
| // | > 伐 <ruby>伐<rt>ばつ / はつ</rt></ruby> è usato per richiamare 発 <ruby>発<rt>はつ</rt></ruby> (emettere) > casata (simboleggiata da 門 <ruby>門<rt>もん</rt></ruby> cancello) dalla quale una persona emerge > **clan, gruppo, fazione**. |
| 賊 | 賊、海賊 <ruby>海<rt>かい</rt></ruby><ruby>賊<rt>ぞく</rt></ruby> pirata、盗賊 <ruby>盗<rt>とう</rt></ruby><ruby>賊<rt>ぞく</rt></ruby> svaligiatore, bandito、山賊 <ruby>山<rt>さん</rt></ruby><ruby>賊<rt>ぞく</rt></ruby> bandito, brigante |
| / | In questo caso \*戎 è una stilizzazione di \*戈 e "spada" 刀 e nell'insieme indicava dei **banditi** armati per saccheggiare il bottino (貝) > **ladro, ribelle**. |
| 弐 | 弐 <ruby>弐<rt>に</rt></ruby> due (in documenti legali e affini) |
| // | 二 due lance. 弐 è usato per indicare il numero **due** in documenti legali e affini. Anche qui come nei due esempi di sopra il tratto obliquo è spostato in alto a sinistra per ragioni stilistiche. |

| | |
|---|---|
| **\*戔** | Il kanji di \*戈 lancia raddoppiato per enfasi. Può suggerisce i significati di <u>tagliare</u>, <u>trafiggere</u>, <u>uccidere</u> e, per associazione, <u>ridurre a piccole quantità</u> o <u>qualcosa di affilato</u>. In genere compare in una forma semplificata. |
| | |

| 残 | 残る<sub>のこ</sub> rimanere、残す<sub>のこ</sub> lasciare、生き残る<sub>い のこ</sub> sopravvivere、残念<sub>ざんねん</sub> essere un peccato, dispiacere、<br>残忍<sub>ざんにん</sub> brutale, crudele、残酷<sub>ざんこく</sub> crudele, duro, spietato、残業<sub>ざんぎょう</sub> straordinari (lavorativi) |
|---|---|
| IV | Uccidere qualcuno in modo cruento facendolo a pezzi fino alle ossa (*歹). I significati di **rimanere**, **restare** e **lasciare** derivano dall'idea dei pochi resti rimasti. La lettura richiama 斬<sub>ざん</sub> (assassinare). |
| 浅 | 浅い<sub>あさ</sub>、浅瀬<sub>あさせ</sub> secca, guado, bassofondo、浅はか<sub>あさ</sub> superficiale, frivolo、浅学<sub>せんがく</sub> cultura limitata、<br>浅黒い<sub>あさぐろ</sub> scuro, bruno (carnagione), abbronzato |
| IV | Piccola quantità d'acqua (*氵) > **poco profondo** > **superficiale** (anche figurato), **chiaro**. |
| 銭 | 小銭<sub>こぜに</sub> spiccioli、銭<sub>せん</sub> un centesimo di yen、釣り銭<sub>つ せん</sub> resto、金銭<sub>きんせん</sub> soldi、古銭<sub>こせん</sub> moneta antica |
| V | In origine 銭 indicava la parte di metallo (金) affilata di un aratro (il vomere). Un'antica moneta cinese di basso valore possedeva una forma simile a quella di un aratro e di conseguenza il kanji ha assunto i significati di **moneta** e **soldi**. Questi potrebbero essere stati influenzati anche da una rielaborazione di *戔 a indicare il piccolo valore della moneta in questione. |
| 践 | 実践<sub>じっせん</sub> pratica, mettere in pratica、実践的<sub>じっせんてき</sub> pratico |
| / | Compiere un passo (足 piede) con decisione e fermezza (suggerito da *戔) > mettere in **pratica**. |
| 箋 | 便箋<sub>びんせん</sub> carta da lettere、処方箋<sub>しょほうせん</sub> ricetta (medica)、附箋<sub>ふせん</sub> etichetta |
| // | Tavolette di 竹 bambù incise > **etichetta, carta** (su cui poter scrivere). |

| 或 | ある<sub>或</sub> un certo...、ある日<sub>或 ひ</sub> un (certo) giorno、あるいは<sub>或</sub> o, oppure/forse, può darsi |
|---|---|
| // | La parte interna (口 e 一, semplificazione di *畺) rappresenta un'area agricola delimitata dai suoi confini. 戈 lancia rafforza l'idea per via della pratica di usare le lance come segnaletica una volta piantane nel terreno > <u>l'area di un territorio definito e delimitato dalla segnaletica</u>. In Giappone il kanji ha preso in prestito il significato di **un certo** > **alcuni, oppure**. Da non confondersi con *咸. |
| 域 | 領域<sub>りょういき</sub> dominio, territorio/settore、地域<sub>ちいき</sub> regione, zona, area、区域<sub>くいき</sub> zona, distretto, area |
| VI | Aggiungendo 土 terra si ripristina il significato di **area** e **luogo delimitato**. |
| 惑 | 惑う<sub>まど</sub>、戸惑う<sub>とまど</sub> essere disorientato, essere sconcertato、迷惑<sub>めいわく</sub> disturbo, fastidio, molestia、<br>惑星<sub>わくせい</sub> pianeta/astro、誘惑<sub>ゆうわく</sub> tentazione, seduzione、思惑<sub>おもわく</sub> intento, aspettativa、困惑<sub>こんわく</sub> imbarazzo、<br>当惑<sub>とうわく</sub> imbarazzo, perplessità, non sapere più che fare |
| / | 或<sub>こく / わく / いき</sub> era usato foneticamente per esprimere "dubbio" > sentimenti (心) di **confusione** e **dubbio**. Non è chiaro perché 或, indicante un'area delimitata, sia stato scelto a tale scopo. Una teoria propone l'idea di "sentimenti provati dal sentirsi in uno stato di costrizione", mentre un'altra propone l'utilizzo dei significati moderni di 或, "un certo, alcuni, oppure", per esprimere vaghezza. |
| 国 | 国<sub>くに</sub>、外国<sub>がいこく</sub> estero、国際的<sub>こくさいてき</sub> internazionale、国立<sub>こくりつ</sub> nazionale、中国<sub>ちゅうごく</sub> Cina、愛国<sub>あいこく</sub> patriottismo、<br>王国<sub>おうこく</sub> regno、帝国<sub>ていこく</sub> impero、入国<sub>にゅうこく</sub> entrata in un paese、出国<sub>しゅっこく</sub> partenza da un paese、<br>天国<sub>てんごく</sub> Paradiso、国家<sub>こっか</sub> stato-nazione |
| II | Da *國, kanji nel quale il concetto di area delimitata di 或 è rafforzato al massimo dall'aggiunta di 口 > **paese, stato**. La semplificazione interna con 玉 gioiello potrebbe essere stata incoraggiata pensando ai "possedimenti" appartenenti a un paese. |

| 戠* | Una 戈 <u>lancia piantata a terra e usata come segnaletica</u>. A volte era uso attaccarvi dei piccoli vessilli su cui segnare dei messaggi da comunicare (suggerito da 音 suono) > lance usate come segnaletica che <u>comunicano un messaggio</u>. |
|---|---|

| 識 | 知識 <sup>ちしき</sup>conoscenza、博識 <sup>はくしき</sup>vasta erudizione、常識 <sup>じょうしき</sup>buon senso、識別 <sup>しきべつ</sup>discernimento, distinzione、<br>道路標識 <sup>どうろひょうしき</sup>segnale stradale、意識 <sup>いしき</sup>coscienza、美意識 <sup>びいしき</sup>senso estetico、鑑識眼 <sup>かんしきがん</sup>avere occhio per |
|---|---|
| V | Aggiungendo 言 (dire) il senso di "comunicare un messaggio" è rafforzato > mostrare **conoscenza**. |
| 織 | 織る <sup>お</sup>tessere、羽織る <sup>は お</sup>mettersi sulle spalle (senza infilare)、織物 <sup>おりもの</sup>tessuto, tela、組織 <sup>そしき</sup>organizzazione |
| V | Dei 糸 fili usati come marcatori in certe fasi della **tessitura**. Un'altra teoria collega foneticamente *戠 a 直 <sup>しょく/しょく ちょく/じき</sup> "dritto" per suggerire il posizionamento dei fili nel telaio. |
| 職 | 職、就職 <sup>しゅうしょく</sup>cercare impiego、職業 <sup>しょくぎょう</sup>professione、転職 <sup>てんしょく</sup>cambiare lavoro、職員 <sup>しょくいん</sup>staff、<br>職場 <sup>しょくば</sup>posto-luogo di lavoro、辞職 <sup>じしょく</sup>dimissioni、退職 <sup>たいしょく</sup>dimissioni, pensionamento、定職 <sup>ていしょく</sup>posto fisso |
| V | 耳 "orecchio" suggerisce l'essere attaccato a qualcosa, immagine utilizzata per enfatizzare un vessillo attaccato alla lancia in funzione di segnaletica atta a comunicare un messaggio. Il kanji si riferiva alla pratica dei negozianti di tenere una bandiera al di fuori della bottega al fine di indicare la natura del proprio esercizio > **impiego**. |

| 𢦏* | Variante <u>decorata</u> di 戈 lancia. Può suggerire <u>tagliare</u> o qualcosa <u>piantato dritto nel terreno</u> (dall'uso occasionale che si faceva delle lance come segnaletica). |
|---|---|

| 裁 | 裁く <sup>さば</sup>giudicare、裁つ <sup>た</sup>tagliare (per confezionare)、裁ちくず <sup>た 屑</sup>brandelli、裁断 <sup>さいだん</sup>、裁判 <sup>さいばん</sup>processo、<br>裁判官 <sup>さいばんかん</sup>giudice、独裁 <sup>どくさい</sup>dittatura、独裁者 <sup>どくさいしゃ</sup>dittatore、裁縫 <sup>さいほう</sup>cucito、裁縫師 <sup>さいほうし</sup>sarto |
|---|---|
| VI | **Tagliare la stoffa** per produrre un 衣 vestito > essere decisi > **decidere, giudicare**. La lettura richiamava 制 <sup>せい</sup>(controllo, sistema). |
| 栽 | 栽培 <sup>さいばい</sup>coltivazione, coltura、盆栽 <sup>ぼんさい</sup>bonsai、果樹栽培者 <sup>かじゅさいばいしゃ</sup>frutticoltore |
| / | *𢦏 suggerisce "piantare nel terreno". Aggiungendo 木 albero si rafforza il significato di **piantare**. |
| 繊 | 繊細 <sup>せんさい</sup>、繊維 <sup>せんい</sup>fibra, filamento、食物繊維 <sup>しょくもつせんい</sup>fibre alimentari、繊維工業 <sup>せんいこうぎょう</sup>industria tessile |
| // | Semplificato da *纖, un *韭 porro dalla forma sottile (糸 filo) che sbuca dal terreno (*𢦏) > **delicato, fine** e **sottile** sono i significati grafici associati. Nella versione moderna il *韭 porro è semplificato con "fossa" (*业), ricollegabile al terreno da dove il porro fuoriesce. |
| 載 | 載せる <sup>の</sup>(tr.)、載る <sup>の</sup>(intr.)、掲載 <sup>けいさい</sup>pubblicazione (es. di un articolo)、記載 <sup>きさい</sup>menzione, dicitura、<br>搭載 <sup>とうさい</sup>caricare (a bordo/sul PC)、千載一遇 <sup>せんざいいちぐう</sup>una volta nella vita (opportunità) |
| / | *𢦏 è usato per richiamare 再 <sup>さい</sup>(nuovamente), inteso nel suo significato grafico di "cesta sopra la quale posarne un'altra" > **caricare** qualcosa sul carro (車) > **posizionare su, apparire su una stampa, essere riportato**. Per semplicità lo si può ricordare come "posizionare le lance sul carro". |
| 戴 | いただく、頂戴 <sup>ちょうだい</sup>ricezione/"per favore faccia per me" (forma grammaticale per di più appartenente al parlato femminile usata dopo la forma in TE del verbo)、戴冠式 <sup>たいかんしき</sup>cerimonia d'incoronazione |
| // | > qui *𢦏 è un'abbreviazione di 載 "posizionare su", mentre 異 (differire) è usato per il suo significato grafico di "due mani che mettono una maschera sul viso". Nel complesso il kanji simboleggia il momento dell'incoronazione > **ricevere** per associazione. |

| 我 | 我 io、我々 noi、我まま egoista, capriccioso、わが mio, nostro…、怪我 ferita、自我 ego, se stesso、 我慢 sopportazione-pazienza-perserveranza、我を張る ostinarsi in qualcosa、我を折る cedere a qualcuno |
|---|---|
| VI | Il kanji mostra una 戈 lancia con delle nappe sulla sinistra, mazzetti di fili posizionati sull'arma per indicare il numero di uccisioni compiute. Inizialmente il significato era quello di <u>uccidere con una lancia</u>. I significati attuali di **io** e **ego** sono dei prestiti da *吾 (io, se stessi). |

| 餓 | 餓える、飢餓に苦しむ patire la fame、餓死 morire di fame |
|---|---|
| // | Carattere di origine oscura derivato probabilmente da errori di trascrizione e avente il significato di **morire di fame**. Per semplicità si può considerare 我 nel suo significato originario di "uccidere con una lancia", associabile alla morte per mancanza di cibo (食). |

| 義 | 義、正義 giustizia、講義 lezione universitaria、義務 dovere, obbligo、主義 principio, dottrina、 意義 significato, senso/valore-pregio-importanza、有意義 significativo、仁義 morale、忠義 leale, devoto、 義理 senso del dovere、奥義 segreti-misteri (es. di un'arte)、民主主義 democrazia、虚無主義 nichilismo |
|---|---|
| V | Combinazione di 羊 "pecora", usata per esprimere il suo senso implicito di "bellezza", e 我 (vedi sopra). Quest'ultimo è usato per richiamare 夏 (estate), inteso nel suo significato grafico di "ballerina con indosso una maschera che balla a <u>scopo cerimoniale</u>". Se ne ricava il senso di "aspetto di una bellissima danza eseguita a scopo cerimoniale" da cui i significati astratti finali di **giustezza, giustizia, rettitudine, morale** e **significato**. Un'altra teoria giunge agli stessi significati interpretando i componenti in modo più diretto come "poter considerare 我 se stessi degni di lode (羊) per merito della propria rettitudine". La lettura del kanji si collega a quella di 宜 (buono). |

| 議 | 会議 riunione、議論 discussione, polemica、争議 conflitto, sciopero (=ストライキ)、 論議 discussione-dibattito、討議 dibattito、議長 presidente, moderatore |
|---|---|
| IV | 義 richiamava foneticamente 互 (reciproco) oltre che suggerire il suo senso di giustezza, qui attribuita ai modi e all'uso del linguaggio > mutuo e appropriato scambio di parole (言) > **discussione**. |

| 儀 | 礼儀 buone maniere、礼儀知らず maleducato、行儀 maniere, condotta-comportamento、 礼儀正しい educato, cortese、お辞儀 inchino、葬儀 funerale、儀式 cerimonia, rito |
|---|---|
| / | Una *イ persona retta > i modi in cui una persona diventa retta, rispettando le **buone maniere**, seguendo le **regole** e partecipando alle **cerimonie**. |

| 犠 | 犠牲 sacrificio、犠牲者 vittima、自己犠牲 sacrificare se stessi |
|---|---|
| / | 義 richiama 宜 (buono) oltre che suggerisce il suo significato di giustezza e quello implicito di cerimonia. Nell'insieme il kanji si riferiva a un toro (牛 mucca) particolarmente valido scelto come **sacrificio** per una cerimonia. |

# 5.5.4 Alabarde

| 矛 | 矛 <ruby>ほこ</ruby> alabarda、矛盾 <ruby>むじゅん</ruby> contraddizione、自己矛盾 <ruby>じこむじゅん</ruby> contraddirsi da soli、矛盾語法 <ruby>むじゅんごほう</ruby> ossimoro |
|---|---|
| / | Dal pittogramma di una <u>lancia con barbigli acuminati</u> > **alabarda**. Da non confondersi con 予. |

| | 務 | 務める、義務 <ruby>ぎむ</ruby> dovere, obbligo、業務 <ruby>ぎょうむ</ruby> affari, compiti、事務室 <ruby>じむしつ</ruby> segreteria、事務所 <ruby>じむしょ</ruby> ufficio、勤務中 <ruby>きんむちゅう</ruby> essere in servizio、刑務所 <ruby>けいむしょ</ruby> penitenziario, carcere |
|---|---|---|
| | V | *敄 (impegnarsi in un compito) mostra 矛 alabarda e *攵, suggerendo nell'insieme "forzare qualcuno a svolgere un compito minacciandolo con un'arma". L'aggiunta di 力 (forza) ha concentrato l'attenzione sull'atto in sé > **fare il proprio lavoro, svolgere un compito**. |
| | 霧 | 霧、夜霧 <ruby>よぎり</ruby> nebbia notturna、濃霧 <ruby>のうむ</ruby> nebbia fitta |
| | / | > 務 è usato a scopo fonetico per richiamare 夢 <ruby>む</ruby> (sogno), inteso nel suo significato implicito di "occhi coperti e visibilità ridotta durante la sera" > condizione atmosferica (雨) coprente > **nebbia**. |
| | 柔 | 柔らかい、柔軟 <ruby>じゅうなん</ruby> flessibile、柔道 <ruby>じゅうどう</ruby> judō、柔和 <ruby>にゅうわ</ruby> gentile-dolce、懐柔 <ruby>かいじゅう</ruby> ammansire, accattivarsi |
| | / | 矛 <ruby>む / ぼう</ruby> richiamava foneticamente "neonato" oltre che suggerire il suo senso originario di "lancia con barbigli acuminati". Il kanji si riferiva ai nuovi germogli che spuntano da un 木 albero, simbolo di **malleabilità** e **morbidezza** > **tenero**. |

| *戉 | Kanji indicante un'<u>alabarda</u> o un'<u>ascia da battaglia</u>. Da non confondersi con *戈 e *戊. |
|---|---|

| | 越 | 越える <ruby>こ</ruby> (intr.)、越す <ruby>こ</ruby> (tr.)、乗り越える <ruby>の こ</ruby> montare su/sormontare、引っ越す <ruby>ひ こ</ruby> traslocare、超越 <ruby>ちょうえつ</ruby> trascendente、越権 <ruby>えっけん</ruby> abuso di autorità、越境 <ruby>えっきょう</ruby> sconfinamento、卓越 <ruby>たくえつ</ruby> eccellere rispetto agli altri |
|---|---|---|
| | / | Guerrieri che 走 corrono armati **attraversando** il territorio nemico > **andare oltre** > **eccellere**. |

| *戊 | Un'<u>alabarda con una grossa lama</u>. Da non confondersi con *戈 e *戉. |
|---|---|

| | 茂 | 茂る <ruby>しげ</ruby>、繁茂 <ruby>はんも</ruby> rigoglio, rigogliosità |
|---|---|---|
| | / | Vegetazione (*艹) che **cresce fitta e lussureggiante**. *戊 <ruby>ぼ / ぼう</ruby> suggerisce lo spuntare fuori fitto della vegetazione, rappresentata come delle grosse lame che trafiggono il suolo, e potrebbe avere anche richiamato foneticamente *莫 <ruby>ぼ / も / まく / ばく</ruby> nel suo significato grafico di "vegetazione fitta". |

| 成 | 成なる <ruby>せい</ruby> diventare、成す <ruby>な</ruby> compiere/costituire、成長 <ruby>せいちょう</ruby> crescita、成人 <ruby>せいじん</ruby> adulto-maggiorenne、完成 <ruby>かんせい</ruby> completamento、成功 <ruby>せいこう</ruby> successo、構成 <ruby>こうせい</ruby> composizione, struttura、成績 <ruby>せいせき</ruby> voto, punteggio、成果 <ruby>せいか</ruby> risultati、賛成 <ruby>さんせい</ruby> essere d'accordo |
|---|---|
| IV | Un attrezzo tagliente con una grossa lama (*戊) usato per levigare il legno. L'elemento in basso a sinistra deriva da 丁 <ruby>てい</ruby> "esattezza" e caratterizza il lavoro di levigatura svolto, da cui i significati finali di **diventare**, **compiere**, **consistere**, associati al risultato del lavoro ultimato. Usato come radicale, l'atto della levigatura sottinteso in 成 a volte suggerisce <u>ripetizione e sovrapposizione</u>. |
| | |

| 誠 | 誠 <ruby>まこと<rt></rt></ruby> verità、誠実 <ruby>せいじつ<rt></rt></ruby> sincerità, onestà、忠誠 <ruby>ちゅうせい<rt></rt></ruby> lealtà, devozione, fedeltà、誠意のある <ruby>せいい<rt></rt></ruby> in buona fede |
|---|---|
| VI | Parole (言) che ripetono, si sovrappongono e rispecchiano quello che si prova veramente > **sincerità, fiducia, lealtà.** |
| 盛 | 盛る、盛る <ruby>も<rt></rt></ruby><ruby>さか<rt></rt></ruby> prosperare、盛ん <ruby>さか<rt></rt></ruby> prospero, fiorente, vigoroso, energico、盛大 <ruby>せいだい<rt></rt></ruby> imponente, autorevole、全盛 <ruby>ぜんせい<rt></rt></ruby>、最盛期 <ruby>さいせいき<rt></rt></ruby> migliore stagione-momento per/epoca d'oro、盛装 <ruby>せいそう<rt></rt></ruby> abito da cerimonia、盛り <ruby>さか<rt></rt></ruby> (piena) stagione/fiore degli anni, rigoglio、盛り付ける <ruby>も<rt></rt></ruby> scodellare、旺盛 <ruby>おうせい<rt></rt></ruby> con vitalità-energia |
| VI | **Ammucchiare** su un 皿 piatto il cibo in gran quantità > **fiorente, prosperità.** |
| 城 | 城、〜城、城壁 <ruby>しろ<rt></rt></ruby><ruby>じょう<rt></rt></ruby><ruby>じょうへき<rt></rt></ruby> muro di cinta、城郭 <ruby>じょうかく<rt></rt></ruby> fortezza, cittadella |
| VI | Una costruzione edificata aggiungendo 土 terra su terra > **castello.** |

| *戉 | Una variante di *戊 alabarda con una grossa lama, qui usata per indicare <u>un'arma o uno strumento affilato</u> in generale. Come radicale può suggerire un <u>attacco</u> o <u>qualcosa che incute timore</u>. |
|---|---|

| 滅 | 滅ぼす <ruby>ほろ<rt></rt></ruby> (tr.)、滅びる <ruby>ほろ<rt></rt></ruby> (intr.)、消滅 <ruby>しょうめつ<rt></rt></ruby> estinguersi, decadere、自滅 <ruby>じめつ<rt></rt></ruby> causare la propria rovina、幻滅 <ruby>げんめつ<rt></rt></ruby> disillusione, disillusione、隠滅 <ruby>いんめつ<rt></rt></ruby> distruzione、絶滅 <ruby>ぜつめつ<rt></rt></ruby> estinzione, sterminio、壊滅 <ruby>かいめつ<rt></rt></ruby> annientamento、破滅 <ruby>はめつ<rt></rt></ruby> rovina、全滅 <ruby>ぜんめつ<rt></rt></ruby> annientamento |
|---|---|
| / | La parte a destra *威 suggerisce "attaccare (*戉) con il 火 fuoco", da cui il senso di attaccare e **distruggere** la riserva d'acqua (*氵) del nemico > **devastare.** |
| 蔑 | 蔑む、蔑ろにする <ruby>さげす<rt></rt></ruby><ruby>ないがし<rt></rt></ruby> non tenere conto di, disprezzare、蔑視 <ruby>べっし<rt></rt></ruby> guardare dall'alto in basso, disprezzare、軽蔑 <ruby>けいべつ<rt></rt></ruby> disprezzo, disdegno, scherno (侮蔑 <ruby>ぶべつ<rt></rt></ruby>) |
| / | La parte superiore può trasmettere il senso di *皿 occhi coperti da sopracciglia folte come *艹 l'erba che riducono la visione > essere incapaci di riconoscere e capire qualcosa e agire con violenza (*戉) nei suoi confronti > **trattare con disprezzo.** |
| 威 | 威張る <ruby>いば<rt></rt></ruby> darsi arie、権威 <ruby>けんい<rt></rt></ruby> autorità、威厳 <ruby>いげん<rt></rt></ruby> dignità、脅威 <ruby>きょうい<rt></rt></ruby> minaccia、示威 <ruby>じい<rt></rt></ruby> manifestazione (=デモ) |
| / | Una 女 donna imponente che incute timore (*戉). Il kanji si riferiva alla suocera di una nuova sposa vista dal punto di vista della stessa. Ne derivano i significati do **autorità, influenza** e **minaccia.** La lettura richiama 畏 (paura-apprensione). |
| 歳 | 〜歳 <ruby>さい<rt></rt></ruby> ...anni (età)、二十歳 <ruby>はたち<rt></rt></ruby> venti anni、何歳 <ruby>なんさい<rt></rt></ruby> quanti anni、万歳 <ruby>ばんざい<rt></rt></ruby> banzai |
| / | Le parti inferiori e superiori sono ripresi dal kanji di 歩 camminare, mentre *戉 è usato per richiamare 巡 <ruby>じゅん<rt></rt></ruby> (girare intorno). Nell'insieme il kanji indicava "camminare per un giro", ma il senso si è poi evoluto in quello di "completamento di un ciclo temporale" > **anno, anni** (età). |

| *咸 | Qui *戉 indica uno <u>strumento tagliente usato per rifinire e correggere</u>. Aggiungendo 口 bocca si intende il senso di voci che si esprimono <u>insieme e in accordo</u>. Da non confondersi con 或. |
|---|---|

| 減 | 減る <ruby>へ<rt></rt></ruby> diminuire、減らす <ruby>へ<rt></rt></ruby> ridurre、加減 <ruby>かげん<rt></rt></ruby> addizione e sottrazione/regolazione-moderazione/condizione、いい加減にしろ <ruby>かげん<rt></rt></ruby> smettila!, falla finita!、減少 <ruby>げんしょう<rt></rt></ruby> riduzione, diminuzione、減税 <ruby>げんぜい<rt></rt></ruby> riduzione delle tasse |
|---|---|
| V | *咸 richiama 倹 (frugalità), inteso nel suo significato di "persona con pochi possedimenti" > una ridotta quantità d'acqua (*氵) > **diminuire, ridurre.** È possibile che il senso implicito di *咸 di "strumento tagliente usato per rifinire e correggere" abbia influito sull'evoluzione del kanji. |

| 感 | 感じる sentire, provare、感じ、感心 ammirazione、予感 presentimento、感動 commozione、感激 emozionarsi、感謝 gratitudine、感覚 senso, sensazione, sensibilità、感想 impressione、同感 essere dello stesso parere、五感 i cinque sensi、直感 intuito、感情 sentimento、違和感 sentirsi indisposto verso, sentirsi fuori posto |
|---|---|
| III | *咸 è usato per richiamare *澹 (oscillare, incresparsi) oltre che suggerire l'agire "in accordo" > sentimenti (心) scossi in accordo con qualcosa > **sensazione**, **sentimento**, **emozione**, **impressione**. |
| 憾 | 憾む、憾み、遺憾 deplorevole, increscioso, spiacevole, incompleto、遺憾なく pienamente |
| / | > aggiungendo un secondo *忄 cuore si enfatizza la potenza del sentimento espresso in 感, associato in questo caso al **rimpianto** e al **rimorso**. Possibile un legame fonetico con 嘆 "lamento, affliggersi". |

# SISTEMI DI SCRITTURA

In giapponese coesistono quattro sistemi di scrittura.

**1)  Kanji**

Argomento principale del libro. È buona norma scriverli in un ordine di tratti preciso che, salvo eccezioni specifiche, tende a seguire la regola **dall'alto verso il basso e da sinistra verso destra**.

Facendo un esempio con il kanji di 百 "cento" (sei tratti):

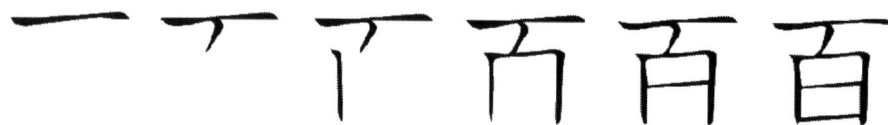

Si parte in cima a tracciare l'orizzontale da sinistra verso destra; a seguire è presente un piccolo tratto obliquo che scende dall'alto verso il basso; scendendo ancora prima di tracciare l'orizzontale occorre dare la precedenza al tratto verticale. Segnando ora l'orizzontale si nota che il tratto non termina, ma prosegue immediatamente con quello verticale successivo che sarà quindi tracciato senza staccare la penna dal foglio. A questo punto in ordine segue il tratto orizzontale al centro e l'ultimo tratto in basso, entrambi scritti da sinistra verso destra.

Un esempio più complesso con il kanji di 橋 "ponte" (sedici tratti):

**2)  Rōmaji** (caratteri romani)

È il sistema di scrittura che attraverso l'alfabeto latino romanizza la lingua giapponese. In questo libro è usato il sistema di traslitterazione *Hepburn*, di cui a seguito un sunto:

- へ, は, を (*he, ha, wo*), se usate grammaticalmente come particelle sono trascritte rispettivamente con *e, wa, o*.

- Le vocali lunghe **o** e **u** si segnano con *ō* e *ū*, eccetto le desinenze. In genere l'allungamento *ō* deriva da **ou** e solo in pochi casi da **oo** (per accertarsi controllare il *furigana* sopra le parole). Gli allungamenti di **e** ed **i** si traslitterano così come sono scritti in giapponese, ossia con *ei* e *ii*. Nel *katakana* l'allungamento è reso dal simbolo ー, il quale si traslittera come di consueto con il segno ¯ sopra la vocale.

- Se la **n** slegata (ん/ン) si presenta davanti a una sillaba che inizia per **i** o **y**, si traslittera con un apostrofo in mezzo al fine di separare meglio le due lettere (es. 安易, *an'i*).

- Le consonanti doppie (indicate con uno つ/ッ piccolo) sono ripetute (es. *zutto*), a eccezione di **ch** (es. *matcha*).

## 3) Hiragana e Katakana

La prima tabella dei "suoni puri" e quella dei "suoni impuri e semipuri" (in basso a destra) vanno lette dall'alto verso il basso e da destra verso sinistra; quella dei "suoni contratti" (in basso a sinistra) va letta da sinistra verso destra. L'ordine all'interno delle caselle è *hiragana*, *rōmaji* (sistema *Hepburn*) e *katakana*. **SH** si pronuncia come in <u>sc</u>isma; **J** come in <u>gi</u>orno; **CH** come in <u>c</u>ena, **TS** come in a<u>z</u>ione; **Z** come in <u>z</u>aino; **G** come in <u>g</u>ara e <u>gh</u>isa; **H** è aspirata; **Y** come in <u>y</u>ogurt e **W** come in <u>u</u>omo. **U** è quasi muta nelle sillabe **tsu** e **su**.

| | わ WA ワ | ら RA ラ | や YA ヤ | ま MA マ | は HA ハ | な NA ナ | た TA タ | さ SA サ | か KA カ | あ A ア |
|---|---|---|---|---|---|---|---|---|---|---|
| | | り RI リ | | み MI ミ | ひ HI ヒ | に NI ニ | ち CHI チ | し SHI シ | き KI キ | い I イ |
| ん N ン | | る RU ル | ゆ YU ユ | む MU ム | ふ FU フ | ぬ NU ヌ | つ TSU ツ | す SU ス | く KU ク | う U ウ |
| | | れ RE レ | | め ME メ | へ HE ヘ | ね NE ネ | て TE テ | せ SE セ | け KE ケ | え E エ |
| | を WO ヲ | ろ RO ロ | よ YO ヨ | も MO モ | ほ HO ホ | の NO ノ | と TO ト | そ SO ソ | こ KO コ | お O オ |

| きゃ KYA キャ | きゅ KYU キュ | きょ KYO キョ | ぎゃ GYA ギャ | ぎゅ GYU ギュ | ぎょ GYO ギョ |
|---|---|---|---|---|---|
| しゃ SHA シャ | しゅ SHU シュ | しょ SHO ショ | じゃ JA ジャ | じゅ JU ジュ | じょ JO ジョ |
| ちゃ CHA チャ | ちゅ CHU チュ | ちょ CHO チョ | ぢゃ DJA ヂャ | ぢゅ DJU ヂュ | ぢょ DJO ヂョ |
| にゃ NYA ニャ | にゅ NYU ニュ | にょ NYO ニョ | ひゃ HYA ヒャ | ひゅ HYU ヒュ | ひょ HYO ヒョ |
| びゃ BYA ビャ | びゅ BYU ビュ | びょ BYO ビョ | ぴゃ PYA ピャ | ぴゅ PYU ピュ | ぴょ PYO ピョ |
| りゃ RYA リャ | りゅ RYU リュ | りょ RYO リョ | | | |

| ぱ PA パ | ば BA バ | だ DA ダ | ざ ZA ザ | が GA ガ |
|---|---|---|---|---|
| ぴ PI ピ | び BI ビ | ぢ DJI ヂ | じ JI ジ | ぎ GI ギ |
| ぷ PU プ | ぶ BU ブ | づ DZU ヅ | ず ZU ズ | ぐ GU グ |
| ぺ PE ぺ | べ BE ベ | で DE デ | ぜ ZE ゼ | げ GE ゲ |
| ぽ PO ポ | ぼ BO ボ | ど DO ド | ぞ ZO ゾ | ご GO ゴ |

Differenziare un suono contratto come KYA (*chià*) da due sillabe normali lette distintamente (es. KIYA). Si noti anche casi particolari come SHA (*scia*) e CHA (*cia*). I suoni ぢ e づ sono usati raramente e solo in alcune parole, rispetto invece ai più comuni じ e ず di uguale pronuncia.

# INDICE FONETICO
# ON'YOMI

| Reading | Kanji | Pg | Reading | Kanji | Pg | Reading | Kanji | Pg | Reading | Kanji | Pg | Reading | Kanji | Pg | Reading | Kanji | Pg |
|---|---|---|---|---|---|---|---|---|---|---|---|---|---|---|---|---|---|
| KATSU | 括 | 93 | | 慣 | 148 | | 既 | 62 | KYAKU | 却 | 282 | | 漁 | 146 | GYOKU | 玉 | 242 |
| | 活 | 93 | | 管 | 70 | | 記 | 251 | | 客 | 128 | KYŌ | 凶 | 286 | KIN | 巾 | 244 |
| | 喝 | 61 | | 関 | 235 | | 起 | 252 | | 脚 | 282 | | 共 | 117 | | 斤 | 297 |
| | 渇 | 61 | | 歓 | 151 | | 飢 | 254 | GYAKU | 逆 | 37 | | 叫 | 252 | | 均 | 52 |
| | 割 | 76 | | 監 | 89 | | 鬼 | 83 | | 虐 | 141 | | 狂 | 55 | | 近 | 297 |
| | 滑 | 74 | | 緩 | 110 | | 帰 | 114 | KYŪ | 九 | 26 | | 京 | 231 | | 金 | 204 |
| | 褐 | 61 | | 憾 | 312 | | 基 | 274 | | 久 | 130 | | 享 | 232 | | 菌 | 222 |
| | 轄 | 76 | | 還 | 246 | | 寄 | 170 | | 及 | 109 | | 供 | 117 | | 勤 | 177 |
| KAtsu- | 合 | 289 | | 館 | 70 | | 規 | 45 | | 弓 | 303 | | 協 | 69 | | 琴 | 290 |
| GATSU | 月 | 208 | | 環 | 245 | | 亀 | 145 | | 丘 | 196 | | 況 | 46 | | 筋 | 167 |
| GAtsu- | 合 | 289 | | 簡 | 236 | | 喜 | 255 | | 旧 | 212 | | 峡 | 62 | | 僅 | 177 |
| KAN | 干 | 300 | | 観 | 151 | | 幾 | 250 | | 休 | 180 | | 挟 | 61 | | 禁 | 180 |
| | 刊 | 300 | | 韓 | 131 | | 揮 | 239 | | 吸 | 109 | | 狭 | 61 | | 緊 | 88 |
| | 甘 | 97 | | 艦 | 89 | | 期 | 274 | | 朽 | 168 | | 恐 | 268 | | 謹 | 177 |
| | 汗 | 301 | | 鑑 | 89 | | 棋 | 275 | | 臼 | 270 | | 恭 | 117 | | 襟 | 181 |
| | 缶 | 283 | | 甲 | 156 | | 貴 | 119 | | 求 | 155 | | 胸 | 286 | | 今 | 290 |
| | 完 | 81 | GAN | 丸 | 63 | | 棄 | 49 | | 究 | 197 | | 脅 | 70 | | 菫 | 177 |
| | 肝 | 301 | | 含 | 291 | | 旗 | 275 | | 泣 | 55 | | 強 | 303 | GIN | 吟 | 290 |
| | 官 | 70 | | 岸 | 301 | | 器 | 36 | | 急 | 68 | | 教 | 39 | | 銀 | 87 |
| | 冠 | 82 | | 岩 | 204 | | 輝 | 239 | | 級 | 109 | | 郷 | 260 | **KU** | | |
| | 巻 | 106 | | 玩 | 82 | | 機 | 250 | | 糾 | 251 | | 境 | 97 | KU | 九 | 26 |
| | 看 | 85 | | 眼 | 87 | | 騎 | 170 | | 宮 | 74 | | 橋 | 232 | | 久 | 130 |
| | 陥 | 213 | | 頑 | 82 | | 己 | 251 | | 救 | 155 | | 矯 | 232 | | 宮 | 74 |
| | 乾 | 216 | | 顔 | 243 | | 嬉 | 138 | | 球 | 155 | | 鏡 | 97 | | 供 | 117 |
| | 勘 | 285 | | 願 | 189 | GI | 技 | 187 | | 給 | 290 | | 競 | 46 | | 区 | 285 |
| | 患 | 262 | | 元 | 81 | | 宜 | 205 | | 嗅 | 81 | | 響 | 260 | | 句 | 95 |
| | 貫 | 148 | **KI** | | | | 偽 | 142 | | 窮 | 68 | | 驚 | 95 | | 苦 | 75 |
| | 寒 | 190 | KI | 企 | 122 | | 欺 | 269 | | 鳩 | 149 | | 兄 | 46 | | 駆 | 285 |
| | 喚 | 43 | | 伎 | 187 | | 義 | 309 | GYŪ | 牛 | 136 | | 経 | 192 | | 庫 | 238 |
| | 堪 | 286 | | 危 | 58 | | 疑 | 126 | KYO | 去 | 282 | | 香 | 97 | | 口 | 92 |
| | 換 | 43 | | 机 | 254 | | 儀 | 309 | | 巨 | 268 | | 興 | 119 | | 工 | 268 |
| | 敢 | 90 | | 気 | 192 | | 戯 | 141 | | 居 | 76 | | 怯 | 282 | | 功 | 268 |
| | 棺 | 70 | | 岐 | 187 | | 擬 | 126 | | 拒 | 269 | GYŌ | 仰 | 59 | | 紅 | 268 |
| | 款 | 98 | | 希 | 244 | | 犠 | 309 | | 拠 | 254 | | 暁 | 165 | | 貢 | 268 |
| | 間 | 236 | | 忌 | 252 | | 議 | 309 | | 挙 | 119 | | 業 | 257 | | 鳩 | 149 |
| | 閑 | 236 | | 汽 | 192 | KIKU | 菊 | 52 | | 虚 | 141 | | 凝 | 126 | GU | 具 | 288 |
| | 勧 | 151 | | 奇 | 170 | KICHI | 吉 | 282 | | 許 | 269 | | 形 | 101 | | 愚 | 144 |
| | 寛 | 86 | | 祈 | 297 | KITSU | 吉 | 282 | | 距 | 269 | | 行 | 226 | KŪ | 空 | 198 |
| | 幹 | 216 | | 季 | 173 | | 喫 | 187 | | 嘘 | 141 | KYOKU | 曲 | 284 | GŪ | 宮 | 74 |
| | 感 | 312 | | 紀 | 252 | | 詰 | 282 | GYO | 魚 | 146 | | 局 | 95 | | 偶 | 143 |
| | 漢 | 177 | | 軌 | 26 | KYA | 脚 | 282 | | 御 | 270 | | 極 | 110 | | 遇 | 143 |

| | | | | | | | | | | |
|---|---|---|---|---|---|---|---|---|---|---|
| | 隅 143 | 渓 251 | 県 81 | KO | 去 282 | 公 225 | 黄 201 |
| KUTSU | 屈 165 | 経 192 | 倹 293 | | 拠 254 | 孔 49 | 喉 304 |
| | 掘 165 | 蛍 144 | 兼 116 | | 虚 141 | 功 268 | 慌 286 |
| | 窟 166 | 敬 95 | 剣 293 | | 己 251 | 巧 168 | 港 118 |
| KUN | 君 113 | 景 131 | 拳 106 | | 戸 234 | 広 201 | 硬 258 |
| | 訓 191 | 軽 191 | 軒 301 | | 古 75 | 甲 156 | 絞 46 |
| | 勲 203 | 傾 259 | 健 266 | | 呼 168 | 交 46 | 項 268 |
| | 薫 202 | 携 91 | 険 293 | | 固 75 | 光 180 | 溝 284 |
| GUN | 軍 238 | 継 173 | 圏 106 | | 股 300 | 向 236 | 鉱 202 |
| | 郡 113 | 詣 259 | 堅 88 | | 虎 141 | 后 70 | 構 284 |
| | 群 113 | 慶 140 | 検 293 | | 孤 175 | 好 41 | 綱 196 |
| **KE** | | 憬 231 | 嫌 116 | | 弧 175 | 江 268 | 酵 39 |
| KE | 化 60 | 稽 260 | 献 294 | | 故 75 | 考 39 | 稿 231 |
| | 仮 109 | 憩 81 | 絹 154 | | 枯 75 | 行 226 | 興 119 |
| | 家 138 | 警 95 | 遣 70 | | 個 75 | 坑 55 | 衡 156 |
| | 華 183 | 鶏 251 | 権 151 | | 庫 238 | 孝 39 | 鋼 196 |
| | 気 192 | GEI 芸 63 | 憲 76 | | 湖 75 | 抗 55 | 講 284 |
| | 懸 81 | 迎 59 | 賢 88 | | 雇 234 | 攻 268 | 購 284 |
| GE | 下 29 | 鯨 231 | 謙 116 | | 誇 168 | 更 258 | 耗 101 |
| | 夏 127 | KEKI 撃 238 | 鍵 266 | | 鼓 256 | 効 46 | 蓋 282 |
| | 牙 158 | GEKI 隙 190 | 繭 144 | | 顧 234 | 幸 264 | 狭 61 |
| | 解 156 | 劇 141 | 顕 217 | | 狐 175 | 拘 95 | GŌ 強 303 |
| | 外 209 | 撃 238 | 験 293 | GO | 期 274 | 肯 122 | 郷 260 |
| | 霞 110 | 激 32 | 懸 81 | | 御 270 | 侯 304 | 業 257 |
| | 戯 141 | KETSU 欠 97 | 巻 106 | | 五 25 | 厚 212 | 号 168 |
| KEI | 京 231 | 穴 197 | GEN 眼 87 | | 互 25 | 恒 223 | 合 289 |
| | 境 97 | 血 262 | 嫌 116 | | 午 269 | 洪 117 | 拷 39 |
| | 競 46 | 決 304 | 験 293 | | 呉 84 | 皇 55 | 剛 196 |
| | 兄 46 | 結 282 | 元 81 | | 後 127 | 紅 268 | 豪 232 |
| | 刑 237 | 潔 188 | 幻 249 | | 娯 84 | 荒 286 | 楽 182 |
| | 形 101 | 傑 130 | 玄 250 | | 悟 26 | 郊 46 | KOKU 克 75 |
| | 系 249 | 頁 80 | 言 92 | | 碁 275 | 香 97 | 告 162 |
| | 径 192 | GETSU 月 208 | 弦 250 | | 語 26 | 候 304 | 谷 196 |
| | 茎 192 | KEN 間 236 | 限 87 | | 誤 84 | 校 46 | 刻 139 |
| | 係 249 | 犬 136 | 原 189 | | 護 151 | 耕 226 | 国 307 |
| | 型 237 | 件 136 | 現 242 | | 冴 159 | 航 55 | 黒 202 |
| | 契 187 | 見 85 | 減 311 | KŌ | 格 127 | 貢 268 | 穀 157 |
| | 計 27 | 券 106 | 源 189 | | 仰 59 | 降 130 | 酷 162 |
| | 恵 273 | 肩 154 | 厳 90 | | 後 127 | 高 231 | 石 204 |
| | 啓 235 | 建 266 | 這 92 | | 口 92 | 康 115 | GOKU 極 110 |
| | 揭 61 | 研 204 | **KO** | | 工 268 | 控 198 | 獄 136 |

| Reading | Kanji | Page |
|---|---|---|
| KOTSU | 滑 | 74 |
|  | 骨 | 74 |
| KON | 金 | 204 |
|  | 建 | 266 |
|  | 献 | 294 |
|  | 今 | 290 |
|  | 困 | 180 |
|  | 昆 | 60 |
|  | 恨 | 87 |
|  | 根 | 67 |
|  | 婚 | 40 |
|  | 混 | 60 |
|  | 痕 | 88 |
|  | 紺 | 97 |
|  | 魂 | 83 |
|  | 墾 | 88 |
|  | 懇 | 88 |
|  | 昏 | 40 |
| GON | 勤 | 177 |
|  | 権 | 151 |
|  | 言 | 92 |
|  | 厳 | 90 |
| **SA** | | |
| SA | 左 | 104 |
|  | 佐 | 104 |
|  | 査 | 205 |
|  | 砂 | 99 |
|  | 唆 | 129 |
|  | 差 | 104 |
|  | 詐 | 269 |
|  | 鎖 | 99 |
|  | 再 | 284 |
|  | 作 | 269 |
|  | 茶 | 292 |
| ZA | 座 | 193 |
|  | 挫 | 193 |
| SAI | 才 | 194 |
|  | 再 | 284 |
|  | 災 | 191 |
|  | 妻 | 114 |
|  | 采 | 181 |
|  | 砕 | 48 |
|  | 宰 | 263 |
|  | 栽 | 308 |
|  | 彩 | 181 |
|  | 採 | 181 |
|  | 済 | 243 |
|  | 祭 | 257 |
|  | 斎 | 243 |
|  | 細 | 82 |
|  | 菜 | 181 |
|  | 最 | 91 |
|  | 裁 | 308 |
|  | 債 | 163 |
|  | 催 | 195 |
|  | 塞 | 190 |
|  | 歳 | 311 |
|  | 載 | 308 |
|  | 際 | 258 |
|  | 財 | 194 |
|  | 殺 | 299 |
|  | 西 | 271 |
|  | 切 | 26 |
|  | 斉 | 243 |
| ZAI | 在 | 195 |
|  | 材 | 194 |
|  | 剤 | 243 |
|  | 財 | 194 |
|  | 罪 | 153 |
| SAKU | 作 | 269 |
|  | 削 | 51 |
|  | 昨 | 269 |
|  | 柵 | 267 |
|  | 索 | 249 |
|  | 策 | 188 |
|  | 酢 | 269 |
|  | 搾 | 269 |
|  | 錯 | 213 |
|  | 冊 | 267 |
| SATSU | 冊 | 267 |
|  | 札 | 297 |
|  | 刷 | 244 |
|  | 挨 | 77 |
|  | 殺 | 299 |
|  | 察 | 258 |
|  | 撮 | 91 |
|  | 擦 | 258 |
| SAtsu-ZATSU | 早 | 215 |
|  | 雑 | 149 |
| SAN | 三 | 25 |
|  | 山 | 195 |
|  | 参 | 102 |
|  | 蚕 | 144 |
|  | 惨 | 102 |
|  | 産 | 243 |
|  | 傘 | 36 |
|  | 散 | 175 |
|  | 算 | 117 |
|  | 酸 | 129 |
|  | 賛 | 45 |
| ZAN | 惨 | 102 |
|  | 残 | 307 |
|  | 斬 | 238 |
|  | 暫 | 238 |
| **SHI** | | |
| SHI | 士 | 47 |
|  | 子 | 49 |
|  | 支 | 187 |
|  | 止 | 122 |
|  | 氏 | 40 |
|  | 仕 | 47 |
|  | 史 | 30 |
|  | 司 | 71 |
|  | 四 | 25 |
|  | 市 | 226 |
|  | 矢 | 303 |
|  | 旨 | 259 |
|  | 死 | 76 |
|  | 糸 | 249 |
|  | 至 | 304 |
|  | 伺 | 71 |
|  | 志 | 47 |
|  | 私 | 173 |
|  | 使 | 30 |
|  | 刺 | 188 |
|  | 始 | 256 |
|  | 姉 | 226 |
|  | 枝 | 187 |
|  | 祉 | 122 |
|  | 肢 | 187 |
|  | 姿 | 98 |
|  | 思 | 82 |
|  | 指 | 259 |
|  | 施 | 275 |
|  | 師 | 70 |
|  | 紙 | 40 |
|  | 脂 | 259 |
|  | 視 | 86 |
|  | 紫 | 124 |
|  | 詞 | 71 |
|  | 歯 | 172 |
|  | 試 | 229 |
|  | 詩 | 230 |
|  | 資 | 98 |
|  | 飼 | 71 |
|  | 誌 | 47 |
|  | 雌 | 124 |
|  | 賜 | 145 |
|  | 諮 | 98 |
|  | 示 | 257 |
|  | 次 | 98 |
|  | 自 | 80 |
|  | 弛 | 143 |
| JI | 仕 | 47 |
|  | 示 | 257 |
|  | 字 | 49 |
|  | 寺 | 230 |
|  | 次 | 98 |
|  | 耳 | 90 |
|  | 自 | 80 |
|  | 似 | 51 |
|  | 児 | 213 |
|  | 事 | 113 |
|  | 侍 | 230 |
|  | 治 | 256 |
|  | 持 | 230 |
|  | 時 | 230 |
|  | 滋 | 251 |
|  | 慈 | 251 |
|  | 辞 | 263 |
|  | 磁 | 250 |
|  | 餌 | 90 |
|  | 除 | 292 |
|  | 地 | 143 |
|  | 馳 | 143 |
| SHIKI | 式 | 229 |
|  | 識 | 308 |
|  | 色 | 59 |
|  | 織 | 308 |
| JIKI | 食 | 260 |
|  | 直 | 86 |
| JIKU | 軸 | 272 |
| SHICHI | 七 | 26 |
|  | 質 | 298 |
| SHITSU | 叱 | 26 |
|  | 失 | 107 |
|  | 室 | 305 |
|  | 疾 | 186 |
|  | 執 | 265 |
|  | 湿 | 217 |
|  | 漆 | 189 |
|  | 質 | 298 |
| JITSU | 実 | 148 |
|  | 日 | 212 |
| JItsu- | 十 | 27 |
| SHA | 砂 | 99 |
|  | 写 | 119 |
|  | 社 | 257 |
|  | 車 | 238 |
|  | 舎 | 292 |
|  | 者 | 37 |
|  | 射 | 112 |
|  | 赦 | 200 |
|  | 斜 | 292 |
|  | 煮 | 37 |
|  | 遮 | 203 |
|  | 謝 | 112 |
|  | 貰 | 167 |
|  | 這 | 92 |
| JA | 邪 | 159 |
|  | 蛇 | 143 |
| SHAKU | 尺 | 72 |
|  | 借 | 213 |
|  | 酌 | 261 |
|  | 釈 | 72 |
|  | 爵 | 260 |
|  | 若 | 105 |
|  | 石 | 204 |
|  | 赤 | 200 |
|  | 昔 | 213 |
|  | 勺 | 261 |
| JAKU | 弱 | 303 |
|  | 寂 | 176 |
|  | 着 | 38 |
|  | 雀 | 99 |
| SHU | 手 | 104 |
|  | 主 | 228 |
|  | 守 | 111 |
|  | 朱 | 184 |
|  | 取 | 90 |
|  | 狩 | 112 |
|  | 首 | 81 |
|  | 殊 | 184 |
|  | 珠 | 184 |
|  | 酒 | 287 |
|  | 腫 | 280 |
|  | 種 | 280 |
|  | 趣 | 91 |
|  | 授 | 108 |
|  | 修 | 101 |
|  | 衆 | 36 |
| JU | 寿 | 39 |
|  | 受 | 108 |
|  | 呪 | 47 |
|  | 需 | 102 |

| Reading | Kanji | Page |
|---|---|---|
| | 儒 | 102 |
| | 樹 | 256 |
| | 就 | 231 |
| | 従 | 122 |
| | 濡 | 102 |
| SHŪ | 執 | 265 |
| | 収 | 251 |
| | 囚 | 222 |
| | 州 | 191 |
| | 舟 | 239 |
| | 秀 | 91 |
| | 周 | 194 |
| | 宗 | 257 |
| | 拾 | 290 |
| | 秋 | 200 |
| | 臭 | 81 |
| | 修 | 101 |
| | 袖 | 272 |
| | 終 | 190 |
| | 習 | 152 |
| | 週 | 194 |
| | 就 | 231 |
| | 衆 | 36 |
| | 集 | 149 |
| | 愁 | 200 |
| | 酬 | 191 |
| | 醜 | 83 |
| | 蹴 | 231 |
| | 襲 | 56 |
| | 祝 | 47 |
| JŪ | 拾 | 290 |
| | 十 | 27 |
| | 汁 | 27 |
| | 充 | 50 |
| | 住 | 228 |
| | 柔 | 310 |
| | 重 | 279 |
| | 従 | 122 |
| | 渋 | 122 |
| | 銃 | 50 |
| | 獣 | 302 |
| | 縦 | 122 |
| | 中 | 29 |
| SHUKU | 叔 | 176 |
| | 祝 | 47 |
| | 宿 | 27 |
| | 淑 | 176 |
| | 縮 | 28 |
| | 粛 | 267 |
| JUKU | 塾 | 232 |
| | 熟 | 232 |
| SHUTSU | 出 | 165 |
| JUTSU | 述 | 175 |
| | 術 | 175 |
| SHUN | 俊 | 129 |
| | 春 | 105 |
| | 瞬 | 130 |
| JUN | 旬 | 52 |
| | 巡 | 191 |
| | 盾 | 86 |
| | 准 | 150 |
| | 殉 | 52 |
| | 純 | 166 |
| | 循 | 86 |
| | 順 | 80 |
| | 準 | 150 |
| | 潤 | 236 |
| | 遵 | 287 |
| SHO | 処 | 254 |
| | 初 | 245 |
| | 所 | 298 |
| | 書 | 266 |
| | 庶 | 203 |
| | 暑 | 37 |
| | 署 | 38 |
| | 緒 | 37 |
| | 諸 | 37 |
| | 野 | 273 |
| JO | 女 | 41 |
| | 如 | 41 |
| | 助 | 204 |
| | 序 | 273 |
| | 叙 | 292 |
| | 徐 | 292 |
| | 除 | 292 |
| SHŌ | 従 | 122 |
| | 小 | 99 |
| | 升 | 261 |
| | 少 | 99 |
| | 召 | 94 |
| | 匠 | 298 |
| | 床 | 180 |
| | 抄 | 99 |
| | 肖 | 51 |
| | 尚 | 236 |
| | 招 | 94 |
| | 承 | 113 |
| | 昇 | 262 |
| | 松 | 225 |
| | 沼 | 94 |
| | 昭 | 94 |
| | 宵 | 51 |
| | 将 | 185 |
| | 消 | 51 |
| | 症 | 124 |
| | 祥 | 138 |
| | 称 | 284 |
| | 笑 | 38 |
| | 唱 | 92 |
| | 商 | 263 |
| | 渉 | 123 |
| | 章 | 264 |
| | 紹 | 94 |
| | 訟 | 225 |
| | 勝 | 106 |
| | 掌 | 237 |
| | 晶 | 212 |
| | 焼 | 165 |
| | 焦 | 150 |
| | 硝 | 51 |
| | 粧 | 186 |
| | 証 | 124 |
| | 象 | 142 |
| | 傷 | 214 |
| | 奨 | 185 |
| | 照 | 94 |
| | 詳 | 138 |
| | 彰 | 264 |
| | 障 | 264 |
| | 憧 | 280 |
| | 衝 | 280 |
| | 賞 | 237 |
| | 償 | 237 |
| | 礁 | 150 |
| | 鐘 | 280 |
| | 上 | 29 |
| | 井 | 226 |
| | 正 | 124 |
| | 生 | 162 |
| | 声 | 48 |
| | 姓 | 162 |
| | 性 | 162 |
| | 青 | 163 |
| | 政 | 124 |
| | 星 | 212 |
| | 省 | 99 |
| | 清 | 163 |
| | 精 | 163 |
| | 相 | 85 |
| | 装 | 185 |
| | 乗 | 183 |
| | 摂 | 90 |
| | 荘 | 185 |
| JŌ | 上 | 29 |
| | 丈 | 27 |
| | 冗 | 254 |
| | 条 | 127 |
| | 状 | 185 |
| | 乗 | 183 |
| | 城 | 311 |
| | 浄 | 113 |
| | 剰 | 183 |
| | 常 | 237 |
| | 情 | 163 |
| | 場 | 214 |
| | 畳 | 205 |
| | 蒸 | 113 |
| | 縄 | 145 |
| | 壌 | 246 |
| | 嬢 | 246 |
| | 錠 | 125 |
| | 譲 | 246 |
| | 醸 | 246 |
| | 成 | 310 |
| | 盛 | 311 |
| | 静 | 113 |
| | 定 | 125 |
| SHOKU | 色 | 59 |
| | 拭 | 229 |
| | 食 | 260 |
| | 植 | 86 |
| | 殖 | 86 |
| | 飾 | 260 |
| | 触 | 156 |
| | 嘱 | 144 |
| | 織 | 308 |
| | 職 | 308 |
| | 即 | 260 |
| JOKU | 辱 | 146 |
| SHIN | 心 | 68 |
| | 申 | 210 |
| | 伸 | 210 |
| | 臣 | 88 |
| | 芯 | 68 |
| | 身 | 68 |
| | 辛 | 263 |
| | 侵 | 114 |
| | 信 | 92 |
| | 津 | 266 |
| | 神 | 210 |
| | 唇 | 146 |
| | 娠 | 146 |
| | 振 | 146 |
| | 浸 | 115 |
| | 真 | 288 |
| | 針 | 27 |
| | 深 | 198 |
| | 紳 | 210 |
| | 進 | 149 |
| | 森 | 180 |
| | 診 | 101 |
| | 寝 | 115 |
| | 慎 | 288 |
| | 新 | 187 |
| | 審 | 174 |
| | 震 | 146 |
| | 薪 | 187 |
| | 親 | 186 |
| | 請 | 163 |
| JIN | 臣 | 88 |
| | 神 | 210 |
| | 人 | 36 |
| | 刃 | 297 |
| | 仁 | 25 |
| | 尽 | 73 |
| | 迅 | 152 |
| | 甚 | 285 |
| | 陣 | 238 |
| | 尋 | 111 |
| | 腎 | 88 |
| **SU** | | |
| SU | 子 | 49 |
| | 主 | 228 |
| | 守 | 111 |
| | 数 | 41 |
| | 素 | 162 |
| | 寿 | 39 |
| ZU | 事 | 113 |
| | 図 | 222 |
| | 豆 | 254 |
| | 頭 | 80 |
| SUI | 出 | 165 |
| | 水 | 189 |
| | 吹 | 97 |
| | 垂 | 183 |
| | 炊 | 97 |

| Reading | Kanji | Page |
|---|---|---|
| | 帥 | 70 |
| | 粋 | 48 |
| | 衰 | 245 |
| | 推 | 149 |
| | 酔 | 48 |
| | 遂 | 139 |
| | 睡 | 183 |
| | 穂 | 273 |
| | 彗 | 114 |
| ZUI | 随 | 199 |
| | 髄 | 199 |
| SŪ | 枢 | 285 |
| | 崇 | 257 |
| | 数 | 41 |
| SUN | 寸 | 111 |

**SE**

| Reading | Kanji | Page |
|---|---|---|
| SE | 施 | 275 |
| | 世 | 167 |
| ZE | 是 | 125 |
| SEI | 歳 | 311 |
| | 情 | 163 |
| | 井 | 226 |
| | 世 | 167 |
| | 正 | 124 |
| | 生 | 162 |
| | 成 | 310 |
| | 西 | 271 |
| | 声 | 48 |
| | 制 | 184 |
| | 姓 | 162 |
| | 征 | 124 |
| | 性 | 162 |
| | 青 | 163 |
| | 斉 | 243 |
| | 政 | 124 |
| | 星 | 212 |
| | 牲 | 136 |
| | 省 | 99 |
| | 凄 | 114 |
| | 逝 | 299 |
| | 清 | 163 |

| Reading | Kanji | Page |
|---|---|---|
| | 盛 | 311 |
| | 婿 | 126 |
| | 晴 | 163 |
| | 勢 | 63 |
| | 聖 | 54 |
| | 誠 | 311 |
| | 精 | 163 |
| | 製 | 184 |
| | 誓 | 299 |
| | 静 | 114 |
| | 請 | 163 |
| | 整 | 279 |
| | 貰 | 167 |
| ZEI | 税 | 47 |
| | 説 | 47 |
| SEKI | 寂 | 176 |
| | 夕 | 209 |
| | 斥 | 298 |
| | 石 | 204 |
| | 赤 | 200 |
| | 昔 | 213 |
| | 析 | 298 |
| | 席 | 203 |
| | 隻 | 108 |
| | 惜 | 213 |
| | 責 | 163 |
| | 跡 | 93 |
| | 積 | 163 |
| | 績 | 163 |
| | 籍 | 213 |
| SECHI | 節 | 260 |
| SETSU | 殺 | 299 |
| | 切 | 26 |
| | 折 | 298 |
| | 拙 | 165 |
| | 窃 | 26 |
| | 接 | 263 |
| | 設 | 299 |
| | 雪 | 114 |
| | 摂 | 90 |
| | 節 | 260 |

| Reading | Kanji | Page |
|---|---|---|
| | 説 | 47 |
| | 屑 | 51 |
| ZETSU | 舌 | 93 |
| | 絶 | 59 |
| SEN | 千 | 28 |
| | 川 | 191 |
| | 仙 | 195 |
| | 占 | 158 |
| | 先 | 124 |
| | 宣 | 223 |
| | 専 | 273 |
| | 泉 | 189 |
| | 浅 | 307 |
| | 洗 | 124 |
| | 染 | 26 |
| | 扇 | 152 |
| | 栓 | 242 |
| | 旋 | 275 |
| | 船 | 197 |
| | 戦 | 301 |
| | 煎 | 239 |
| | 羨 | 98 |
| | 腺 | 189 |
| | 践 | 307 |
| | 箋 | 307 |
| | 銭 | 307 |
| | 潜 | 45 |
| | 線 | 189 |
| | 遷 | 271 |
| | 選 | 118 |
| | 薦 | 140 |
| | 繊 | 308 |
| | 鮮 | 137 |
| | 揃 | 239 |
| | 禅 | 301 |
| ZEN | 全 | 242 |
| | 前 | 239 |
| | 善 | 138 |
| | 然 | 136 |
| | 禅 | 301 |
| | 漸 | 238 |

**SO**

| Reading | Kanji | Page |
|---|---|---|
| | 繕 | 138 |
| SO | 狙 | 205 |
| | 阻 | 205 |
| | 祖 | 204 |
| | 租 | 205 |
| | 素 | 162 |
| | 措 | 214 |
| | 粗 | 205 |
| | 組 | 204 |
| | 疎 | 126 |
| | 訴 | 298 |
| | 塑 | 37 |
| | 遡 | 37 |
| | 礎 | 126 |
| | 想 | 85 |
| | 曽 | 283 |
| ZO | 曽 | 283 |
| SŌ | 宗 | 257 |
| | 双 | 108 |
| | 壮 | 185 |
| | 早 | 215 |
| | 争 | 113 |
| | 走 | 123 |
| | 奏 | 105 |
| | 相 | 85 |
| | 荘 | 185 |
| | 草 | 215 |
| | 送 | 106 |
| | 倉 | 235 |
| | 捜 | 202 |
| | 挿 | 270 |
| | 桑 | 108 |
| | 巣 | 181 |
| | 掃 | 114 |
| | 曹 | 281 |
| | 曽 | 283 |
| | 爽 | 36 |
| | 窓 | 198 |
| | 創 | 235 |
| | 喪 | 88 |

| Reading | Kanji | Page |
|---|---|---|
| | 痩 | 202 |
| | 葬 | 76 |
| | 装 | 185 |
| | 僧 | 283 |
| | 想 | 85 |
| | 層 | 283 |
| | 総 | 198 |
| | 遭 | 281 |
| | 槽 | 281 |
| | 操 | 184 |
| | 燥 | 184 |
| | 霜 | 85 |
| | 騒 | 139 |
| | 藻 | 184 |
| | 贈 | 284 |
| | 奨 | 185 |
| ZŌ | 雑 | 149 |
| | 象 | 142 |
| | 造 | 162 |
| | 像 | 142 |
| | 増 | 284 |
| | 憎 | 284 |
| | 蔵 | 186 |
| | 贈 | 284 |
| | 臓 | 186 |
| SOKU | 塞 | 190 |
| | 即 | 260 |
| | 束 | 279 |
| | 足 | 123 |
| | 促 | 123 |
| | 則 | 147 |
| | 息 | 80 |
| | 捉 | 123 |
| | 速 | 279 |
| | 側 | 147 |
| | 測 | 147 |
| ZOKU | 俗 | 197 |
| | 族 | 275 |
| | 属 | 144 |
| | 賊 | 306 |
| | 続 | 48 |

**TA**

| Reading | Kanji | Page |
|---|---|---|
| SOTSU | 卒 | 48 |
| | 率 | 250 |
| SON | 存 | 195 |
| | 村 | 111 |
| | 孫 | 249 |
| | 尊 | 287 |
| | 損 | 148 |
| | 遜 | 249 |
| | 噂 | 287 |
| ZON | 存 | 195 |
| TA | 他 | 143 |
| | 多 | 209 |
| | 汰 | 37 |
| | 太 | 37 |
| DA | 蛇 | 143 |
| | 打 | 228 |
| | 妥 | 41 |
| | 唾 | 183 |
| | 堕 | 199 |
| | 惰 | 199 |
| | 駄 | 37 |
| TAI | 太 | 37 |
| | 対 | 257 |
| | 体 | 255 |
| | 耐 | 102 |
| | 待 | 230 |
| | 怠 | 256 |
| | 胎 | 256 |
| | 退 | 88 |
| | 帯 | 244 |
| | 泰 | 105 |
| | 袋 | 229 |
| | 逮 | 115 |
| | 替 | 45 |
| | 貸 | 228 |
| | 隊 | 139 |
| | 滞 | 244 |
| | 態 | 140 |
| | 戴 | 308 |
| | 大 | 36 |

| Reading | Kanji | Pg |
|---|---|---|
|  | 代 | 228 |
|  | 台 | 256 |
| DAI | 大 | 36 |
|  | 代 | 228 |
|  | 台 | 256 |
|  | 第 | 300 |
|  | 題 | 125 |
|  | 弟 | 300 |
|  | 内 | 234 |
| TAKU | 宅 | 165 |
|  | 択 | 72 |
|  | 沢 | 72 |
|  | 卓 | 215 |
|  | 拓 | 204 |
|  | 託 | 165 |
|  | 濯 | 152 |
|  | 度 | 203 |
| DAKU | 諾 | 105 |
|  | 濁 | 144 |
| TATSU | 達 | 137 |
| DATSU | 脱 | 47 |
|  | 奪 | 151 |
| TAN | 丹 | 227 |
|  | 旦 | 214 |
|  | 担 | 215 |
|  | 単 | 301 |
|  | 炭 | 195 |
|  | 胆 | 215 |
|  | 探 | 198 |
|  | 淡 | 200 |
|  | 短 | 254 |
|  | 嘆 | 177 |
|  | 端 | 102 |
|  | 綻 | 125 |
|  | 誕 | 125 |
|  | 鍛 | 300 |
|  | 壇 | 232 |
|  | 反 | 108 |
| DAN | 旦 | 214 |
|  | 団 | 111 |
|  | 男 | 69 |

| Reading | Kanji | Pg |
|---|---|---|
|  | 段 | 300 |
|  | 断 | 172 |
|  | 弾 | 301 |
|  | 暖 | 110 |
|  | 談 | 200 |
|  | 壇 | 232 |

**CHI**

| Reading | Kanji | Pg |
|---|---|---|
| CHI | 治 | 256 |
|  | 質 | 298 |
|  | 地 | 143 |
|  | 池 | 143 |
|  | 知 | 304 |
|  | 値 | 86 |
|  | 恥 | 90 |
|  | 致 | 305 |
|  | 遅 | 137 |
|  | 痴 | 304 |
|  | 稚 | 173 |
|  | 置 | 86 |
|  | 緻 | 305 |
|  | 弛 | 143 |
|  | 徴 | 195 |
| CHIKU | 竹 | 167 |
|  | 畜 | 250 |
|  | 逐 | 138 |
|  | 蓄 | 250 |
|  | 築 | 268 |
| CHITSU | 秩 | 107 |
|  | 窒 | 305 |
| CHA | 茶 | 292 |
| CHAKU | 着 | 38 |
|  | 嫡 | 57 |
|  | 著 | 38 |
| CHŪ | 中 | 29 |
|  | 仲 | 29 |
|  | 虫 | 144 |
|  | 沖 | 29 |
|  | 宙 | 272 |
|  | 忠 | 29 |
|  | 抽 | 272 |
|  | 注 | 228 |

| Reading | Kanji | Pg |
|---|---|---|
|  | 昼 | 73 |
|  | 柱 | 228 |
|  | 衷 | 245 |
|  | 鋳 | 39 |
|  | 駐 | 228 |
| CHO | 緒 | 37 |
|  | 著 | 38 |
|  | 貯 | 227 |
| CHŌ | 重 | 279 |
|  | 丁 | 227 |
|  | 弔 | 303 |
|  | 庁 | 227 |
|  | 兆 | 157 |
|  | 町 | 227 |
|  | 長 | 100 |
|  | 挑 | 157 |
|  | 帳 | 100 |
|  | 張 | 100 |
|  | 彫 | 194 |
|  | 眺 | 157 |
|  | 釣 | 261 |
|  | 頂 | 227 |
|  | 鳥 | 149 |
|  | 朝 | 215 |
|  | 貼 | 158 |
|  | 超 | 94 |
|  | 腸 | 214 |
|  | 跳 | 157 |
|  | 徴 | 195 |
|  | 嘲 | 216 |
|  | 潮 | 216 |
|  | 澄 | 255 |
|  | 調 | 194 |
|  | 聴 | 87 |
|  | 懲 | 196 |
|  | 紐 | 249 |
|  | 蝶 | 167 |
|  | 畳 | 205 |
| CHOKU | 直 | 86 |
| CHIN | 沈 | 62 |
|  | 珍 | 101 |

| Reading | Kanji | Pg |
|---|---|---|
|  | 朕 | 106 |
|  | 陳 | 278 |
|  | 賃 | 54 |
|  | 鎮 | 288 |

**TSU**

| Reading | Kanji | Pg |
|---|---|---|
| TSU | 通 | 223 |
|  | 都 | 38 |
| TSUI | 対 | 257 |
|  | 追 | 70 |
|  | 墜 | 139 |
| TSŪ | 通 | 223 |
|  | 痛 | 223 |

**TE**

| Reading | Kanji | Pg |
|---|---|---|
| DE | 弟 | 300 |
| TEI | 体 | 255 |
|  | 丁 | 227 |
|  | 低 | 40 |
|  | 呈 | 54 |
|  | 廷 | 54 |
|  | 弟 | 300 |
|  | 定 | 125 |
|  | 底 | 40 |
|  | 抵 | 40 |
|  | 邸 | 40 |
|  | 亭 | 233 |
|  | 貞 | 158 |
|  | 帝 | 57 |
|  | 訂 | 227 |
|  | 庭 | 54 |
|  | 停 | 233 |
|  | 偵 | 158 |
|  | 堤 | 125 |
|  | 提 | 125 |
|  | 程 | 54 |
|  | 艇 | 54 |
|  | 締 | 57 |
|  | 諦 | 57 |
|  | 庁 | 227 |
|  | 聴 | 87 |
| DEI | 泥 | 259 |
| TEKI | 的 | 261 |

| Reading | Kanji | Pg |
|---|---|---|
|  | 笛 | 272 |
|  | 摘 | 57 |
|  | 滴 | 57 |
|  | 適 | 57 |
|  | 敵 | 57 |
| DEKI | 溺 | 303 |
| TETSU | 哲 | 299 |
|  | 鉄 | 107 |
|  | 徹 | 50 |
|  | 撤 | 50 |
| TEN | 天 | 208 |
|  | 典 | 267 |
|  | 店 | 158 |
|  | 点 | 158 |
|  | 展 | 71 |
|  | 添 | 208 |
|  | 転 | 211 |
| DEN | 田 | 171 |
|  | 伝 | 211 |
|  | 殿 | 71 |
|  | 電 | 210 |

**TO**

| Reading | Kanji | Pg |
|---|---|---|
| TO | 図 | 222 |
|  | 斗 | 261 |
|  | 吐 | 92 |
|  | 妬 | 204 |
|  | 徒 | 123 |
|  | 途 | 292 |
|  | 都 | 38 |
|  | 渡 | 203 |
|  | 塗 | 292 |
|  | 賭 | 38 |
|  | 士 | 193 |
|  | 度 | 203 |
|  | 登 | 254 |
|  | 頭 | 80 |
| DO | 土 | 193 |
|  | 奴 | 42 |
|  | 努 | 42 |
|  | 度 | 203 |
|  | 怒 | 42 |

| Reading | Kanji | Pg |
|---|---|---|
| TŌ | 刀 | 296 |
|  | 冬 | 190 |
|  | 灯 | 227 |
|  | 当 | 236 |
|  | 投 | 299 |
|  | 豆 | 254 |
|  | 東 | 278 |
|  | 到 | 305 |
|  | 逃 | 157 |
|  | 倒 | 305 |
|  | 凍 | 278 |
|  | 唐 | 115 |
|  | 島 | 149 |
|  | 桃 | 157 |
|  | 討 | 111 |
|  | 透 | 91 |
|  | 党 | 237 |
|  | 悼 | 215 |
|  | 盗 | 98 |
|  | 陶 | 283 |
|  | 塔 | 289 |
|  | 搭 | 290 |
|  | 棟 | 278 |
|  | 湯 | 214 |
|  | 痘 | 255 |
|  | 登 | 254 |
|  | 答 | 289 |
|  | 等 | 230 |
|  | 筒 | 96 |
|  | 統 | 50 |
|  | 稲 | 213 |
|  | 踏 | 123 |
|  | 糖 | 115 |
|  | 頭 | 80 |
|  | 騰 | 106 |
|  | 闘 | 255 |
|  | 騰 | 106 |
|  | 道 | 81 |
|  | 読 | 48 |
| DŌ | 同 | 95 |
|  | 洞 | 96 |

武 306
部 93
舞 44
分 296
歩 122
奉 105
無 44
撫 44
FŪ 夫 45
富 288
封 193
風 247
FUKU 伏 136
服 109
副 287
幅 288
復 129
福 287
腹 129
複 129
覆 129
FUTSU 払 166
沸 166
仏 166
BUTSU 仏 166
物 248
FUN 粉 296
紛 295
雰 295
噴 164
墳 165
憤 165
奮 150
分 296
BUN 分 296
文 242
聞 235

**HE**

BE 辺 296
HEI 病 186
丙 258
平 169
兵 298
併 229
並 56
柄 258
陛 60
閉 195
塀 229
幣 244
弊 245
餅 229
BEI 米 172
HEKI 壁 264
璧 264
癖 264
BETSU 別 74
蔑 311
HEN 片 185
辺 296
返 108
変 93
偏 267
遍 267
編 267
BEN 弁 117
便 183
勉 43

**HO**

HO 歩 122
保 50
哺 224
捕 224
補 224
舗 224
BO 母 42
募 216
墓 216
慕 216
暮 216
簿 224
模 217
HŌ 封 193
方 31
包 51
芳 31
邦 164
奉 105
宝 242
抱 51
放 32
法 282
泡 52
胞 52
俸 105
倣 31
峰 164
砲 52
崩 209
訪 31
報 265
蜂 164
豊 255
飽 52
褒 50
縫 164
BŌ 亡 286
乏 293
忙 286
坊 31
妨 31
忘 286
防 31
房 31
肪 31
某 97
冒 87
剖 94
紡 31
望 286
傍 32
帽 87
棒 105
貿 265
貌 107
暴 118
膨 256
謀 97
妄 286
HOKU 北 61
BOKU 木 180
朴 157
牧 136
睦 194
僕 257
墨 202
撲 257
目 85
黙 202
BOTSU 没 299
勃 166
HOtsu- 法 282
BOtsu- 坊 31
HON 反 108
本 182
奔 164
翻 174
BON 煩 80
凡 247
盆 262

**MA**

MA 麻 175
摩 175
磨 175
魔 176
MAI 米 172
毎 42
妹 183
枚 180
昧 183
埋 172
MAKU 幕 217
膜 217
末 183
抹 183
万 28
満 32
慢 87
漫 87

**MI**

MI 眉 72
未 182
味 182
魅 182
MITSU 密 69
蜜 69
MYAKU 脈 191
MYŌ 妙 99
名 209
命 289
明 208
MIN 民 40
眠 40

**MU**

MU 武 306
謀 97
矛 310
務 310
無 44
夢 210
霧 310

**ME**

MEI 名 209
命 289
明 208
迷 172
盟 208
銘 209
鳴 149
METSU 滅 311
MEN 免 43
面 85
綿 244
麺 85

**MO**

MO 茂 310
模 217
MŌ 亡 286
望 286
毛 100
妄 286
盲 286
耗 101
猛 262
網 196
蒙 138
MOKU 木 180
目 85
黙 202
墨 202
MOTSU 物 248
MON 文 242
聞 235
門 235
紋 243
問 235

**YA**

YA 冶 256
夜 208
野 273
YAKU 疫 299
益 262
厄 58
役 299
約 261
訳 72
薬 182
躍 152

**YU**

YU 由 272
油 272
喩 240
愉 240
諭 240
輸 240
癒 240

| Reading | Kanji | Page |
|---|---|---|
| | 遊 | 275 |
| YUI | 遺 | 119 |
| | 由 | 272 |
| | 唯 | 150 |
| YŪ | 右 | 104 |
| | 由 | 272 |
| | 友 | 108 |
| | 有 | 104 |
| | 勇 | 223 |
| | 幽 | 250 |
| | 悠 | 101 |
| | 郵 | 183 |
| | 湧 | 223 |
| | 猶 | 287 |
| | 裕 | 197 |
| | 遊 | 275 |
| | 雄 | 150 |
| | 誘 | 91 |
| | 憂 | 127 |
| | 融 | 288 |
| | 優 | 127 |
| **YO** | | |
| YO | 与 | 119 |
| | 予 | 273 |
| | 余 | 291 |
| | 誉 | 119 |
| | 預 | 273 |
| YŌ | 幼 | 249 |
| | 用 | 223 |
| | 羊 | 136 |
| | 妖 | 39 |
| | 洋 | 137 |
| | 要 | 271 |
| | 容 | 197 |
| | 庸 | 115 |
| | 揚 | 214 |
| | 揺 | 283 |
| | 葉 | 167 |
| | 陽 | 214 |
| | 溶 | 197 |
| | 腰 | 271 |

| Reading | Kanji | Page |
|---|---|---|
| | 様 | 137 |
| | 瘍 | 214 |
| | 踊 | 223 |
| | 窯 | 137 |
| | 養 | 137 |
| | 擁 | 150 |
| | 謡 | 283 |
| | 曜 | 152 |
| YOKU | 抑 | 58 |
| | 沃 | 39 |
| | 浴 | 196 |
| | 欲 | 197 |
| | 翌 | 152 |
| | 翼 | 82 |
| **RA** | | |
| RA | 裸 | 181 |
| | 羅 | 150 |
| RAI | 来 | 174 |
| | 雷 | 171 |
| | 頼 | 279 |
| | 礼 | 255 |
| | 瀬 | 279 |
| RAKU | 楽 | 182 |
| | 絡 | 128 |
| | 落 | 128 |
| | 酪 | 128 |
| RAN | 乱 | 263 |
| | 卵 | 265 |
| | 覧 | 89 |
| | 濫 | 89 |
| | 藍 | 88 |
| | 欄 | 278 |
| **RI** | | |
| RI | 吏 | 30 |
| | 利 | 174 |
| | 里 | 171 |
| | 理 | 172 |
| | 痢 | 174 |
| | 裏 | 172 |
| | 履 | 129 |
| | 離 | 82 |

| Reading | Kanji | Page |
|---|---|---|
| | 璃 | 82 |
| RIKI | 力 | 69 |
| RIKU | 陸 | 194 |
| RICHI | 律 | 266 |
| RITSU | 率 | 250 |
| | 立 | 55 |
| | 律 | 266 |
| RYAKU | 略 | 128 |
| RYŪ | 立 | 55 |
| | 柳 | 265 |
| | 流 | 49 |
| | 留 | 265 |
| | 竜 | 56 |
| | 龍 | 56 |
| | 粒 | 55 |
| | 隆 | 130 |
| RYO | 旅 | 275 |
| | 虜 | 141 |
| | 慮 | 141 |
| RYŌ | 漁 | 146 |
| | 了 | 49 |
| | 両 | 32 |
| | 良 | 273 |
| | 料 | 261 |
| | 涼 | 231 |
| | 猟 | 83 |
| | 量 | 280 |
| | 僚 | 201 |
| | 領 | 291 |
| | 寮 | 201 |
| | 療 | 201 |
| | 瞭 | 201 |
| | 糧 | 280 |
| | 霊 | 56 |
| | 竜 | 56 |
| | 龍 | 56 |
| RYOKU | 力 | 69 |
| | 緑 | 270 |
| RIN | 林 | 180 |
| | 倫 | 267 |
| | 輪 | 267 |

| Reading | Kanji | Page |
|---|---|---|
| | 隣 | 130 |
| | 臨 | 89 |
| | 鈴 | 291 |
| **RU** | | |
| RU | 流 | 49 |
| | 留 | 265 |
| RUI | 涙 | 235 |
| | 累 | 171 |
| | 類 | 80 |
| **RE** | | |
| REI | 令 | 291 |
| | 礼 | 255 |
| | 冷 | 291 |
| | 励 | 28 |
| | 戻 | 234 |
| | 例 | 77 |
| | 鈴 | 291 |
| | 零 | 291 |
| | 霊 | 56 |
| | 隷 | 115 |
| | 齢 | 291 |
| | 麗 | 140 |
| REKI | 暦 | 176 |
| | 歴 | 176 |
| RETSU | 列 | 77 |
| | 劣 | 99 |
| | 烈 | 77 |
| | 裂 | 77 |
| REN | 恋 | 93 |
| | 連 | 238 |
| | 廉 | 116 |
| | 練 | 278 |
| | 錬 | 278 |
| | 煉 | 278 |
| **RO** | | |
| RO | 呂 | 74 |
| | 炉 | 235 |
| | 路 | 235 |
| | 露 | 128 |
| RŌ | 糧 | 280 |
| | 露 | 128 |

| Reading | Kanji | Page |
|---|---|---|
| | 老 | 39 |
| | 労 | 69 |
| | 弄 | 242 |
| | 郎 | 274 |
| | 朗 | 274 |
| | 浪 | 274 |
| | 廊 | 274 |
| | 楼 | 41 |
| | 漏 | 210 |
| | 籠 | 56 |
| | 狼 | 274 |
| | 滝 | 56 |
| ROKU | 緑 | 270 |
| | 六 | 26 |
| | 録 | 270 |
| | 麓 | 140 |
| RON | 論 | 267 |
| **WA** | | |
| WA | 和 | 173 |
| | 話 | 93 |
| WAI | 賄 | 104 |
| WAN | 湾 | 93 |
| | 腕 | 59 |
| | 椀 | 59 |
| | 碗 | 59 |

# INDICE FONETICO
# KUN'YOMI

| | | | | | | | | | | | | | | |
|---|---|---|---|---|---|---|---|---|---|---|---|---|---|---|
| usu | 臼 | 270 | uru.mu | 潤 | 236 | | 贈 | 284 | odo.ru | 躍 | 152 | kaiko | 蚕 | 144 |
| uzu | 渦 | 74 | uruwa.shii | 麗 | 140 | oku.reru | 後 | 127 | otoro.eru | 衰 | 245 | ka.u | 交 | 46 |
| usu.i | 薄 | 224 | ure.i/eru | 愁 | 200 | oku.reru/rasu | 遅 | 137 | odoro.kasu/ku | 驚 | 95 | | 飼 | 71 |
| uso | 嘘 | 141 | | 憂 | 127 | ogoso.ka | 厳 | 90 | ona.ji | 同 | 95 | | 買 | 147 |
| uta | 唄 | 92 | ure.shii | 嬉 | 138 | okota.ru | 怠 | 256 | oni | 鬼 | 83 | kangae.miru | 顧 | 234 |
| uta, uta.u/i | 歌 | 169 | u.reru | 熟 | 232 | okona.u | 行 | 226 | onoono | 各 | 127 | | 省 | 99 |
| utai | 謡 | 283 | | 売 | 48 | o.koru/kosu | 起 | 252 | onono.ku | 戦 | 301 | kae.su/ru | 帰 | 114 |
| utaga.u | 疑 | 126 | uwa | 上 | 29 | oko.ru/su | 興 | 119 | onore | 己 | 251 | | 返 | 108 |
| uchi | 内 | 234 | uwasa | 噂 | 287 | oko.ru | 怒 | 42 | obi | 帯 | 244 | ka.eru | 換 | 43 |
| u.tsu | 撃 | 238 | u.waru | 植 | 86 | osa.eru | 押 | 156 | obi.eru | 怯 | 282 | | 替 | 45 |
| | 打 | 228 | **O** | | | | 抑 | 58 | obiya.kasu | 脅 | 70 | | 代 | 228 |
| | 討 | 111 | o | 緒 | 37 | osana.i | 幼 | 249 | o.biru | 帯 | 244 | | 変 | 93 |
| utsuku.shii | 美 | 137 | | 小 | 99 | osa.maru/meru | 治 | 256 | obo.eru | 覚 | 118 | kao | 顔 | 243 |
| utsu.su/ru | 移 | 209 | | 尾 | 71 | | 収 | 251 | obo.reru | 溺 | 303 | kao.ri/ru | 香 | 97 |
| | 映 | 30 | | 雄 | 150 | | 修 | 101 | omo | 主 | 228 | kao.ru | 薫 | 202 |
| | 写 | 119 | | 御 | 270 | | 納 | 234 | omo, omote | 面 | 85 | kaka.eru | 抱 | 51 |
| utta.eru | 訴 | 298 | o.iru | 老 | 39 | o.shii/shimu | 惜 | 213 | omo.i | 重 | 279 | kaka.geru | 掲 | 61 |
| utsu.ro | 虚 | 141 | o.u | 生 | 162 | oshi.eru | 教 | 39 | omo.u | 思 | 82 | kagami | 鏡 | 97 |
| utsuwa | 器 | 36 | | 追 | 70 | o.su | 押 | 156 | omote | 表 | 100 | kagaya.ku | 輝 | 239 |
| ude | 腕 | 59 | | 負 | 147 | | 推 | 149 | omomuki | 趣 | 91 | kaka.ru/ri | 掛 | 193 |
| uto.i/mu | 疎 | 126 | ōgi | 扇 | 152 | | 雄 | 150 | omomu.ku | 赴 | 157 | | 係 | 249 |
| unaga.su | 促 | 123 | o.eru | 終 | 190 | oso.i | 遅 | 137 | oya | 親 | 186 | kaka.ru | 架 | 69 |
| uba.u | 奪 | 151 | ō | 大 | 36 | oso.u | 襲 | 56 | | 祖 | 204 | | 懸 | 81 |
| uma | 馬 | 139 | ō.i | 多 | 209 | osore | 虞 | 84 | oyo.gu | 泳 | 190 | kaka.waru | 関 | 235 |
| u.maru/meru | 埋 | 172 | ō.u | 覆 | 129 | oso.reru | 畏 | 83 | oyo.bi/bu/bosu | 及 | 109 | | 渉 | 123 |
| u.mareru/mu | 産 | 243 | ōkami | 狼 | 274 | oso.reru/roshii | 恐 | 268 | ori | 折 | 298 | kaki | 垣 | 223 |
| | 生 | 162 | ō.kii | 大 | 36 | oso.waru | 教 | 39 | o.riru/rosu | 下 | 29 | kagi | 鍵 | 266 |
| umi | 海 | 42 | ō.se | 仰 | 59 | oda.yaka | 穏 | 68 | | 降 | 130 | kagi.ru/ri | 限 | 87 |
| ume | 梅 | 42 | ōyake | 公 | 225 | ochi.iru | 陥 | 213 | o.ru | 織 | 308 | ka.ku | 欠 | 97 |
| uyauya.shii | 恭 | 117 | oka | 岡 | 196 | o.chiru | 落 | 128 | | 折 | 298 | | 書 | 266 |
| uyama.u | 敬 | 95 | | 丘 | 196 | otto | 夫 | 45 | ore | 俺 | 210 | | 描 | 171 |
| ura | 浦 | 224 | oka.su | 侵 | 114 | oto | 音 | 96 | oro.ka | 愚 | 144 | ka.gu | 嗅 | 81 |
| | 裏 | 172 | | 犯 | 58 | otōto | 弟 | 300 | oro.shi/su | 卸 | 270 | kaku.su/reru | 隠 | 68 |
| urana.u | 占 | 158 | | 冒 | 87 | odo.kasu/su | 脅 | 70 | o.waru | 終 | 190 | kage | 陰 | 290 |
| ura.mu/meshii | 恨 | 87 | oga.mu | 拝 | 104 | otoko | 男 | 69 | on | 御 | 270 | | 影 | 231 |
| uraya.mashii/mu | 羨 | 98 | oki | 沖 | 29 | | 漢 | 177 | onna | 女 | 41 | gake | 崖 | 194 |
| u.ru | 得 | 111 | ogina.u | 補 | 224 | otoshii.reru | 陥 | 213 | **KA** | | | ka.keru | 架 | 69 |
| | 売 | 48 | o.kiru | 起 | 252 | o.tosu | 落 | 128 | ka | 蚊 | 243 | | 掛 | 193 |
| uruo.i/su | 湿 | 217 | oku | 奥 | 172 | otozu.reru | 訪 | 31 | | 香 | 97 | | 駆 | 285 |
| uruo.su | 潤 | 236 | o.ku | 置 | 86 | odo.ri/ru | 踊 | 223 | | 日 | 212 | | 欠 | 97 |
| urushi | 漆 | 189 | oku.ru | 送 | 106 | oto.ru | 劣 | 99 | kai | 貝 | 147 | | 懸 | 81 |

| Reading | 漢字 | Pg | Reading | 漢字 | Pg | Reading | 漢字 | Pg | Reading | 漢字 | Pg | Reading | 漢字 | Pg |
|---|---|---|---|---|---|---|---|---|---|---|---|---|---|---|
|  | 賭 | 38 | kana.deru | 奏 | 105 | gawa | 側 | 147 | kira.u/i | 嫌 | 116 | kuya.shii/mu | 悔 | 42 |
| kage.ru | 陰 | 290 | kaname | 要 | 271 | kawa.kasu/ku | 乾 | 216 | kiri | 霧 | 310 | kura | 倉 | 235 |
| kago | 籠 | 56 | kanara.zu | 必 | 69 | kawa.ku | 渇 | 61 | ki.ru | 斬 | 238 |  | 蔵 | 186 |
|  | 篭 | 56 | kane, kana | 金 | 204 | ka.wasu | 交 | 46 |  | 着 | 38 | kura.i | 暗 | 96 |
| kako.i | 圏 | 106 |  | 鐘 | 280 | kawara | 瓦 | 265 | ki.ru/reru | 切 | 26 | kurai | 位 | 55 |
| kako.u/mu | 囲 | 226 | ka.neru | 兼 | 116 | ka.waru | 換 | 43 | kiwa | 際 | 258 | ku.rau | 食 | 260 |
| kasa | 傘 | 36 | kabu | 株 | 184 |  | 替 | 45 | kiwa.maru/meru | 窮 | 68 | ku.rasu | 暮 | 216 |
| kasa.naru/neru | 重 | 279 | kabe | 壁 | 264 |  | 代 | 228 |  | 極 | 110 | kura.beru | 比 | 60 |
| kaza.ru | 飾 | 260 | kama | 釜 | 46 |  | 変 | 93 | kiwa.meru | 究 | 197 | kuri | 栗 | 271 |
| kashiko.i | 賢 | 88 |  | 窯 | 137 | kan | 神 | 210 |  | **KU** |  | ku.ru | 繰 | 184 |
| kashira | 頭 | 80 | kama.u/eru | 構 | 284 | kanga.eru | 考 | 39 | ku..iru | 悔 | 42 |  | 来 | 174 |
| ka.su | 貸 | 228 | kami | 紙 | 40 | kanga.miru | 鑑 | 89 | ku.u | 食 | 260 | kuru.u/oshii | 狂 | 55 |
| kazu | 数 | 41 |  | 上 | 29 | kanba.shii | 芳 | 31 | kuki | 茎 | 192 | kuru.shii | 苦 | 75 |
| kasumi | 霞 | 110 |  | 神 | 210 | kanmuri | 冠 | 82 | kusa | 草 | 215 | kuru.mu/meru | 苦 | 75 |
| kaze | 風 | 247 |  | 髪 | 100 |  | **KI** |  | kusa.i | 臭 | 81 | kuruma | 車 | 238 |
| kase.gu | 稼 | 139 | kaminari | 雷 | 171 | ki | 黄 | 201 | kusari | 鎖 | 99 | kurenai | 紅 | 268 |
| kazo.eru | 数 | 41 | kame | 亀 | 145 |  | 生 | 162 | kusa.ru/ramu | 腐 | 112 | ku.reru | 暮 | 216 |
| kata | 型 | 237 | kamo.su | 醸 | 246 |  | 木 | 180 | kushi | 串 | 262 |  | 呉 | 84 |
|  | 肩 | 154 | kayo.u | 通 | 223 | ki.eru | 消 | 51 | kujira | 鯨 | 231 | kuro(i) | 黒 | 202 |
|  | 片 | 185 | kara | 殻 | 157 | ki.ku | 効 | 46 | kuzu | 屑 | 51 | kuwa | 桑 | 108 |
|  | 方 | 31 |  | 空 | 198 |  | 聴 | 87 | kuzu.su/reru | 崩 | 209 | kuwa.eru | 加 | 69 |
| kata.i | 堅 | 88 |  | 唐 | 115 |  | 利 | 174 | kusuri | 薬 | 182 | kuwa.shii | 詳 | 138 |
|  | 固 | 75 |  | 漢 | 177 | ki.ku/koeru | 聞 | 235 | kuse | 癖 | 264 | kuwada.teru | 企 | 122 |
|  | 硬 | 258 | gara | 柄 | 258 | kiza.shi/su | 兆 | 157 | kuda | 管 | 70 |  | **KE** |  |
|  | 難 | 177 | kara..i | 辛 | 263 | kiza.mu | 刻 | 139 | kuda.ku/keru | 砕 | 48 | ke | 毛 | 100 |
| kataki | 敵 | 57 | karada | 体 | 255 | kishi | 岸 | 301 | kuda.saru/su/ru | 下 | 29 | kega.su/reru | 汚 | 168 |
| katachi, kata | 形 | 101 | kara.mu | 絡 | 128 | kizu | 傷 | 214 | kuchi | 口 | 92 | ke.garawashii | 汚 | 168 |
| katana | 刀 | 296 | kari | 仮 | 109 | kizu.ku | 築 | 268 | kuchibiru | 唇 | 146 | ke.su | 消 | 51 |
| katamari | 塊 | 83 |  | 狩 | 112 | kiso.u | 競 | 46 | ku.chiru | 朽 | 168 | kezu.ru | 削 | 51 |
| katamu.ku/keru | 傾 | 259 | ka.riru | 借 | 213 | kira | 北 | 61 | kutsu | 靴 | 155 | keta | 桁 | 25 |
| katayo.ru | 偏 | 267 | ka.ru | 刈 | 296 | kita.eru | 鍛 | 300 | kutsugae.su/ru | 覆 | 129 | kedamono | 獣 | 302 |
| kata.ru/rau | 語 | 26 |  | 駆 | 285 | kita.su/ru | 来 | 174 | kutsuro.gu | 寛 | 86 | kemu.i/ri/ru | 煙 | 271 |
| katawa.ra | 傍 | 32 |  | 狩 | 112 | kitana.i | 汚 | 168 | kuni | 国 | 307 | kemono | 獣 | 302 |
| ka.tsu | 且 | 204 | karu.i | 軽 | 191 | kitsune | 狐 | 175 |  | 配 | 287 | ke.ru | 蹴 | 231 |
|  | 勝 | 106 | kare, kano | 彼 | 154 | kiba | 牙 | 158 | kubi | 首 | 81 | kewa.shii | 険 | 293 |
| katsu.gu | 担 | 215 | ka.reru/rasu | 枯 | 75 | kibi.shii | 厳 | 90 | kuma | 熊 | 140 |  | **KO** |  |
| kate | 糧 | 280 | karo.yaka | 軽 | 191 | ki.maru/meru | 決 | 304 | kumi.suru | 与 | 119 | ko | 黄 | 201 |
| kado | 角 | 156 | kawa | 河 | 169 | kimi | 君 | 113 | ku.mu | 酌 | 261 |  | 子 | 49 |
|  | 門 | 235 |  | 革 | 155 | kimo | 肝 | 301 | ku.mu/mi | 組 | 204 |  | 小 | 99 |
| kana.u | 叶 | 27 |  | 川 | 191 | kiyo.i | 清 | 163 | kumo | 雲 | 211 |  | 粉 | 296 |
| kana.shii/shimu | 悲 | 153 |  | 皮 | 154 |  | 浄 | 113 | komu.ru | 曇 | 211 |  | 木 | 180 |

| Reading | Kanji | Page |
|---|---|---|
| | 児 | 213 |
| ko.i | 濃 | 146 |
| koi(shii)/(u) | 恋 | 93 |
| ko.u | 請 | 163 |
| koumu.ru | 被 | 154 |
| koe | 声 | 48 |
| | 肥 | 59 |
| ko.eru | 越 | 310 |
| | 超 | 94 |
| | 肥 | 59 |
| kōri | 氷 | 190 |
| kō.ru | 凍 | 278 |
| ko.gasu/geru | 焦 | 150 |
| ko.keru | 転 | 211 |
| kogo.eru | 凍 | 278 |
| kokono(tsu) | 九 | 26 |
| kokoro | 心 | 68 |
| kokorozashi | 志 | 47 |
| kokoro.miru | 試 | 229 |
| kokoroyo.i | 快 | 304 |
| koshi | 腰 | 271 |
| ko.su | 越 | 310 |
| | 超 | 94 |
| kota.eru | 応 | 68 |
| kota.eru, kotae | 答 | 289 |
| koto | 琴 | 290 |
| | 言 | 92 |
| | 事 | 113 |
| | 殊 | 184 |
| koto(naru) | 異 | 82 |
| goto | 毎 | 42 |
| kotobuki | 寿 | 39 |
| koto.waru | 断 | 172 |
| kona | 粉 | 296 |
| kono.mu/mi | 好 | 41 |
| koba.mu | 拒 | 269 |
| kobushi | 拳 | 106 |
| koma(kai) | 細 | 82 |
| koma.ru | 困 | 180 |
| gomi | 塵 | 140 |
| ko.mu/meru | 込 | 234 |

| Reading | Kanji | Page |
|---|---|---|
| ko.mu | 混 | 60 |
| kome | 米 | 172 |
| komo.ru | 籠 | 56 |
| ko.yasu/yashi | 肥 | 59 |
| koyomi | 暦 | 176 |
| ko.rasu/riru | 懲 | 196 |
| ko.rasu | 凝 | 126 |
| koro | 頃 | 259 |
| koro.gasu/bu | 転 | 211 |
| koro.su | 殺 | 299 |
| koromo | 衣 | 245 |
| kowa.i | 怖 | 244 |
| kowa.su/reru | 壊 | 246 |

**SA**

| Reading | Kanji | Page |
|---|---|---|
| sa | 狭 | 61 |
| saiwa.i | 幸 | 264 |
| saegi.ru | 遮 | 203 |
| sa.eru | 冴 | 159 |
| saka(sa) | 逆 | 37 |
| | 坂 | 109 |
| sakai | 境 | 97 |
| saka.eru | 栄 | 180 |
| saga.su | 捜 | 202 |
| | 探 | 198 |
| sakazuki | 杯 | 164 |
| sakana | 魚 | 146 |
| sakanobo.ru | 遡 | 37 |
| saka.rau | 逆 | 37 |
| saka.ru/n | 盛 | 311 |
| sa.garu/geru | 下 | 29 |
| saki | 崎 | 170 |
| | 先 | 124 |
| sa.ku | 割 | 76 |
| | 咲 | 38 |
| | 裂 | 77 |
| sakura | 桜 | 41 |
| sagu.ru | 探 | 198 |
| sake, saka | 酒 | 287 |
| sagesu.mu | 蔑 | 311 |
| sake.bu | 叫 | 252 |
| sa.keru | 避 | 263 |

| Reading | Kanji | Page |
|---|---|---|
| sa.keru | 裂 | 77 |
| sasa.eru | 支 | 187 |
| sasa.geru | 捧 | 105 |
| sa.saru | 刺 | 188 |
| sa.su | 差 | 104 |
| | 刺 | 188 |
| | 指 | 259 |
| | 挿 | 270 |
| sazu.karu/keru | 授 | 108 |
| saso.u | 誘 | 91 |
| sada.ka | 定 | 125 |
| sada.maru/meru | 定 | 125 |
| sachi | 幸 | 264 |
| sato | 里 | 171 |
| sato.su | 諭 | 240 |
| sato.ru/ri | 悟 | 26 |
| sane | 実 | 148 |
| saba.ku | 裁 | 308 |
| sabi(shii/reru) | 寂 | 176 |
| sama | 様 | 137 |
| sa.masu/meru | 覚 | 118 |
| | 冷 | 291 |
| samata.geru | 妨 | 31 |
| samu.i | 寒 | 190 |
| sara | 更 | 258 |
| | 皿 | 262 |
| saru | 猿 | 247 |
| sa.ru | 去 | 282 |
| sawa | 沢 | 72 |
| sawa.gu/gashii | 騒 | 139 |
| sawa.yaka | 爽 | 36 |
| sawa.ru | 障 | 264 |
| | 触 | 156 |

**SHI**

| Reading | Kanji | Page |
|---|---|---|
| shiawa.se | 幸 | 264 |
| shiita.geru | 虐 | 141 |
| shi.iru | 強 | 303 |
| shio | 塩 | 89 |
| | 潮 | 216 |
| shika | 鹿 | 144 |
| shika.ru | 叱 | 26 |

| Reading | Kanji | Page |
|---|---|---|
| shigi | 鴫 | 149 |
| shi.ku | 敷 | 224 |
| shige.ru | 茂 | 310 |
| | 繁 | 43 |
| shizu(ka) | 静 | 113 |
| shizuku | 滴 | 57 |
| shizu.maru | 鎮 | 288 |
| shizu.mu | 沈 | 62 |
| shita | 下 | 29 |
| | 舌 | 93 |
| shita.u | 慕 | 216 |
| shitaga.u | 従 | 122 |
| shita.shii | 親 | 186 |
| shitata.ru | 滴 | 57 |
| shina | 品 | 92 |
| shi.nu | 死 | 76 |
| shino.bu | 忍 | 297 |
| shiba | 芝 | 293 |
| shiba.ru | 縛 | 224 |
| shibu(i) | 渋 | 122 |
| shibo.ru | 絞 | 46 |
| | 搾 | 269 |
| shima | 島 | 149 |
| shimi(ru) | 染 | 26 |
| shime.su | 示 | 257 |
| shime.su/ru | 湿 | 217 |
| shi.meru/maru | 絞 | 46 |
| | 締 | 57 |
| | 閉 | 195 |
| shi.meru | 占 | 158 |
| shimo | 下 | 29 |
| | 霜 | 85 |
| shira.beru | 調 | 194 |
| shiri | 尻 | 71 |
| shirizo.ku/keru | 退 | 88 |
| shiru | 汁 | 27 |
| shi.ru | 知 | 304 |
| shirushi | 印 | 58 |
| shiru.su | 記 | 251 |
| shiro | 城 | 311 |
| shiro(i) | 白 | 107 |

**SU**

| Reading | Kanji | Page |
|---|---|---|
| su | 酢 | 269 |
| | 州 | 191 |
| | 巣 | 181 |
| sui | 酸 | 129 |
| su.u | 吸 | 109 |
| sue | 末 | 183 |
| su.eru | 据 | 76 |
| sugata | 姿 | 98 |
| suki | 隙 | 190 |
| sugi | 杉 | 101 |
| su.giru/gosu | 過 | 74 |
| su.ku/kasu | 透 | 91 |
| su.ku/ki | 好 | 41 |
| suku.u | 救 | 155 |
| suku.nai | 少 | 99 |
| sugu.reru | 優 | 127 |
| suke | 助 | 204 |
| sugo.i | 凄 | 115 |
| suko.shi | 少 | 99 |
| suko.yaka | 健 | 266 |
| suji | 筋 | 167 |
| | 条 | 127 |
| suzu | 鈴 | 291 |
| suzu.shii/mu | 涼 | 231 |
| susu.mu | 進 | 149 |
| susu.meru | 勧 | 151 |
| | 薦 | 140 |
| suso | 裾 | 76 |
| suta.ru/reru | 廃 | 300 |
| sude.ni | 既 | 62 |
| su.teru | 捨 | 293 |
| suna | 砂 | 99 |
| sunawa.chi | 即 | 260 |
| sube.te | 全 | 242 |
| sube.ru | 滑 | 74 |
| | 統 | 50 |
| sumi | 隅 | 143 |
| | 炭 | 195 |
| | 墨 | 202 |
| sumi.yaka | 速 | 279 |

| Reading | Kanji | Page |
|---|---|---|
| sumire | 菫 | 177 |
| su.mu/mau | 住 | 228 |
| su.mu | 済 | 243 |
| | 澄 | 255 |
| su.ru | 刷 | 244 |
| | 為 | 142 |
| su.ru/reru | 擦 | 258 |
| surudo.i | 鋭 | 47 |
| suwa.ru | 座 | 193 |
| su.waru | 据 | 76 |

**SE**

| Reading | Kanji | Page |
|---|---|---|
| se | 瀬 | 279 |
| se, sei | 背 | 61 |
| seki | 関 | 235 |
| zeni | 銭 | 307 |
| seba.maru | 狭 | 61 |
| sema.i | 狭 | 61 |
| sema.ru | 迫 | 107 |
| se.meru | 攻 | 268 |
| se.ru | 競 | 46 |

**SO**

| Reading | Kanji | Page |
|---|---|---|
| so.u | 沿 | 197 |
| so.u/eru | 添 | 208 |
| sōro.u | 候 | 304 |
| soko | 底 | 40 |
| sokona.u | 損 | 148 |
| soso.gu | 注 | 228 |
| sosonoka.su | 唆 | 129 |
| soda.tsu/teru | 育 | 50 |
| sode | 袖 | 272 |
| soto | 外 | 209 |
| sona.eru | 供 | 117 |
| sona.eru | 備 | 223 |
| sono | 園 | 247 |
| somu.ku/keru | 背 | 61 |
| so.meru | 初 | 245 |
| so.meru | 染 | 26 |
| soyo.gu | 戦 | 301 |
| sora | 空 | 198 |
| so.rasu/reru | 逸 | 43 |
| so.rasu/ru | 反 | 108 |

| Reading | Kanji | Page |
|---|---|---|
| soro.u/eru | 揃 | 239 |

**TA**

| Reading | Kanji | Page |
|---|---|---|
| ta | 田 | 171 |
| tai.ra | 平 | 169 |
| ta.eru | 堪 | 286 |
| | 絶 | 59 |
| | 耐 | 102 |
| tao.su/reru | 倒 | 305 |
| taka(i) | 高 | 231 |
| taga.i | 互 | 25 |
| tagaya.su | 耕 | 226 |
| takara | 宝 | 242 |
| taki | 滝 | 56 |
| takigi | 薪 | 187 |
| ta.ku | 炊 | 97 |
| da.ku | 抱 | 51 |
| tagui | 類 | 80 |
| taku.mi | 巧 | 168 |
| takuwa.eru | 蓄 | 250 |
| take | 岳 | 196 |
| | 丈 | 27 |
| | 竹 | 167 |
| tashi.ka(meru) | 確 | 151 |
| da.su | 出 | 165 |
| tasu.karu/keru | 助 | 204 |
| tazusa.eru | 携 | 91 |
| tazu.neru | 尋 | 111 |
| | 訪 | 31 |
| tataka.u | 戦 | 301 |
| | 闘 | 255 |
| tada.shi | 但 | 215 |
| tada.shii/su | 正 | 124 |
| tada.chi ni | 直 | 86 |
| tata.mi/mu | 畳 | 205 |
| tadayo.u | 漂 | 271 |
| ta.tsu/teru | 建 | 266 |
| | 立 | 55 |
| ta.tsu | 裁 | 308 |
| | 絶 | 59 |
| | 断 | 172 |
| tatsu | 竜 | 56 |

| Reading | Kanji | Page |
|---|---|---|
| | 龍 | 56 |
| tatto.i/bu | 貴 | 119 |
| | 尊 | 287 |
| tate | 縦 | 122 |
| | 盾 | 86 |
| tatematsu.ru | 奉 | 105 |
| tato.e(ru) | 例 | 77 |
| tana | 棚 | 209 |
| tani | 谷 | 196 |
| tane | 種 | 280 |
| tano.shii/shimu | 楽 | 182 |
| tano.mu/moshii | 頼 | 279 |
| taba | 束 | 279 |
| tabi | 度 | 203 |
| | 旅 | 275 |
| ta.beru | 食 | 260 |
| tama | 球 | 155 |
| | 玉 | 242 |
| | 弾 | 301 |
| | 霊 | 56 |
| tamago | 卵 | 265 |
| tamashii | 魂 | 83 |
| dama.ru | 黙 | 202 |
| tamawa.ru | 賜 | 145 |
| tami | 民 | 40 |
| tame | 為 | 142 |
| tame.su | 試 | 229 |
| | 験 | 293 |
| ta.meru | 矯 | 232 |
| tamo.tsu | 保 | 50 |
| ta.yasu | 絶 | 59 |
| tayo.ri | 便 | 258 |
| tayo.ru | 頼 | 279 |
| ta.rasu/reru | 垂 | 183 |
| ta.riru/ru/su | 足 | 123 |
| dare | 誰 | 149 |
| tawa.keru/mureru | 戯 | 141 |
| tawara | 俵 | 101 |
| danma.ri | 黙 | 202 |

**CHI**

| Reading | Kanji | Page |
|---|---|---|
| chi | 血 | 262 |

| Reading | Kanji | Page |
|---|---|---|
| | 千 | 28 |
| chii.sa(i) | 小 | 99 |
| chika.i | 近 | 297 |
| chika.u | 誓 | 299 |
| chiga.u/eru | 違 | 131 |
| chikara | 力 | 69 |
| chigi.ru | 契 | 187 |
| chichi, chi | 乳 | 49 |
| chichi | 父 | 45 |
| chiji.mu | 縮 | 27 |
| chi.ru | 散 | 175 |

**TSU**

| Reading | Kanji | Page |
|---|---|---|
| tsu | 津 | 266 |
| tsui.yasu | 費 | 166 |
| tsue | 杖 | 27 |
| tsuka | 塚 | 138 |
| tsuka.u/wasu | 遣 | 70 |
| tsuka.u | 使 | 30 |
| tsuka.eru | 仕 | 47 |
| tsu.kasu | 尽 | 73 |
| tsuka.maeru | 捕 | 224 |
| tsu.karu/keru | 漬 | 164 |
| tsuka.eru | 疲 | 154 |
| tsuki | 月 | 208 |
| tsugi | 次 | 98 |
| tsu.kiru/kusu | 尽 | 73 |
| tsu.ku/keru | 就 | 231 |
| | 着 | 38 |
| | 付 | 112 |
| tsu.ku | 突 | 198 |
| tsu.gu | 継 | 173 |
| | 次 | 98 |
| | 接 | 263 |
| | 亜 | 199 |
| tsukue | 机 | 254 |
| tsuguna.u | 償 | 237 |
| tsuku.ru | 作 | 269 |
| | 創 | 235 |
| | 造 | 162 |
| tsukuro.u | 繕 | 138 |
| tsu.geru | 告 | 162 |

| Reading | Kanji | Page |
|---|---|---|
| tsuta.u/eru | 伝 | 211 |
| tsutana.i | 拙 | 165 |
| tsuchi | 土 | 193 |
| tsuchika.u | 培 | 94 |
| tsutsu | 筒 | 96 |
| tsudzu.ku | 続 | 48 |
| tsutsushi.mu | 謹 | 177 |
| | 慎 | 288 |
| tsutsumi | 堤 | 125 |
| tsudzumi | 鼓 | 256 |
| tsutsu.mu | 包 | 51 |
| tsute | 伝 | 211 |
| tsudo.u | 集 | 149 |
| tsuto.meru | 勤 | 177 |
| | 努 | 42 |
| | 務 | 310 |
| tsuna | 綱 | 196 |
| tsune | 常 | 237 |
| tsuno | 角 | 156 |
| tsuno.ru | 募 | 216 |
| tsuba | 唾 | 183 |
| tsubasa | 翼 | 82 |
| tsubu | 粒 | 55 |
| tsubu.su | 潰 | 119 |
| tsubo | 坪 | 169 |
| tsuma | 妻 | 114 |
| tsuma.shii | 倹 | 293 |
| tsu.maru/mu | 詰 | 282 |
| tsumi | 罪 | 153 |
| tsu.mu | 積 | 163 |
| | 摘 | 57 |
| tsumu.gu | 紡 | 31 |
| tsume | 爪 | 107 |
| tsume.tai | 冷 | 291 |
| tsu.moru | 詰 | 282 |
| tsuya | 艶 | 255 |
| tsuyu | 露 | 128 |
| tsuyo.i | 強 | 303 |
| tsura | 面 | 85 |
| tsura.naru | 連 | 238 |
| tsuranu.ku | 貫 | 148 |

| | | | | | | | | | | | | | | |
|---|---|---|---|---|---|---|---|---|---|---|---|---|---|---|
| tsu.ru | 釣 | 261 | | 留 | 265 | na.geru | 投 | 299 | nishi | 西 | 271 | | 臨 | 89 |
| tsuru | 弦 | 250 | tomi, to.mu | 富 | 288 | nago.mu/yaka | 和 | 173 | niji | 虹 | 198 | nochi | 後 | 127 |
| | 鶴 | 152 | tomora.u | 弔 | 303 | nasa.ke | 情 | 163 | nise | 偽 | 142 | nodo | 喉 | 304 |
| tsurugi | 剣 | 293 | tomo | 共 | 117 | nashi | 梨 | 174 | nina.u | 担 | 215 | nonoshi.ru | 罵 | 140 |
| tsu.reru | 連 | 238 | | 供 | 117 | na.su | 成 | 310 | nibu.i/ru | 鈍 | 166 | no.basu/biru | 延 | 124 |
| **TO** | | | | 友 | 108 | | 為 | 142 | ni.ru/yasu | 煮 | 37 | | 伸 | 210 |
| to | 戸 | 234 | tomona.u | 伴 | 30 | nazo | 謎 | 172 | ni.ru | 似 | 51 | no.beru | 述 | 175 |
| | 十 | 27 | tora | 虎 | 141 | natsu | 夏 | 127 | niwa | 庭 | 54 | nobo.su/ru | 上 | 29 |
| toi, to.u | 問 | 235 | to.raeru | 捉 | 123 | na.tsukashii/tsuku | 懐 | 246 | niwatori | 鶏 | 251 | nobo.ru | 昇 | 262 |
| tōge | 峠 | 195 | | 捕 | 224 | nana(tsu), nano | 七 | 26 | **NU** | | | | 登 | 254 |
| tōto.i/bu | 貴 | 119 | tori | 鳥 | 149 | nana.me | 斜 | 292 | nu.u | 縫 | 164 | no.mu | 飲 | 97 |
| | 尊 | 287 | | 鶏 | 251 | nani, nan | 何 | 169 | nu.ku/keru | 抜 | 108 | no.ru | 載 | 308 |
| tō | 十 | 27 | to.ru | 採 | 181 | nabe | 鍋 | 75 | nu.gu | 脱 | 47 | | 乗 | 183 |
| tō.i | 遠 | 247 | | 撮 | 91 | nama | 生 | 162 | nugu.u | 拭 | 229 | noro.u | 呪 | 47 |
| tō.su/ru | 通 | 223 | | 執 | 265 | nama.keru | 怠 | 256 | nushi | 主 | 228 | **HA** | | |
| toki | 時 | 230 | | 取 | 90 | namari | 鉛 | 198 | nusu.mu | 盗 | 98 | ha | 羽 | 152 |
| to.ku/kasu/keru | 解 | 156 | | 捕 | 224 | nami | 波 | 155 | nuno | 布 | 244 | | 歯 | 172 |
| | 溶 | 197 | | 摂 | 90 | | 並 | 56 | numa | 沼 | 94 | | 刃 | 297 |
| to.ku | 説 | 47 | doro | 泥 | 259 | namida | 涙 | 235 | nu.ru | 塗 | 292 | | 端 | 102 |
| to.gu | 研 | 204 | don, donburi | 丼 | 226 | name.raka | 滑 | 74 | **NE** | | | | 葉 | 167 |
| to.geru | 遂 | 139 | **NA** | | | naya.mu | 悩 | 83 | ne | 音 | 96 | ba | 場 | 214 |
| toko | 床 | 180 | na | 菜 | 181 | nara.u | 習 | 152 | | 根 | 67 | hai | 灰 | 200 |
| | 常 | 237 | | 名 | 209 | | 倣 | 31 | | 値 | 86 | hai.ru | 入 | 234 |
| tokoro | 所 | 298 | na.i | 亡 | 286 | nara.bu/beru | 並 | 56 | nega.u | 願 | 189 | ha.u | 這 | 92 |
| toshi | 年 | 28 | | 無 | 44 | na.ru/rasu | 成 | 310 | neko | 猫 | 171 | ha.eru | 栄 | 180 |
| to.jiru/zasu | 閉 | 195 | nae | 苗 | 171 | | 鳴 | 149 | neta.mu | 妬 | 204 | | 映 | 30 |
| totsu.gu | 嫁 | 138 | na.eru | 萎 | 173 | na.ru | 為 | 142 | neba.ru | 粘 | 158 | | 生 | 162 |
| todo.ku/keru | 届 | 272 | nao.su/ru | 治 | 256 | na.reru | 慣 | 148 | nemu.i/ru | 眠 | 40 | haka | 墓 | 216 |
| todokō.ru | 滞 | 244 | | 直 | 86 | nawa | 縄 | 145 | nera.u | 狙 | 205 | ba.kasu/keru | 化 | 60 |
| totono.u/eru | 整 | 279 | naka | 中 | 29 | **NI** | | | ne.ru/kasu | 寝 | 115 | hagane | 鋼 | 196 |
| | 調 | 194 | | 仲 | 29 | ni | 荷 | 169 | ne.ru | 練 | 278 | haka.ru/rau | 計 | 27 |
| | 斉 | 243 | naga.i | 永 | 190 | ni.eru | 煮 | 37 | nengo.ro | 懇 | 88 | haka.ru | 諮 | 98 |
| tona.eru | 唱 | 92 | | 長 | 100 | nio.i/u | 臭 | 81 | **NO** | | | | 図 | 222 |
| tonari, tona.ru | 隣 | 130 | naga.su/reru | 流 | 49 | nio.u | 匂 | 52 | no | 野 | 273 | | 測 | 147 |
| tono, dono | 殿 | 71 | naka.ba | 半 | 30 | niga.i | 苦 | 75 | noga.su/reru | 逃 | 157 | | 謀 | 97 |
| tobira | 扉 | 153 | naga.meru | 眺 | 157 | niga.su | 逃 | 157 | noki | 軒 | 301 | | 量 | 280 |
| to.bu/basu | 飛 | 262 | na.ku | 泣 | 55 | nigi.ru | 握 | 305 | noko.su/ru | 残 | 307 | ha.ku | 掃 | 114 |
| to.bu | 跳 | 157 | | 鳴 | 149 | niku.i/mu | 憎 | 284 | no.seru | 載 | 308 | | 吐 | 92 |
| tobo.shii | 乏 | 293 | nagusa.mu | 慰 | 72 | niku.mu | 悪 | 199 | | 乗 | 183 | | 履 | 129 |
| to.maru/meru | 止 | 122 | nagu.ru | 殴 | 285 | ni.geru | 逃 | 157 | nozo.ku | 除 | 292 | haguku.mu | 育 | 50 |
| | 泊 | 107 | nage.ku | 嘆 | 177 | nigo.su/ru | 濁 | 144 | nozo.mu | 望 | 286 | hagu.reru | 逸 | 43 |

| Reading | Kanji | Page |
|---|---|---|
| hage.shii | 激 | 32 |
| hage.masu/mu | 励 | 28 |
| hako | 箱 | 85 |
| hako.bu | 運 | 238 |
| hasa.mu/maru | 挟 | 61 |
| hasami | 鋏 | 62 |
| hashi | 橋 | 232 |
|  | 端 | 102 |
|  | 箸 | 38 |
| haji, haji.ru | 恥 | 90 |
| haji.ku/keru | 弾 | 301 |
| haji.maru/meru | 始 | 256 |
| haji.me(te) | 初 | 245 |
| hashira | 柱 | 228 |
| hashi.ru | 走 | 123 |
| ha.zukashii | 恥 | 90 |
| hazukashi.meru | 辱 | 146 |
| hazu.su/reru | 外 | 209 |
| hazu.mu | 弾 | 301 |
| ha.seru | 馳 | 143 |
| hata | 旗 | 275 |
|  | 機 | 250 |
|  | 端 | 102 |
| hata, hatake | 畑 | 171 |
| hada | 肌 | 254 |
| hadaka | 裸 | 181 |
| ha.tasu/teru | 果 | 181 |
| hatara.ku | 働 | 279 |
| hachi | 蜂 | 164 |
| hatsu | 初 | 245 |
| hate | 果 | 181 |
| hana | 花 | 60 |
|  | 華 | 183 |
|  | 鼻 | 80 |
| hana.su | 話 | 93 |
| hana.su/reru | 離 | 82 |
| hana.su/tsu/reru | 放 | 32 |
| hanaha.da(shii) | 甚 | 285 |
| hane | 羽 | 152 |
| ha.neru | 跳 | 157 |
| haha | 母 | 42 |
| haba | 幅 | 288 |
| haba.mu | 阻 | 205 |
| habu.ku | 省 | 99 |
| hama | 浜 | 298 |
| haya.i | 早 | 215 |
|  | 速 | 279 |
| hayashi | 林 | 180 |
| ha.yasu | 生 | 162 |
| haya.ru | 逸 | 43 |
| hara | 原 | 189 |
|  | 腹 | 129 |
| hara.u | 払 | 166 |
| ha.rasu/neru | 腫 | 280 |
|  | 晴 | 163 |
| hari | 針 | 27 |
| haru | 春 | 105 |
| ha.ru | 張 | 100 |
|  | 貼 | 158 |
| **HI** |  |  |
| hi | 火 | 200 |
|  | 灯 | 227 |
|  | 日 | 212 |
| hii.deru | 秀 | 91 |
| hi.eru | 冷 | 291 |
| hika.eru | 控 | 198 |
| higashi | 東 | 278 |
| hikari, hika.ru | 光 | 180 |
| hiki | 匹 | 285 |
| hiki.iru | 率 | 250 |
| hi.ku | 引 | 303 |
|  | 弾 | 301 |
| hiku.i | 低 | 40 |
| hiza | 膝 | 189 |
| hisa.shii | 久 | 130 |
| hiji | 肘 | 111 |
| hiso.ka | 秘 | 69 |
| hiso.mu | 潜 | 45 |
| hitai | 額 | 128 |
| hita.su/ru | 浸 | 115 |
| hidari | 左 | 104 |
| hitsuji | 羊 | 136 |
| hito(tsu) | 一 | 25 |
| hito | 人 | 36 |
| hitoe | 単 | 301 |
| hito.shii | 等 | 230 |
|  | 斉 | 243 |
| hitomi | 瞳 | 280 |
| hito.ri | 独 | 144 |
| hibi.ku | 響 | 260 |
| hima | 暇 | 110 |
| hime | 姫 | 88 |
| hi.meru | 秘 | 69 |
| himo | 紐 | 249 |
| hiya(kasu/su) | 冷 | 291 |
| hira | 平 | 169 |
| hira.ku/keru | 開 | 235 |
| hi.ru | 干 | 300 |
| hiru | 昼 | 73 |
| hirugae.su/ru | 翻 | 174 |
| hiro.i/garu/meru | 広 | 201 |
| hiro.u | 拾 | 290 |
| **FU** |  |  |
| fue | 笛 | 272 |
| fu.eru | 殖 | 86 |
|  | 増 | 284 |
| fuka.i | 深 | 198 |
| fu.ku | 拭 | 229 |
|  | 吹 | 97 |
|  | 噴 | 164 |
| fuku.mu/meru | 含 | 291 |
| fuku.ramu/reru | 膨 | 256 |
| fukuro | 袋 | 229 |
| fu.keru/kasu | 更 | 258 |
| fu.keru | 老 | 39 |
| fusa | 房 | 31 |
| fusa.garu/gu | 塞 | 190 |
| fushi | 節 | 260 |
| fuse.gu | 防 | 31 |
| fu.seru/su | 伏 | 136 |
| futa | 蓋 | 282 |
|  | 双 | 108 |
| futa(tsu) | 二 | 25 |
| fuda | 札 | 297 |
| buta | 豚 | 138 |
| futata.bi | 再 | 284 |
| fuchi | 縁 | 138 |
| fude | 筆 | 266 |
| futo.i/ru | 太 | 37 |
| futokoro | 懐 | 246 |
| funa, fune | 舟 | 239 |
|  | 船 | 197 |
| fumi | 文 | 242 |
| fu.mu | 踏 | 123 |
| fumoto | 麓 | 140 |
| fu.yasu | 殖 | 86 |
|  | 増 | 284 |
| fuyu | 冬 | 190 |
| fu.ru | 降 | 130 |
| furu.i | 古 | 75 |
| fu.ruu/ru | 振 | 146 |
| furu.u | 奮 | 150 |
| furu.u/eru | 震 | 146 |
| fu.reru | 触 | 156 |
|  | 振 | 146 |
| **HE** |  |  |
| heda.taru | 隔 | 288 |
| beni | 紅 | 268 |
| hebi | 蛇 | 143 |
| heri | 縁 | 138 |
| he.ru/rasu | 減 | 311 |
| he.ru | 経 | 192 |
|  | 歴 | 176 |
| **HO** |  |  |
| ho | 火 | 200 |
|  | 穂 | 273 |
|  | 帆 | 247 |
| hōki | 彗 | 114 |
| hōmu.ru | 葬 | 76 |
| hō.ru | 放 | 32 |
| hoka | 外 | 209 |
|  | 他 | 143 |
| hoga.raka | 朗 | 274 |
| hoko | 矛 | 310 |
| hoko.ru | 誇 | 168 |
| hokoro.biru | 綻 | 125 |
| hoshi | 星 | 212 |
| ho.shii,hos.suru | 欲 | 197 |
| ho.su | 干 | 300 |
| hoso.i | 細 | 82 |
| hotaru | 蛍 | 144 |
| hodo | 程 | 54 |
| hotoke | 仏 | 166 |
| hodoko.su | 施 | 275 |
| hone | 骨 | 74 |
| honō | 炎 | 200 |
| homa.re | 誉 | 119 |
| ho.meru | 褒 | 50 |
| hora | 洞 | 96 |
| hori, ho.ru | 掘 | 165 |
| hori | 堀 | 165 |
| ho.ru | 彫 | 194 |
| horo.biru/bosu | 滅 | 311 |
| **MA** |  |  |
| ma | 間 | 236 |
|  | 真 | 288 |
|  | 馬 | 139 |
|  | 目 | 85 |
| mai, ma.u | 舞 | 44 |
| mai.ru | 参 | 102 |
| mae | 前 | 239 |
| maka.su/seru | 任 | 54 |
| ma.kasu | 負 | 147 |
| makana.u | 賄 | 104 |
| ma.garu/geru | 曲 | 284 |
| maki | 牧 | 136 |
| magi.reru | 紛 | 295 |
| ma.ku, maki | 巻 | 106 |
| makura | 枕 | 62 |
| ma.keru | 負 | 147 |
| mago | 孫 | 249 |
| makoto | 誠 | 311 |
|  | 真 | 288 |
| masa | 正 | 124 |
| masa.ru | 勝 | 106 |

| Reading | Kanji | Page |
|---|---|---|
| ma.zaru/zeru | 交 | 46 |
|  | 混 | 60 |
| maji.eru/ru/waru | 交 | 46 |
| maji.eru/ru | 混 | 60 |
| ma.jiru/waru | 雑 | 149 |
| masu | 升 | 261 |
| ma.su | 増 | 284 |
| mazu.shii | 貧 | 296 |
| mata | 股 | 300 |
|  | 又 | 108 |
| matata.ku | 瞬 | 130 |
| machi | 街 | 193 |
|  | 町 | 227 |
| matsu | 松 | 225 |
| ma.tsu | 待 | 230 |
| matta.ku | 全 | 242 |
| matsuri, matsu.ru | 祭 | 257 |
| matsurigoto | 政 | 124 |
| mato | 的 | 261 |
| mado | 窓 | 198 |
| mado.u | 惑 | 307 |
| mado.ka | 円 | 147 |
| manako | 眼 | 87 |
| mana.bu | 学 | 118 |
| manuka.reru | 免 | 43 |
| mane.ku | 招 | 94 |
| maboroshi | 幻 | 249 |
| mame | 豆 | 254 |
| mamo.ru | 守 | 111 |
| mayu | 繭 | 144 |
|  | 眉 | 72 |
| mayo.u | 迷 | 172 |
| maru(i) | 丸 | 63 |
| maru.i | 円 | 147 |
| marōdo | 賓 | 100 |
| maro.yaka | 円 | 147 |
| mawa.su/ru | 回 | 222 |
| mawa.ri | 周 | 194 |

**MI**

| Reading | Kanji | Page |
|---|---|---|
| mi(tsu) | 三 | 25 |
| mi | 実 | 148 |
|  | 身 | 68 |
| mi.eru | 見 | 85 |
| miga.ku | 磨 | 175 |
| miki | 幹 | 216 |
| migi | 右 | 104 |
| misao | 操 | 184 |
| misaki | 岬 | 156 |
| mijika.i | 短 | 254 |
| miji.me | 惨 | 102 |
| mizu | 水 | 189 |
| mizuumi | 湖 | 75 |
| mizuka.ra | 自 | 80 |
| mise | 店 | 158 |
| mi.seru | 見 | 85 |
| mizo | 溝 | 284 |
| mi.tasu | 満 | 32 |
| mida.su/reru | 乱 | 263 |
| mida.ra | 淫 | 54 |
| michi | 道 | 81 |
| michibi.ku | 導 | 81 |
| mi.chiru | 満 | 32 |
| mitsu.gu | 貢 | 268 |
| mito.meru | 認 | 297 |
| midori | 緑 | 270 |
| mina, minna | 皆 | 60 |
| minato | 港 | 118 |
| minami | 南 | 294 |
| minamoto | 源 | 189 |
| miniku.i | 醜 | 83 |
| mine | 峰 | 164 |
| mino.ru | 実 | 148 |
| mimi | 耳 | 90 |
| miya | 宮 | 74 |
| miyako | 都 | 38 |
| mi.ru | 見 | 85 |
|  | 診 | 101 |
|  | 視 | 86 |

**MU**

| Reading | Kanji | Page |
|---|---|---|
| mu(tsu), mui | 六 | 26 |
| mu.kau/kou | 向 | 236 |
| muka.eru | 迎 | 59 |
| mukashi | 昔 | 213 |
| mugi | 麦 | 174 |
| mu.ku/keru | 向 | 236 |
| muku.iru | 報 | 265 |
| muko | 婿 | 126 |
| musabo.ru | 貪 | 290 |
| mushi | 虫 | 144 |
| mu.su/reru | 蒸 | 113 |
| muzu.kashii | 難 | 177 |
| musu.bu | 結 | 282 |
| musume | 結 | 282 |
| muna.shii | 虚 | 141 |
|  | 空 | 198 |
| mune, muna | 胸 | 286 |
|  | 棟 | 278 |
| mune | 旨 | 259 |
| mura | 村 | 111 |
| murasaki | 紫 | 124 |
| mure, mura | 群 | 113 |
| muro | 室 | 305 |

**ME**

| Reading | Kanji | Page |
|---|---|---|
| me | 芽 | 158 |
|  | 雌 | 124 |
|  | 女 | 41 |
|  | 目 | 85 |
| megu.mu | 恵 | 273 |
| megu.ru | 巡 | 191 |
| meshi | 飯 | 109 |
| me.su | 雌 | 124 |
|  | 召 | 94 |
| mezu.rashii | 珍 | 101 |

**MO**

| Reading | Kanji | Page |
|---|---|---|
| mo | 喪 | 88 |
|  | 藻 | 184 |
| mō.keru | 設 | 299 |
| mō.su | 申 | 210 |
| mō.deru | 詣 | 259 |
| mo.eru/su/yasu | 燃 | 136 |
| mogu.ru | 潜 | 45 |
| mo.shi | 若 | 105 |
| mochi | 餅 | 229 |
| mochi.iru | 用 | 223 |
| mo.tsu | 持 | 230 |
| motto.mo | 最 | 91 |
| moppa.ra | 専 | 273 |
| moteaso.bu | 弄 | 242 |
| moto | 下 | 29 |
|  | 基 | 274 |
|  | 元 | 81 |
|  | 本 | 182 |
| modo.su/ru | 戻 | 234 |
| moto.meru | 求 | 155 |
| mono | 者 | 37 |
|  | 物 | 248 |
| momo | 桃 | 157 |
| moyō.su | 催 | 195 |
| mora.u | 貰 | 167 |
| mori | 守 | 111 |
|  | 森 | 180 |
| mo.ru | 盛 | 311 |
| mo.ru/reru | 漏 | 210 |
| moro | 諸 | 37 |

**YA**

| Reading | Kanji | Page |
|---|---|---|
| ya | 屋 | 305 |
|  | 家 | 138 |
|  | 矢 | 303 |
| ya(tsu) | 八 | 26 |
| yakata | 館 | 70 |
| ya.ku/keru | 焼 | 165 |
| yasa.shii | 易 | 144 |
|  | 優 | 127 |
| yashina.u | 養 | 137 |
| yashiro | 社 | 257 |
| yasu.i | 安 | 41 |
| yasu.mu | 休 | 180 |
| ya.seru | 痩 | 202 |
| yado, yado.ru | 宿 | 27 |
| yado.u | 雇 | 234 |
| yanagi | 柳 | 265 |
| yabu.ru/reru | 破 | 154 |
|  | 壊 | 246 |
| yabu.reru | 敗 | 147 |

| Reading | Kanji | Page |
|---|---|---|
| yama | 山 | 195 |
| yamai | 病 | 186 |
| yami | 闇 | 96 |
| ya.mu | 病 | 186 |
|  | 止 | 122 |
| ya.meru | 辞 | 263 |
| yawa.raka(i) | 柔 | 310 |
|  | 軟 | 98 |
| yawa.ragu | 和 | 173 |

**YU**

| Reading | Kanji | Page |
|---|---|---|
| yu | 湯 | 214 |
| yu.u/waeru | 結 | 282 |
| yū | 夕 | 209 |
| yue | 故 | 75 |
| yuka | 床 | 180 |
| yukari | 縁 | 138 |
| yuki | 雪 | 114 |
| yu.ku | 行 | 226 |
|  | 逝 | 299 |
| yu.saburu | 揺 | 283 |
| yuzu.ru | 譲 | 246 |
| yuta.ka | 豊 | 255 |
| yuda.neru | 委 | 173 |
| yubi | 指 | 259 |
| yumi | 弓 | 303 |
| yume | 夢 | 210 |
| yu.ragu/reru | 揺 | 283 |
| yuru.i/mu | 緩 | 110 |
| yuru.su | 許 | 269 |

**YO**

| Reading | Kanji | Page |
|---|---|---|
| yo(tsu), yon | 四 | 25 |
|  | 世 | 167 |
|  | 代 | 228 |
|  | 夜 | 208 |
| yoi | 宵 | 51 |
| yo.i | 善 | 138 |
|  | 良 | 273 |
| yo.u | 酔 | 48 |
| yoko | 横 | 201 |
| yo.gosu/reru | 汚 | 168 |
| yoshi | 由 | 272 |

# INDICE PER
# NUMERO DEI TRATTI
# IN ORDINE ALFABETICO
# ON'YOMI

| | | | | | | | | | | | |
|---|---|---|---|---|---|---|---|---|---|---|---|
| 従 122 | 悟 26 | 泰 105 | 竜 56 | 問 235 | 断 172 | 勘 285 | 紳 210 | 猫 171 | 湖 75 | 量 280 | 揮 239 |
| 純 166 | 貢 268 | 託 165 | 倫 267 | 貨 60 | 張 100 | 患 262 | 酔 48 | 瓶 265 | 港 118 | 街 193 | 握 305 |
| 除 292 | 剛 196 | 恥 90 | 涙 235 | 械 306 | 貧 296 | 貫 148 | 崇 257 | 符 112 | 歯 172 | 営 74 | 嵐 247 |
| 将 185 | 唆 129 | 致 305 | 烈 77 | 救 155 | 婦 114 | 亀 145 | 据 76 | 偏 267 | 過 74 | | 偉 131 |
| 針 27 | 挫 193 | 畜 250 | 恋 93 | 健 266 | 務 310 | 偽 142 | 惜 213 | 崩 209 | 暑 37 | | 椅 170 |
| 値 86 | 宰 263 | 逐 138 | 浪 274 | 康 115 | 略 128 | 菊 52 | 旋 275 | 堀 165 | 勝 106 | 検 293 | 詠 190 |
| 展 71 | 栽 308 | 秩 107 | 脇 70 | 菜 181 | 異 82 | 脚 282 | 措 214 | 麻 175 | 植 86 | 減 311 | 越 310 |
| 討 111 | 剤 243 | 衷 245 | 屑 51 | 産 243 | 域 307 | 虚 141 | 粗 205 | 猛 262 | 短 254 | 証 124 | 援 110 |
| 党 237 | 索 249 | 朕 106 | **11** | 唱 92 | 郷 260 | 菌 222 | 掃 114 | 唯 150 | 着 38 | 税 47 | 奥 172 |
| 納 234 | 脂 259 | 哲 299 | 魚 146 | 清 163 | 済 243 | 偶 143 | 曹 281 | 悠 101 | 湯 214 | 絶 59 | 渦 74 |
| 俳 153 | 疾 186 | 途 292 | 強 303 | 巣 181 | 視 86 | 曽 283 | 庸 115 | 登 254 | 等 230 | 測 147 | 喚 43 |
| 班 242 | 酌 261 | 倒 305 | 教 39 | 側 147 | 推 149 | 啓 235 | 爽 36 | 粒 55 | 童 280 | 属 144 | 堪 286 |
| 秘 69 | 殊 184 | 凍 278 | 黄 201 | 堂 237 | 盛 311 | 掲 61 | 唾 183 | 隆 130 | 悲 153 | 貸 228 | 換 43 |
| 陛 60 | 珠 184 | 唐 115 | 黒 202 | 得 111 | 窓 198 | 渓 251 | 袋 229 | 涼 231 | | 提 125 | 敢 90 |
| 朗 274 | 袖 272 | 桃 157 | 細 82 | 敗 147 | 探 198 | 蛍 144 | 逮 115 | 猟 83 | 筆 266 | 程 54 | 棺 70 |
| 挨 304 | 准 150 | 透 91 | 週 194 | 票 271 | 著 38 | 控 198 | 脱 47 | 累 171 | 遊 275 | 統 50 | 款 98 |
| 唄 92 | 殉 52 | 胴 96 | 雪 114 | 副 287 | 訪 31 | 頃 259 | 淡 200 | 雀 99 | 葉 167 | 備 223 | 閑 236 |
| 悦 47 | 徐 292 | 匿 105 | 船 197 | 望 286 | 密 69 | 婚 40 | 窒 305 | 猪 38 | 陽 214 | 評 169 | 幾 250 |
| 宴 212 | 宵 51 | 悩 83 | 組 204 | 陸 194 | 訳 72 | 痕 88 | 彫 194 | 這 92 | 落 128 | 富 288 | 棋 275 |
| 翁 225 | 症 124 | 畔 30 | 鳥 149 | 移 209 | 郵 183 | 紺 97 | 眺 157 | 彗 114 | 開 235 | 復 129 | 欺 269 |
| 俺 210 | 祥 138 | 般 239 | 野 273 | 液 209 | 欲 197 | 彩 181 | 釣 261 | 菫 177 | 覚 118 | 報 265 | 喫 187 |
| 華 183 | 称 284 | 疲 154 | 理 172 | 眼 87 | 翌 152 | 斎 243 | 陳 278 | **12** | 喜 255 | 貿 265 | 距 269 |
| 蚊 243 | 辱 146 | 被 154 | 悪 199 | 基 274 | 尉 72 | 崎 170 | 偵 158 | 森 180 | 給 290 | 割 76 | 御 270 |
| 核 139 | 唇 146 | 姫 88 | 球 155 | 寄 170 | 萎 173 | 惨 102 | 添 208 | 雲 211 | 極 110 | 貴 119 | 暁 165 |
| 釜 46 | 娠 146 | 浜 298 | 祭 257 | 規 45 | 逸 43 | 斬 238 | 悼 215 | 絵 289 | 景 131 | 勤 177 | 琴 290 |
| 陥 213 | 振 146 | 敏 43 | 終 190 | 許 269 | 淫 54 | 鹿 144 | 盗 98 | 間 236 | 結 282 | 筋 167 | 遇 143 |
| 既 62 | 浸 115 | 浮 49 | 習 152 | 経 192 | 陰 290 | 執 265 | 陶 283 | 場 214 | 最 91 | 敬 95 | 隅 143 |
| 飢 254 | 陣 238 | 紛 295 | 宿 27 | 険 293 | 菓 181 | 赦 200 | 豚 138 | 晴 163 | 散 175 | 裁 308 | 圏 106 |
| 鬼 83 | 粋 48 | 哺 224 | 商 263 | 現 242 | 崖 194 | 斜 292 | 貪 290 | 朝 215 | 順 80 | 策 188 | 堅 88 |
| 恐 268 | 衰 245 | 捕 224 | 章 264 | 混 60 | 涯 193 | 蛇 143 | 梨 174 | 答 289 | 焼 165 | 詞 71 | 雇 234 |
| 恭 117 | 凄 114 | 浦 224 | 深 198 | 採 181 | 殻 157 | 釈 72 | 軟 98 | 道 81 | 象 142 | 就 231 | 喉 304 |
| 脅 70 | 逝 299 | 俸 105 | 進 149 | 授 108 | 郭 232 | 寂 176 | 捻 290 | 買 147 | 然 136 | 衆 36 | 慌 286 |
| 恵 273 | 隻 108 | 倣 31 | 族 275 | 術 175 | 掛 193 | 渋 122 | 婆 155 | 番 174 | 隊 139 | 善 138 | 硬 258 |
| 桁 25 | 扇 152 | 峰 164 | 第 300 | 常 237 | 喝 61 | 淑 176 | 粘 158 | 飲 97 | 達 137 | 創 235 | 絞 46 |
| 俊 293 | 栓 242 | 砲 52 | 帳 100 | 情 163 | 渇 61 | 粛 267 | 排 153 | 運 238 | 貯 227 | 装 185 | 項 268 |
| 兼 116 | 租 205 | 剖 94 | 笛 272 | 責 163 | 乾 216 | 庶 203 | 培 94 | 温 262 | 博 224 | 尊 287 | 詐 269 |
| 剣 293 | 捜 202 | 紡 31 | 転 211 | 接 263 | | 渉 123 | 陪 94 | 階 60 | 飯 109 | 痛 223 | 酢 269 |
| 拳 106 | 挿 270 | 埋 172 | 都 38 | 設 299 | | 紹 94 | 舶 107 | 寒 190 | 費 166 | 晩 43 | 傘 36 |
| 軒 301 | 桑 108 | 眠 40 | 動 279 | 設 299 | | 訟 225 | 販 109 | 期 274 | 満 32 | 補 224 | 紫 124 |
| 娯 84 | 捉 123 | 耗 101 | 部 93 | 率 250 | | 剰 183 | 描 171 | 軽 191 | 無 44 | 棒 105 | 滋 251 |

| | | | | | | | | | | | |
|---|---|---|---|---|---|---|---|---|---|---|---|
| 軸 272 | 斑 243 | 詩 230 | 暖 110 | 嫌 116 | 稚 173 | 鼻 80 | 層 283 | 寧 227 | 養 137 | 撃 238 | 膚 141 |
| 湿 217 | 蛮 93 | 想 85 | 賃 54 | 献 294 | 蓄 250 | 様 137 | 認 297 | 髪 100 | 輪 267 | 稿 231 | 賦 306 |
| 煮 37 | 扉 153 | 鉄 107 | 腹 129 | 遣 70 | 跳 157 | 緑 270 | 暮 216 | 罰 92 | 確 151 | 撮 91 | 舞 44 |
| 循 86 | 普 56 | 農 146 | 幕 217 | 誇 168 | 艇 54 | 練 278 | 模 217 | 閥 306 | 潔 188 | 暫 238 | 噴 164 |
| 掌 237 | 幅 288 | 福 287 | 盟 208 | 鼓 256 | 溺 303 | 管 70 | 維 150 | 碑 272 | 賛 45 | 賜 145 | 墳 165 |
| 晶 212 | 霧 295 | 路 235 | 裏 172 | 碁 275 | 殿 71 | 関 235 | 隠 68 | 漂 271 | 質 298 | 趣 91 | 憤 165 |
| 焦 150 | 塀 229 | 愛 62 | 彙 181 | 溝 284 | 塗 292 | 旗 275 | 寡 297 | 腐 112 | 敵 57 | 潤 236 | 幣 244 |
| 硝 51 | 遍 267 | 塩 89 | 違 131 | 債 163 | 督 176 | 漁 146 | 箇 75 | 蔑 311 | 導 81 | 遵 287 | 弊 245 |
| 粧 186 | 募 216 | 試 229 | 煙 271 | 催 195 | 漠 217 | 察 258 | 概 62 | 慕 216 | 編 267 | 憧 280 | 餅 229 |
| 畳 205 | 傍 32 | 辞 263 | 猿 247 | 塞 190 | 鉢 182 | 種 280 | 駆 285 | 貌 107 | 暴 118 | 衝 280 | 舗 224 |
| 殖 86 | 帽 87 | 照 94 | 鉛 198 | 歳 311 | 搬 239 | 静 113 | 熊 140 | 僕 257 | 遺 119 | 縄 145 | 褒 50 |
| 診 101 | 喩 240 | 節 260 | 虞 84 | 載 308 | 煩 80 | 説 47 | 綱 196 | 墨 202 | 劇 141 | 嘱 144 | 撲 257 |
| 尋 111 | 愉 240 | 戦 301 | 嫁 138 | 搾 269 | 頒 297 | 歴 176 | 酵 39 | 膜 217 | 権 151 | 審 174 | 摩 175 |
| 遂 139 | 湧 223 | 続 48 | 暇 110 | 慈 251 | 微 195 | 演 202 | 豪 232 | 慢 87 | 熟 232 | 震 146 | 魅 182 |
| 随 199 | 猶 287 | 置 86 | 禍 74 | 腫 280 | 蜂 164 | 慣 148 | 酷 162 | 漫 87 | 諸 37 | 穂 273 | 黙 202 |
| 婿 126 | 裕 197 | 腸 214 | 靴 155 | 愁 200 | 飽 52 | 境 97 | 獄 136 | 蜜 69 | 蔵 186 | 請 163 | 憂 127 |
| 疎 126 | 雄 150 | 働 279 | 雅 158 | 酬 191 | 睦 194 | 構 284 | 魂 83 | 銘 209 | 誕 125 | 潜 45 | 窯 137 |
| 訴 298 | 揚 214 | 解 156 | 塊 83 | 奨 185 | 滅 311 | 際 258 | 雌 124 | 網 196 | 潮 216 | 遷 271 | 履 129 |
| 喪 88 | 揺 283 | 幹 216 | 慨 62 | 詳 138 | 誉 119 | 雑 149 | 漆 189 | 誘 91 | 論 267 | 槽 281 | 璃 82 |
| 痩 202 | 絡 128 | 義 309 | 蓋 282 | 飾 260 | 溶 197 | 酸 129 | 遮 203 | 瘍 214 | 慰 72 | 諾 105 | 慮 141 |
| 葬 76 | 痢 174 | 禁 180 | 該 139 | 触 156 | 腰 271 | 精 163 | 需 102 | 踊 223 | 影 231 | 誰 149 | 寮 201 |
| 堕 199 | 裂 77 | 群 113 | 較 46 | 寝 115 | 裸 181 | 製 184 | 銃 50 | 僚 201 | 鋭 47 | 鋳 39 | 霊 56 |
| 惰 199 | 廊 274 | 鉱 202 | 隔 288 | 慎 288 | 雷 171 | 銭 307 | 塾 232 | 暦 176 | 謁 61 | 駐 228 | 餌 90 |
| 替 45 | 惑 307 | 罪 153 | 滑 74 | 腎 88 | 酪 128 | 総 198 | 緒 37 | 漏 210 | 閲 47 | 嘲 216 | 噂 287 |
| 棚 209 | 湾 93 | 資 98 | 褐 61 | 睡 183 | 虜 141 | 像 142 | 彰 264 | 遡 37 | 縁 138 | 澄 255 | 嬉 138 |
| 弾 301 | 腕 59 | 飼 71 | 勧 151 | 裾 76 | 鈴 291 | 増 284 | 誓 299 | 遜 249 | 稼 139 | 墜 139 | 蝶 167 |
| 遅 137 | 貰 167 | 準 150 | 寛 86 | 跡 93 | 零 291 | 態 140 | 箋 307 | 嘘 141 | 餓 309 | 締 57 | 撫 44 |
| 貼 158 | **13** | 勢 63 | 頑 82 | 摂 90 | 廉 116 | 適 57 | 漸 238 | **15** | 潰 119 | 徹 50 | **16** |
| 超 94 | 園 247 | 損 148 | 棄 49 | 煎 239 | 楼 41 | 銅 95 | 遭 281 | 線 189 | 歓 151 | 撤 50 | 親 186 |
| 塚 138 | 遠 247 | 墓 216 | 詰 282 | 羨 98 | 賄 104 | 徳 86 | 憎 284 | 横 201 | 監 89 | 踏 123 | 頭 80 |
| 堤 125 | 楽 182 | 豊 255 | 嗅 81 | 腺 189 | 蒙 138 | 複 129 | 駄 37 | 談 200 | 緩 110 | 罵 140 | 館 70 |
| 渡 203 | 新 187 | 夢 210 | 僅 177 | 践 307 | **14** | 綿 244 | 奪 151 | 調 194 | 輝 239 | 輩 153 | 橋 232 |
| 塔 289 | 数 41 | 預 273 | 愚 144 | 禅 301 | 歌 169 | 領 291 | 端 102 | 箱 85 | 儀 309 | 賠 94 | 整 279 |
| 搭 290 | 電 210 | 絹 154 | 窟 166 | 塑 37 | 語 26 | 閣 128 | 綻 125 | 億 96 | 戯 141 | 箸 38 | 薬 182 |
| 棟 278 | 話 93 | 源 189 | 傾 259 | 僧 283 | 算 117 | 疑 126 | 嫡 57 | 課 181 | 窮 68 | 範 58 | 機 250 |
| 痘 255 | 暗 96 | 署 38 | 携 91 | 賊 306 | 読 48 | 誤 84 | 徴 195 | 器 36 | 緊 88 | 盤 239 | 積 163 |
| 筒 96 | 意 96 | 傷 214 | 継 173 | 滞 244 | 聞 235 | 穀 157 | 漬 164 | 賞 237 | 勲 203 | 罷 140 | 録 270 |
| 鈍 166 | 感 312 | 蒸 113 | 詣 259 | 滝 56 | 鳴 149 | 誌 47 | 摘 57 | 選 118 | 慶 140 | 膝 189 | 衛 130 |
| 廃 300 | 漢 177 | 聖 54 | 隙 190 | 嘆 177 | 駅 72 | 磁 250 | 滴 57 | 熱 63 | 憬 231 | 賓 100 | 興 119 |
| 媒 97 | 業 257 | 誠 311 | 傑 130 | 痴 304 | 銀 87 | 障 264 | 稲 213 | 標 271 | 稽 260 | 敷 224 | 築 268 |

# BIBLIOGRAFIA

La bibliografia è volutamente ristretta, frutto di una scelta operata nel vasto ambito degli studi etimologici orientali, e può costituire la tappa preliminare per chi desiderasse procedere a uno studio più approfondito dell'argomento.

**Bibliografia**

KENNETH G. HENSHALL, *A guide to remembering japanese characters*. Tuttle publishing: Singapore, 1988.

YAMADA KATSUMI, SHINDŌ HIDEYUKI, *Kanji jigen jiten*. Kadokawa shoten: Tōkyō, 1995.

YAMADA KATSUMI, *Kanji no gogen*. Kadokawa shoten: Tōkyō, 1982.

TŌDŌ AKIYASU, MATSUMOTO AKIRA, TAKEDA AKIRA, *Kanji gen*. Gakushū kenkyūsha: Tōkyō, 1994.

*Dizionario Shōgakukan Giapponese-Italiano*. Shōgakukan: Tōkyō, 1994.


**Sitografia**

LAWRENCE J. HOWELL, HIKARU MORIMOTO, *http://www.kanjinetworks.com/*

*http://jisho.org/*

**Font giapponesi**

MS 明朝

SimSun

Epson 教科書体

Epson 丸ゴシック体

衡山毛筆フォント草書

Printed in Great Britain
by Amazon